民法典实施精要（上）

2022年

总则编 物权编

杜万华 主编

吴兆祥 曹守晔 刘 楠 徐建新 副主编

法律出版社
LAW PRESS·CHINA
北京

图书在版编目(CIP)数据

民法典实施精要. 上 / 杜万华主编. -- 北京 : 法律出版社, 2022

ISBN 978-7-5197-6563-7

Ⅰ. ①民… Ⅱ. ①杜… Ⅲ. ①民法-法典-法律解释-中国 Ⅳ. ①D923.05

中国版本图书馆 CIP 数据核字(2022)第 058398 号

民法典实施精要(上)
MINFADIAN SHISHI JINGYAO (SHANG)

杜万华 主编

策划编辑 沈小英
责任编辑 刘晓萌
装帧设计 李 瞻

出版发行 法律出版社
编辑统筹 法治与经济出版分社
责任校对 裴 黎 王 皓
责任印制 吕亚莉
经　　销 新华书店

开本 787 毫米×1092 毫米 1/16
印张 32.75 **字数** 567 千
版本 2022 年 6 月第 1 版
印次 2022 年 6 月第 1 次印刷
印刷 固安华明印业有限公司

地址:北京市丰台区莲花池西里 7 号(100073)
网址:www.lawpress.com.cn
投稿邮箱:info@lawpress.com.cn
举报盗版邮箱:jbwq@lawpress.com.cn

销售电话:010-83938349
客服电话:010-83938350
咨询电话:010-63939796

书号:ISBN 978-7-5197-6563-7
定价:168.00 元

凡购买本社图书,如有印装错误,我社负责退换。电话:010-83938349

编写委员会

主　编

杜万华　最高人民法院咨询委员会副主任，二级大法官，博士研究生导师、博士后合作导师。曾任最高人民法院审判委员会副部级专职委员、最高人民法院民法典编纂工作研究小组副组长兼办公室主任

副主编

吴兆祥　最高人民法院研究室副主任，法学博士

曹守晔　最高人民法院研究室原巡视员，武汉大学特聘教授，博士研究生导师

刘　楠　四川省高级人民法院副院长，法学博士

徐建新　浙江省高级人民法院副院长，法学博士

委　员

单国均　北京市第一中级人民法院副院长，法学博士

夏正芳　江苏省人大常委会法制工作委员会副主任，江苏省高级人民法院原民二庭庭长，法律硕士

王　灯　全国人大常委会法制工作委员会民法典编纂工作专班成员，最高人民法院民一庭法官，法学硕士

邹　治　北京市第二中级人民法院民二庭庭长，法学博士

李予霞　最高人民法院研究室案例处副处长，法学硕士

谢　勇　最高人民法院第四巡回法庭主审法官，法学博士

主要撰稿人

杜万华　最高人民法院咨询委员会副主任，二级大法官，博士研究生导师、博士后合作导师。曾任最高人民法院审判委员会副部级专职委员、最高人民法院民法典编纂工作研究小组副组长兼办公室主任。全书统稿，撰写总则编第一章至第六章、物权编第一章至第二章。

刘　楠　四川省高级人民法院副院长，法学博士。总则编统稿。

徐建新　浙江省高级人民法院副院长，法学博士。物权编统稿。

夏正芳　江苏省人大常委会法制工作委员会副主任，江苏省高级人民法院原民二庭庭长，法律硕士。撰写物权编第十六章、第十七章。

李予霞　最高人民法院研究室案例处副处长，法学硕士。撰写总则编第九章。

谢　勇　最高人民法院第四巡回法庭主审法官，法学博士。撰写物权编第四章至第八章、第十章 、第十二章、第十四章、第十五章、第二十章。

刘　振　全国人大常委会法制工作委员会民法典编纂工作专班成员，江苏省高级人民法院审判管理与信息技术处处长，法学博士。撰写总则编第七章、第八章。

李玉林　最高人民法院研究室法官，法学博士。撰写物权编第九章、第十八章、第十九章。

陈宏宇　最高人民法院民四庭主审法官，法学博士。撰写物权编第三章。

吴飞明　浙江省高级人民法院民一庭调研组组长、法庭指导组组长，法学硕士。撰写物权编第十一章。

郭培培、楼俊、郑青蓝、郑仪、徐洁等分别撰写总则编第十章，物权编第十三章、第十八章、第十九章。

总　序

经过几代人的共同努力,2020 年 5 月 28 日,《中华人民共和国民法典》(以下简称《民法典》)终于在全国人民代表大会上通过了。这次《民法典》的通过,是中国法制史上的重大事件,是中国特色社会主义制度建设的重大事件。随着中国社会的发展,这次《民法典》的通过在中国特色社会主义发展史上的重大意义,将越来越突出,越来越明显。

我国这次通过的《民法典》,以马克思列宁主义、毛泽东思想、邓小平理论和习近平法治思想为指导,既吸收了数千年来中国传统的优秀法律文化,又吸收了现代西方法治文明的成果;既吸收了 20 世纪初以来我国仁人志士融合中西法律文化的探索,又总结了新中国成立 70 年来,特别是改革开放 40 年来建立和完善中国特色社会主义的经验。可以毫不夸张地说,我国的《民法典》是中国特色社会主义制度化的重大成果,它将为我国社会主义现代化强国目标的实现,即第二个百年梦想的实现,为中华民族的伟大复兴奠定坚实的法治基础。

正因为《民法典》如此重要,习近平总书记在其通过的第二天就召开政治局会议,专题学习民法典,并发表了极其重要的讲话。他强调:"民法典在中国特色社会主义法律体系中具有重要地位,是一部固根本、稳预期、利长远的基础性法律,对推进全面依法治国、加快建设社会主义法治国家,对发展社会主义市场经济、巩固社会主义基本经济制度,对坚持以人民为中心的发展思想、依法维护人民权益、推动我国人权事业发展,对推进国家治理体系和治理能力现代化,都具有重大意义。全党要切实推动民法典实施,以更好推进全面依法治国、建设社会主义法治国家,更好保障人民权益。"

这次《民法典》的制定,为我国法治国家、法治政府、法治社会的全面推进奠定了基础。但是,法律的生命在实施,法律的权威靠实施。《民法典》生效后,如果没有有效的实施,其生命和权威就难以维持和显现。要让《民法典》得到很好的实施,除应当向人民群众广泛宣传民法典的精神和内容外,各级党政机关是关键。为此,习近平总书记一针见血地指出:"民法典实施水平和效果,是衡量各级党政机关履行为人民服务宗旨的重要尺度。国家机关履行职责、行使职权必须清楚自身行为和活动的范围和界限。各级党和国家机关开展工作要考虑民法典规定,不能侵犯人民群众享有的合法民事权利,包括人身权利和财产权利。有关政府机关、监察机关、司法机关要依法履行职能、行使职权,保护民事权利不受侵犯、促进民事关系和谐有序。"

在《民法典》实施的过程中,司法机关和法律工作者是重要的生力军。为保证《民法典》实施的水平和效率,习近平总书记专门针对司法机关和法律工作者提出了要求:"严格规范公正文明执法,提高司法公信力,是维护民法典权威的有效手段。""各级司法机关要秉持公正司法,提高民事案件审判水平和效率。要加强民事司法工作,提高办案质量和司法公信力。要及时完善相关民事司法解释,使之同民法典及有关法律规定和精神保持一致,统一民事法律适用标准。要加强对涉及财产权保护、人格权保护、知识产权保护、生态环境保护等重点领域的民事审判工作和监督指导工作,及时回应社会关切。要加强民事检察工作,加强对司法活动的监督,畅通司法救济渠道,保护公民、法人和其他组织合法权益,坚决防止以刑事案件名义插手民事纠纷、经济纠纷。要充分发挥律师事务所和律师等法律专业机构、专业人员的作用,帮助群众实现和维护自身合法权益,同时要发挥人民调解、商事仲裁等多元化纠纷解决机制的作用,加强法律援助、司法救助等工作,通过社会力量和基层组织务实解决民事纠纷,多方面推进民法典实施工作。"

《民法典》的关键在实施。在《民法典》的实施中有几个现象值得关注:

一是注意《民法典》1260 条的规定,忽视单行民法法律和相关司法解释。从改革开放以来,我国根据"成熟一个制定一个"的原则,制定了大量的单行民事法律。在这次《民法典》编纂时,最终被废除的单行民事法律只有 9 个,其他大量的单行民事法律依然有效。围绕单行民事法律的实施,最高人民法院曾先后制定了大量的司法解释。这些单行民事法律和司法解释过去曾经为建立社会主义法治秩序发挥了重要作用。即使在《民法典》生效后,这些单行民事法律和司法解释,只要与民法典不相矛盾和冲突,在新的单行民事法律和司法解释出台之前,都应当继续发挥其作用。之所以会出现注意《民法典》1260 条的规定,忽视现行有效的单行民事法律和司法解释作用的认识,是因为还有些同志,包括一些专业法律工作者没有认识到,这次民法典的编纂是将众多单行民事法律体系化。编纂后的《民法典》形成了民法典体系或者民法体系。我们的民法典体系由三部分构成:总则、分则和单行民事法律。至于司法解释,因其是司法过程中对法律适用的解释,其效力等级依附于被解释的法律,故在民法典体系中不作为一个独立的部分存在。为此,在 2021 年 1 月《民法典》生效时,不应当忽视单行民事法律和相关司法解释的作用。

二是注意民法分则、单行民事法律和司法解释的适用,忽视总则中的基本规则(基本原则)和一般规则的适用。在审判实践中,一些法官、检察官和律师将民法分则、单行民事法律或者司法解释的具体规定视为裁判性规则,比较欢迎;将基本规则包括基本原则、一般规则视为“宣誓性条款”或者“抽象性条款”,自觉不自觉地予以忽视。产生这种观点的原因,是因为没有将民法总则、分则和单行民事法律看成一个整体。在《民法典》编纂将各种民事法律体系化后,总则中的基本规定(基本原则)、一般规则与分则、单行民事法律、司法解释中的具体规则之间,基本规则是核心和灵魂,一般规则是上位法,是不能违背的。长期以来,之所以出现重具体规则而轻基本原则和一般规定,主要是因为改革开放以来,我国的民事法律是“成熟一个制定一个”,不同的单行民事法律是在不同的时间或者不同的背景下制定的,不可避免民事法律规范碎片化的情形。在《民法典》生效后,民事法律体系化的任务已经完成,应当将基本规则、一般规则和具体规则一体化的实施放在重要的位置来抓。

三是注意特别法的优先适用,忽视特别法优先适用的前提。关于民事法律适用的原则有很多,如新法优于旧法、上位法优于下位法、特别法优于一般法等。这些原则都是审判实践总结出来的经验,当然应当信守。但是,在适用这些原则时,应当了解适用这些原则的前提。尤其是特别法优于一般法的适用值得关注。在实践中,有些同志只要是特别法就无条件适用,至于该特别法是否与一般法相矛盾、相冲突,在所不问。从理论上看,特别法优于一般法是有前提的,即特别法的规定与一般法不相矛盾和不相冲突。具体来说,一般法的规定往往比较抽象,如果特别法作出与一般法不相矛盾和冲突的具体规定,或者一般法没有规定,特别法作出与一般法的基本原则不相违背的规定,那就应当适用特别法优于一般法的适用原则。如果特别法作出的规定与一般法相矛盾和相冲突,甚至是违背一般法基本原则的,就应当适用上位法优于下位法的原则,不能适用特别法优先的原则。因为一般法往往同时又是上位法。如果不这样认识问题,无条件地适用特别法优于一般法的原则,那民法典的体系化就会被打破,各个下位法各行其是,国家法治的统一就将不复存在,《民法典》编纂的目的就不能实现了。

民法典的体系化,是这次《民法典》编纂的主要目的。要实施好《民法典》,完整准确地把握好民法典体系至关重要。为帮助党政机关工作人员,特别是人民法院法官、检察官、律师更好地学习和理解民法典体系化的精神和内容,为实施民法典工作做好准备,我们这些曾经参与民法典编纂工作的同志和一些有经验的法律工作者,编写了《中华人民共和国民法典实施精要》。

在编写本书时,我们没有采用通常的释义方式,对《民法典》条文逐条进行解释,也没有对民法典涉及的专门民法理论进行阐述,而是将曾经在司法审判实践中出现的、以后审判实践中可能出现的重点、难点和热点问题抽出来,结合《民法典》的相关条文,结合与《民法典》不相矛盾和冲突的相关单行民事法律的规定,结合相关司法解释和典型案例进行阐释,供党政机关工作人员,特别是法官、检察官、律师等法律工作者在《民法典》生效后,处理种类民事商事法律纠纷时参考。我们这样做的目的是要以问题为导向,以解决问题为目的,为贯彻实施《民法典》,树立《民法典》的权威,推动依法治国的进程而努力。

在以问题为导向,重点阐释司法审判实践中的重点、难点和热点之外,为保证对民法典学习理解的全面性,我们在每编之前设计了概述。概述全面介绍该编的主要内容,以及应当注意把握的重点等内容。我们试图以专题为点,以概述为面,点面结合,帮助大家学习和理解民法典的精神和内容。

由于时间仓促和水平原因,我们所抽出的问题可能还不够全面,许多值得探讨的问题还没有列入。即使已经列入的问题和概述部分,阐释和讨论也可能不够深入。加之参与作者众多,风格水平不一,不足和缺点在所难免。对此,敬请读者见谅。

是为序。

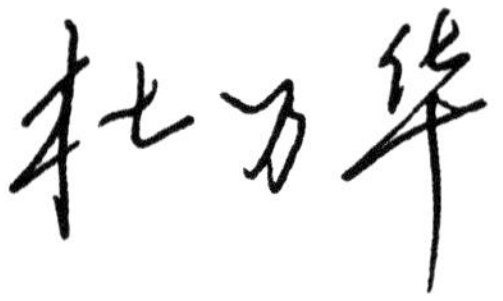

2020 年 11 月 30 日

序

2021 年元月,《中华人民共和国民法典》(以下简称民法典)生效实施。为适应民法典生效实施编写的《中华人民共和国民法典实施精要》,也在生效之日正式出版发行。该书发行之日,正是新冠肺炎疫情严重之时,出版发行多少受到些影响。但读者依然表现出对该书的厚爱,在法律出版社开展的"2021 年法律出版社最受欢迎十大好书"评选活动中,《中华人民共和国民法典实施精要》被列入前三位。这令我们十分感动,感谢读者对本书的厚爱!

目前,民法典已经正式实施一年多了。一年多的实践证明,民法典的出台对于我国社会主义法治建设的推进,发挥了重要作用。最高人民法院为配合民法典的出台,对过去的司法解释进行了清理,删除了与民法典相矛盾的内容,补充了一些新内容。这对于完整准确地理解民法典,推动民法典的实施具有重要意义。基于这种新情况,以及上一本书采用十六开一卷本的方式出版,有读者反映不便携带和阅读,故本次在对相关内容进行补充和调整的基础上分成三卷本出版。上册内容为"总则编""物权编";中册内容为"合同编";下册内容为"人格权编""婚姻家庭编""继承编""侵权责任编"。

正如前面所述,民法典实施一年多来,取得的成绩是巨大的。但也应当看到,民法典编纂前长期存在的民商事司法中对法律认识碎片化现象,并没有因为民法典的生效实施而自然消失,法官与法官之间、法官与律师之间,以及其他法律工作者之间,"盲人摸象"般的固执在一些人的思维中依然存在。他们对一些法律问题的理解,还不能很好地运用体系化的思维,不能站在整体的高度去把握。这就不可避免地导致了司法审判中"同案不同判"的现象。在不同的法院、在同一法院的不同审判庭,甚至在同一审判庭的不同法官中,都不同程度地存在这一现象。这些法律认识上的片面性,对民法典的正确有效实施显然有着不利影响。为此,最高人民法院正准备采用一些具体措施和方法,克服这一弊病,以保证我国民商事司法的统一性。

在 2021 年年初出版的《中华人民共和国民法典实施精要》序言、绪论和总则编的概述中,笔者提出了“民法体系”或者说“民法典体系”的概念,以之来解释我国编纂民法典的原因,并提出在民法典实施过程中,应当建立体系化思维,来完整准确地认识和理解民法典立法本意,并推动民法典实施沿着正确的方向前进。但囿于认识,当时这些观点还显得零碎。在这次《民法典实施精要》(上)出版时,我想利用这一机会,就民法典体系化的几个问题谈点看法,供大家在今后民法典总则编、各分则编以及相关单行民事法律实施过程中参考。

一、按照体系化的思维,正确认识“总则编”在民法典体系中的基础性地位

笔者认为,我国的民法典体系,或者说民法体系,是以“总则为干,分则为枝,单行民事法律为杈,司法解释为补充,具体法律规范为叶”的民法典大树。在这棵民法典大树中,“总则编”是整个大树的主干,没有这个主干的支撑,就没有生机盎然的民法典体系大树。

在“总则编”中,第一章的基本规定是整个“总则编”的核心和灵魂,也是整个民法典体系的核心和灵魂。这一章不仅规定了民法调整的是“平等主体的自然人、法人和非法人组织之间的人身关系和财产关系”,还明确规定了民法典的基本理念:维护社会主义社会秩序和经济秩序的理念;适应中国特色社会主义发展的需要,弘扬社会主义核心价值观的理念;保护民事主体合法权益的理念;民事主体在民事活动中法律地位一律平等的理念;民事主体从事民事活动,应当遵循自愿原则的理念;民事主体从事民事活动,应当遵循诚信原则的理念;民事主体从事民事活动,应当遵循不得违反法律,不得违反公序良俗的理念;民事主体从事民事活动,应当遵循有利于节约资源、保护生态环境的理念;处理民事纠纷应当遵循依照法律,法律没有规定可以适用习惯,但不得违背公序良俗的理念;处理民事纠纷,应当遵循法律效力规则,妥善处理法律规则冲突的理念;处理民事纠纷,特别是涉外民事纠纷,应当坚持司法主权原则,妥善处理法律的属地主义和属人主义相结合的理念。这些最基本的法律理念,是贯穿于整个民法典体系或者民法体系的基本理念,是我国整个民法的核心和灵魂,在民法典的实施中不能有丝毫放松和违背。除上述理念外,在民法典各分则、各单行民事法律中还有更具体的理念,作为自己体系的支撑,贯彻和落实上述基本理念。

除规定民法典的基本理念外,按照民事法律关系和法律规范理论,“总则编”为民法典体系构建了五大子体系的框架。一是从民事法律关系主体的角度,建立了民事主体制度体系。它主要包括自然人制度系列、法人制度系列、非法人制度系

列。二是从民事法律关系内容的角度，建立了民事权利和民事义务制度体系。它主要包括物权制度系列、以合同制度为重要内容的债权制度系列、人格权制度系列、婚姻家庭制度系列、继承制度系列、民事侵权制度系列、知识产权制度系列、其他民事法律制度系列，等等。三是从导致民事法律关系产生、变更和消灭的角度，建立了以民事法律行为为主要内容的法律事实体系。如一般民事法律行为制度、事实行为制度、自然事件和其他法律事实等制度系列。四是从法律规范的角度，建立民事责任制度体系。如民事责任的形式、民事责任的承担方式、民事责任的免责事由等制度系列。五是民事法律关系保护制度体系。如民事诉讼时效和除斥期间保护制度、涉外民事法律关系保护制度等制度系列。

应当看到，"总则编"建立的民法典体系或者民法体系，只是制度体系的基本框架。它的具体内容需要民法典各分则和各个单行民事法律或者其他综合性法律作具体规定。这些基本框架和具体规定共同构成完整的民法典体系或者说民法体系。

同时，我们建立的民法典体系不是一个封闭体系，而是一个开放体系。民法典出台后，我们还可以根据我国社会不断发展的需要，适时制定相应的单行民事法律，甚至包括新增分则编的篇目等方式，对这一体系予以修改和完善。最高人民法院还可以根据经济社会发展的需要，制定相应的司法解释解决审判实践中的问题。因此，在具体的民商事法律实施过程中，一定要从体系化的角度，认真把握基本法律理念，对相关法律进行正确理解，决不能抓住一点不及其余，片面地、孤立地认识法律。

二、正确理解和把握民法典体系中"总则编"的法律位阶，准确解决法律适用中的冲突问题

在民商事法律适用中，正确理解和把握民法典体系是前提，正确把握民法典体系中不同法律和法律规则的法律位阶，是解决民商事司法碎片化、"同案不同判"的关键。其中把握"总则编"的法律位阶更是关键的关键。长期以来，无论是法官还是律师，以及其他法律工作者，之所以对许多法律问题产生争议，对法律位阶特别是"总则编"法律位阶的认识、理解、把握和运用存在迷惑是重要原因。

首先，民法典"总则编"第一章规定的基本理念和原则，是民商事法律的核心和灵魂，在民法典体系具有最高的法律位阶。民法典"总则编"中其他章节、各分则编，以及单行民事法律和其他综合性法律、司法解释等规定，都要贯彻和落实"总则

编”第一章的基本理念和原则,都不得与之矛盾和冲突,否则不生法律效力。上述基本理念和原则已经不是纯粹的理论概念,而是民法典体系的核心和灵魂,是民法典极其重要的组成部分,是具有最高法律效力的规则内容。

其次,除第一章之外的民法典“总则编”其他规定,是民法典体系中的基本规则,在民法典体系中处于第二层次的法律位阶。其主要内容包括:民事主体制度的基本规则;民事权利和民事义务内容的基本规则;民事法律行为制度的基本规则;民事责任制度的基本规则;民事诉讼时效制度和除斥期间制度的基本规则。这些基本规则,民法典各分则编、单行民事法律和综合性法律、司法解释等,均应当予以贯彻体现,不能与之矛盾和冲突,否则不生法律效力。

再次,民法典各分则编是民法典体系中的一般规则,在民法典体系中处于第三层次的法律位阶。它主要包括:物权制度的一般规则;合同制度的一般规则;人格权制度的一般规则;婚姻家庭制度的一般规则;继承制度的一般规则;民事侵权制度的一般规则。民法典各分则编中的一般规则,应当体现“总则编”第一章的基本理念和原则,不能与“总则编”其他章节中基本规则发生矛盾和冲突,否则不能发生法律效力。

最后,单行民商事法律和综合性法律通常情况下是民法典体系的具体规则,在民法典体系中处于第四层次的法律位阶。这一层次位阶的民商事法律,要体现“总则编”第一章规定的基本理念和原则,不得与“总则编”其他章节规定的基本规则相矛盾和冲突,在通常情况下,它也不能与作为一般规则的民法典各分则编相矛盾和冲突。比如,最近出台的《中华人民共和国个人信息保护法》,作为人格权制度下的单行民事法律,就不能与民法典“人格权编”的规定矛盾和冲突。但是也应当看到,有些单行的民商事法律,如《中华人民共和国涉外民事法律关系适用法》等法律,其法律位阶应当与民法典分则编具有同样的法律位阶。

在以上四个法律位阶中,下一个位阶的法律规则不能与上一个位阶的法律发生冲突。如果发生冲突,则应当按照下位法服从上位法的原则处理法律规则的冲突。除上述四个不同的法律位阶外,最高人民法院的司法解释应当在什么法律位阶上呢?在发生法律规则冲突时,应当如何解决冲突呢?应当看到,最高人民法院的司法解释,是最高人民法院按照《中华人民共和国立法法》的规定,在法律适用过程中,根据司法审判的需要对法律作出的解释。这种司法解释不是独立的法律形式,不具有独立的法律位阶。其依据被解释的法律认定具体法律位阶,即被解释的法律处于什么法律位阶,该解释就处于什么样的法律位阶。至于最高人民法院制定的司法政策和发布的指导性案例，不属于司法解释，只能作为处理案件的方向性指引和案件处理参考，不应当有独立的法律位阶。

三、正确理解和把握民法典“总则编”规定的特别法与一般法的关系，正确适用特别法优于一般法的原则

民法典第11条规定：“其他法律对民事关系有特别规定的，依照其规定。”这就是特别法优于一般法的原则规定。所谓特别法，就是法律专门对特定的民事关系所作的法律规定。如果一般法与特别法都是同位阶的法律，直接按照特别法优于一般法的原则处理案件纠纷，则解决法律规则上的冲突并不是一件难事。但是，如果一般法是上位法，特别法是下位法，则问题就比较复杂。

作为上位法的一般法与作为下位法的特别法对法律问题的解决，实践中通常存在以下几种情形：一是作为上位法的一般法对法律问题作出原则性规定，作为下位法的特别法为落实该原则性规定，对解决该问题作出了更为细致的法律规定；二是作为上位法的一般法对该问题没有作出明确规定，但作为下位法的特别法对该问题解决作出了明确规定，且该规定与上位法的基本理念和原则不相矛盾和冲突；三是作为上位法的一般法已经有明确规定，作为下位法的特别法作出的具体规定明显与上位法矛盾和冲突；四是作为上位法的一般法没有明确规定，作为下位法的特别法作出了明确具体的规定，但该规定与上位法规定的基本理念和原则发生矛盾和冲突。

在以上四种情形中，第一种情形是作为下位法的特别法在贯彻和落实上位法的要求，两者形式上一简一繁，表面上不同，但没有实质上的矛盾和冲突，且按照特别法处理案件纠纷更具有针对性，适用特别法优于一般法的规定没有法理障碍。第二种情形虽然作为上位法的一般法没有明确规定，作为下位法的特别法作出明确具体规定，但特别法的规定与上位法的基本理念和原则没有矛盾和冲突，两者形式上虽然一有一无，似有不同，但实质上是相融相合，按照特别法优于一般法的规定处理案件纠纷具有合法性。至于第三种和第四种情形，作为下位法的特别法出现了与上位法的矛盾和冲突，在法律适用时就应当按照上位法优于下位法的原则处理案件纠纷，而不能再适用特别法优于一般法的规则。当然，在实践中可能出现作为上位法的一般法因社会的发展而出现不能适应新形势的情形。此时，作为立法机关应当尽可能启动立法程序修改上位法，而不能通过制定特别法或者通过最高人民法院的司法解释来取代或者否定上位法。这是我们应当坚守的社会主义法治原则。只有这样做,我国的民法典体系才既能做到法律功能顺应社会发展的需求、排除矛盾冲突,又能保证内部逻辑体系严密顺畅、和谐稳定。

四、正确理解、把握民法典体系中的法律条文、法律规则和法律理念的关系,提高法律适用的水平和能力

民事法律规则,又称民事法律规范,包括民事主体应当遵守的行为规则,以及不遵守该规则对他人的权利构成损害应当承担的法律责任。从法理上讲,民事法律规则通常由三个部分构成:一是事实前提;二是民事主体及其各自的权利和义务;三是法律责任。在处理民事纠纷中,法官处理案件的依据也是民事规则,所以有人又将其称为民事裁判规则。

在理解法律规则时,应当注意法律条文与法律规则的区别,以及两者的关系,不能将两者混为一谈。在任何一部民商事法律中,法律条文都是表述法律规则的,是法律规则的载体。具体来说,有时候一个法律条文可以表述一个法律规则的内容,即将法律规则中的事实前提,民事主体的要求、民事主体各自的权利和义务,法律责任都表述清楚。这种法律条文很少。有时候一个法律条文可以表述一个法律规则的两部分内容,如表述法律规则中的事实前提、权利和义务。这种表述方式比较常见。有时候一个法律条文可以表述若干法律规则的某一部分内容,如表述法律规则中的法律责任部分。这种表述也比较常见。有时候几个法律条文才能表述一个法律规则的一部分内容,如表述法律规则中应当坚持的法律理念和原则、民事主体的要求等。搞清楚法律条文和法律规则的关系,是正确理解法律规则的前提,任何一个法律人,无论是法官、律师、检察官还是其他法律工作者,都应当有此基本功。如果没有这一基本功,要正确认识、把握、解读和实施法律都是不可能的。

至于法律规则和法律理念的关系,是正确实施民法典需要把握的极其重要的关系。在司法实践中,忽视对法律规则与法律理念关系的正确理解是一个常见现象。不少人认为,法律规则就是前面所说的事实前提、民事主体及其各自的权利和义务、法律责任。至于立法目的、法律原则等法律理念的内容,那是“虚的东西”,是在法律规则之外的东西。为此,有些人将法律分为裁判规则和裁判理念,在实践中虽然他们也认为法律规则的实施要受法律理念的指导,但在实际操作中并不将其作为裁判的依据。这就在事实上自觉与不自觉地将法律理念(裁判理念)排斥出裁判的领域。这种人就是人们所说的“法呆子”。如果让这种现象的继续流行,客观上会败坏法律的声誉,让法律的实施效果大打折扣。实际上,这种观点,是西方国

家曾经流行过的所谓“纯粹法学”或者“概念法学”的观点，其对法律规则的细致研究虽有可取之处，但其排斥法律价值理论的做法并不可取。这是一个过时的理论，在实践中不值得肯定。

严格来讲，法律规则（裁判规则）与法律理念（裁判理念），并不是两个对立的概念。相反，它们是融为一体的概念。从法律理念的角度上看，法律理念或者说裁判理念，本身体现在法律规则之中，是法律规则的灵魂。它决定着法律对民事主体要求的走向，决定着对民事权利和义务为什么要这样设计而不那样设计的构思，决定着民事法律责任形式的选择和责任承担轻重的考量。因此，在法律中规定的法律理念，不是在法律规则之外的道德信念，而是法律的精神和灵魂。从法律规则的角度看，法律规则包括核心层面和技术层面，核心层面是法律理念，技术层面是民事主体、民事主体权利和义务、民事法律责任、诉讼时效等法律的具体要求，两者共居于法律规则之中。

正是这个原因，笔者不赞同实践中将裁判规则与裁判理念对立起来，并将法律理念排斥在法律规则之外的观点。只有将两者统一在法律规则之中，才能真正理解法律规则的立法本意，正确执法和司法；才能为解决实践中对法律规则具体要求理解不一致的争论，确定一个逻辑前提，避免“同案不同判”，保证法律适用的统一；才能在社会不断发生变化的情势下，保证原有法律规则具体要求的灵活适用；才能解决在法律规则不完整甚至缺失的情况下，在立法目的、法律原则等法律理念的指导下创造性地司法，确立法律规则的具体要求，推出指导性案例指导司法审判实践活动。

以上四个方面，既是民法典“总则编”实施过程中应当注意的问题，也是整个民法典实施过程中应当注意的问题。本想再对“物权编”在实施中的相关问题谈点看法，但前面所述问题已经超出了本序言的容量，只好就此停笔，其他问题留到其他地方再谈。

是为序。

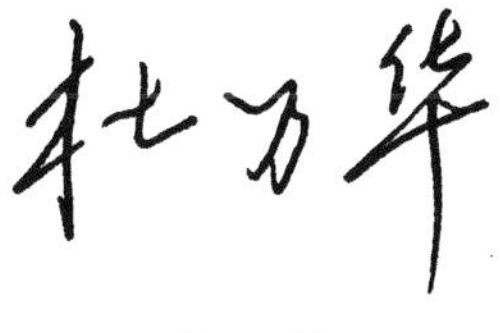

2022 年 6 月 6 日

绪 论

2020年5月28日,历史将记住这个日子。这一天下午,第十三届全国人民代表大会第三次会议在庄严的人民大会堂,正式通过了《民法典》。《民法典》的诞生,在中华民族历史上,在中国法制史的历史长河里,在中国特色社会主义制度建设中,都具有划时代的里程碑意义。

在几千年法制发展史中,中国以自己民族的传统文化为基础,逐渐形成独特的中华法系。

从1840年的鸦片战争开始,中国逐渐沦为半殖民地半封建社会。帝国主义用大炮轰开了中国封闭的大门,逐渐把西方的商品经济引入中国。同时,帝国主义国家在中国建立租界,搞"治外法权"。所谓"治外法权",就是在租界内不适用中国的法律,而适用承租国的法律。例如,在英租界适用英国法律,德租界适用德国法律。随着帝国主义入侵的加剧,尤其是签订《辛丑条约》后,中国的统治者深陷政治危机,统治者内部及社会各界对租界中的"治外法权"反对声日益高涨。在这种形势下,清朝统治者为了维护自己的统治,开始思考如何解决"治外法权问题"。1905年,清末的统治者慈禧太后决定向西方国家学习,宣布准备在中国实行"预备立宪"。"预备立宪"的一个重要方面,就是按照西方的法律制度模式制定中国新的法律。清朝统治者希望通过中国法律与世界法律的接轨,解决中国法律与西方法律的冲突,以达到收回"治外法权"的目的。为实现这一目的,清政府从1905年起就学习西方法律,起草六法草案,由沈家本、伍廷芳主持的修律馆负责起草工作。该六法草案中,即包括《大清民律草案》。当时,聘请日本人松岗正义参与大清民律的编纂,作为修律大臣的沈家本还积极研究中国历代法律中的民事法律规范,汇编成《九朝律考》。该民律草案以《日本民法典》和《德国民法典》为参照起草。《德国民法典》生效于1900年,《日本民法典》参照《德国民法典》起草。中国最早的民法草案是从日本那里借鉴了德国民法传统。

1911年10月,孙中山领导的辛亥革命爆发,清王朝被推翻,已经起草的大清民律草案被搁置。新成立的中华民国临时政府除通过《中华民国临时约法》从形式上建立了民主共和国外,经济制度和其他社会制度依旧还保留着半封建半殖民地的特征。民法典这只以前试图装旧酒的新瓶,能否真正换上资本主义经济制度和其他各项社会制度的新酒呢?当孙中山领导的国民党人因"二次革命"的失败而流亡海外,北洋政府因争权夺利忙于应对各省军阀割据混战之时,谁也无暇顾及对旧制度的革命,民国政府对民法典的起草工作被束之高阁。但是因清政府的大清律已经失去法律效力,新政府开始参照大清民律草案审理民事案件。1928 年新的国民政府成立,中国取得形式上的统一,民法典的起草工作被提到议事日程。1929 年,国民政府立法院正式通过了《中华民国民法总则》,1931 年,立法院又通过了《中华民国民法分则》。至此,《中华民国民法》获得全部通过。

《中华民国民法》是中国通过的第一部现代意义的民法典。但这部民法典从通过的那一天开始,就注定不是真正意义上的社会革命的产物,是不可能在中国统一实施的。首先,该法通过之时和以后 20 余年里,国民政府并没有对封建土地制度和传统的旧制度开展社会革命。因此,这部民法典不是资产阶级革命或者民主革命成果的体现,而是吸收一些西方资产阶级革命的词汇、口号和法律术语构成的一部法律,它丝毫没有实际触动现实的封建土地制度和其他旧的社会制度,是一部典型的"纸上的法律"。其次,该法通过之后 20 余年里,国家一直处于动乱时期,没有统一实施的可能,从未真正有效地全面实施过。最后,随着国民党政权的崩溃,该民法典被废止,失去了在中国大陆实施的可能。1949 年 2 月以后,随着人民解放军渡江南下,中共中央发布了《关于废除国民党六法全书和确定解放区司法原则的指示》。随着国民党退到台湾地区,这部民法典正式结束了它在中国大陆的实施。

1954 年,中华人民共和国召开了第一次全国人民代表大会,通过了《宪法》,建立了人民民主专政的国家制度。"五四宪法"的成功制定,开启了"民法典"在内的一系列法律的起草热潮。从 1954 年以后到这次民法典的编纂工作的启动,我国先后开展过 4 次民法典编纂工作。这 4 次民法典编纂工作的风风雨雨,与我国经济政治文化等各方面发展的跌宕起伏密切相关。

第一次民法典编纂始于 1954 年。"五四宪法"通过后,中央抓法治的决心很大。当时,毛泽东同志有一个重要指示,提出我们不仅要制定宪法,还要制定民法、刑法、民事诉讼法、刑事诉讼法等法律,以推进中国的社会主义法制建设。根据毛泽东主席这个指示,中央专门组织了民法典编纂工作。这一时期,我国开展了社会主义的"一化三改造",即社会主义工业化,民族资本主义工商业和手工业、农业的社会主义改造,完成了公有制的社会主义经济制度的建立。1958 年,鉴于国内如何建立社会主义制度、如何开展社会主义建设的问题没有完全解决,加之苏联与中国之间在如何建设社会主义的问题上发生争论,这一次民法典的起草工作停止。这一次民法典的起草工作,因我党缺乏民法典起草经验,主要参照的民法典版本是《苏俄民法典》。

1962 年中央对 1958 年以来的经济等各方面工作进行总结,确定了“调整、整顿、提高”的方针。国民经济开始得到恢复。在此背景下,我国又开始第二次民法典编纂工作。在这次民法典起草过程中,我国的社会主义经济建设该如何进行,特别是人民公社制度应当如何确立、“四清运动”如何进行等问题上,党内存在争论。在此背景下,民法典的起草工作不可能进展顺利。1966 年,由于“文化大革命”,第二次民法典起草工作再次中止。

1978 年,中央召开了十一届三中全会。这次会议正式结束了“以阶级斗争为纲”的党的基本路线,将党和国家的工作重心转移到经济建设上来,确定了以经济建设为中心,坚持改革开放的党的基本路线。为保证党的基本路线的落实,这次会议提出了社会主义法制建设的“十六字方针”,即“有法可依、有法必依、执法必严、违法必究”。在这“十六字方针”的指引下,我国又掀起了新一轮立法热潮。在这次立法高潮中,第三次民法典的起草工作再次启动。随着民法典起草工作的推进,出现了一个新的情况:虽然当时中央已经确定了以经济建设为中心,但是我国的社会主义经济是计划经济,还是以计划经济为主,商品经济为辅,或者是计划经济和商品经济并重的问题没有解决。若这一问题不明确,民法典的起草工作便很难推进。由于当时对我国社会主义经济性质的认识争议很大,民法典的起草工作面临很大困难。在我国经济社会建设急需法律保障,而认识问题又一时难以统一的情况下,邓小平同志作出了一个重大的战略性决策。这个决策对我国以后几十年的民事立法工作产生了重大影响。他说,我们现在立法经验不足,在立法上要搞成套设备不太现实,搞不了成套设备,我们就搞单行立法,等经验积累到一定程度以后再回过头来搞成套设备。

根据邓小平同志这一指导思想,第三次民法典起草工作中止,各个单行民事法律开始起草。经过若干年的努力,我国陆续制定了《经济合同法》,修改了 1950 年《婚姻法》,通过了《技术合同法》《涉外经济合同法》《继承法》《民事诉讼法(试行)》等民事法律。1984 年 10 月,中央作出《中共中央关于经济体制改革的决定》,该决定提出我国社会主义经济不是单一的计划经济,而是以公有制为主体的有计划的商品经济。这一决定出台后,很多人开始呼吁,既然要建设商品经济,就要制定适应商品经济发展的法律。适应商品经济建设的法律是什么呢?这个法律应该是民法。正是在这一背景下,全国人大在1986年制定了《民法通则》。严格意义上讲,《民法通则》是一个微缩版的民法典。正是这一微缩版的民法典,对推动当时我国社会主义商品经济的发展,发挥了极其重要的作用。但是同时应当看到,在当时的背景下,我国社会主义经济的性质问题依然存在很大争论。这一争论一直持续到邓小平同志南方谈话的发表。

1992年年初,邓小平同志在视察深圳时的谈话中指出:"计划多一点还是市场多一点,不是社会主义与资本主义的本质区别。计划经济不等于社会主义,资本主义也有计划;市场经济不等于资本主义,社会主义也有市场。计划和市场都是经济手段。"所以,对这一问题不要再争论,要实干。邓小平同志提出的计划和市场都是经济手段的重要论断,打破了过去那种主张市场经济只存在于资本主义的观点,并提出了要建设社会主义市场经济的目标和要求。党的十四大召开以后,在1993年党的十四届三中全会上,通过了《中共中央关于建立社会主义市场经济体制若干问题的决定》,提出要用15年左右的时间在中国基本建成社会主义市场经济。正是中央这一决定,为我国民事立法工作指明了方向。正是在这个基础上,我国于1999年,将《经济合同法》《技术合同法》《涉外经济合同法》等法律整合到一起,制定了适应社会主义市场经济要求的重要法律——《合同法》。这部高质量的《合同法》,很好地反映了市场交易的特点,对维护我国社会主义市场经济的发展,发挥了重要作用。同时,它作为整个民法债编中最重要的组成部分,也为当前我国编纂民法典打下了坚实的基础。

《合同法》通过以后,李鹏委员长提出了要编纂民法典的要求,第四次民法典编纂工作再次启动。这次编纂工作在全国人大组织下提出了民法草案,并在全国人大上进行了第一次审议。在这次审议民法草案时发现,我们虽然有了《民法通则》,修改了《婚姻法》,并完成了民法典中最重要的法律——《合同法》的制定,但有些重要的单行民事法律还没有完成,如物权法、侵权责任法等。于是第四次民法典起草和编纂工作又再次中止。在以后近10年中,立法机关秉持邓小平同志关于先开展单行民事法律立法的指导思想,又制定了几部重要的民事单行法律——《物权法》《侵权责任法》《涉外民事法律关系适用法》。这3部法律制定完成后,民法典重要的单行民事法律基本起草完毕。2010年全国人大会上,吴邦国委员长宣布,我国基本建成了社会主义市场经济法律体系。

2012年,党的十八大胜利召开,我国的经济社会发展进入新常态,实现"两个一百年梦想”,完成中华民族的伟大复兴,成为全党、全军和全国人民的伟大任务。为保证这一伟大历史任务的完成,党的十八届四中全会提出:编纂民法典。为什么党中央会再次提出编纂民法典呢?

首先,我国要实现全面建成小康社会的目标,建立完整的社会主义法律体系,需要编纂民法典。按照党和国家设计的我国社会主义建设发展目标,中国共产党成立100周年时,我国应当全面建成小康社会,实现第一个“百年梦想”的目标。全面建成小康社会、实现中华民族的伟大复兴的第一个目标,不仅要完成确定的经济指标,还应当完成社会主义法治体系的建设目标。要建立完善的社会主义法治体系,必须以建立完整的社会主义法律体系为前提。目前,我国已制定了完整的宪法、刑法、刑事诉讼法、民事诉讼法和行政诉讼法,但还没有一部完整的民法典。而民法典是仅次于宪法的最大的基本法律,是涉及社会主义社会生产和生活方方面面的法律“百科全书”。没有完整的民法典,我国社会主义法律体系无论如何不能认为是完整的体系。因此,编纂民法典,就成为我国社会是否全面建成小康社会的一个重要标志之一。

其次,我国的社会主义经济制度和其他社会制度已经建立,并经过几十年的运行,需要用民法典的形式正式予以固定。1957年我国完成了“三大改造”,实现了建立社会主义公有制的目标;通过农村和城市的一系列改革,建立了以公有制经济为主体,多种所有制共同发展的社会主义基本经济制度,建立了社会主义市场经济体制,建立了以家庭联产承包责任制为主的农村集体土地承包责任制,国有土地有偿使用,矿产资源等自然资源有偿使用等公有财产的使用制度;通过改革开放的探索,适应社会主义市场经济交易秩序需要的合同制度已经逐渐完善;新中国成立以后,特别是改革开放以来,我国的人权事业取得了长足进步,人身自由、人格尊严维护的呼声不断提高,人格权权益保护的制度从无到有,逐渐发展,迫切需要完整的人格权法律体系的规定;通过新中国成立以来的妇女解放运动,我国不仅废除封建婚姻制度,确立了婚姻自由、男女平等、一夫一妻等新型婚姻家庭制度,而且通过70年来的不断丰富和完善,婚姻家庭制度和未成年人、妇女、老年人和残疾人等弱势群体的保护制度更加成熟。这一系列的经济、政治和文化的发展,都需要通过民法典的方式,从法律上予以固定化。

最后,为了给第二个“百年梦想”的实现提供法治基础和保障,需要将新中国成立70年以来制定的单行民事法律,用编纂民法典的方式重新进行整合。按照党和国家设计的我国社会主义建设发展目标,在第一个“百年梦想”实现以后,还要用30

年左右的时间,即在新中国成立100周年时,将我国建设成社会主义的现代化强国,实现中华民族的伟大复兴。新中国成立以来的70多年里,特别是改革开放40多年来,我国先后制定了一系列单行民事法律,如《婚姻法》《经济合同法》《继承法》《技术合同法》《涉外经济合同法》《民法通则》《合同法》《物权法》《侵权责任法》《商标法》《专利法》《著作权法》《涉外民事关系法律适用法》等法律。这些民事法律对于推动我国的改革开放,推动我国社会主义建设事业发挥了重要作用。但是,由于这些法律都是以单行民事法律的形式出现的,其碎片化的现象难以克服,法律与法律之间的矛盾和冲突给执法和司法工作带来了困难。尽管有些法律根据改革开放和社会发展的需要,已经修改和整合过多次,但是要从根子上解决碎片化的弊病还是困难的。如果说在新中国成立70年来,我国对包括社会主义法治建设在内的中国特色的社会主义制度建设进行了艰苦的探索,那这次民法典的编纂,就是要用体系化的民法典方式,解决单行民事法律碎片化的弊端,将这些探索所取得的成果用法律的形式予以固定化,进一步推动中国特色社会主义建设的进程,为第二个"百年梦想"的实现,为中华民族的伟大复兴,提供坚实的法治基础和保障。

正是基于上述原因,为落实党中央关于民法典编纂的指示,按照党中央的决定,由全国人大常委会法工委牵头,最高人民法院、最高人民检察院、国务院法制办、中国社会科学院、中国法学会参与,共同承担民法典编纂的具体工作。由于民法典的编纂对今后人民法院的民事审判工作极为重要,最高人民法院党组对民法典的编纂工作高度重视。根据民法典编纂工作需要,院党组专门成立了最高人民法院民法典编纂工作研究小组,由最高人民法院相关院领导作为小组领导,负责领导工作,笔者作为分管民事审判工作的院领导任副组长兼办公室主任,主抓此项工作,并负责组织协调和具体研究工作。参与具体研究工作的有最高人民法院各相关审判部门、综合审判部门、国家法官学院,以及司法应用研究所的法官、教师和研究人员。全国各级法院的法官和相关人员积极参与配合研究工作。

我国民法典编纂分两步走:第一步是从2015年年初开始起草《民法总则》,到2017年3月完成。第二步是开始编纂民法分则。这项工作从2016年下半年开始启动,直到2020年《民法典》正式通过。2017年3月15日,《民法总则》在人民大会堂高票通过,得票率达到了98.3%,在全国人大立法史上排第二位(排在第一位的是《反分裂国家法》)。《民法总则》通过后,最高人民法院研究小组为配合全国人大常委会法工委起草好民法分则,又展开了工作量极大的研究工作。在编纂整个民法典过程中,最高人民法院民法典编纂研究小组及其办公室主要从以下几个方面开展工作：

一是按照分工，将研究任务分配到最高人民法院的各相关单位，由各相关单位独立开展研究工作，并提出自己的意见和建议报民法典编纂研究小组办公室。承担任务的单位不仅有4个民事审判庭、立案庭等相关审判部门，还包括最高人民法院派往全国各地的6个巡回法庭。二是最高人民法院领导小组办公室召开由各部门承办人和负责人参加的例会，专题研究各部门按照分工提出的意见和建议。在整个民法典编纂的6年中，这种例会召开达数十次之多，各种意见均可在会议发表，各种观点均可在会议上交锋。三是由最高人民法院民法典编纂研究小组办公室在全国各地举办专题研讨会，就民法典编纂中的重要问题听取全国各级法院法官、全国人大代表、政协委员和专家学者的意见和建议。四是陪同全国人大常委会法工委民法典编纂专题工作班子，在各地开展调研活动和举办研讨会，听取各种意见和建议。五是在全国各级人民法院的支持下，围绕物权、合同、民事侵权、人格权、婚姻家庭和继承等专题，研究小组办公室收集了大量民事审判工作中出现的案例，提供给全国人大常委会法工委，并作为我们开展研究的素材。

在此基础上，最高人民法院民法典编纂研究小组办公室概括归纳各方面的建议和建议，提出我们关于民法典编纂的意见和建议上报院党组。最高人民法院院长周强同志和院党组对民法典编纂研究工作非常重视，多次听取研究小组和办公室的工作汇报，并多次召开院党组会研究民法典编纂研究问题。在此基础之上，我们通过参加法工委主持召开的各种民法典编纂会议，以及他们提出的民法典编纂各分编的工作稿，提出我们的意见和建议。这些意见和建议包括正式的最高人民法院《关于〈中华人民共和国民法总则(草案征求意见稿)〉意见的复函》(法函〔2016〕27号)、最高人民法院《关于〈中华人民共和国民法典各分编(草案稿)〉意见的复函》(法函〔2018〕62号)、最高人民法院《关于〈中华人民共和国民法典各分编(草案稿)〉意见的复函》(法函〔2018〕117号)，以及许多非正式的工作稿和交换意见稿等，字数高达近百万字。除此之外，从2015年起，随着民法典编纂研究的进程，研究小组办公室不定期地出简报近70期，对最高人民法院民法典研究小组及其办公室的工作和研究进展情况，包括研究时的各种观点都进行了忠实的记录。笔者在这里列举这些情况是要说明，对民法典编纂，最高人民法院党组是何等重视！最高人民法院民法典编纂研究小组及其办公室是何等刻苦和努力！

中国对民法典的编纂，是21世纪世界立法史上最重要的立法活动。在这次立法活动中，这部民法典应当怎样编纂呢？为此，研究小组及其办公室通过认真研究在各种会议上提出了自己的观点和看法。

一是应正确处理立足中国国情与借鉴国外经验的关系。我国历史上因缺乏成体系的私法传统,近代民法效法欧陆较甚。从民法典的内容看,1911 年《大清民律草案》和 1930 年《中华民国民法典》主要借鉴了《德国民法典》。中华人民共和国成立后,我国民法转而借鉴苏联,而《苏俄民法典》也主要借鉴了《德国民法典》的内容。改革开放以来,我国民法主要受德国和日本的影响,而日本民法源自《德国民法典》。社会主义市场经济与其他市场经济具有一定的内在逻辑联系,这就决定了各国民法的基本价值、理念、原则和规则具有相互借鉴的经济基础和社会基础。但同时应当看到,民法典的制定不仅是立法技术和法学理论的体现,更重要的是本国经济、政治、文化等方面的反映和社会发展的需要。这就决定了我国民法典编纂既要借鉴国外市场经济条件下立法的先进经验,更应立足本国国情,对以公有制为主体、多种所有制共同发展的社会主义基本经济制度,"两个毫不动摇"的国家经济发展战略,社会主义市场经济条件下对一切市场主体给予平等保护的社会需要给予充分体现;既要批判地借鉴西方国家的自由、平等、公正、法治的价值理念,也要根据中国国情的实际需要建立社会主义核心价值观。

同时还应当看到,任何法律都不是从天上掉下来的,都是时代的产物。正如当年"法国民法典"是以当时农业社会为主的法国社会的产物,"德国民法典"是以当时工业社会为主的德国社会的产物一样,目前处于21 世纪的中国民法典,也应当是以现代中国社会现状和将来的发展方向来构建我们的民法典。因此,我们的民法典编纂,既要照顾过去的传统,又要面向未来,适应社会发展的方向,实现中华民族的伟大复兴。

二是应正确处理继承与创新的关系。新中国成立以来,我国虽一直未制定出完整的民法典,但 70 年来特别是改革开放 40 年以来,单行民事法律的制定还是相对完备的。早在 1931 年,国民政府立法院就已经制定了国民党民法典,虽然该法当时并没有真正在全国实施过,但毕竟是中国制定的第一部现代意义上的民法典。而且,在几千年的中国法制史中,我国虽是"诸法合体,民刑不分",但民事法律规范还是大量存在的。这些事实的存在,决定了我们在编纂民法典时,除了应当借鉴西方国家的民法典和民事法律规范制定的经验,对中国过去民法典与民事法律制定经验的继承,也是不可回避的。我们是炎黄子孙,是中华文明的继承者,不能割断历史,不能抛弃中国优秀的传统法律文化。但同时我们也必须认识到,当前对民法典的编纂,不应仅仅局限于对过往法律的总结,因时制宜,顺应时代的发展,适应当前经济社会需要和发展趋势,并在民法典中反映这种需要和趋势的创新,是需要我们更加重视的重要任务。

对于我们所说的创新,首先,要把新中国成立70年来建立的新制度通过民法典肯定下来。例如,对于社会主义基本经济制度、公有制经济与非公经济的共同发展的制度、社会主义市场经济制度,我们应通过所有权、用益物权、担保物权、合同、民事侵权等法律制度予以规范和保护。这是我国民法典对世界民法制度的最大贡献。其次,我们不能仅仅将民法典视为财产法,还应当将人格权和知识产权写入民法典。我们建立的中国特色社会主义制度,不仅要让民事主体的财产权利受到完整的法律保护,还应当让我们人民的人身自由、人格尊严受到保护和尊重,人格权益受到法律的严格保护,让我们的人民生活得更有尊严、更有价值。我们的民法典不仅要保护民事主体的有形财产,还应该让他们的知识产权受到民事法律的充分保护,激发各类民事主体和科技人员科技创新的热情,促使社会财富的创造更有生机。最后,我们现在所面临的不仅是农业社会和工业化社会,还是后工业化和信息化时代。在这个综合性的社会形态中,因新型民事关系不断出现,充分保护新型民事关系中的民事权益成为我们的重要任务。我们应当根据当今时代的要求,对知识产权等无形财产权、个人电子信息等新类型个人权益的保护、所有权所附之社会义务、合同的社会功能、债权的优越性、人身权的新发展、信息社会中交易规则的变化、民事主体从经济人假设到社会人假设的转变等新问题予以充分研究。我们所编纂的民法典要反映时代精神和社会发展趋势,具有前瞻性和创新性,从而顺应世界民法的新发展。当然,我们在编纂民法典中的创新,不是为创新而创新,而是建立在继承基础上的创新,是适应时代发展的创新,是推动社会不断进步的创新。只有这样,我们的民法典才是一部与时俱进的先进民法典。

三是应正确处理私法与公法的关系。民法是私法,以保护私权为宗旨。但如果处理不好民法与公法的关系,民法对私权的保护就会受到影响。尤其是现在很多民事权利的保护都与登记制度密切相关,如果不能处理好民法与行政登记制度的关系,相关民事权利的保护就会受到影响。如我国《物权法》颁布以后,有些观点认为,民事主体享有物权是因为登记机关的登记行为赋予了其物权,这种认识显然是错误的。物权主要是通过民事行为获得,不是行政登记机关通过登记行为赋予的。其他会影响私权的行政法制度还包括知识产权登记制度、特殊合同的审批制度、市场主体准入制度、工伤认定制度等。在编纂民法典时,不仅需要将行政法律法规中的民事规范剥离出来放到民法中,还需要将一些必要的原则性管理规范放到民法之中,指引国家行政管理机关另行制定管理性规定。之所以需要这样做,是因为民事关系不仅需要民事法律调整,如果涉及行政管理关系,还需要行政法律调整。如果对民事关系的危害很大,还会适用刑事法律进行调整。

现代民法的一大特征是私法公法化,现今已很难找到一部不掺入一点公权力的民法典。在维护社会公平、保护交易安全、提高交易效率时,公权力的介入有时是不可避免的。尤其是20世纪以来,民事法律由个人本位向社会本位转变,绝对所有权、意思自治和过错责任三大原则受到修正。这虽然不足以改变民法的私法属性,但在制定民法典时,我们要审慎把握私法公法化的度,既要承认民法典中公法因素的必要性,又要防止公权力对经济活动,特别是私人生活的不当干预。

四是应正确处理民法典与单行民事法律的关系。民法涉及面广、内容庞杂。部分国家在制定民法典时,曾希望将民法的所有内容纳入民法典,但事实证明这一做法并不可行。一方面,私人生活关系具有复杂性和广泛性,一部法典难以涵盖全部;另一方面,社会生活处于不断发展变化之中,无论多完备的法典,都会随着社会的发展而呈现滞后性,需要修改。如果民法典无所不包,则需要经常修改,不利于维护民法典的稳定性。改革开放以来,我国民事立法采取了"成熟一个、制定一个"的急需先立原则,目前单行民事法律较为完备。在这种情况下编纂民法典,需要正确处理民法典与单行民事法律的关系。民法典应规定民法的基本内容,以维护民法典内在的逻辑性和内容的稳定性,民事特别法律则需要通过单行民事法律加以规定。要注意民法典对单行民事法律的统领作用,以做到民事法律内在的协调一致,同时避免不必要的重复。

民事生活的复杂性和变化性,决定了编纂民法典的同时不可避免地要制定一些单行民事法律的事例,随着经济社会的发展会不断出现。例如,环境生态权就不宜放在民法分则中作具体规定,但是可以在民法典之外通过单行民事法律来规定。信息资源权现在研究还不深入,也不宜在民法分则中作具体规定,但可以在未来通过单行民事法律进行规定。在编纂民法典时就要处理好民法典与单行民事法律的关系。一方面,民法典尤其是民法总则要为将来要制定的单行民事法律预留"接口",让这些单行民事法律能在民法总则中找到根据;另一方面,民法典与其他单行民事法律要做好衔接,形成一个有机统一、逻辑清晰、外延开放的民事法律体系。

五是应正确处理民法与商法的关系。关于民法与商法的关系,有民商合一和民商分立之争。争论的焦点是民法典的内容是否应包含商事法律的原则和规则,在民法典之外是否要另行制定商法典。从国外立法例看,两种立法模式都有,但新近编纂的民法典多采用了民商合一的体例。从国内学术研究看,两种观点都存在。笔者认为,无须在民法典之外再制定商法典。从总体来看,民法和商法虽然在理念、规则上存在差异,但并不能截然分开,二者的共性大于个性,商法属于民法的特别法,二者是种属关系,而非并列关系。当民法已经作出规定,商法不能与之相冲突,但如果民法未作规定,商法可以用单行民事法律的方式另行规定。从历史上看,商品经济发展到特定时期,即商事行为主要发生在特定群体内部,而且商业的发展受到封建残余因素的妨碍时,商人群体的利益需要特别保护,商事行为需要特别规范。这是商法产生的原因。但随着商品经济的深化发展,特别是市场经济和其他社会生活的不断发展,在商事主体与民事主体、商事行为与民事行为已经难以划分的今天,单独制定商法典已失去社会的必要性。相反,民法调整市场经济关系的功能日益强化,民法商事化趋势愈加明显,两者相互交融,已经成为难以改变的趋势。

新中国成立以来,特别是改革开放以来,我国《民法通则》和其他单行民事法律,均采取民商合一的立法模式。在民法典外单独再编纂商法典,既不符合历史潮流,也不符合我国经济社会发展需要、法治实践的经验和现实需求。但是也应当看到,商事法律确有其相对特殊的价值取向和制度安排,将所有的商事规则完全统一到民法典中并不现实。因此,在编纂民法典时,对典型的商法如公司法、票据法、保险法、海商法、破产法等法律,在不与民法典相冲突的条件下,仍采用单行民事法律的方式是比较可行的。

六是应正确处理民法总则和民法分则各编的关系。民法典应有严密的逻辑体系,其中最重要的是要处理好总则与分则的关系。民法典内容广博,编纂任务繁重。因此,编纂工作分两步走,先制定民法总则,再制定分则各编,是一种积极稳妥的立法方法。民法典编纂工作可分步进行,但民法典编纂研究工作应作通盘考虑。在分别制定民法总则和分则的情况下,正确处理二者的关系显得特别重要。总则要反映民法普遍的规则,主要涉及民法中具有共性的内容,分则各编则是民法主要领域的具体规定。制定民法总则时应当注意与民法分则各编内容的协调和衔接,兼顾对其他部分的研究论证。民法典的编章结构,以及分则各编的结构和内容,都与总则有直接关联,需要在制定总则时一并研究和处理。

在编纂民法典过程中,我们通过各种协调会议提出了上述应正确处理六个方面关系的意见。但是,要编纂一部好的民法典,笔者认为,不仅应当处理好上述六个方面的关系,还应当思考一个问题:应当怎样通过民法典的编纂来构建我国的民法体系?

首先,我国的民法体系特别是民法总则,应该以法律关系理论为核心,以法律规范的理论为补充进行建构。民事法律关系的理论主要包括民事主体、客体、权利义务和民事行为等内容。用这个理论指导民法典编纂,特别是民法总则起草,就有了搭建的基本蓝图。民法总则自身应当具备完整严密的逻辑体系,以法律关系理论为核心来构建民法总则,重点规定民事主体、民事权利客体、民事权利和义务,以及引起民事法律关系产生、变更、消灭的民事法律事实等内容,就能实现这一立法目的。我们为什么要提出要以法律规范理论为补充呢?这是因为民事法律关系理论重点强调的是民事主体、客体、民事权利和义务,以及包括民事行为在内的法律事实,其中特别重要的是民事权利义务。至于民事责任问题,虽可以从理论上推导出来,但显得并不直接。法律规范理论,在强调适用的前提条件、权利义务的同时,更强调法律责任。以法律关系理论为核心,法律规范理论为补充,刚好弥补了法律关系理论在强调民事责任、诉讼时效等国家强制力方面的不足。采用这种理论编纂民法典,特别是起草民法总则,可以为建立科学的、逻辑严密的民法典奠定基础。正是在这一思想的指导下,在民法总则起草过程中,我们向全国人大常委会法工委提出要增加民事责任一章的建议,以形成民事权利义务责任"三位一体"的完整体系,更便于民事法律在现实生活中的实施。虽然当时对增加这一章有争议,但经过认真讨论和研究,民事责任作为一章,写进了民法总则。

其次,我国的民法体系应当是以总则为纲、分则为要,民法典为体,民事单行法律为用的完整民法典体系。民法典编纂不同于现有民法条文的简单汇编。整部民法典必须有严密的逻辑结构和深厚的理论支撑,应当是法律逻辑与经验总结的统一,是逻辑严密与价值合理的统一,是形式完美与内容至善的统一。因此,我国制定的民法典应以总分结构主,构建一个开放性的完整民法典体系。民法总则规定民法的基本原则和一般规则,分则规定具体规则。民法分则不能涵盖的问题可以通过单行民事法律来规定。民法分则和单行民事法律应当是民法总则中基本原则和一般规则要求的具体体现,有些单行民事法律还应当是分则规定的具体体现。只有这样,我国的民法体系才能真正成为具有内在逻辑联系、相互协调、功能互补的完整民事法律体系。

民法总则是民法典的纲领和灵魂,是未来制定民法分则以及各民事单行法的依据,应当具备能够统领民法分则及民事单行法的完整科学的逻辑体系。一方面,民法分则及单行民事法律应当能够在民法总则中找到相应的依据;另一方面,在制定民法总则的过程中，应当将物权法、合同法、侵权责任法等法律的一些基本规则进行科学的抽象、概括和提炼，将其融入民法总则之中，使民法总则具有更强的概括性和指导性。

最后，在民法总则基本规定和一般规则的基础上，民法分则应当根据民事关系的不同属性，对现有的单行民事法律的规定进行编纂。就民法的体系而言，民事法规规范包括基本原则、一般规则、具体规则。它们共同构成民法体系之树。民法总则主要是关于民事基本原则和一般规则的法律规范，民事法律具体规则应由民法分则和民事单行法律作出规定，且民法分则和民事单行法律原则上不能与民法总则的规定相冲突。正是在这一认识的基础上，我们向全国人大常委会法工委提出，应当根据民事关系的不同属性，围绕人格权、物权、债权、知识产权、亲属、继承、民事侵权、涉外民事关系法律适用 8 个方面进行民法分则的编纂。在这 8 个分编中，物权、债权、亲属（或者婚姻家庭）、继承和民事侵权争议不大，而人格权、知识产权、涉外民事关系法律适用则存在争议。为此，我们的建议重点对人格权、知识产权、涉外民事关系法律适用进行了阐述。

一是要重视人格权在民法典编纂体系中的重要性。人格权是民事主体最基本的民事权利，具有独立地位，与物权、知识产权、亲属权、债权等共同构成完整的民事权利体系。人格权是人权在民事法律中的具体化，民法中规定人格权是保障和发展人权的内在要求，可以使宪法保障人权的规定在私法中得以落实，并向国际社会彰显党和国家对保护人权的高度重视。从全球来看，近一个多世纪以来，人格权得到了快速发展，各国高度重视。中华人民共和国成立以来，特别是改革开放以来，我国的人权事业取得了很大进步。人权，特别是人格权的司法保护也逐渐发展完善。党的十八大以来，基于全面建成小康社会的需要，人格权的保护如何在立法上取得相应的地位，已成为社会关注的热点之一。因此，在民法典编纂中，应当满足这一社会需求。具体来说，自然人人格权所包含的生命权、健康权、姓名权、人身自由权、身体权、隐私权、个人信息权等具体人格权及一般人格权应当在民法中有所体现；同时，法人和其他组织形成的名称权、荣誉权等具体人格权及死者人格利益等也应当予以保护。

二是要将知识产权纳入民法典体系。我国实施国家知识产权战略，以创新型国家建设为根本目标，高度重视知识产权在经济发展战略中的核心地位和作用，以知识产权优势理论为指导，为我国实现经济转型和科学发展提供强有力的科技、经济、文化、智力和人才支持。知识产权作为现代社会民事主体最重要的权利之一，民法典应当将其作为主要民事法律制度予以规定。特别是知识产权作为民事权利的绝对权、对世权和排他权,如果在民法典予以规定,那么,对知识产权的保护力度将会大大加大。与此同时,如果在职务创作中,将科技人员在知识产权中的财产权也在民法典中予以规定,那么,对激发广大科技人员创新的积极性将会发生极大的作用,对我国科技创新推进的力度将是空前的。因此,将知识产权纳入民法典体系,既是民法典自身体系完整性的需要,也是民法典贯彻创新发展理念,为国家经济、科技、文化发展提供制度支持的最好体现。

三是要将涉外民事关系法律适用纳入民法典体系。目前,我国的经济总量已经位居世界第二。中国经济已经与世界经济融为一体,成为推动全球经济发展的重要引擎。随着"一带一路"倡议的实施,我国全方位对外开放新格局正在形成。在此背景下,我国民法典的编纂,应当适应经济全球化、对外开放和"一带一路"建设的需要,为众多的中外市场主体提供可靠的法律需求,以及时解决他们之间的各种民事和商事纠纷。为实现这一目标,在民法典编纂中将涉外民事关系法律适用作为独立一编写进去,为我国法院依法准确适用国际条约和惯例,准确查明和适用外国法律,依法行使司法管辖权、裁判权,为中外市场主体提供及时有效的司法救济提供法律依据,就显得十分必要。同时,将涉外民事关系法律适用纳入民法典体系,还可以向那些怀疑中国是否会继续对外开放、走社会主义市场经济道路的人,表明我国的对外开放基本国策没有改变,所有与我国的经济和社会交往,都能得到我国法律保护的基本态度。

从 2015 年年初开始到现在,5 年多过去了。经过全国人大常委会法工委、最高人民法院等 6 家单位的通力合作,《民法典》在第十三届全国人民代表大会第三次代表大会上正式通过。这部将在全国 960 万平方公里国土上正式实施的《民法典》,承载着 100 多年来中华民族法治梦想的大法终于出生了。这部新诞生的《民法典》共 7 编、1260 条,即第一编总则,第二编物权,第三编合同,第四编人格权,第五编婚姻家庭,第六编继承,第七编侵权责任。

这部法律,是一部在党的领导下,各相关部门努力工作,集中全国人民共同意志的法律。在编纂民法典的过程中,全国人大的各级领导,全国人大常委会法工委承担编纂工作专班的领导和同志们,深入全国各地、各个部门,召开有各界人士参加的调研会,进行深入的调查研究。他们除认真听取和吸收我们的意见外,其他国家机关、各种社会组织、社会团体和各界人士的许多意见,也被吸收在这部民法典中。可见,我国民法典的编纂过程,就是一个集中民意、体现民智的民主立法过程。

通过这一过程,全国人民的共同意志被体现在民法典中。笔者和同事们在5年多的时间里,共同经历和见证了这一过程。这是我们莫大的荣幸。在整个民法典编纂过程中,我们代表最高人民法院提出的意见,都是在深入基层,广泛听取全国各级法院的法官、各级人大代表、政协委员、专家学者和各界群众基础上形成的意见,这些意见已经被大量吸收入这部法典中。特别值得一提的是,这次民法典的编纂,我们提出的人格权独立成编的建议被采纳,人格权作为分则中的独立一编被写进了民法典,成为我国这次民法典编纂的最大亮点;知识产权作为民事权利被写进民法总则中的民事权利一章中,为下一步知识产权法作为单行民事法律的制定奠定了基础。

这部法律,是一部体现新中国成立70年来,特别是体现改革开放40年来社会主义制度伟大成果的重要法律。1949年新中国成立以来,我国先后建立了全民所有和集体所有的社会主义财产公有制度;农村土地承包责任制,农村土地承包经营权流转制度;国有土地有偿出让、转让制度,矿产等自然资源有偿出让、转让制度以及其他公有财产有偿使用制度;公私财产保护制度;包括市场交易制度在内社会主义市场经济制度;知识产权保护和转让制度;人格权保护制度;婚姻家庭制度;继承制度;民事侵权责任制度;生态环境保护制度;涉外民事法律关系适用制度等。经过几十年的磨炼,上述制度在中国的社会主义实践中日臻完善、成熟。这次民法典编纂,不是一两个法学理论或者法学家意志的体现,更不是西方法律制度的简单移植,它是在中国共产党领导下,全国人民通过70年来对中国特色社会主义的探索,特别是改革开放40年来改革开放的经验总结。从这个意义上讲,我国新编纂的民法典,不是立法者起草出来的,它是中国人民干出来的,中间经历了多少曲折、辛酸、徘徊、思索和奋进!可以说,这部民法典是中国特色社会主义制度的完整总结,是中国特色社会主义制度法制化的重大成果,我国的法学家和立法者,只是在党的领导下,几代中国人民70年来探索和奋进的忠实记录者和整理者。成绩属于伟大的中国人民!

这部法律,是实现中华民族伟大复兴,为未来中国特色社会主义法治建设奠定基础的重要法律。1840年以后,为实现中华民族的伟大复兴,有多少仁人志士为之艰苦奋斗,流血牺牲。新中国成立后,中华民族走上了伟大复兴的新征程。经过70年的奋斗,我们离民族伟大复兴的实现已经越来越近。但是,中华民族的伟大复兴不仅仅是一个经济指标,还有政治、文化、社会管理、人与自然的和谐发展的指标。社会主义法治,就是这五大指标能否实现的综合性标志。经过70年,特别是改革开放40年的努力奋斗,我国的社会主义法治水平已经取得长足进展,但离中华民族伟大复兴的要求还有差距。在第一个“百年梦想”,即在建党100周年,在我国实现全面建成小康社会的目标即将达到之时,完成民法典的编纂工作,就是要为实现第二个“百年梦想”奠定坚实的立法基础。民法典编纂结束后,我国完整的社会主义法律体系基本建成,在我们向第二个“百年梦想”迈进之时,我国的社会主义法治建设将随着“五大建设”的步伐,向中华民族伟大复兴的目标前进!这就是完成民法典编纂工作所具有的重大历史意义。

民法典编纂工作完成了,但它并不是中国特色社会主义法治建设的完成,而是一个新的开端,一个新的社会主义法治建设的开端。这个开端应当如何进行呢?

一是要借民法典贯彻落实的东风,在全国掀起学习民法典的热潮,树立尊重他人民事权利,提高全民族平等、自由、公平、诚信等法治意识。民法不仅仅是权利法,而且是权利、义务与责任有机统一的法律。要通过宣传让广大人民群众认识到,在依法享受自己的民事权利时,要认真履行自己的民事义务,如果不履行自己的民事义务,别人的民事权利就不能得到实现,反之亦然;在不履行自己的民事义务,或者履行民事义务不符合法律规定或合同约定时,应当依法承担民事责任。要反对侵害别人权利而不愿意承担民事责任,或者只愿意享受权利而不愿意履行民事义务或者不愿意承担民事责任的观念和意识,树立尊重他人民事权利,及时履行自己的民事义务,勇于承担民事责任的法治理念和法治意识。

二是要通过行政机关的严格依法行政,为各类民事主体提供完整的平等服务,保证实现他们的各类民事权利。我国众多的民事主体开展各类民事活动,都离不开行政机关对各类民事主体的管理。民法典的许多条文规定,也涉及行政管理机关对民事主体和民事主体活动的管理职能。例如,行政机关的各种登记管理职能、许多行政机关对民事主体开展民事活动的监督和管理职能等都是其中的表现。因此,民法典的实施离不开行政机关严格依法进行的行政管理职能的履行。在保证民法典实施的过程中,第一,要忠实履行法律规定的行政管理职责,为各类民事主体提供高效率的服务。第二,要严格按照法律的规定履行管理职责,不能超越法律规定的职权范围行使行政管理权。特别是通过“放管服”改革已经不作为行政管理范围的事项,不能再通过具体的行政权力将其收回;尤其是相关行政机关不能利用行政职权,随意介入当事人之间的民事纠纷。第三,应当按照法律规定的程序严格执法,不能违反法律的程序性规定进行执法活动。第四,对民事主体依法订立的合同应当予以尊重,不能在行政执法活动中随意改变当事人的约定。总之,行政机关的依法行政，是民法典实施的重要保障。应当始终坚持：法无授权不能行权，法无规定不能处罚，法有要求不能渎职。只要始终坚持严格依法行政，我国民法典的正确实施就能得到充分的保障。

三是要通过民事审判工作严格司法，让立法意图在法律实施中得到实现。列宁曾经说过，法律制定出来后如果得不到执行，那它就是毫无意义的空气震动而已。民法典的编纂成功，已经解决了民事纠纷有法可依的问题，下一步要解决的问题，是要让民法典在实际社会生活中得到严格实施。要实现这一目标，首先需要法官、检察官和律师认真学习理解民法典，深刻理解法律的本意，并在司法活动中围绕严格公正司法，维护法律权威，履行好各自的职责。只有法官、检察官、律师严格履行法律赋予的职责，民事司法活动中的严格公正司法才能得到保证，人民群众的守法意识才能在实践中逐渐提高，整个社会主义法治秩序的良好维护才有可能实现，民法典调整民事关系的社会功能才能真正发挥。

四是要在中国特色社会主义建设的进程中，进一步做好完善和丰富民法典和民法体系的工作。这次民法典的编纂工作是结束了，但这一结束只是阶段性工作的结束，并不是民法典和民法体系研究的终结。我国已经建立的中国特色社会主义还要不断发展和完善。为适应这一发展和完善，我国的民法典和民法体系，也需要在实践中不断得到丰富和完善。正如马克思所说的，权利永远不脱离社会的经济结构，以及由这个经济结构所制约的社会文化的发展。如果我们在民法典编纂结束后就裹足不前，那么，我们的民法典和民法体系就会在不断进步的社会发展面前逐渐失去活力而变得苍老，也难以在今后为促进中国特色社会主义的“五大建设”发挥好自己的功能和作用。要保证我国的民法典永远保持青春，我们只有紧随中国特色社会主义发展的步伐，一刻也不能停留。

“潮平两岸阔，风正一帆悬。”中国的民法典，一部真正能够在中国 960 多万平方公里土地上实施的民法典通过了。几代法律人的梦想终于实现了。但正如中国特色社会主义的道路是漫长的一样，中国法治建设的道路同样漫长。站在风满悬帆的航船上，我们看到的不仅仅是秀丽的风光，还会有拍打航船的惊涛骇浪。但无论前程有多么曲折，我们一定能够到达理想的彼岸。

简称表

全称	简称
《中华人民共和国民法典》	《民法典》
《中华人民共和国民法总则(草案)》	《民法总则(草案)》
《中华人民共和国民法总则》	《民法总则》
《中华人民共和国民法通则》	《民法通则》
《中华人民共和国物权法》	《物权法》
《中华人民共和国合同法》	《合同法》
《中华人民共和国宪法》	《宪法》
《中华人民共和国经济合同法》	《经济合同法》
《中华人民共和国技术合同法》	《技术合同法》
《中华人民共和国涉外经济合同法》	《涉外经济合同法》
《中华人民共和国侵权责任法》	《侵权责任法》
《中华人民共和国涉外民事关系法律适用法》	《涉外民事关系法律适用法》
《中华人民共和国消费者权益保护法》	《消费者权益保护法》
《中华人民共和国英雄烈士保护法》	《英雄烈士保护法》
《中华人民共和国产品质量法》	《产品质量法》
《中华人民共和国担保法》	《担保法》
《中华人民共和国农村土地承包法》	《农村土地承包法》
《中华人民共和国农村土地承包经营纠纷调解仲裁法》	《农村土地调解仲裁法》
《中华人民共和国土地管理法》	《土地管理法》

续表

全称	简称
《中华人民共和国矿产资源法》	《矿产资源法》
《中华人民共和国森林法》	《森林法》
《中华人民共和国草原法》	《草原法》
《中华人民共和国行政复议法》	《行政复议法》
《中华人民共和国城市房地产管理法》	《城市房地产管理法》
《中华人民共和国婚姻法》	《婚姻法》
《中华人民共和国继承法》	《继承法》
《中华人民共和国水法》	《水法》
《中华人民共和国环境保护法》	《环境保护法》
《中华人民共和国固体废物污染环境防治法》	《固体废物污染环境防治法》
《中华人民共和国水污染防治法》	《水污染防治法》
《中华人民共和国大气污染防治法》	《大气污染防治法》
《中华人民共和国环境噪声污染防治法》	《噪声污染防治法》
《中华人民共和国水土保持法》	《水土保持法》
《中华人民共和国矿产资源法实施细则》	《矿产资源法实施细则》
《中华人民共和国行政许可法》	《行政许可法》
《中华人民共和国中外合资经营企业法》	《中外合资经营企业法》
《中华人民共和国行政诉讼法》	《行政诉讼法》
《中华人民共和国预算法》	《预算法》
《中华人民共和国招标投标法》	《招标投标法》
《中华人民共和国城镇国有土地使用权出让和转让暂行条例》	《城镇国有土地使用权出让和转让暂行条例》
《中华人民共和国国家标准土地基本术语》	《国家标准土地基本术语》

续表

全称	简称
《中华人民共和国土地管理法实施条例》	《土地管理法实施条例》
《中华人民共和国民办教育促进法》	《民办教育促进法》
《中华人民共和国海商法》	《海商法》
《中华人民共和国企业破产法》	《企业破产法》
《中华人民共和国商标法》	《商标法》
《中华人民共和国专利法》	《专利法》
《中华人民共和国著作权法》	《著作权法》
《中华人民共和国公司法》	《公司法》
《中华人民共和国商业银行法》	《商业银行法》
《中华人民共和国海关法》	《海关法》
《中华人民共和国民事诉讼法》	《民事诉讼法》
《中华人民共和国村民委员会组织法》	《村民委员会组织法》
《中华人民共和国农民专业合作社法》	《农民专业合作社法》
《中华人民共和国证券投资基金法》	《证券投资基金法》
《中华人民共和国票据法》	《票据法》
《中华人民共和国妇女权益保障法》	《妇女权益保障法》
《中华人民共和国国民经济和社会发展第十二个五年规划纲要》	“十二五”规划纲要
《中华人民共和国国民经济和社会发展第十三个五年规划纲要》	“十三五”规划纲要
最高人民法院《关于适用〈中华人民共和国民法典〉总则编若干问题的解释》	《民法典总则编解释》
最高人民法院《关于适用〈中华人民共和国公司法〉若干问题的规定(四)》	《公司法司法解释(四)》

续表

全称	简称
最高人民法院《关于审理建筑物区分所有权纠纷案件适用法律若干问题的解释》	《建筑物区分所有权解释》
最高人民法院《关于适用〈中华人民共和国民法典〉物权编的解释(一)》	《民法典物权编解释(一)》
最高人民法院《关于贯彻执行〈中华人民共和国民法通则〉若干问题的意见(试行)》	《贯彻民法通则意见》
最高人民法院《关于适用〈中华人民共和国担保法〉若干问题的解释》	《担保法司法解释》
最高人民法院《关于适用〈中华人民共和国民法典〉有关担保制度的解释》	《担保制度解释》
最高人民法院《关于适用〈中华人民共和国行政诉讼法〉若干问题的解释》	《行政诉讼法司法解释》
最高人民法院《关于人民法院民事执行中查封、扣押、冻结财产的规定》	《关于查封、扣押、冻结的司法解释》
最高人民法院《关于适用〈中华人民共和国民法典〉婚姻家庭编的解释(一)》	《民法典婚姻家庭编解释(一)》
最高人民法院《关于适用〈中华人民共和国婚姻法〉若干问题的解释(一)》	《婚姻法司法解释(一)》
最高人民法院《关于适用〈中华人民共和国民事诉讼法〉的解释》	《民诉法司法解释》
最高人民法院《关于适用〈中华人民共和国合同法〉若干问题的解释(一)》	《合同法司法解释(一)》
最高人民法院《关于适用〈中华人民共和国合同法〉若干问题的解释(二)》	《合同法司法解释(二)》
《全国法院民商事审判工作会议纪要》	《九民会议纪要》

续表

全称	简称
最高人民法院《关于审理买卖合同纠纷案件适用法律问题的解释》	《买卖合同司法解释》
最高人民法院《关于人民法院办理执行异议和复议案件若干问题的规定》	《异议复议规定》
最高人民法院《关于审理商品房买卖合同纠纷案件适用法律若干问题的解释》	《商品房买卖合同解释》
最高人民法院《关于审理民事案件适用诉讼时效制度若干问题的规定》	《诉讼时效规定》
最高人民法院《关于审理涉及国有土地使用权合同纠纷案件适用法律问题的解释》	《土地使用权解释》
最高人民法院《关于当前形势下审理民商事合同纠纷案件若干问题的指导意见》	《民商事合同指导意见》

目　录

总　则　编

物 权 编

总　则　编

第一章 概 述

民法是我国法律体系中效力仅次于宪法的基本法律。如果不了解民法的特征,不了解民法在我国法律体系中的地位,不了解民法与其他法律的关系,就难以在民法典实施过程中做到严格公正司法。要在我国完整法律体系中准确理解民法,必须先正确理解宪法,以及民法与其他法律,特别是与刑法、行政法的区别和联系。

一、民法与其他法律的区别

在一个国家的完整个法律体系中,宪法是根本大法,规定国家的国体、政体和国家结构、基本制度。所谓国体,是指国家的性质,即国家权力的归属,是归人民还是归国王、皇帝。所谓政体,是指国家的政治制度,即国家权力是采用集中行使还是分散行使模式,以解决国家权力行使的效率问题。所谓国家结构,是指国家的管理模式,即国家是采单一制还是联邦制管理模式,以解决中央与地方关系的问题,以及国家机构的设置、职权划分和职责等问题。除此之外,宪法还规定公民的基本权利和义务,国家经济、文化和社会等基本制度。我国的宪法是按照现代宪法的模式制定的。它规定了我国的国体是人民民主专政的国家,国家权力属于人民;规定了我国的政治制度是人民代表大会制度,人民在国家中当家作主;规定了我国的国家结构是单一制国家,同时在民族聚居地区实行民族区域自治。除此之外,我国宪法还规定国家机构的设置、职权划分等问题,规定了公民的基本权利和义务、国家经济、文化和社会等基本制度。我国宪法是根本大法,是构建我国完整法律体系的基础。为保证我国法律的统一性和协调性,其他所有法律的制定,均不得与宪法相冲突、相矛盾。

我国的民法是为了落实宪法规定的基本制度而形成的最重要的基本法,其地位仅次于宪法。如果说宪法是国家的根本大法,主要规定国家制度和社会的基本制度,那民法则是将社会的基本制度具体化,其调整的范围包括经济、政治、文化、社会、人与自然关系的方方面面。可以毫不夸张地说,一个社会如果没有民事法律对各种社会民事关系的调整,这个社会将难以规范有序地运行和发展。

我国的民法是为了保护民事主体的合法权益、调整民事关系、维护经济社会秩序、弘扬社会主义核心价值观而建立的私法性质的法律部门。民法的职能是调整平等主体的自然人、法人和非法人组织之间的人身关系和财产关系。民法的特点就是体现特殊利益或者私人利益主体之间的协调和平衡,促进社会和谐发展。民法所调整的民事主体的权利和义务关系具有私益性。

民法的私益性特征,是民法与体现公益性特征的刑法、行政法和社会法的区别所在。正因如此,在整个法律体系中,我们才将宪法称为根本大法,而将具有公益性质的刑法、行政法称为公法,将体现私益性质的民法称为私法。刑事诉讼法、民事诉讼法、行政诉讼法是国家司法机关审理案件必须遵循的程序规则,性质上具有公益属性,属于公法系列。

正因为民法调整的是平等主体之间的民事法律关系,具有私法的属性,人民法院处理民事纠纷就应当按照私法的原则,即平等、自愿、公平、诚信等原则,正确适用民事法律,维护社会秩序。这是民事审判工作区别于其他审判工作的特点。但是应当看到,对经济社会的保护,不仅是民法的职责,也是公法的职责。因此,刑法、行政法都从不同的角度对民事主体资格、民事行为、民事标的物等进行规范。对此,在民事审判工作中,要注意防止两个倾向。一是忽视民事审判调整的民事法律关系的特征,对民事审判贯彻的平等、自愿、公平、诚信等原则不予尊重,过分强调刑事打击、行政管理和社会秩序、社会公共利益的维护,对社会中民事主体的私人利益、私权和契约自由保护不力,造成营商环境不佳,导致市场和社会失去活力。二是过分强调社会中民事主体的私人利益、私权保护和契约自由维护,忽视了对整个社会秩序、社会公共利益和契约正义的维护。应当看到,我国经济是社会主义市场经济,忽视宏观管理和社会公共利益,个体利益、私权保护和契约自由也会受到危害。只有将两者有机协调起来,既重视对社会中的民事主体的私人利益、私权的保护和契约自由的维护,也要重视对社会秩序、社会公共利益和宏观管理的维护,才能保证整个社会既充满生机和活力,又能有序健康发展。

二、民法典体系

我国属于成文法国家,民法体现了成文法传统。我国民法由三部分构成:一是民法总则;二是民法分则;三是单行民事法律。这三个部分构成我国的民法典体系。我国这次编纂的《民法典》,除总则和分则外,还存在大量的单行民事法律。这些单行民事法律与《民法典》是什么关系呢？

民法总则主要规定民法的基本规定和一般规则，是整个民法体系的纲领，在民法体系中地位最高。民法分则和单行民事法律，不得违反民法总则中包括基本原则在内的基本规定和一般规则。民法分则是民法总则指导下的具体规则，是主要民事法律关系的集中体现。

我国的民法典体系，除总则和分则外，还包括大量的单行民事法律。这些单行民事法律分为两类：一是民法各分则不能涵盖的单行民事法律。这类单行民事法律，实际是就是与分则平行的民事法律，如《涉外民事法律关系适用法》。这类单行民事法律不能与民法总则的基本原则和一般规则相冲突，相反是在基本原则规制下生存的法律。二是民法分则没有规定的单行民事法律。这类单行民事法律，体例上隶属于某一分则，但现有分则又没有作出相应的规定。这类单行民事法律不能与总则的一般规定相冲突，也不能与分则的规定相冲突。这类单行民事法律，在与总则和分则已有规定不相冲突的情况下，可以制定更为具体的规则。在民法典总则和分则之外之所以需要大量的单行民事法律，是因为我国民法典体系是一个开放性的体系。民法所调整的社会生活十分丰富，而且随着社会的进步而不断发展变化。随着社会生活的发展，大量新的民事关系会出现，需要新的法律予以调整，必然要产生单行民事法律。所以单行民事法律会不断对民法典体系输入新鲜营养，保持这一法律体系旺盛的生命力。正因如此，可以形象地说，我国的民法典是一棵大树，一棵以总则为干、分则为枝、单行民事法律为丫构架而成的大树，在这棵大树的干、枝、丫上泛出的一个个绿色的民事法律规范，完整地覆盖在其上。随着我国社会的不断发展，这棵大树的根会紧扎入中国大地，它的干会越来越粗壮，会越来越显得枝繁叶茂，但由干、枝、丫架构成的体系却不会改变。这次民法典的编纂之所以伟大，最重要的不是拟出了1260条法律条文，而是将过去碎片化的单行民事法律，构建成一个完整的民法典体系，一个开放性的民法典体系。正是这个完整、开放性的体系，能够保证我国民法典适应我国的社会主义经济、政治、文化、社会管理、生态文明建设不断发展变化的需要。

《民法典总则编解释》第1条规定："民法典第二编至第七编对民事关系有规定的，人民法院直接适用该规定；民法典第二编至第七编没有规定的，适用民法典第一编的规定，但是根据其性质不能适用的除外。就同一民事关系，其他民事法律的规定属于对民法典相应规定的细化的，应当适用该民事法律的规定。民法典规定适用其他法律的，适用该法律的规定。民法典及其他法律对民事关系没有具体规定的,可以遵循民法典关于基本原则的规定。”

最高人民法院的这一规定,实际上是在讲特别法与一般法的关系,也涉及上位法与下位法的关系,在具体适用中应当特别注意。

首先,要注意总则与分则在适用中的关系。《民法典》第二编至第七编没有规定,是指作为分则的特别法没有规定,当然应当适用第一编即总则编的规定。如果第二编至第七编有规定,且该规定与总则编的同类规定不发生矛盾冲突,应当按照特别法优于一般法的原则适用;如果与总则编的同类规定直接发生矛盾冲突的,则应当按照上位法优于下位法的原则适用总则编的规定。因为《民法典》总则编的法律地位要高于分则,对分则的适用有指导意义。

其次,要注意总则编与其他民事法律即单行民事法律的关系。其原则与总则与分则的关系相同。如果其他民事法律的规定是对民法典相应规定的细化,且不发生矛盾冲突,当然应当适用该民事法律的规定;如果民法典规定适用另外的其他法律的,则应当适用另外的其他法律,不能抛开民法典的规定自行其是;如果其他民事法律的规定与民法典的规定发生矛盾冲突,则不能适用其他民事法律规定,而应当适用民法典的规定。

最后,要高度重视民法典基本原则的法律地位。如果总则、分则和其他民事法律规定对法律关系有规定,当然要按照总则、分则和其他民事法律的规定办理,但基本原则对于正确理解前述规定具有指导作用,不能抛开基本原则孤立地理解相应规定;如果总则、分则和其他民事法律对民事法律关系没有规定,则可以遵循民法典中的基本原则的规定处理案件纠纷。《民法典总则编解释》第1条第3款的规定,不仅对基本原则的重要司法功能予以了强调,更完善了民事法律适用体系,为法院不得拒绝裁判提供了制度保障。按照这一规定,即使总则、分则和其他法律没有规定,也应当遵循民法典的基本原则,探索案件的处理方法,为后续同类案件的处理提供先行案例。

三、民法典构建的法律理论基础

我国民法是一个庞大体系。这一体系是按照什么理论来构建的呢?本书认为,它是以民事法律关系理论为主,民事法律规范理论为补充来构建的。这一构建思想,主要通过《民法典》总则编体现的。

民事法律关系理论主要包括以下内容:一是民事法律关系的主体;二是民事法律关系的客体,即民事法律所要保护的社会关系;三是民事法律关系的内容,即民事法律关系主体应当享有的权利和应承担的义务,这是法律关系理论中最重要的内容;四是导致民事法律关系产生、变更和消灭的法律事实,包括民事法律行为和法律事件等内容。

《民法典》总则编的谋篇布局,主要按照上述民事法律关系的理论安排。首先,第二章自然人、第三章法人、第四章非法人组织等三章,对典型的民事法律关系主体进行了规定。其次,第五章民事权利,对民事主体的权利义务内容进行规定。为了避免条文的重复表述,这一章将民事法律关系的客体与民事权利义务合并起来写。最后,第六章民事法律行为、第七章代理,以及第五章的第129条,对能导致民事法律关系产生、变更和消灭的法律事实,即民事法律行为和法律事件进行了规定。

除民事法律关系的理论外,编纂民法典同编纂其他法律一样,需要以法律规范理论作为技术支撑。从理论上看,法律规范理论有不同的表述,但实质内容相同。法律规范包含三要素。

第一个要素是事实前提。这是制定任何法律规范都必须具有的。在制定法律以及起草司法解释时,首先要描述清楚民事法律事实,明确民事法律事实在什么情况下出现,并规定出现该事实以后会产生什么后果。如果没有法律事实的出现,就不可能有法律规范。

第二个要素是内容,即立法者所要规定的权利和义务。在明确假定事实的前提后,要根据该假定事实的前提作出关于民事主体权利义务的规定。例如,假如当事人之间发生了签订化肥买卖的民事法律行为,那买方就拥有要求卖方如约交付化肥的权利;而卖方也拥有要求买方支付货款的权利。

第三个要素是后果,也就是当事人不履行法律规定或约定的义务,或者侵害其他民事主体民事权利所应当承担的民事法律责任。关于法律责任的规定是法律之所以是一种强制性规范的最重要的要件,是法律规范得到遵守的保障,也是法律与道德、习惯相区别的基本特征。对于一个法律规范而言,仅仅有事实和内容(权利、义务)这两方面还不够,还需要有法律后果。否则就不能算是法律。一部法律即使规定再多的权利和义务,如果没有规定法律后果,正如列宁所说,那就可能是毫无意义的空气震动。如果法律作出规定后,人们不遵守也不会受到处罚,就会失去其规范意义。正是基于上述原因,在民法总则制定时,我们向全国人大常委会法工委提出,在总则中应当增加民事责任一章。后经过反复研究,民法总则增加专门一章规定民事责任。

应当看到,民事法律关系的理论与法律规范的理论在内容上有交叉。民事法律关系的理论,在民事责任、诉讼时效等国家强制力保护方面体现不明显;而法律规范的理论在民事责任、诉讼时效等国家强制力保护方面表现明显,但在民事主体、民事权利义务保护的客体等方面表现不突出。将两个理论结合起来,就能够较好地做到优势互补,为民法典的编纂奠定较好的法律理论基础。

四、《民法典》总则编的主要内容

《民法典》总则编共有 10 章,204 条。其规定的主要内容包括以下几个方面:

1. 民法的基本原则

民法的基本原则是《民法典》总则编第一章的内容,共 12 条,章名为“基本规定”。本章的内容十分重要,最初的章名就是基本原则,后考虑到具体民法典的实施中本章很重要,也应当作为法律的规定予以贯彻实施,故改为“基本规定”。实际上,本章规定的内容是贯穿整个民法典的大脑和灵魂,是整个民法体系的骨架和经脉,是整个民法典体系大厦的奠基石。因此,本章作为基本规定,更重要的是体现为原本原则,不仅对《民法典》总则编后面的章节具有指导作用,而且对民法分则各编和单行民事法律都具有指导作用。在以后的民事立法活动和民事司法活动中,所有的民事立法与民事司法行为都不能与之相矛盾、相冲突。

2. 民事主体制度

《民法典》总则编用三章的内容,规定了我国的民事主体制度。这三章所规定的民事主体,是我国主要的民事主体,主要包括以下三大类:

一是自然人。这主要是第二章规定的内容,分 4 节,共 44 个条文。这章规定了自然人的民事权利能力和民事行为能力,自然人的监护,自然人的宣告失踪和宣告死亡等民事主体制度。除此之外,在这章中,还对我国特有的、具有自然人特征的个体工商户和农村承包经营户作出了规定。

二是法人组织。这主要是第三章规定的内容,分 4 节,共 45 个条文。所谓法人,是指具有民事权利能力和民事行为能力,依法独立享有民事权利和承担民事义务的组织。在法人一章中,除法人组织的一般规定外,民法总则将法人组织分成三大类,即营利法人、非营利法人和特别法人。所谓营利法人,是指以取得利润并分配给股东等出资人为目的成立的法人组织。营利法人主要包括有限公司、股份有限公司和其他企业法人组织等。所谓非营利法人,是指为公益目的或者其他非营利目的成立,不向出资人、设立人或者会员分配所取得利润的法人组织。非营利法人组织包括事业单位、社会团体、基金会、社会服务机构等。所谓特别法人，法律没有下定义，但应当是在平等自愿基础上，与其他民事主体开展民事活动的社会组织。特别法人主要有机关法人（包括国家机关法人、事业机关法人等）、农村集体经济组织法人、城镇农村的合作经济组织法人、基层群众性自治组织法人等组织。

三是非法人组织。这主要是第四章的规定，共7个条文。所谓非法人组织，是指不具有法人资格，但是能够依法以自己的名义从事民事活动的组织。非法人组织主要包括个人独资企业、合伙企业、不具有法人的专业服务机构等。非法人组织与法人组织相区别的主要特征是，法人组织通常依法独立承担有限责任，而非法人组织通常依法承担无限责任。

除上述三类民事主体外，按照法律的相关规定，国家和政府（包括地方政府）在特定条件下，也是作为民事主体参与民事活动的组织。例如，国家发行公债时，国家与公债购买者之间建立的就是借贷关系；国家将国有资产投入企业时，国家享有的是出资权益，其处于股东或出资者的地位；国家以自己的名义向国际金融机构担保借贷时，国家处于担保人地位；国家以自己的名义向其他国家贷款或者放贷时，国家就是资金借贷方或者出借方；政府将国有土地出让给用地人时，政府就是出让人。在这些情况下，国家或者政府与其他民事主体之间建立的关系，是平等民事法律关系，而不是管理与被管理之间的行政管理关系，它们与民事相对人之间的法律地位是平等的。因此，国家或者政府在特定条件下是民事主体，应当按照民法典和其他法律的相关规定享受民事权利和履行义务。民法典没有将国家或者政府作为单独的民事主体进行规定，是因为国家或政府主要是行使国家权力或行政权力，其作为民事主体是在特定条件下的职能，只要按照法律的规定行事即可，无须再作出单独规定。

3. 民事权利

《民法典》总则编第五章共24条，规定了三个方面的内容。

一是规定民事主体的民事权利。（1）第109条至第111条规定人格权。其中，第109条规定了人格权保护的客体：人身自由和人格尊严；第110条规定人格权的具体权利类型；第111条规定个人信息权益的内容。（2）第112条规定因婚姻家庭关系产生的人身权利受法律保护，标明婚姻家庭类型的身份性质的权利由专门的法律予以保护。（3）第113条至第122条规定了民事主体的财产权利受法律保护。其中，第113条明确规定民事主体的财产权利受法律的平等保护，彰显我国法律在财产保护上的平等性；第114条至第117条规定民事主体的物权保护，确定了物权的性质、对象、种类和财产征收的一般规则;第118条至第119条规定民事主体的债权,确定了债权的性质、类型等一般规则;第120条规定因民事侵权而产生的民事主体的侵权责任;第121条和第122条规定无因管理和不当得利所产生的民事权利。(4)第123条规定知识产权。该条规定了知识产权专有权的性质,以及基于知识产权法律保护的客体所产生的具体知识产权权利。(5)第124条规定自然人的继承权。(6)第125条规定民事主体的股权和其他投资性权利。(7)第126条规定民事主体享有其他民事权利和利益,是民事权利的兜底性条款。(8)第127条将数据、网络虚拟财产作为保护的客体,纳入法律保护的范围。数据、网络虚拟财产是进入信息化社会后出现的新情况、新问题。此类财产如何进行法律保护,目前的经验不多。《民法典》总则编将其纳入民法体系范围,为今后此类财产的民事法律保护留下一个链接点,待将来条件成熟后,再通过制定单行民事法律予以解决。(9)第128条规定特殊群体的权利保护。这些特殊群体包括未成年人、老年人、残疾人、妇女、消费者的民事权利应当按照法律的特别规定予以保护。

从第109条到第128条,《民法典》总则编用20个条文列出了我国法律保护的民事主体的权利清单。条文虽不多,但这是我国法律规定的民事权利总汇和清单,它构成了我国民事法律规定的民事权利的完整体系。在这个权利体系中,既有对过去传统民事权利的肯定,也有对新时代即将产生的新型民事权利类型的接口预留。这里的许多条文,一条或者几条就可能是民法分则的分编依据,一条就可能是一个法律类型的存在前提,一条就可能催生出一个甚至几个新的单行民事法律。因此,说这是中国民事权利的宣言书,一点也不为过。

二是规定了民事权利取得的方式。民事权利的取得方式,或者说民事法律关系的产生、变更和消灭,是民事权利从纸上的权利变成实际的权利,法律从纸上的法律变成实际社会生活中的法律的重要依据。第129条规定的方式,是整个民法典重要条款之一。正是这一规定,开启了民事法律调整社会关系的发动机。第129条规定:“民事权利可以依据民事法律行为、事实行为、法律规定的事件或者法律规定的其他方式取得。”正是因为有了这一规定,《民法典》总则编的第六章民事法律行为和第七章代理才有了根,《民法典》分则各编、各单行民事法律的落地才有了基础。因此,在实施《民法典》的过程中,应当高度重视对第129条的理解。

三是规定了民事权利行使的原则。在民事法律关系建立后,《民法典》第130条至第132条分别确立了民事权利行使的三项原则。

(1)民事权利自由行使。这是第130条的规定,是民事权利行使的根本性原则。具体来说,该原则是指民事主体可以根据自己的自愿,依法享受权利、放弃权利或者部分放弃权利,他人不得干预。如果民事主体不能按照自己的意愿自由行使权利,民事主体的民事权利就形同虚设,就不可能有真正的民事权利。因此,在任何时候都要尊重和保护民事主体行使权利的自由。当然,这种自由不是为所欲为,而是在法律许可范围内的自由,超出法律许可范围的所谓“自由”,不是真正的自由,而是无法无天。

(2)民事主体享受民事权利与履行民事义务并重。这是第131条的规定。民事权利与民事义务是一块硬币的两面,两者是不可分的。民事主体权利的享受必须以对方民事义务的履行为前提,反之亦然。这条民事权利行使的原则,与《民法典》总则编第176条的规定合起来,就形成了民事权利义务责任相一致的原则。第176条规定:“民事主体依照法律规定或者按照当事人约定,履行民事义务,承担民事责任。”在2017年起草民法总则时,曾经想将现在的第8条、第131条和第176条合起来写一条“民事权利义务责任相一致的原则”,放在基本规定中。后来感到分散写在基本规定章、民事权利章和民事责任章更有利于操作,就采用了现在的方式。无论哪种方式,在民法典实施中,都应当贯彻落实民事权利义务责任相一致的原则。因此,在理解民事权利行使原则时,应当将三者有机结合起来。

(3)民事主体行使民事权利不得损害国家、社会公共利益和他人合法权益。我国民事法律不仅要维护民事主体个人的合法权益,也要维护社会群体的共同利益。没有社会群体的共同利益,就不可能有个人利益的生存空间。不仅要维护自己的个人利益,还要维护他人的合法权益,不尊重他人的合法权益,自己的合法权益也会失去存在的环境。因此,这一原则是民事主体行使民事权利的前提和条件。如果不遵守这一原则,其民事权利的行使也难以得到保障。

4. 民事法律行为和代理

民事法律行为和代理是《民法典》第一编总则第六章和第七章的内容,从第133条至第175条,共43条。

民事法律行为,是民事权利取得,或者民事法律关系产生、变更、终止的最重要的法律事实。如果说第129条是规定民事权利取得,或者民事法律关系产生、变更、消灭的法律事实,那第六章则是对其中最重要的法律事实——民事法律行为作出具体规定。这一章的内容主要包括:民事法律行为的性质、种类、成立和效力等。整个民法典和单行民事法律关于民事法律行为最基本的内容,都规定在这一章中。其他具体的民事法律行为的内容,则在民法分则各编和其他单行民事法律中再作具体规定。

第七章代理,是民事主体民事法律行为的延伸,即民事主体通过代理人实施民事法律行为。代理人代理的民事法律行为,视为民事主体自己的行为。因此,代理这一章主要解决的是代理人与被代理人之间的关系,是民事法律关系中一方当事人之间的内部关系。它与民事法律关系相关,但性质不同:前者是一方当事人之间的内部关系,后者是民事法律关系中双方当事人之间的关系。在民事法律行为和代理这两章中,有几个重要问题应当引起注意。

一是要注意了解民事法律行为含义的理解。该章所述的民事法律行为,不仅指符合法律规定的有效民事法律行为,而且包括不符合法律规定的无效法律。有效民事法律行为当然可以导致民事法律关系的产生、变更和消灭,产生相应的法律后果;而无效民事法律行为虽不能导致民事法律效果的产生、变更和消灭,但无效民事法律行为的实施,会以民事主体在实施该行为时过错的大小,确定其应当承担的民事责任,也会产生相应的法律后果。因此,正确理解民事法律行为的含义,对于民事司法审判工作具有重要的意义,对当事人合法权益的维护也具有重要意义。

二是要注意把握有效民事法律行为的条件。正如前文所述,所谓有效的民事法律行为,是指能够有效取得民事权利,或者导致有效民事法律关系产生、变更和消灭的法律事实。有效民事法律行为需要符合一定条件,即第143条规定:“具备下列条件的民事法律行为有效:(一)行为人具有相应的民事行为能力;(二)意思表示真实;(三)不违反法律、行政法规的强制性规定,不违背公序良俗。”按照这一要求,《民法典》第144条、第145条、第146条分别规定,无民事行为能力人实施的民事法律行为无效;限制民事行为能力的人,超出其民事行为能力范围实施的民事法律行为无效;行为人与相对人以虚假的意思表示实施的民事法律行为无效。第六章所规定的有效民事法律行为的条件,是有效民事行为最基本的要求,在此基础上,民法分则各编、单行民事法律和行政法规还会作出更为具体的规定。但这里的规定是最基本的,不能违背。

三是要注意正确理解可撤销的民事法律行为。所谓可撤销的民事法律行为,是指在特殊情况下,为了维护契约公正等社会的公平正义,因未能体现自己真实意思表示的民事主体,可以按照法律规定行使撤销的权利,对已经实施的民事法律行为予以撤销。在理解可撤销的民事法律行为时应当注意几点:(1)可撤销民事法律行为是有效的民事法律行为。如果该行为已经实施完毕,那民事法律行为已经发生法律效力,民事法律关系已经建立。在这一点上,可撤销民事法律行为与无效民事法律行为是不同的。无效民事法律行为自始不发生法律效力，不会导致民事法律关系的产生、变更和消灭。(2)可撤销民事法律行为必须在法律上有规定。在民法总则中，可撤销的民事法律行为是第147条至第151条规定的行为，具体包括有重大误解的行为、欺诈行为、胁迫行为、乘人之危行为等。法律没有规定为可撤销行为的，民事主体不能行使撤销权。(3)可撤销权应当由法律规定的相关当事人行使。法律没有规定的，当事人不能行使撤销权。例如，重大误解的民事法律行为，只能由重大误解方当事人行使，对方当事人不能行使；一方实施欺诈行为，只能由受害方当事人行使撤销权；第三方实施欺诈行为，受害方只有在对方当事人知道或者应当知道该欺诈行为时，才能行使撤销权，如果对方当事人不知道或者不应当知道欺诈行为的情况下，受害方是不能行使撤销权的；一方或者第三方以胁迫手段，迫使对方在违背自己真实意思表示情况下实施的民事法律行为，受害方有权行使撤销权；一方利用对方处于危困状况、缺乏判断能力等情形，致使民事法律行为成立时显失公平的，受害方可以行使撤销权。除此之外，其他当事人不能行使撤销权。(4)撤销权人的撤销权，必须在法定的期间内行使。超出法定期间，撤销权消灭，该撤销权人不能再行使撤销权。如果撤销权人未具体行使撤销权，将可撤销的民事法律行为予以撤销，那么因该民事法律行为导致的民事法律关系的产生、变更和消灭仍然具有法律效力，撤销权人仍受该民事法律效力约束，应当按照约定享受相应权利并承担相应的义务。即使这种权利和义务并不对等，但因为撤销权人没有行使撤销权，就应当接受这一法律现实。

四是要注意对民事法律行为被认定为无效和被撤销后的处理。民事法律行为不符合第143条的规定，而符合第144条、第146条、第153条的规定，应当被认定为民事法律行为无效。民事法律行为符合第147条、第148条、第149条、第150条、第151条的规定，应当认定民事法律行为可撤销。民事法律行为被认定无效或者被撤销后，应当如何处理呢？(1)如果民事法律行为被认定无效或者可撤销，该民事法律行为自始无效。即当事人设定的民事权利，以及民事法律关系的产生、变更和消灭，自始不产生法律效力。(2)如果民事法律行为被认定部分无效，未被认定为无效的部分依然具有法律效力。具体来说，当事人依照该民事法律行为取得的权利及建立、变更和消灭的民事法律关系，依然应当受到法律的保护和支持。(3)如果民事法律行为被认定无效或者被撤销后，依照该民事法律行为取得的财产应当如何处理？首先，当事人已经取得对方的财产，应当返还对方。其次，如果该财产已经转化为其他财产不能返还或者没有必要返还的，应当向对方当事人折价补偿。最后,如果民事法律行为的无效或者被撤销造成了当事人财产损失,应当根据当事人的过错确定责任承担。如果财产损失是由一方当事人的过错造成的,所形成的财产损失应当由有过错的一方承担;如果是由双方的过错造成的财产损失,应根据双方各自的过错,分别承担相应承担。

五是要注意法人和非法人组织的工作人员,在执行职务时实施的民事法律行为的责任承担问题。法人和非法人组织的工作人员,可以是法人组织的法定代表人或者非法人组织的负责人,也可以是一般工作人员。法定代表人或者负责人、一般工作人员执行职务过程中实施的民事法律行为,其责任由法人组织或者非法人组织承担。对此,实践中没有异议。但实践中,法人或者非法人组织可能在内部对法人代表或者负责人的行为有所限制,对一般工作人员履行职务也可能有内部的工作要求。如果法定代表人或者负责人及一般工作人员在执行职务过程中超出内部的限制和工作要求,向相对人实施具体的民事法律行为,法人或者非法人组织应不应当对该民事法律行为承担相应法律后果呢?这是民事审判实践中经常遇到且有争议的问题。这次在民法典编纂过程中,为解决这一问题,专门作出相应规定。在法人组织一章中,《民法典》第 61 条第 2 款、第 3 款规定:“法定代表人以法人名义从事的民事活动,其法律后果由法人承受。法人章程或者法人权力机构对法定代表人代表权的限制,不得对抗善意相对人。”第 62 条规定:“法定代表人因执行职务造成他人损害的,由法人承担民事责任。法人承担民事责任后,依照法律或者法人章程的规定,可以向有过错的法定代表人追偿。”为统一具体的做法,在代理这一章中,即《民法典》第 170 条第 1 款、第 2 款也作出相类似的规定:“执行法人或者非法人组织工作任务的人员,就其职权范围内的事项,以法人或者非法人组织的名义实施的民事法律行为,对法人或者非法人组织发生效力。法人或者非法人组织对执行其工作任务的人员职权范围的限制,不得对抗善意相对人。”《民法典》之所以作出这些规定,就是要区分一方当事人的内部关系和外部民事法律关系。在代理这一章中,重点解决代理人与被代理人之间的关系,即被代理人在何种情况下应当对被代理行为承担法律后果,何种情况下不应当对被代理行为承担法律后果。只有厘清这些关系,我们在处理各种矛盾纠纷中,才能真正做到应对自然,有条不紊。

5. 民事责任

民事责任是《民法典》总则编第八章的内容,从第 176 条到第 187 条,共 12 条。民事责任一章,是最高人民法院向全国人大常委会法工委提出建议后,经过各方反复讨论后确定下来的内容。这一章是我们根据民事法律规范的理论构建民法总则和民法体系的具体体现。其条文虽然不多,但把民事主体不按照法律规定和当事人约定,侵害权利人权利,不履行法律义务和当事人约定的民事义务时,必须承担的民事责任规定下来。这就为后面的民法分则各编和单行民事法律的实施,奠定了法律基础。在实施民法典过程中,民事责任这一章中有几个问题值得注意:

一是要始终坚持民事权利、义务、责任相一致的原则。坚持民事权利、义务、责任相一致的原则应当是我国立法、执法、司法、守法的基本原则。《民法典》第 176 条规定:“民事主体依照法律规定或者按照当事人约定,履行民事义务,承担民事责任。”民事法律既要加强民事权利的保护,又要重视民事义务的履行和民事责任的承担。在起草《民法总则》时,本想把这一原则规定在“基本规定”部分,但在全国人大法律委员会即将交由大会主席团决定提交全国人大大会表决前的最后一次讨论时,这条规定被放到了“民事责任”部分,主要理由是担心该条规定与《民法总则》第 8 条的规定存在交叉、重叠。实际上,权利义务责任相一致原则分别规定在《民法典》第 8 条、第 131 条和第 176 条中。《民法典》第 8 条规定:“民事主体从事民事活动,不得违反法律,不得违背公序良俗。”第 131 条规定:“民事主体行使权利时,应当履行法律规定的和当事人约定的义务。”第 176 条规定:“民事主体依照法律规定或者按照当事人约定,履行民事义务,承担民事责任。”在民事审判中,人民法院应当通过这一原则的适用,提升全社会的法治意识,使我国社会法治意识的培养更加全面、完整。强调这一原则,与我国当前国民的义务和责任意识淡化密切相关。改革开放以前,社会对权利的保护不够,公民权利意识不强。改革开放以来,公民的权利意识大大加强,但公民、法人的义务意识和责任意识又成了“短板”。有些人只讲维权,为了维护自己的权利,不惜损害他人的权利。有些人对自己应该履行的义务拒不履行,或者滥用权利,在行使“权利”时不惜损害他人权利、公共利益和国家利益。有些人责任意识不强,虽然被认定违法,应当承担责任却拒不承担。比如,人民法院现在公布的失信被执行人达到上千万人之多,而这些人多数是经商的人,属于能力、素质较高的公民。如果不加强全社会的义务和责任意识,民事权利就会落空。

二是要重视因救助他人而造成损害的民事责任问题。因救助他人造成对他人的人身损害的问题,一度成为社会关注的热点。这一问题涉及社会主义核心价值观的弘扬问题。为了鼓励全社会扶危济困,见义勇为,《民法典》在第 183 条和第 184 条作了具体规定,俗称“好人条款”。第 183 条规定:“因保护他人民事权益使自己受到损害的,由侵权人承担民事责任,受益人可以给予适当补偿。没有侵权人、侵权人逃逸或者无力承担民事责任,受害人请求补偿的,受益人应当给予适当补偿。”“因保护他人民事权益使自己受到损害的,由侵权人承担民事责任”的规定,符合《侵权责任法》的基本原则。但侵权人承担赔偿责任后,受益人可以给予适当补偿。如果“没有侵权人、侵权人逃逸或者无力承担民事责任,受害人请求补偿的,受益人应当给予适当补偿”的规定,是对受益人和见义勇为者权利的平衡,也是要求受益人懂得感恩。例如,张三殴打李四,王五去阻止,结果王五保护了李四,自己却被张三打伤。张三作为侵权人当然应向王五承担侵权责任,但是李四作为受益人,对于王五见义勇为而受到的损失也可以适当补偿。有些情况下并没有侵权人,如紧急避险,或者侵权人逃逸或无力承担赔偿责任,受益人应当给予见义勇为者适当补偿。该条是为了弘扬社会主义核心价值观,宣扬社会主义道德。

《民法典》第 184 条规定:“因自愿实施紧急救助行为造成受助人损害的,救助人不承担民事责任。”在民法典编纂过程中,该条争议很大。对于该条所规定的内容,直到 2020 年 3 月 13 日上午还在争论。在法律委员会最后一次开会讨论《民法总则(草案)》时,最后才确定该条规定的内容。在原来的草案中,该条还有一个但书。第 184 条原来是这样规定的,因自愿实施紧急救助行为,导致受助人损害的,救助人不承担民事责任。但是实施救助的人有重大过失,造成受助人损害的,救助人要适当承担民事责任。这一规定引起各代表团的激烈争论,很多人认为但书部分很不合适,应当删除,因为救助人在实施救助的时候通常很难判断救助的方式是否合适。例如,有人溺水,路人见义勇为,自愿将其从水里救起,并做人工呼吸,但救人者因着急求助,将被救助者肋骨压断了 3 根。这种情况下要求救助者赔偿就不合理。这样规定不利于鼓励救助行为。有些人认为应当保留但书部分,是因为担心有人以自愿救助的名义给他人造成损害或者故意伤害他人。本书认为,如果行为人有伤害被救助人的故意,该行为就不属于救助行为,而是侵权行为,应适用《侵权责任法》的规定,不应当由该条规定解决。如果侵权行为严重,应当追究行为人刑事责任,那就追究其刑事责任。如果救助人确实是好心帮助,即使造成了受助人的损失,也不应当承担责任。至于如何认定求助人好心求助,还是故意伤害,是事实查明问题,不应当成为该条成立的障碍。如果受害者的损失的弥补问题,必要时可以通过设立救助基金等方式对受助人的损失进行救济。总之,我们的民法典一定要弘扬社会主义核心价值观,宣扬社会主义道德,支持好人好事,为好人善举保驾护航。

三是要重视对英雄烈士的人格权益的保护。《民法典》第 185 条规定:“侵害英雄烈士等的姓名、肖像、名誉、荣誉，损害社会公共利益的，应当承担民事责任。”此条被称为“英烈条款”，由狼牙山五壮士名誉纠纷系列案和邱少云名誉纠纷案引发，由全国人大代表在人大会上提出。人大代表要求通过立法确定对英雄人物的名誉保护。在通过《民法总则》时，因为还没有“英烈保护法”这一专门的单行民事法律，分则的人格权编也没有出来，在总则中通过专门一条保护英雄烈士的人格利益，就显得非常必要。这次编纂民法典，人格权作为分则的一编进入民法典，英雄烈士的人格利益保护已有法律依据，同时还有《英雄烈士保护法》相配套，对英雄烈士人格利益的保护已经有完整的法律体系，但在总则编中继续保留这一条作为人格权编和单行民事法律相关规定的依据，仍然有上位法在体例上支撑的重要意义。具体来说，该条的实施不仅涉及私益诉讼，还有可能涉及公益诉讼。单靠该条规定和人格权编的相关规定，对有些英烈人格利益的保护还不能落地。在过去长期的革命斗争中，很多英雄烈士牺牲的时候都很年轻，没有后代，他们的名誉等人格利益受到侵害后，由谁来请求保护呢？在过去审理此类案件，通常需要由他们的近亲属提起诉讼。例如，在狼牙山五壮士名誉纠纷系列案中，因为还有两位壮士当时没有牺牲，并结婚生子，其直系亲属有权提起诉讼；在邱少云名誉权纠纷案中，因邱少云牺牲时没有结婚，后来由其年迈的弟弟提起诉讼才立了案。如果他们没有近亲属，就无人能提起诉讼。2018 年 4 月，全国人大常委会通过了《英雄烈士保护法》。该法第 25 条第 1 款、第 2 款规定：“对侵害英雄烈士的姓名、肖像、名誉、荣誉的行为，英雄烈士的近亲属可以依法向人民法院提起诉讼。英雄烈士没有近亲属或者近亲属不提起诉讼的，检察机关依法对侵害英雄烈士的姓名、肖像、名誉、荣誉，损害社会公共利益的行为向人民法院提起诉讼。”今后在审理同类英雄烈士的案件，依法对英雄烈士人格利益予以保护，应当将民法总则和分则结合起来，把《民法典》与《英雄烈士保护法》这一单行法律结合起来共同实施。

四是要注意民事主体因同一行为需要承担民事责任、行政责任和刑事责任时民事责任的地位。《民法典》总则编第 187 条规定：“民事主体因同一行为应当承担民事责任、行政责任和刑事责任的，承担行政责任或者刑事责任不影响承担民事责任；民事主体的财产不足以支付的，优先用于承担民事责任。”在实施该条时，应当注意几点：(1)该条是对民事责任地位的一般性规定。该条承继了《侵权责任法》第 4 条规定的精神，并将它上升到一般法律责任的要求，不再仅仅是侵权责任的要求。(2)因同一行为需要同时承担“三大责任”时，不能因承担了其中一种责任，就可以豁免其他法律责任。具体来说，行为人承担了刑事责任，不能当然豁免其民事责任。以前在刑事审判中有一种比较传统的观点,叫“打了不罚、罚了不打”,即承担了刑事责任就可以不承担民事责任。这一观点值得商榷。因为所谓“打”,追究的是犯罪分子的刑事责任,属于公法意义上的责任,是司法机关代表国家追究犯罪分子的责任。但是,受害人的权利被犯罪分子侵害后,其人身权或财产权受到损失,犯罪分子作为加害人还应当向受害人承担民事责任。这属于私法上的责任,该责任并不因犯罪分子受到了刑事处罚而被免除。如果因承担了公法上的法律责任而免除其向受害人承担私法上的民事责任,对受害人就是司法不公。行政责任与民事责任的关系也是同样道理,不能因为行为人已经承担了行政责任,就可以豁免其民事责任。这一司法理念在目前应当花大力气向社会宣传。尽管目前树立这一司法理念还有一定困难,但我们一定要坚持严格依法办事,不能因为有困难而放弃。(3)民事主体因同一行为应当承担民事责任、行政责任和刑事责任的,民事责任优先。例如,如果罪犯被判处罚金、没收财产的刑罚,但因他同时也侵害了他人合法权益,应向受害人承担民事侵权责任。如果先让其承担刑事责任,则其所有财产可能会因执行罚金刑、没收财产刑而被收归国家,丧失承担民事责任的能力。例如,东北曾经发生过小孩被放在汽车后备箱被捂死的案件,最后因犯罪分子承担了刑事上的罚金刑责任,受害人无法从犯罪人处获得民事赔偿。根据该条所确定的民事责任优先原则,犯罪分子同时也是民事侵权人的,其财产应首先保障其向受害人承担的民事责任。这条原则实际上是“以民为本”的原则,是国家不与老百姓争利的原则,是我们社会主义国家必须坚持的原则。至于长期在审判中形成的民刑交叉时应当“刑事优先”的原则,是指在程序上应当坚持刑事案件办理优先,而不是承担法律责任时刑事责任优先。总之,《民法典》把《侵权责任法》中的民事责任优先原则上升为法律责任的一般原则,这种“以民为本”的做法,应当引起我们的高度重视,并在实践中进一步落实该原则。

6. 诉讼时效

诉讼时效是第九章的规定,从第 188 条至第 199 条,共 12 条。与以前《民法通则》相比较,这次民法典编纂对诉讼时效的修改,有以下几点值得注意:

(1)将诉讼时效统一规定为 3 年。在《民法通则》中,一般诉讼时效为 2 年,但身体受到伤害要求赔偿的,出售质量不合格的商品未声明的,延付或者拒付租金的,寄存财物被丢失或者毁损的,诉讼时效为 1 年。这次编纂民法典时,将原来的 1 年和 2 年诉讼时效,统一规定为 3 年。之所以作如此规定,主要是考虑应当对诉讼时效规定一个合理期间。诉讼时效期间过短,不利于权利人权利的保护;规定过长,权利人不及时行使诉讼权利,可能会造成相关证据灭失,不利于权利人权利保护,同时民事纠纷不及时解决,当事人不能及时从民事纠纷中解脱出来,不利于民事关系的稳定,不利于当事人事业的发展。正是基于此,经过反复研究,最后将诉讼时效期间统一为 3 年。

(2)将对未成年人遭受性侵害的损害赔偿请求权诉讼时效期间起算时点,规定为受害人年满 18 周岁之日。这主要是考虑未成年人遭受性侵害时,可能因心智未熟,难解利害关系,故将诉讼时效起算点规定为 18 周岁,以利于未成年人权益保护。当然,如果未成年人的监护人发现未成年人遭受性侵害,在未成年人 18 周岁前提起诉讼,是应当被允许的,不能受本条规定约束。

(3)明确了诉讼时效制度适用的原则。诉讼时效制度从形式上看,主要是诉讼时效期间与诉讼时效期间的计算方法。设计这一制度的目的,是要督促权利人及时行使诉讼权利。如果在诉讼时效期间未及时行使诉讼权利,就将失去胜诉权,其实体民事权利将不能受到国家强制力的保护。为更好地保护权利人的民事实体权利,这次民法典编纂对诉讼时效的适用原则作出了具体规定。这些规定主要体现在《民法典》第 192 条和第 193 条中,主要包括:一是诉讼时效期间届满的,义务人可以提出不履行义务的抗辩,对此人民法院不能强制要求义务人履行民事义务;二是诉讼时效期间届满后,义务人同意履行,事后义务人又不愿意履行时,不得以诉讼时效期间届满为由提出抗辩,不履行已经同意履行的义务;三是诉讼时效期间届满后,义务人已自愿履行义务,又以诉讼时效期间已经届满,可以不履行义务为由请求返还已经履行的财产时,人民法院应当以义务人没有返还请求权为由,对其主张不予支持;四是人民法院不得主动适用诉讼时效的规定,即原告起诉后,即使超过了诉讼时效,只要被告不对超过诉讼时效提出抗辩,人民法院就应当继续审理案件,不能主动对诉讼时效进行审查。之所以要作出这样的规定,主要是因为诉讼时效毕竟只是督促权利人及时行使诉讼权利的规定,如果义务愿意继续履行民事义务,按照民事自愿原则,人民法院应当尊重民事义务人的选择。

(4)对不适用诉讼时效的请求权进行了规定。《民法典》第 196 条规定:“下列请求权不适用诉讼时效的规定:(一)请求停止侵害、排除妨碍、消除危险;(二)不动产物权和登记的动产物权的权利人请求返还财产;(三)请求支付抚养费、赡养费或者扶养费;(四)依法不适用诉讼时效的其他请求权。”在编纂《民法总则》的过程中,争议比较大的是第 196 条第 2 项,即“不动产物权和登记的动产物权的权利人请求返还财产”不适用诉讼时效的规定。争议点主要集中在物权请求权是不是应当都不适用诉讼时效。不少人主张应当规定物权请求权不适用诉讼时效,但也有人反对,认为未登记的动产物权应当适用诉讼时效制度,只有不动产物权和登记的动产物权不适用诉讼时效制度。经过争论,最后通过立法确定:不动产物权和登记的动产物权请求返还财产的,不适用诉讼时效的规定。其他没有登记的动产物权仍适用诉讼时效的规定。

(5)对不变的存续期间进行了规定。《民法典》第199条规定:“法律规定或者当事人约定的撤销权、解除权等权利的存续期间,除法律另有规定外,自权利人知道或者应当知道权利产生之日起计算,不适用有关诉讼时效中止、中断和延长的规定。存续期间届满,撤销权、解除权等权利消灭。”该规定实际上就是以前相关法律规定的除斥期间制度。在编纂民法典过程中,因除斥期间是外来词汇,担心普通老百姓不懂除斥期间的含义,就采用了“存续期间”的表述。这个期间制度与诉讼时效不同的地方在于,规定了权利人应当从知道或者应当知道其权利存在之日起,计算其撤销权、解除权等权利行使的期间。在期间届满前,可以行使权利;期间届满,权利人还没有行使撤销权、解除权等权利的,该权利消灭,不能再行使。由于这一权利行使的存续期间,不适用诉讼时效制度中有关中止、中断等规定,所以这一期间又称不变期间。

《民法典》总则编除上述主要内容外,还在第十章中对期间的计算进行了规定。这里就不再介绍。

《民法典》总则编是整个民法典体系的“纲”。在整个《民法典》实施的过程中,一定要紧紧抓住总则这个“纲”,不能只看民法各分则和单行民事法律条款的具体规定,忽视总则的基本原则和一般规则。只有将总则的规定与各分则、单行民事法律有机结合起来,才能正确把握法律的精髓和立法本意,才能真正做到严格执法和严格司法,才能克服法律实施中的片面性,才能真正做到纲举目张。

第二章　基本规定

专题一　《民法典》第一编总则基本规定中的八个亮点

《民法典》第一编总则的第一章为“基本规定”。这一章所述内容不仅是总则编的基本规定，而且是整个民法典体系的基本规定，其效力不仅及于总则编，而且及于民法各分则，及于各个单行民事法律。在民法典编纂过程中，原来这一章的名称是“基本原则”，后来有人对“基本原则”的章名提出异议，认为本章的内容并不限于基本原则，故又改为“基本规定”，其具体内容主要表述民法典体系的基本原则。对这一问题虽有争议，但因不少同志认为“基本规定”作为本章章名的共识更强一些，最后采用了这一表述。民法的基本原则是《民法典》总则编基本规定的主要内容，是整个民法典的灵魂和核心。如果把这些内容都弄清楚了，那么中国特色的社会主义民法典就弄清楚了。这一章的基本规定中，体现了我国《民法典》的八个亮点。

一、弘扬社会主义核心价值观

《民法典》第 1 条规定：“为了保护民事主体的合法权益，调整民事关系，维护社会和经济秩序，适应中国特色社会主义发展要求，弘扬社会主义核心价值观，根据宪法，制定本法。”这一条最重要、最核心的内容就是把弘扬社会主义核心价值观写进了民法典。社会主义核心价值观是民法总则的核心和灵魂，也是整个民法典体系的核心和灵魂。这次民法典编纂把社会主义核心价值观写进民法典，标志着我们党要以法治与德治并举，提高执政能力和执政水平。把社会主义核心价值观，融入我国的民事立法中去，与我国几千年来“以德入法”“以礼入法”的传统是一致的。

我国早在西周时期就建立了“礼”的制度。“礼”既是一种秩序，也是一种规范。到了春秋末期，烽烟四起，礼崩乐坏。各诸侯国不把周天子放在眼里，天下大乱。

为恢复周礼所规范的秩序,孔子提出"克己复礼"。在论述"礼"时,加入了伦理学的内容。孔子思想的核心是"仁",用"仁"来解释"礼"。他提出:"克己复礼为仁,天下归仁焉。"我们曾见过很多这样的表述。孟子继承了孔子的儒家学说,并在孔子思想的基础上提出了"义"的思想。常言道,孔子曰"仁",孟子曰"义"。这也道出了儒家学说的两个根本。到战国初期,继承儒家思想的荀子学派的代表人物荀子,提出了一个新的观点:"隆礼重法",将伦理道德与法律进行了结合。在春秋战国时期,中国出现了各种学派百家争鸣的局面。其中,还有一个重要的学派就是法家。荀子提出的隆礼重法的主张,影响了中国几千年的政治制度。后来法家的代表人物商鞅、韩非、李斯等人所讲的"法、术、势"等理论的伦理色彩并不浓。秦国通过商鞅变法变得强大,最终统一了中国。但是这时法的内涵中,伦理道德的色彩仍不浓厚。汉高祖刘邦建立汉王朝时,汉承秦制,承继了秦国的政治制度。当时有一个影响巨大的学说即黄老之术,在夹杂以霸道之学后,构成了当时的一套社会治理和政治制度理论体系。而真正让我国意识形态归于统一的是汉武帝。汉武帝采纳了董仲舒的建议,"罢黜百家,独尊儒术"。董仲舒开创了"以经决狱"审理案件的模式,即以经书即"四书五经"为依据作为裁判案件理由的模式。董仲舒还开创了"引经注律"的先例,即引用儒家经典对法律进行注解。这就实际上是开始了将伦理道德融入法律适用的尝试。这一尝试到唐代达到高峰。唐代重要的法律,如《武德律》《贞观律》《永徽律》等,都体现了这一理念。尤其是长孙无忌在编纂《永徽律》的时候,就采用了"以礼入法",即把"礼"引入法律中。《唐律》"一准于礼",要求任何法律编纂行为都要以"礼"和道德的要求为准绳。经过这一改造,"礼"或者伦理道德成为法律的内核,而作为人们行为的规范和要求、具有国家强制力的法律,则是浸润着"礼"或者说是伦理道德的外在表现。自此,中华法系开始屹立于世界东方。中华民族之所以成为中华民族,与法律对伦理道德的捍卫和弘扬分不开。这一政治法律制度影响了中国周边国家,影响了中国几千年,成为独立于世界的一大法系——中华法系。

当前,编纂民法典面临的一个时代使命,就是要实现"两个一百年"梦想,实现中华民族的伟大复兴。为实现这一时代使命,不仅要建设一个经济强国、军事强国,而且要建立一个道德强国。编纂民法典,为未来中华民族的伟大复兴奠定法治基础,应当弘扬社会主义核心价值观,引道德入法。这就是《民法典》第1条"弘扬社会主义核心价值观"的立法目的。

社会主义核心价值观,一共包括24个字:富强、民主、文明、和谐;自由、平等、公正、法治;爱国、敬业、诚信、友善。中央提出社会主义核心价值观,是建设中国特色社会主义的需要。社会主义核心价值观体现了三方面的内涵:一是对中国优秀传统文化的提炼;二是对世界各国的先进文化的吸收,自由、平等、公正、法治都是世界各国优秀文化的体现;三是对中国现行社会发展需求的反映。社会主义核心价值观是这三方面的有机统一。社会主义核心价值观实际就是社会主义道德的核心内容。将社会主义核心价值观直接写进民法典,表明我国法律的内在核心灵魂就是社会主义核心价值观。将社会主义核心价值观写在《民法典》第 1 条,至少表明三层内涵。第一,我国高度重视社会主义道德建设。第二,我国要用法治手段,弘扬社会主义道德。第三,我国编纂民法典时要以此为准则。人民法院和人民法官在司法实践中,应考虑如何保护和弘扬社会主义核心价值观,防止陷入法律的个别具体条款,忘记法律原则和灵魂的机械司法和片面司法。在研究和适用法律时,有些同志只看到具体法律条文中的权利和义务,而没有看到权利和义务背后的价值理念。法律背后的价值理念是重要的基本道德理念和行为准则。法律,特别是完整意义上的法律,实际上可分为技术和核心两个层面。技术层面是关于权利和义务以及法律后果的规定。核心层面就是社会的道德理念。社会的价值理念和行为准则就是法律的核心。我们在司法实践中,如果偏向技术层面内容的掌握,忽视了核心层面内容的贯通,就会出现偏差。这是值得我们引起注意的问题。《民法典》中很多条文都直接体现了保护社会主义核心价值观的要求。例如,“好人条款”、赡养规定等都是弘扬社会主义核心价值观的具体体现。正因如此,将弘扬社会主义核心价值观写进《民法典》第 1 条,是我国民法典对法律思想文化和制度文化的最大贡献,是我国民法典不同于其他国家民法典的最大亮点。

二、明确民法调整范围

《民法典》第 2 条规定了民法的调整范围。该条规定:“民法调整平等主体的自然人、法人和非法人组织之间的人身关系和财产关系。”这条规定与《民法通则》第 2 条规定相比有哪些变化呢?一是将“公民”改为“自然人”。这体现了我国一直坚持并将长期坚持的改革开放的要求。《民法通则》只规范公民,而自然人还包括外国人和无国籍人。二是在自然人和法人之外,增加了非法人组织。三是将“人身关系”放到“财产关系”之前。《民法通则》规定调整“财产关系和人身关系”,而《民法典》规定调整“人身关系和财产关系”。为什么要调整二者的位置呢?《民法通则》于 1986 年颁布,当时中国正处于改革开放初期,发展是第一要务。当时我国对发展经济的关注度很高。经过改革开放几十年的发展,我国在规范经济关系方面出台了很多法律和规范,包括《经济合同法》《技术合同法》等。1994 年中央决定建设社会主义市场经济之后,我国又制定了《合同法》《物权法》《侵权责任法》等涉财产关系的法律。但是在规范人身关系方面出台的法律虽然有,但数量很少。人身关系包括两个方面:一是身份关系;二是人格权关系。改革开放以来,我国于 1980 年修改了《婚姻法》,后又于 2001 年再次修改了《婚姻法》,都是对人身关系的调整。但是,我国民法在保护人格权方面仍比较薄弱。《侵权责任法》对人格权作了原则性规定。随着社会主义市场经济的发展,社会建设中一个明显的薄弱环节是社会主义道德建设和对人格权的保护。将来在民事立法中要加大对人身权益的保护力度。民法不仅要关注财产关系,还要关注人身关系;不仅关注人身关系中的身份关系,还要关注人身自由、人格尊严等人格利益。在我国"五位一体"建设中,道德建设应当放在非常重要的位置。例如,前几年社会反响巨大的山东于某案。该案中,高利贷放贷人在催债时,对于某的母亲采取了非法拘禁,甚至凌辱的粗暴手段,对于某母亲人格权的凌辱到了无以复加的地步。再如,在曾经收视率很高的电视剧《人民的名义》中,蔡成功因欠债而被高利贷者关狗笼。这些都从侧面反映出,我国社会需要加强对人格利益的保护。因此,在特定的社会背景下,对人格权的保护要高于对债权等财产权的保护。民事主体不能为了催债,就践踏债务人人身自由、健康、生命和人格尊严。我国要实现第二个"百年梦想",不仅仅需要坚实的物质基础,还需要有高度发达的科技水平、精神文明,高修养的国民素质。除了提高人民群众的物质生活水平,更应保护人民群众的人格尊严,爱护人、关心人,让每位人民群众生活得体面。而且有钱的人还应帮助贫困的人。只有这样,国民的素质才能有大的提高。可见,《民法典》将人身关系和财产关系的顺序对换过来不是偶然的,而是要为下一步开展社会主义道德建设做好准备。

三、明确民事权利保护原则

《民法典》第 3 条规定:"民事主体的人身权利、财产权利以及其他合法权益受法律保护,任何组织或者个人不得侵犯。"从我国目前权利保护的现状来看,仍需要加大权利保护力度,强调私权神圣。在起草《民法总则》时,一开始本条内容比较靠后,但因其非常重要,后来调整到第 3 条。虽然目前公民的权利意识有很大提高,但是在权利保护方面,还有很大缺陷。一段时期以来,中央一直十分强调要加大对产权的保护力度,强调对各类市场主体权利的平等保护,特别是非公经济主体的权利保护。这也是这次民法典编纂时要强调权利保护的原因。该条强调要保护民事主体的人身权利、财产权利和其他合法权益，为什么要用“权益”的表述呢？因为权益包括权利和利益。实践中，有些利益还没有上升到权利的程度，但仍需要民法予以保护。权益的内涵和外延都比权利大。权利的内涵往往是较为确定的，有具体的称谓，特定的边界。但是有些权益的边界还不是那么清晰，其客体又需要保护，而且不能纳入既有的特定民事权利的范围中去，因此需要专门提出权益保护的问题。

四、明确民事活动应当坚持的基本原则

《民法典》规定，民事主体开展民事活动应坚持平等、自愿、公平、诚信原则。这些原则在《民法通则》中都有规定。平等原则在《民法通则》中用单独一条作了规定，而自愿、公平、诚信和等价有偿则用一条作了集中表述。这次编纂《民法典》时，将自愿、公平、诚信原则各单独用一个条文作出规定，并将“等价有偿”予以删除。这次编纂《民法总则》为何要将“等价有偿”删除呢？1986 年颁布的《民法通则》强调“等价有偿”，是因为当时有不同的社会背景。当时仍以计划经济为主，市场机制还不完善，企业没有独立的法人地位，特别是国营企业的生产资料还可以“一平二调”，无从谈及产权保护问题。在当时很多情况下，生产资料平调后并不支付相应对价，因此需要强调按照市场规律进行等价有偿的交易。从当时的社会条件来看，《民法通则》的规定是完全正确的，它对企业法人地位的形成发挥了重要作用。经过几十年发展，社会主义建设事业获得长足发展，社会出现了大量非营利性质的活动。这些民事活动是不能完全按照等价有偿原则进行的，例如，目前社会提倡的爱心活动、志愿者活动，就不是等价有偿的，而是社会的关爱和付出。这种关爱和付出是社会主义道德建设发展的表现，是社会主义精神文明建设的需要。因此，为了适应中国特色社会主义全面建设的需要，特别是社会主义道德建设的需要，民法典编纂时删除了关于“等价有偿”的规定。应当看到，虽然民法典编纂删除了“等价有偿”原则，并不是不需要“等价有偿”原则，在社会主义市场经济条件下开展的商事活动，仍然需要坚持等价有偿原则；在其他的民事活动中，当事人做出的贡献也需要依据等价有偿原则支付对价。但是，“等价有偿”原则作为所有民事活动的基本原则就不适应了，需要进行调整。这种调整是全面开展中国特色社会主义建设的需要，而不是要放弃社会主义市场经济发展的要求。

五、确定守法原则

《民法典》第 8 条规定:“民事主体从事民事活动,不得违反法律,不得违背公序良俗。”在当前社会环境下,强调民事活动守法原则尤为重要。这个原则实际上还涵盖了权利义务责任有机统一的原则。在起草《民法典》时,最高人民法院的意见是要把这一原则写出来,但有的人感觉这一规定与其他条文有重合,最后就表述为不得违反法律和违背公序良俗。该条规定中的“守法”,是守什么法呢?本书认为,首先是要遵守国家的法律,既包括公法也包括私法。例如,企业该纳税就要纳税,对环保与对国家应当承担的义务都需要承担。民事主体还应遵守私法,尤其是私法中的强制性规定。如根据合同法的规定,订立合同不得恶意串通损害第三人合法权益。同时,这里的守法还包括当事人依法建立的民事法律关系。依法、自愿签订的合同就是双方当事人之间的法律,必须信守。守法原则还应从另一方面解读。该条所说的法律,按照法律规范的要求,既包括权利也包括义务,还包括法律责任。因此,守法原则要求民事主体应当坚持权利与义务和责任的有机统一。在理解本条规定时,要结合《民法典》第 131 条和第 176 条的规定。第 131 条规定:“民事主体行使权利时,应当履行法律规定的和当事人约定的义务。”第 176 条规定:“民事主体依照法律规定或者按照当事人约定,履行民事义务,承担民事责任。”在编纂《民法典》过程中,我们原来希望把第 131 条的规定写进第 8 条,但后来有人提出目前的条文表述能够解读出这一层内涵,就把这一规定移到民事权利这一章,成为现在的第 131 条。需要注意的是,目前第 8 条的规定也可以解读出权利义务责任相统一原则。因此,在学习贯彻《民法典》的时候要注意这一点,全面、正确解读第 8 条规定的正确含义。

权利义务责任相统一原则是民法的重要原则。这一原则表明,我国的民事法律不能简单地说是以权利为核心,在当前中国的社会环境中,应坚持权利义务责任并重。这应当是当代民法的一个基本理念。民事主体不能只享受权利而不履行义务,不能在侵害别人权利、不履行义务的时候却不承担法律责任。在当前的社会环境中,强调权利与义务和责任有机统一尤为重要。我国经过 40 多年的改革开放,各类民事主体,尤其是公民的权利意识空前高涨。但当前我国的权利保护还存在一些问题,还应当加大对权利的保护力度。而且在公民权利意识普遍高涨的同时,又出现了义务意识和责任意识淡薄,与权利意识高涨不相匹配的情况。因此,《民法典》规定民事主体应当坚持守法原则,就是要强调义务意识和责任意识。为什么要这样做呢？大家知道，在执行阶段被纳入失信被执行人名单的被执行人已经超过千万，很多被执行人收到人民法院的生效判决书后逃避执行，就是责任意识淡薄的体现。有些人对权利的理解很片面。民事权利的实现往往依赖于相对人民事义务的履行，如果相对人不履行民事义务，任何民事主体的民事权利都无法实现。目前大家都在强调权利，忽视了对义务和责任的宣传，显然是不对的。在宣传《民法总则》的过程中，要强调守法意识，要求民事主体不得违反法律，做到权利义务责任相统一。现在有一些人为了“维权”，不惜损害他人合法权益和社会公共利益，显然是对权利的片面理解，没有自己义务的履行和责任的承担，就不会有他人权利的实现。只有坚持权利义务责任的有机统一，才是真正理解了法治的真谛。

六、确立绿色原则

《民法典》第 9 条规定了绿色原则，要求民事主体从事民事活动，应当有利于节约资源、保护生态环境。将这条规定写入《民法典》，也曾经有过争论。在整个《民法典》编纂过程中，最高人民法院研究小组成员全都殷切期望将绿色原则写入《民法典》，尤其是环境资源审判部门的法官。但在编纂过程中，这一原则曾一度被从基本原则中删除了。但在我们的坚持和反复解释下，《民法典》在民事活动基本原则中保留了绿色原则。第十二届全国人大常委会副委员长李建国在《关于〈中华人民共和国民法总则（草案）〉的说明》中还专门指出，这是《民法总则》的一个重要亮点。这次将总则合编入民法典时，完全保留了当时《民法总则》起草时的表述。从目前来看，绿色原则的确是我国《民法典》最大的亮点之一，它在世界民法史上是可以载入史册的。外国民法，如《德国民法典》《法国民法典》等都没有规定绿色原则，只有我国《民法典》作了规定。这彰显了我国在未来的发展中坚持可持续发展道路的理念，即不仅要解决好人与人的关系，更要解决好人与自然的关系。这是新的发展理念。立法机关把中央提出的“五大发展理念”中的“绿色发展理念”写入《民法典》，无疑是一大贡献。应当看到，法律是处理人与人之间关系的行为规范，在《民法典》中规定绿色原则，不是直接处理人与自然的关系，而是通过人与人之间关系的处理，通过对人的行为的规范，规范人与自然的关系。具体来说，就是要求人们在从事各种民事交往活动，建立各种民事关系时，应当时时将保护生态环境的意识落实到具体的民事活动中，否则将受到法律的制裁。

七、明确民事案件的裁判依据

《民法典》第 10 条是非常重要的规定。尤其是对人民法院而言，这一条至关重要,需要认真学习和体会。《民法典》中这条规定对于人民法院司法工作具有革命性的意义。依据该条规定,人民法院“处理民事纠纷,应当依照法律;法律没有规定的,可以适用习惯,但是不能违背公序良俗”。在处理民事纠纷时,首先应适用法律。在早期的《民法总则》草稿中,规定的是依照法律和法规。当时我们不赞同,经过反复讨论后,改成现在的表述。处理民事纠纷为何应当依照法律呢?第一,民事基本制度都由中央立法,包括物权、债等基本民事法律制度都是由中央立法,地方没有立法权。因此,必须坚持民事法律的统一性原则。第二,从我国市场经济发展的需要看,我国要建立统一大市场,就必须适用国家统一的法律。如果每个地方如一个县、一个市都搞一套自己的法律,人民法院还必须适用它,中国统一的大市场就会分割成无数的小市场,不利于中国特色社会主义市场经济发展。最后,立法机关采纳了这一观点,规定处理民事纠纷应当依据法律,没有写法规。

在解读《民法典》的条文时,有些人认为此处规定的法律是指广义上的法律,包括行政法规。这不太合适。正确的解读应当是:第一,本条所称法律包括狭义的法律,即全国人大及其常委会制定的法律。第二,本条所称法律包括最高人民法院对法律规定所做的司法解释。最高人民法院的司法解释与被解释的法律一样具有同等效力。严格意义上讲,司法解释不是独立的法律渊源或者法律形式,而是依附于被解释的法律。除司法解释外,最高人民法院的一些指导性意见在司法实践中也可以参照适用。第三,《民法典》后面的一些条文规定,尤其是关于民事主体制度的规定,包括登记方面的制度会涉及行政法规。从立法技巧上看,民事纠纷的裁判依据就是法律,如果需要以行政法规为依据的,《民法典》的相应规定都已将其单独列出。所以,人民法院处理民事纠纷应当依照的法律,应当是狭义的“法律”;如果《民法典》中规定要以法律和行政法规为依据的,该条法律的实施就应当将行政法规作为处理民事纠纷的依据。

处理民事纠纷,除应当适用《民法典》的规定外,还应当适用单行民事法律的规定。除单行民事法律外,还有些民事法律规范是在其他类型的法律中规定的,在处理民事纠纷时也应当适用。对此一定要注意。民事法律是私法,与公法主动干预不同,私法所调整的很多民事关系是由当事人自己的民事法律行为建立的。因此,在处理民事关系时,坚持意思自治原则特别重要。对于民事法律行为,国家运用法律规定进行干预一定要有度。如何把握好这个度呢?首先,应由国家立法来把握;其次,应由国务院行政法规来把握。其他规范不能轻易介入民事关系中。地方法规等规范可以对行政管理作出规定,但据此建立的法律关系是行政管理关系,而不是民事关系。有时对同一社会关系,除作为民事法律关系来保护外,还可以作为刑事法律关系来保护,也可以作为行政法律关系来保护,即通过行政管理来保护。除了法律,处理民事纠纷还应依照当事人依法成立的合同约定。《民法典》第 10 条虽然没有规定当事人的合同约定可以作为处理民事纠纷的依据,但是当事人依据法律规定订立的合同,本身就属于法律的范围,是当事人之间的法律,必须遵守,除非该协议违反国家效力性强制性规定被认定为无效。

《民法典》第 10 条另一个革命性的规定,是把习惯作为民法的法律渊源。法律渊源又称法律的形式,是人民法院处理案件的依据。在《民法典》之前,除《合同法》等法律的个别条款外,我国从来没有以基本规定的方式将习惯作为处理案件的依据,这次是开天辟地的第一回,是从法律上直接肯定了习惯作为法律渊源的效力。在编纂《民法典》的过程中,我们之所以主张将习惯作为处理民事纠纷的依据,是因为中国太大,幅员 960 多万平方公里,有 56 个民族,东中西部地区经济、社会、人文发展不平衡,如果完全按照国家法律统一规范民事生活,确实很难做到。特别是社会中大量的民事纠纷,在各地的表现情况就不太相同。如果将习惯作为处理民事纠纷的依据,习惯被法律采纳之后就变成习惯法,很多当地的民事纠纷就可以在当地依据本地习惯解决。

作为民事案件裁判依据的习惯,可以分为三大类:第一类是地域习惯。地域习惯,是指某一地域内的人民群众在长期的生产和生活中形成的,并被人们认可的行为规范。地域习惯往往在特定的地域范围内有效,超出其特定地域范围就没有效力了。例如,有的习惯在一个乡里、县里或其他特定地域范围内适用,如村规民约、乡规民约等,超出该特定地域范围就不能适用。第二类是民族习惯。所谓民族习惯,就是指不同的民族在长期的经济社会发展过程中形成的,并被本民族的人们认可的行为规范。在长期的社会生产和生活中,人们发生的各种纠纷,往往通过这些习惯来解决。我国有 56 个民族,往往不同的民族有不同的习惯,并用这些习惯处理人们之间发生的各种纠纷。第三类是行业习惯。行业习惯是在经济交往中,特别是商事交易中逐渐形成并被广泛适用的行为规范。不同的行业,通常有不同的行业习惯。而且从事同一行业的组织和人员,如果发生纠纷也愿意按照该习惯解决。在司法审判中,如果将这些习惯引入民事纠纷解决机制中,既可以弥补法律的不足,也可以快速解决当事人之间的纠纷。这在当前民商事案件快速增长的今天,对于人民法院如何建立快速解决案件纠纷解决机制是有好处的。应当看到,立法者再聪明也不可能穷尽所有的社会规范,立法机关也不可能编纂完所有的社会规范。

可以肯定的是,如果将习惯适用问题处理好了,将会对人民法院化解基层矛盾带来革命性的变化。《民法典总则编解释》第 2 条规定,“在一定地域、行业范围内长期为一般人从事民事活动时普遍遵守的民间习俗、惯常做法等,可以认定为民法典第十条规定的习惯”,实际可以归纳为以上三大类别的习惯。

习惯虽对民事纠纷的解决有不少好处,但也应当看到,民间存在的习惯也有好坏之分。历史上存在的陈规陋习、违背公序良俗的习惯也大量存在。因此,在解决民事纠纷时,如何判别习惯,就成为人民法院适用本条规则的重要方面。本书认为,在判别哪些习惯可作为民事案件裁判的依据时,必须坚持以下 5 项原则:

第一,人民法院如果要将习惯作为处理民事纠纷的依据,前提必须是法律对所涉问题没有规定。如果法律已经对此类问题作出规定,就应当按照国家法律的具体规定来处理,绝不能抛开国家法律另搞一套裁判规则。

第二,人民法院适用的习惯一定要与国家法律的基本原则不相矛盾和冲突。基本原则往往涉及国家法律的核心问题。如果所谓的“习惯”与国家法律的基本原则相冲突、相矛盾,我们仍坚持适用,就会破坏我国的法治统一。

第三,人民法院适用的习惯,不能侵害公民的基本权利,尤其不能侵害公民的基本人权。例如,有一些所谓的“民族习惯”,认为该民族的姑娘不能嫁给另一个民族的小伙,甚至连谈恋爱也不行。这种“习惯”侵害了公民的婚姻自由权。婚姻自由权是基本人权。此类禁止两个民族通婚的习惯,人民法院就不能适用。再如,封建活动不能作为习惯。古代中国民间有子孙“违反教令”罪。此罪不由官府处理,而是由家族族长处理。比如,一对男女青年因为热恋发生性关系,族长派人将其抓起来,因为他们犯了子孙“违反教令”罪。这些以“当地习惯”为由进行捆绑体罚、侵害人的基本权利,都是不允许的。

第四,人民法院适用的习惯不能与当地的公序良俗相冲突。习惯只是某地、某行业、某民族通常的做法,因习以为常、相互承继、共同遵守而成为人们行为的一种外在约束。只有当这类习俗符合本地和全社会主流、正统的价值观、道德伦理,有利于维护当地的公共秩序时,才能作为人民法院裁判的依据。

第五,坚持政教分离原则,严防宗教干预司法。在我国部分民族聚居地区,有一些僧人、阿訇直接介入民事纠纷调解,处理民事案件。我们过去在调研中曾发现,一些僧人在调解时运用的规则还包括藏族的“黄皮法典”。在一些信奉伊斯兰教的地区,出现了伊斯兰教的阿訇调处民间纠纷的个案。有些地方还将其作为经验来介绍。这些调处当地民间纠纷的宗教规则是否可作为习惯适用呢?本书认为是绝对不行的。曾经有一段时间,有人将一些宗教教义和规则披上民族习惯的外衣,运用调解的方式予以施行。这是绝对不行的。对一些宗教极端主义者的此类行为,尤其要高度警惕。我国实行政教分离的政策,作为党和国家的基本政策,政教分离绝对不能违背。宗教内部的习惯是信教教徒的行为习惯,应与民族习惯相区分,不能将民族习惯和宗教规则与教义画等号。如果允许宗教人士介入世俗纠纷的解决,可能对于个案的解决和纠纷的化解有作用,但这无异于饮鸩止渴。对于以前那种只强调"搞定就是稳定""摆平就是水平",无论是否有违法治要求和政教分离原则,一味地追求调解率和个案中当事人"息诉罢访"的理念和做法,必须坚决反对。

以上五点,就是《民法典总则编解释》第 2 条第 3 款所说的"适用习惯,不得违背社会主义核心价值观,不得违背公序良俗"的具体化。

人民法院在适用习惯时,如何鉴别哪些习惯可适用于民事纠纷的处理尤为重要。各高级人民法院和最高人民法院应当做好习惯鉴别的指导工作。但由最高人民法院将全国各地的习惯,或者由高级人民法院将本地区全部习惯进行全面梳理,难度太大。鉴别习惯的工作应主要由各基层人民法院及其派出人民法庭承担。此外,各中级人民法院也要做好指导工作,因为有一些适用习惯的案件会上诉到中级人民法院。具体做法可以按照《民法典总则编解释》第 2 条第 2 款,关于"当事人主张适用习惯的,应当就习惯及其具体内容提供相应证据;必要时,人民法院可以依职权查明"的规定处理。

如果经鉴别确定了哪些符合公序良俗的习惯可以适用,就可将其作为人民法院裁判的依据。中基层法院适用这些习惯作出裁判后,当事人不服上诉到上一级法院的,上诉法院不能任意改判。但如果中基层法院适用的习惯不符合上述 5 项原则,上级人民法院应依法予以改正。

八、为我国对外全面开放保驾护航

《民法典》第 12 条规定:"中华人民共和国领域内的民事活动,适用中华人民共和国法律。法律另有规定的,依照其规定。"从文义上看,我国法律的法域范围主要以国家领土为限,但法律另有规定的除外。最高人民法院曾向全国人大提出,应当在《民法典》分则编中专门编纂涉外民事法律关系适用法编,以解决我国法律的涉外适用问题。这次《民法典》编纂虽然没有将《涉外民事法律关系适用法》作为民法分则,但第 12 条规定"法律另有规定的,依照其规定",实际上就已经将该法以单行民事法律的方式纳入民法典体系中了。

我国涉外民事法律不仅要坚持属地主义,还要坚持属人主义,并尊重当事人对法律的选择。属地主义是指发生在中华人民共和国领域内的民事纠纷适用中国法律。属人主义是指只要是中华人民共和国的公民,中国的民事法律都可以适用于该公民。这里的中国法律,既包括国内法也包括我国加入的双边和多边条约。所谓尊重当事人对法律的选择,是指在涉外民事法律关系的调整中,当事人可以通过合同等方式约定选择处理其纠纷所应适用的法律。

改革开放40多年来,我国的对外开放不仅"请进来",欢迎国外投资和来华交流,而且坚持"走出去",与其他国家建立了广泛的经济关系和各类民事交往。特别是近几年来,我国提出了"一带一路"倡议,大量的人力和资金流向国外,流到非洲、亚洲,甚至到了欧洲和美洲等地,有的用于基础建设、有的用于留学等。在此情况下,如果发生于国外的经济关系之中,中国国民之间、企业之间的民事纠纷发生地不在中国领域内,当事人又愿意采用中国法律解决纠纷,那还能不能适用我国法律呢?本书认为,完全可以根据需要,依法合理突破传统的"属地主义原则",将法律对属人主义原则和当事人对法律选择的规定灵活运用起来,以适应我国对外开放发展的需要。

按照《涉外民事法律关系适用法》的规定,如果当事人是中华人民共和国公民,那我国的民事法律当然应当对他们进行保护;如果当事人是我国注册的法人和非法人组织,他们在国外选择适用我国的民事法律,中国的民事法律当然可以对他们的纠纷予以解决;如果当事人是外国注册的法人和非法人组织等民事主体,他们选择中国的民事法律解决纠纷,中国的法律当然也可以帮助他们排忧解难。很显然,这些规定,对于维护我们"走出去"的企业和在国外的我国公民的合法权益都有好处。

《民法典》第一编总则第一章规定的民法基本原则,是我国民法的核心和灵魂。它不仅贯穿于总则之中,还贯穿于民法的各分则之中,贯穿于各个单行民事法律之中。在今后《民法典》的贯彻实施中,一定要紧紧抓住基本原则这个"纲",只有抓住这个"纲",各分则和单行民事法律所规定的众多法律规范这些"目",才能很好地实施,才能真正实现"纲举目张"。

第三章　自然人

民事主体制度是民法典的重要内容。新颁布的《民法典》,集中对最主要的三大类民事主体进行了规定,即自然人、法人组织和非法人组织。除此之外的其他民事主体没有作专章规定,但在民法分则和具体的单行民事法律中作出了规定。《民法典》规定的我国的民事主体制度,是根据我国具体社会实践需要产生的,具有很明显的时代特征。随着时代的发展和变化,有些内容可能会发生一些变化,但具有很深中国特色的规定,可能会长期存在。

专题一　自然人的民事权利能力

《民法典》第 13 条规定:“自然人从出生时起到死亡时止,具有民事权利能力,依法享有民事权利,承担民事义务。”按照此规定,所谓自然人的民事权利能力,是指自然人享有民事权利,承担民事义务的能力。该民事权利能力与生俱有,伴随其终生。自然人,因没有贵贱之分,其民事权利能力也一律平等,无高低之别。上述关于自然人的民事权利能力的规定,当代各国民法典均如出一辙,并无不同。这次《民法典》编纂中,与以前表述不同的是胎儿的民事权利能力问题。

《民法典》第 16 条规定:“涉及遗产继承、接受赠与等胎儿利益保护的,胎儿视为具有民事权利能力。但是,胎儿娩出时为死体的,其民事权利能力自始不存在。”按照民法基本理论,自然人享有民事权利能力的时间是开始于出生,终止于死亡。胎儿在母体里的时候,因其尚未出生,不应当具有民事权利能力。但在实际生活中,如果不对胎儿的利益予以保护,胎儿出生后的成长会受到影响。为此,这次《民法典》编纂,专门对胎儿的利益保护问题作出了专门规定。要注意,该条用语是“视为具有民事权利能力",并不是当然具有民事权利能力。但是胎儿"视为"具有民事权利能力的前提是"娩出"时不能为死体。但书部分所用的两个字为"娩出",在起草过程中最早的表述是"出生时为死体的"。当《民法总则(草案)》提交全国人大法律委员会讨论时,经推敲文字,认为不能用"出生",因为依照文义,所谓出生,是指脱离母体时具有生命的活体即是生,即胎儿出生时具有生命的,也就具有民事权利能力。后来才决定用"分娩"的"娩",将"出生时为死体的"改为"娩出时为死体的"。另有一个需要注意的问题就是对胎儿的解释。医学上对胎儿的解释和法律上对胎儿的解释可能不完全一样。在对胎儿进行解释时,有些概念应当明确。从人卵受精到胎儿娩出,可分为几个阶段。首先是受精卵,受精卵在医学上不称为胎儿,还没有发育成形。胚胎发育到一定时候才会形成胎儿。应当怎样来判断胎儿是否产生呢?是按照医学上的认定标准还是按照法律自己独立的标准来认定呢?这个问题对胎儿民事权利能力的确定非常重要。如果按照医学标准,自然人人卵受精一段时间后才能认定胎儿产生,在此之前发生的一些继承、赠与的事实就与该胎儿没有关系。如果按照法律的标准来认定,只要母体内能够查出有人卵受精就可认定胎儿产生,则会产生不同的法律效果。所以医学的认定标准和法律的认定标准可能并不完全相同。从法律的角度讲,如何确定这个界限,具有很强的社会伦理性和法律性。如果界限划得比较早,就会涉及权利损害的问题。尤其是关于现在的人工流产会不会涉及侵权问题等,比较复杂,需要引起注意。

为保证胎儿的合法权益,让《民法典》第 16 条的规定落到实处,《民法典总则编解释》第 4 条规定:"涉及遗产继承、接受赠与等胎儿利益保护,父母在胎儿娩出前作为法定代理人主张相应权利的,人民法院依法予以支持。"父母是胎儿利益的主要保护者,司法解释明确了父母作为胎儿的法定代理人地位,符合法理人情,胎儿权益的保护有了可靠的途径。

专题二　自然人的民事行为能力

所谓自然人的民事行为能力,是指自然人能够通过自己的行为取得民事权利,承担民事义务的能力。以自然人能否通过自己的行为取得民事权利和承担民事义务,将自然人分为具有完全民事行为能力的人、限制民事行为能力的人和无民事行为能力的人。按照《民法典》的规定,年满18周岁的成年人为具有完全民事行为能力的人,16周岁以上,以自己的劳动收入为主要生活来源的,视为完全民事行为能力的人。这些规定与《民法通则》的规定完全相同,这次民法典编纂未作改动。但在限制民事行为能力方面,民法典编纂作出了部分调整。

一是对于限制民事行为能力的未成年人的年龄界限进行了修改。《民法通则》规定限制民事行为能力的未成年人最低年龄是10周岁,《民法典》将其修改为8周岁。在编纂《民法典》的过程中,关于是否要保留10周岁标准的问题,争议很大。主要有三种观点:第一种观点认为,应该将标准降到6周岁。学龄前儿童为无民事行为能力人,只要上小学了就应当是限制行为能力人。第二种观点认为,还是应当保留《民法通则》关于10周岁以上的未成年人为限制行为能力人的规定。第三种观点认为,应当改为8周岁。最初针锋相对的观点是6周岁和10周岁。在提交给全国人民代表大会讨论的草案中此规定的是6周岁,这在全国人大代表中引起了巨大争论。后来全国人大法律委员会根据各代表团讨论的情况,将限制民事行为能力的未成年人的年龄界限确定为8周岁,并按程序将其提交到大会讨论通过。

二是对限制民事行为能力人所为民事法律行为的效力作了规定。关于限制民事行为能力人所为民事法律行为的效力问题,《民法典》第19条规定:"八周岁以上的未成年人为限制民事行为能力人,实施民事法律行为由其法定代理人代理或者经其法定代理人同意、追认;但是,可以独立实施纯获利益的民事法律行为或者与其年龄、智力相适应的民事法律行为。"因此,判断限制民事行为能力的人所实施行为的效力要注意三个问题。

第一,限制民事行为能力的未成年人实施的纯获利的民事法律行为,包括继承、接受赠与等行为必须属于合法行为。如果超出合法的范围,这种所谓的"纯获利益的民事法律行为"应当认定无效。例如,有人为了行贿,不把钱送给官员,而是送给官员的孩子,还冠冕堂皇地说,钱是送给孩子的不是给你(官员)的。这实质是在与未成年人的父母进行违法交易。例如,电视剧《人民的名义》中就有类似的情节。蔡成功给侯亮平行贿,给他的儿子1万元时说:"猴子,这是我给孩子的不是给你的。"这样做行吗?肯定不行。因此,限制行为能力的未成年人实施的纯获利益的行为,必须限定在合法范围内,必须排除行贿等不合法的"纯获利益的行为"。

第二,要正确把握哪些行为是与限制民事行为能力的未成年人年龄、智力相适应的民事法律行为。按照《民法典》第 19 条的规定,限制民事行为能力的未成年人,可以独立实施与其年龄、智力相适应的民事法律行为。在具体社会实践中,具体哪些行为是与限制民事行为能力的未成年人年龄、智力相适应的民事法律行为呢?这关系他们的行为是否会产生法律效力的问题,是审判实践中很值得关注的问题。8 周岁到 16 周岁的孩子,乃至未满 18 周岁的青年,年龄跨度大,很难有一个统一的标准。但是,也可以大致作一些划分。其一,根据国民基础教育的不同阶段作出相应的划分:8 周岁到 13 周岁为小学阶段;13 周岁到 16 周岁为初中阶段;16 周岁到 18 周岁为高中阶段。限制民事行为的未成年人,可以从事与其学习阶段相适应的民事活动。其二,可以根据城市和乡村作出一些区别。一般在城市生活的未成年人,可以从事与其年龄相当并与城市生活相适应的消费行为,如买低档消费品、学习文具等。乡村的未成年人可能还会从事一些与其年龄相当的生产劳动、简单的经营活动等,如背山核桃、水果、蔬菜等去市场出售。这些都是合理的,属于与限制民事行为能力的未成年人年龄、智力相适应的民事法律行为。其三,根据发达地区、欠发达地区和不发达地区作一些划分。不同地区根据本地区不同年龄段的未成年人通常情况下可以从事何种民事行为,可以对本地限制行为能力人可以从事的民事法律行为作出一些归纳。这样可以在实务中较好地解决未成年人与其他民事主体之间发生的民事法律关系,保证各方合法权益得到保护。

《民法典总则编解释》第 5 条对限制民事行为能力人实施的民事法律行为是否与其年龄、智力、精神健康状况相适应如何判断作出了规定:“限制民事行为能力人实施的民事法律行为是否与其年龄、智力、精神健康状况相适应,人民法院可以从行为与本人生活相关联的程度,本人的智力、精神健康状况能否理解其行为并预见相应的后果,以及标的、数量、价款或者报酬等方面认定。”根据这一规定,判断标准有三个:一是从限制行为能力人的行为与本人生活的关联程度判断;二是从其能否理解自己的行为,能否认识自己行为的后果来判断;三是从标的、标的物的数量、价款或者报酬等方面来判断。这些判断标准,与前述相互吻合、互为补充,可以在实际处理民事案件纠纷中参考。

第三,哪些成年人应当认定为无民事行为能力和限制民事行为能力的人。《民法典》第 21 条第 1 款规定:“不能辨认自己行为的成年人为无民事行为能力人,由其法定代理人代理实施民事法律行为。”第 22 条规定:“不能完全辨认自己行为的成年人为限制民事行为能力人,实施民事法律行为由其法定代理人代理或者经其法定代理人同意、追认……”《民法典》的前述规定,与《民法通则》的规定是不同的。《民法通则》规定的无民事行为能力的人和限制民事行为能力的人，除未成年人以外，还包括成年人在内的“不能辨认自己行为的精神病人”和“不能完全辨认自己行为的精神病人”。这次《民法典》编纂时，将“精神病人”的表述删去，改为“不能辨认自己行为的成年人”和“不能完全辨认自己行为的成年人”，以之作为无民事行为能力的成年人和限制民事行为能力的成年人的认定标准。这一修改，就将无民事行为能力人和限制民事行为能力人的范围，从精神病人扩展到所有不能辨认自己行为的人和不能完全辨认自己行为的人，如老年性痴呆等非精神病人。该规定为这部分弱势群体合法利益的保护，提供了可靠的法律保障。

专题三　无民事行为能力人或限制民事行为能力人的认定

《民法典》第 24 条规定：“不能辨认或者不能完全辨认自己行为的成年人，其利害关系人或者有关组织，可以向人民法院申请认定该成年人为无民事行为能力人或者限制民事行为能力人。被人民法院认定为无民事行为能力人或者限制民事行为能力人的，经本人、利害关系人或者有关组织申请，人民法院可以根据其智力、精神健康恢复的状况，认定该成年人恢复为限制民事行为能力人或者完全民事行为能力人。本条规定的有关组织包括：居民委员会、村民委员会、学校、医疗机构、妇女联合会、残疾人联合会、依法设立的老年人组织、民政部门等。”该条一共分为 3 款，表达了以下几个意思：一是申请认定成年人为无民事行为能力人或者限制民事行为能力人的主体，是利害关系人或者有关组织。利害关系人是指被申请人的配偶、父母、子女等近亲属。其他组织是该条规定的组织。通常在有近亲属时，应当由近亲属提出申请。按照该条规定，本人不能申请认定自己是无民事行为能力人或者限制民事行为能力人。二是申请已经被认定为无民事行为能力人或者限制民事行为能力人，恢复为限制民事行为能力人或者完全民事行为能力人的主体，是本人、利害关系人或者其他组织。这里，申请主体除利害关系人和其他组织外，还有本人。换句话说，本人原来有精神病，但经过治疗后已经治愈，就可以向人民法院申请恢复自己为完全民事行为能力人。三是人民法院接到申请后，应当根据被申请人的智力、精神恢复状况,作出是否恢复其为限制民事行为能力人或者完全民事行为能力人的认定。四是人民法院审理此类案件应适用特别程序。按照民事诉讼法的规定,申请认定被申请人有无民事行为能力或者限制民事行为能力,应当适用特别程序。特别程序属于非诉程序。在审判实践中,出现过有人以原告的身份向法院提起诉讼,请求认定被告某某为无民事行为能力人。这是错误的。这类案件不是诉讼案件,而是非诉案件。当事人应当提交申请书,而不是诉状。由于此类案件适用的是特别程序,就不存在两审终审的问题。特别程序结束后,案件就审完了。而且此类案件即使法院认定错误,也只能再通过特别程序使用判决方式予以纠正,不能适用再审程序。

专题四　监 护 制 度

基于自然人存在无民事行为能力人和限制民事行为能力人,为更好地维护他们的合法权益,《民法典》规定了由无民事行为能力人和限制行为能力人的法定代理人代为行使其民事行为。为协调好无民事行为能力人和限制行为能力人与其法定代理人的关系,以及其他关系,《民法典》建立了完整的监护制度。在学习理解《民法典》关于监护这一章时,应当注意把握以下几点:

第一,监护制度应当把握的总体原则。在实践中,曾经一度存在对剥夺监护权制度适用过于泛滥的问题。如果发现父母不抚养未成年子女,就剥夺父母的监护权,将未成年子女交由国家抚养;如果发现成年子女不赡养自己的父母,也剥夺其监护权,将老年人交由国家来养。如果将未成年子女和老年人都交由国家来养,国家财政恐怕难以承担。这里就涉及监护制度的设计到底应该坚持什么原则的问题。在《民法典》编纂过程中,最高人民法院就提出,设计监护制度时应坚持以家庭监护为基础,社会监护为补充,国家监护为兜底的基本准则。为什么要坚持以家庭监护为基础呢?现在有些人动不动就提出剥夺他人的监护权,而对于有些人而言,这样做正中下怀,他们早就不想要监护权了。尤其是有些人的小孩有残疾,父母不想养,希望法院剥夺他的监护权。还有一些人主张要剥夺成年子女对老年人的监护权。这些都要十分慎重。中国正在进入老龄化社会,未来老年人监护还得依靠家庭,完全依靠社会和国家是行不通的。因此,设计监护制度时,一定要坚持要以家庭监护为基础的原则。但我国是社会主义国家,有些家庭确实不能履行监护职责的,可由社会承担,即以社会监护作补充。我们要鼓励成立一些基金会对老年人、未成年人进行监护。如果社会监护仍不能满足需要时,则应当由国家兜底。

因此,2017 年 3 月,第十二届全国人大常委会副委员长李建国在向全国人大报告《民法总则》的起草说明时就明确指出,对无民事行为能力人和限制行为能力人的监护,应当坚持"以家庭监护为基础、社会监护为补充、国家监护为兜底"的原则。此次《民法典》编纂就遵循这一原则,继续维护了在这一原则指导下对我国监护制度进行的表述。这一原则是正确理解我国监护制度的"纲",它妥善处理了家庭、社会和国家的关系,明确了各自的责任。既要防止家庭成员推卸责任、国家大包大揽,又要防止无民事行为能力人和限制民事行为能力人无人管理的状况;既要防止近亲属争监护,又要防止家庭成员推监护。通过完善监护制度,依法维护未成年人、老年人和残疾人的合法权益。

第二,监护的性质问题。监护到底属于权利、义务还是责任?《民法通则》第 18 条第 2 款规定:"监护人依法履行监护的权利,受法律保护。"据此,我们一直使用"监护权"一词来表述监护。但这一表述太笼统。仅从权利的角度来表述监护并不准确。在起草《民法总则》时,就提出要明确监护在什么意义上称为权利,在何种意义上又称为义务和责任。首先,从监护人有资格对被监护人进行抚养、保护的角度看,监护属于一种权利。例如,对未成年子女的监护,从我有资格而你没有资格监护的角度,监护是一种权利。这在夫妻双方离婚时争夺对子女的监护权时,表现十分突出。其次,从行为的性质看,监护应当是一种义务和责任。《民法典》第 26 条规定:父母对未成年子女负有抚养、教育和保护的义务。成年子女对父母负有赡养、扶助和保护的义务。可见,监护人的监护职责是利他性的,而不是利己性的。具体来说,监护行为是有利于被监护的孩子和老人的,而不是有利于监护人本人的。监护的目的是要保护被监护人的人身权利、财产权利和其他合法权利。对于监护而言,监护是一种付出、一种贡献。从这个意义上讲,监护是一种义务,而不是一种权利。再次,如果监护人不履行监护的义务,就会受到法律的制裁。监护人对未成年人子女,不履行监护抚养职责,对生病父母不履行监护赡养义务,对生病配偶不履行监护扶养责任,会受到相应的民事处罚,严重的可能被追究刑事责任。最后,为了让监护人履行好监护的职责和义务,基于监护职责的履行会需要一些权利。例如,监护人要对生病父母进行监护,因其父母患有老年性痴呆,监护人在照顾父母的身体健康时,还需要对父母的财产进行经营管理。监护人基于监护义务的履行和责任的承担,会享有对其父母财产的经营管理权。如果作为监护人的子女为父母利益而处分父母的财产,则应当尊重其处分行为。这次编纂的《民法典》第 34 条第 2 款就将原来《民法通则》的规定修改为“监护人依法履行监护职责产生的权利,受法律保护”。很明显,这种权利实际上是一种附随性质的权利,是附随监护责任的履行而产生的权利,不是自生的权利。可见,这次《民法典》的修改,从总体上看是将监护作为义务和责任,但从资格上看又将其作为一种权利,属于一种具有排他性的权利。

正因如此,我们在审判实践中,不能将监护绝对化,而应当以辩证的观点看问题。如果笼统地说监护是权利,则民事权利既可以享有也可以放弃,大家对老人都放弃赡养,对残疾孩子都不予监护,都放弃监护权利,就不合适了。我们还应当注意,在通常的情况下,夫妻离婚时,对于未成年子女争监护权的多,而对于年老父母则推卸监护职责的多。在理解监护权的时候,一定要注意监护本身是一种职责、一种义务,只是在履行监护职责过程中,会产生一些权利,但是不能简单地视其为监护权,它是基于监护而产生的权利。履行监护职责是权利产生的前提。

第三,正确处理监护与对子女抚养、对父母赡养和夫妻相互扶养的关系。这是两种不同的法律关系。举例而言,一家有三兄妹,父母与其中一位子女共同生活。与父母共同生活的子女对年老父母行使监护责任,其他两个孩子虽然没有履行对父母的监护职责,但是对赡养父母的法定义务依然存在。再如,夫妻离婚后,与未成年子女共同生活的一方当然要抚养孩子,承担监护责任。与此同时,未与未成年子女共同生活的一方,对子女同样有抚养的法定义务。某省曾经发生过一个案件,夫妻对未成年子女完全不照顾,交给他人用以诈骗钱财。事发后,人民法院判决剥夺了父母的监护权。由于父母对未成年子女既不教育,也不保护,竟然还送给他人做犯罪工具,剥夺其监护权并无问题。但是,其他监护人承担了对该未成年子女的监护义务后,其亲生父母仍应当承担其抚养费。现在社会中有一种现象,夫妻离婚后,未成年子女与一方共同生活,另一方就完全不管,忘记了自己应当承担的抚养义务。正因如此,《民法典》第 37 条规定:“依法负担被监护人抚养费、赡养费、扶养费的父母、子女、配偶等,被人民法院撤销监护人资格后,应当继续履行负担的义务。”因此在审判实践中,一定要将监护与抚养、赡养、扶养区分开,被撤销监护权或者未履行监护责任的父母、子女、配偶等,仍要履行抚养、赡养和扶养的法律义务,特别是那些有意放弃监护责任的人,在费用的负担上应当使其尽更大的责任,以保护承担监护责任人的合法权益。至于监护人的具体职责,《民法典》第 34 条和第 35 条已经规定得十分明确,这里就不再细述。

第四,监护争议的处理。监护争议案件主要包括确定监护人争议案件、撤销监护人资格案件、恢复监护人资格案件。在审理监护争议案件时应当注意以下几个问题:一是未成年人的监护人资格问题。按照《民法典》第 27 条的规定,未成年人的监护人首先由其父母担任。未成年人的父母死亡或者没有监护能力的,由下列有监护能力的人按照顺序确定监护人:祖父母、外祖父母;兄、姐;经相关组织或者部门同意的其他愿意担任监护人的个人或者组织。二是无民事行为能力或者限制民事行为能力的成年人的监护人资格问题。按照《民法典》第 28 条的规定,无民事行为能力或者限制民事行为能力的成年人,能担负监护责任的人的顺序是:配偶;父母、子女;其他近亲属;经相关组织或者部门同意的其他愿意担负监护的个人或者组织。三是对确定监护人有争议的解决方式。如果在确定监护人时存在争议,首先由具有监护资格的人之间进行协商,协商一致则按照协商的办法处理;协商不一致,则可以由被监护人所在地的居民委员会、村民委员会或者民政部门指定监护人;如果有关当事人对指定不服的,可以向人民法院申请指定监护人。四是人民法院受理申请指定监护人案件适用的程序。按照《民法典》第 31 条的规定,受理申请指定监护人案件,应当按照《民事诉讼法》的规定运用特别程序进行审理。正如前文所说,《民事诉讼法》规定的特别程序,属于非诉性质的申请程序,即申请人向人民法院提出申请,人民法院按照特别程序对该申请进行审查后,再决定是否支持该申请。但在实践中,从个别地方法院提交的材料和案例看,有些法院对监护争议适用的程序没有搞清楚,出现了要求当事人通过诉讼的方式来解决监护争议的情况。这是错误的,应当予以纠正。五是撤销监护人监护资格和恢复原监护人监护资格的申请审理问题。在监护争议纠纷中,除前面所述的确定监护人争议纠纷案件外,还有撤销监护人资格和恢复原监护人资格的申请案件。监护人确定以后,如果监护人未依法履行监护人责任,损害了被监护人的合法权益,其他依法具有监护资格的人有权向人民法院申请撤销监护人监护资格;如果其他依法具有监护资格的人不提出申请,居民委员会、村民委员会、学校、医疗机构、妇女联合会、残疾人联合会、未成年保护组织、依法设立的老年人组织等社会组织,有权向人民法院提出申请;前述其他依法具有监护资格的人和相关组织均未及时提出申请的,国家民政部门有权向人民法院提出申请。人民法院受理申请并依法审理后,如发现具有《民法典》第 36 条第 1 款规定情形的,应当撤销监护资格,并按照最有利于被监护人的原则依法指定新的监护人。被监护人的父母或者子女被人民法院撤销监护资格后,如果之前没有对被监护人实施故意犯罪,且事后有悔改表现的,若他们向人民法院提出恢复其监护人资格的申请,人民法院应当受理。人民法院受理后,应当审查其是否有悔改表现,同时还应当征求被监护人的意见。如果他们确有悔改表现,被监护人也同意恢复其监护人资格,那人民法院应当恢复其监护人资格。《民法典》之所以作如此规定,是因为父母与子女之间是最亲密的直系亲属关系,在有利于被监护人合法利益维护的前提下,允许其恢复监护人资格,有利于和睦家庭关系的建设,有利于老年人和未成年人合法权益的维护。当然,恢复原监护人的监护资格,只适用于父母与子女之间的关系,其他原监护人被撤销监护人资格后,原则上不再恢复其监护人资格。

《民法典总则编解释》对如何在司法中适用监护规定作出了具体要求。

一是对人民法院如何认定监护人的监护能力提出标准。具体来说,根据《民法典总则编解释》第 6 条的规定:应当根据年龄、身心健康状况、经济条件等因素确定自然人的监护能力;应当根据资质、信用、财产状况等因素确定有关组织的监护能力。如果自然人的年龄幼小,身心不健康,经济条件不佳,不适合担任监护人的,人民法院不能认定其具有监护能力,不能指定其为监护人。如果社会组织没有相应资质,没有相应的社会信用,没有相应的经济能力,也不能认定其具备监护能力,人民法院也不能指定其为监护人。

二是明确了父母通过遗嘱指定监护人发生争议的处理。对此,可以分为两种情况:第一种情况是,担任监护人的被监护人父母通过遗嘱指定监护人,遗嘱生效时被指定的人不同意担任监护人。在此情况下,依照《民法典总则编解释》第 7 条第 1 款的规定,应当按照《民法典》第 27 条和第 28 条的规定确定监护人。第二种情况是,父母中的一方通过遗嘱指定未成年人的监护人,另一方在遗嘱生效时有监护能力,有关当事人对监护人的确定有争议。在此情况下,依照《民法典总则编解释》第 7 条第 2 款的规定,应当适用《民法典》第 27 条第 1 款的要求,由有监护能力的父或母一方担任监护人。例如,父母离婚,父亲去世前通过遗嘱指定其弟弟为儿子的监护人,遗嘱生效后,孩子的母亲向人民法院主张对孩子的监护权。对此,人民法院应当依据《民法典》第 27 条第 1 款的规定,确定母亲为监护人。

三是规定了约定未成年人父母免除监护职责和协议确定监护人的处理。按照《民法典总则编解释》第 8 条第 1 款的规定,未成年人的父母如果与其他具有监护资格的人订立协议,约定免除具有监护能力的父母的监护职责的,人民法院不予支持。这样规定的目的,就是要强调父母的法定监护责任,不能通过个人约定免除该责任。但是,如果约定在未成年人的父母丧失监护能力时,由该具有监护资格的人担任监护人的,人民法院依法予以支持。这样规定的目的,就是从有利于未成年人健康成长的角度出发,在父母丧失监护能力的情况下,灵活确定其他监护人的监护资格,更好地维护未成年人的合法权益。

按照《民法典总则编解释》第 8 条第 2 款的规定,依法具有监护资格的人之间按照《民法典》第 30 条的规定,通过协议确定监护人,怎样才能得到人民法院的支持呢?具体可分为两种情形:第一种,如果未成年人的父母死亡或者丧失监护能力,按照《民法典》第 27 条第 2 款规定具有监护资格的祖父母、外祖父母,兄、姐,其他愿意担任监护人的个人或者组织,可以不按照法律规定的顺序,通过自由协议确定监护人。第二种,如果无民事行为能力或者限制民事行为能力的人是成年人,按照《民法典》第 28 条规定具有监护资格的配偶,父母、子女,其他近亲属,其他愿意担任监护人的个人或者组织,也可以不按照法律规定的顺序,通过自愿协商确定监护人。但在协商确定监护人时,应当尊重被监护人的真实意愿。按照这一规定,不同顺序的人可以通过协议成为共同监护人,顺序在后的人也可以通过协议被确定为监护人。《民法典总则编解释》第 8 条第 2 款的规定,在法律明确规定哪些人为法定监护人,确保被监护人的利益能够得到保护的情况下,灵活地照顾到具有监护资格的人的意愿,建立了协议确定监护人制度,保证了我国确定监护人制度的完整性。

四是规定了人民法院如何指定监护人。《民法典》第 31 条第 2 款规定:"居民委员会、村民委员会、民政部门或者人民法院应当尊重被监护人的真实意愿,按照最有利于被监护人的原则在依法具有监护资格的人中指定监护人。"第 36 条第 1 款规定,监护人不履行监护责任,损害被监护人合法权益时,人民法院应当按照最有利于被监护人的原则依法指定监护人。在具体落实上述规定时,怎样才能坚持最有利于被监护人原则呢?《民法典总则编解释》第 9 条作出了具体规定:"人民法院……指定监护人时,应当尊重被监护人的真实意愿,按照最有利于被监护人的原则指定,具体参考以下因素:(一)与被监护人生活、情感联系的密切程度;(二)依法具有监护资格的人的监护顺序;(三)是否有不利于履行监护职责的违法犯罪等情形;(四)依法具有监护资格的人的监护能力、意愿、品行等。"这四个方面是人民法院在审判实践中的经验总结,对正确指定监护人有很好的参考价值。当然,随着社会的发展和审判实践的丰富,还会有好的经验出现,这对完善指定监护制度大有好处。

五是规定了不服居民委员会、村民委员会或者民政部门指定监护的救济。当事人对确定监护人不服的,可以要求指定监护。指定监护有两种形式:第一种形式是向居民委员会、村民委员会或者民政部门要求指定监护。这种形式是主要形式。当事人对监护人的确定有争议,主要向居民委员会、村民委员会或者民政部门要求指定监护。前述组织或者部门作出指定监护后,有关当事人不服,应当按照《民法典总则编解释》第10条的规定,“在接到指定通知之日起三十日内向人民法院申请指定监护人的,人民法院经审理认为指定并无不当,依法裁定驳回申请;认为指定不当,依法判决撤销指定并另行指定监护人”。在这里,30日是个重要期间,只有在此期间内,人民法院才能受理申请并进行相应审查。如果超过30日,有关当事人提出指定监护的申请,按照该解释第10条第2款的规定,人民法院只能按照变更监护关系处理,不能按照指定监护处理。可见,这种形式中人民法院对指定监护申请的受理,是对当事人不服居民委员会、村民委员会或者民政部门指定监护不服的司法救济。第二种形式是当事人对确定监护人有争议时,不经过居民委员会、村民委员会或者民政部门的程序,直接向人民法院申请指定监护。从方便当事人,提高办事效率,节约司法资源的角度,笔者更主张采用第一种指定监护的形式。

六是细化了《民法典》第33条意定监护的内容。所谓意定监护,就是具有完全民事行为能力的成年人,通过与其近亲属、其他愿意担任监护人的个人或者组织事先协商,以书面形式确定自己在丧失或者部分丧失民事行为能力时的监护人。意定监护是《民法典》第33条建立的监护制度。这一制度在实践中如何适用呢?《民法典总则编解释》第11条第1款从两个方面规范了这一制度:第一,具有完全民事行为能力的成年人与他人订立意定监护协议确定自己的监护人后,任何一方在该成年人丧失或者部分丧失民事行为能力前请求解除协议的,人民法院应当支持。这一规定,对于老年人选择自己心仪的监护人照顾自己的晚年大有好处。如果开始选择时没有认清监护人的性格特征等因素,那么当事人完全可以通过一定的时间来认识,给予协议解除权对于维护其合法权益是适当的。与此同时,意定监护人如果不愿意承担监护责任,也可以行使解除权。第二,意定监护协议订立后,该成年人丧失或者部分丧失民事行为能力,协议确定的监护人无正当理由请求解除协议的,人民法院不予支持。如果协议确定的监护人有正当理由,如监护人本身不具备监护能力,那么该监护人可以请求解除协议。这一规定限制了监护人的解除权,维护协议的权威性和稳定性,保证协议能够履行,保护被监护人的合法权益。

意定监护订立后,该成年人丧失或者部分丧失民事行为能力,意定监护人在履行监护义务,损害被监护人的合法权益时,应当怎么办呢?《民法典总则编解释》第11条第2款规定:“该成年人丧失或者部分丧失民事行为能力后,协议确定的监护人有民法典第三十六条第一款规定的情形之一,该条第二款规定的有关个人、组织申请撤销其监护人资格的,人民法院依法予以支持。”按照这一规定,只要意定监护人具有“(一)实施严重损害被监护人身心健康的行为;(二)怠于履行监护职责,或者无法履行监护职责且拒绝将监护职责部分或者全部委托给他人,导致被监护人处于危困状态;(三)实施严重侵害被监护人合法权益的其他行为”等情形之一,“其他依法具有监护资格的人,居民委员会、村民委员会、学校、医疗机构、妇女联合会、残疾人联合会、未成年人保护组织、依法设立的老年人组织、民政部门等”,应当向人民法院申请撤销意定监护人的监护资格。人民法院对他们提出的申请应当予以支持。

七是明确了申请变更监护人和协议变更监护人的依据和条件。《民法典总则编解释》第12条第1款规定了因监护关系终止而发生的申请变更监护人的情形。该款规定:“监护人、其他依法具有监护资格的人之间就监护人是否有民法典第三十九条第一款第二项、第四项规定的应当终止监护关系的情形发生争议,申请变更监护人的,人民法院应当依法受理。经审理认为理由成立的,人民法院依法予以支持。”在这里,《民法典》第39条规定的终止监护关系的情形主要是四种:(1)被监护人取得或者恢复完全民事行为能力;(2)监护人丧失监护能力;(3)被监护人或者监护人死亡;(4)人民法院认定监护关系终止的其他情形。在这四种情形中,第一种情形因监护人已经取得或者恢复完全民事行为能力,已经不需要监护人。第三种情形若被监护人死亡也不再需要监护人;若监护人死亡后被监护人仍需要监护人,那就是重新指定监护人而不是更换监护人。第二种情形监护人丧失监护能力,则需要申请更换监护人。第四种人民法院认定监护关系终止的其他情形,如意定监护协议解除、监护人资格撤销等都会导致监护关系终止,出现变更监护人的要求。如果出现前述情形,有关当事人申请变更监护人,人民法院应当受理。受理后,经审理查明,终止监护关系理由得当,变更监护人申请成立,人民法院应当支持。

如果被依法指定的监护人与其他具有资格的人之间通过订立协议变更监护

人,人民法院应当如何处理呢?按照《民法典总则编解释》第12条第2款的规定,“被依法指定的监护人与其他具有监护资格的人之间协议变更监护人的,人民法院应当尊重被监护人的真实意愿,按照最有利于被监护人的原则作出裁判”。这就是说,监护人被依法指定后,不是绝对不可以变更的。只要他与其他具有监护资格的人之间能够达成协议,便可以变更监护人。但在变更时还必须坚持以下两点:尊重被监护人的真实意愿,坚持最有利于被监护人的原则。具体来说,就是能够表达自己意愿的被监护人,应当尊重其真实意愿;不能表达自己意愿的被监护人,则应当坚持最有利于被监护人的原则。

八是明确了监护人职责和委托监护中受托人职责的界限。按照《民法典》第34条的规定:“监护人的职责是代理被监护人实施民事法律行为,保护被监护人的人身权利、财产权利以及其他合法权益等。”其具体还包括对被监护人的抚养、教育、赡养、扶养、扶助、保护等职责。监护人的职责是法定职责,监护人不履行这一法定监护职责,应当承担相应的法律责任。监护人因各种原因不能履行监护职责时,可以将部分或者全部监护职责通过委托方式,交给受托人代为履行监护职责或者监护事务,即产生委托监护。受托人基于委托关系取得的监护职责,不是法定职责,而是合同责任。正是这一原因,《民法典总则编解释》第13条规定:“监护人因患病、外出务工等原因在一定期限内不能完全履行监护职责,将全部或者部分监护职责委托给他人,当事人主张受托人因此成为监护人的,人民法院不予支持。”这一规定实际上是为了解决实践中的两个问题:第一,有些受托人接受委托履行监护职责后,认为自己取代委托人取得了法定监护职责,已经成为正式的监护人。很显然,受托人没有正确地认识到,其取得的监护职责或者监护事务是基于委托关系,监护人的法定监护职责具有身份性质,是不可能通过委托关系取得的。第二,有些委托人将自己的监护职责或者监护事务委托给受托人后,就认为自己可以不再履行法定监护行为,对被监护人不再承担法定监护责任。很显然,不能通过委托关系将法定监护职责转让出去,只有人民法院依法撤销监护人资格、依法变更监护人或者解除意定监护协议后,其法定监护职责才能免除。因此,《民法典总则编解释》第13条规定,基于委托关系将监护职责委托他人,无论是受托人还是委托人,主张受托人成为监护人的,人民法院不予支持。

专题五　宣告失踪和宣告死亡制度

《民法典》关于宣告失踪和宣告死亡的规定，是自然人作为民事主体时的重要制度。这项制度所涉及的案件平时并不多，但如果遇到战争，以及地震、水灾、火灾等自然灾害时，宣告失踪和宣告死亡制度对于民事纠纷的处理就显得非常重要。

一、宣告失踪制度

所谓宣告失踪，就是自然人下落不明满两年时，为合法处理失踪人与其他民事主体之间的民事关系，由利害关系人向人民法院提出申请认定失踪人失踪，并确定失踪人财产代管人的法律制度。处理宣告失踪类型的案件，应当注意以下几点：一是要确定能够有权向人民法院提出宣告自然人失踪的申请人。按照《民法典》第 40 条的规定，有权提出宣告自然人失踪的申请人是利害关系人。所谓利害关系人，包括失踪人的配偶、子女、父母等近亲属，《民法典》第 1128 条规定的代位继承人、第 1129 条规定的尽了主要赡养义务的丧偶儿媳和丧偶女婿，以及债权人、债务人、合伙人等与被申请人有民事权利义务关系的民事主体。二是要明确失踪人符合宣告失踪的条件。申请人在向人民法院提出申请时，应当按照《民法典》第 40 条和第 41 条的规定，举出证据证明失踪人存在宣告失踪的事实，符合宣告失踪的条件。这是人民法院审理宣告失踪案件的基础。三是要明确失踪人财产的代管人。如果人民法院经审理认为失踪人符合宣告失踪的条件，就应当确定失踪人的财产代管人。按照《民法典》第 42 条的规定，失踪人的财产应当由其配偶、成年子女、父母或者其他愿意担任财产代管人的人代管。如果没有代管人或者法律规定的代管人无代管能力，或者代管有争议，则应当由人民法院指定人代管。代管人在代管失踪人财产时，应当维护失踪人的利益，妥善管理失踪人财产，依法进行管理。如果代管人不履行代管职责，或者侵害失踪人合法权益，失踪人的利害关系人有权向人民法院申请变更财产代管人。四是失踪人重新出现时，经本人或者利害关系人申请，人民法院应当撤销失踪宣告。在撤销失踪宣告判决中，如果宣告失踪人申请移交代管财产的，人民法院应当在判决中一并解决。移交有争议的，由当事人通过诉讼程序另案解决。五是宣告失踪案件的审理适用特别程序。

应当看到,失踪人被宣告失踪后,其民事主体资格没有消灭,只是因为被宣告失踪后,失踪人的民事权利由财产代管人代为行使。代管人行使代管行为与民事相对人发生的民事法律关系,效力及于失踪人。例如,《民法典总则编解释》第 15 条关于"失踪人的财产代管人向失踪人的债务人请求偿还债务的,人民法院应当将财产代管人列为原告"的规定,就是典型的例子。但是,如果代管人与相对人共谋损害失踪人利益,造成失踪人财产损失的,应当向失踪人承担赔偿责任。一般情况下代管人的代理行为与相对人之间的民事法律关系不受影响。

二、宣告死亡制度

所谓宣告死亡,是指自然人下落不明满 4 年,或者因意外事故下落不明满 2 年等,为合法处理该自然人与其他民事主体之间的民事法律关系,由利害关系人向人民法院申请该自然人死亡的法律制度。宣告死亡案件与宣告失踪案件一样,也适用特别程序,如果原裁判有误,也应通过特别程序纠正。处理宣告死亡案件,还应当注意以下几点:

一是要明确有权提出死亡宣告的申请人。按照《民法典》第 46 条的规定,有权提出死亡宣告的申请人是利害关系人。按照《民法典总则编解释》第 16 条第 1 款的规定,这里利害关系人应当包括配偶、子女、父母等近亲属,以及《民法典》第 1129 条规定的对被申请人有继承权的亲属,即尽了主要赡养义务的丧偶儿媳和丧偶女婿。按照该条第 2 款的规定,有下列两种情况之一的,依照《民法典》第 1128 条规定的代位继承人应当认定为利害关系人:(1)被申请人的配偶、父母、子女均已死亡或者下落不明的;(2)不申请宣告死亡不能保护其相应合法权益的。按照该条第 3 款的规定,债权人、债务人、合伙人等民事主体不能认定为《民法典》第 46 条规定的利害关系人,但是如果不申请宣告死亡不能保护其相应合法权益,则他们可以作为利害关系人。

二是申请人在提出死亡宣告申请时应当提出符合死亡宣告的事实和条件。按照《民法典》第 46 条的规定,要向人民法院提出死亡宣告申请,被宣告死亡者应当下落不明(包括战争期间下落不明)满 4 年;因意外事件下落不明满 2 年;因意外事件下落不明,经有关机关关证明该自然人不可能生存的,申请宣告死亡时间不受 2 年时间限制。例如,著名的马航 MH370 航班飞机失联事件中的乘客,他们在飞机失联后生不见人,死不见尸,从法律意义上讲只能是因意外事件下落不明。但因此失联事件致使乘客不可能生存,故相关利害关系人在有关机关作出证明后,可以向人民法院申请宣告死亡。

三是要注意被宣告死亡时间的确定。宣告死亡的日期对被宣告死亡自然人权利义务的处理十分重要。宣告死亡判决作出之日视为其死亡之日。这对于继承权等民事权利的产生具有重要意义。但是,因意外事件下落不明被宣告死亡的,意外事件发生之日视为被宣告死亡人死亡之日。对此,《民法典》第48条规定:“被宣告死亡的人,人民法院宣告死亡的判决作出之日视为其死亡的日期;因意外事件下落不明宣告死亡的,意外事件发生之日视为其死亡的日期。”例如,马航MH370航班失联就属于意外事件,飞机上的乘客都可以依法宣告死亡。后来,北京法院陆续受理了相关申请宣告死亡的案件。在这些案件中,人民法院作出的死亡宣告判决,被宣告人死亡的时间就是航班失联的时间。按照《民法典总则编解释》第17条的规定,战争期间下落不明的,宣告死亡期间自战争结束之日或者有关机关确定的下落不明之日起计算。

四是要注意被宣告死亡后的法律后果。自然人被宣告死亡后,自然人与配偶的婚姻关系终结,与所在法人组织、非法人组织之间的劳动关系终止,财产继承关系产生。但宣告死亡属于法律意义上的死亡,并不一定意味着被宣告死亡人事实上失去生命。如果被宣告死亡的自然人事实上并没有死亡,其在宣告死亡期间实施的民事法律行为,只要不违反法律的效力性强制规定,同样具有法律效力。

五是要注意被宣告死亡人重新出现后相关问题的处理。正如前文所述,自然人被宣告死亡,只是法律意义上的死亡,并非自然人一定已经死亡。如果出现被宣告死亡后,自然人又重新出现,则相关问题应当尽快作出处理。

首先,人民法院应当撤销宣告死亡判决。撤销死亡宣告,应当由本人或者利害关系人申请,人民法院经特别程序审查,发现被宣告死亡人确实并未死亡,即应当重新作出判决,撤销原死亡宣告判决。

其次,死亡宣告被撤销后自然人与原配偶已经消灭的婚姻关系如何处理。按照《民法典》第51条的规定:“被宣告死亡的人的婚姻关系,自死亡宣告之日起消除。死亡宣告被撤销的,婚姻关系自撤销死亡宣告之日起自行恢复。但是,其配偶再婚或者向婚姻登记机关书面声明不愿意恢复的除外。”在《民法总则》起草过程中,曾经有过这样的表述:自然人被宣告死亡以后,婚姻关系消灭,如果宣告死亡判决被撤销,已经消灭的婚姻关系如果要继续,必须重新办理结婚手续。后来经过讨论,没有采用重新办理结婚登记手续的方案,而是采取婚姻关系自行恢复制度,同时增加了但书的规定,即配偶再婚或者向婚姻登记机关书面声明不愿意恢复婚姻关系的,原来的婚姻关系就不能自行恢复。这样,如果死亡宣告被撤销后,自然人的配偶只要没有再婚,没有向婚姻登记机关声明不同意恢复婚姻关系,则原婚姻关系自动恢复。

再次,因宣告死亡而发生的财产继承,在宣告死亡判决被撤销后也应当恢复原状。对此,《民法典》第53条规定:“被撤销死亡宣告的人有权请求依照本法第六编取得其财产的民事主体返还财产;无法返还的,应当给予适当补偿。利害关系人隐瞒真实情况,致使他人被宣告死亡而取得其财产的,除应当返还财产外,还应当对由此造成的损失承担赔偿责任。”也就是说,依据继承法的规定取得的财产,如果被撤销死亡宣告的人主张财产返还,则应当返还。对于在死亡宣告期间,在遗产处理时已经出卖、变卖的财产,原被宣告死亡的人不能向买受人主张返还,只能向财产继承人主张出卖、变卖的对价。

最后,被宣告死亡人在被宣告死亡期间,其子女被收养时订立的收养关系如何认定问题。自然人被宣告死亡后,如果子女被他人收养,宣告死亡的判决被撤销后,其未成年子女的收养关系并不当然无效。对此,《民法典》第52条规定:“被宣告死亡的人在被宣告死亡期间,其子女被他人依法收养的,在死亡宣告被撤销后,不得以未经本人同意为由主张收养行为无效。”当然,如果在此期间他人与其子女之间没有建立收养关系,或者建立的收养关系不符合法律程序,被宣告死亡的人不同意建立收养关系的,应当尊重其意见。

专题六　个体工商户和农村承包经营户

个体工商户和农村承包经营户制度是自然人制度中具有中国特色的主体制度。它们是自然人制度的一种延伸,不属于典型的自然人,而是一种自然人的组合。这种组合既可以通过契约的形式组成,也可以是以自然人亲属关系组合成的家庭为单位。通过契约形式将自然人组合成的民事主体,主要体现为通过合伙形式共同组建的个体工商户。个体工商户通常由几个人组成,规模非常小。通过亲属关系组合的家庭作为民事主体,既可能是农村承包经营户,也可能是个体工商户。虽然《民法典》第 54 条至第 56 条对个体工商户和农村承包经营户只作了 3 条规定,但是个体工商户和农村承包经营户主体在我国经济,尤其是农村经济中数量特别庞大,需要引起高度重视。据统计,2019 年第四次经济普查显示,全国个体工商户超过 6000 万户;以个体工商户为主体的各类小店超过 1 亿家,且这 1 亿家小店解决了 3 亿人就业。2019 年我国共拥有农村承包经营户 2.3 亿户。两者相加共计 2.9 亿户,数量非常庞大。这些民事主体既是消费单位,又是生产经营单位。所以我们要对个体工商户和农村承包经营户这两类民事主体引起高度重视。

一、农村承包经营户

《民法典》第 55 条规定,农村集体经济组织的成员,依法取得农村土地承包经营权,从事家庭承包经营的,为农村承包经营户。农村承包经营户可以作为民事主体。最高人民法院关于审理涉及农村土地纠纷案件适用法律问题的解释中,专门对农村承包经营户作了规定。司法实践中,农村承包经营户怎么理解是一个非常重要的问题。假如,1980 年有一户农村承包经营户,经营户成员包括两夫妻,另还养育两儿一女。女儿长大后,在 20 世纪 80 年代末出嫁了;大儿子考上大学,毕业后到城里当公务员;小儿子留在农村种地,后来在农村娶了媳妇生了儿子。此时,这一户农村承包经营户的成员包括:原来的老两口,小儿子夫妻俩及其子女。大儿子大学毕业后当公务员,在城里安家立户,就不再属于农户成员;女儿嫁到外村,到婆家居住地落户,也不再属于该集体经济组织所属这家农户的成员。在这种情况下,这家农户所承包的地就由老两口和小儿子一家耕种。再过若干年,老两口老了,不能再劳动,甚至去世了,就剩下小儿子一家耕种承包地。如果这时国家要征收这户农户所承包的土地,要对农户进行补偿,谁还能分得征地补偿费呢?大儿子当了公务员,在城里落户了,不属于该集体经济组织所属农村承包经营户成员,不能分;出嫁的女儿已经在婆家落户,不属于该集体经济组织农村承包经营户成员,也不能分。这类问题在农村比较普遍。

在处理此类问题时,要注意以下问题:农村承包经营户是独立的民事主体,它与户的成员是不同的。农村承包经营户的成员可以变动,如娶媳妇、媳妇又生儿子。但是农村承包经营户是确定的。嫁出去的女儿成为婆家所在农村集体经济组织中承包经营户的成员。娶进门的媳妇可能在娘家所在的农村集体经济组织中的承包经营户已经按人头分了承包地,她到婆家成为婆家农户成员后,是否还能在娘家农户中享有成员权呢?笔者认为不能,出嫁女不能“两头占”。因此,承包农村土地的农户,是一个固定的概念,是独立的民事主体。农户是铁打的营盘,农户成员可能是“流水的兵”。农户成员会因生老病死而变化、嫁娶考学而流动,但农村承包经营户本身是确定的、不变的。农村集体经济组织成员虽同时是农村承包经营户的成员,但农村承包经营户的成员不直接享有家庭土地承包经营权,不是家庭土地承包经营权的主体。农村土地承包是以户为单位进行,享有农村土地承包经营权的是农村承包经营户。虽然在最初分地的时候,会以农户成员的数量为标准进行分配,但承包经营合同一旦签订就是30年不变。第一轮划分的土地承包经营权是15年不变。一旦农村土地承包经营合同签订后,农户就对分得土地享有承包经营权。尽管农户的成员会发生变化,有增有减,但农村土地承包经营户不变,其所享有的土地承包经营权不变,至少30年内不会变。即使30年后要重新签订土地承包经营合同,在签订承包合同时,有时可能会因为农户成员的变化而对承包的土地数量作个别调整,但农户作为家庭土地承包合同的主体地位不会发生变动。

二、个体工商户的债务承担问题

《民法典》第54条规定:“自然人从事工商业经营,经依法登记,为个体工商户。个体工商户可以起字号。”第56条第1款规定:“个体工商户的债务,个人经营的,以个人财产承担;家庭经营的,以家庭财产承担;无法区分的,以家庭财产承担。”在理解个体工商户这一民事主体时,应当注意以下几点:一是个体工商户有合伙性质的个体工商户和非个人合伙性质的个体工商户。如果几个自然人通过合伙方式登记个体工商户进行生产经营,则往往通过合伙协议确定自己的出资。这种类型的个体工商户,有些合伙人只出资不经营,有些则只经营不出资,有些既经营又出资。就一般而言,这种个体工商户往往是起字号进行经营。这类个体工商户的法律责任,应当由该字号的财产承担,不足部分由合伙人共同承担。非个人合伙性质的个体工商户,则应当用个人财产或者家庭财产承担。二是注意区分个人经营的个体工商户和家庭经营的个体工商户。所谓个人经营的个体工商户,应当是指个人用归自己所有的财产进行经营,而不是用夫妻共同财产投资经营。例如,个人投资开个小餐馆、小理发店等,其债务应当由个人财产承担。如果是家庭经营的,则债务应当以家庭财产承担。所谓家庭经营,应当是指用家庭财产投资经营。家庭经营通常有两种情况:其一,夫妻用共同财产投资,共同经营,所获得收益归整个家庭;其二,夫妻用共同财产投资,由一方经营,另一方可能从事其他职业,不参与经营,所获得收益归整个家庭。以上是个人经营和家庭经营的典型形式。但实际生活中,还存在开始是个人投资经营,后来经营时间长了,又用夫妻的共同财产投资,时亏时盈,反反复复。时间一长,也分不清楚是个人投资还是家庭投资。在此情况下,按照《民法典》第56条的规定,应当以家庭财产承担。三是注意个体工商户的民事责任形式。个体工商户无论是合伙性质还是非合伙性质,无论是个人投资经营还是家庭投资经营,其承担的民事责任都是无限责任。没有有限责任的豁免。四是要注意个体工商户制度下可能产生的法律纠纷的形式。由于个体工商户的性质,其生产经营中,经常可能遇到的法律纠纷主要有:个体工商户具有个人合伙性质的,可能产生合伙协议纠纷案件;合伙债务纠纷案件;劳务纠纷案件;夫妻共同债务纠纷案件;等等。

《民法典》关于个体工商户和农村承包经营户的规定,从债务的承担看,可能涉及夫妻共同债务问题。这是现在老百姓比较关注的问题。以前夫妻没有多少共同财产,但现在夫妻共同财产多了,纠纷也多了。而且夫妻共同财产不仅包括消费性财产,还包括生产经营财产。从目前来看,我国的婚姻家庭中,在4.5亿个家庭中,有近3亿家庭既是生活消费单位,也是生产经营单位。夫妻承担共同债务在社会主义市场经济条件下,是一个必须面对的现实,不能回避。

三、农村承包户经营的债务承担问题

《民法典》第56条第2款规定:"农村承包经营户的债务,以从事农村土地承包经营的农户财产承担;事实上由农户部分成员经营的,以该部分成员的财产承担。"本书认为该款规定中,分号之前的内容与分号之后的内容存在一些差异。关于分号之前的内容,实际生活中,有些家庭成员不是农户成员,故不能以全部家庭财产承担责任。此外,分号之后内容中的"事实上由农户部分成员经营",应主要是指荒山、荒丘、荒滩、荒沟的承包。这类承包可能以家庭为主体,也可能以个人为主体。如果以个人为承包主体,就以个人财产承担民事责任。但是,实践中还存在一种情况,即夫妻双方中有一方在家里种地,另一方在外边做生意或打工赚钱。这时,农村承包经营户的债务应当怎样承担呢?这个问题值得研究。如果丈夫在外做生意,将做生意挣到的钱投入农村土地承包经营,则丈夫投入的这部分财产也应当用于承担农村土地承包经营户的债务。《民法典》第56条第2款是对夫妻的财产作了一个切割,即夫妻一方在城里做生意所获得的财产,如果没有投入农村土地承包经营,就不对农村土地承包经营产生的债务承担责任。但是,如果夫妻一方将所承包的土地或承包经营所得的财产转移到城市,作为股本、用于投资,然后再对之进

行经营的,则这部分财产也应对农村土地承包经营债务承担责任。在审判实务中,对农村承包经营户的债务承担问题,应当结合家庭财产中的夫妻共同财产制、分别财产制以及家庭债务负担等问题一并解决。

第四章　法　人

专题一　法人组织的性质和分类

法人作为民事主体，是民法典编纂中是最重要的问题。在中国特色社会主义市场经济条件下，如果没有一个好的法人制度，市场经济的健康发展是不可能的。在定义法人时，《民法典》在原来《民法通则》的基础上，吸收市场经济国家关于法人组织的表述方式，从以下几个方面规定了法人组织的性质：一是明确了法人的含义。《民法典》第57条规定：“法人是具有民事权利能力和民事行为能力，依法独立享有民事权利和承担民事义务的组织。”二是明确规定了法人成立的条件和程序。按照《民法典》的规定，法人组织应当依法成立，即法人应当有自己的名称、组织机构、住所、财产或者经费，并按照法律、行政法规规定程序设立等。三是明确规定了法人组织的民事权利能力和民事行为能力的产生和消灭。按照《民法典》第59条的规定，法人组织的民事权利能力和民事行为能力从法人组织成立时产生，终止时消灭。法人组织的民事权利能力与民事行为能力由法律赋予，且具有一致性。四是明确了法人组织承担民事责任的根据。按照《民法典》第60条的规定，法人组织以其全部财产独立地承担民事责任。这里的全部财产是指设立法人组织的出资人出资的财产，以及由出资财产在经营中形成的全部财产。在承担民事责任时，法人组织是自己独立地以其全部财产承担有限责任，不需要出资人等再承担无限责任。这次编纂时，《民法典》所用条文比《民法通则》更多，表述更加全面，更加准确。

法人组织的分类，是法人制度的重要内容。1986年制定的《民法通则》规定了四类法人，分别是企业法人、事业法人、机关法人、社会团体法人。国外民法对于法人的分类也有不同的划分方法，其中主要是将法人分为公法人和私法人，有些还具体细分为社团法人和财团法人。这次《民法典》编纂，对法人的分类进行了修改，既与《民法通则》不同，也与国外的分类不同。根据中国实际情况，《民法典》将法人分为3个大类、11个小类。这3个大类包括:营利法人、非营利法人和特别法人。一开始编纂《民法典》时,关于法人分类的问题分歧很大,各种观点都有。经过反复讨论,最后将法人分为营利法人和非营利法人。作出这两大类分类后,现实中还是有很多问题解决不了。最后经过研究又增加了一个新法人类型,即特别法人。这3个大类、11个小类的法人组织都有什么特点呢?若不掌握这些特点,则难以在民事活动开展过程中很好地执法、司法和守法。

一、营利法人

《民法典》第76条对营利法人的含义作了规定。该条第1款规定:"以取得利润并分配给股东等出资人为目的成立的法人,为营利法人。"按照《民法典》的规定,营利法人有如下几个特点:一是营利法人可以依法分得红利。简单地说,这类法人组织是出资人以赚取利润为目的设立的。出资人出资设立该机构之后,该机构通过合法经营赚取利润,然后依据法律和公司章程的规定向出资人分配红利。二是营利法人组织是依据法律和法人章程设立的组织机构。按照《民法典》要求,营利法人应当建立3个机构:权力机构、执行机构和监督机构。营利法人的权力机构,又称重大决策机构,行使修改法人章程或者更换执行机构、监督机构成员,以及法人章程规定的其他职权。这一机构在公司制度中,就是股东会或者股东大会。这一机构由股东等出资人构成,并按照法律和营利法人章程行使权力。营利法人的执行机构,行使召集权力机构会议,决定法人的经营计划和投资方案,决定法人内部管理机构的设置,以及法人章程规定的其他职权。营利法人的执行机构通常就是公司制度中的董事会或者执行董事,它既承担着营利法人组织的日常经营管理事务,又要向权力机构汇报工作,执行权力机构的重大决定,并接受营利法人监督机构的监督。营利法人的监督机构依法行使检查法人财务、监督执行机构成员与高级管理人员执行法人职务的行为,以及法人章程规定的其他职权。营利法人的监督机构的组织形式是监事会或者监事,具体行使监督检查权力。这三大机构,构成营利法人组织机构,是在我国建立和完善现代企业制度的制度性框架。这些规定提高了营利法人的组织性,结构更趋合理,是我国现有家族性民营企业、传统国有企业和集体企业提级升档的目标,为进一步推进我国的现代化企业法人治理提供了法律制度保障。三是营利法人在清算后还剩余的财产,应当依据法律和法人章程规定向股东等出资人分配。剩余财产的分配制度,是营利法人区别于其他法人的制度标志。这是因为营利法人设立的目的是以取得利润为目标。当因撤销、解散、歇业等原因,需要终止营利法人时,该营利法人企业应当按照法律规定进行清算活动,即清理现有资产、偿还债务、收回债权。如果负有清算义务的义务人,不履行清算义务,造成企业或者企业债权人损害的,应当承担包括财产赔偿责任在内的民事责任;未经清算,股东等出资人抽逃资金,应当向企业或者企业债权人等承担法律责任;股东等出资人在营利法人清算过程中,完成债务偿还后,对剩余财产有权按照法律和法人组织章程规定取得剩余财产分配权,实现对剩余财产的取得。四是营利法人以自己的全部财产独立承担民事责任。营利法人的全部财产由两个部分构成:股东等出资人出资的财产;利用出资人出资的财产合法经营取得财产。在民事责任的承担上,营利法人以法人组织的全部财产对外承担有限民事责任,即超出全部财产范围的其他债务,营利法人不再承担;股东等出资人以其出资为限对营利法人组织承担有限责任,超出股东等出资人出资范围的其他债务,出资人不再承担。五是承担有限责任的营利法人有三种类型,即有限责任公司、股份有限公司和其他法人企业。所谓有限责任公司,就是由出资人出资形成的全部财产对外承担有限民事责任的法人组织。有限责任公司具有资合性和人合性相统一的特点。所谓股份有限公司,就是通过发起人发起,面向全社会募集股份形成的公众公司。该公司以募集的股份以及通过对募集的财产进行经营而形成的全部财产对外承担有限民事责任。股份有限公司是资合公司。有限责任公司和股份有限公司具体由公司法规范。所谓其他法人企业,是指那些不具有股份有限公司和有限责任公司的特点,但是又属于对外只承担有限责任的企业,特别是一些传统的国有企业和集体企业,数量并不少。只要法人经营所获得的利润要分配给出资人,且以其全部财产承担有限法律责任,都属于营利法人。需要注意的是,虽然《公司法》对公司法人制度已作规定,但在编纂民法典时将其相关内容吸收入这一法律效力仅次于宪法的基本法律中,相关规定的效力等级得到了很大提升;同时,将只适合于股份有限公司和有限责任公司的规定适用于所有营利法人,进一步扩大了其适用范围。这就为适应中国特色社会主义市场经济发展,建立现代企业制度提供了可靠的制度保障。

二、非营利法人

《民法典》第 87 条规定了非营利法人的含义。该条第 1 款规定:“为公益目的或者其他非营利目的成立,不向出资人、设立人或者会员分配所取得利润的法人,为非营利法人。”简单地说,投资之后投资人不能分配红利的法人组织,就是非营利法人。根据《民法典》第95条的规定,为公益目的成立的非营利法人终止时,不得向出资人、设立人或者会员分配剩余财产。剩余财产应当按照法人章程的规定或者权力机构的决议用于公益目的;无法按照法人章程的规定或者权力机构的决议处理的,由主管机关主持转给宗旨相同或者相近的法人,并向社会公告。而营利法人清算之后,投资人有权收回剩余财产。因此,非营利法人与营利法人的重大区别在于:非营利法人终结时,在偿还债务以后,即使有剩余财产,设立人、出资人、会员也不能分配剩余财产。在《民法通则》中,还没有非营利法人之说,《民法典》划清了营利法人与非营利法人的界限,为我国公益事业的发展和非营利社会组织的健康发展,提供了明确的制度安排和保障。

非营利法人分为四大类,即事业单位、社会团体、基金会、社会服务机构等。事业单位、社会团体的分类源于《民法通则》。基金会和社会服务机构如果是以公益为目的,接受捐助财产设立的,则该法人组织应当为捐助法人。捐助法人包括红十字会及其他基金会等。

捐助法人中比较特殊的是宗教活动场所。宗教活动场所在这次编纂《民法典》时才被认定为捐助法人,以前对其属性的界定并不规范。在实际生活中,我们经常会看到不少佛教庙宇设有功德箱,不少善男信女以捐赠的方式往功德箱里投钱。为此,一些"精明"的投资者发现其中的生财之道。于是,他们找到一些宗教组织,在景区投资修建、改建、扩建庙宇,并与其共同经营庙宇,赚钱之后按照约定分红。这类与投资者共同经营的宗教场所越建越多,不仅扰乱了正常的宗教活动,还导致一系列民事纠纷案件的产生。其中有些案件当事人四处投诉,矛盾越搅越深,成为处理难度大、有碍社会稳定的难案。依据我国宪法的规定,公民有信仰宗教的自由,也有不信仰宗教、宣传无神论的自由。公民去庙宇烧香拜佛并捐赠,现在却成了某些投资者赚钱谋利的商机。为了规范庙宇捐赠,维护正常宗教活动的健康发展,维护信教群众的合法利益,需要治理这些乱象。为此,一方面,国家宗教管理机关出台专门规定,规范管理正常的宗教活动;另一方面,也需要国家出台相关民事法律,对宗教捐赠活动民事法律行为进行规范。

针对上述情况,《民法典》第92条第2款规定:"依法设立的宗教活动场所,具备法人条件的,可以申请法人登记,取得捐助法人资格。法律、行政法规对宗教活动场所有规定的,依照其规定。"按照这一规定,其一,宗教活动场所必须依法设立。依法设立的宗教场所,宗教信仰者可以开展正常的宗教活动。未经依法批准的宗教场所,因不具有合法性,不能开展宗教活动。其二,依法设立的宗教场所具备法人条件的,可以申请法人登记,取得捐助法人资格。依法设立的宗教场所,如果不具备法人条件,不能取得捐助法人资格,只能在法律许可的范围内开展正常的宗教活动,不能接受捐助。其三,具备法人条件并申请法人登记,正式取得捐助法人资格的宗教场所,可以接受捐助。如果具备法人条件,依法设立的宗教场所,未向相关主管部门提出申请,或者虽然提出申请,但尚未批准取得捐助法人资格,也不能接受捐助,否则是违法。其四,取得捐助法人资格的宗教活动场所,接受捐助人的捐助建立捐助法律关系后,应当按照捐助法律规定和捐助约定享受权利,履行义务。按照我国非营利法人的要求和捐助相关法律规定,捐助人履行捐助义务以后,不能要求捐助法人分配红利;接受捐助的法人组织,则应当按照法律的规定和捐助法人组织设立的章程规定,正确使用捐助资金。这里所说的正确使用捐助资金,是指应当将捐助资金运用于正常宗教活动的开展和宗教事业的推进,不能作为捐助人与捐助法人合作经营、共同经营的出资资金使用,更不能通过作为分配所赚取利润的依据。其五,作为捐助法人的宗教活动场所,可以与其他民事主体按照平等自愿等价有偿的原则开展民事活动。例如,宗教活动场所将修建庙宇的工程承包给他人,会产生建设工程方面的民事法律关系;某庙宇委托他人设计塑造菩萨形象,修建菩萨像,就涉及著作权、勘察、设计和建筑工程多项民事合同;为开展各种宗教活动和推进宗教事业,使用捐助资金与其他民事主体开展民事活动等。这些民事活动都可以按照等价有偿原则处理。其六,要注意宗教神圣物与宗教性质产品的区别。具有捐助法人资格的宗教场所,利用捐助资金修建的庙宇、塑造的佛像或菩萨像的金身等物品,通过宗教仪式置于宗教活动场所供信众祭拜时,该宗教性质的产品就变成宗教的神圣物,就不再是普通的物品或产品。信众祭拜时所作的捐赠,应当由宗教场所的捐助法人用于正常合法的宗教活动,不能作为建造者或者生产者建造或生产该物品的对价,也不能作为与宗教场所共同经营的收益,更不能将捐赠资金作为红利进行分配。至于在宗教活动场所出售的宗教性质的纪念品等物品和开展宗教活动,宗教活动场所的捐助法人组织和相关人员也要严格遵守国家法律规定,不能随意抬高物价、借机敛财,损害信教群众的合法权益,玷污宗教的纯洁性,破坏正常的宗教活动。

作为包括捐助法人在内的所有为公益目的而成立的非营利法人组织,应当按照《民法典》第 90 条、第 92 条、第 93 条、第 94 条的规定设立法人组织,制定法人章程、建立组织机构,依法开展民事活动。当该类非营利法人组织终止时,应当严格遵守《民法典》第 95 条的规定,不得向出资人、设立人或者会员分配剩余财产。其剩余的财产应当按照法人章程的规定或者权力机构的决议用于公益目的;无法按照法人章程的规定或者权力机构的决议处理的,由主管机关主持转给宗旨相同或者相近的法人,并向社会公告。这是非营利法人组织应当严格遵守的法律规定,也是人民法院在处理相关案件的依据。

三、特别法人

《民法典》规定的特别法人,在国外民法规定的法人制度中没有出现过。它完全是按照我国经济社会发展需要设计的法人制度,充分体现了中国法人制度的特色。《民法典》第 96 条规定:"本节规定的机关法人、农村集体经济组织法人、城镇农村的合作经济组织法人、基层群众性自治组织法人,为特别法人。"这条规定采取了列举方式对特别法人进行了规定。在编纂《民法典》的过程中,我们认识到,如果不规定农村集体经济组织为民事主体,那么我们的民法典可能仅仅是城市民法典,农村数量巨大的集体经济组织就无法纳入民法典的规范范围。后来经过反复研究,最后概括出一个新的法人类型——特别法人,在将农村集体经济组织列入特别法人的同时,将机关法人、城镇农村合作经济组织法人和基层群众性自治组织法人一并列入。

特别法人的第一种类型是机关法人。所谓机关法人,是指我国有独立经费的机关和承担行政职能的法定机构。该机构从成立之日起,具有机关法人资格,可以从事为履行其职能所需要的民事活动。机关法人包括立法机关、行政机关以及法院、检察院等。从中央到地方的各级国家机关都属于机关法人。此外,党的机关也属于机关法人。具体而言,我国的机关法人包括以下几类:第一类是国家机关法人,包括政府、人大、法院和检察院。这些机关在日常运行中都要开展民事活动,如修建房屋、政府采购等。第二类是政协机关法人。政协是统战组织,是由各个党派、社会团体以及其他社会组织等共同形成的统一战线。第三类是中国共产党机关法人。党的机关法人,如统战部、宣传部等都要开展民事活动。第四类是民主党派机关法人。这应与我国的政党制度联系起来,我国的政党制度与西方的政党制度完全不同,西方的政党有执政党和在野党之分,而中国的政党制度是共产党领导下的多党合作制,只有执政党与参政党之分。各民主党派不是在野党,各民主党派的人都有在各国家机关中工作的人员,而且都由国家财政予以保障。所以民主党派在对外发生民事关系时,就是机关法人。第五类是工青妇机关法人,即工会、青年团、妇女联合会等,从中央到地方的各级机关法人。第六类是承担行政职能法定机构的机关法人。这些组织本身是事业法人，但是因其承担了国家法律规定的行政职能，也属于机关法人，如证券监督管理委员会、银行与保险监督管理委员会、国有资产管理委员会等。第七类是国家军事机关法人。机关法人还包括军队，军队也会参与民事法律关系，也可能发生日常的民事诉讼。例如，中央作出重大决策，要求军队和武警部队全面退出有偿服务，因此有些民事法律关系需要解除，可能产生民事纠纷。人民法院要为军队和武警部队全面退出有偿服务提供司法保障。军队单位符合机关法人的特点，属于民事主体，享有诉讼主体资格。

特别要注意的是，行政机关是以平等主体身份参与民事活动的，也是民事主体。国家行政机关以平等主体身份参与民事活动的情况很多。其中，大量的是行政机关非履行行政职能的民事活动，如政府采购各种办公用品和其他消费品、修建机关房屋等。除此之外，行政机关还要履行法律赋予的民事职能，包括出租公有房屋，出让国有建设用地使用权、矿产资源使用权、海域使用权等，都是行政机关以平等民事主体的身份与民事相对人开展民事活动。例如，在国有建设用地土地使用权出让活动中，国有土地使用的出让方就是国家土地管理部门，其与受让方之间的协商、招投标、拍卖、挂牌交易等，都是平等民事主体之间的缔约行为。因此，国家行政机关作为民事主体出让国有土地使用权的时候，与相对人之间的关系不是行政管理关系，而是平等主体之间的交易关系。

特别法人的第二种类型是农村集体经济组织。有人会将现在农村的村办企业、乡办企业都认为是农村集体经济组织，这种理解并不正确。在理解农村集体经济组织时，要与人民公社制度联系起来，否则理解起来会比较困难。人民公社成立后，执行的是“政社合一”制度，即政权组织和经济组织合二为一的制度。人民公社既是一级政权组织又是一个经济组织。人民公社从 1958 年开始到 1980 年，经历了 20 多年的历史。1980 年之后，伴随改革开放政策的推进，人民公社制度被废除，国家政权组织到基层只延伸到乡镇一级。1982 年《宪法》之后，乡以下的生产大队和生产队不再作为国家基层政权的组成部分，而以经济组织的形式最终得以保留，但不再保留“大队”和“生产队”的称呼，而是以村委会和村民小组取而代之，成为集体经济组织的组织形式。原来生产队和大队作为基层政权的组成部分被取消后，其所管辖区域中的社会公共管理事务由谁来管理呢？为解决这一问题，我国颁布了《村民委员会组织法》，规定了村民大会和村民委员会自治制度，村民委员会下设村民小组，由它们行使区域内的社会公共管理事务。这样，在不少农村地区，村民委员会和村民小组分别代行了原来大队和生产队作为集体经济组织的职能，同时双行使村民自治的职能。

随着几十年来的经济发展,沿海和内地之间产生了较大的发展差异。农村集体经济组织的作用在经济发达地区和欠发达、不发达地区的差别很大。在发达地区,集体经济组织不仅拥有资源性资产,还拥有经营性资产。不少农村集体经济组织投资办了很多村办企业,并将企业经营获利分给村民。这种情况下,作为农村集体经济组织成员的村民就享有以下几项权利:土地承包经营权、宅基地使用权和集体收益分配权。内地不发达地区的集体经济组织许多没有经营性资产,但拥有资源性资产,如土地、森林、草原、滩涂等。这种情况下,集体经济组织的性质和地位应当怎么认定呢?是否应当作为民事主体呢?在这次《民法典》编纂过程中,我们就提出集体经济组织应当享有民事主体的地位。后来经过反复讨论,就决定给予农村集体经济组织以法人资格,并将其作为一种特别法人。因为农村集体经济组织要对外发生关系,去银行开账户,需要刻印章。若农村集体经济组织不享有法人资格,没有账户和印章,则不便于其开展民事活动。但是农村集体经济组织与其他营利法人和非营利法人不同,具体需要有哪些特殊规定,下一步还要继续研究。因此,如果法律、行政法规对农村集体经济组织有专门规定的,一定要依其规定。

特别法人的第三种类型是城镇农村合作经济组织。目前我国农村有大量合作社,有些合作社办成了专业合作社,专门生产水果、蔬菜,专门养猪、养羊、养牛等,种类多样。我国还颁布了《农民专业合作社法》。这一类经济组织和农村集体经济组织并非一回事,农村集体经济组织由农村集体经济组织成员构成,而合作经济组织则由农民自愿加入,没有加入合作经济组织的农民就与该组织无关,加入合作经济组织的人可以在组织中开展交易等民事活动,合作经济组织的赢利由组织成员分得。当然,农村合作经济组织的部分收益需要作为集体经济组织的发展基金留存。合作经济组织既有资合的特点又有人合的特点。有的出资人通过出资获得投资人资格,还有一些特殊人员,如管理人员、专业技术人员等,虽未投入资金但可以用他们的技术、管理专长获得干股,享有一定的分红权。这与有限责任公司和股份有限公司不完全一样。有些合作组织实际是合伙,还有一些属于法人。以前对这类组织的管理较为混乱,这次编纂《民法典》,把农村和城镇的合作经济组织统一概括为一种特别的法人,以后应当按照法人组织的要求对其进行改造,让它们成为能够适应社会主义市场经济发展需要的市场主体。

特别法人的第四种类型是群众性自治组织。我国的群众性自治组织,在农村就是依据《村民委员会组织法》成立的村民委员会,在城市就是依据《城市居民委员会组织法》成立的居民委员会。村民委员会是村民自我管理、自我教育、自我服务的基层群众性自治组织，实行民主选举、民主决策、民主管理、民主监督。村民委员会的职责是办理本村的公共事务和公益事业，调解民间纠纷，协助维护社会治安，向人民政府反映村民意见、要求和提出建议。村民委员会自治职能不少地方往往与农村集体经济组织存在交叉联系，但两者不是一回事，应当注意区分。居民委员会是居民自我管理、自我教育、自我服务的基层群众性。居民委员会接受人民政府及其派出机构的指导，协助人民政府及其派出机构开展工作。这一类组织也属于具有民事主体资格的特别法人，有权以自己名义对外开展民事活动。

专题二 法人组织民事责任的承担

法人组织民事责任承担问题，无论对当事人还是法官，都是一个很重要的问题，也是审判实践中争议最多的问题。因此，学习《民法典》，对于法人的民事责任承担这部分的规定一定要重视，否则处理争议问题时标准就难以统一。目前，关于法人民事责任的承担，虽然已经制定了不少法律，但包括《公司法》在内的民事、商事单行法和其他单行民事法律的位阶都低于《民法典》，以后此类问题都要统一到《民法典》的规定中。这是《民法典》适用时需要注意的一个重要问题。

一是关于法人承担民事责任的财产问题。《民法典》第 60 条规定："法人以其全部财产独立承担民事责任。"这里所说的法人的全部财产，既包括股东在内的出资人或者法人组织的设立人出资形成的全部财产，也包括法人在经营过程中积累的财产。出资人或设立人在设立法人时，将自己的财产投入法人组织，就丧失了对这些财产的所有权。法人对这些财产享有了独立的财产权。当法人用这些财产进行经营时，这些财产和经营中的收益，都作为法人的责任财产，对外承担责任。如果设立人和出资人出资不到位，就得依据法律规定要求其出资到位。在处理包括涉公司纠纷在内的所有法人纠纷案件时，民商事法官不仅要注意公司法的规定，还要首先注意《民法典》的相关规定，不得与作为上位法的《民法典》相关规定相冲突。

二是关于法人分支机构民事责任的问题。根据《民法典》第 74 条的规定，法人可以设立分支机构。法人分支机构的特点是，不能以自己的财产对外独立承担民事责任。公司设立的分支机构主要是分公司,其他法人设立的分支机构则会用办事处等名称。这些分支机构有自己的财产,也可能有营业执照,进行民事活动,但是不属于独立的法人。《民法典》第74条规定:“法人可以依法设立分支机构。法律、行政法规规定分支机构应当登记的,依照其规定。分支机构以自己的名义从事民事活动,产生的民事责任由法人承担;也可以先以该分支机构管理的财产承担,不足以承担的,由法人承担。”这一条虽然在编纂《民法典》过程中存在争论,但后来各方均支持现在的条文。如果所有涉及银行、保险公司、证券公司民事责任的案件,都由作为法人的总行或者总部来作为诉讼当事人,那么大量的诉讼都会汇聚到北京的法院,这不具有现实可行性。所以,《民法典》规定分支机构的债务和民事责任先由该分支机构承担,分支机构不足以承担的,再由法人组织来承担。长期以来,这也是人民法院审理类似案件的一贯做法。今后,人民法院还应当继续按照原来的思路审理同类案件。

三是关于法人合并、分立的权利义务问题。《民法典》遵从了法人合并、分立的基本规则。《民法典》第67条规定:“法人合并的,其权利和义务由合并后的法人享有和承担。法人分立的,其权利和义务由分立后的法人享有连带债权,承担连带债务,但是债权人和债务人另有约定的除外。”根据本条规定,如果法人合并,民事责任由合并后的法人组织来承担;如果法人分立,如一个法人分立成两个或三个法人,那么分立前法人的民事责任应该由分立后的法人共同承担。在这里,法律规定分立后的各个法人组织享有连带债权,但追索债权时,如果由一个连带债权人起诉追索债权,人民法院可以将其他连带债权人追加为共同原告;如果连带债权人愿意放弃连带债权,不愿意向债务人追索,人民法院可以不将其列为共同原告。对于分立后的各个法人组织要承担连带债务,如果债权人只对其中一个连带债务人提出起诉追索全部债务,那被追索债务的连带债务人,有权要求人民法院追加其他连带债务人为共同被告;如果债权人反对追加其他连带债务人为共同被告的,那债权人只能向被告主张该被告应当承担的债务;如果连带债务人没有向人民法院申请追加其他连带债务人为共同被告,该连带债务人向债权人清偿全部连带债务后,有权向其他连带债务人行使追索权。与此同时,法人分立时,对于分立前的法人,就自己的债务问题与债权人达成协议,确定了具体债务由分立后的某一法人承担的,则应当依据意思自治原则,即债权人与债务人另有约定的,按双方约定处理。例如,分立前的法人与其债权人约定,作为债务人的法人分立为甲、乙、丙3个法人组织后,债权人只能向甲法人主张债权,不能向乙和丙法人主张债权,则分立后的债务承担就应按照双方约定向甲法人主张。但如果当事人之间对于法人分立后的债务承担没有约定,那就应由分立后的法人以连带债务的方式共同承担法人分立前的民事义务和责任。

四是关于法人设立人的民事责任问题。任何法人都只有在设立成功以后才能承担民事责任。但是在实践中,有些法人可能设立不成功,而且在法人设立期间也存在民事责任的承担问题。因此,需要对法人设立人的民事责任作出规定。《民法典》第75条规定:"设立人为设立法人从事的民事活动,其法律后果由法人承受;法人未成立的,其法律后果由设立人承受,设立人为二人以上的,享有连带债权,承担连带债务。设立人为设立法人以自己的名义从事民事活动产生的民事责任,第三人有权选择请求法人或者设立人承担。"这条规定明确了设立人在设立法人过程中形成债务的民事责任的承担:法人设立成功的,由法人组织承担;法人设立不成功的,由设立人承担;在法人设立过程中,设立人是以自己的名义从事民事活动的,则民事责任由第三人行使选择权,可由法人承担,也可由设立人承担。在实施本条规定时应当注意实践中常常出现的一个问题,如公司发起人在公司筹备过程中对外开展的民事活动,形成的债务大于净资产。在此情况下,法人组织设立虽然成功,但其法人组织的现有财产无力全部清偿这一债务。那么,该债务应当由谁来承担呢?本书认为,如果法人设立过程中产生的债务过大,由新设立的法人无力承担该债务,那么新设立的法人实际上从成立时起就已经处于支不抵债的破产状态,应当视为法人设立未成功,设立人应当对设立过程中形成的债务承担民事责任。法人设立过程中形成的债务,毕竟是由设立人设立法人的民事行为引起的,理应由其承担民事责任。若设立人承担债务后,该法人组织正常经营,以后这笔债务是否应当由法人核销,应当由股东会或者出资人共同协商解决。

专题三　法人组织内部法律责任的承担

学习《民法典》,除了解法人组织对外应当承担的民事责任外,法人组织内部的法律责任问题也是当前应当认真对待的问题。

一是关于法定代表人的责任承担问题。按照《民法典》第61条第2款和第3

款的规定:“法定代表人以法人名义从事的民事活动,其法律后果由法人承受。法人章程或者法人权力机构对法定代表人代表权的限制,不得对抗善意相对人。”其第62条又规定,法定代表人因执行职务造成他人损害的,由法人承担民事责任。总之,法定代表人履行职务的行为,法律责任应当由法人组织承担。如果法定代表人越权行为,且给法人组织带来损害,法定代表人是否应当承担相应的法律责任呢?《民法典》第62条第2款规定:“法人承担民事责任后,依照法律或者法人章程的规定,可以向有过错的法定代表人追偿。”也就是说,因为法定代表人履行职务的行为,在对外关系上,法人组织应当为法定代表人的行为“买单”。法人组织虽然应当为法定代表人的行为承担责任,但是在法人承担责任后,如果法定代表人违背公司内部管理规则或者违反法律规定,在法人内部,法人组织可以追究法定代表人的责任。对法定代表人追究的责任,可以由法人组织内部作出,也可以依法向人民法院提起诉讼,依法追究其民事责任。

二是关于清算人的法律责任问题。按照相关法律规定,法人组织可以依法解散。法人组织如果要解散,必须要对法人组织进行清算,即收回债权、偿还债务、清理财产、分配剩余财产,了结内外一切关系。但是,在实际社会生活中,法人组织不再开展经营活动,需要终止法人的时候,往往无人对法人组织开展清算活动,以至于出现了大量的“僵尸企业”。为解决这一问题,这次《民法典》编纂时对法人组织中哪些人应当为清算义务人,以及他们的责任予以了明确。《民法典》第70条规定,法人的董事、理事等执行机构或者决策机构的成员,为清算义务人。清算义务人未及时履行清算义务对他人造成损害的,应当承担民事责任。这条规定非常重要。首先,它明确了法人解散时的清算义务人。他们是法人组织的董事、理事等执行机构或者决策机构的成员。具体来说,包括董事会的成员、股东等有决策权的人员。其次,法人解散时,清算义务人应当及时履行清算义务。即《民法典》第69条规定的情形出现后,清算义务人应当及时组织开展清算工作。第69条规定的情形如下:法人章程规定的存续期间届满或者法人章程规定的其他解散事由出现;法人的权力机构决议解散的决定已经做出;法人合并或者分立已经需要解散或者撤销原来的法人;法人依法被吊销营业执照、登记证书,被责令关闭或者被撤销等。如果上述情形已经出现,而且在合理的期限后,清算义务人还不履行清算义务,即应当认为未及时履行清算义务。最后,清算义务未及时履行清算义务,造成损害,应当承担民事责任。这里的造成损害,应当是因未履行清算义务,导致法人财产流失,账册、单据、权利证书等资料丢失或毁损,从而无法查清法人财产情况等情形;

也包括债权人因法人财产流失和财产无法查清而不能有效主张债权损失等。这里的承担民事责任,应当包括因法人组织的财产流失和债权人债权不能实现而形成的民事责任。这里所说的清算义务人承担的民事责任,是指清算义务人用自己的财产承担民事责任。这样做的目的,就是要督促清算义务人及时履行清算义务,以便最大限度地减少"僵尸企业"存在,盘活"僵尸企业"所占用的市场资源。

三是关于出资人滥用出资人权利的责任承担问题。《民法典》第 83 条第 1 款规定:"营利法人的出资人不得滥用出资人权利损害法人或者其他出资人的利益;滥用出资人权利造成法人或者其他出资人损失的,应当依法承担民事责任。"该款所说的出资人滥用出资人权利损害法人或者其他出资人的利益,通常是指出资人利用自己出资控股所拥有的决定权,做出损害法人利益或者其他出资人利益的决定。例如,控股股东利用自己的绝对控股,不顾公司管理层和其他出资人大多数人的反对,指令法人为与本公司经营业务不相关的、极不可靠的市场主体提供担保,结果造成公司利益的重大损失。这就构成滥用出资人权利损害法人利益的行为。再如,出资人利用自己绝对控股的权利,违反公司法和公司章程规定,做出其他股东不分或者少分红利,而自己多分红利的决定。这就构成出资人滥用出资人权利损害其他出资人利益的行为。对于这种滥用出资人权利造成法人利益或者其他出资人利益受损的情形,法人组织或者其他出资人有权向人民法院提起诉讼,要求滥用权利的出资人赔偿自己的相应损失。通常情况下,由于控股股东拥有控制法人组织的权利,法人组织要以自己的名义向人民法院提起诉讼,是很困难的。在此情况下,可以依据相关法律和司法解释的规定,由部分股东向人民法院提起股东代表诉讼,即由部分股东代表法人组织提起诉讼,以保护法人组织的合法权益。

四是关于出资人滥用法人独立地位和出资人有限责任制度的责任承担问题。《民法典》第 83 条第 2 款规定:"营利法人的出资人不得滥用法人独立地位和出资人有限责任损害法人债权人的利益;滥用法人独立地位和出资人有限责任,逃避债务,严重损害法人债权人的利益的,应当对法人债务承担连带责任。"该条规定内容就是学理上常说的"刺破公司面纱"原则。在股份公司和有限责任公司中,法律规定股东等出资人应当以出资为限对公司债务承担有限责任。但是根据《民法典》的规定,只要营利法人的出资人滥用出资人权利,损害法人组织债权人的利益,受损害的债权人就有权利突破法人组织或者出资人只承担有限责任的界限,在追究法人组织民事责任的同时,追究滥用有限责任出资人的责任,要求其对公司的债务承担连带责任。例如,在有限责任公司尚欠他人债务的情况下,有限责任公司股东将公司资产转移自己名下,或者将该资产作为红利在股东中分掉,致使公司债权人追讨债务无果。在此情况下,公司债权人有权向人民法院提起诉讼,要求突破公司有限责任的界限,追究公司股东的民事责任。

五是关于营利法人的控股出资人、实际控制人、董事、监事、高级管理人员利用其关联关系损害法人利益时的赔偿责任问题。《民法典》第 84 条规定:“营利法人的控股出资人、实际控制人、董事、监事、高级管理人员不得利用其关联关系损害法人的利益;利用关联关系造成法人损失的,应当承担赔偿责任。”所谓的控股股东,是指股东拥有的股份能够达到控制公司程度的股东。控股有绝对控股和相对控股两种。所谓绝对控股,是指股东控制的股份达到公司全部股份的 50% 以上,拥有作出公司决定的绝对话语权。所谓相对控股,是指股东控制的股份虽没有达到 50%,但其他股东占有的股份相对分散,大股东通过联合其他小部分股东即可做出决定。所谓实际控制人,是指本人虽不是股东,但占有股份股东的出资是本人资金,股东只是名义股东,那本人就是实际控制人。实际控制人分为股份实际控制人和公司实际控制人。股份实际控制人实际上就是名义股东的控制人;公司实际控制人,就是股份实际控制人实际控制的股份足以控制公司的控制人。在实践中,股东或者出资人、实际控制人、董事、监事和其他高级管理人员,不仅经营管理该公司,还可能有自己的公司或者企业。如果上述人员自己的公司或者企业,与该公司发生交易关系,该交易就是关联交易;他们自己的公司与本公司的关系,就是关联关系。在市场经济中,无论是国内法律还是国外法律,都不禁止关联关系,但绝对不能借助关联关系损害公司或者法人组织的利益,也不能损害公司债权人的合法利益。这是前提。为了维护公司或者法人组织的合法利益,相关法律规定了上述人员应当履行对公司或者法人组织的忠实义务。如果违背忠实义务,造成公司或者法人组织的损失,上述人员应当承担法律责任。

正基于此,《民法典》第 84 条规定,营利法人的控股出资人、实际控制人、董事、监事、高级管理人员利用其关联关系给法人造成损失的,应当直接承担赔偿责任。适用该条法律时,应当把握以下几点:其一,主体应当是营利法人的控股出资人、实际控制人、董事、监事、高级管理人员。其二,前述人员应当利用关联关系,实施了关联交易行为。其三,前述人员实施的关联交易行为损害了法人组织的利益,造成了实际损失。这里应当强调的是造成法人组织的损失,可能会损害法人组织债权人的利益。如果债权人因为法人组织受到损害而不能主张债权,可以向前述人员提出自己的诉求。其四,前述人员应当用自己的财产或者自己公司的财产,向法人组织或者法人组织的债权人赔偿损害。其五,在诉讼程序上因为控股出资人、实际控制人等人员控制公司,可以采用股东代表诉讼的方式。如果关联交易人没有通过股份等出资方式控制公司,而是利用管理公司或者经营业务的方便,与自己的关联公司进行不正当交易,损害公司利益,则公司可以直接对这些关联交易的行为人,如董事、经理或者其他高级管理人员等提起诉讼。如果公司因关联交易损害了公司债权人的合法权益,公司又无人主张自己的利益,则公司债权人则有权对公司和关联交易人提起诉讼,主张自己的合法债权。

专题四　正确处理法人内部和外部关系

此次编纂《民法典》的一大亮点,就是明确了如何处理法人组织内部和外部的关系,为解决审判实践中长期存在的争议,提供了法律依据。在审判实践中,各级法院常常会遇到如何处理公司内部和外部关系的问题。最常见的就是《公司法》第16条关于公司担保效力的规定,在理解和适用上存在很大争议。人民法院处理过的此类纠纷比较多,但做法各有不同。本书认为,《民法典》出台后,应当把认识统一到《民法典》的规定中。关于如何处理法人内部和外部的关系,应注意以下几点。

一是法定代表人因执行职务造成他人损害,应由法人承担责任。《民法典》第61条第1款和第2款规定:“依照法律或者法人章程的规定,代表法人从事民事活动的负责人,为法人的法定代表人。法定代表人以法人名义从事的民事活动,其法律后果由法人承受。”应当看到,法定代表人执行职务的行为不是个人行为,而是法人组织行为,其法律责任当然应当由法人组织来承担。在实践中,法定代表人执行职务的行为可能违背法律,或违背法人章程规定,其行为对外构成侵权,但因其是代表法人组织,其法律责任也应当由法人组织承担。但法人对外承担责任后,有权再追究法定代表人的责任。这一点《民法典》第61条作出了明确规定。

二是法人章程或者法人权力机构对法定代表人代表权的限制,不得对抗善意相对人。《民法典》第61条第3款对此作了规定。例如,公司章程或者股东大会对法定代表人的权限进行了限制,只允许其签订特定类型的合同。公司内部对此作出限制并无问题,但是如果在法定代表人与第三人进行交易的过程中,第三人善意无过失,在法定代表人签订合同后,该合同对公司和第三人是有效的。不能因为法定代表人签订合同的行为违背了公司内部规定,就否定其对外签订合同的效力。

三是营利法人的权力机构、执行机构决议被撤销后,不能对抗善意债权人。《民法典》第 85 条规定:“营利法人的权力机构、执行机构作出决议的会议召集程序、表决方式违反法律、行政法规、法人章程,或者决议内容违反法人章程的,营利法人的出资人可以请求人民法院撤销该决议。但是,营利法人依据该决议与善意相对人形成的民事法律关系不受影响。”依据该条规定,营利法人的权力机构、执行机构违反法人章程或内部规定作出决议,损害法人或出资人权利,出资人请求撤销决议的,如果营利法人依据该决议与善意相对人已形成民事法律关系,则该民事法律关系的效力不受影响。这一规则在《公司法》中也有规定。虽然公司内部决策人员没有按照法律和公司章程作出决议,但其作出决议之后,公司的法定代表人依据该决议与善意第三人订立合同并形成民事法律关系的,该民事法律关系应当优先于内部关系得到保护。有些股东或出资人会起诉请求撤销这一决议,但是原来的法定代表人依据该决议已经与善意第三人形成的法律关系依然有效,受法律保护。这里必须要注意,营利法人在处理内部关系时不能伤及外部关系,不能破坏交易秩序,损害善意相对人的利益。但是,如果相对人不是出于善意,而是知道或者应当知道法人决议违反法律或其内部规定,仍然与法人建立民事法律关系,就不再优先保护其利益,外部法律关系就可能因法人内部决议违规被撤销而无效。

四是明确了捐助人等利害关系人或者主管机关可以请求人民法院撤销违法违规决议,但是不能请求撤销依据该决议与善意相对人形成的民事法律关系。《民法典》第 94 条第 2 款规定:“捐助法人的决策机构、执行机构或者法定代表人作出决定的程序违反法律、行政法规、法人章程,或者决定内容违反法人章程的,捐助人等利害关系人或者主管机关可以请求人民法院撤销该决定。但是,捐助法人依据该决定与善意相对人形成的民事法律关系不受影响。”该条规定也坚持了优先保护外部关系的原则。

五是明确了违反法律、行政法规强制性规定的民事法律行为无效,但是该强制性规定不能导致该民事法律行为无效的除外。《民法典》第 153 条第 1 款规定:“违反法律、行政法规的强制性规定的民事法律行为无效。但是,该强制性规定不导致该民事法律行为无效的除外。”不导致民事法律行为无效的强制性规定有哪些呢?在民事司法实践中,我们一般将强制性规定区分为效力强制性规定和管理强制性规定,该条所规定的不导致民事法律行为无效的强制性规定就体现为管理强制性规定。如果民事法律行为所违反的管理强制性规定不是效力强制性规定，就是有效的。基于此类行为而形成的外部民事关系，对善意相对人而言也是有效的。例如，按照相关法律规定，当事人通过出让方式取得国家建设用地使用权后，如果要向第三方转让建设用地使用权，应当在该建设用地上的投资达到总投资的25%，否则不能转让建设用地使用权。这条法律规定，就是管理性强制性规定。如果建设用地使用权人与第三方签订了建设用地使用权转让合同，并约定在一年后正式登记过户给受让人，而订立转让合同时，建设用地使用权人在土地上的出资并没有达到25%，那么这一合同是有效还是无效呢？本书认为，这一合同是有效合同。如果一年后，建设用地使用权人的投资达到25%，则转让合同的转让人就可以通过登记机构的变更登记顺利地过户给受让人；如果建设用地使用权人的投资没有达到25%，则登记机关有权按照法律规定，执行管理强制性规定，拒绝办理过户变更登记手续；因为登记机构拒绝办理过户变更登记手续，受让人有权依据有效的建设用地使用权转让合同，要求转让人承担违约责任。这种做法，既支持了行政管理权的行使，又维护了建设用地使用权交易秩序，是两全其美的好方法。很显然，建设用地使用权人如果土地上的投资没有达到总投资的25%，不能转让建设用地使用权的规定，就是不导致建设用地使用权转让合同无效的管理强制性规定。

《民法典》第153条还适用于一种情况，即一个行为产生了两种法律关系，一种是内部的法律关系；另一种是外部的法律关系。该行为违反法律、行政法规强制性规定，可能导致内部法律关系无效，但是外部法律关系仍然有效。例如，按照公司章程、股东会或者董事会的规定，公司法定代表人只能签订价值1000万元的合同。后来，法定代表人与第三方签订了价值2000万元的合同，违背了公司的内部规定，那这一合同是有效还是无效呢？本书认为，只要第三方是善意相对人，不存在与法定代表人相互勾结，损害公司的合法权益，则这一合同是有效合同。很显然，公司法定代表人的行为产生了两个法律关系，一个是内部关系，即法定代表人与公司股东或者公司之间的内部管理关系；另一个是外部关系，即公司与相对人的合同关系。在这两个法律关系中，公司法定代表人可能被内部人追究责任，但不能影响公司与善意相对人之间的合同关系，该合同依然是有效合同。

这还涉及《公司法》第16条第2款关于“公司为公司股东或者实际控制人提供担保的，必须经股东会或者股东大会决议”的规定。例如，公司内部有规定，法定代表人不应擅自签订担保合同，但是法定代表人违反该内部规定与善意第三人签订了担保合同，而第三人不知道也不应当知道公司内部的相关规定，由于法定代表人有权代表公司对外为民事法律行为,其在合同上签章之后就应当对公司发生法律效力。但是公司在承担民事责任后可以追究有过错的法定代表人的民事责任。如法人因此遭受损失,则可以请求法定代表人赔偿。这里要注意内外部关系问题,要正确处理法人对内管理关系和对外交易关系。法人内部的强制性规定是为了有效开展内部管理、维持内部秩序,使法人运转更高效、更规范。法人内部治理得当,有利于促进交易和保护交易安全。但有时法人内部制度与外部交易会发生冲突,这时就会涉及善意相对人的利益。在二者发生冲突时应当如何处理呢?本书认为,应当适用交易优先的原则。因为公司治理固然重要,但是如果交易秩序遭到破坏,就会对整个交易市场造成破坏。同时,根据马克思主义劳动价值理论,劳动价值要通过交易来实现,如果交易被破坏,劳动价值就实现不了。因此,在处理内部和外部之间的关系时,法律应当注意坚持保护交易安全、提高交易效率、降低交易成本这三大基本原则。当然对外部交易关系的保护也有限度,即相对人一定是善意的。如何认定相对人的善意,下一步还应作深入研究。相对人不善意,通常的认定标准是其对于行为人超越权限行为的事实知道或者应当知道。这里的举证证明责任也应当合理分配,不应该过分加重一方当事人的责任。

最高人民法院颁布的《公司法司法解释(四)》对这一原则予以明确。《公司法司法解释(四)》的相关规定是根据《民法总则》关于法人的相关规定作出的。如果我们坚持保护内部关系优先,就没有人愿意与公司做生意,因为在交易之前相对人还要了解公司的内部规定。这样会导致交易变得非常复杂,使交易安全系数降低、交易效率下滑、交易成本增高。优先保护外部关系,就可以尽可能保护交易安全、提高交易效率、降低交易成本。国家立法时,特别是民法典编纂时,总体上是基于这一原因。此外还有一个原因,即内部作假比外部作假更为容易。例如,一个公司有 3 个股东,公司将自己名下的国有建设用地土地使用权转让给相对人。在交易时,公司觉得价钱合适公道,交易完成之后,该建设用地土地使用权价格上涨,公司认为卖亏了。虽然公司法定代表人在合同上签字了,亲自参与了交易,但公司股东完全可以基于利益考虑虚构事实,捏造公司出让土地需要股东全体同意的决定,并以法定代表人卖地未经过股东会同意为由请求认定转让合同无效。至于相关文件,他们完全有条件事后补做,且天衣无缝。这样不仅损害了善意相对人的利益,而且会对交易秩序造成极大破坏,让其他交易人对交易风险感到无法控制。相对外部人员而言,公司股东内部作假成本低,道德风险高。因此,从司法的角度来看,平衡公司内部关系和外部关系,坚持优先保护外部关系,对维护社会主义市场交易秩序是十分必要的。

专题五　营利法人的社会责任

《民法典》第86条规定："营利法人从事经营活动，应当遵守商业道德，维护交易安全，接受政府和社会的监督，承担社会责任。"该条规定了营利性法人的四项社会义务。一是要遵守商业道德。任何企业都要遵守平等自愿，公正公平，等价有偿，诚实信用的原则。其中，我国几千年来传承的"货真价实，童叟无欺"的商业道德理念，应当发扬光大。二是要维护交易安全。每个营利法人组织，都有维护交易安全的社会责任，绝对不可以为自己的利益而伤害其他交易人的合法权益，应共同营造社会主义市场经济的风清气正。三是要接受政府和社会监督。任何企业都要接受政府监督，不能把自己的私权绝对化，更不能生产假冒伪劣产品；任何企业都应当自觉接受人民群众的监督，其中包括舆论监督。四是要承担社会责任。营利法人在进行经营活动中，除了要依法经营，正当获利外，对社会也要承担一定的社会责任，坚决不做损害社会公共利益的事情，必要时还应当扶危济困、匡扶正义，不能"各人只扫门前雪，不管他人瓦上霜"，应把弘扬社会主义核心价值观作为自己的社会责任。

第五章　非法人组织

专题一　非法人组织的民事主体地位

《民法典》首次明确非法人组织是民事主体。《民法通则》仅规定了自然人和法人两类民事主体，后来《民事诉讼法》使用了其他组织的概念。因此，民事主体包括公民、法人和其他组织三类。此次编纂《民法典》时，立法机关将“公民”修改为“自然人”，扩大了主体范围，并且不再使用“其他组织”这一概念，而是使用了“非法人组织”的概念。通过这种形式，《民法典》重新规范了我国的民事主体制度。我们在理解非法人组织时，应当结合自然人和法人制度来把握其含义。《民法典》第 102 条对非法人组织作了规定：“非法人组织是不具有法人资格，但是能够依法以自己的名义从事民事活动的组织。非法人组织包括个人独资企业、合伙企业、不具有法人资格的专业服务机构等。”个人独资企业、合伙企业、不具有法人资格的专业机构等非法人组织，是由设立人或者投资人设立的企业性质的组织。这类组织有些什么特别呢？这是我们在理解非法人组织时应当注意的。

一是非法人组织属于组织类的民事主体。非法人组织不同于个体工商户和农村承包经营户，它属于组织类民事主体。个体工商户无论有无字号，都是自然人属性的延伸，不具有组织属性；农村承包经营户由若干农户成员构成，是一种自然人的组合，也不具有组织形态。由于非法人组织不是自然人，因此需要登记。《民法典》第 103 条对非法人组织的登记作了规定：“非法人组织应当依照法律的规定登记。设立非法人组织，法律、行政法规规定须经有关机关批准的，依照其规定。”例如，个人独资企业、合伙企业等，都是需要依法登记的非法人组织属性的民事主体，律师事务所、会计师事务所等专业服务机构，还需要有关机关批准，在批准后才能依法登记。

二是非法人组织通常以组织的名义从事民事活动。个体工商户、农村承包经营户虽然可以以户或者字号的名义开展民事活动,但是在实践中,二者多以个人名义从事民事活动,只是在承担民事责任时会把农户成员或者组成个体工商户的自然人追加为当事人。非法人组织则是以依法登记的组织的名义开展民事活动,并以非法人组织的名义起诉或者应诉。非法人组织以其经营管理的财产承担责任,只有在其经营管理的财产不足以清偿其债务的情况下,才由出资人和设立人承担无限责任。个体工商户和农村承包经营户由个人承担责任。

三是非法人组织不具有法人资格,其出资人或设立人对非法人组织的债务承担无限责任。这里应当注意,在非法人组织的财产不足以承担民事责任时,出资人或设立人应当对非法人组织的债务承担无限责任。在这里,无限责任和无限连带责任是不同的。无限责任的承担往往要以清算为前提,只有当非法人组织自己的财产不足以清偿其债务时,出资人或者设立人才需要对非法人组织不能承担的债务承担无限责任。无限连带责任则不同。债权人可以向无限连带责任人中的任何一人或多人主张权利,不以其中某一债务人不能清偿债务为前提。而个体工商户和农村承包经营户由于户的财产与个人财产不可分,户成员通常对户的债务承担无限连带责任。正因如此,目前人民法院在审理涉夫妻债务问题的案件时,面临较大的困难。本书认为,家庭的稳定要以财产的稳定为前提。在今后的民事审判中,对于家庭的消费性财产和生产经营性财产能够分开的,应当适当分开;在生产经营性财产不足以清偿债务时,才能用家庭消费性财产清偿;如果家庭消费性财产和生产性财产无法分开,则按照《民法典》第 56 条的规定承担民事责任;家庭消费性财产不足以满足家庭成员的最低消费的,可以探索个人破产制度,保护家庭的最低消费需要。因为我国农村还有 2.3 亿户土地承包经营户,7000 万户个体工商户,应当认真对待。关于家庭生活消费性财产(债务)和生产经营性财产(债务)的区分标准,应当由国家立法机关或者地方省级人大,根据各地的不同情况作出规定。

四是非法人组织与法人组织的分支机构不同。非法人组织是《民法典》规定的独立的民事主体,对外独立承担民事责任,而法人分支机构不是独立的民事主体,虽然可以以自己的名义开展民事活动,但是原则上由法人组织来承担其分支机构的民事责任。法人组织分支机构可以先以自己的财产承担民事责任,其所不能清偿部分,再由法人组织承担。非法人组织在我国的数量也非常大。据统计,不包括合伙企业,我国目前各类个人独资企业已达 1100 多万家。随着我国经济发展和产业结构优化,服务业在国民经济中的比重将不断提高,非法人组织的数量还会增加。例如,律师事务所、会计师事务所等非法人组织还会不断增加。人民法院对于非法人组织的民事责任承担、如何调整涉非法人组织的法律关系等问题应深入研究。

五是非法人组织的负责人代表非法人组织所作出的民事法律行为,其责任应当由非法人组织承担。按照《民法典》第105条规定:“非法人组织可以确定一人或者数人代表该组织从事民事活动。”非法人组织可以通过合同或者组织章程等形式,确定负责人代表非法人组织从事民事活动。该负责人从事民事活动所产生的民事责任,应当由非法人组织承担;如果该非法人组织的负责人,违反合同的约定或者组织章程的规定从事民事活动,其产生的民事责任也应当由非法人组织承担,该非法人组织承担责任后,可以向该负责人追偿;该负责人在履行职务过程中违反法律规定,对他人合法权益造成损害,其民事责任也应当由非法人组织承担,该非法人组织承担后,可以向该负责人追偿。总之,与法人组织一样,非法人组织内部对负责人的约束,不能对抗善意相对人。具体来说,就是非法人组织的负责人与善意相对人之间订立的合同,不能因为违背非法人组织成员之间的约定而无效,或者说,当发生非法人组织内部的约定与外部当事人之间的合同发生冲突时,应当考虑内外有别、外部优先的原则。在这一点上,《民法典》对非法人组织的规定与法人组织的规定相同,因为《民法典》第108条规定:“非法人组织除适用本章规定外,参照适用本编第三章第一节的有关规定。”《民法典》总则编第三章正是法人的规定,第一节正是法人的一般规定,其中法定代表人与法人的关系,与非法人组织负责人与非法人组织的关系是相同的,应当参照执行。这样来设计民事主体制度,是维护社会主义市场经济秩序的需要,我们应当深入理解并在实践中正确实施。

第六章　民事权利

专题一　我国民事权利体系的构成

根据民事法律关系理论,《民法典》首先规定的是民事法律关系的主体,随后规定的是民事权利。《民法典》第五章规定民事权利,虽然条文不多,但非常重要。从第 109 条到第 128 条,共 20 个条文,构成了我国民法体系整个民事权利的清单。这里的每一个条文,都可能是民法典分则各编制定的依据,是民法典体系中的单行民事法律制定的依据。因此,第五章开出的民事权利清单,应当是我国民事权利的宣言书,也是构成我国完整民事权利体系的组成部分。

第一,规定了民事主体的人身权。《民法典》第 109 条至第 112 条是对人身权利的规定。

一是对人格权作出规定。第 109 条明确规定,“自然人的人身自由、人格尊严受法律保护”,第一次庄严宣布了我国对人格权的法律保护。第 110 条明确了人格权的范围:“自然人享有生命权、身体权、健康权、姓名权、肖像权、名誉权、荣誉权、隐私权、婚姻自主权等权利。法人、非法人组织享有名称权、名誉权和荣誉权。”第 111 条还对自然人的个人信息保护作出规定。上述规定,明确了自然人人格权、法人和非法人组织人格权各自的范围,为《民法典》人格权编的制定确定了上位法基础,也为正在起草的个人信息保护法的起草提供了依据。

二是对婚姻家庭保护所产生的人身权利进行了规定。第 112 条规定:“自然人因婚姻家庭关系等产生的人身权利受法律保护。”这一规定明确了因身份性质产生的人身权利,即身份权,为《民法典》婚姻家庭编的制定提供了上位法依据。

第二,规定了民事主体的财产权利。《民法典》第 113 条至第 126 条是对民事主体的财产权利的规定。

一是对物权作出规定。该章的第 114 条至第 117 条对物权的含义、物权的客体、物权法定、物的征收和征用等物权的最基本的内容给予了明确规定,为《民法典》物权编的制定提供了依据。

二是对债权作出了规定。该章第 118 条至第 122 条,对债权进行了规定。第 118 条对债权的内容给予了明确阐释:“民事主体依法享有债权。债权是因合同、侵权行为、无因管理、不当得利以及法律的其他规定,权利人请求特定义务人为或者不为一定行为的权利。”其他条文对合同、侵权责任、无因管理和不当得利作出原则规定,为《民法典》合同编、侵权责任编的制定提供了依据。

三是较完整地将知识产权作为民事权利纳入民法体系。第 123 条规定:“民事主体依法享有知识产权。知识产权是权利人依法就下列客体享有的专有的权利:(一)作品;(二)发明、实用新型、外观设计;(三)商标;(四)地理标志;(五)商业秘密;(六)集成电路布图设计;(七)植物新品种;(八)法律规定的其他客体。”这一规定将知识产权保护纳入民法典体系,对于适应我国经济全面对外开放,将我国建设成创新型国家有极大的好处。对此,王晨副委员长在《关于〈中华人民共和国民法典(草案)〉的说明》中谈到第 123 条的立法目的时指出:“为建设创新型国家,草案对知识产权作了概括性规定,以统领各个单行的知识产权法律。”因此,这次《民法典》编纂虽然没有将知识产权作为民法分则单独成编,但《民法典》第 123 条的规定已经将知识产权纳入民法典体系之中。以后的知识产权立法和司法,应当按照民法典体系的要求,在民法典规定的民法基本原则指导下进行。至于本次民法典编纂没有将知识产权纳入民法分则,是因为相关条件还不够成熟,待条件成熟,是否可以用修正案的方式纳入民法分则,由以后再作决定。无论知识产权是否纳入民法分则,其作为民法典体系组成部分的问题,已经在本次民法典编纂中解决。这已经是毫无问题了。

四是对自然人的继承权作出了规定。第 124 条规定:“自然人依法享有继承权。自然人合法的私有财产,可以依法继承。”这一规定,成为民法典继承编制定的立法基础。

五是对民事主体的股权和其他投资性权利作出了规定。将股权和其他投资性权利作为与物权、债权、继承权等基本民事权利相并列的权利,适应了我国社会主义市场经济发展对民事权利制度发展的新需求,是我国民法典编纂中的一大进步,很值得关注。可以肯定,从法律上进一步完善股权制度和其他投资性权利,对于完善产权平等保护,完善法人财产权制度,从而促进我国现代企业制度的发展和完善,意义十分重大。

第三,规定了民事主体特殊民事权益和特殊群体民事权益的法律保护。《民法典》第 127 条和第 128 条是对民事主体的特殊民事权益和特殊群体保护的规定。

一是第 127 条对民事主体的数据、网络虚拟财产等特殊民事权益的保护作出了规定。民事主体在数据、网络虚拟财产的保护需要已经随着网络、信息化的发展被提出。但对民事主体这些特殊的民事权益应当怎样进行法律保护,现在经验还不多,还难以概括和归纳为民事权利,只能针对客体,原则性、方向性地提出民事法律保护的要求,留出一定的发展空间,待到经验成熟后,再划出明确的权利义务边界。

二是对特殊群体的保护作出了规定。第 128 条规定:“法律对未成年人、老年人、残疾人、妇女、消费者等的民事权利保护有特别规定的,依照其规定。”这一规定将特殊群体的民事权利保护也纳入民法典体系,让弱势群体保护进入体系化保护的机制之中。因此,将民事主体平等保护从形式平等向实质平等迈出了一大步,更加彰显我国社会主义民法“以民为本”的实质,使民法典体系更加完整。

专题二　民事权利的取得和行使

除此之外,第五章还对民事权利的取得、民事权利的行使等方面的内容作出了规定。在理解整个第五章的内容时,我们应当对其特点进行把握。

一、民事权利与民事义务相互对应、相辅相成

按照民事法律关系的理论,民事法律关系除主体之外,还应当规定民事法律关系的内容,即主体的权利和义务。第五章虽然标题为民事权利,但是所包含的内容绝不仅仅是民事权利,还包括民事义务和法律关系的客体。就民事法律理论而言,权利与义务不可分割。该章所规定的权利,反面就是相应的义务,权利和义务是一个硬币的两面。《民法典》第五章表面上只规定了一面,但反过来却是硬币的另一面,即民事义务。该章通过规定民事权利将民事义务隐含于其中。以债权为例,债权要实现,就需要债务人履行其义务。只有如此,债权人债权的实现才有保证。如果债务人不履行其义务,债权又在哪里得到实现呢?再以物权为例。物权具有对世性,我拥有这张桌子,对其拥有物权,其他义务人负有不损害这张桌子和我对桌

子之物权的义务。如果其他人不履行这一义务,任意把这张桌子搬走,或将其出让给他人,则我对这张桌子权利的行使就会受到阻碍。所以在理解民事权利和义务时,不能简单地认为《民法典》第五章只规定了民事权利,没有规定民事义务,民事义务就不重要或者就没有民事义务。一定要注意,没有义务就没有权利。民事权利的实现依赖于民事义务人义务的履行,没有民事义务的履行就没有民事权利实现。

二、规定的民事权利反映了当前时代的需要

《民法典》第五章所规定的民事权利,是根据我国当前经济社会的现状和发展需要进行编纂的。总体来看,该章第 109 条至第 112 条规定的是人身权,包括了人格权和身份权;第 113 条专门规定财产权保护,突出了民事主体权利平等和对财产的保护;第 114 条至第 117 条规定的是物权;第 118 条至第 122 条规定的是债权,包括合同之债、侵权之债、无因管理之债和不当得利之债;第 123 条规定的是知识产权;第 124 条规定的是继承权;第 125 条规定的是股权和其他投资性权利。这些都是根据中国现在经济发展状况作出的规定。

在进行民法典编纂过程中都认识到,当前的中国社会既有农业社会,又有工业化社会、后工业化社会,还有信息社会。这样复杂的社会发展形势与当年拿破仑编纂《法国民法典》和德国编纂《德国民法典》时的社会背景不同。当年编纂《法国民法典》时,法国还处于农业社会;编纂《德国民法典》时,德国处于工业社会。《日本民法典》也是工业社会的产物。但当前中国社会发展状态具有多层次、多阶段叠加的特点,是一个立体化的社会。所以我国《民法典》关于民事权利的规定,应当从整体上对现实的中国社会予以反映,要囊括各类重要的民事权利。开初,全国人大常委会法工委先明确了我国民法典分则应当围绕 5 编,即物权编、合同编、民事侵权编、婚姻家庭编、继承编进行编纂工作。后来我们最高人民法院又提出增加 3 编,包括人格权编、知识产权编和涉外民事法律适用编,其中也包括了网络虚拟财产。目的是要让我国民法对民事权利的保护适应时代发展的需要。对于那些实践和理论涉足较少、难以全面归纳概括的民事权利,我国民法也应对民事权利的客体作出予以法律保护的规定。尤其是像个人信息、虚拟财产等权利客体,在信息化社会和大数据时代,不将其纳入民事权利的保护范围,以后制定单行民事法律就在民法典体系中找不到上位法依据。经过反复研究,人格权作为独立一编进入《民法典》分则。所以我国《民法典》规定的民事权利,应当比世界上任何一部民法典都更加全

面,内容更加先进。特别是在网络信息、虚拟财产保护方面,世界各国多数民法典都还没有做到这一点。中国老百姓最关心的个人信息安全问题也在该章得到了回应,在人格权编中得到体现。

三、权利或权利客体受法律保护的区别

第五章采用了权利与权利客体受法律保护并重的表述方法。对于立法上较为成熟、在理论和实践中对其内涵和外延都较为明确的权利,直接表述为某某权利。例如,生命权、健康权、姓名权、物权等。对于立法上还不太成熟,对权利的含义和特征概括归纳还不准确、权利的内涵和外延还在探索的财产,采用的是客体受法律保护的表述方式。《民法典》第五章中就有不少某某客体受法律保护的表述。比较典型的条文是《民法典》第 109 条,其规定"自然人的人身自由、人格尊严受法律保护"。这就是直接将"人身自由、人格尊严"作为法律保护的客体予以规定。第 111 条规定"自然人的个人信息受法律保护",也是直接规定的法律所保护的客体。之所以这样做,是因为直接表述为个人信息权还有困难。第 123 条所规定的 8 类知识产权的客体也是以权利客体为重心进行的表述。第 127 条规定:"法律对数据、网络虚拟财产的保护有规定的,依照其规定。"该条也是直接对权利客体受法律保护的规定。之所以规定虚拟财产受法律保护,而不是直接规定虚拟财产权,是因为目前直接规定虚拟财产权的条件还不成熟。这就是立法技巧的运用。在编纂过程中,对于网络虚拟财产之上的权利,我们尝试过信息资源权等称谓,但感觉都不准确、不成熟。后来全国人大常委会法工委提出以客体受法律保护为表述的方式,这种方式得到了大家的赞同。

四、权利取得的原则

民事权利这一章明确规定了民事权利的取得原则,这一原则规定在第 129 条。《民法典》第 129 条规定:"民事权利可以依据民事法律行为、事实行为、法律规定的事件或者法律规定的其他方式取得。"该条经过全国人大法律委员会(2018 年更名为全国人大宪法和法律委员会)多次讨论,讨论中,有人提出要删掉这一条,认为过于学理化。我们不赞同删除,认为有了这条规定,以后关于法律事实的具体规定就可以在作为上位法的《民法典》中找到依据。如果没有这条规定,以后制定相关规定就找不到依据。该条所规定的法律事实,包括民事法律行为、事实行为、事件以及法律规定的其他引起权利取得的方式。所谓法律规定的其他方式,包括法院裁

判等方式。

法律事实在民法上是非常重要的概念。《民法典》第六章民事法律行为和第七章代理所规定的内容就属于法律事实。法律可能规定了各种各样的民事权利和民事义务,但这时的法律还只是纸上的法律。法律所规定的权利要变成现实中老百姓实际享有的权利,还需要一个桥梁。因此,法律事实是纸上的法律规定的民事权利和民事义务,变为现实的民事权利和民事义务的非常重要的桥梁。任何民事权利和民事义务都是在特定民事法律关系中的权利和义务,脱离特定的法律关系,就没有实际生活中的民事权利和民事义务。如果没有法律事实的产生或者出现,民事主体就无从享有权利或承担义务。法律规定再多的民事权利,如果法律事实没有发生,那也仅仅是纸上的民事权利,如同水中月、镜中花,看得见却摸不着,中看不中用。在理论上,许多法学家对这一问题早有论述。例如,康德就专门阐述了主观权利和客观权利;德国著名法学家、哲学家黑格尔也专门讲过抽象法和实定法。什么是客观权利呢?客观权利就是写在纸上的法律规定的权利,是“我”这一主体之外的权利,还没有被“我”所拥有。客观权利怎样才能被“我”所拥有呢?只有通过法律事实产生或者出现,客观权利才能变为“我”的主观权利。

举例而言,法律规定物权受法律保护,“我”享有拥有房屋的权利,但如果要获得某一房屋的所有权,我首先要去买房。我买房时要建立房屋买卖的债务、债权关系。我获得房屋所有权后,就和社会一般人建立了所有权关系。这个已经取得的民事权利就可以得到法律的保护。法律事实是什么呢?买房、建房都属于法律事实,这种法律事实为民事法律行为。如果没有这些法律事实或者民事法律行为,我就不能对特定房屋享有所有权。再如,达到法定婚龄的人享有结婚的权利,找到心仪的对象后,得先征求对方的意见,看对方是否愿意和你结婚。如果对方不愿意,结婚的权利就不能实现。曾经在一个朋友圈里流传过一份当事人的起诉状。一位女子起诉一位男子,理由是这位男子大展个人魅力,让这位女子爱上了他。虽然女子不断表示爱意,但这位男子非常木讷,没有回应。因此,女子非常生气,就向法院起诉要求男子和她结婚,而且限定一年之内必须生育一子。这样的案件法院能受理吗?肯定不能。因为要建立一个婚姻关系,首先要有相应的法律事实。适婚的男女二人通过自由恋爱,达成一致协议去办结婚证,婚姻关系才能建立。依法成立的婚姻关系才受法律保护。显然,这位女子提出的男子“让她内心不断的小鹿乱撞”,不构成使婚姻关系成立的法律事实。实践中还常遇到一个问题,在农村,有些农户成员向村委会提出要分地,但村委会从来没有与其签订过农村土地承包经营合同。虽然法律规定农村集体经济组织成员可以农户的名义享有承包土地的权利,但是农户成员要实际取得这一权利,必须通过与农村集体经济组织签订土地承包经营合同才有可能。如果没有与村委会签订土地承包经营合同,当然就没有建立土地承包关系。当事人在这种情况下起诉到法院,要求保护其土地承包经营权,可能会因为不存在相应的签订承包合同的民事法律行为与基于该民事法律行为建立的承包法律关系而得不到支持。最高人民法院《关于审理涉及农村土地承包纠纷案件适用法律问题的解释》专门就这个问题作了明确规定。又如,我享有生命权和健康权,我的生命权和健康权受法律保护。如果其他人打了你,由于侵权事实的出现,就可以依据《侵权责任法》请求对方承担侵权责任。所以法律事实是纸上的权利变为现实中的民事主体所拥有的权利的桥梁。在立法和司法的过程中,应当把法律事实特别是民事法律行为说清楚。如果不将法律事实或者法律行为表述清楚,老百姓的权利就落不到实处。虽然在全国人大法律委员会讨论时对这条争议很大,但最后大部分人都支持保留这一条文。最终,第129条的内容得以完整保留。

五、民事权利行使的原则

民事主体行使权利,应坚持以下原则。第一,民事权利自由行使原则。《民法典》第130条规定:"民事主体按照自己的意愿依法行使民事权利,不受干涉。"这里所说的按照自己的意愿自由行使民事权利,应当是当事人在依法取得民事权利后,只要不违反法律的强制性规定,不损害国家、社会公共利益和他人的合法权益,有权自由行使权利,任何人不得干预;有权要求民事义务人按照法律的规定和合同的约定,向自己履行相应的民事义务;有权减轻民事义务人的民事义务或者放弃对民事义务人履行民事义务的请求;有权不行使或者放弃自己的民事权利。这都是民事权利自由行使的范围。第二,权利义务相一致原则。《民法典》第131条规定:"民事主体行使权利时,应当履行法律规定的和当事人约定的义务。"正如前面所述,民事权利和民事义务,是一个硬币的两面。一般情况下,两者是不可分离的。民事权利人在享受权利时,应当注意履行自己的民事义务;民事义务人在履行义务时,也有权享受相应的民事权利。只有将民事权利的享有和民事义务的履行放在同等重要的位置,民事主体建立的民事法律关系才能是和谐的社会关系,双方的合法权益才能在和谐中得到实现和受到保护。因此,我们在坚持民事权利和民事义务一致的原则时,一定要反对只享受民事权利而不履行相应的民事义务做法。在这方面,我们既有经验,也有教训,值得记取。第三,民事权利不得滥用原则。《民法典》第132条规定:“民事主体不得滥用民事权利损害国家利益、社会公共利益或者他人合法权益。”民事主体行使民事权利虽然是私人事务,但依然应当承担相应的社会责任。这就是任何时候民事主体都不能将自己的个人利益放在国家利益和社会公共利益之上,不能为追求自己的个人利益损害他人的合法权益。民事权利行使的这三大原则,是贯穿在每个民事权利行使的全部过程中的基本原则。在《民法典》的贯彻实施时,应当将这三大原则广为宣传,让每个民事主体都了解它们的含义,并在实践中认真贯彻落实。

第七章　民事法律行为

民事法律行为是民事主体通过意思表示设立、变更、终止民事法律关系的行为，是对合同行为、婚姻行为、遗嘱行为等一系列能够产生、变更、终止权利义务关系行为的抽象和概括，是民事主体落实民法典规定的自愿原则、实现意思自治的最重要手段和工具，体现了民事活动最基本的特征。《民法典》总则编以民事主体、民事权利、民事法律行为、民事责任为主线构建，展现了民法的基本逻辑关系，民事法律行为是这一逻辑体系中不可缺少的重要组成部分。缺少民事法律行为制度，自愿原则无法体现，民事行为能力制度也失去存在的基础，代理制度也缺乏存在的前提。民事法律行为制度使散见在民法典各部分的意思表示行为有了共性的东西，为合同行为、婚姻行为、遗嘱行为、收养行为等分编制度提供了依据。

专题一　“旧瓶新酒”的民事法律行为概念

一、“民事法律行为”概念

欲理解“民事法律行为”，须先理解“法律行为”的概念。传统民法理论对法律行为的含义通常表述为：民事主体作出的意图发生一定法律效果的意思表示行为。“法律行为”一词源于德国民法典，萨维尼给出的定义是“行为人创设其意欲的法律关系而从事的意思表示行为”。这一定义强调了法律行为的意思表示要素与所产生的私法效果。日本、意大利、荷兰、俄罗斯等国家民法典均基本采用这个概念，并作为一项重要的民事制度加以规定。1986 年制定的《民法通则》未采用“法律行为”的概念，而采“民事法律行为”和“民事行为”这两个概念。根据《民法通则》第 54 条的规定，民事法律行为是公民或者法人设立、变更、终止民事权利和民事义务的合法行为。与传统的法律行为概念相比,《民法通则》规定的“民事法律行为”有两个特点:一是只包括合法的民事行为,不涵盖无效、可撤销和效力待定的民事行为。为此,《民法通则》规定了另一个概念“民事行为”,以涵盖无效和可撤销行为。二是没有强调法律行为中的核心要素“意思表示”。

《民法典》总则编第133条规定:“民事法律行为是民事主体通过意思表示设立、变更、终止民事法律关系的行为。”民法典尽管仍然采用“民事法律行为”的概念,但“旧瓶装新酒”,对其内涵作了根本性调整,使其既包括合法的民事行为,也包括无效、可撤销和效力待定的民事行为,同时强调了民事法律行为是民事主体通过意思表示设立、变更、终止民事法律关系的行为,突出了“意思表示”这一核心要素。作出这样调整的主要考虑如下:一是无论是合法行为、无效行为、可撤销行为,还是效力待定行为,本质上都是基于意思表示实施的法律行为。二是这样规定既表明了当事人在民事活动中可以按照自己的意愿设立、变更、终止民事权利义务关系,也强调了当事人在按照自己的愿意从事民事活动时,还应当承担相应的法律后果。民事法律行为无效的,应当承担无效的法律后果;民事法律行为被撤销的,应当承担被撤销的法律后果。这实际上是对当事人从事民事活动提出了要求。可以说具有更强的规范性。

《民法典》之所以继续采取“民事法律行为”这一原有称谓,主要是考虑到应当采用已经约定俗成的表述,同时法律行为虽然是传统民法领域的特有术语,但自从其被引入我国以来,已被广泛应用于其他法学领域,如刑法领域的刑事法律行为、行政法领域的行政法律行为。为了和其他法律领域的法律行为相区分,民事领域仍采用民事法律行为的表述。①

二、民事法律行为的特征

1. 民事法律行为是民事主体实施的行为。非民事主体实施的行为不是民事法律行为,如司法机关作出的裁决、行政机关作出的处罚决定等也会产生法律后果,但其不是以民事主体身份作出的行为,因而裁决和处罚决定不属于民事法律行为。

2. 民事法律行为是以发生一定的法律效果为目的的行为。民事主体在社会生产生活中会从事各种各样的活动,但并非任何行为都是民事法律行为。只有以设

① 参见李适时主编:《中华人民共和国民法总则释义》,法律出版社2017年版,第414～415页。

立、变更、终止民事法律关系为目的行为才是民事法律行为，其最终结果是让民事主体享受民事权利、承担民事义务。

3. 民事法律行为是以意思表示为核心要素的行为。意思表示是指民事主体意欲发生一定法律效果的内心意思的外在表达，是民事法律行为最为核心的内容。民事法律行为之所以能对民事主体产生法律约束力，就是因为其是民事主体按照自己的意思作出的。这也是民事法律行为与事实行为最根本的区别。《民法典总则编解释》第 18 条规定："当事人未采用书面形式或者口头形式，但是实施的行为本身表明已经作出相应意思表示，并符合民事法律行为成立条件的，人民法院可以认定为民法典第一百三十五条规定的采用其他形式实施的民事法律行为。"这一条解释强调了意思表示在民事法律行为中核心要素的地位。

三、适用民事法律行为的民法领域

1. 合同领域。合同是最为典型的民事法律行为，《民法典》合同编的有名合同都是民事法律行为的具体规则，合同编通则部分的规定是民事法律行为一般性规则在合同中的体现。无名合同也应当适用《民法典》总则编关于民事法律行为的规定。合同编以下 9 个法条均直接在条文中通过明确表述指向适用总则编的民事法律行为规则：第 466 条、第 474 条、第 475 条、第 484 条、第 485 条、第 497 条、第 505 条、第 508 条、第 1113 条。

2. 物权领域。用益物权和担保物权的设立是通过合同来实现的，如抵押合同、质押合同、建设用地使用权合同等，不但需要适用合同编的相关规定，而且应当适用民事法律行为的相关规则。

3. 商事领域。我国实行民商合一的立法传统，公司法、票据法、信托法等民商事特别法也要适用《民法典》第一编总则的规定，大量商事行为如公司设立行为、票据行为、信托行为等适用民事法律行为的规则。

4. 婚姻、遗嘱、收养等身份关系和继承法领域。比如，婚姻家庭领域夫妻对财产的约定、离婚协议、无效婚姻和可撤销婚姻、收养协议等，继承领域遗嘱、遗赠扶养协议等。《民法典》第 1113 条规定："有本法第一编关于民事法律行为无效规定情形或者违反本编规定的收养行为无效。无效的收养行为自始没有法律约束力。"

专题二　通谋虚伪表示

一、通谋虚伪表示概念

《民法典》第一编总则第 146 条第 1 款规定,行为人与相对人基于虚假的意思表示而实施的民事法律行为的法律效果为无效。对于该条款中“以虚假的意思表示实施的民事法律行为”的定义,各国家并无统一的规定,德国称其为虚假行为,日本称其为虚伪表示,俄罗斯称其为假装行为等。我国学者的意见也不一致,有观点认为,该条款是对虚假行为和伪装行为的规定,即认为伪装行为是由虚假行为与隐藏行为共同构成的。① 王利明、杨立新先生认为,该条规定的是虚假的民事法律行为。梁慧星、韩世远先生认为,该条规定的是虚伪表示,又称为通谋虚伪表示。无论是虚假的民事法律行为还是伪装行为及通谋虚伪行为,其适用的法律原理是一致的,即意思与表示不一致,因此本书下文将按照通谋虚伪行为的规定理解《民法典》第 146 条第 1 款的含义。

通谋虚伪表示这一概念是大陆法系民法中的概念,最早由德国提出,对其他大陆法系国家的民法产生深刻的影响,许多大陆法系国家相继以法律的形式予以规定。《德国民法典》第 117 条规定,行为人与相对人通谋作出的意思表示不真实,则不发生法律效力,该行为无效。上述无效的法律行为所隐藏的法律行为的效力依据相关法律规定认定。②《日本民法典》第 94 条规定,行为人与相对人通谋实施虚假的意思表示,该意思表示无效。但是前述无效的法律效果,不得对抗善意的第三人。③《韩国民法典》第 108 条规定,表意人与相对人通谋作出的意思表示不真实,则该意思表示无效,该无效不得对抗善意第三人。各国对通谋虚伪表示的规定的称谓有所不同,但是内涵基本相同,均指表意人与相对人通谋而实施虚伪的意思表示,且不受该虚伪意思表示的约束。

本书认为,大部分通谋虚伪行为确实存在两个法律行为,一个用于实际履行,

---

① 参见杜万华:《中华人民共和国民法总则实务指南》,中国法制出版社 2017 年版,第 567 页。

② 参见《德国民法典》,陈卫佐译,法律出版社 2015 年版,第 36 ~ 37 页。

③ 参见[日]我妻荣:《民法讲义 Ⅰ:新订民法总则》,于敏译,中国法制出版社 2008 年版,第 273 页。

另一个用来备案登记等,但这并不意味着只有一个法律行为的行为不能成为通谋虚伪行为。例如,有的当事人仅仅是为了规避就读学校划分政策,实施了一个虚假的房屋转让行为,那么该行为又无法认定。同时,也并非所有的通谋虚伪行为的当事人之间都存在串通行为,因为有的虚伪行为的对方当事人消极对待,对于对方实施的虚假行为仅仅是知情默认,并不存在积极的串通行为,故该种定义有缩小通谋虚伪的适用范围的嫌疑。上述两种理解缩小了通谋虚伪行为的适用范围。本书认为,通谋虚伪表示,是指行为人与相对人通谋基于虚伪的意思表示作出的法律行为,该法律行为对其双方不具有法律约束力,不产生该行为追求的法律效果。

二、通谋虚伪表示与类似行为的辨析

(一)通谋虚伪表示与单独虚伪表示

意思与表示故意不一致的行为被称为虚伪表示,虚伪表示又可分为通谋虚伪表示和单独虚伪表示。单独虚伪表示,是指表意人单独故意隐藏其内心真实的意思表示,并实施了与其真实意思表示不一致的法律行为,相对人对此不知情。我国民法并未规定单独虚伪表示行为。单独虚伪表示的效力为原则上有效。单独虚伪表示与通谋虚伪表示的具体区别如下:(1)主体不一样。单独虚伪表示的主体为一人,而通谋虚伪表示的主体为两人或两人以上。(2)构成要件不一样。单独虚伪表示的相对人并不知晓行为人表示的是虚假意思,而通谋虚伪表示要求相对人明知或应知行为人表示的是虚假意思。(3)法律效果不一样。单独虚伪表示的意思表示原则上有效,例外是相对人明知该表意人为虚伪意思表示,则该意思表示无效,而通谋虚伪表示的效力于当事人之间为无效,于第三人之间未明确规定。

(二)通谋虚伪表示与恶意串通

恶意串通是我国民事立法中特有的法律概念,通说认为恶意串通源于通谋虚伪表示理论,二者固然存在一定的相似性,但是差异也很明显,具体表现为:(1)表现形式不同。恶意串通行为既包括意思与表示不一致的虚伪表示的情形,也包括意思与表示一致的真实意思表示行为,但是,通谋虚伪表示仅限于意思与表示不一致的虚伪情形。(2)构成要件不同。恶意串通行为要求行为人主观上必须有损害他人利益的恶意,否则不构成恶意串通行为;通谋虚伪行为无此项要求,即通谋虚伪并不必然要求行为人必须有损害他人利益的目的。(3)法律评价基础不同。恶意串通行为无效的根源在于该行为损害了国家、集体或第三人的利益,该行为的内容违反了相关法律的强制性规定,所以法律规定其为无效;而通谋虚伪表示行为无效的根源是基于意思主义的考量,即因其欠缺真实的法律效果意思,法律尊重当事人的自由意志,根据意思自治原则确认该行为无效。

(三)通谋虚伪表示与以合法形式掩盖非法目的

以合法形式掩盖非法目的,是指行为人为了规避法律适用,达到非法的目的而实施的以徒具合法形式的民事法律行为掩盖其非法目的的民事行为的情形。该规定在民法中未作规定。从内容上看,该项规定已经被《民法典》第 146 条吸收。以合法形式掩盖非法目的与通谋虚伪行为的区别主要体现在以下三点:(1)表现形式不同。以合法形式掩盖非法目的的行为既可能是单方行为(如赠与行为),也可能是双方行为(如低价转让行为);但通谋虚伪表示只能是双方行为。(2)构成要件不同。以合法形式掩盖非法目的的行为要求行为中必须有隐藏行为,否则无法构成此行为;而通谋虚伪表示行为无此硬性要求,其隐藏行为可有可无,并非一定包含隐藏行为。(3)以合法形式掩盖非法目的的行为中的隐藏行为系为实现非法目的,否则不构成此行为,而对于包含有隐藏行为的通谋虚伪表示行为,其实施目的并非一定具有非法性。

三、通谋虚伪表示行为对外的效力认定

根据行为无效效果范围划分,法律行为无效可以分为绝对无效和相对无效。绝对无效是指某项法律行为对任何人都无效,即使是善意第三人也不能主张有效。相对无效是指某项法律行为的效力区别对待,从行为人与相对人的角度来讲,该项法律行为无效,但是从行为人与相对人以外的第三人来讲,善意第三人在一定条件下可以主张该项法律行为有效或者主张该项法律行为无效。

对于通谋虚伪行为的对外法律效力,各国规定不尽相同。例如,德国民法并未提及对第三人的保护,此处规定的虚伪行为无效属绝对无效,但通过学理及判例对第三人的信赖利益采取了一定的补救;日本、韩国民法明确规定通谋虚伪行为的无效不得对抗善意第三人,给予善意第三人信赖利益以保护,如此规定符合民法理论。

本书认为,《民法典》第 146 条第 1 款涉及的无效应当理解为相对无效。因为民法上同时存在内部关系和外部关系时,应当优先保护外部关系。具体而言,在民事法律行为的当事人利益与善意第三人利益相冲突时,尤其保护善意第三人的信赖利益是基本原则。因此,该条款即使没有规定但书规则,司法实践中也应当保护善意第三人的信赖利益,这样更符合民法的基本理念和精神,有利于保护交易安全

和善意第三人合法权益。

专题三　可撤销民事法律行为制度的五大变动

从1986年《民法通则》到1999年《合同法》再到《民法典》总则编及《民法典总则编解释》，可撤销民事法律行为制度在修法时修改幅度应是最大的。《民法典》总则编及《民法典总则编解释》关于可撤销行为制度主要有五大变动。

一、可撤销事由的法律解释变动

意思表示瑕疵是民事法律行为可撤销的原因。重大误解、欺诈和胁迫是意思表示瑕疵的三种重要形态。针对这三种有瑕疵的意思表示，《民法通则》未对瑕疵意思表示的构成标准作出任何规定。为了增强法律适用的明确性、统一性，《贯彻民法通则意见》第68条、第69条、第71条从构成要件的角度对欺诈、胁迫、重大误解概念作出了解释。在《贯彻民法通则意见》随《民法通则》被废止的情况下，《民法典总则编解释》对重大误解、欺诈、胁迫概念重新作出了解释，进一步完善了这三个重要法律概念。

（一）重大误解

《贯彻民法通则意见》第71条规定："行为人因为对行为的性质、对方当事人、标的物的品种、质量、规格和数量等的错误认识，使行为的后果与自己的意思相悖，并造成较大损失的，可以认定为重大误解。"《民法典总则编解释》第19条规定："行为人对行为的性质、对方当事人或者标的物的品种、质量、规格、价格、数量等产生错误认识，按照通常理解如果不发生该错误认识行为人就不会作出相应意思表示的，人民法院可以认定为民法典第一百四十七条规定的重大误解。"相比于《贯彻民法通则意见》第71条，《民法典总则编解释》在构造重大误解概念上作出了两大改进：第一，将认定误解是否重大的标准，由"使行为的后果与自己的意思相悖，并造成较大损失"修改为"按照通常理解如果不发生该错误认识行为人就不会作出相应意思表示"。之所以作此修改，是因为重大误解的认定不应以造成或者可能造成较大损失为构成要件。例如，卖家混淆买家想购买的纪念品颜色，弄错节日带有特定意义的花束品种,虽未对买家造成重大损失,但违背了买家的交易目的,同样构成重大误解。这一修改,一方面,凸显了重大误解作为一种有瑕疵意思表示的独特性——表示与意思不一致,尊重并维护了表意人的真实意思;另一方面,采用客观的理性人认识标准(“按照通常理解”),兼顾了对交易安全的保护。第二,将意思表示的误传纳入重大误解范畴予以统一规范,对《贯彻民法通则意见》第 77 条关于意思表示传达的规定作出了符合民法典规定的改造。关于意思表示的误传,民法典未作规定,《贯彻民法通则意见》第 77 条规定:“意思表示由第三人义务转达,而第三人由于过失转达错误或者没有转达,使他人造成损失的,一般可由意思表示人负赔偿责任。但法律另有规定或者双方另有约定的除外。”但《贯彻民法通则意见》第 77 条未解决有关意思表示人与相对人之间的关系问题。《民法典总则编解释》第 20 条规定:“行为人以其意思表示存在第三人转达错误为由请求撤销民事法律行为的,适用本解释第十九条的规定。”鉴于意思表示的转达错误属于意思表示错误范畴,《民法典总则编解释》通过重大误解制度来解决符合法理。特别是转达意思表示的第三人本质上是使者,与代理人存在显著区别,如代理人需有民事行为能力而使者无此限制,故不宜参照表见代理的规则处理。

此外,《民法典总则编解释》第 19 条还有以下两处新的规定:一是考虑到实践中因“薅羊毛”问题引发的经营者主张撤销合同问题,主要源于经营者在商品价格方面的标示性错误,故回应实践需求,将价格作为重大误解的典型情形予以列举。二是明确主张重大误解的举证责任和不得主张重大误解的情形。行为人主张基于重大误解请求撤销民事法律行为,应当举证证明其在实施民事法律行为时存在重大误解,同时考虑到古董买卖等交易习惯的特殊性,以及社会生活发展的复杂性,作但书规定“根据交易习惯等行为人不能主张撤销的除外”。

(二)欺诈

《贯彻民法通则意见》第 68 条规定:“一方当事人故意告知对方虚假情况,或者故意隐瞒真实情况,诱使对方当事人作出错误意思表示的,可以认定为欺诈行为。”《民法典总则编解释》第 21 条规定:“故意告知虚假情况,或者负有告知义务的人故意隐瞒真实情况,致使当事人基于错误认识作出意思表示的,人民法院可以认定为民法典第一百四十八条、第一百四十九条规定的欺诈。”对于欺诈概念,《民法典总则编解释》对《贯彻民法通则意见》第 68 条作出了两处实质性修改:一是以“负有告知义务的人故意隐瞒真实情况”的规定,对故意隐瞒真实情况的欺诈作出了必要限制,即明确行为人故意隐瞒真实情况构成欺诈的,应当以其负有告知义务为前提。

欺诈行为包括(故意)告知虚假情况和(故意)隐瞒真实情况两种情形,但二者在评价上不应完全相同。在前一种情形下,行为人积极地通过编造虚假事实、提供误导信息等方式使对方陷入错误认识,违反了交易磋商过程中的普遍性不作为义务,必然对相对人的意思决定自由造成严重侵害;而在后一种情形下,相对人只是因行为人消极地不提供重要交易信息而陷入错误认识,现实中,与交易相关的真实信息是有成本的,并且根据交易常识,双方当事人之间存在利益冲突,交易的商机常常需要当事人双方适当隐藏一些交易信息。因此,行为人无义务向对方和盘托出一切与交易相关的真实情况,原则上应由相对人亲自搜寻对己方有利之交易信息,只有法律规定、诚信原则或交易习惯向其强加了披露真实情况的义务,而其违背该种披露义务,故意隐瞒真实情况才能构成欺诈。二是把"诱使对方当事人作出错误意思表示"修改为"致使当事人基于错误认识作出意思表示"。这一修改完善了欺诈在构成上的因果关系链条,即一方的欺瞒行为使受欺诈方形成错误认识(第一因果关系),受欺诈方基于错误认识作出表示(第二因果关系),由此使欺诈之本质特性——意思不自由——完全显现出来。据此,可明确将明知对方实施欺瞒行为而自愿"上当受骗"的情况(知假买假),排除在欺诈之外。

(三)胁迫

《贯彻民法通则意见》第69条规定:"以给公民及其亲友的生命健康、荣誉、名誉、财产等造成损害或者以给法人的荣誉、名誉、财产等造成损害为要挟,迫使对方作出违背真实的意思表示的,可以认定为胁迫行为。"《民法典总则编解释》第22条规定:"以给自然人及其近亲属等的人身权利、财产权利以及其他合法权益造成损害或者以给法人、非法人组织的名誉、荣誉、财产权益等造成损害为要挟,迫使其基于恐惧心理作出意思表示的,人民法院可以认定为民法典第一百五十条规定的胁迫。"该条关于胁迫的规定,实质性的修改在于把"迫使对方作出违背真实的意思表示"修改为"迫使其基于恐惧心理作出意思表示"。胁迫与欺诈具有一个共同特征,即意思决定自由遭受不当影响。相比于欺诈,胁迫的独特性在于,胁迫造成受胁迫方的恐惧,受胁迫方基于恐惧作出意思表示。在胁迫情形下,受胁迫方的意思未发生错误,受胁迫人只是不情愿或不自由地作出表示。"迫使其基于恐惧心理作出意思表示"的规定,明晰了胁迫构成要件的因果关系链条,突出了对受胁迫方意思决定自由的保护。

二、欺诈、胁迫主体方面发生的变动(第三人欺诈、第三人胁迫)

《民法通则》第58条第1款第3项将欺诈、胁迫规定为无效原因;《合同法》则根据是否损害国家利益将其效力区分为无效(当损害国家利益时)和可撤销、可变更(不损害国家利益时)两种情形;《民法典》则放弃此项区分,一律规定为可撤销,并且增加了第三人胁迫及第三人欺诈相关内容。《民法通则》第 58 条第 1 款第 3 项、《合同法》第 54 条第 2 款和《贯彻民法通则意见》第 68 条,均仅适用于法律行为当事人之间的欺诈、胁迫。但是,表意人的意思表示不自由原因既可以源于表示受领人(相对人),也完全可能肇因于表示受领人之外的第三人。将第三人引入意思表示的表意人和受领人的关系之中,使原本较为单纯的保护意思表示自由的规则,转变为意思表示自由之保护与信赖保护之间的平衡规则。换言之,由第三人实施的欺诈、胁迫等干扰意思表示自由行为时,意思表示自由自然应当保护,但意思表示受领人的利益也不能完全置之不顾。《民法典》采取的立场是,在第三人胁迫这种违法性程度较为严重、对表意人意思自由影响较大的情形下,放弃对意思表示受领人的保护(即使该受领人可能也是善意不知情者);而在第三人欺诈(行为违法性程度较弱)时,则兼顾意思表示自由和信赖保护,仅在意思表示的受领人知道或者应当知道欺诈时,赋予意思表示表意人以撤销权。

(一)受第三人欺诈

《民法典》第 149 条规定:“第三人实施欺诈行为,使一方在违背真实意思的情况下实施的民事法律行为,对方知道或者应当知道该欺诈行为的,受欺诈方有权请求人民法院或者仲裁机构予以撤销。”该条是关于相对人知道或应当知道行为人因第三人欺诈而实施的法律行为可撤销的规定,是民法典增加的条款。受第三人欺诈行为的构成要件是:第一,第三人有欺诈行为。第三人实施的欺诈行为,包括故意隐瞒重要事实和虚构重要事实的行为。第二,第三人有欺诈故意。即第三人明知其故意隐瞒重要事实和虚构重要事实的情况。通常情况下,第三人还有使行为人因其欺诈行为而陷入错误并进而作出错误意思表示的故意。第三,行为人因第三人欺诈而陷入错误,并因陷入错误而作出意思表示。第三人欺诈行为对行为人的认知产生了效果。如果第三人虽有欺诈行为,但对行为人所作意思表示并不产生影响,则不构成受第三人欺诈。第四,相对人知道或者应当知道第三人所实施的欺诈行为。即相对人对第三人实施了欺诈行为的事实是明知的,或者依其所处情况不可能不知。依诚信原则,相对人在知道行为人受第三人欺诈而作出错误意思表示的情况下,应向行为人说明。如果相对人违背诚实信用原则,反而恶意利用行为人受第三人欺诈之不利境地,使其作出错误意思表示,以迎合自己的意思,其因此所获利益就不应得到保护。如果相对人对行为人受第三人欺诈之事实不明知也不应知，主观上是善意的，则应保护善意相对人的利益，保护交易安全和秩序，行为人不能主张撤销该民事法律行为，行为人因此遭受的损失只能向第三人主张赔偿。

要注意区分受第三人欺诈行为和行为人与相对人恶意串通损害他人合法权益的行为。受第三人欺诈的行为中，相对人虽明知或应知第三人欺诈行为，但未必与第三人存在合谋和串通。如果相对人与第三人合谋，由第三人欺诈行为人，使其作出迎合相对人意思的表示行为，则可能构成行为人与相对人恶意串通，损害他人合法权益的民事法律行为。应依照《民法典》第 154 条规定，行为人与相对人恶意串通，损害他人合法权益的民事法律行为无效，而不是依据第 149 条的规定，认定为可撤销的民事法律行为。

（二）受第三人胁迫

《民法典》第 150 条规定："一方或者第三人以胁迫手段，使对方在违背真实意思的情况下实施的民事法律行为，受胁迫方有权请求人民法院或者仲裁机构予以撤销。"根据《民法典》第 143 条的规定，意思表示真实是民事法律行为有效的条件之一。意思表示真实的前提是意思表示自由，如果民事主体意思表示自由受到限制，意思表示的真实性就无法保障。《民法典总则编解释》第 22 条对"胁迫"有新的解释："以给自然人及其近亲属等的人身权利、财产权利以及其他合法权益造成损害或者以给法人、非法人组织的名誉、荣誉、财产权益等造成损害为要挟，迫使其基于恐惧心理作出意思表示的，人民法院可以认定为民法典第一百五十条规定的胁迫。"按照《民法典》第 150 条的规定，受胁迫行为可请求撤销。

受胁迫行为是指行为人因他人通过不正当预告危害的方式形成而陷入身体或心理上的强制，从而作出的不反映其真实意思的不真正法律行为。胁迫的手段多样，可以是不正当预告危害，可以是对受胁迫者的身体采取强制措施，也可以是对受胁迫者的自由采取限制。无论采取何种方式，目的都是使受胁迫者内心产生恐惧，并在恐惧心态的驱使下作出不利于自己、迎合他人的意思表示行为。受胁迫者因被胁迫所作的意思表示行为，所体现的并非本人的真实意思，在很大程度上是由胁迫人设计的，反映的是胁迫人的意思，本质上看应属于胁迫人的意思表示。因此，受胁迫者可以请求人民法院或者仲裁机构予以撤销。

（三）受第三人欺诈与受第三人胁迫的不同法律后果

第三人实施欺诈行为，相对人知道或者应当知道第三人实施欺诈行为的，受欺诈人才有权利撤销受欺诈所实施的民事法律行为。而第三人实施胁迫行为，无论相对人对第三人实施胁迫行为是否知道，受胁迫人均有权利撤销因受胁迫所作出的民事法律行为。究其原因,系胁迫较欺诈而言,违法性更严重,对意思表示自由的侵害更甚。行为人在受欺诈情形下所为的民事法律行为,仍系依自己判断而为,仅仅是作为判断基础的认知有误;但在受胁迫情形下,行为人并未陷入错误认知,其所为民事法律行为违背真实意思的原因并不是基于认知错误的判断错误,而是在于因受胁迫而不得不表达胁迫人希望其表达的意思。简言之,欺诈行为乃间接通过使表意人陷于动机错误而间接地侵犯表意人意志形成自由,胁迫行为则直接通过预告将来危害使表意人产生恐惧而侵犯其意思表示自由,显然"胁迫行为对表意人意思自由影响甚大,应(对表意人)优先予以保护"。[①]

三、乘人之危和显失公平事由方面发生的变动

《民法通则》第 58 条第 1 款第 3 项和第 59 条第 1 款第 2 项将乘人之危和显失公平制度分列于无效和可撤销原因。《合同法》第 54 条则将二者同列为可撤销之原因,但依然作为两个独立的原因。乘人之危和显失公平的规定源于德国的暴利行为制度。暴利行为的理论来源可追溯到罗马法时期的"非常损失规则"。戴克里先为了补正早期罗马法"严格形式主义(无论财产价格与实际有何差异均不得影响契约实现)"所带来的问题,特别是规制地主兼并农民土地问题,颁布了两个敕令。根据这两个敕令,古罗马法学家发展出了"非常损失规则",并逐渐演变成为德国民法典所规制的"暴利行为"制度。《德国民法典》第 138 条第 2 款规定:"特别是某人以法律行为,利用他人急迫境况、无经验、缺乏判断能力或者显著意志薄弱,使他人向自己或者第三人,对一项给付允诺或者给予财产利益,而此财产利益与给付明显不成比例的,其法律行为无效。"我国《民法典》第 151 条以"利用对方处于危困状态、缺乏判断能力等情形,致使民事法律行为成立时显失公平"将二者合并,使其回到暴利行为规则原本状态。值得注意的是,我国《民法典》未如《德国民法典》第 138 条第 2 款那样,使之作为违背善良风俗无效规则的重要适用情形,而是将其作为可撤销行为予以规制。其背后的理由应该在于,该行为涉及社会利益者少,而对个人利益影响较大,因此应交由当事人自行决定。

四、删除民事法律行为可变更制度

本次民法典编纂删除了"可变更"的规定,仅保留了当事人对于民事法律行为

---

① 王泽鉴:《民法总则》,北京大学出版社 2014 年版,第 400 页。

的撤销权。理论上,无论撤销还是变更,所要解决的对象,都是表意瑕疵问题,赋予一方撤销权,从表意源头入手纠正瑕疵,恢复双方关系到成立该法律行为前,为双方提供重新作出健全表意的机会,是符合逻辑的路径。同时,表意瑕疵的不正当性主要在于其违反了意思表示过程应符合内外一致的要求和自愿原则,而当事人单方请求变更并通过裁决机关强行干预得到支持,是直接对意思内容进行单方变更,系实体变更。故"变更"非但未能纠正表意程序的不正当性,反而使公权力违反"平等原则"和"意思自治原则"、违反"非依法律规定或经对方同意,不得擅自变更"的规定入侵私法自治领域之嫌。

五、重订撤销权除斥期间规则

《民法典》总则编在可撤销行为效力规范中另一重大发展是,第 152 条重新制定了撤销权除斥期间规则。该条总体采取主观期间,即自知道或应当知道之日起计算。就期间长短上,在规定 1 年普通除斥期间和 5 年最长除斥期间之外,区分不同的撤销原因,对重大误解撤销权设定较短的 90 日除斥期间,胁迫撤销权的除斥期间则为自胁迫行为终止时起的 1 年。相较于《民法通则》缺少撤销权除斥期间相关规定、《贯彻民法通则意见》第 73 条第 2 款的单一客观期间规则,以及《合同法》第 55 条第 1 项的单一主观期间规则,《民法典》总则编针对不同撤销原因、不同的规范意旨,规定不同的除斥期间类型,新创最长期间规则,更为合理。

专题四　违反强制性规定之民事法律行为无效的问题

民事法律行为是平等的民事主体之间调整私权关系的行为,是民事主体维护、处分、实现自身权益的手段。因此,如果不涉及公共利益和他人合法权益,只要当事人具有相应的民事行为能力且意思表示真实即为有效。如果民事法律行为与公共利益和他人合法权益相冲突,立法者就会在不同利益之间作出平衡和选择,对一部分民事法律行为作出否定性评价,并作为法律规范进行规定,违反此类法律规定将导致民事法律行为无效。

《民法典》第153条第1款规定:“违反法律、行政法规的强制性规定的民事法律行为无效。但是,该强制性规定不导致该民事法律行为无效的除外。”如何理解该条规定呢?

一、准确认定强制性规定的范围

违法无效规则不是对民事法律行为效力控制的唯一规则,民事法律规范还存在大量其他关于民事法律行为效力性的规则,如未生效、效力待定、可撤销及其他直接关于无效规定的法律规范,它们之间是并列而非包含的关系。在司法实践中,务必要将该条违法无效规则与未经批准合同规则、无权代表行为规则、无权代理行为规则以及无权处分行为规则加以区分。具体来说:

1. 不包括法律、行政法规有关要求办理批准手续的规定。此类规定一般是公法中对民事法律行为的相关审批要求,但行文中很少直接规定未经审批的后果,从公法规定的目的上来看,是一种管理性规定,如仅依据该条规则,似可认定不影响合同效力。对此类行为和公法上管理要求,《民法典》第502条第2款已经作出具体规定:“依照法律、行政法规的规定,合同应当办理批准等手续的,依照其规定。未办理批准等手续影响合同生效的,不影响合同中履行报批等义务条款以及相关条款的效力。应当办理申请批准等手续的当事人未履行义务的,对方可以请求其承担违反该义务的责任。”根据该条规定,未经审批前的合同其效力待定。因此,此系与第153条违法无效规则不同的效力规则,不能适用该条规定,自不必再分析其是效力性强制性规定抑或管理性强制性规定。

2. 不包括权限性规定。关于《公司法》第16条的规定,既非效力性规范亦非管理性规定,而是有关代表权限制的规定。法定代表人违反《公司法》第16条的规定,构成无权代表,要依据《民法典》第504条“法人的法定代表人或者非法人组织的负责人超越权限订立的合同,除相对人知道或者应当知道其超越权限外,该代表行为有效,订立的合同对法人或者非法人组织发生效力”的规定来认定相关民事法律行为的效力。因此,不能依据第153条的规定,错误分析其是否属于效力性强制性规定,从而走入误区。

3. 不包括赋权性规定。民法中很多强制性规范是赋权性规范,对此类规定的违反往往涉及无权处分的相关规则,而不是适用第153条违法无效的规定。如《城市房地产管理法》第38条第4项规定,共有房地产未经其他共有人书面同意的,不得转让。如果发生此种情形,合同是否有效?实际上,随着民事法律立法的进步,及物权法与合同法的研究成果，关于此类无权处分的问题，根据处分行为和负担行为的区分原则，已经不再以无效为其后果。《民法典》第 597 条规定："因出卖人未取得处分权致使标的物所有权不能转移的，买受人可以解除合同并请求出卖人承担违约责任。法律、行政法规禁止或者限制转让的标的物，依照其规定。"依据该条规定，无权处分行为的合同本身是有效的，只是因无权处分导致不能履行的情况下，要承担相应的违约责任。因此，在法律已经对此有明确的效力规则规范的情况下，不能适用第 153 条关于违法无效的一般性规定。

二、效力性强制性规定和管理性强制性规定的区分规则

识别效力性强制规定，要在考量强制性规定所保护的法益类型、违法行为的法律后果以及交易安全保护等因素的基础上慎重认定其性质。

1. 考察规范对象。要区分强制性规定规制的对象是意思表示本身、主体的准入条件，还是合同的缔约方式、时间、场所等要素，或者合同的履行行为。

第一，民事法律行为内容违法。主要包括：(1) 以禁止流通物和限制流通物作为交易对象的行为，如以盗墓文物、珍稀动物、毒品、枪支等为合同标的物的。(2) 以人身或人格利益作为交易对象的行为，如拐卖妇女、儿童，卖淫嫖娼，器官买卖，代孕等行为。(3) 以违法标的为交易对象的行为，如销售假币、淫秽书刊、伪劣产品等行为。涉及合同内容违法的强制性规定，一般应认定为效力性强制性规定。

第二，主体资格违法。如担保主体资格违法、市场准入资格不符合、违反特许经营行为、违反施工资质承接工程行为。对于此类行为，要分析其有无对善意第三人保护的必要、所要保护的法益是否构成公共利益、违法行为的后果等因素，综合考量。典型的如人民币储蓄业务只有经批准的银行等机构才能办理，其他个人和机构无权办理该项业务，否则即为无效。违反施工资质承包工程容易造成安全隐患，涉及公共利益，应认定为无效。而一般的未取得资质、超越经营范围的行为，不导致合同无效。如林某某与延边锦绣天景物业管理有限公司物业服务合同纠纷一案[案号为(2018)吉 24 民终 985 号，(2018)吉民申 4006 号]，林某某主张天景物业在未取得物业资质、收费许可、营业执照前就签订了《前期物业服务合同》，《前期物业服务合同》的签订未经招投标程序，未依法备案，违反了《物业管理条例》规定，应为无效。法院经审理认为，《物业管理条例》中关于建设单位应当以招投标方式选聘物业服务企业、物业服务企业应当具有资质证书等规定，系对物业管理活动的规范，以便督促物业服务企业提高物业管理和服务水平，尽职地履行自己的职责，更

好地提供相应的服务。上述规定均属于管理性强制性规定,而非效力性强制性规定,不影响《前期物业服务合同》的效力。

第三,合同的其他要素违法。(1)缔约方式违法。如依据《招标投标法》必须采用招投标方式订立合同而未采用的。从其保护的法益来看,规范招投标不仅涉及当事人的合法权益保护问题,而且是维护公平竞争的市场经济秩序,预防和遏制腐败的重要环节,涉及国家利益、社会公共利益。因此,此类违法行为,应认定无效。(2)场所违法。例如,占道经营、在批准的交易场所之外进行的期货交易、未在特定场所进行博彩的行为等。对此,法律禁止的只是在特定场所内从事经营,并不禁止当事人从事经营行为本身的,一般不影响合同效力,如占道经营所发生的交易行为。法律对相关场所进行限制,目的是限制当事人从事某种法律行为本身时,对其违反将导致合同无效,如场外期货交易。(3)期限、数量违法。如租赁合同超过20年、民间借贷利息超过36%。此种无效一般为民事法律规范的直接规定,如无直接规定,则应当属于当事人意思自治范围或者行政管理性规定的范围,一般不影响民事法律行为的效力。(4)履行行为违法。如以走私的方式履行买卖合同。此种违法一般只涉及一方当事人行为违法,基于保护善意相对人的考虑,不影响合同本身的效力。

2. 进行法益衡量。在初步确认民事法律行为的效力后,还要再根据法益衡量说进行检验校正。对于内容违法认定无效的,要考察是否存在不影响民事法律行为效力的情况,反之对于其他情形原则认定有效的,则要考虑是否存在导致合同无效的情形。

第一,要权衡冲突的法益,即考察所保护的法益是否超过合同自由这一法益。如所要保护的法益为人身和人格权益等基本民事权利,如生命健康权、人格尊严、婚姻自由权、劳动权、休息权,应当认定侵害这些权益的行为是无效的。如果强制性规定所保护的法益是国家军事安全利益、金融安全、市场基本秩序、国家宏观政策等公共利益的,一般也应当认定民事法律行为无效。

第二,要考察违法行为的法律后果。如果违法行为可能构成刑事犯罪的,意味着该行为具有严重的社会危害性,对该行为的效力应作无效认定,避免法律体系的矛盾。如果违法行为仅仅是轻微的行政违法行为,那么就要考虑是否予以行政处罚就足以遏制该类违法行为,而不需要进行彻底否定该行为在民事法律上的效力。此外,还需考察受害人是否是特定的,如是特定的受害人,是否赋予撤销权即足以满足规范相关行为的目的;如是不特定的当事人,则意味着可能涉及社会公共利益,可能导致相应的民事法律行为无效。

第三,要考察是否涉及交易安全保护的问题。如果法律仅是禁止一方为某种行为,在确定合同效力的时候,要优先考虑交易相对人的保护问题。如超越经营范围所签订的合同,仅是一方违反规定,不应影响合同效力。如果法律禁止的是双方的行为,则多数涉及公共利益或者公序良俗,一般应认定无效。

第四,要考察合同是否已经履行。合同瑕疵能否通过履行被治愈,取决于合同瑕疵的程度。如果是严重的瑕疵,如买卖走私文物的标的违法行为,无法通过履行行为使合同变为有效;如果不是严重的瑕疵,则在合同已经履行的情况下,考量履行的要素,在一定情况下承认合同有效,否则,会极大地浪费社会资源。

专题五 民事法律行为中其他需要关注的问题

一、民事法律行为不成立的法律后果

民事法律行为的成立与生效既有区别又有联系。民事法律行为的成立,是指当事人意思表示的完成,其着眼点在于某一民事法律行为是否已经客观存在。民事法律行为的生效,是指已经成立的民事法律行为因符合法定的生效要件而产生了当事人所欲追求的法律效果。尽管在多数情形下适用成立即生效原则,但在民法理论和民事立法上,已经将二者区分开来,并且在一些场合下,民事法律行为的成立与生效确实不是同时完成的。例如,《民法典》第158条规定:民事法律行为可以附条件,但是根据其性质不得附条件的除外。附生效条件的民事法律行为,自条件成就时生效。附解除条件的民事法律行为,自条件成就时失效。民事法律行为的生效除了当事人的意思表示已经完成外,还以意思表示的内容及形式的合法为要件。民事法律行为的生效是以民事法律行为的成立为前提的,但业已成立的民事法律行为,不一定都能生效;生效与否还要看是否具备法定的生效要件。

《民法典》第157条规定:"民事法律行为无效、被撤销或者确定不发生效力后,行为人因该行为取得的财产,应当予以返还;不能返还或者没有必要返还的,应当折价补偿。有过错的一方应当赔偿对方由此所受到的损失;各方都有过错的,应当各自承担相应的责任。法律另有规定的,依照其规定。"该条规定了民事法律行为

无效、被撤销或者确定不发生效力的法律后果,但未规定民事法律行为不成立的法律后果。鉴于在隐藏的不合意时,尽管合同因双方意思表示不一致而不能成立,但当事人完全可能因不知合同不成立的事实而履行合同,此时也存在返还财产、折价补偿、损害赔偿等问题,故《民法典总则编解释》第 23 条吸收了《九民会议纪要》第 32 条的规定精神,规定:“民事法律行为不成立,当事人请求返还财产、折价补偿或者赔偿损失的,参照适用民法典第一百五十七条的规定。”需要注意的是,由于“民事法律行为不成立”超出《民法典》第 157 条文义范围,因此法条用语是“参照适用”。

二、附不可能条件民事法律行为的后果

《贯彻民法通则意见》第 75 条规定:“附条件的民事行为,如果所附的条件是违背法律规定或者不可能发生的,应当认定该民事行为无效。”对附不可能条件的民事法律行为的效力,《贯彻民法通则意见》第 75 条直接规定为无效,未考虑生效条件、解除条件对民事法律行为效力的不同影响。《民法典总则编解释》第 24 条对《贯彻民法通则意见》第 75 条作了修改,分别针对所附条件为生效条件或者解除条件作出规定。该条规定:“民事法律行为所附条件不可能发生,当事人约定为生效条件的,人民法院应当认定民事法律行为不发生效力;当事人约定为解除条件的,应当认定未附条件,民事法律行为是否失效,依照民法典和相关法律、行政法规的规定认定。”当事人约定不可能条件为生效条件的,从意思表示解释的角度看,应当解释为当事人根本不希望民事法律行为发生效力;当事人约定上述条件为解除条件的,因解除条件不可能成就,从意思表示解释的角度看,应当解释为当事人根本不希望民事法律行为解除,民事法律行为应视为未附解除条件。

第八章　代　理

代理制度是民法的一项基本制度，广泛运用于现代社会生活，其功能在于扩张和补充私法自治。我国民法典坚持民商合一的立法传统，对代理制度体系结构的安排较为审慎。《民法典》第一编总则第七章专章规定直接代理制度，以 3 节 15 个条文明确了民商事活动代理行为应当普遍遵循的一般规则；第三编合同则沿袭《合同法》第 402 条、第 403 条的规定，规定了商事色彩更浓的间接代理制度。本专题主要论及《民法典》第一编总则的直接代理制度。鉴于代理制度与民事法律行为密切相关，还应依据体系解释，结合《民法典》民事法律行为、委托合同等章节的规定，正确理解与适用第七章关于代理的规定。

专题一　自己代理和双方代理

一、自己代理和双方代理的概念与制度

自己代理，是指代理人以被代理人名义与自己实施民事行为的代理活动。在此情形下，存在代理人和被代理人之利益冲突。双方代理，又称同时代理，是指在同一法律行为中代理人同时为双方当事人所实施的代理活动，代理人同时代表双方当事人，不可避免地会顾此失彼，造成双方利益失衡。代理人行使代理权，其主要义务在于为代理人的利益，亲自实施代理行为，在代理权限范围内，谨慎、勤勉、忠实地行使代理权。代理人如果与自己或自己代理的第三人实施代理行为，通常会损害被代理人的利益，违背诚实信用原则，构成代理权的滥用，故为法律所禁止，除非被代理人事先同意或者事后追认。

《民法典》第 168 条新设禁止双方代理和自己代理制度，对代理权作出限制，进

一步完善了代理制度规则体系。此前现行有效的立法中对此无直接规定。相关内容则最早可追溯到已经失效的1981年《经济合同法》第7条第1款第3项规定:代理人超越代理权限签订的合同或以被代理人的名义同自己或者同自己所代理的其他人签订的合同无效。该规定未被后来的立法吸收,直至《民法典》填补这一立法空白。

二、自己代理和双方代理的法律效力与补正

《民法典》第168条规定,在被代理人同意或追认的情况下,代理行为有效。立法目的是维护被代理人的利益,将自己代理或双方代理的效力决定权赋予被代理人。可见自己代理和双方代理在未被同意或追认的情况下,其效力处于待定状态,是效力待定的行为。

当然,自己代理或双方代理并非绝对损害被代理人利益。如纯粹为履行债务行为,即为被代理人履行债务而使已经存在的债务因内容实现而消灭,并不产生新的权利义务,不影响被代理人利益。这里仅限于单纯的清偿行为,并不包括代物清偿。"盖代物清偿系以债权人受领他种给付,以代原定之给付,使债之关系归于消灭的有偿契约,于代理人与本人间将发生利益冲突。"①另一种例外是使被代理人纯获利益行为,如将自己名下的财产赠与未成年亲子。这两种情形下,代理人与被代理人之间并不存在利益冲突,可以通过限缩解释,认定上述代理行为有效。

自己代理和双方代理的法律效力补正,即代理人同意或行使追认权的过程。代理人的同意一般是事先同意,而追认则可参照适用《民法典》第171条第2款的规定,代理人可以催告被代理人在一个月内予以追认,作出明示。其法律后果为,被代理人未作表示的,视为拒绝追认。如四川省高级人民法院在(2019)川民申3443号房屋买卖合同纠纷案中,认为甲某明知案涉房屋的市场价值被评估为176万余元,却以乙某代理人身份与丙某、丁某签订房屋买卖合同,约定合同价款86万元,远低于市场价格。甲某既为乙某的代理人,又系丙某的父亲(法定代理人)、丁某的丈夫,其行为存在以被代理人的名义与自己同时代理的其他人实施民事法律行为的情形。被代理人乙某并不予同意或追认,甲某的行为符合《民法总则》第168条规定的双方代理,应当认定无效。

---

① 王泽鉴:《民法总则》,中国政法大学出版社2001年版,第456页。

专题二　职务代理

一、职务代理制度的确立

职务代理,是指代理人根据在法人或者非法人组织中所担任职务,依据其职权对外实施民事法律行为的代理。《民法典》第 170 条确立了职务代理制度,将大陆法系国家的商事代理制度纳入我国民法典中。

从大陆法系商事代理的定义角度来看,存在“代理营业领域说”“商人名义说”等学说。“商事代理营业领域说”从代理的营业角度出发,认为商事代理是一般代理制度在商事领域和营业行为中的具体运用,采用民商合一立法例的国家一般把营业领域中的代理视为商事代理,如瑞士、意大利等国。《瑞士债务法》第二编规定了具体的商事代理的类型,包括经理权、代理商代理等形式。“商人名义说”则从被代理人——商人的特定主体资格入手,认为凡代理人以商人名义所为之行为为商事代理,如德国、日本等国家。《德国商法典》第一编第五章、第六章、第七章分别规定了经理权和代办权、商业辅助人和商业学徒、代理商,第四编规定了商行为。《日本商法典》在第一编第六章规定了“商业雇员”,第一编第七章规定了“代理商”,第二编第一章规定了商行为的代理以及消灭。

职务代理本质上作为代理的一种,其作为补强被代理人意思自治的重要方式,代理实施的是民事法律行为,而非侵权行为。只是在法律后果上,无论是职务代理行为还是执行工作任务导致他人损害的法律后果,都由该用人单位承担。《民法典》以《民法通则》第 43 条规定为基础,在总结各方意见的基础上,有针对性地对职务代理作出了规定。《民法典》第 170 条第 1 款单独作了规定:“执行法人或者非法人组织工作任务的人员,就其职权范围内的事项,以法人或者非法人组织的名义实施的民事法律行为,对法人或者非法人组织发生效力。”该条是关于法人或者非法人组织的工作人员职务行为的法律效力归属规范。

二、职务代理的构成要件

在形式上,《民法典》第 170 条分为两款,其第 1 款系职务代理制度的一般规范。据此,适用职务代理制度需满足:(1)行为人系法人或非法人组织的工作人员;(2)在其职权范围内为法律行为;(3)该法律行为需以法人或非法人组织的名义作出。这三个要件分别对应职务代理行为的主体、权限和方式。具体分析三个要件:(1)从主体要件来看,代理人需具有法人或非法人组织工作人员身份,非法人组织工作人员身份是较《民法通则》新增的内容,扩大了主体范围;如代理人非为该法人或非法人组织的工作人员,其按照被代理人的授权从事代理行为,属于一般的委托代理。(2)从权限要件来看,要求代理人实施的是职权范围内的事项。不同于一般的委托代理,职务代理通常基于法人或非法人组织就其工作人员职务所作的概括性授权,无须每次单独出具授权委托书。授权范围一般以法人或者非法人组织作出的说明为限。如无具体说明,则根据公司章程、合伙协议等或者具体的内部决议行为进行判断。(3)从方式要件来看,要求以法人或非法人组织名义实施民事法律行为。如果代理人实施的非为职权范围内事项,相对人为善意的,则应当适用第170条第2款的规定,职务代理行为成立。

值得注意的是,《民法典》第61条第2款对法定代表人以法人名义从事法律活动作了专门规定,虽然职务代理行为与代表行为的后果都由法人或非法人组织承担,但二者有根本区别,在适用时应当注意区别。

在现代市场经济条件下,法定代表人的价值就在于全面表达公司意志,然而法定代表人并非公司意志的唯一表达人。公司意志不但可以通过代表制度表亦可以通过代理制度表达,即法人(或者非法人组织)的员工基于其职务而享有职务范围的代理权,其实施的相关行为法律效果归属其所在的法人承受。现代社会经济早已告别了传统的手工作坊,由于经济主体的规模巨大、交易频繁,不可能所有交易活动都由法定代表人代表法人来实施。于是职务代理制度应运而生,法人的员工只要被委任工作,除非另有规定,其自然享有相应的代理权,而无须法人再次单独授权。因此,采购员可以代表公司采购、销售员可以代表公司销售、信贷员可以代表公司贷款等。只要在职务范围内,公司员工即可以代理公司行为,而无须再由法定代表人签字同意。[①] 例如,建设工程项目经理行为,包括参与建设工程招标、投标和签订建设工程承包合同、决定项目资金的投入和使用、物资采购、分包或转包工程、参与竣工验收、与发包人或分包人结算工程价等行为均属职务代理行为,对外应当由所在的承包企业承担法律责任。

---

① 参见江必新等:《最高人民法院指导性案例裁判规则理解与适用·公司卷》,中国法制出版社2012年版,第66~67页。

三、越权职务代理的法律后果

关于越权职务代理的法律后果问题，是司法实践中最常见的问题。此前实务中对越权代理行为多事类推适用表见代理制度。职务代理较之一般的委托代理，具有更强的权利外观，故在适用时应当更加注重对善意相对人利益的保护和对交易安全的保障。《民法典》第170条第2款规定："法人或者非法人组织对执行其工作任务的人员职权范围的限制，不得对抗善意相对人。"善意相对人对法人或者非法人组织对执行其工作任务的人员职权范围的限制，不知道也不应当知道，法律应当对这种合理信赖予以保护，即产生有效职务代理的法律后果。《民法总则》颁布后，该条规定在审判实践中已被广泛适用。如(2018)最高法民申2109号买卖合同纠纷一案认为，甲某作为公司副总经理，持有公司授权委托书，实际参与了合同履行，基于甲某的身份，相对人有理由相信其签订合同的行为系代理公司，依据《民法总则》第170条的规定，认定甲某以公司名义与相对人签订案涉合同系职务行为。

在该款规定情形下，该代理人所实施的行为如果超出其职权范围，即超出了被代理人的授权范围，因此应当属于无权代理的情形。同样在符合《民法典》第172条规定的情形下，也可以构成表见代理。这时对相对人而言，应当构成了请求权竞合，可以允许其选择适用不同条文规范维护其合法权益。

此外，如果该工作人员实施职务代理行为超越了该法人或者非法人组织的经营范围时，就产生了超范围经营行为的效力认定问题。这一问题已非第170条第2款所能涵盖，而应一并适用《合同法司法解释(一)》第10条的规定，即"当事人超越经营范围订立合同，人民法院不因此认定合同无效。但违反国家限制经营、特许经营以及法律、行政法规禁止经营规定的除外"。

专题三　无权代理

无权代理，是指代理人不具有代理权、超越代理权或者代理权终止后仍然实施的代理行为，包括不具有代理权的代理、超越代理权的代理和代理权终止后的代理。根据《民法典总则编解释》第25条规定，"数个委托代理人共同行使代理权，其中一人或者数人未与其他委托代理人协商,擅自行使代理权的",应当认定其为无权代理,"依据民法典第一百七十一条、第一百七十二条等规定处理"。

一、无权代理的立法沿革

无权代理制度作为传统民法的一项重要制度,随着社会经济的发展而丰富发展。《民法典》第171条总结《民法通则》第66条和《合同法》第48条、第58条主旨,并吸收总结理论研究成果和审判实务经验,对无权代理作出规定,其内容较前发生较大变化。一是直接规定了相对人的催告权和善意相对人的撤销权、被代理人的追认权。同时对于追认和撤销的规则,沿用《合同法》第48条的规定,被代理人的缄默视为拒绝追认的表示,撤销则应当以通知的形式作出。二是明确无权代理人的赔偿责任及范围。无权代理行为未被追认的,善意相对人有权请求行为人为履行债务或者就其受到的损害请求行为人赔偿。赔偿范围不得超过被代理人追认时相对人所能获得的利益。三是调整了相对人有过错的情形下,相对人和行为人承担责任规则。相对人知道或应当知道行为人无权代理的,按照各自过错承担责任,不再互负连带责任。在文字上,该条内容没有使用"代理人"的概念,而是表述为更为严谨的"行为人"。

二、无权代理的法律后果

无权代理的法律后果取决于被代理人是否追认。"未经被代理人追认的,对被代理人不发生效力"。根据该款内容,无权代理以对被代理人以不发生效力为原则,但允许补正。

1. 被代理人的追认权。无权代理行为并不必然不利于被代理人。为保护被代理人利益,维护动态交易安全,法律规定了被代理人的追认权。被代理人有权对无权代理行为予以追认。一经追认,即产生有权代理的法律效力,无权代理行为自始有效。《民法通则》第66条第1款规定:本人知道他人以本人名义实施民事行为而不作否认表示的,视为同意。但《民法典》总则编未吸收该条规定,故被代理人在催告期内没有作出意思表示的,不得认定其默许从而推定同意。但被代理人的实际履行行为,则应视为追认。例如,《民法典》第503条明确规定:"无权代理人以被代理人的名义订立合同,被代理人已经开始履行合同义务或者接受相对人履行的,视为对合同的追认。"《民法典总则编解释》第29条规定,应当直接依据《民法典》第137条的规定来确定生效时间,即追认、撤销以对话方式作出表示的,相对人知道其内容时生效;以非对话方式作出的,到达相对人时生效。

2. 相对人的催告权和撤销权。为保障相对人与被代理人之间的利益平衡,避免代理行为效力一直处于难以确定的状态,影响法律关系的稳定,法律赋予相对人催告权和善意相对人撤销权。相对人可以催告被代理人在一个月内予以追认,被代理人享有追认权或拒绝追认权。一般认为这一期间是除斥期间,但也有意见认为,可以允许当事人约定。在被代理人追认前,处于效力待定状态,并将产生两种法律后果:一是产生与有权代理相同的法律效力。一经被代理人追认,代理行为的法律效果归于被代理人,且代理行为自始有效。二是不发生有权代理的法律效果。被代理人拒绝追认的,对其不发生法律效力。需要指出的是,在此种情形下,该行为相对无效,即仅对被代理人不发生效力。善意相对人仍可主张在其与代理人之间产生相应的法律效力,有关法律责任和法律后果由代理人承担。

善意相对人知晓代理人为无权代理后,在被代理人追认前,享有撤销权,可以撤销自己的意思表示,代理行为同样不发生有权代理的法律效力。相对人享有撤销权的前提是善意,不知道也不应知代理行为是无权代理。如果相对人明知无权代理,仍然与行为人为法律行为,属于自甘冒险,仅能行使催告权。撤销权并不受催告的限制,相对人发出催告通知后,被代理人行使追认权之前可以行使撤销权。

3. 法律责任。善意相对人被赋予选择权,以充分保障其利益。《民法典》第171条第3款规定:"行为人实施的行为未被追认的,善意相对人有权请求行为人履行债务或者就其受到的损害请求行为人赔偿。但是,赔偿的范围不得超过被代理人追认时相对人所能获得的利益。"行为人实际履行,则善意相对人获得全部履行利益。如果相对人选择损害赔偿或是选择履行债务而行为人未能履行的,则应赔偿损失,但不能超过履行利益。依据该款规定,并未区别行为人是否明知无代理权,行为人承担的是无过错责任。也有意见认为,行为人如果非因过失不知晓其无代理权时,仍令赔偿履行利益过于严苛,仅赔偿信赖利益更为合理。①

在相对人非善意情况下,即相对人知道或应当知道行为人无代理权的,从公平原则出发,由相对人和代理人按照各自的过错承担责任。其责任范围包括相对人和行为人向被代理人承担过错责任,也包括相对人和行为人在内部关系上,按照各自的过错程度向对方承担过错责任。《民法典总则编解释》第27条规定:"无权代理行为未被追认,相对人请求行为人履行债务或者赔偿损失的,由行为人就相对人

---

① 参见[德]迪特尔·梅迪库斯:《德国民法总论》,邵建东译,法律出版社2001年第2版,第745页;王泽鉴:《民法总则》,中国政法大学出版社2001年版,第348页。

知道或者应当知道行为人无权代理承担举证责任。行为人不能证明的,人民法院依法支持相对人的相应诉讼请求;行为人能够证明的,人民法院应当按照各自的过错认定行为人与相对人的责任。"其明确了证明相对人"善意"的举证责任,以及有证据证明相对人明知无权代理仍然与行为人为法律行为时的法律责任。

专题四　表见代理

表见代理是代理制度的重要内容。行为人虽无代理权,但存在足以使善意第三人相信其有代理权的权利外观,行为人的代理行为有效,直接约束善意第三人和被代理人。《民法典》在第 172 条规定了表见代理的一般规则:"行为人没有代理权、超越代理权或者代理权终止后,仍然实施代理行为,相对人有理由相信行为人有代理权的,代理行为有效。"其适用范围从合同领域扩大到全部可以通过代理实施的民事法律行为。学界通说认为,表见代理在本质上属于广义的无权代理。立法基于维护社会经济生活正常运转的价值取向,将满足法律外观的特定情形认定为有权代理。实务中,有必要把握好被代理人和相对人的利益平衡,避免表见代理制度的不当扩张。

一、表见代理的构成要件

《民法典》第 172 条关于表见代理的规定较为原则,从审判实务来看,如何认定相对人有理由相信行为人有代理权,是表见代理认定的核心问题。在《民法典总则编解释》出台之前,更为具体的规定见于 2009 年 7 月颁布的《民商事合同指导意见》。为防止对表见代理制度的滥用,该指导意见提出,应当正确把握法律构成要件,稳妥认定表见代理行为,并明确表见代理适用的具体规定。该意见第 13 条规定,"合同法第四十九条规定的表见代理制度不仅要求代理人的无权代理行为在客观上形成具有代理权的表象,而且要求相对人在主观上善意且无过失地相信行为人有代理权。合同相对人主张构成表见代理的,应当承担举证责任,不仅应当举证证明代理行为存在诸如合同书、公章、印鉴等有权代理的客观表象形式要素,而且应当证明其善意且无过失地相信行为人具有代理权"。鉴于该规定在各级人民法院裁判中得到了普遍遵循,适用效果较好,《民法典总则编解释》予以吸收,于第 28 条第 1 款规定:“同时符合下列条件的,人民法院可以认定为民法典第一百七十二条规定的相对人有理由相信行为人有代理权:(一)存在代理权的外观;(二)相对人不知道行为人行为时没有代理权,且无过失。”需要注意的是,对于应当采纳无过失标准还是无重大过失标准,存在不同认识。有一种意见认为,参考《民法典物权编解释(一)》第 14 条有关善意取得的认定规则,应规定为无重大过失,以体现规则的一致性。《民法典总则编解释》未采纳上述意见,因为,较之善意取得,在表见代理中,行为人必须以被代理人的名义作出代理行为,相对人至少知道被代理人的存在,获知行为人无权代理的信息成本更低,因此,对于表见代理中相对人善意的要求程度应当更高一些。相对人不仅主观上不能有重大过失,亦不应有一般过失,否则容易因滥用表见代理制度损害被代理人的利益。而且,表见代理是以牺牲被代理人的利益为代价实现交易安全保护的一项制度,在未将代理权外观的形成可归责于被代理人规定为表见代理的一个构成要件的情况下,如果仅要求相对人负担较轻的注意义务(无重大过失),被代理人通常会面临较为宽泛的受损害风险。

综合分析,表见代理的构成要件如下:(1)行为人属于无权代理。没有代理权,或超越代理权、代理权终止,仍以被代理人的名义实施法律行为,此系表见代理需要满足的首要条件。(2)行为人有被授予代理权的外观,存在使相对人相信代理人有代理权的事实和理由。通常表现为无权代理人曾经被授予代理权;根据交易习惯行为人的行为外表表明其有代理权;行为人持有被代理人授权委托书、印章、空白介绍信等。但权利外观的形成与被代理人没有关联性的,不成立表见代理。如行为人伪造他人印章、合同书或者授权授书等,假冒他人名义实施民事法律行为的,一般不构成授予代理权的外观,其例外情形是法人或非法人组织的工作人员伪造公章的,则需具体分析是否表见代理。(3)相对人对行为人有代理权形成合理信赖。即相对人相信行为人具有代理权,主观上善意且无过失,对行为人不享有代理权不知情,且对代理权外观应尽到了合理的审查义务。此为判断是否构成表见代理的关键。当相对人有过错时,不论故意或过失,不能适用表见代理。《民法典》第 165 条对委托授权书记载事项作出明确规定,考察相对人是否尽到审查义务,一般应对照该规定,审理其是否全面审查了相关事项。

最高人民法院审理的(2019)最高法民终 424 号股权转让纠纷案,是一则较为典型的适用表见代理的案例。案涉《融资合作、增资扩股、调整出资比例、法人变更协议书》中徐某的签名由其丈夫马某代签,王某、李某甲的签名由王某的丈夫陈某代签,一审判决排除表见代理适用。最高人民法院认为,虽然陈某、马某的代签行为属于无权代理,但还应考察该行为是否构成表见代理。陈某和王某、马某和徐某系夫妻关系,虽然股权具有人身属性,但是夫妻作为特殊社会关系人,其中一方对另一方处置其所有的巨大财产完全不知情,不符合生活常理。李某甲与李某乙是父子,李某乙在明知股权属于李某甲且不知道协议书内容的情况下,未将电子授权内容告知李某甲即转发给陈某,同意陈某替李某甲代签字,亦不符合常理。甲公司曾有相同性质的协议书同样由马某代徐某签字,陈某代王某、李某甲签字,甲公司根据该协议书发布债权债务公告,甲公司股东对于股权转让应当知情和了解。徐某代表甲公司接收乙公司两笔300万元款项,注明是订金和首付款,可以认定是徐某等履行涉案协议书的行为。陈某拥有甲公司公章,表明其亦可代表公司对外洽谈,而涉案协议始终是李某乙与陈某商谈。在双方协商谈判长达半年的时间里,甲公司股东从未对陈某出面商谈和前后两份协议书的代签字行为提出过异议。2017年5月27日甲公司向乙公司发送《解除合同通知书》,并未涉及陈某、马某的代签行为,说明甲公司及其股东当时对代签行为是认可的。乙公司等有理由相信陈某有代理权,构成表见代理。

二、表见代理举证证明责任

《民法典总则编解释》第28条第2款规定:"因是否构成表见代理发生争议的,相对人应当就无权代理符合前款第一项规定的条件承担举证责任;被代理人应当就相对人不符合前款第二项规定的条件承担举证责任。"举证证明责任的把握是实务中的难点问题。首先应当由被代理人证明无权代理,其次由相对人举证证明存在代理权的外观、由被代理人就相对人不构成善意承担举证责任。相较于《民商事合同纠纷指导意见》第13条关于举证责任分配的规定,《民法典总则编解释》第28条第2款作出一个重大改动:被代理人应当就"相对人不知道行为人行为时没有代理权,且无过失"这一主观要件,承担举证责任。这实质上要求,被代理人应当负责证明相对人知道或者应当知道行为人没有代理权。这意味着,表见代理制度中的善意相对人保护同样采纳了善意推定原则。之所以采纳善意推定原则,是因为按照社会生活经验,"不知道"是难于举证证明的,故法庭不要求相对人就自己属于善意举证,而依善意推定的法理进行判断。这一规则使《民法典》第172条关于表见代理情形下的善意相对人保护与第170条关于职务代理情形下的善意相对人保护,在思想及力度上保持了规范体系的一致性。这一规则既吸收了司法实务中的经验做法和学术界的研究成果,也与《民法典物权编解释(一)》有关善意取得规定的基本思路一致。表见代理中相对人是否善意无过失,是对相对人订立协议时主观形态的判断,在相对人已尽谨慎注意义务后,其是否知道或应当知道代理人欠缺代理权,并不影响其订立协议时主观上善意且无过失的认定。安徽建工集团有限公司(以下简称安徽建工集团)与沙某、吴某借款合同纠纷案(2013)民申字第743号,最高人民法院认为:主观上沙某是善意且无过失。沙某已尽了谨慎注意义务。吴某作为安徽建工集团在沛县公安局信息中心工程的实际施工人或施工负责人,以工程资金不足为由,向沙某借款,虽然在签订借款协议、出具借据时并未加盖项目部的印章,但吴某并不是以个人名义,吴某在借据上声明"用于工程建设"及沛县公安局出具的《承诺》,足以使沙某相信吴某的借款行为是用于工程建设。至于吴某对借款取得后的实际用途,不应作为衡量吴某向沙某借款时表见代理是否成立的标准。

在判断合同相对人主观上是否属于善意且无过失时,应当结合合同缔结与履行过程中的各种因素综合判断合同相对人是否尽到合理注意义务,还要考虑合同的缔结时间、以谁的名义签字、是否盖有相关印章及印章真伪、标的物的交付方式与地点、购买的材料、租赁的器材、所借款项的用途、建筑单位是否知道项目经理的行为、是否参与合同履行等各种因素,作出综合分析判断。

专题五　关于转委托代理中"紧急情况"的认定

《民法典》第169条第3款规定:"转委托代理未经被代理人同意或者追认的,代理人应当对转委托的第三人的行为承担责任;但是,在紧急情况下代理人为了维护被代理人的利益需要转委托第三人代理的除外。"构成合法有效的转委托代理,须事先征得被代理人同意或事后获得被代理人追认,否则代理人应当对转委托的第三人的行为承担责任,但是在紧急情况下代理人为了维护被代理人的利益需要转委托第三人代理的除外。对紧急状态的界定,《贯彻民法通则意见》第80条规定:"由于急病、通讯联络中断等特殊原因,委托代理人自己不能办理代理事项,又不能与被代理人及时取得联系,如不及时转托他人代理,会给被代理人的利益造成损失或者扩大损失的,属于民法通则第六十八条中的‘紧急情况’。”《民法典总则编解释》吸收了《贯彻民法通则意见》第 80 条的规定精神,于第 26 条规定:“由于急病、通讯联络中断、疫情防控等特殊原因,委托代理人自己不能办理代理事项,又不能与被代理人及时取得联系,如不及时转委托第三人代理,会给被代理人的利益造成损失或者扩大损失的,人民法院应当认定为民法典第一百六十九条规定的紧急情况。”

第九章　民事责任

专题　民事责任的一般规则

一、民事责任概述

民事责任，是指民事主体违反民事法律义务所应当承担的不利法律后果。可见，民事责任的承担要以民事义务的违反为前提，违反民事法律义务的这种“不利法律后果”，既包括原应履行的义务的继续履行，也包括追加一个新的法律义务。比如，买卖合同一方当事人违约，其对方当事人应承担的民事责任既包括继续履行合同，还包括对受害人因其违约行为所遭受的损失进行赔偿。《民法典》第 176 条规定：“民事主体依照法律规定或者按照当事人约定，履行民事义务，承担民事责任。”这一规定对于民事主体依照法律规定和当事人约定承担民事责任作了原则性规定。

作为法律责任的一种，民事责任本身具有强制性、制裁性的共同特征，但其又与其他类型的责任有着本质不同。这主要体现在：其一，民事责任作为一种具有强制性的法律责任，这种强制性较其他责任形式相对柔化。一方面，民事责任范畴的事项在一定程度上允许当事人处分，即可以体现当事人的意思自治，比如，有些赔偿责任，受到损害的当事人可以放弃。另一方面，约定的民事责任，比如，违约金的承担，允许国家公权力予以调整。而且民事责任的承担只有在违反民事义务者不承担民事责任的情形下，才按照不告不理的原则，在受到损害的一方当事人主张的情况下，由国家机关借助公权力强制义务违反者承担。其二，在民事责任中财产性责任占据重要地位，而补偿性又是财产性责任的主要形式。对财产损害的救济，最有效的救济方式就是使违反义务者就此承担民事赔偿责任。对于民事法律关系中的人身关系，基于人身不得强制的基本法理，对非财产上的损害，也可以物质抚慰的方式，如精神损害赔偿的方式，进行救济。民事责任的补偿性集中体现了民事损害纠纷的填平原则,即民事主体不能因其他民事主体的违法行为而获得超出自己损害范围的利益。民事责任的补偿性突出地体现在民事赔偿责任上。民事责任的宗旨是恢复被侵害的权利,而并非惩罚不法行为人。同时,民事责任的补偿性也体现在返还财产、恢复原状、重作、修理、更换等其他民事财产责任方式以及消除影响、恢复名誉、赔礼道歉等人身责任之上。[①] 在审判实务中,在法律没有特别规定的情况下,要坚决贯彻民事责任补偿性的基本原理,这也是平等的民法精神的基本体现。这里的法律特别规定,是指惩罚性赔偿制度,比如,《民法典》第1185条关于故意侵害知识产权的惩罚性赔偿、《消费者权益保护法》第55条规定的产品欺诈和服务欺诈的惩罚性损害赔偿金制度等,都要以法律有明文规定作为适用前提。

二、按份责任和连带责任

对于数人承担责任的情形,基于责任人之间承担外部责任的多少及责任人之间内部份额的不同,民事责任可以分为按份责任与连带责任,这是民事责任中最基本的分类形式之一。按份责任与连带责任的承担不仅在侵权责任中大量存在,在违约责任以及其他法律行为中义务的违反都可能存在连带责任或者按份责任的承担。

(一)按份责任

《民法通则》并未规定按份责任,仅是在"债权"一节中规定了按份债权和按份债务,其第86条规定:"债权人为二人以上的,按照确定的份额分享权利。债务人为二人以上的,按照确定的份额分担义务。"《民法典》第177条规定:"二人以上依法承担按份责任,能够确定责任大小的,各自承担相应的责任;难以确定责任大小的,平均承担责任。"据此,按份责任是指数个责任主体按照法律规定或者当事人约定,按照不同的份额对同一责任承担的民事责任。按份责任分为两种类型:一是约定的按份债务不履行发生的按份责任;二是依照法律规定发生的按份责任,如无意思联络的共同侵权行为导致的数个侵权人承担的按份责任。

对于法定按份责任的分别侵权行为的构成应当符合的条件有:其一,二人以上分别实施侵权行为。即两个以上的侵权人没有意思联络独立实施的侵权行为,并各自满足独立的侵权责任构成。其二,须造成同一损害后果。若数个侵权行为造成了不同的损害后果,这时完全构成两个独立的侵权责任法律关系,应该是各自独

---

① 参见顾昂然等编著:《中华人民共和国民法通则讲座》,中国法制出版社2000年版,第216页。

立承担各自责任的数个单独侵权行为的形态。对于约定按份责任的构成，核心在于当事人的义务份额可以依据当事人的具体约定产生，原则上讲，当事人不能通过约定的方式对民事责任承担的份额作出约定。但是可以对承担义务的份额作出约定，而义务的违反即产生法律责任，此时的责任为按份责任。需要注意的是，一方面，当事人对于按份义务的约定不能违背法律强制性规定，比如，当事人事先不能将共同侵权须承担的连带责任约定为按份责任；另一方面，对于多数人责任承担的方式，在法律没有规定为连带责任的情形下，通常为按份责任。①

关于按份责任承担的法律后果。《民法典》第 177 条规定明确了"能够确定责任大小的，各自承担相应的责任；难以确定责任大小的，平均承担责任"。据此，按份责任承担的法律后果可以分为两种具体情形：

一是能够确定责任大小的情形。在此以分别侵权行为为例，虽然数个侵权行为结合造成了同一损害，但是在大部分案件中，可以根据各个侵权行为造成损害后果的可能性（盖然性）来确定责任份额。判断这种可能性，可以综合各行为人的过错程度、各侵权行为与损害后果因果关系的紧密程度、公平原则以及政策考量等因素。有的学者将这种可能性称为"原因力"，指在构成损害结果的共同原因中，每一个原因对于损害结果发生或扩大所发挥的作用力。法律不可能脱离具体案件，事先抽象出各种确定责任份额的标准，只能由法官在具体案件中综合考虑各种因素来确定。

二是难以确定责任大小的情形。责任分配的尺度很难有一个可以数量化的标准，在某些情形下，由于案情复杂，很难分清每个侵权行为对损害后果的作用力究竟有多大。我们可以借鉴其他国家和地区在确定各个连带责任人内部份额时的做法，如《俄罗斯民法典》第 1081 条第 2 款中规定，当过错程度不能确定时，份额应均等；《意大利民法典》第 2055 条第 3 款规定，在有疑问的情况下，推定所有人的责任相同。本条也作出了类似规定，难以确定责任大小的，各个行为人平均承担赔偿责任。②

（二）连带责任

我国《民法通则》并未规定连带责任，仅是在"债权"一节中规定了连带债权和连带债务，其第 87 条规定："债权人或者债务人一方人数为二人以上的，依照法律的规定或者当事人的约定，享有连带权利的每个债权人，都有权要求债务人履行义

---

① 依据《侵权责任法》的有关规定，还存在法定的不真正连带责任、补充责任的情形。

② 参见王胜明主编：《中华人民共和国侵权责任法释义》，法律出版社 2010 年版，第 70 页。

务;负有连带义务的每个债务人,都负有清偿全部债务的义务,履行了义务的人,有权要求其他负有连带义务的人偿付他应当承担的份额。”对于数人承担责任的情形,连带责任是民事责任承担的重要类型。《民法典》第178条规定:“二人以上依法承担连带责任的,权利人有权请求部分或者全部连带责任人承担责任。连带责任人的责任份额根据各自责任大小确定;难以确定责任大小的,平均承担责任。实际承担责任超过自己责任份额的连带责任人,有权向其他连带责任人追偿。连带责任,由法律规定或者当事人约定。”据此,连带责任是指依照法律的直接规定或者当事人的约定,两个以上的责任主体向权利人连带承担全部赔偿责任,权利人有权要求连带责任人中的一人或数人承担全部责任,而一人或数人在承担全部赔偿责任后,将免除其他责任人对权利人的赔偿责任的民事责任形态。

连带责任的特征主要表现为:(1)连带责任对于侵权人来说是一种比较严重的责任方式。连带责任对外是一个整体的责任。连带责任中的每个人都需要对被侵权人承担全部责任。被请求承担全部责任的连带责任人,不得以自己的过错程度等为由只承担自己的责任。(2)连带责任对于被侵权人保护得更为充分。连带责任给了被侵权人更多的选择权,被侵权人可以请求一个或者数个连带责任人承担全部或者部分的赔偿责任。(3)连带责任是法定责任,连带责任人不能约定改变责任的性质,对于内部责任份额的约定对外不发生效力。①

连带责任分为两种:一是依照约定产生的连带责任,这主要是违反连带债务发生的连带责任,如违反连带债务的违约责任,但也不妨碍当事人之间直接约定连带承担民事责任。二是依照法律的直接规定发生的连带责任。比如,依照《民法典》侵权责任编的规定,以下情形侵权人承担连带责任:(1)共同侵权人的连带责任。《民法典》侵权责任编第1168条规定,二人以上共同实施侵权行为,造成他人损害的,应当承担连带责任。(2)教唆人、帮助人与侵权行为人的连带责任。《民法典》侵权责任编第1169条第1款规定,教唆、帮助他人实施侵权行为的,应当与行为人承担连带责任。(3)实施共同危险行为的侵权人的连带责任。《民法典》侵权责任编第1170条规定,二人以上实施危及他人人身、财产安全的行为,其中一人或者数人的行为造成他人损害,能够确定具体侵权人的,由侵权人承担责任;不能确定具体侵权人的,行为人承担连带责任。(4)分别实施侵权行为但单个侵权行为都足以造成全部损害的侵权行为人的连带责任。《民法典》第1171条规定,二人以上分别

---

① 参见王胜明主编:《〈中华人民共和国侵权责任法〉条文解释与立法背景》,人民法院出版社2010年版,第60页。

实施侵权行为造成同一损害,每个人的侵权行为都足以造成全部损害的,行为人承担连带责任。(5)网络服务提供者与网络用户的连带责任。《民法典》第1197条规定,网络服务提供者知道或者应当知道网络用户利用其网络服务侵害他人民事权益,未采取必要措施的,与该网络用户承担连带责任。(6)高度危险物品的所有人与管理人、非法占有人的连带责任。《民法典》第1241条规定,遗失、抛弃高度危险物造成他人损害的,由所有人承担侵权责任。所有人将高度危险物交由他人管理的,由管理人承担侵权责任;所有人有过错的,与管理人承担连带责任。第1242条规定,非法占有高度危险物造成他人损害的,由非法占有人承担侵权责任。所有人、管理人不能证明对防止非法占有尽到高度注意义务的,与非法占有人承担连带责任。(7)建设单位与施工单位的连带责任。《民法典》第1252条规定,建筑物、构筑物或者其他设施倒塌、塌陷造成他人损害的,由建设单位与施工单位承担连带责任,但是建设单位与施工单位能够证明不存在质量缺陷的除外。

关于连带责任的内部责任承担问题。连带责任人对外承担了赔偿责任后,需要在内部确定各自的责任,这也是对外承担了连带责任的责任主体行使追偿权的依据。连带责任内部份额的大小一般依据以下原则来确定:

一是对于约定内部份额的连带责任,有约定的按照约定处理,比如,对连带债务的约定,没有约定内部份额的则原则上平均承担责任。

二是法定连带责任的内部份额的确定。则要比较过错和原因力来确定。如果根据过错和原因力难以确定连带责任人责任大小的,可以视为各连带责任人的过错程度和原因力大小是相当的,在这种情况下应当在数个连带责任人之间平均分配责任份额。在此需要注意的是,这是在通过比较完过错、原因力后仍难以确定赔偿数额的情形。这一责任份额的确定也为追偿权的行使提供了依据。承担赔偿责任的连带责任人在对外以侵权人的身份承担赔偿责任后,即取得对内以债权人的身份请求其他连带责任人承担各自应当承担份额责任的追偿权。

在此需要注意的是,通常而言,对于承担连带责任的情形,权利人可以将全部连带责任人作为共同被告起诉;在仅起诉部分连带责任人时,被告也可以申请追加其他连带责任人作为共同被告参加诉讼,人民法院根据案件审理需要,也可以追加其他连带责任人为共同被告。对于承担按份责任的数个责任人之间是否属于必要共同诉讼的问题,理论和实务中存有争议。本书认为,对于按份责任是否构成必要共同诉讼,不能仅从数个责任人在实体上承担的责任具有相对独立性来判断,而仍应回归程序法上关于必要共同诉讼的要求来认定,如果属于诉讼标的同一,当事人具有共同权利义务的情形,则也应属于必要共同诉讼。此外,如果原告方的诉讼请求并未针对未被诉的按份责任人,基于查明案件事实需要,比如,在法定按份责任情形下,为查明各自责任份额的大小,可以追加该未被诉的按份责任人为第三人参加诉讼。

专题二　免 责 事 由

一、免责事由概述

所谓免责事由,是指被告针对原告的诉讼请求而提出的,证明原告的诉讼请求不成立或不完全成立的事实。在侵权责任法中,免责事由是针对承担民事责任的请求而提出的,所以,又称免责或减轻责任的事由,也称抗辩事由。[①] 免责事由与侵权责任构成关系密切,从某种意义上讲,在侵权责任构成的整体框架下,探讨侵权责任的免责事由更有道理。罗马法有"不幸事件只能由被击中者承担"的法谚,美国著名法学家霍姆斯认为:"良好的政策应该让损失停留在其发生之处,除非有特别干预的理由存在。"[②]本书认为,这一特别干预的理由,正是基于法律的价值判断及利益衡量的政策考虑得出的侵权责任的具体构成要件。具备完整的侵权责任构成要件则损害由"被击中者"转移至侵害人(此时不再称为"侵害嫌疑人");不具备则损害"停留在其发生之处",即侵害嫌疑人免责。[③] 而基于侵权责任构成与侵权责任的归责原则的密切关系,免责事由与侵权责任的归责原则也息息相关。适用不同的归责原则,就有不同的责任构成要件,因而也就总是要求与归责原则和责任构成要件相适应的免责事由。[④]

一般而言,免责事由有效成立都必须具备两个条件:其一,对抗性要素。必须是对抗侵权责任构成的具体要件,阻断整个侵权责任构成,使原告诉请的侵权责任不能成立。抗辩事由虽然是对抗对方当事人的侵权诉讼请求,但它具体对抗的是

① 参见王利明、杨立新编著:《侵权行为法》,法律出版社 1996 年版,第 76 页。

② 陈本寒、艾围利:《侵权责任法不可抗力适用规则研究——兼评〈侵权责任法〉第 29 条》,载《现代法学》2011 年第 1 期。

③ 同上。

④ 参见杨立新:《侵权法论》,人民法院出版社 2013 年版,第 348 页。

侵权责任构成,破坏对方当事人的请求权的成立,导致对方的侵权诉讼请求在法律上不成立。这就是侵权责任免责事由对抗性的要求。侵权责任纠纷的被告提出的主张如果不具有对抗性,而仅能证明自己具有可以被谅解,但不足以对抗对方当事人请求的情况,不能成为抗辩事由。[①] 其二,客观性要素。免责事由必须是客观存在的、已经发生的事实,而不能是主观臆断的情况或者尚未发生的事实。

通常而言,免责事由可以分为一般免责事由和特别免责事由。一般免责事由,是指损害确系被告的行为所致,但其行为是正当的、合法的。这种事由与阻却违法行为相同,如正当防卫、紧急避险、职务授权行为、自助行为等。特别免责事由,是指损害并不是由于被告的行为造成的,而是由一个外在于其行为的原因独立造成的,如意外事件、不可抗力、受害人过错和第三人过错等。这两种免责事由的主要区别在于,基于一般免责事由而致人损害,被告已经实施某种行为,但其行为是正当的、合法的,排除了行为人行为的违法性,因而表明行为人是没有过错的。据此,行为人应予免责。在特别免责事由存在的情况下,被告根本没有实施某种致人损害的行为,或者外来原因作用于行为人,使行为人不可避免地造成了损害,由此行为人不应当承担侵权责任。各种一般免责事由和特别免责事由能否运用于具体案件,则应当根据具体案件和法律的具体规定来确定,不能一概而论。[②]

二、不可抗力

不可抗力是各国通例上最为典型的免责事由。所谓不可抗力,是指独立于人的行为之外,并且不受当事人的意志所支配的不可预见、不可避免又不可抗拒的客观情况。从分类上讲,既有自然原因的不可抗力,如地震、台风、海啸等,也有社会原因的不可抗力,如战争、动乱等。通常而言,不可抗力是各国立法通行的免责事由。不可抗力作为免责事由的根据是,让人们承担与其行为无关而又无法控制的事故的后果,不仅对责任的承担者来说是不公平的,也不能起到教育和约束人们行为的积极后果。依据这样的价值观念,将不可抗力作为免责事由,必须是构成损害结果发生的原因。只有在损害完全是由不可抗力引起的情况下,才表明被告的行为与损害结果之间毫无因果关系,同时表明被告没有过错,因此应被免除责任。[③]以侵权责任为例,从侵权责任构成上,特别是就过错责任而言,不可抗力通常不仅

---

① 参见佟柔主编:《中国民法》,法律出版社 1995 年版,第 571 页。

② 参见杨立新:《侵权法论》,人民法院出版社 2013 年版,第 349 页。

③ 同上书,第 350 页。

阻却了因果关系这一要件,也否定了行为人的过错要件,故行为人对相应的损害后果不承担责任。同样,不可抗力也是违约责任的免责事由。此前,《民法典》第590条规定:"当事人一方因不可抗力不能履行合同的,根据不可抗力的影响,部分或者全部免除责任,但是法律另有规定的除外。因不可抗力不能履行合同的,应当及时通知对方,以减轻可能给对方造成的损失,并应当在合理期限内提供证明。当事人迟延履行后发生不可抗力的,不免除其违约责任。"应当说,不可抗力作为民事责任的一般免责事由并在总则编中予以规定既符合实践需要,也符合民法典编纂关于民事责任部分规定的体系要求。因此,《民法典》第180条规定:"因不可抗力不能履行民事义务的,不承担民事责任。法律另有规定的,依照其规定。不可抗力是不能预见、不能避免且不能克服的客观情况。"

对于这一规定的理解,需要注意关于"不可预见"的界定问题。人们对某种事件发生的预知能力取决于当代的科学技术水平。某些事件的发生,在过去不可预见,但随着科学技术水平的发展,现在就可预见。例如,现在对天气预报的准确率达到90%以上,人们对狂风暴雨的规避能力已大大提高。另外,人们对某事件发生的预知能力因人而异,有些人能预见到,也有些人预见不到。所以应当以一般人的预知能力作为标准。"不可避免并不能克服",应是指当事人已经尽最大努力和采取一切可以采取的措施,仍不能避免某种事件的发生或克服事件所造成的损害结果。"不可避免并不能克服"表明某种事件的发生和事件所造成的损害后果具有必然性。①

三、正当防卫

所谓正当防卫,是指行为人为了保护社会公共利益、自身或者他人的合法权益免受正在进行的紧迫侵害,针对这一非法侵害采取必要措施,在必要限度内采取的防卫措施。由于正当防卫本身具有正当性,是一种合法行为,因此在符合正当防卫构成要件的前提下,对此造成的损害,防卫人不承担赔偿责任。对此,《民法典》第181条规定:"因正当防卫造成损害的,不承担民事责任。正当防卫超过必要的限度,造成不应有的损害的,正当防卫人应当承担适当的民事责任。"

在长期的民事审判实务中,正当防卫已经形成较为成熟的认定标准。通常而言,构成正当防卫必须满足的条件有:(1)必须有侵害事实。侵害的事实在先,防卫

---

① 参见王胜明主编:《中华人民共和国侵权责任法释义》,法律出版社2010年版,第147页。

行为在后;侵害是防卫的前提,防卫是侵害导致的结果。没有侵害事实,就不得进行防卫。对侵害事实的要求是须为现实的侵害,特点是已经着手,正在进行,尚未结束。对想象中的侵害、未发生的侵害、实施终了的侵害,都不能实施防卫行为。[①](2)不法侵害须正在进行且具有现实紧迫性。不法侵害必须是正在进行的,而不是尚未开始,或者已实施完毕,否则就是防卫不适时,应当承担民事责任。而且实施正当防卫本身毕竟要对他人合法权益造成侵害,因此这一侵权行为必须具有现实紧迫性,即如果不及时实施防卫行为就会造成重大损失。如果可以通过其他方式如公力救济进行救济也不会造成无法弥补的损失的,不宜采用正当防卫。(3)须以合法防卫为目的。即将防卫公共的、他人的或本人的权益免受侵害作为防卫的目的,这里并不限于本人遭受侵害。以防卫为借口而施以报复的行为或防卫挑拨的行为都是违法行为,构成侵权行为。(4)防卫须对加害人本人实行。对加害人的防卫反击,根据制止不法侵害的需要,可以是对人身的,也可以是对财产的,但是任何防卫行为都不能对第三人实施。(5)防卫不能超过必要的限度。必要限度的要求即是该防卫行为达到足以有效制止侵害行为的强度,如果超出该必要限度,则就构成防卫过当,应当依照《民法典》第 181 条第 2 款承担相应的民事责任。

在总结审判实践经验的基础上,最高人民法院在《民法典总则编解释》第 30 条中,对如何认定正当防卫作出了规定。即“为了使国家利益、社会公共利益、本人或者他人的人身权利、财产权利以及其他合法权益免受正在进行的不法侵害,而针对实施侵害行为的人采取的制止不法侵害的行为,应当认定为民法典第一百八十一条规定的正当防卫”。这一规定为今后如何认定正当防卫提供了法律依据,应当在实践中正确实施。

正当防卫的法律后果是免除防卫人对造成损害的民事责任。但正当防卫超过必要限度的,依《民法典》第 181 条第 2 款的规定,在防卫过当的情形下,防卫人不能免责,而是要承担适当责任。正当防卫超过必要限度,造成不应有的损害的,应当承担适当的民事责任。

对于如何认定正当防卫“超过必要限度”,《民法典总则编解释》第 31 条第 1 款作出了明确规定:“对于正当防卫是否超过必要的限度,人民法院应当综合不法侵害的性质、手段、强度、危害程度和防卫的时机、手段、强度、损害后果等因素判断。”该条第 2 款对正当防卫的法律责任也作出了规定:“经审理,正当防卫没有超过必要限度的,人民法院应当认定正当防卫人不承担责任。正当防卫超过必要限度的,

① 参见杨立新:《侵权法论》(第 4 版),人民法院出版社 2011 年版,第 281 页。

人民法院应当认定正当防卫人在造成不应有的损害范围内承担部分责任;实施侵害行为的人请求正当防卫人承担全部责任的,人民法院不予支持。"

正当防卫适当的民事责任,应当包括以下三层意思:第一,防卫过当不能免除责任。承担适当的责任的含义是承担责任,而不是免责。这是因为民事责任是一种财产责任,赔偿具有补偿和制裁的双重性质,它不像刑罚那样是人身的而且没有补偿性质的责任。第二,对于防卫过当造成的损害,一般应当减轻民事责任。承担适当的责任中的"适当",要求赔偿既要与防卫过当的损害后果适当,又要与案情适当,而且后者更为重要。因此,不应受全部赔偿原则的限制,而应适当减轻防卫人的责任。这是因为,一是出现防卫的前提是侵害人的不法侵害,没有不法侵害就不会造成这种过当的后果;二是防卫人在防卫过程中,特别是在情况较危急情况下,对反击行为的节制及对后果的预见是受限制的,不应对防卫行为要求过高、过苛。第三,故意加害行为的赔偿责任。防卫人在防卫过程中故意对不法侵害者采取加害行为的,对其超出必要限度的损害应当全部赔偿。这是因为,在这种情况下,防卫人已经明知会超出必要限度而故意为之,是故意的违法行为,应当负担全部责任。① 防卫过当的损害赔偿范围,应当是超出防卫限度的那部分损害,即对"不应有"部分的损害予以赔偿。

四、紧急避险

所谓紧急避险,是指为了社会公共利益、自身或者他人的合法利益免受更大的损害,在不得已的情况下采取的造成他人少量损失的紧急措施。紧急避险是一种合法行为,是在两种合法利益不可能同时都得到保护的情况下,不得已而采用牺牲其中较轻的利益,保全较重大的利益的行为。② 危险有时来自人的行为,有时来自自然原因。不管危险源于哪儿,紧急避险人避让风险、排除危险的行为都有其正当性、合法性,因此,各国通行做法都是将紧急避险作为免责的情形之一。在这一点上我国与各国的通行做法相同。我国《民法典》第 182 条规定:"因紧急避险造成损害的,由引起险情发生的人承担民事责任。危险由自然原因引起的,紧急避险人不承担民事责任,可以给予适当补偿。紧急避险采取措施不当或者超过必要的限度,造成不应有的损害的,紧急避险人应当承担适当的民事责任。"在《民法典》规定的基础上,《民法典总则编解释》第 32 条规定了紧急避险的含义:"为了使国家利益、

---

① 参见杨立新:《侵权法论》(第 4 版),人民法院出版社 2011 年版,第 282 页。
② 参见杨立新:《侵权法论》(第 5 版),人民法院出版社 2013 年版,第 356 页。

社会公共利益、本人或者他人的人身权利、财产权利以及其他合法权益免受正在发生的急迫危险,不得已而采取紧急措施的,应当认定为民法典第一百八十二条规定的紧急避险。”具体而言,紧急避险行为须满足的构成要件有:

(1)必须是为了使本人、他人的人身、财产权利免受危险的损害。这是对紧急避险的“险”所提的要求。也就是说,紧急避险应是使本人或者他人的人身、财产和其他权利免受正在发生的危险,不得已采取的避险行为。

(2)必须是对正在发生的危险采取的紧急避险行为。如果危险尚未发生或者已经消除,或者虽然已经发生但不会对合法权益造成损害,则不能采取避险措施。某人基于对危险状况的错误认识甚至臆想而采取避险措施,造成他人利益损害的,当然要构成侵权行为,应当承担民事责任。

(3)必须是在不得已情况下采取避险措施。即该避险行为具有现实紧迫性,如果面对突然而遇的危险,不采取紧急避险措施,就会造成更大的损失,这时就要采取紧急避险行为。

(4)不能超过必要限度,这是对避险行为的要求。也就是说,在面临紧急危险时,实施紧急避险行为的人应采取适当的措施,以尽可能小的损害来保全更大的合法利益。概言之,紧急避险行为所引起的损害应轻于该危险所可能带来的损害。对于如何认定紧急避险超过必要限度,《民法典总则编解释》第 33 条第 1 款作出了规定:“对于紧急避险是否采取措施不当或者超过必要的限度,人民法院应当综合危险的性质、急迫程度、避险行为所保护的权益以及造成的损害后果等因素判断。”无论紧急避险是否超过必要限度,该条第 2 款都在查清事实的基础上提出了处理意见:“经审理,紧急避险采取措施并无不当且没有超过必要限度的,人民法院应当认定紧急避险人不承担责任。紧急避险采取措施不当或者超过必要限度的,人民法院应当根据紧急避险人的过错程度、避险措施造成不应有的损害的原因力大小、紧急避险人是否为受益人等因素认定紧急避险人在造成的不应有的损害范围内承担相应的责任。”

关于紧急避险的认识,一定要注意其与正当防卫的异同。紧急避险和正当防卫都是阻却违法行为,行为目的都是保护公共利益、公民和本人的合法利益,二者成立的前提条件都是合法权利受到严重危险,两者都造成了一定的损害但都在符合各自构成要件的情况下免于承担民事责任。但紧急避险与正当防卫具有明显的区别,主要包括:(1)紧急避险的危险来源多种多样,正当防卫的危险来源只是不法侵害人的非法侵害;(2)紧急避险造成的损害是排除危险的唯一方法,而正当防卫则不在此限;(3)紧急避险所造成的损害必须小于危险造成的损害,正当防卫则要求相适应即可;(4)正当防卫只能对不法侵害的本人实施,而紧急避险可以对第三者实施。例如,就狗咬伤人而言,如果这只狗是被主人故意放出咬人的,则是行为人的不法侵害,狗构成行为人不法侵害的工具,是行为人的财产,打死狗的防卫反击,行为是指向行为人的,是正当防卫。如果是狗本身的侵袭,打死这只狗构成紧急避险,因为狗是直接的危险来源。①

五、紧急救助

《民法典》第 184 条规定:"因自愿实施紧急救助行为造成受助人损害的,救助人不承担民事责任。"自愿实施紧急救助行为,是行为人针对紧急情势,及时对遭受困难的受助人予以救助的情形。这里的紧急情势既可能是不法侵害,也可能是受助人突发疾病、个人危难等情况。自愿实施紧急救助行为,从道德上讲是一种彰显优良道德风尚的助人为乐行为,从法律意义上讲,这是一种见义勇为的典型样态。自愿实施紧急救助行为作为免责事由必须满足的条件有:

其一,救助情形的紧急性。也就是说,需要救助对象所面临的情况如果不能第一时间予以施救,将会造成难以弥补的损失。该救助行为通常针对受助人可能遭受的人身损害,但也不限于此,挽回紧急情况下的财产损害的施救行为也包括在内。至于救助情形的紧急性,在审判实践中还需要结合具体案件情况予以判断。

其二,救助行为的自愿性。这里的自愿性体现的是其主观上的能动性,从行为样态上其主动施救,至于是否接受他人建议或者指示在所不问,但这要以其对救助者没有法定或者约定的救助义务为前提。

其三,针对该救助行为对受助人而非其他人造成的损害免责。若存在其他人的损害,则要看是否符合紧急避险、无因管理或者侵权责任构成要件等情形予以处理。

依据《民法典》第 184 条的规定,自愿实施紧急救助行为对于因此造成受助人的损害属于免责事由,而非减责事由。至于受助人是否有故意或者重大过失均不再过问。同时,根据《民法典总则编解释》第 34 条的规定:"因保护他人民事权益使自己受到损害,受害人依据民法典第一百八十三条的规定请求受益人适当补偿的,人民法院可以根据受害人所受损失和已获赔偿的情况、受益人受益的多少及其经

① 参见杨立新:《侵权法论》(第 4 版),人民法院出版社 2011 年版,第 283 ~284 页。

济条件等因素确定受益人承担的补偿数额。"

专题三 英雄烈士人格权益保护

一、英雄烈士人格权益保护概述

英雄烈士的事迹和精神是中华民族共同的历史记忆和宝贵的精神财富，是中国共产党领导全国各族人民不懈奋斗的伟大历程、可歌可泣的英雄史诗的缩影和代表，是实现中华民族伟大复兴的强大精神动力。英雄烈士抛头颅、洒热血在社会主义革命和建设时期都作出了重要贡献，实践中侮辱、诽谤英雄烈士的情形，不仅伤害其遗属的感情，也是对社会公共利益的损害，尤其是对于有些英雄烈士人格利益的保护，仅由其近亲属主张权利进行救济可能因遗属范围有限或者时间久远并不能达到保护英雄烈士人格利益的目的。在全国人大审议《民法总则(草案)》的过程中，有代表提出现实生活中一些人利用歪曲事实，诽谤、侮辱等方式诋毁抹黑英烈的名誉、荣誉等，损害社会公共利益，社会影响恶劣，应当予以规范。立法机关经研究后认为英雄和烈士是一个国家和民族精神的体现，是引领社会风尚的标杆，加强对英烈姓名、名誉、荣誉等的法律保护，对于促进社会尊崇英烈，惩恶扬善，弘扬社会主义核心价值观意义重大。在总结既有审判实践经验、综合各方意见的基础上，《民法典》第185条规定："侵害英雄烈士等的姓名、肖像、名誉、荣誉，损害社会公共利益的，应当承担民事责任。"

该条规定的对英雄烈士人格利益的保护，在本质上也属于对死者人格利益保护的范畴。只是这属于对特定死者人格利益的保护，即英雄烈士。一种意见认为，无论这种侵害死者人格利益的行为是否损害了社会公共利益，都是对死者人格利益的保护，都是对私益的保护，而不是对公共利益的保护，即使本条文特别强调对英雄烈士的姓名、肖像、名誉、荣誉等进行的保护，是弘扬社会主义核心价值观，是扬善抑恶，但是适用的仍然是民法法理。这一观点较有道理。本书认为，由于公共利益界定的抽象性，侵害英雄烈士的人格利益本身与侵害社会公共利益密切相连，可以说侵害英雄烈士的人格利益本身就可以构成侵害社会公共利益。

二、英雄烈士的界定

英雄是重要的荣誉称号,烈士则有明确的评定标准。依据《烈士褒扬条例》第8条的规定,“公民牺牲符合下列情形之一的,评定为烈士:(一)在依法查处违法犯罪行为、执行国家安全工作任务、执行反恐怖任务和处置突发事件中牺牲的;(二)抢险救灾或者其他为了抢救、保护国家财产、集体财产、公民生命财产牺牲的;(三)在执行外交任务或者国家派遣的对外援助、维持国际和平任务中牺牲的;(四)在执行武器装备科研试验任务中牺牲的;(五)其他牺牲情节特别突出,堪为楷模的。现役军人牺牲,预备役人员、民兵、民工以及其他人员因参战、参加军事演习和军事训练、执行军事勤务牺牲应当评定烈士的,依照《军人抚恤优待条例》的有关规定评定”。《军人抚恤优待条例》第8条规定:“现役军人死亡,符合下列情形之一的,批准为烈士:(一)对敌作战死亡,或者对敌作战负伤在医疗终结前因伤死亡的;(二)因执行任务遭敌人或者犯罪分子杀害,或者被俘、被捕后不屈遭敌人杀害或者被折磨致死的;(三)为抢救和保护国家财产、人民生命财产或者执行反恐怖任务和处置突发事件死亡的;(四)因执行军事演习、战备航行飞行、空降和导弹发射训练、试航试飞任务以及参加武器装备科研实验死亡的;(五)在执行外交任务或者国家派遣的对外援助、维持国际和平任务中牺牲的;(六)其他死难情节特别突出,堪为楷模的。现役军人在执行对敌作战、边海防执勤或者抢险救灾任务中失踪,经法定程序宣告死亡的,按照烈士对待。批准烈士,属于因战死亡的,由军队团级以上单位政治机关批准;属于非因战死亡的,由军队军级以上单位政治机关批准;属于本条第一款第六项规定情形的,由中国人民解放军总政治部批准。”对于符合英雄烈士情形的死者人格利益的侵害,应当依据本条规定承担民事责任。

三、英雄烈士人格权益保护的公益诉讼问题

英烈烈士人格利益的保护涉及民族精神、民族感情问题,归根结底涉及公共利益的保护问题。《民法典》对于英雄烈士人格权益的保护并未明确规定公益诉讼的途径。对此,《英雄烈士保护法》第25条规定:“对侵害英雄烈士的姓名、肖像、名誉、荣誉的行为,英雄烈士的近亲属可以依法向人民法院提起诉讼。英雄烈士没有近亲属或者近亲属不提起诉讼的,检察机关依法对侵害英雄烈士的姓名、肖像、名誉、荣誉,损害社会公共利益的行为向人民法院提起诉讼。负责英雄烈士保护工作的部门和其他有关部门在履行职责过程中发现第一款规定的行为,需要检察机关

提起诉讼的,应当向检察机关报告。英雄烈士近亲属依照第一款规定提起诉讼的,法律援助机构应当依法提供法律援助服务。”实践中,也出现不少保护英雄烈士人格权益的公益诉讼。其中非常典型的是董存瑞、黄继光英雄烈士名誉权纠纷公益诉讼案。现简要介绍如下:

1. 基本案情

瞿某某在其经营的网络店铺中出售两款贴画,一款印有“董存瑞舍身炸碉堡”形象及显著文字“连长你骗我！两面都有胶!!”,另一款印有“黄继光舍身堵机枪口”形象及显著文字“为了妹子,哥愿意往火坑跳!”。杭州市某居民在该店购买了上述印有董存瑞、黄继光宣传形象及配文的贴画后,认为案涉网店经营者侵害了董存瑞、黄继光的名誉并伤害了其爱国情感,遂向杭州市西湖区人民检察院举报。

杭州市西湖区人民检察院发布公告通知董存瑞、黄继光近亲属提起民事诉讼。公告期满后,无符合条件的原告起诉,杭州市西湖区检察院遂向杭州互联网法院提起民事公益诉讼。

2. 裁判结果

杭州互联网法院认为,英雄烈士是国家的精神坐标,是民族的不朽脊梁。英雄烈士董存瑞在“解放战争”中舍身炸碉堡,英雄烈士黄继光在“抗美援朝”战争中舍身堵枪眼,用鲜血和生命谱写了惊天动地的壮歌,体现了崇高的革命气节和伟大的爱国精神,是社会主义核心价值观的重要体现。任何人都不得歪曲、丑化、亵渎、否定英雄烈士的事迹和精神。被告瞿某某作为中华人民共和国公民,应当崇尚、铭记、学习、捍卫英雄烈士,不得侮辱、诽谤英雄烈士的名誉。其通过网络平台销售亵渎英雄烈士形象贴画的行为,已对英雄烈士名誉造成贬损,且主观上属明知,构成对董存瑞、黄继光的名誉侵权。同时,被告瞿某某多年从事网店销售活动,应知图片一经发布即可能被不特定人群查看,商品一经上线便可能扩散到全国各地,但其仍然在网络平台发布、销售上述贴画,造成了恶劣的社会影响,损害了社会公共利益,依法应当承担民事法律责任。该院判决瞿某某立即停止侵害英雄烈士董存瑞、黄继光名誉权的行为,即销毁库存、不得再继续销售案涉贴画,并于判决生效之日起 10 日内在国家级媒体公开赔礼道歉、消除影响。

3. 典型意义

董存瑞、黄继光等英雄烈士的事迹和精神是中华民族共同的历史记忆和宝贵的精神财富。对英烈事迹的亵渎,不仅侵害了英烈本人的名誉权,给英烈亲属造成精神痛苦,也伤害了社会公众的民族和历史感情,损害了社会公共利益。互联网名誉侵权案件具有传播速度快、社会影响大等特点,该两案系全国首次通过互联网审理涉英烈保护民事公益诉讼案件,明确侵权结果发生地法院对互联网民事公益诉讼案件具有管辖权,有利于高效、精准打击利用互联网侵害英雄烈士权益不法行为,为网络空间注入尊崇英雄、热爱英雄、景仰英雄的法治能量。

专题四　民事责任优先规则

一、民事责任优先规则概述

《民法通则》并没有民事责任优先规则的规定。《侵权责任法》对侵权责任优先原则作了明确规定,其第 4 条规定:"侵权人因同一行为应当承担行政责任或者刑事责任的,不影响依法承担侵权责任。因同一行为应当承担侵权责任和行政责任、刑事责任,侵权人的财产不足以支付的,先承担侵权责任。"这一规定对于保护受害人利益具有重要作用,该条规定的适用在社会上引起了积极反响,取得了良好的法律效果和社会效果。《民法总则》吸收了这一成功经验,将侵权责任优先原则升格为整个民事责任优先原则在《民法总则》中予以规定,其第 187 条规定:"民事主体因同一行为应当承担民事责任、行政责任和刑事责任的,承担行政责任或者刑事责任不影响承担民事责任;民事主体的财产不足以支付的,优先用于承担民事责任。"总则编对这一规定予以保留。

责任(或请求权)聚合,是指行为人实施某一民事行为,违反两个或两个以上法律规范,构成并承担两个或两个以上法律责任,或者受害人享有两个或者两个以上的请求权。责任(或请求权)竞合,是指某一违反民事义务的行为,符合多种民事责任的构成要件,从而在法律上导致多种责任形式存在并相互冲突的现象。两者的主要区别在于:竞合产生的数个责任相互冲突,不能相互吸收,也不能相互并存,只能择一适用。如在侵权损害赔偿与不当得利返还责任之间只能择其一适用。一旦行使其中之一请求权而达到其目的,其他请求权则归于消灭;如某一请求权的成立存有障碍或因时效而消灭,其他请求权仍可行使。而聚合产生的数个责任相互间并不冲突,可以并存,甚至可以相互吸收。如在请求返还原物时,还可以请求消除危险或者排除妨害,直至赔偿损失,而且,这些责任形式可以相互替代。可见,在责任聚合的情况下,侵权行为人因一项违法行为而可能承担多项责任形式;或者同一个权利人因为同一损害结果而得到多项救济(请求权聚合)。[①] 民事责任、行政责任和刑事责任虽然是三种性质的不同法律责任,却可能因为同一法律行为而同时产生。一个行为既违反了民法又违反了行政法或者刑法,由此同时产生民事责任、行政责任或者刑事责任,即发生责任聚合。从法理上说,责任聚合的原因是法条竞合。比如,《产品质量法》第四章损害赔偿专章规定了民事赔偿,第五章罚则规定了行政处罚,包括行政罚款。由此,产品致害行为可能既适用第四章的规定需承担民事赔偿责任,又适用第五章的规定承担行政责任,情节严重时还可能违反刑法规定而构成犯罪。这种民事与行政、刑事的法条竞合存在于我国现行法中,从而可能导致民事与行政、刑事的责任聚合的情形。

民事责任、行政责任和刑事责任作为三种不同性质的法律责任,各自有其不同的发生根据和特定的适用范围。一般情况下,三者独立存在,并行不悖。侵权责任是民事责任的一种,因此,《侵权责任法》第 4 条第 1 款规定,侵权人因同一行为应当承担行政责任或者刑事责任的,不影响依法承担侵权责任。确立民事责任优先原则的理由主要有:一是民事责任优先是实现法的价值的需要。国家和个人承受财产损失的能力差别很大,在不足以同时承担两种以上责任时,不缴纳罚款、罚金及没收财产等行政、刑事责任,不会使国家发生经济上的困难,但如果不履行民事责任却可能使个人陷入极大的困难乃至绝境。民事责任优先可以取得良好的社会效益,也更能体现法律的人道和正义,人道和正义是法的社会功能的体现,也是法所追求的主要价值所在。二是民事责任优先是维护市场经济秩序和交易安全的需要。民事主体在民事活动中依法取得的权利,应具有法律的保障性。如果一方当事人对另一方当事人依法享有债权,但却因其承担财产性的行政、刑事责任后丧失清偿债务的能力而无法实现,必然造成当事人在以后的民事活动中投入一定注意核对该当事人是否存在违法或犯罪行为,否则可能影响自己权利的实现,这样必然影响当事人之间进行交易的信赖和效率,也不符合市场经济秩序和交易安全应具有法律保障性的要求。三是罚款、罚金及没收财产等行政责任、刑事责任体现了国家对行为人的惩罚。民事责任主要是平等主体之间发生的一方依法向另一方承担的责任,目的在于弥补权利人因他人的民事违法行为而给其造成的经济损失,补偿性是民事责任的显著特征。这种补偿性的责任一旦遭到破坏,权利人的权利则难

---

① 参见最高人民法院物权法研究小组编著:《〈中华人民共和国物权法〉条文理解与适用》,人民法院出版社 2007 年版,第 152 页。

以实现。四是民事责任和行政责任、刑事责任的目的和功能不同。民事责任的主要目的是给受害人以补偿损失、恢复权利;行政责任和刑事责任具有惩罚行为人、维护社会秩序的目的。在责任人的财产不足以承担两种以上的责任时,不承担民事责任,民事责任的目的就无法实现。与民事责任单一的财产性特征相比,行政、刑事责任具有人身性和财产性的双重特征。在三者发生竞合时,即使民事责任优先适用,造成财产性的罚款、罚金及没收财产等行政制裁或刑事制裁难以实施,也并不影响责任人承担人身方面的行政责任、刑事责任。①

二、民事责任优先规则的适用条件

第一,责任主体所承担的民事责任须以合法有效为前提,至于该责任发生的依据是基于法律规定还是当事人约定,则并非必须要求的条件。

第二,责任主体的财产不足以同时承担民事责任、行政责任和刑事责任的要求。这里的财产应当以其责任财产为限,如果责任主体的财产能够满足三种责任的承担,则责任人要同时承担三种责任,只有在财产不能同时满足时,才可以适用民事责任优先原则。

此外,民事责任优先原则应当适用于所有民事责任类型,既包括侵权责任,也包括违约责任,缔约过失责任等也应包括在内。这是《民法典》第 187 条与《侵权责任法》第 4 条的关键区别。侵权责任法的民事优先,仅限于民事侵权责任,对其他民事责任,则难以覆盖;同时,侵权责任法的法律位阶低于刑事法律,即使致使该法的规定在实践中难以实施。民法典的法律位阶是仅次于宪法的基本法,从法律效力等级的角度来看,《民法典》第 187 条的规定从法律上解决了长期存在的这一刑民冲突问题。

① 参见王胜明主编:《中华人民共和国侵权责任法释义》,法律出版社 2010 年版,第 31 ~ 35 页。

第十章　诉讼时效

专题一　诉讼时效期间制度的适用规则

一、人民法院不得主动适用关于诉讼时效的规定

民事诉讼时效制度，是指民事权利人受到侵害后，在法定时效期限内不行使权利，丧失请求人民法院依照诉讼程序强制义务人履行义务的制度。民事诉讼时效制度包括“时”和“效”两个方面。“时”是法定事实状态的持续和法定时间的经过，主要包括诉讼时效期间的起算、具体期间的长短以及中止、中断和延长等问题。“效”是民事诉讼时效的效力和法律后果，具体表现为：一是导致义务人抗辩权的发生；二是权利人的胜诉权因义务人抗辩权的行使而归于消灭。

我国《民法典》第 193 条规定：“人民法院不得主动适用诉讼时效的规定。”根据该条规定，我国民事诉讼时效制度采用抗辩权发生主义，即诉讼时效期间届满后，义务人仅获得了诉讼时效抗辩权，权利人的胜诉权是否实际归于消灭，取决于义务人是否行使该抗辩权。如果义务人行使了时效抗辩权，权利人就丧失了通过诉讼程序强制义务人履行义务的权利，即丧失了胜诉权。如果义务人没有行使时效抗辩权，人民法院就不能主动适用诉讼时效，此时权利人的胜诉权不因诉讼时效期间届满而自动消灭。我国在诉讼时效的效力上采用抗辩权发生主义，一方面尊重和保障了当事人的意思自治，另一方面也符合民法的诚实信用原则。诉讼时效属于私法领域的法律制度，其在适用中理应遵循意思自治原则，由义务人自由决定是否行使该抗辩权，符合该原则的要求。而且在义务人未行使诉讼时效抗辩权的情况下，人民法院主动适用诉讼时效，实有提醒和帮助义务人逃债的嫌疑，违背诚实信用原则。胜诉权是权利人通过诉讼程序请求人民法院给予保护的权利，即请求人民法院强制义务人履行义务的权利。该权利不同于权利人基于与义务人之间的民事法律关系产生的实体权利。义务人行使抗辩权，权利人的胜诉权消灭，人民法院

对权利人的实体权利不再给予法律上的保护。但权利人的实体权利并不因此消灭,而是转化为自然权利。如果义务人不行使抗辩权,则权利人的实体权利仍然是一种完整的权利,人民法院对其仍给予法律上的保护。此外,胜诉权不同于起诉权。诉讼时效期间届满不代表权利人丧失起诉权。在诉讼时效期间届满的情况下,权利人仍有权提起诉讼,在符合立案受理条件的情况下,人民法院对此应予受理,至于对于其诉讼请求是否支持,则依据义务人是否行使抗辩权作出认定。

在审判实践中,人民法院对于诉讼时效的适用应注意以下问题:一是在案件审理的各个阶段,人民法院均不能主动适用诉讼时效。无论是在案件的立案受理阶段,还是案件的实体审理阶段,无论是一审期间,还是二审期间或再审期间,人民法院均不得主动适用诉讼时效。二是在义务人未行使诉讼时效抗辩权的情况下,人民法院不得就此向义务人行使释明权。《诉讼时效规定》第 2 条规定:“当事人未提出诉讼时效抗辩,人民法院不应对诉讼时效问题进行释明。”但在诉讼中,如果义务人已就诉讼时效提出抗辩,只是其意思表示不够充分明确,法官为了诉讼的顺利推进,在不违反当事人意思自治和法院中立立场的情况下,可以采用适当的方式进行一定的释明。三是义务人一审中未提出诉讼时效抗辩,二审中提出或者以此申请再审的,原则上不予支持。《诉讼时效规定》第 3 条规定:“当事人在一审期间未提出诉讼时效抗辩,在二审期间提出的,人民法院不予支持,但其基于新的证据能够证明对方当事人的请求权已过诉讼时效期间的情形除外。当事人未按照前款规定提出诉讼时效抗辩,以诉讼时效期间届满为由申请再审或者提出再审抗辩的,人民法院不予支持。”根据该条规定,当事人在一审诉讼中未提出诉讼时效抗辩,应视为其已放弃诉讼时效抗辩权,在二审中不应允许其重新行使该项抗辩权,二审法院也不再对时效问题进行审查。但如果在二审期间当事人有新的证据足以证明权利人的请求权已过诉讼时效期间而提出诉讼时效抗辩的,人民法院应予审查。当事人一审、二审期间均未提出诉讼时效抗辩,在判决生效后又以诉讼时效期间届满为由申请再审或者提出再审抗辩的,人民法院不予支持。四是在被告缺席的案件中,人民法院不能对诉讼时效问题进行主动审查。根据《民事诉讼法》的有关规定,被告缺席审理应视为其放弃答辩权。在被告主动放弃答辩权的情况下,人民法院基于诉讼时效抗辩发生主义的原则,对诉讼时效问题应不予审理。

二、不适用诉讼时效的请求权

民事权利根据其作用的不同可以分为支配权、请求权、抗辩权及形成权。诉讼时效的主要功能是促使民事权利人在法定期限内及时向他人行使一定的权利，以维护交易安全。从支配权、请求权、抗辩权以及形成权的作用方式来看，支配权、抗辩权和形成权均不适用诉讼时效的规定，诉讼时效主要适用于请求权。

在实践中，并非所有的请求权均适用诉讼时效。是否适用诉讼时效，应当根据请求权产生的基础权利进行区分认定。根据请求权产生的基础权利不同，请求权可以分为债权请求权、物权请求权、人格权请求权等。债权请求权以财产利益为内容，不具有支配性。物权请求权，是指为维护或者恢复物权的圆满状态而产生的请求权，涉及支配权的完整性。人身权请求权，是指基于人格权和身份关系产生的请求权，该类请求权可以分为两种：一种是不具有财产给付内容的人身权请求权；另一种是具有财产给付内容的人身权请求权。关于不适用诉讼时效制度的请求权的情形。我国《民法典》采用了列举式的立法方式，其中第196条规定："下列请求权不适用诉讼时效的规定：(一)请求停止侵害、排除妨碍、消除危险；(二)不动产物权和登记的动产物权的权利人请求返还财产；(三)请求支付抚养费、赡养费或者扶养费；(四)依法不适用诉讼时效的其他请求权。"

根据该条规定，不适用诉讼时效制度的请求权主要包括以下四类：

一是请求停止侵害、排除妨碍、消除危险。该类请求权主要是排除所有权人或其他物权人行使物权权能所存在的障碍，恢复物权人对权利客体的支配。根据物权的理论，侵害、妨碍或者造成物权危险状态的行为不会因其存在的持续性而变成合法行为。物权人对物权客体所享有的支配性，也不会因为上述违法行为的存在而丧失。基于此，上述行为无论持续多久，只要仍存在并对物权人对客体的支配造成一定的障碍，物权人均可要求侵害人停止侵害、排除妨碍、消除危险。

二是不动产物权和登记的动产物权的权利人请求返还财产。《民法典》第235条规定："无权占有不动产或者动产的，权利人可以请求返还原物。"该条规定了物权的返还请求权。物分为动产和不动产，故物权也分为动产物权和不动产物权。不动产是指依据其物理性质无法移动或者移动将严重损害其价值的财产。根据不动产的物理性质特点，不动产物权的享有和变动一般以登记作为公示方式。不动产物权的归属一般以登记簿记载的内容为准，除非法律另有规定。对于登记的不动产，如果实际占有人与登记公示的物权人不一致，他人在就该不动产进行交易时，应当对此予以注意，不能因为占有人对不动产的占有而产生其为物权人的合理信赖。如果他人由于未尽到合理的注意义务，而与无权占有人发生了交易，该交易行为不能导致实际物权人丧失对该不动产请求返还的权利。实践中，如果认可不动产物权的返还请求权适用诉讼时效,就会导致不动产物权人在时效完成后无法要求占有人或者他人返还其不动产,这与登记的公示公信效力产生矛盾。因此,对于登记的不动产物权人的返还请求权不应适用诉讼时效。对于未登记的不动产,由于目前我国不少农村地区的房屋尚未办理不动产登记,将不适用诉讼时效的范围扩大至所有不动产物权的返还请求权,可以更好地保护农民的房屋产权。[①] 对于动产物权,如果规定所有动产物权的返还财产请求权也不适用诉讼时效,实践中会存在以下问题:其一,不利于维护交易安全。动产的物权人丧失对动产的实际占有后,长期不请求占有动产的他人返还,这时他人基于对动产的占有所产生的公示效力就会越来越强。第三人基于这种善意的信赖会更容易认为占有动产的他人为物权人,并与之发生交易。如果物权人此时又根据其返还请求权不适用诉讼时效,要求第三人返还动产,不仅有违公平,而且不利于对交易秩序的维护。其二,人民法院在认定物权时存在操作上的困难。实践中,很多动产的价值都不大,且流动性极强,如果规定其物权的返还请求权不适用诉讼时效,权利人在丧失对该动产占有的多年后又提起诉讼主张物权,此时无论是当事人自身举证还是人民法院审理都存在很多困难。因此,综合考虑,动产物权的权利人请求返还财产一般应适用诉讼时效。但是对于船舶、航空器和机动车等"准不动产",由于其多进行了物权登记,其基于物权登记所产生的公示公信效力应该与不动产是一样的,因此,这种情况下,权利人请求返还财产也不应适用诉讼时效。

三是请求支付抚养费、赡养费或者扶养费。赡养费、抚养费、扶养费请求权主要基于身份关系产生,虽然具有财产给付利益,但由于涉及公序良俗、当事人的生存权等基本人权,故对该请求权不适用诉讼时效。

四是依法不适用诉讼时效的其他请求权。《诉讼时效规定》第 1 条规定:"当事人可以对债权请求权提出诉讼时效抗辩,但对下列债权请求权提出诉讼时效抗辩的,人民法院不予支持:(一)支付存款本金及利息请求权;(二)兑付国债、金融债券以及向不特定对象发行的企业债券本息请求权;(三)基于投资关系产生的缴付出资请求权;(四)其他依法不适用诉讼时效规定的债权请求权。"最高人民法院《关于适用〈中华人民共和国公司法〉若干问题的规定(三)》第 19 条第 1 款规定:"公司股东未履行或者未全面履行出资义务或者抽逃出资,公司或者其他股东请求其向公司全面履行出资义务或者返还出资,被告股东以诉讼时效为由进行抗辩的,人民法院不予支持。"根据上述规定,特定类型的债权请求权以及履行出资义务请求权不

① 参见李适时主编:《中华人民共和国民法总则释义》,法律出版社 2017 年版,第 624 页。

适用诉讼时效。实践中,请求确认物权的请求权属于物权请求权范畴,不适用诉讼时效。请求办理房屋产权过户手续的请求权,具有物权属性,不适用诉讼时效的规定。土地使用权为物权性质的权利,其被侵犯产生的请求权不适用诉讼时效的规定。

专题二　诉讼时效期间起算规则的特殊规则

一、分期履行债务诉讼时效期间的起算规则

同一债务分期履行,是指一笔债务发生后,当事人约定分数次履行该债务,债务的内容和范围在债务发生时即已确定,不因分期数次履行而发生变化。同一债务分期履行的,债权人对债务人的债权具有同一性、整体性,因债务人未履行债务或者未完全履行债务所产生的请求权的诉讼时效期间应从最后一期履行期限届满之日计算。这里的诉讼时效期间起算点,既包括请求给付其中一笔或者几笔分期债务的诉讼时效期间起算点,也包括请求给付全部债务的诉讼时效期间起算点。当事人在同一合同项下约定的分期履行之债,既有可能是同一债务,也可能是不同债务。

实践中,人民法院在认定分期履行债务的诉讼时效期间起算点时,应注意区分当事人约定分期履行的债务是否属于同一债务。当事人约定分期履行的债务在合同签订之时就已经确定,双方约定分期、分批次履行只影响该债务的履行方式和履行期间,不会影响该债务的内容和范围,则该债务属于同一债务。此时,如果因债务人未履行其中一笔或者几笔,债权人请求给付的,该请求权应自最后一期履行期限届满之日计算诉讼时效。如果当事人在同一合同项下约定分期履行的债务不是同一债务,债权人请求债务人给付其中一笔或其中几笔的,人民法院不能将该请求权的诉讼时效期间简单认定为自最后一笔履行期限届满之日起算。

实践中,分期履行之债的具体表现形式主要包括以下几种:一是合同签订时即已明确约定总的债务履行期限和数额以及分期履行的数额和期限。这是实践中比较常见的同一债务分期履行的具体表现形式,比较典型的有分期买卖合同中约定分期付款、分期交货,借款合同中约定分期还贷等。权利人请求履行该类债务的,

诉讼时效期间应自最后一笔债务履行期间届满之日起算。二是定期给付之债。实践中,该类债务比较典型的主要有租金、工资、水电煤气费、利息等定期给付合同。定期给付之债产生于合同履行过程中,导致其产生的合同在履行过程中具有双务性。该类债务与同一债务分期履行最根本的区别在于该类债务的各期债务在各自履行期限届满后均为独立债务,各债务的诉讼时效期间应自各履行期限届满之日计算。而分期履行的同一债务的各债务不属于独立债务,其诉讼时效期间均应自最后一期债务履行期间届满之日计算。三是合同签订时双方只约定了总的履行期限、债务总额,且一方已履行了付款义务,而对另一方分期履行债务的期限和数额未作明确约定。在这种情况下,双方虽未明确约定分期履行债务的期限和数额,但由于债务在合同签订时即已产生,故其仍属于同一债务的分期履行。另一方因未履行或未完全履行相应债务所产生的请求权的诉讼时效期间仍应自合同约定的最后履行期限届满之日计算。

二、无民事行为能力人或限制民事行为能力人对其法定代理人的请求权的诉讼时效期间的起算规则

自然人这一民事主体,《民法典》根据自然人辨识能力的不同,将其区分为三类:一是无民事行为能力人;二是限制民事行为能力人;三是完全民事行为能力人。前两类并称为非完全民事行为能力人。对于非完全民事行为能力人如何从事民事活动,《民法典》规定了法定代理人制度。根据《民法典》第 19 条至第 23 条的规定,在代理关系存续期间,非完全民事行为能力人须由法定代理人代为实施法律行为及行使权利。因此,对于非完全民事行为能力人的权利受到侵害的诉讼时效期间起算时间,《民法典总则编解释》第 36 条规定:“无民事行为能力人或者限制民事行为能力人的权利受到损害的,诉讼时效期间自其法定代理人知道或者应当知道权利受到损害以及义务人之日起计算,但是法律另有规定的除外。”代理关系存续期间,如果法定代理人实施了损害非完全民事行为能力人权利的行为,此时非完全民事行为能力人对代理人行使请求权会存在以下障碍:一是缺乏向其法定代理人主张权利的行为能力基础。非完全民事行为能力人在代理关系存续期间不具备完全的民事行为能力,无法独立行使起诉的权利。二是由于非完全民事行为能力人在代理关系存续期间的权利须由代理人代为行使,据此可能会出现法定代理人基于代理关系向自己主张权利的情形。三是被代理人在代理关系存续期间向代理人主张权利,会破坏双方之间的感情关系,影响代理职责的履行。诉讼时效制度的目的

在于通过督促权利人及时行使权利，更好地维护社会秩序，促进社会经济发展，稳定交易安全。对于权利人不及时主张权利的问题，如果是基于自身主观原因，法律上通过起算诉讼时效，一定程度上可以促使当事人及时主张权利，实现诉讼时效制度设立的目的。但如果权利人不行使权利是基于客观原因，即使法律上对其请求权起算诉讼时效，也无法促使权利人主张权利，因为客观障碍仍存在。该类障碍的具体表现之一就是法定代理关系的存在。因此，在当事人行使请求权存在客观障碍的情况下，人民法院持续计算诉讼时效，不仅对当事人不公平，而且不能实现诉讼时效设立的目的。基于此，为保障非完全民事行为能力人的合法权益，避免非完全民事行为能力人因代理关系的存在无法向其法定代理人主张请求权，《民法典》对无民事行为能力人、限制民事行为能人对其法定代理人的请求权的诉讼时效期间设置了特殊的起算点，即自法定代理终止之日起计算。《民法典》第 190 条规定："无民事行为能力人或者限制民事行为能力人对其法定代理人的请求权的诉讼时效期间，自该法定代理终止之日起计算。"关于法定代理终止的特定事由，《民法典》第 175 条规定："有下列情形之一的，法定代理终止：（一）被代理人取得或者恢复完全民事行为能力；（二）代理人丧失民事行为能力；（三）代理人或者被代理人死亡；（四）法律规定的其他情形。"实践中，人民法院在适用无民事行为能力人或限制民事行为能力人对其法定代理人的请求权的诉讼时效期间起算规则的特殊规定时，可以根据该条规定认定法定代理终止的时间。同时需要注意，《民法典》第 190 条虽然规定非完全民事行为能力人对其法定代理人的请求权自法定代理终止之日起计算，但这并不意味着法定代理终止时该请求权诉讼时效就一定要起算。如果法定代理终止时，非完全民事行为能力人或者新的代理人对其本人或者被代理人的权利受到原法定代理人损害的事实并不知情，则此时有关请求权的诉讼时效仍不能起算。对此，《民法典总则编解释》第 37 条规定："无民事行为能力人、限制民事行为能力人的权利受到原法定代理人损害，且在取得、恢复完全民事行为能力或者在原法定代理终止并确定新的法定代理人后，相应民事主体才知道或者应当知道权利受到损害的，有关请求权诉讼时效期间的计算适用民法典第一百八十八条第二款、本解释第三十六条的规定。"《民法典》第 188 条第 2 款规定："诉讼时效期间自权利人知道或者应当知道权利受到损害以及义务人之日起计算。法律另有规定的，依照其规定。但是，自权利受到损害之日起超过二十年的，人民法院不予保护，有特殊情况的，人民法院可以根据权利人的申请决定延长。"《民法典总则编解释》第 36 条规定："无民事行为能力人或者限制民事行为能力人的权利受到损害的，诉讼时效期间自其法定代理人知道或者应当知道权利受到损害以及义务人之日起计算,但是法律另有规定的除外。”根据上述规定,代理关系终止之后,非完全民事行为能力人或者新的代理人才知道其本人或者被代理人的权利受到原代理人损害的,相关请求权诉讼时效应自知道或者应当知道权利受到损害以及义务人之日计算。

实践中,人民法院在认定非完全民事行为能力人对其法定代理人的请求权的诉讼时效起算点时,还应注意以下问题:一是注意区分请求权的性质。此处的请求权仅指根据其权利性质可以适用诉讼时效的请求权,根据其权利性质不适用诉讼时效的请求权,也不适用《民法典》关于非完全民事行为能力人对其代理人的请求权的诉讼时效期间起算规则的特殊规定。二是视为完全民事行为能力人对其法定代理人的请求权的诉讼时效期间的起算。《民法典》第 18 条第 2 款规定:“十六周岁以上的未成年人,以自己的劳动收入为主要生活来源的,视为完全民事行为能力人。”根据该条规定,16 岁以上的未成年人被视为完全民事行为能力人后,具有与完全民事行为能力人一样的民事行为能力,其与监护人之间的法定代理人关系应因其已取得民事行为能力而终止。因此,16 岁以上的未成年人对原法定代理人的请求权可以自其被视为完全民事行为能力人之日起算,但遭受性侵害的损害赔偿请求权除外。

三、未成年人遭受性侵害的损害赔偿请求权诉讼时效期间的起算规则

《民法通则》规定因身体受到伤害要求赔偿的,诉讼时效期间从知道或者应当知道权利被侵害时起算。该规定施行后,实践中出现了一些地方发生的未成年人遭受性侵害案件,由于事情发生的时间比较久远、未成年人的认识水平和自理能力不足等原因,大多数遭受性侵害的未成年人难以在遭受侵害时及时主张权利寻求救济,而当其成年之后,知道自己遭受了不法的性侵害,需要请求损害赔偿时,按照《民法通则》的规定,又已经超过了法定的诉讼时效期间,导致被害人的权利难以得到法律保护。鉴于此,《民法典》增加规定了未成年人遭受性侵害的损害赔偿请求权的诉讼时效期间起算规则的特殊规定,即该请求权自受害人年满 18 周岁之日起计算。该规定不仅及时回应了社会公众对未成年人遭受性侵害无法获取法律救济的深厚关切,也给予了未成年人性权益最大限度的突出法律保护,有效解决了社会上遭受性侵害的未成年人因心智不成熟、害怕或羞于告知其法定代理人,没有及时行使权利导致超过诉讼时效而无法获取法律救济的问题。为此,《民法典》第 191

条规定:“未成年人遭受性侵害的损害赔偿请求权的诉讼时效期间,自受害人年满十八周岁之日起计算。”根据该条规定,如果以 18 周岁作为起算点,未成年人遭受性侵害的,就普通诉讼时效期间 3 年而言,其损害请求权的诉讼时效至少可以算至 21 周岁。如果诉讼时效持续期间还发生了中止、中断的情形,其损害赔偿请求权的诉讼时效还可以算至 21 周岁以后。

实践中,人民法院在认定未成年人性侵害损害赔偿请求权的诉讼时效期间时,应注意以下几方面的问题:一是关于 16 周岁以上,以自己的劳动收入为主要生活来源的未成年人,遭受性侵害的损害赔偿请求权是否应从其年满 18 周岁之日起算的问题。虽然《民法典》第 18 条第 2 款规定,16 周岁以上,以自己的劳动收入为主要生活来源的未成年人可视为完全民事行为能力人,但该条主要是从民事行为能力的角度作出的规定。对于未成年人,《民法典》第 17 条明确规定,18 周岁以上的自然人为成年人。不满 18 周岁的自然人为未成年人。即《民法典》对成年人与未成年人的区分严格采取年龄标准。因此,16 周岁以上可视为完全民事行为能力的未成年人,仍属于《民法典》规定的未成年人的法律范畴,其遭受性侵害的损害赔偿请求权的诉讼时效期间应自受害人年满 18 周岁之日起计算。二是关于未成年人在教育机构遭受性侵害的责任承担及举证责任的分配的问题。未成年人遭受性侵害的赔偿义务主体主要包括侵权行为人以及因他人的侵权行为依法应当承担民事责任的自然人、法人或者其他组织。未成年人遭受性侵害的,有权要求侵权行为人承担损害赔偿责任。如果未成年人在幼儿园、学校或者其他教育机构学习、生活期间受到性侵害,幼儿园、学校或者其他教育机构未尽到教育、管理职责的,应当承担相应的民事赔偿责任。对于幼儿园、学校或者其他教育机构是否尽到教育、管理职责举证责任的分配,根据未成年人民事行为能力的不同而有所区分。如果受侵害的未成年人是无民事行为能力人,推定教育机构具有过错,教育机构主张其已经尽到教育、管理职责的,应承担举证证明责任。如果受侵害的未成年人是限制民事行为能力人,其主张教育机构承担侵权责任的,应当举证证明该教育机构未尽到教育、管理职责。三是关于未成年人遭受性侵害时,其提出的请求权中适用诉讼时效的类型。实践中,人民法院在审理未成年人遭受性侵害的案件时,还应根据当事人诉讼请求内容的不同,区分认定哪些请求权适用诉讼时效,哪些请求权不适用诉讼时效。性权利属于人格权,对于当事人基于性权利这一人格权提出的停止侵害、消除危险、恢复名誉、赔礼道歉、消除影响等不具有财产利益的请求权,不适用诉讼时效。对于旨在弥补损失的具有财产利益的损害赔偿请求权,适用诉讼时效,也只有这类请求权,才会涉及特殊起算规则的适用。

专题三　诉讼时效利益的处分

一、诉讼时效的法定性

时效制度,是从维护社会公共利益出发而由国家作出的强制性规定,具有法定性。诉讼时效的法定性主要表现在以下方面:

1. 当事人不得约定延长或者缩短诉讼时效期间。《民法典》第 188 条第 1 款规定:“向人民法院请求保护民事权利的诉讼时效期间为三年。法律另有规定的,依照其规定。”第 197 条第 1 款规定,诉讼时效的期间由法律规定,当事人约定无效。当事人违反法律规定,约定延长或者缩短诉讼时效期间的,应为无效。延长或者缩短诉讼时效期间,是指当事人通过协议的方式变更法定诉讼时效期间的长短。实践中,应注意将变更诉讼时效期间与变更履行期限予以区分。当事人变更履行期间虽然表面上引起了诉讼时效期间的变更,但其实际上只是改变了诉讼时效期间的起算日和届满日,并未改变诉讼时效期间的长短。变更履行期间引起诉讼时效期间起算日的变更,不违反法律规定。因此,当事人变更履行期限不属于法定所禁止的当事人对诉讼时效期间的变更,应为有效。比如,当事人约定合同的履行期限为 2017 年 12 月 5 日,法律规定的普通诉讼时效期间是 3 年,按照规定诉讼时效期间届满日为 2017 年 12 月 5 日。如果双方约定将法律规定的诉讼时效期间延长为 4 年,诉讼时效期间届满日变为 2021 年 12 月 5 日,则该约定违反诉讼时效法定性的规定,应为无效。如果合同履行过程中,双方将履行期限变更为 2018 年 12 月 5 日,诉讼时效期间仍按照 3 年计算,诉讼时效届满日变为 2021 年 12 月 5 日,该变更属于履行期限的变更,为双方真实意思表示,应为有效。

2. 诉讼时效的计算方法及中止、中断的事由依法律规定,当事人约定无效。《民法典》第 194 条规定:“在诉讼时效期间的最后六个月内,因下列障碍,不能行使请求权的,诉讼时效中止:(一)不可抗力;(二)无民事行为能力人或者限制民事行为能力人没有法定代理人,或者法定代理人死亡、丧失民事行为能力、丧失代理权;(三)继承开始后未确定继承人或者遗产管理人;(四)权利人被义务人或者其他人控制;(五)其他导致权利人不能行使请求权的障碍。自中止时效的原因消除之日起满六个月,诉讼时效期间届满。"《民法典》第195条规定:"有下列情形之一的,诉讼时效中断,从中断、有关程序终结时起,诉讼时效期间重新计算:(一)权利人向义务人提出履行请求;(二)义务人同意履行义务;(三)权利人提起诉讼或者申请仲裁;(四)与提起诉讼或者申请仲裁具有同等效力的其他情形。"上述条文明确规定了诉讼时效中止、中断的法定事由。如果当事人约定的诉讼时效中断、中止的事由符合法律规定,应认定有效;如果不符合法律规定,则不能认定有效。对于实践中当事人约定排除诉讼时效中断、中止事由适用的,违反法律规定,应认定无效。《民法典》第188条第2款规定:"诉讼时效期间自权利人知道或者应当知道权利受到损害以及义务人之日起计算。法律另有规定的,依照其规定。但是,自权利受到损害之日起超过二十年的,人民法院不予保护,有特殊情况的,人民法院可以根据权利人的申请决定延长。"该条规定了民事诉讼时效的一般计算方法,即自知道或者应当知道权利受到损害以及义务人之日起计算,法律对诉讼时效的计算另有规定的,从其规定。但无论是诉讼时效的一般计算方法,还是特别规定的计算方法,均由法律明确规定,不能由当事人自由约定。关于诉讼时效的类别,《民法典》第188条规定了两类:一是3年普通诉讼时效期间;二是20年最长诉讼时效期间。两类诉讼时效期间适用的规则不同。《民法典总则编解释》第35条规定:"民法典第一百八十八条第一款规定的三年诉讼时效期间,可以适用民法典有关诉讼时效中止、中断的规定,不适用延长的规定。该条第二款规定的二十年期间不适用中止、中断的规定。"根据该规定,3年普通诉讼时效期间适用中止、中断的规定,但不得延长;20年最长诉讼时效期间不适用中止、中断的规定,但特殊情况下,人民法院可以决定延长。

二、当事人不得预先放弃诉讼时效利益

《民法典》第197条第2款规定:"当事人对诉讼时效利益的预先放弃无效。"最高人民法院针对河南省高级人民法院的请示作出的(2004)民二他字第28号《关于借款到期后债务人在多份空白催收通知单上加盖公章如何计算诉讼时效的请示的答复》载明,时效制度属强制性规定,不允许当事人依自由意志排除时效的适用或改变时效期间。根据民事主体作出放弃意思表示时间的不同,诉讼时效放弃包括诉讼时效届满前预先放弃和诉讼时效届满后放弃。上述规定禁止的是当事人在诉讼时效届满前对诉讼时效利益的预先放弃,即合同履行期限届满之前,诉讼时效期

间尚未起算、义务人尚未取得诉讼时效利益,义务人对之后的诉讼时效利益作出的放弃。我国禁止当事人预先放弃诉讼时效利益,主要基于以下原因:其一,从诉讼时效的性质来看,诉讼时效是由法律强制设定的一项制度,具有法定性。允许当事人基于自身意思表示预先放弃诉讼时效利益,与诉讼时效制度的强制法定性不符。其二,从公共利益保护的角度来看,诉讼时效设定的主要目的是维护交易秩序,保护交易安全。如果允许当事人预先放弃诉讼时效,无期限地行使权利,诉讼时效制度设立的目的将无法实现。其三,从公平的角度来看,如果允许当事人自由处分诉讼时效,将可能导致实践中权利人利用自身的优势地位,损害义务人的权利。实践中,当事人预先放弃诉讼时效利益的表现多样:如义务人在合同履行期限届满之前即将盖有其公章的空白纸交给债权人,默许债权人填写催收日期,以使债权不超过诉讼时效期间;在订立合同之初即承诺不进行诉讼时效抗辩等。对于当事人预先放弃诉讼时效利益的行为,人民法院在司法实践中应进行正确把握。关于诉讼时效期间届满后,义务人能否放弃诉讼时效利益的问题。根据我国对诉讼时效的效力采用抗辩发生主义原则,即诉讼程序中义务人可以自由处分自己的诉讼时效利益。同理,诉讼时效期间届满后,在诉讼程序外义务人自愿放弃其诉讼时效利益,仅影响个人利益,并未损害公共利益,应予准许。诉讼时效期间届满后,义务人放弃诉讼时效利益可以以明示的方式作出,如积极履行债务等,也可以以默示的方式作出,如不提出诉讼时效抗辩等。

物　权　编

第一章　概　述

1957 年，我国已完成对农业、手工业和民族资本主义工商业的社会主义改造，完成了社会生产资料从私有制到社会主义公有制的转变。经过社会主义的反复实践，以公有制为主体、多种所有制共同发展的社会主义基本经济制度已经形成。此次《民法典》物权编的编纂工作，就是将经过几十年实践证明已经成熟的我国社会主义经济制度中最基本的制度——物权制度，用民法典这一基本法律的形式予以法治化。

此次编纂的《民法典》物权编，主要以 2007 年 3 月第十届全国人大第五次会议通过的《物权法》为基础进行。《民法典》物权编共分五个分编：第一分编通则，主要规定物权的一般规定，物权的设立、变更、转让和消灭，物权的保护等；第二分编所有权，主要规定所有权的一般规定、国家所有权和集体所有权、私人所有权、业主的建筑物区分所有权、相邻关系、共有、所有权取得的特别规定；第三分编用益物权，主要规定用益物权的一般规定、土地承包经营权、建设用地使用权、宅基地使用权、居住权、地役权；第四分编担保物权，主要规定担保物权的一般规定、抵押权、质权、留置权；第五分编占有，主要规定基于合同关系等产生的占有。整个《民法典》物权编，从第 205 条至第 462 条，共 258 条。

第一分编通则，是适用于整个物权编的原则性规定。在法律的实施过程中，它对于完整准确地理解物权编的规定，具有重要的指导意义。在通则分编的一般规定中主要有以下四方面的内容：

一是规定物权编调整的对象。按照《民法典》物权编第 205 条的规定，物权编调整因物的归属和利用产生的民事关系。可见，物权编重点解决物权法律关系的调整问题。具体来说，就是要规定物权法律关系的主体、客体、物权主体的权利和义务，以及导致物权法律关系产生、变更、转让和消灭的法律行为和其他法律事实的内容。所谓物的归属，是指物这一物权法律关系的客体，应当归属于哪个民事主体，即哪个民事主体对其拥有物权。所谓物的利用，是指物应当由哪些民事主体，在何种条件下可以对物享有占有、使用、收益、处分的权利。

二是规定物权编应当坚持的三项基本原则。这三项基本原则是由《民法典》物权编第 206 条和第 207 条规定的。

第一,坚持社会主义基本经济制度的原则。之所以要坚持公有制为主体、多种所有制共同发展,按劳分配为主体、多种分配方式并存,社会主义市场经济体制等的基本经济制度,是因为我国将在相当长一段时期内都处于社会主义初级阶段,在这个阶段中,基本经济制度作为我国物权法律制度的基石,不是人为强加的,而是中国历史发展的必然。以这一制度贯穿中国物权制度和整个法律制度,是中国物权制度和整个民事法律制度的最大特色,是中国《民法典》对世界民法制度文化的贡献。

第二,坚持"两个毫不动摇"的原则。所谓"两个毫不动摇",是指巩固和发展公有制经济"毫不动摇",鼓励、支持和引导非公有制经济"毫不动摇"。坚持"两个毫不动摇"的原则,是新中国成立以来的经验和教训的总结。凡是我们坚持"两个毫不动摇"时,我国社会主义经济发展就会顺利;凡是只坚持"一个毫不动摇",另一个则彷徨、犹豫、徘徊时,我国社会主义经济发展就会遇到艰难和阻碍。因此,将"两个毫不动摇"作为我国物权法律制度的原则,并将其贯彻到所有权、用益物权等各项法律规定中去,必将对未来我国社会主义经济发展产生巨大的推动作用。

第三,坚持实行社会主义市场经济,平等保护一切市场主体合法权益的原则。坚持实行社会主义市场经济,平等保护一切市场主体合法权益,也是新中国成立以来经过多次挫折总结出来的重要经验。新中国成立初期,我国坚持保护国有经济发展的同时,平等保护包括民族资本主义工商业和手工业在内的非公经济,取得了国民经济的快速恢复;之后,因实行高度集中的计划管理体制,非公经济被看作"资本主义的苗"时,就出现了国民经济发展的艰难和滞后;改革开放后,虽几经波折,但因坚持了实行社会主义市场经济的主流,坚持了平等保护一切市场主体的原则,我国社会主义经济才突飞猛进发展,取得世界第二大经济体的地位。因此,我国的物权法律制度坚持这一原则,对于今后我国经济必将会产生巨大的推动作用。

以上三项基本原则为这次《民法典》物权编编纂过程中物权法律制度的纲领,不仅构建了我国物权法律制度的基础,也是我国民商事司法审判工作中应当抓住的核心和灵魂,是最终检验我国物权法律制度社会效果的标志。我国《民法典》物权编正是基于上述三项基本原则作出的规定,在民商事审判活动中应当予以准确把握和认真贯彻。

三是准确把握物权法律关系,正确适用物权法律规范。审判工作中最重要的是把握物权法律关系。在审判工作中需厘清物权法律关系与其他民事法律关系，如债权等法律关系的区别，以准确把握审判方向。民事法律关系包括主体、客体、内容；引起民事法律关系产生、变更、消灭的法律事实，即法律行为和事实行为。

第一，要注意把握物权法律关系的主体、客体和内容。物权法律关系的主体，由国家、国家机关、自然人、法人组织、非法人组织构成。按照《民法典》第255条至第257条的相关规定，国家、国家机关可以作为物权法律关系主体。物权法律关系的主体分为权利主体、义务主体。物权法律关系的客体，是指物权法律关系主体的权利义务所指向的对象，即物。《民法典》物权编通则分编将物分为动产和不动产，审判实践中需要明确，作为物权法律关系的"物"不同于哲学上"物"的概念，哲学上的"物"是不以人的意志为转移的客观实在；法律上"物"，则是指为人所认识并能为人所控制的物。物权法律关系的内容，是指物权主体享有的权利和承担的义务，最重要的是权利。物权为物权法律关系的核心，在审理物权法律关系纠纷案件时，应当特别注意。

第二，要注意把握法律上规定的物权与法律关系中的物权之区分。在审判实践中，尤其要注意区分法律上规定的物权和法律关系中的物权。法律上规定的物权，为立法者规定如何取得、变更、转让、消灭的物权。它是民事主体建立物权法律关系的法律依据，不是现实的、具体的物权法律关系本身。民事主体如果要建立现实的物权法律关系，必须要有具体的民事法律行为和事实行为等法律事实产生。例如，公民有购买住房的权利，但是公民如要建立房屋物权法律关系，必须有购买房屋的具体法律行为，完成付款、登记等手续，才能取得法律上的物权。民商事审判中保护的物权，一定是法律关系中的物权，当事人通过民事法律行为实际取得的物权。尚未取得的、法律上规定的物权不能在民商事审判中受到保护。因为法律上规定的物权是尚未取得的权利，不是现实的权利。法学理论研究中，有的法学家将权利分为主观权利和客观权利，客观权利就是法律上的权利，通过民事法律行为或事实行为等法律事实取得的权利被称为主观权利，即当事人已经实际拥有的权利。民商事审判中对当事人物权的保护，通常是在当事人取得物权以后，在取得物权之前一般不可能发生民商事审判中的物权保护。

第三，要注意物权法律关系与债权法律关系的区别。在物权法律关系中，物权具有三个特性，即绝对性、排他性、对世性。物权的绝对性，是指物权为绝对权，物权权利人对其控制的物，拥有绝对支配的权利。物权的排他性，是指物权权利人排除其他人对物的权利，具有唯一性。物权的对世性，是指一旦权利人对物拥有物权,除他之外的所有组织和个人均不得侵害其权利。由于物权权利人对物所拥有的权利具有三项特性,按照法律的规定,在他之外的所有民事主体都与他形成一种尊重其权利的法律关系。所有不特定的相对人侵害他的权利,物权人都有权运用法律手段维护自己的权利。相对于物权,债权则呈现相对性和期待性特征。债权的相对性,是指权利人的权利只能由特定的相对义务人,通过履行合同约定的义务或者法律规定的义务才能得到实现。债权的期待性,就是权利人在合同约定或者法律规定的条件成就的情况下,才能实现债权。债权实现后,其权利可能会变为物的权利或者其他现实的权利。债权的期待性特征,决定了债权能否实现,受合同义务人或者法律规定的义务人是否按照合同约定或者法律规定正确履行义务的制约。而义务人是否履行合同约定的义务或者法律规定的义务,又受制于社会风险、市场风险和自然界风险。因此,债权法律关系的相对性和期待性特征,决定了民事审判的方法和措施的不同。

第四,要注意物权侵权与债权侵权的区别。物权侵权发生在物权取得之后,物权取得之前不可能发生物权的侵权;债权侵权通常发生在物权取得之前。二者常常在民商事审判中发生混淆,无法准确区分导致错误。在发生物权侵权与债权侵权冲突的情形下,物权优先,这也是由物权的绝对性、排他性及对世性决定的。需要注意的是,我国《民法典》并无规定债权侵权。

四是规定物权法律关系产生、变更、转让和消灭的法律行为和其他法律事实。按照《民法典》物权编第 208 条的规定:“不动产物权的设立、变更、转让和消灭,应当依照法律规定登记。动产物权的设立和转让,应当依照法律规定交付。”这种不动产物权变动依照登记,动产物权变动依照交付,特殊情况依照法律的特别规定的做法,体现了对不同的物,按照不同的法律规定予以保护的特点,是物权法律实施过程中应当予以特别注意的问题。

《民法典》物权编通则分编的第二章,主要在第 208 条的基础上详细规定物权法律关系产生、变更、转让和消灭的民事法律行为和其他法律事实。在这一章中有几个值得关注的法律问题:

一是将物权设立、变更、转让和消灭的法律事实具体化。具体来说,就是不动产物权变动在法律规定的国家登记机构依法登记,动产物权变动依照法律规定交付,其他特殊情况下的物权变动依照法律的特殊规定处理具体化。这就是第一节不动产登记、第二节动产交付和第三节其他规定的内容。在这里,不动产登记中民事主体的申请登记的民事法律行为,国家行政登记机构的登记行为,与物权产生和变动的法律效力,与物权法律关系的产生、变更、转让和消灭之间的关系应当如何认识?这是一个很重要的问题。

二是合同效力与物权效力的关系问题。《民法典》物权编第215条规定:"当事人之间订立有关设立、变更、转让和消灭不动产物权的合同,除法律另有规定或者当事人另有约定外,自合同成立时生效;未办理物权登记的,不影响合同效力。"当事人以设立、变更和消灭物权为目的订立的合同,与物权的设立、变更和消灭的法律效力应当如何认识?这是本分编中的一个重要问题,也是民事审判实践中认识上需要厘清的重要问题。

三是权利人、利害关系人申请更正登记时,因权利人不同意更正,利害关系人申请异议登记而产生的提起诉讼的时间问题。这一问题因涉及行政登记事项与诉讼的交叉,需要澄清。

四是当事人签订房屋买卖协议和签订其他不动产物权的协议时的预告登记问题。这涉及当事人和其他利害关系人的物权取得、债权与物权的关系等方面的问题,需要认真对待。

五是当事人提供虚假材料进行登记,造成他人损害的赔偿责任问题。这涉及民事赔偿和行政赔偿如何认识,以及其他相关问题如何解决的问题。

六是法律规定需要登记的动产物权的物权变动效力问题。按照《民法典》物权编第224条规定:"动产物权的设立和转让,自交付时发生效力,但是法律另有规定的除外。"与此同时,第225条又规定:"船舶、航空器和机动车等的物权的设立、变更、转让和消灭,未经登记,不得对抗善意第三人。"在此情况下,登记和交付在什么条件下会发生物权效力?这是民事审判工作需要解决的问题。

七是特殊条件下的物权效力问题。这也是民事审判工作中需要解决的问题。

对上述这些问题,如果这里展开会造成篇幅过长,我们将在后面用专题予以解决。

《民法典》物权编通则分编的第三章,主要是物权的保护问题,即在发生物权纠纷时,如何明确当事人的物权请求权问题。按照《民法典》物权编的规定,当事人的物权请求权问题主要有:物权归属、内容争议问题;无权占有纠纷问题;妨害或者可能妨害物权权利行使问题;造成不动产或者动产的损害,当事人权利的恢复问题;侵害当事人物权,造成其损害的权利救济问题等。这些法律规定的请求权问题,最高人民法院应当根据民事审判实践的需要,通过发布案由的方式将其具体化,保证权利人维护自己物权的需要。

《民法典》物权编的第二分编是所有权。所有权分编和用益物权分编,是《民法典》物权编的重点编,主要规定我国的所有权和用益物权制度。这两大制度是我国社会主义物权制度的核心,构成了完整的中国特色社会主义物权制度,是中国探索社会主义经济制度的重大法律成果,是中国和外国物权制度和理论的继承和发展,是中国民法对世界民法制度和理论的重大贡献。

《民法典》物权编所规定的所有权制度,分为国家所有权、集体所有权和私人所有权。其中,我国的国家所有权,是国有经济或者国有财产在法律上的集中表现。

我国国有经济或国有财产是在新中国成立以后逐渐形成的。新中国成立时,我们接收了旧中国遗留的国家财产,没收了官僚、买办资产阶级的财产,没收敌伪特汉奸的逆产,接受苏联国家援助形成的财产,加之我党在根据地建设时期形成的财产,初步形成了我国的国家财产。以后又通过对民族资本主义工商业的社会主义改造,形成了我国社会主义国家财产。经过经济建设的不断积累,我国国有经济不断发展壮大,形成了庞大的国有财产。我国是人民当家作主的社会主义国家,国家财产属于全民所有。

所有权制度不仅要解决财产的归属,还应当解决财产的管理和利用。随着我国国有经济的形成和发展,国家财产的不断增多,如何利用国家财产,让它保值增值,造福于民,强大国家,一直是党和国家在社会主义经济发展道路上认真探索的问题。在社会主义经济制度建立后,我国对国有资产的利用更多是通过高度集中的计划管理体制来进行。从集中力量办大事来看,这种制度在基础性建设、国防、高科技以及其他重大项目方面发挥了很大的作用。但应当看到,高度集中的计划管理体制采用行政化手段进行经济资源配置,最终会形成配置体制的僵化,导致资源配置效率和效益的降低。改革开放以来,经过不断探索,我国建立起社会主义市场经济体制。围绕如何让市场在资源配置中发挥决定性作用,我国在所有权制度方面进行了大胆改革,在所有权与所有权权能相对分离的基础上,逐渐形成了相对完整的用益物权制度。按照这一制度,所有权与用益物权既相对分离,又相互联系;既能克服彻底私有制的弊病,又能调动市场主体的积极性,遵循市场经济规律,发挥市场在资源配置中的决定性作用。

在所有权与所有权权能相分离的所有权制度改革基础上,我国先后建立了一系列国家财产利用制度,推动了我国社会主义国有经济的不断发展。这些财产利用制度主要有:(1)设立用益物权制度。具体包括国有建设用地有偿出让制度、矿产资源在内的自然资源有偿使用制度以及其他国家财产有偿使用制度。(2)利用合同方式将国家财产交付法人、非法人组织和个人使用的财产使用制度。例如,公有住房租赁制度、企业承包、租赁、委托经营等国有财产有偿使用制度。(3)通过合资经营、合作经营等方式,将国有财产交付合资、合作经营企业使用制度。(4)通过改革国家投资制度,利用出资方式将国家财产投入公司等企业,利用股权经营或者资本经营,提高国家财产在社会主义市场经济中的利用效率和效益。(5)改革企业管理制度,以建立现代企业制度为目标,将原来的国营企业逐渐变为国家投资的国有企业、国家控股的股份制企业,赋予企业独立自主经营的权利,让企业作为市场主体的地位得以落实,以保证国有财产的保值和增值。所有权、用益物权和其他财产利用制度的改革,以及其他一系列适应社会主义市场经济运行制度的建立,我国国有资产得到有效利用,国有经济不断发展壮大,成为我国社会主义经济的主力军和"压舱石"。这次《民法典》的编纂,就是要将已经成熟的一系列物权制度改革,即所有权与用益物权相结合的制度、财产利用等制度,用民法典这一基本法律的方式予以固定,以推动今后社会主义经济的稳定健康发展。

集体所有权是生产资料集体所有制在法律上的表现。我国农村集体所有制是新中国土地改革运动后逐渐形成的。通过土地改革运动,中国亿万农民分得土地,几千年来的封建制度得以彻底推翻,民主革命的任务得以完成。土地改革运动后,中国农村开始出现合作化运动。起初是互助组,继而初级合作社,而后是高级合作社。到1958年,中国农村开始建立人民公社制度。在由合作化运动演化成的人民公社制度中,农民个人的土地和其他生产资料交给农村集体经济组织,并在农村集体经济组织的统一安排下开展生产劳动。人民公社制度形成后,集体经济组织由生产队、生产大队和公社三级组织构成。生产资料占有形式是三级所有,队为基础。同时,人民公社制度是"政社合一"的组织形式,即人民公社既是集体经济组织,又是基层政权组织形式。

党的十一届三中全会后,随着以家庭联产承包责任制为主的农村集体土地承包制的推行,人民公社作为国家基层政权组织形式陆续取消,但已经建立的农村集体经济组织依然存在,合作化运动以来建立的农村集体财产所有权制度依然存在。由中国亿万农民在实践中创立的土地承包制,开启了农村集体土地所有权制度改革的大潮。在这次改革大潮中,实现了农村集体土地所有权与所有权权能的分离,创立了土地承包经营权。随着改革的不断深入,我国的1982年《宪法》、《村民委员会组织法》、《土地管理法》、《农村土地承包法》等法律,不失时机地将改革的成果法律化。土地承包经营权制度的创立,极大地激发了中国农民的生产积极性,使中国农村经济获得突飞猛进的发展,并为整个中国的改革开放奠定了扎实的基础。

经过多年来的发展,特别是社会主义市场经济的不断发展和完善,我国农村经济获得很大发展,20 世纪 80 年代的土地所有权制度改革成果又面临新的挑战,需要对土地承包经营权再次进行改革,实现土地承包权与经营权的分离。这次《民法典》的编纂,就是要将新中国成立以来农村集体财产所有权,特别是集体土地所有权制度改革的成果以民法典这一基本法的形式予以肯定。它不仅要肯定农村集体土地所有权,还要肯定用益物权性质的土地承包经营权;不仅要肯定土地承包经营权,还要肯定土地承包权与经营权的分离。我国《民法典》所载明的农村集体土地制度,将是中国特色社会主义的土地制度。这一制度既不同于传统的中西方土地私有制,也不同于人民公社制度下的所有权与所有权权能不相分离的集体土地制度。这种所有权与用益物权相结合的土地物权制度,将是中国民法物权制度对世界物权制度的贡献。

物权编的所有权分编,对所有权制度进行了全面规定。其主要内容有:(1)规定了所有权的一般规定。即对所有权的含义,所有权与用益物权、担保物权的关系,不动产的征收和征用等问题进行了规定。(2)规定了国家所有权、集体所有权、私人财产所有权和法人财产权的内容。(3)规定了业主的建筑物区分所有权。(4)规定了物权的相邻关系。(5)规定了物权的共有关系。(6)规定了所有权取得的特别规定。在所有权分编的实施过程中,有些问题值得我们注意:

第一,国家所有权的权利属性是民事权利。按照《民法典》第 246 条的规定,国家所有的财产属于国家所有,即全民所有。国家所有的财产由国务院代表国家行使所有权。法律规定由地方政府行使所有权的,由地方政府代表国家行使所有权。既然国家所有权是由国务院和地方人民政府代表国家行使所有权,那国家所有权的权利属性是什么?是民事权利,还是国家公权力?本书认为,国家所有权是民事权利,而不是国家公权力。

首先,民法是调整平等主体之间财产关系的法律。无论是民法典的总则还是分则,所有权都是物权的具体权利类型。国家所有权从立法体例上被放在物权编中,当然应是一种民事权利,而不是国家公权利。

其次,国家在行使所有权时,其法律地位与其他民事主体一样是平等的,不存在其他民事主体必须服从国家的情况。国家在行使所有权时与其他民事主体地位平等的事例有很多。例如,国家利用国家资金进行投资时,接收投资的公司可以接受投资,也可以不接受投资,其法律地位与国家是平等的;国家利用援助的方式向国外发放贷款,其与受援助国的法律地位也是平等的民事地位;国家以出资人身份向金融机构出资或者向股份公司入股,其法律地位与其他股东也是平等的;国家向用地方出让建设用地使用权,向矿产资源方出让探矿权和采矿权,也是平等主体之间的出让关系,而不是行政管理者与被管理者之间的法律关系。

最后,国家通过租赁、承包等方式将国家财产交给其他民事主体使用,其建立的法律关系是民事法律关系,而不是国家行管理政关系。例如,国家将公有房屋租赁给法人、非法人组织和个人,其法律关系就是平等的租赁关系;国家将国有农场的土地、山林等等承包给民事主体,其建立的法律关系就是平等的承包关系。

之所以在这里强调这一问题,是因为人民法院的审判工作中,存在将国家所有权这种民事权利当成国家公权力,将国家在行使财产所有权时建立的民事法律关系混淆为行政管理关系的情况,造成了民事审判与行政审判的混乱。在《民法典》实施过程中,应当尽快解决这一问题。

第二,国家利用不动产和动产出资到企业时,国家取得出资人的权利和义务。《民法典》第257条规定:“国家出资的企业,由国务院、地方人民政府依照法律、行政法规规定分别代表国家履行出资人职责,享有出资人权益。”国家出资的企业,现在分别有股份有限公司、有限责任公司和包括国有独资公司在内的其他国有企业。第257条的规定虽然简单,但是它明确了一个十分重要的法律权利,即国家的投资性权利,一种与其他市场主体在社会主义市场经济平台上平等合作交往的权利。这种权利的特征是什么呢?

首先,这种投资性权利的出资主体是国务院和地方人民政府。按照国家相关法律规定,国务院和地方人民政府代表国家履行出资人职责,享有出资人权益时,通常是由国有资产管理委员会来代表政府行使权利和履行义务。

其次,国家要利用不动产和动产出资,得到的是出资人的权益和职责。国家履行出资职责,即将相应的不动产或者动产出资交付给股份有限公司、有限责任公司等企业后,他们对交付的国家财产就丧失了相应的占有、使用、收益和处分的权利,但取得了相应的股份、股权或者其他出资人权益。例如,按照约定或者出资比例享有资产收益、重大决策以及选择经营管理者等权利。国家将不动产和动产出资到股份有限公司、有限责任公司或者其他企业后,它不能再直接使用或者支配已经出资到企业的财产,而只能按照法律和公司章程的规定等行使股东权或者出资人的权益,按照出资协议的约定行使出资人的权益。

最后,国家因出资而取得的投资性权利,与其他民事主体的投资性权利相同。

一是国家在出资于各种类型的企业时,应当与其他出资人一样,根据出资的状况和平等协商的合同约定,享受权利和履行义务。二是国家在出资后与被出资企业的关系,是股东或者出资人与被出资企业之间的关系,应当按照法律规定、公司章程规定和出资协议的约定享受权利和履行义务。在此意义上讲,国家与接受出资企业之间的法律地位是平等的,各按规则办事,不能超出规则要求接受出资的企业履行额外义务。三是国家作为出资人与其他出资人一样,应当依法律规定和合同约定共同承担市场风险,共同享受权利,任何人都不可只享受权利不承担风险。

第三,农民集体所有权是本集体经济组织全体成员集体所有的财产权利。《民法典》第 261 条第 1 款规定:"农民集体所有的不动产和动产,属于本集体成员集体所有。"这是农民集体财产所有权的法律表述。这一表述的核心是本集体成员集体所有。本集体成员集体所有应当如何理解呢?我们认为应当从以下几个方面考虑:

一是所有权的主体是本集体经济组织。本集体经济组织是怎样形成的呢?前文已经对农民集体所有权的形成进行了叙述。在人民公社时期,农村集体财产所有权实行"三级所有,队为基础",即生产队、大队和公社都是所有权主体,但生产队为基础主体。人民公社制度作为基层政权组织形式取消后,三级农村集体经济组织依然保留。但根据"村民委员会组织法"和"土地管理法",农民集体土地一般由村农民集体所有,由村集体经济组织或者村民委员会经营、管理;历史上已经形成由村民小组集体所有或者由乡(镇)农民集体所有的,由村民小组或者乡(镇)农村集体经济组织经营、管理。从目前中国农村的具体情况看,除土地之外的其他财产,所有权主体与集体土地的所有权主体是一致的。

二是农民集体的成员不是农民集体财产所有权的主体。这里所说的农民集体成员,是指本集体经济组织的全体成员。本集体经济组织全体成员,不是某一时间段或者时间点取得集体经济组织成员资格的成员,而是在任何时候,只要取得或者未丧失集体经济组织成员资格,就属于集体经济组织成员。本集体经济组织成员,不是农民集体财产所有权的主体,只有本集体经济组织成员组成的本集体,才是所有权主体。农村集体经济组织或者村民委员会代表本集体行使所有权。正因如此,农民集体财产所有权既不是按份共有,也不是共同共有,而是独立的所有权形式——集体所有。

三是农村集体经济组织成员对于所有权的行使以及所有权所产生的利益,享有合法权益。本集体经济组织成员虽不是集体财产所有权的主体,但他们是组成本集体经济组织的成员，那他们对包括农村集体土地在内的集体财产所有权的行使，以及由财产所有权所产生的利益享有合法权益。为此，《民法典》第 261 条第 2 款规定："下列事项应当依照法定程序经本集体成员决定：(一)土地承包方案以及将土地发包给本集体以外的组织或者个人承包；(二)个别土地承包经营权人之间承包地的调整；(三)土地补偿费等费用的使用、分配办法；(四)集体出资的企业的所有权变动等事项；(五)法律规定的其他事项。"除此之外，《民法典》第 264 条、第 265 条等还规定了农村集体经济组织或者村民委员会、村民小组应当向村民公布集体财产状况，村民合法权益受侵害有权向人民法院提起诉讼等。

第四，法人财产权是由出资人出资和法人对出资进行经营所形成的相对独立的财产性权利。法人财产权的概念是在 1993 年党的十四届三中全会上提出来的，它对于维护企业独立的法人地位，更积极主动、更灵活地发挥企业法人在市场上的作用是有极大的好处的。因此，在编纂《民法典》的过程中，虽然没有明确使用法人财产权的概念，但在明确规定法人财产权的内容方面则成为共识。正因如此，在这次《民法典》编纂中，在以前通过的公司法和国家其他相关法律的规定中，企业的法人财产权受国家法律保护，包括股东等出资人在内的民事主体都不得侵害企业的这一权利，都得到很好的体现。法人财产权应当如何理解呢？

一是法人财产权是由出资人出资形成的。《民法典》第 268 条规定："国家、集体和私人依法可以出资设立有限责任公司、股份有限公司或者其他企业。国家、集体和私人所有的不动产或者动产投到企业的，由出资人按照约定或者出资比例享有资产收益、重大决策以及选择经营管理者等权利并履行义务。"在前文论述国家投资性权利时已经涉及，其道理对集体和私人投资同样适用。也就是说，国家、集体和私人如果将自己的财产所有权或者使用权投资到企业法人组织以后，它就丧失了该财产的所有权或者使用权，取得了相应的股东权或者出资人权益。

二是法人组织在收到出资人出资后，就取得法人财产权。法人组织在接受出资人财产时，按照不动产依照登记、动产依照交付的原则以及其他法律规定，取得法人财产权。对于法人财产权的归属问题，《民法典》第 269 条和第 270 条都作出了明确规定。其中第 269 条第 1 款规定："营利法人对其不动产和动产依照法律、行政法规以及章程享有占有、使用、收益和处分的权利。"具体来说，作为营利法人的企业，在收到国家、集体和私人出资的不动产、动产等财产以后，就享有了对该财产的占有、使用、收益和处分的物权权利——法人财产权。法人组织在收到出资人的财产并对该财产进行经营，导致该财产的增值，其增值部分也成为法人财产的组成部分。至于法人组织除出资之外的其他财产取得方式,在依照法律、行政法规等规定取得动产和不动产后,形成法人财产权,这里就不再叙述。

三是法人财产权的保护与股东权或者出资人权益一样,应当按照《民法典》的相关规定和其他法律规定进行。法人财产权作为独立的、物权性质的财产权利,是国家财产所有权、集体财产所有权和私人财产所有权具体行使和利用的体现。如果这一权利与股东权或者出资人权利不能很好地得到法律的保护,那“国家、集体、私人的物权和其他权利人的物权受法律平等保护,任何组织或者个人不得侵犯”的法律原则,就难以落到实处;那“国家巩固和发展公有制经济,鼓励、支持和引导非公有制经济的发展”“国家实行社会主义市场经济,保障一切市场主体的平等法律地位和发展权利”的目标,也将难以实现。在当前我国对外实行全面开放,对内进行全面深化改革的背景下,要让所有投资者放心,就应当加强对法人财产权和股东权或者出资人权利的保护力度。《民法典》第 233 条至第 239 条关于物权的保护一章,对法人组织和股东完全适用,其他法律规定中对物权的保护,同样应当适用于法人财产权和股东权或者出资人权利。这一点是毋庸置疑的。

在《民法典》所有权编中,涉及业主的建筑物区分所有权、相邻关系、共有关系、所有权的特别规定等内容,还有不少具体的法律问题。这些法律问题后面还会具体论述,这里不再叙述。

《民法典》物权编的第三分编是用益物权。用益物权分编的许多内容,都是改革开放以来,我国通过所有权制度的改革所建立起来的新制度,是改革开放的新成果、新经验。本分编从第 323 条至第 385 条,共有 63 个条文。其具体分为:一般规定、土地承包经营权、建设用地使用权、宅基地使用权、居住权、地役权等,共六章。

用益物权分编在立法上采用一般用益物权概述,特殊用益物权详述的方式进行编纂。在一般规定中,本分编主要从以下几方面简述了用益物权制度。

一是明确规定一般用益物权制度。《民法典》物权编第 323 条规定:“用益物权人对他人所有的不动产或者动产,依法享有占有、使用和收益的权利。”这就为所有财产所有权人,在自己的不动产或者动产上依法设立用益物权提供了法律依据。

二是明确规定国家和集体可以在自己所有的自然资源上设立用益物权。在我国,法律规定矿产资源属于国家所有;城市土地、法律规定为国家所有的农村土地、城市郊区土地,所有权属于国家;森林、山岭、草原、荒地、滩涂等自然资源属于国家所有,但法律规定为集体所有的除外;除国家所有的土地和自然资源外,法律规定属于集体所有的土地和自然资源,所有权属于集体。国家和集体可以在自己所有的土地和自然资源上,依法设立用益物权。

三是明确规定国家实行自然资源有偿使用制度。这就为如何设立用益物权,提高自然资源的利用效率提供了法律依据。根据这一原则规定,目前我国已经建立了国有建设用地使用权出让制度、探矿权出让制度、采矿权出让制度等自然资源有偿出让制度。这些制度的建立,已经为我国的基本建设和矿产资源开发发挥了重要作用。

四是明确规定了用益物权人和所有权人应当遵循的基本要求。《民法典》第326条规定:"用益物权人行使权利,应当遵守法律有关保护和合理开发利用资源、保护生态环境的规定。所有权人不得干涉用益物权人行使权利。"要求用益物权人按照法律的规定合理开发利用资源,是我国《民法典》绿色原则的具体体现。这对我国的生态环境的保护会产生很大的作用。在设定用益物权时,要求所有权人不要干涉用益物权行使权利,这对用益物权制度真正发挥作用是极大的保护。

五是明确规定因不动产和动产被征收或者征用,致使用益物权消失或者影响用益物权行使时的补偿制度。《民法典》第327条规定:"因不动产或者动产被征收、征用致使用益物权消灭或者影响用益物权行使的,用益物权人有权依据本法第二百四十三条、第二百四十五条的规定获得相应补偿。"《民法典》第243条是关于征收不动产或者动产,所有权人丧失财产所有权时的补偿制度规定;第245条是关于征用不动产或者动产,造成所有权人财产损失时,对所有权人的补偿制度规定。在实践中,征收、征用不仅会给所有权人造成财产损失,同样也可能会给用益物权人造成财产损失。为保护用益物权人的合法权益,《民法典》创设了本项财产损失补偿制度。

六是明确规定了一些重要的自然资源的用益物权。我国的自然资源十分丰富,不可能在法律中列举每一种自然资源。有些自然资源十分重要,国家用专门的法律,甚至多部法律予以规定,如土地、森林、草原等,有些则涵盖在自然资源的概念中。有些比较重要的自然资源,采用列举方式在法律中列出,将其用益物权形式也明确规定出来。例如,《民法典》第328条列出的海域使用权;第329条列出的探矿权、采矿权、取水权,以及使用水域、滩涂从事养殖、捕捞的用益物权权利。至于一些很重要的用益物权类型,如土地承包经营权、建设用地使用权、宅基地使用权等,《民法典》就用专章的形式予以专门规定。

《民法典》物权编第十一章规定的土地承包经营权,从第330条至第343条,共14个条文。在该章中,对土地承包经营权这一用益物权的理解,应当注意以下几方

面的问题:

一是土地承包经营权人除荒山、荒滩等其他方式承包的土地外,应当是以家庭为单位的承包。这里的家庭,不应简单地看作以婚姻和血缘关系为纽带形成的家庭成员群体,而应当是具有集体经济组织成员资格的家庭成员所组成的群体——农户。在已经进行过的三轮土地的家庭联产承包过程中,可能每户承包土地的数量,会按照具有集体经济组织成员资格农户成员的数量来决定,但土地承包的主体是农户而不是农户成员。正因为是家庭承包,土地承包发生后,农户的成员可能因婚丧嫁娶而发生变动,但土地承包的数量不会因此而改变,即“增人不增地,减人不减地”。正因为农户成员不是家庭土地承包的主体,那么农户成员就不可能取得土地承包经营权,在农户成员之间就不可能发生土地承包经营权的继承问题。这一点在审理农村土地承包经营权纠纷时应当特别注意。

二是非本农村集体经济组织的组织和个人,未经本集体其他成员依照法定程序同意,不能在本集体经济组织取得土地承包经营权。农村集体土地所有权属于本集体经济组织。农村集体土地所有权的这一属性,决定了对土地的利用和处分,集体经济组织成员拥有决定的权利。为维护集体经济组织成员的利益,按照法律规定,本集体经济组织的集体土地,应当由本集体经济组织的农户承包,“四荒地”可以由本集体经济组织成员个人承包。如果本集体经济组织之外的组织和个人,要取得本集体经济组织包括“四荒地”在内的土地承包经营权,就必须要依照法定程序经过本集体经济组织成员同意。这是本集体经济组织之外的组织和个人取得土地承包经营权的法定条件,不可逾越。

三是土地承包经营权人在流转土地经营权时必须符合法律规定。《民法典》第339条规定:“土地承包经营权人可以自主决定依法采取出租、入股或者其他方式向他人流转土地经营权。”这一规定是这次《民法典》编纂中用益物权制度改革中最重大的改革成果。如果说20世纪80年代农村改革实现了农村土地的所有权与承包经营权的分离,促进了农村经济的大发展,那么这次土地承包经营权改革,则实现了土地所有权与土地经营权的分离,也必将导致我国农村经济发展的第二次革命。在流转土地经营权时要注意把握以下几点:(1)接受土地经营权的主体可以是本集体经济组织之外的组织和个人。如果说在20世纪80年代开展土地承包时,承包主体还只能限定在本集体经济组织的农户和成员,那这次改革则将接受土地经营权的主体扩大至愿意从事农业生产经营活动的任何组织和个人。这就为中国农村开展农业集约化经营奠定了法律制度基础。(2)土地承包经营权人流转的是土地经营权。土地承包经营权人从集体土地所有权人那里取得的用益物权,既包括土地的承包权,也包括土地的经营权。长期以来,这两项权利是不可分割的。现在通过法律规定,土地承包经营权人可以将土地经营权流转出去,保留承包权。比如,土地承包经营权人用入股方式流转土地,那他入股的权利只是土地经营权部分,土地承包权仍然归土地承包经营权人,不能入股。土地承包经营权通常是30年的有效期,但土地经营权可以由双方当事人通过合同约定流转的年限,但约定的年限不能违反国家法律的规定。例如,如果采用出租方式流转土地经营权,那出租的年限不能超过土地承包的剩余年限,否则超出法律规定年限部分的合同约定无效。(3)要注意土地承包经营权的互换、转让和土地经营权流转的区别。在审判实践中,土地承包经营权的互换,是指本集体经济组织中的土地承包经营权人,为方便土地经营和管理,对原来自己承包经营的土地进行相互交换。双方在对承包土地进行互换后,都丧失了自己以前拥有的那块互换地,取得新换的土地。土地承包经营权的转让,是指承包经营权人在城市就业并取得城市的最低社会保险后,将自己的土地承包经营权全部转让给本集体经济组织农户和成员的行为。而土地经营权流转则只能流转土地经营权,不能流转土地承包权。注意土地经营权的这些特点,对于正确解决土地承包经营权案件纠纷,维护相关当事人的合法权益十分重要,应当认真把握。

《民法典》物权编第十二章至第十五章规定的建设用地使用权、宅基地使用权、居住权和地役权等四种用益物权。其中建设用地使用权规定在第344条至第361条,共18个条文;宅基地使用权规定在第362条至第365条,共4个条文;居住权规定在第366条至第371条,共6个条文;地役权规定在第372条至第385条,共14个条文。

在第十二章中,《民法典》集中对建设用地使用权制度进行全面的规定。可以说,在改革开放中,建设用地使用权制度的创立,是我国物权制度的重大创新,是中国特色社会主义物权制度体系的重要组成部分。要正确理解这一重大创新的内容,应当注意以下几个方面:

一是该章的建设用地使用权是针对国家所有的土地所设定的用益物权。《民法典》第344条规定:“建设用地使用权人依法对国家所有的土地享有占有、使用和收益的权利,有权利用该土地建造建筑物、构筑物及其附属设施。”至于其他建设用地使用权,如集体建设用地的设定,则按照国家土地管理的法律规定办理,《民法典》未作规定。但土地管理法中的集体建设用地使用制度是根据社会主义市场经济需要进行的规定,也是我国物权制度创新的重要组成部分。

二是建设用地使用权是在所有权基础上设定的用益物权,其性质是民事权利。这是我国建设用地使用权制度创新的基本点,是让土地进入市场,由市场对土地等资源配置发挥决定性作用的保障。用益物权是一种派生性权利,是在所有权基础上派生设定的权利。因所有权在本质上属于民事权利,其派生的用益物权当然就是民事权利,决不可能成为行政性权力。如果建设用地使用权不是民事权利,而是一种行政性权力,那建设用地这一重要的市场资源,就不能由市场进行配置,而是由政府进行配置,那社会主义市场经济的发展就会受到很大阻碍。因此,《民法典》物权编将建设用地使用权列入用益物权,为推动社会主义市场经济的健康发展,奠定了坚实的法律基础。

三是建设用地使用权主要是由出让和划拨两种民事法律行为方式设定的。在出让和划拨民事法律行为方式中,按照《民法典》第 347 条第 3 款的规定,以划拨方式设立建设用地使用权的,要严格控制。这样,出让民事法律行为方式就成为设立建设用地使用权最主要、最基本的方式。《民法典》第 348 条第 1 款规定:"通过招标、拍卖、协议等出让方式设立建设用地使用权的,当事人应当采用书面形式订立建设用地使用权出让合同。"招标、拍卖、协议等民事法律行为,其本身就是平等主体之间协商行为,由该平等协商行为订立的合同,是典型的民事合同。认为出让方是国家,其行为就是国家行政行为,出让方与受让方订立的合同是行政协议的观点,忽视了国家可以成为民事法律关系主体,而所有权是民事权利,国家所有权也应当是民事权利,基于所有权这一民事权利派生的用益物权也应当是民事权利。很显然,认为建设用地使用权出让合同是行政协议而不是民事合同的观点,与《民法典》的观点是相背离的。

四是建设用地使用权人取得建设用地使用权后,有权通过转让、互换、出资、赠与或者抵押等方式行使权利。如果说建设用地使用权的出让制度为我国社会主义土地市场建立了一级市场,那《民法典》第 353 条则为二级土地市场的建立奠定了法律基础。通过这一市场,土地使用权人通过转让、互换、出资、赠与或者抵押等民事法律行为,进行土地、资本、管理、技术等市场资源的最佳配置。经过30 多年的实践,建设用地使用权制度不断完善,不仅催生了我国的社会主义市场经济条件下的房地产市场,而且让房地产经济成为我国国民经济的重要组成部分。这次《民法典》编纂,再次将实践证明对社会主义市场经济发展具有重大推动作用的建设用地使用权制度写进民法典,就是对我国物权制度改革创新的充分肯定。

五是对建设用地使用权期限届满后如何续期问题进行了规定。这是这次《民法典》编纂时社会普遍关注的问题。我国的建设用地使用权,根据不同的用地类型,土地使用期限有不同的规定。由于建设用地使用权的出让有的已经有一定年限,如果期限届满,如何解决期限届满后的问题,这涉及建设用地使用权人的权利行使问题。《民法典》第 359 条第 1 款规定:“住宅建设用地使用权期限届满的,自动续期。续期费用的缴纳或者减免,依照法律、行政法规的规定办理。”这就让大量的房屋购买者知道,建设用地使用权可以自动续期,建筑在其上面的房屋所有权仍有法律保障,不会因为没有建设用地土地使用权而失去房屋所有权。该条第 2 款规定:“非住宅建设用地使用权期限届满后的续期,依照法律规定办理。该土地上的房屋以及其他不动产的归属,有约定的,按照约定;没有约定或者约定不明确的,依照法律、行政法规的规定办理。”非住宅用地主要包括工业用地、商业用地、综合用地等,其续期问题和期限届满后的房屋及其不动产的归属,依照法律规定和合同约定办理。按照我国现行法律规定,对于建设用地使用权人和房屋所有权人的合法权益都会依法保护,决不会损害其合法权益。

关于居住权的规定是《民法典》第十四章的全部内容。居住权制度的设置,是这次《民法典》编纂时新增加的内容,共有 6 条规定。作为一种独立的用益物权,居住权应当如何正确认识和理解呢?

第一,居住权是居住权人有权按照合同约定,对他人的住宅享有的占有、使用的用益物权、以满足生活居住需要。作为一种用益物权,居住权应当是设定在他人所有权上的权利,如果他人对房屋不拥有所有权而只有租赁权,则不能设定居住权,否则会损害真正的房屋所有权人的合法权益。同时,居住权只能设定在他人所有的住宅上,不能设定在诸如商业用房等其他房屋上。因为设定用益物权的目的是满足生活居住的需要,而不是其他目的。

第二,居住权的设定应当通过订立居住权合同来实现。具体来说,应当由住宅房屋所有权人与居住权人之间采用书面合同形式,来设立居住权。合同的内容,应当按照《民法典》第 367 条第 2 款的规定来确定:“居住权合同一般包括下列条款:(一)当事人的姓名或者名称和住所;(二)住宅的位置;(三)居住的条件和要求;(四)居住权期限;(五)解决争议的方法。”在居住权合同中,居住权人只能是自然人,不能是法人和非法人组织。因为设立居住权制度的目的是解决特殊类型的自然人的生活居住问题,不是解决法人和非法人组织对房屋的需求问题。住宅房屋所有权人可以是自然人,也可以是法人和非法人组织等民事主体。也就是说,法人和非法人组织可以用自己拥有所有权的住宅房屋,为其作出特殊贡献的员工、生活困难难以自己解决住房问题的职工等,通过订立居住权合同的方式解决他们的问题。至于居住条件、居住期限等合同的具体内容问题,由当事人自行协商解决。

第三,居住权应当无偿设立,住宅所有权人一般不能收取费用。正如前面所述,设立居住权制度,一般是解决亲属、长期共同生活的人以及其他相关人员等特殊人群的住房困难问题,故所有权人不能收取费用。如果收取费用,就与租赁没有区别,也就不是新的物权制度。但是,如果居住权人有一定经济能力,且愿意支付一定费用,法律不应当禁止。这就是《民法典》第368条规定“但是当事人另有约定的除外”的原因。不过,如果支付的费用已经达到租金的标准,则就与居住权制度设立的目的相冲突,原则上不能视为居住权制度。

第四,居住权人取得居住权的时间点。所有权人与居住权人订立居住权合同,合同应当自成立时生效。合同生效后,当事人应当向登记机构申请居住权登记。登记机构经审查并作出登记时,居住权人才取得居住权。因此,合同生效时不是居住权取得时,而登记完成时,才是居住权取得时。如果合同生效后,当事人一直没有进行登记,则居住权就一直没有取得。居住权登记十分重要,只有完成登记,居住权的排他性权利才能发挥作用。如果居住权期限没有届满,或者居住权人没有死亡时,住宅所有权人出卖该房屋所有权,新的房屋买受人无权要求居住权人腾退房屋。这一点,是居住权作为用益物权的排他性特征决定的。

第五,居住权人的权利和义务。居住权人取得居住权后,其权利就是有权居住该住宅,其他任何组织和个人应当履行尊重其居住的权利,并不得侵害其居住权利的法定义务。《民法典》第369条规定:“居住权不得转让、继承。设立居住权的住宅不得出租,但是当事人另有约定的除外。”这条规定实际上是为居住权人设定的义务。其法定的义务是不得将居住权进行转让,也不得将居住权作为遗产由其亲属继承;同时,对于其居住的住宅,居住权人不能出租。对居住的住宅之所以规定“当事人另有约定的除外”这一除外条款,主要是考虑居住权通常是对亲属、困难人群设定的,住宅所有权人为了保证他们的基本生活,同意他们出租部分住宅以获取相应的生活来源时,法律当然不应当禁止。但如果未获所有权人的同意,居住权人不能出租该居住住宅。

第六,居住权的消灭应当是居住权期限届满或者居住权人死亡。居住合同如果约定了居住期限,则期限届满,居住权消灭的条件具备,居住权人就应当腾退房屋。如果居住权的设定没有确定居住期限,应当视为居住权人可以居住到死亡。

居住权人死亡的事件发生，居住权消灭，房屋所有权人有权收回房屋，恢复其对房屋的完整所有权。居住权消灭时，当事人应当及时办理居住权注销登记。

居住权制度的设立，对于今后解决特殊困难人群的住房问题开辟了一个新的路径。这有助于社会的和谐稳定建设，也对于中国老龄化社会中如何解决老年人养老的问题开辟了一个新的思路。由于居住权制度是新设立的制度，在今后的司法实践中还可能遇到一些新情况和新问题，有待于今后认真总结经验，以保证这一新制度更好地发挥作用。

关于宅基地使用权和地役权这两种用益物权，后面的具体法律适用还要具体论述，这里就不再叙述。

《民法典》物权编的第四分编为担保物权。我国法律最早是在《民法通则》第89条中规定了担保制度。1995年6月，第八届全国人大常委会第十四次会议通过了《担保法》。该法共96条，从保证、抵押、质押、留置、定金五个方面对我国的担保制度进行了规定。2007年3月，第十届全国人大第五次会议通过了《物权法》。该法第四编用专编的方式对担保物权进行了规定，该编除一般规定外，用专章对抵押权、质权、留置权三种担保物权形式分别予以了规定。本次《民法典》编纂，主要以《物权法》的担保物权为基础，作为物权编担保物权分编的内容。担保物权分编由一般规定、抵押权、质权、留置权四章构成。在一般规定中，主要规定担保物权的含义、担保物权与主债权债务合同之间的关系、担保物权担保的范围、担保责任的承担、担保物权的消灭等一般性规则；在抵押权中，主要规定一般抵押权和最高额抵押权的具体内容，这部分是实践中使用最多、最广泛的内容；在质权的规定中，主要规定动产质权和权利质权的具体内容；在留置权中，就债权人如何留置合法占有的债务人的动产，并就该动产如何优先受偿作出了具体规定。本分编从第386条至第457条，共计72个条文。本分编的相关内容是法律技术性最强、民商事审判工作运用最多、最广，也是审判实践中存在问题最多的部分。对这些存在的重点、难点和热点等问题，主要由下面专题进行论述，本概述不一一叙述，但对最基本的几个重要问题在这里作一个提示：

一是应当明确担保物权设立的目的。《民法典》第387条第1款规定："债权人在借贷、买卖等民事活动中，为保障实现其债权，需要担保的，可以依照本法和其他法律的规定设立担保物权。"很显然，担保物权就是为了在债权债务活动中，保证债权人的债权能够实现而创立的一项法律制度。这项法律制度设立的目的，就是要保证担保物权人在债务人不履行到期债务，或者发生当事人约定的实现担保物权的情形时,依法享有就担保财产优先受偿的权利。在设立担保物权时,提供担保财产并为债务人履行债务担保的人为担保人;接受担保人提供担保的人为担保物权人。在审理担保物权类案件时,明确担保物权设立的目的十分重要,如果相关当事人设立担保物权时,没有主债权债务合同,或者主债权债务合同是虚假合同,那这时设立担保物权就违背了担保物权设立的目的,该设立行为就是无效的民事法律行为。因此,担保物权合同是从合同,它必须以真实、合法、有效的主债权债务合同的存在为前提条件,如果主债权债务合同不真实、无效、未成立,则担保物权合同就不可能有效。由于这类现象在审判活动中经常可以见到,应当引起我们的注意。

二是在设立担保物权时应当注意平衡好相关合同当事人的利益。设立担保物权的目的是保障债权人债权的实现,但如果债权人在实现担保物权时,超出了其债权实现的范围,则对担保人的利益是一种损害。正因如此,这次《民法典》编纂时,始终将担保物权实现的权利,限定在对担保财产享有优先受偿的范围内。在法学学术研究和审判实践中,一直存在应当将"流押"和"流质"予以合法化的观点。所谓"流押",是指抵押人将抵押物用于抵押后,如果债务人不能偿还到期债务,不管抵押物价值有多大,该抵押物应当归抵押权人所有。所谓"流质",是指质押人将用于质押的动产或者权利交付给质押权人后,如果债务人不能偿还到期债务,不管质押物或者质押的权利的价值有多大,该质押的动产或者权利都归债权人所有。在这次《民法典》编纂过程中,经过认真研究,没有采纳"流押"和"流质"有效的观点。例如,《民法典》第 401 条规定:"抵押权人在债务履行期限届满前,与抵押人约定债务人不履行到期债务时抵押财产归债权人所有的,只能依法就抵押财产优先受偿。"担保物权人就抵押财产的优先受偿,只能在自己债权实现的范围内,超出债权范围的剩余部分,应当归还抵押人。第 438 条规定:"质押财产折价或者拍卖、变卖后,其价款超过债权数额的部分归出质人所有,不足部分由债务人清偿。"与抵押的不同,质押需要将质押物或者质押权利交付给担保物权人保管。在债务人不能履行到期债务时,质押权人只能将质押物予以折价或者拍卖、变卖,不能将质押物归自己所有;处分质押物的价款超出债权的部分则应当归还出质人。之所以没有采纳"流押"和"流质"有效的观点,就是要平等保护抵押人和出质人的合法权益。在担保物权分编中,平等保护各方当事人合法权益的规定条款还有不少,在实施中应当注意把握。

三是在设立抵押权时应当注意法律规定的能够用于抵押的财产和不能用于抵押的财产。《民法典》第 395 条第 1 款规定:"债务人或者第三人有权处分的下列财产可以抵押：（一）建筑物和其他土地附着物；（二）建设用地使用权；（三）海域使用权；（四）生产设备、原材料、半成品、产品；（五）正在建造的建筑物、船舶、航空器；（六）交通运输工具；（七）法律、行政法规未禁止抵押的其他财产。”这条规定与原《物权法》规定的可以抵押的财产相比，增加了“海域使用权”，删去了原第 3 项“以招标、拍卖、公开协商等方式取得的荒地等土地承包经营权”的规定。《民法典》第 399 条规定：“下列财产不得抵押：（一）土地所有权；（二）宅基地、自留地、自留山等集体所有土地的使用权，但是法律规定可以抵押的除外；（三）学校、幼儿园、医疗机构等为公益目的成立的非营利法人的教育设施、医疗卫生设施和其他公益设施；（四）所有权、使用权不明或者有争议的财产；（五）依法被查封、扣押、监管的财产；（六）法律、行政法规规定不得抵押的其他财产。”这条规定最重要的修改，就是将《物权法》第 184 条第 2 项不得抵押的财产中删去了“耕地”，这一修改是为了与土地承包经营权改革的规定相协调。应当看到，担保物权设立的目的是保障债权人债权的实现，在对个人的权利进行保护时，不能损害国家利益、社会公共利益和他人的合法权益。这是实施担保物权制度的前提条件，也是第 399 条规定的目的。在这条的 6 项规定中，意思均明确具体，无须细述。但第 2 项明确规定宅基地、自留地、自留山等集体所有土地的使用权不能作为抵押财产，其原因是具有本农村集体组织成员资格的农户才能拥有上述土地的使用权。如果上述理由成立，那以家庭（或者农户）为主体的土地承包经营权，以及以其他方式承包的包括“四荒地”在内的农村土地的承包经营权，能不能作为抵押财产呢？首先，农户的土地经营权可以作为抵押财产。按照《民法典》和《农村土地承包法》的规定，农户从本集体经济组织取得土地承包经营权后，可以在承包权与经营权相分离的基础上，有权将土地经营权进行以出租、入股或者其他方式流转，并可以用土地经营权作融资担保。其次，农户的承包权则不能作为抵押财产。农户承包权的取得，是以农户成员具有本集体经济组织成员资格为前提的。这一点与宅基地、自留地、自留山使用权的取得方式是一样的。所以农户的承包权不能作为抵押财产。最后，以其他方式承包的土地，可以作为抵押财产。所谓其他方式的承包，就是《农村土地承包法》第 48 条规定的“不宜采取家庭承包方式的荒山、荒沟、荒丘、荒滩等农村土地，通过招标、拍卖、公开协商等方式”的承包。对于其他方式的承包，《民法典》第 342 条规定：“通过招标、拍卖、公开协商等方式承包农村土地，经依法登记取得权属证书的，可以依法采取出租、入股、抵押或者其他方式流转土地经营权。”显然，虽然《民法典》第 395 条在可以抵押的财产中，将物权法中其他方式的承包取得土地承包经营权删去,但也没有将其列入第 399 条规定的不得抵押的财产范围。因此,其他方式承包的农村土地,可以列入第 395 条第 7 项规定的“法律、行政法规未禁止抵押的其他财产”的范围,可以作为抵押财产。

《民法典》物权编所确定的物权法律制度,是新中国成立以来,特别是中国特色社会主义制度确立以来正反两个方面的经验和教训的总结。为此,在社会主义初级阶段是一个相当长的历史阶段的判断基础上,为适应中国特色社会主义市场经济的建立和发展,我们确立了公有制与私有制并存,以公有制为主体,多种所有制经济共同发展的所有权制度;为保证财产所有权行使效率的最大化,通过不同的法律形式确定财产所有权的多种利用方式;为保证市场在资源配置中发挥决定性作用,通过所有权与所有权权能相对分离,确立了用益物权制度;为发挥物权在市场交易中的最大效益,结合中国实际规定了担保物权制度。这一完整的物权制度既克服了单一公有制的缺陷,也克服了私有制的弊端,解决了苏联和东欧社会主义国家几十年社会主义实践中想解决而没有解决的问题。这些物权制度通过法典编纂方式被写进《民法典》中,不是立法者近几年的新发现,而是 70 多年来,特别是改革开放 40 多年来,全体中国人民在中国共产党的领导下,艰辛探索中国特色社会主义经济发展道路的智慧结晶。它被写进《民法典》,不仅是对过去几十年来中国发展成绩的肯定,更是对将来中国未来社会发展的指引。因此,中国的社会主义物权制度,是中国在借鉴国内外优秀法律文化基础上形成的,是对世界法律制度和法律文化的贡献。

第二章　物权的设立、变更、转让和消灭

专题一　物权登记在物权的设立和变动中的作用

《民法典》第209条第1款规定："不动产物权的设立、变更、转让和消灭，经依法登记，发生效力；未经登记，不发生效力，但是法律另有规定的除外。"这一规定确立了我国不动产物权登记生效的原则。在这里，物权的设立、变更、转让和消灭，即物权的设立或者变动，是民事法律行为或者事实行为的结果，还是行政机关登记行为决定的呢？这个问题是困扰民事审判工作的一个问题，应当予以澄清。

本书认为，物权的设立、变更、转让和消灭，是由当事人的民事法律行为或者事实行为导致的，不是由行政机关的登记行为产生的。其理由为：

首先，物权为私权而非公权。无论是财产所有权、用益物权，还是担保物权，其权利主体无非是国家、集体、法人组织、非法人组织和私人等民事主体。当民事主体要在不动产或者动产上设立或者变更物权时，他们往往要通过合同方式等民事法律行为将设立或者变动物权的处分意愿予以固定，而后再通过申请登记或者交付民事法律行为，实现自己的处分意愿；或者通过建造这一事实行为形成房屋或者构筑物，而后申请登记，让自己的建造成果得以向社会公示并取得社会认可。可见，物权的设立或者变动的原因，是民事法律行为或者事实行为等法律事实。

其次，行政登记机构不是民事主体，不享有物权，不可能设立或者变动物权。任何一个民事权利，要产生授权的法律效果，必须要拥有该民事权利。例如，A只有拥有房屋，才能出卖房屋，才能通过A出卖房屋的民事法律行为，使房屋所有权发生物权变动。如前所述，不动产登记机构不是民事主体，其登记行为也不是民事法律行为，当然就不可能是物权设立或者变动的原因行为。正因如此，在不动产登记过程中发生的当事人之间的物权争议，应当作为民事案件处理。由于在审判实践中还存在一些模糊认识，需要在这里予以澄清。

最后,行政登记机构的登记行为是具体行政行为,是对民事主体设立和变动物权的处分意愿向社会公示。在登记过程中,登记机构会依法要求申请登记人提供权属证明或者其他能够证明可以获得物权登记的必要的材料,并按照一定的程序进行。根据申请人提供的材料,登记机构经审查,如申请登记人的申请符合登记要求,则应当向申请人颁发权利证书。登记完成之日,物权设立或者物权变动即发生法律效力。可见,登记机构的登记行为,不是授权行为,而是社会公示行为;登记过程是向社会公示的过程,登记结果是向社会公示的结果。这种社会公示的目的有二:一是如果其他利害关系人认为设立或者变动的物权侵害了他的利益,有权向登记机构提出,以免损害真正权利人的合法权益。二是经过登记程序后,登记机构向设立或者变动后的物权人发给权利证书,证明物权人对不动产拥有的权利是可靠的。法律之所以规定不动产实行登记制度,并以登记完成日作为物权设立或者变动发生法律效力的日子,是因为不动产是民事主体的重大民事权利,由国家登记机构帮助把关,对于保护不动产财产安全,维护民事主体的权利有益。正因如此,这次《民法典》编纂时,还专门规定国家要建立不动产统一登记制度,并对登记的范围、登记机构和登记办法予以统一。

专题二　物权合同效力与物权登记效力的关系

《民法典》第 215 条规定:“当事人之间订立有关设立、变更、转让和消灭不动产物权的合同,除法律另有规定或者当事人另有约定外,自合同成立时生效;未办理物权登记的,不影响合同效力。”该条规定是从《物权法》第 15 条移植过来的。因为该条对设立和处分物权的合同效力与物权登记的效力进行了区分,正确处理了合同与物权设立、变动的关系,并经审判实践证明是行之有效的规定,这次《民法典》编纂时就未作修改,直接纳入《民法典》中。由于此条规定在审判实践中使用广泛,且容易被误读,需要进行解读。在适用本条规定时,应当注意以下几点:

首先,当事人之间就有关设立、变更、转让和消灭不动产物权订立的合同,其合同一般自合同成立时生效。例如,购房人购买预售房屋,他与出卖人之间订立的房屋买卖合同,一般从双方订立合同之日起生效。但因这是预售合同,房屋并没有交付,更没有进行产权登记,房屋的所有权还未办到购房人名下。这里所说的合同"一般"自合同成立时生效,是指法律另有规定或者当事人另有约定的,应当按照法律的规定和当事人的约定办理。例如,法律规定合同需要批准才能生效的,合同成立时还不能发生法律效力,只有在有关部门批准后才能生效;如果当事人之间在合同中约定了合同生效的时间或者条件,那合同成立时还不能发生法律效力,只有在合同约定的时间届满,或者合同约定的条件具备以后,才能发生法律效力。

其次,当事人取得物权或者完成物权变动的时间,应当是在登记机构完成登记的时间。如前所述,如果购房人一年后从卖房人那里得到房屋,并在登记机构进行了登记,那从登记完成之日起,购房人正式取得对房屋的所有权。很显然,前面所述的合同生效的时间,与购房人物权取得的时间是不一样的。前者是在一年前,后者是在合同生效一年后。

最后,当事人在合同约定的时间不能取得物权,则应当按照合同约定或者法律规定追究违约者的民事责任。购房人不能按照合同约定取得房屋,主要原因有:一是房屋出卖人不能完成房屋所有权的变动。这可能是因为房屋尚未完工,无法交付;可能是"一房多卖"无法交付房屋;可能是房屋质量有问题无法交付;可能是开发商未支付土地出让金,办不了产权证;可能是房屋开发违反城市规划,楼盘成为违章建筑;可能是没有取得建设用地使用权违规开发等。二是购房人没有履行相应的合同义务,房屋出卖人拒绝交付房屋。在此情况下,就应当按照当事人之间的合同约定,由违约方承担民事责任,双方都违约的按照各自该承担的义务,确定民事责任。这就是为什么《民法典》第 215 条要规定"未办理物权登记的,不影响合同的效力"的原因。

在《物权法》出台之前,在民事审判实践中存在的土地和房屋买卖,只要因不动产交易不能办理产权证,不动产交易合同就按无效处理。这种不将合同效力与物权设立或者变动效力区分开来的做法,给无权处分者或者合同违约者留下了"钻空子"的机会。《物权法》第 15 条出台后把这个漏洞给堵上了,相应的矛盾纠纷也减少了很多。目前在民商事审判中已基本厘清了对物权变动与合同效力的区分。在无权处分的合同中,以建设用地使用权转让合同为例,如果该土地为划拨土地,则该土地使用权不能发生物权变动,但该类合同并非绝对无效,而为无权处分合同。若国家批准该划拨土地转变为出让土地,则物权能够实现变动,合同目的实现,合同自然有效;若国家不批准该划拨土地转变为出让土地,则登记机构不会对该物权的变动予以登记,建设用地使用权的物权变动就无法完成。在此情况下,该土地使用权转让合同仍为有效合同,只是因物权无法变动,当事人应当按照合同约定和法律规定承担相应的违约责任。

专题三　异议登记生效后,利害关系人是否有权起诉主张物权

《民法典》第220条规定:"权利人、利害关系人认为不动产登记簿记载的事项错误的,可以申请更正登记。不动产登记簿记载的权利人书面同意更正或者有证据证明登记确有错误的,登记机构应当予以更正。不动产登记簿记载的权利人不同意更正的,利害关系人可以申请异议登记。登记机构予以异议登记的,申请人自异议登记之日起十五日内不提起诉讼的,异议登记失效。异议登记不当,造成权利人损害的,权利人可以向申请人请求损害赔偿。"这里需要明确两个概念:一是更正登记。所谓更正登记,是指不动产的权利人或者利害关系人认为不动产登记簿上记载的事项有错误,侵害了自己的权利,其有权向登记机构申请对该登记错误予以更正。例如,利害关系人认为登记簿记载的房屋不是权利人的,是自己的,其有权提供相关材料,并向登记机构申请将该房屋登记在自己的名下。利害关系人提出申请后,权利人同意将该房屋登记在利害关系人名下,则登记机构可以作出更正登记,将利害关系人作为权利人登记在登记簿上。二是异议登记。所谓异议登记,是指登记簿上的权利人不同意更正时,利害关系人可以就登记簿记载的事项提出异议,并可以向登记机构申请异议登记。异议登记的意义在于,当登记机构准予异议登记后,因登记的不动产存在权利争议,登记簿记载的权利人不能对登记的不动产进行处分。

利害关系人的异议登记被准许后,利害关系人应当如何行为呢?《民法典》第220条第2款规定:"登记机构予以异议登记,申请人自异议登记之日起十五日内不提起诉讼的,异议登记失效。"也就是说,利害关系人在异议登记生效后,应当立即就权利争议向人民法院提起民事诉讼。如果在15日内不提起诉讼,则其异议登记失效。

异议登记失效后会产生什么样的法律后果呢?利害关系人还有权提起民事诉

讼解决权利争议吗？从《民法典》第 220 条的规定来看，异议登记失效，是指利害关系人在登记机构被准许的异议登记失去法律效力。该异议登记失效后，其法律后果为登记簿记载的权利人可以对登记财产即争议的不动产进行处分，登记机关不再予以限制。15 日的期限系针对异议登记是否失效的期限，而非对利害关系人的诉讼权利进行限制。如果 15 日以后，利害关系人认为需要对登记簿记载的不动产主张权利，可以依据相关法律规定向人民法院提起民事诉讼。只是这时提起的民事诉讼，因异议登记已经失效，登记机关不再对权利人处分不动产进行限制，利害关系人存在争议不动产有被登记簿记载的权利人处分的风险。但利害关系人起诉以后，如认为有必要的，可以向人民法院对不动产申请诉讼保全；人民法院经审查后，认为有必要对争议不动产进行诉讼保全的，可以裁定对登记簿记载的争议不动产进行保全。人民法院依照法律程序对争议不动产进行审理并作出终审裁判后，登记机构应当根据当事人的申请和人民法院的裁判结果，对登记簿记载的权利人及其事项进行更正登记。

专题四　不动产交易预告登记的法律效力

《民法典》第 221 条规定："当事人签订买卖房屋的协议或者签订其他不动产物权的协议，为保障将来实现物权，按照约定可以向登记机构申请预告登记。预告登记后，未经预告登记的权利人同意，处分该不动产的，不发生物权效力。预告登记后，债权消灭或者自能够进行不动产登记之日起九十日内未申请登记的，预告登记失效。"该条规定是从《物权法》第 20 条移植过来的，经过 10 多年的实践，证明不动产的预告登记制度是适合中国国情的。这次《民法典》编纂时，基本上采用了《物权法》第 20 条的表述，但扩大了预告登记的范围。

为什么要制定预告登记制度呢？当年在对《物权法（草案）》进行讨论时，我们反映了审判实践中遇到的真实案例。有一开发商预售房屋，有若干户小业主分期交付全部预售房屋款。交付房屋时间到后，开发商如期交付房屋，但没有给小业主办下产权证，原因是开发商未交足土地出让金，没有正式办下大产权证。后因开发商借款支付了土地出让金并办下了大产权证，为偿还债权人的债务，开发商将已经交付给小业主的房屋又卖给了债权人抵债,并将房屋正式过户到债权人名下。为此,债权人起诉到法院,并拿出房屋产权证,要求小业主腾退房屋。在此案例中,小业主没有任何过错,没有办下产权证是因开发商未交足土地出让金。如果绝对适用登记取得产权原则,小业主的合法权益如何维护?经过激烈的讨论,后来终于找到一个办法,就是建立预告登记制度,既能维护类似本案小业主的合法权益,又能保证不动产登记制度的权威。

《民法典》第221条规定的不动产交易预告登记制度应当如何理解呢?一是当事人应当签订不动产交易合同。当事人签订的不动产交易合同包括房屋买卖协议,或者其他不动产协议,如土地使用权转让协议等。没有不动产交易当然不会有预告登记的必要。二是当事人在签订不动产交易合同时,应当约定买受人可以向登记机关申请预告登记。在不动产交易中,从签订合同到因登记产生不动产物权变动之间会有一定的时间间隔。如果间隔时间较短,自然不必约定预告登记,直接进行物权变更登记即可。但如果间隔时间较长,为保证买受人以后能够顺利登记,实现物权,就有必要在不动产交易合同中约定买受人申请预告登记的内容。三是当事人可以依据合同约定向登记机构申请预告登记。经登记机构登记后,当事人依据预告登记取得未来不动产物权设立或者物权变动优先登记权。如果当事人有了合同约定而不提出登记申请,预告登记的优先权不能自动取得。合同约定只是预告登记优先权取得的依据,而不是登记优先权本身。四是登记优先权的法律效果是阻却其他人登记取得不动产物权的行为。按照《民法典》第221条的规定,"未经预告登记的权利人同意,处分该不动产的,不发生物权效力"。这就对以前取得物权的登记行为进行了限制。这种对登记行为的限制没有否认不动产登记制度,相反是对登记制度的进一步完善。五是通过预告登记取得的登记优先权的权利边界,是债权消灭和超出法定期限的优先权自动丧失。所谓债权消灭,应当包括两个方面:一方面,不动产交易完成,当事人通过登记已经取得不动产物权,债权自然消灭;另一方面,当事人通过解除合同等方式消灭了不动产交易的债权债务关系,预告登记存在的基础消失,其登记优先权也就自然消灭。除此之外,如果当事人能够进行不动产登记,但其未行使登记优先权且时间超过90日,预告登记失效。法律作出如此规定,其目的是促使当事人及时行使权利,以免过分拖延使对方当事人的权利受到损害。

专题五　特殊动产物权的登记效力

《民法典》第 224 条规定:“动产物权的设立和转让,自交付时发生效力,但是法律另有规定的除外。”该条的核心问题是动产物权的设立和变动问题。就一般动产而言,物权的设立和变动从动产交付到相对人时发生法律效力。这里所说的法律另有规定的除外,通常是指法律规定需要在登记机构登记的动产和其他法律有关动产发生物权设立和变动的规定。需要在登记机构登记的动产,其物权设立和变动应当自登记时发生法律效力。《民法典》第 225 条规定:“船舶、航空器和机动车等的物权的设立、变更、转让和消灭,未经登记,不得对抗善意第三人。”按照我国现行法律的规定,船舶、航空器和机动车等动产的转让,通常要求进行登记。登记成为这类动产物权取得和变动的标志。而在实践中,这些动产转让不经登记而直接交付的情况非常多,有些甚至“一物二卖”,登记与交付相互混杂,情况十分复杂。在此情况下,物权的取得或者变动变得十分复杂,其中又以机动车的交易最为复杂。以机动车的物权变动为例,可能存在三种情况:一是甲与乙订立合同,将机动车卖给乙后,甲又与丙订立合同将车卖给丙并交付给丙;二是甲将机动车转让给乙,并进行了登记,而后甲将车再转让给丙并交付给丙;三是甲将机动车转让给乙并交付给乙,而后甲将车再转让给丙并登记。以上三类情形均在审判实践中大量出现。依据《买卖合同司法解释》第 7 条的规定,第一种和第二种情形的车辆所有权归丙,第三种情形归乙,但学界对此存在争议。

上述机动车交易的合同均不能轻易认定买卖合同无效,但需要注意将合同效力与物权变动效力区分开来。在“一车二卖”的两份合同中,只有一份合同买受人有权取得机动车物权,另一份合同则应当根据合同约定和履行情况确定违约责任。未经登记的机动车,因按照合同约定交付以后,买受人对出卖人的返还请求权可以进行对抗。其具体理由为:首先,买受人取得机动车有合同依据,具备合法性。其次,买受人被限制对抗权的范围仅为善意第三人,不包括作为合同相对方的出卖人,这一点比较重要。因为买受方得到机动车是基于出卖人依据合同约定的交付,故出卖人不得行使返还请求权。最后,未经登记的机动车依合同约定交付以后,买受人对不能证明自己为善意的第三人,有权对其交付机动车的请求予以对抗。第三人请求机动车占有人向其交付机动车,应当证明其与出卖人的交易为善意,此时举证证明责任在第三人,而非买受人。该举证证明责任的分配原因为,第三人与出卖人的交易是否为善意只有出卖方与第三人最清楚,买受方因没有掌握证据来源而很难完成证据的提供。

另外,对于转让人的债权人,主张其为《民法典》第225条规定的善意第三人,应当如何处理呢?《民法典物权编解释(一)》第6条规定,转让人转让船舶、航空器和机动车等所有权,受让人已经支付合理价款并取得占有,虽未经登记,但转让人的债权人主张其为《民法典》第225条所称的"善意第三人"的,不予支持,法律另有规定的除外。按照这一规定,如果机动车的车主将车辆出让给买受人,如车主负债,车主的债权人主张追回车辆,转让人的债权人是不能认定为善意第三人的。因为善意第三人的认定应当具备以下条件:第一,买卖双方已经订立买卖合同且合同成立;第二,受让人已经支付对价,此处对价不一定为全款,只要按照合同约定支付对价即可;第三,受让人已经取得占有;第四,法律另有规定除外。机动车车主的债权人是另一个债权债务关系的当事人,不具备《民法典》第225条规定的善意第三人的条件,要以善意第三人的身份追回已经交付的机动车不能得到支持。

专题六　已经依法占有动产时动产物权的设立与变动

当事人对动产物权的设立和变动一般先有意思表示,再有对动产的交付。特殊情况下,可能存在动产已经为买受人先行占有,而后才有双方当事人互相协商一致进行物权的设立和变动。在此情况下,出卖人显然无须再履行交付行为,故法理上将此情形下的交付作为民法上的简易交付。对此,《民法典》第226条作出专门规定:"动产物权设立和转让前,权利人已经占有该动产的,物权自民事法律行为生效时发生效力。"具体来说,在适用该条规定时应当注意:第一,买受人占有动产必须具备合法性。通常的合法占有包括租赁、质押、借用等情形;非法占有他人财物如偷盗、抢夺、欺诈等行为,不能适用第226条,以防止出现强买强卖、巧取豪夺等问题。第二,适用简易交付之前,占有人占有动产物的法律关系已经成立并生效,如租赁关系、借用关系、质押关系等。如该法律关系尚未成立、标的物尚未交付则不能适用简易交付。第三,简易交付情形下的物权变动时间与一般动产交付的物权变动时间不一致。简易交付时,物权变动的时间应当自当事人设立和变动物权的民事法律行为生效时发生效力。如标的物之前已经因其他民事法律行为完成交付,那当事人订立的买卖合同生效的时间是物权变动时间,而基于租赁、借用合同而产生的交付时间不是物权变动的时间。但在一般动产交付中,则是设立和变动物权的合同生效后才有动产交付行为,物权的设立和变动才可能发生。

专题七　动产物权设立和变动前第三人占有动产的物权变动

《民法典》第227条规定:"动产物权设立和转让前,第三人占有该动产的,负有交付义务的人可以通过转让请求第三人返还原物的权利代替交付。"按照该条规定,动产物权的出让人在签订动产物权转让合同后,为履行交付动产物权的法律义务,可以通过转让请求第三人返还原物的权利完成交付,即民法上的指示交付。适用第227条指示交付需符合的条件为:第一,动产物权出让人对动产享有物权,或在约定交付的时间内享有物权;第二,动产物权设立和转让以前,第三人已经占有动产;第三,动产物权受让人同意通过转移原物返还请求权,代替出让人的交付义务。关于第一点,交付时享有物权,是指在签订动产物权转让合同时,出让人不一定已经完整取得了物权,但是在交付动产物时应当已经取得物权。关于第二点,第三人占有动产时一般应为合法占有,但是在一定情况下非法占有亦应当允许适用指示交付。所以这次《民法典》编纂时,本条就将原来《物权法》第26条中表述的"第三人依法占有"改为"第三人占有",删去了"依法"二字。例如,借用人借用汽车的时间是一年,到期后借用人不还该车,借用人对该车的占有已经不具有合法性。为此,汽车所有权人将该车卖给他人,然后将该车的返还请求权转让给买车人代替交付即属于这种情形。关于第三点,适用指示交付设立和转让物权的,其物权变动生效时间,为返还原物请求权转让合同生效的时间。指示交付中,负有交付义务的人即动产物权的出让人,应当与受让人达成返还原物请求权转让协议。实践中,出让人与第三人之间可能存在民事争议,受让人应在签订返还原物请求权转让协议时,预测到可能出现第三人不交付的情形。若出让人与第三人的民事争议系围绕同一动产产生,审判实践中切不可忽视第三人的合理抗辩。如出让人与第三人之间关于动产物的物权归属存在争议,第三人可提出抗辩。此案权属争议应当另案先行解决。如出让人与第三人之间的民事争议不是围绕同一动产,而是其他民事诉讼,则法院应当依据法律规定独立审理返还原物请求权案件,二者不属于同一法律关系,可自行另案处理。

专题八　动产物权转让时约定出让人继续占有动产的物权变动

《民法典》第 228 条规定:"动产物权转让时,当事人又约定由出让人继续占有该动产的,物权自该约定生效时发生效力。"这种动产物权的转让方式,即民法上的占有改定。该条款的适用条件为:第一,动产物权的转让合同已经订立。第二,当事人约定出让人继续占有该动产,出让人不再履行交付义务。这里的当事人约定,可以是动产物权转让合同中的约定,也可以是在动产物权转让合同成立之后另行订立的合同中的约定。第三,出让人继续占有动产的依据应为其他民事法律关系。出让人以前占有动产的是因其对该动产拥有物权,但动产转让给受让人后,受让人即为动产的权利人,出让人应将该动产交付给受让人。如果出让人要将动产继续留在出让人处,必须要有其他民事法律关系为依据。例如,出让人将出让的挖掘机又通过租赁合同租回来使用,出让人将出让的货柜车通过借用方式借回来使用等,都是用其他法律关系让出让人继续占有动产的依据。第四,动产物权变动的时间,为物权转让协议生效的时间。这种类型的物权变动时间,不同于通常情况下以交付作为物权变动时间。此类物权变动时的交付,因双方约定为出让人继续占有而并未实际发生,但出让人的占有已经与原来作为物权人的占有具有本质区别。后者是以其他民事法律关系为依据产生的占有,不再是物权人的占有。由于此类物权变动时的"交付",对外公示行为实际并未发生,物权效力在出让人和买受人之间可以对抗,但在第三人不知道或不应当知道该情况时,原出让人再次将动产出卖,原买受人的权利可能因善意第三人受到损害。鉴于此,实践中的占有改定对交易双方的诚信提出了更高的要求,对此我们应当有清醒的认识。

专题九 人民法院、仲裁机构的法律文书和人民政府的征收决定等国家行为的物权效力

人民法院、仲裁机构的法律文书和人民政府的征收决定等国家行为的物权效力问题是审判实践中经常遇到的问题。按照《民法典》第229条的规定:"因人民法院、仲裁机构的法律文书或者人民政府的征收决定等,导致物权设立、变更、转让或者消灭的,自法律文书或者征收决定等生效时发生效力。"按照这一规定,能够导致物权设立、变更、转让或者消灭的国家行为主要有以下几种形式:

一是人民法院的法律文书。主要包括判决、裁定和调解书。人民法院能够产生物权效力的判决和裁定较多,例如,人民法院因确权之诉、返还原物之诉、损害赔偿之诉等,都可以产生物权效力。在审判实践中,引起争议较多的是人民法院的调解书。一些人认为,调解书是双方妥协的产物,不是人民法院依法作出的判决,不应产生物权效力。但是应当看到,人民法院的调解书与人民调解组织或其他调解组织经过调解产生的调解书,以及双方当事人通过协商达成的调解协议是不同的。它是在民事诉讼过程中,在独任法官或者合议庭的主持下达成调解协议后,以人民法院的名义制作的法律文书,它体现国家意志,具有国家强制执行力,属于国家行为的范畴。因此,人民法院的调解书具有能够导致物权设立、变更、转让和消灭的效力。人民调解组织和其他社会组织经过调解产生的调解书,如果按照民事诉讼法规定的程序,经过司法确认,应当具有人民法院调解书的功能,也可以具有物权效力。至于当事人的和解协议,包括在执行程序中当事人达成的和解协议,因不属于人民法院调解书的范围,不应当具有物权效力。未经司法确认的人民调解组织的调解书、当事人之间的和解协议,只能作为民事法律行为达成的协议,其能否产生物权效力,还要按照法律的规定,不动产经过登记,动产经过交付后,才能产生物权效力。

二是仲裁机构的仲裁文书。仲裁机构不是国家机关,而是民间社会组织。但法律规定仲裁机构作出的仲裁文书属于法律文书,经当事人申请如果没有不得执行的事由,人民法院应当执行仲裁文书。可见,仲裁机构作出的仲裁文书具有国家强制力。仲裁机构虽然不是国家机构,但因法律赋予仲裁文书以国家强制力为保障的执行能力,该机构自然具有了准国家机构的地位。

三是人民政府的征收决定。《民法典》第 243 条第 1 款规定:"为了公共利益的需要,依照法律规定的权限和程序可以征收集体所有的土地和组织、个人的房屋以及其他不动产。"政府为了公共利益,采用国家强制力的方式对集体所有的土地和组织、个人的房屋和其他不动产进行征收后,其财产的所有权属性都将发生变化,即从集体财产和私有财产转变为国家所有的财产。因此,政府的征收决定具有能够改变物权归属的物权效力。当然,政府在进行征收时,应当按照法律规定给予合理的补偿和解决因征收而造成的被征收人的生产、生活困难,维护被征收人的合法权益。这是另一个重要的法律问题,这里不再详述。

人民法院、仲裁机构的法律文书和人民政府的征收决定等国家行为不仅具有能导致物权设立和变动的物权效力,其物权效力发生的时间也与民事主体关于设立、变更、转让和消灭物权的民事法律行为不同。法律文书和征收决定的物权效力,从法律文书和征收决定发生法律效力时生效。例如,人民法院的确认之诉,有二审判决的,从二审判决生效时物权的设立和变动发生效力;仲裁裁决发生法律效力时,所涉物权的设立和变动发生效力。民事主体设立和变动物权的民事法律行为,通常会先协商订立合同。合同成立生效后,再按照合同的约定,不动产通过登记,动产通过交付等民事法律行为,使设立和变动的物权法律效力产生。正因如此,《民法典》才将法律文书和征收决定等作为一种特殊的物权设立和变动方式。

专题十　事实行为设立和消灭物权的法律效力

在建造房屋和拆除房屋时,该事实行为在设立或者消灭物权方面产生的问题,在审判实践中经常遇到。《民法典》第 231 条规定:"因合法建造,拆除房屋等事实行为设立或者消灭物权的,自事实行为成就时发生效力。"按照该条规定,合法建造的事实行为该如何理解呢？

一是建造行为合法，且建造行为履行完毕，房屋已经建成的问题。在此种情况下，建造人是已建造房屋的物权人或者物权登记的申请人。例如，农村集体经济组织成员组成的农户申请宅基地使用权后，自行建造房屋完毕的，则该农户就是房屋的所有权人。因为农村自建房屋没有规定必须登记，房屋建成之日即房屋所有权形成之时。如果是开发商开发修建房屋，房屋修建完成之日，开发商通过建造事实行为这一方式，对该房屋取得原始物权。开发商取得的房屋原始物权，只能享有占有和使用权，不能行使处分权。以后通过不动产登记正式取得完整物权后，才能对该房屋行使处分权。

二是建造行为已经完毕，但还不具有完全的合法性或者合法性尚待认定的问题。例如，某一建筑物已经竣工，但因多盖了两层楼房，超出批准的建筑标准，不具有完全的合法性。这两层楼房是拆除还是保留由行政管理机关进行处理，判断是否符合当地城市规划，并作出相应处罚。如果符合城市规划，可能在给予相关处罚后，按照节约原则对两层楼房予以保留。经行政机关处理后，取得相应合法性，该开发商取得原始物权。如果该建造行为的合法性尚存在争议，则应在争议解决后取得原始物权。

三是建造行为虽然具有合法性，但建造行为并没有完成，其已经形成的建筑物和构筑物的权利保护问题。例如，建造人建造的房屋只完成一部分后，因缺乏资金而成为“烂尾楼”。那建造人对“烂尾楼”拥有什么样的权利呢？从房屋的角度看，该“烂尾楼”还没有履行完建造行为，作为房屋的不动产还没有形成，还不能形成房屋的原始物权。但是，该“烂尾楼”毕竟是建造行为形成的建筑物或者构筑物，里面是资金、技术、管理和劳动力等生产要素的凝结，属于不动产性质的财产。该财产虽然不具有房屋的原始物权性质，但具有“在建工程”的物权性质，其所有权归属于建造人。建造人对“在建工程”可以依法享有占有、使用、收益和处分的权利。具体来说，建造人可以通过融资继续履行建造行为，可以依法转让“在建工程”并获得相应的收益。

四是建造行为不具有或者不完全具有合法性，且建造行为还没有履行完毕，其已经形成的建筑物或者构筑物的权利保护问题。正如前面所说，建造行为虽然没有完毕，但其形成的建筑物或者构筑物中，已经凝结了资金、技术、管理和劳动力等生产要素，已经具有财产属性。但由于建造行为不具有或者不完全具有合法性，其财产的合法性问题需要相关国家机关予以处理。在相关国家机关未解决该财产的合法性之前,任何民事主体和其他国家机关均不得对该财产进行侵害。如果有民事主体对该财产进行侵害,建造人可以依法要求侵权人承担赔偿损失、恢复原状等民事责任。相关国家机关可以要求其依法拆除、整改或补办相关手续,符合继续建造情形的,可以继续进行建造。对于那些在相关国家机关未依法处理完毕前,以建造人建造行为不具有合法性或者不完全具有合法性为由,对建造人的财产实施侵权行为的,应当依法进行处理,保护建造人的合法权益。

拆除房屋的事实行为是消灭物权的行为。拆除房屋的行为有以下三种情况:首先是自行拆除。即房屋所有权人实施拆除房屋的行为,房屋拆除后,该房屋作为所有权的标的消灭,其所有权随之消灭。其次是合同约定拆除。即房屋所有权人通过合同方式委托相关组织和人员对房屋进行拆除。该合同成立生效时,房屋作为所有权的标的尚在,所有权还没有消灭。只有当接受委托的组织或者人员拆除了房屋,房屋作为所有权的标的消灭,房屋所有权才随之消灭。最后是相关组织和人员接受人民法院和相关行政机关的指令,实施房屋的拆除。通常情况下是法院作出相关生效裁判和行政机关作出拆除令后,由相关组织和人员实施拆除行为。这时,从法院作出的生效裁判和相关行政机关作出的拆除令到正式拆除,往往存在一定的时间间隔。本书认为,法院生效裁判和相关行政拆除令的作出是消灭物权的启动,相关组织和人员拆除行为的完成是消灭物权的结束。在这个过程中,只要拆除行为没有实施完毕,物权的消灭就没有结束。因此,拆除房屋的事实行为成就之时,实际上就是拆除房屋的行为完成之时,此时,房屋的所有权消灭。拆除行为完成后,物权消灭程序还有最后一项工作,即进行物权消灭登记,正式向社会公示该房屋的所有权消灭。

关于物权登记在特殊物权的设立和变动中的意义。按照《民法典》第 229 条、第 230 条、第 231 条的规定,法律文书和征收决定设立和变更物权、继承取得物权和事实行为设立或者消灭物权,是特殊的物权设立或者变动形式。按照这些形式取得的物权或者发生物权变动后,需要办理登记的,还应到登记机构办理登记。如果不办理登记,那么接受不动产物权的当事人只能自己占有和使用该不动产,不能对该不动产进行处分,即使进行处分,也不发生物权效力。这是一般物权设立和变动方式与特殊物权设立和变动方式的区别,在民事审判工作中应当认真注意把握。

第三章　物权的保护

专题一　物权的保护

物权是权利人依法对特定的物享有直接支配和排他的权利。有权利必有救济。《民法典》物权编物权的保护一章就此问题作出专门规定。所谓物权保护，是指在物权受到妨害的情况下，采用法律的规定维护物权人的利益、保障权利人不受侵害的各种保护方法。[①] 除行政法和刑法领域对物权的公法保护外，物权在私法上的保护主要包括物权法上的保护和债权法上的保护。物权法上的保护主要体现为包括物权确认请求权和物的返还请求权等权利在内的物权请求权；债权法上的保护则主要包括侵权损害赔偿请求权和不当得利请求权。鉴于侵权损害赔偿及不当得利请求权本质属于债权法领域的问题，本专题主要论述物权保护中的物权请求权。此外，不享有物权的占有人之利益保护，虽与物权保护存在一定关联，但并非同一问题，本专题不作过多论述。

一、物权保护的救济途径

物权受到侵害后，根据救济的手段和方式的不同，物权保护可以分为公力救济和私力救济。公力救济，是受害人请求公权力者运用公权力对自己的物权提供保护，主要形式为提起诉讼，该诉讼主要指民事诉讼。私力救济，则是在物权受到侵害时，权利人通过自己的力量或者其他非国家力量来保护受到侵害的物权。当事人就物权争议的问题通过协商进行和解，或将争议提交第三方进行调解，或提请仲裁机构进行仲裁，均属于私力救济的范畴。此外，在紧急情况之下当事人尚得依自助、正当防卫等自力救济排除他人的不法侵害，以保护自己的物权。就物权的救济

---

① 参见王利明：《物权法研究》，中国人民大学出版社2016年版，第192页。

途径,有两个问题需要特别说明。

第一,关于土地承包经营权纠纷的救济途径。《农村土地调解仲裁法》规定,发生农村土地承包经营纠纷的,当事人可以自行和解,也可以请求村民委员会、乡(镇)人民政府等调解;当事人和解、调解不成或者不愿和解、调解的,可以向农村土地承包仲裁委员会申请仲裁,也可以直接向人民法院起诉。一方面,不同于普通民商事仲裁的"一裁终局"性,土地承包仲裁委员会作出的仲裁裁决并不当然发生法律效力。当事人不服该仲裁裁决的,可以自收到裁决书之日起 30 日内向人民法院起诉;逾期不起诉的,仲裁裁决才发生法律效力。另一方面,村民委员会或者乡(镇)人民政府制作调解协议书与土地承包仲裁委员会在仲裁过程中进行调解制作的调解书亦具有不同的法律效力。前者即调解协议书的效力类似于民事合同,其与一般调解协议效力相似,不具有强制执行力;后者即土地承包仲裁委员会制作的调解书经双方当事人签收后,即发生法律效力,当事人可以直接申请人民法院强制执行。

第二,关于土地等自然资源权属争议的救济途径。《土地管理法》第 14 条规定:"土地所有权和使用权争议,由当事人协商解决;协商不成的,由人民政府处理。单位之间的争议,由县级以上人民政府处理;个人之间、个人与单位之间的争议,由乡级人民政府或者县级以上人民政府处理。当事人对有关人民政府的处理决定不服的,可以自接到处理决定通知之日起三十日内,向人民法院起诉……"《矿产资源法》《森林法》《草原法》均有类似规定。据此,当事人就矿产、森林等自然资源发生权属纠纷的,当事人应向行政机关申请确权,行政机关就当事人之间的土地、矿产、草原权属纠纷所作的确权决定,属于行政裁决行为。同时,根据《行政复议法》第 30 条第 1 款以及最高人民法院《关于适用〈行政复议法〉第三十条第一款有关问题的批复》之规定,当事人认为行政机关确认土地、矿藏、水流、森林、山岭、草原、荒地、滩涂、海域等自然资源的所有权或者使用权的具体行政行为,侵犯其已经依法取得的自然资源所有权或者使用权的,适用"复议前置"的规则,即需行政复议后方可向人民法院提起行政诉讼。上述所谓"确认"权属的行政行为系指当事人对自然资源的权属发生争议后,行政机关对争议的自然资源的所有权或者使用权所作的确权决定,但有关土地等自然资源所有权或者使用权的初始登记并不包括在内。[①] 当事人提起行政诉讼的,根据《行政诉讼法》第 61 条之规定,在其申请一并解决相关民

① 参见最高人民法院行政审判庭《关于行政机关颁发自然资源所有权或者使用权证的行为是否属于确认行政行为问题的答复》(〔2005〕行他字第 4 号)。

事争议的情况下，人民法院可以一并审理。综上，山林权属等自然资源权属争议，当根据上述特别法的规定寻求救济。

二、物权请求权

物权请求权，是指物权人在其物权受到侵害、妨害或有被妨害之虞时，基于物权而请求侵害人为或不为一定行为，以恢复其物权应有之圆满支配状态的权利。根据《民法典》物权编的规定，物权请求权包括物权确认请求权、返还原物请求权、停止侵害请求权、排除妨害请求权、消除危险请求权。物权请求权是各种物权所具有的共同效力，即物权请求权不仅可以基于所有权而发生，同样也可基于用益物权、担保物权而发生。理解物权请求权需注意以下几个问题：

第一，物权请求权体现了物权消极权能对物权的保护。根据《民法典》的规定，物权是权利人依法对特定的物享有直接支配和排他的权利。该定义即表明，物权既含有占有或使用等积极的支配权能，同时也包括"排他"的消极权能。物权请求权即体现了物权的消极权能。在物权未受到侵害或妨害之时，物权请求权仅以消极、抽象的方式蕴含于物权之中，蓄而不发。在有侵害或妨害物权之积极权能的情势发生，以致物权的支配内容不能完全实现时，物权的"排他"效力即发挥作用，权利人即得请求侵害人为或者不为一定行为，以排除侵害或妨害，实现物权应有之圆满支配状态。由此亦可见，物权请求权属于请求权的范畴，只能发生在特定的当事人之间，是一种相对法律关系，其并不以直接支配物为内容，自与作为绝对权的支配权有别。

第二，物权请求权与物权不可分离。物权请求权基于物权而生，随着物权的转移而转移，物权消灭时物权请求权不复存在，物权请求权亦不能与物权本身相脱离，不能独立地让与第三人。假如物权请求权可以脱离物权本体而消失或归属于他人，则物权受到侵害或妨害之时，物权人无法行使物权请求权，其物权实质上将陷于有名无实之境地。

第三，物权请求权产生和存在的目的是排除或预防妨害、恢复权利人对标的物的正常支配，使物权的圆满状态得以恢复和实现，而不是以惩罚和制裁妨害人为目的，也不以填补权利人的实际损失为考量。故物权请求权的行使需以物存在为前提，如果物已经灭失，则只能够通过要求侵权损害赔偿等方式进行救济，而无法行使原物的物权请求权。[1]

第四,物权请求权的诉讼时效问题。物权请求权并非依据当事人之间的约定产生,其既体现了物权消极权能,亦与物权密不可分。民法理论和立法例一般认为物权请求权不适用诉讼时效的规定,《民法典》区分物权请求权的不同形式分别作出规定。首先,停止侵害、排除妨害、消除危险请求权系针对占有之外的妨害情形,以恢复物权人对物的支配。该请求权不适用诉讼时效的规定,否则将会使物权人必须容忍他人对其物权的侵害,使物权成为有名无实的权利。其次,关于原物返还请求权。一方面,不动产物权价值重大,且一般以登记为不动产物权变动公示方法。鉴于登记簿显示了物权的归属,而登记具有公示公信之效力,任何与无权占有人发生交易关系的相对人并无理由信赖该无权占有人系真正权利人,故不动产登记物权人主张返还原物不适用诉讼时效的规定。此外,考虑到土地承包经营权不以登记为物权公示方法以及现阶段部分农村房屋未办理登记的实际情况,为切实维护不动产物权人的利益,《民法典》不区分不动产物权是否以登记为要件,统一规定不动产物权人主张返还原物不适用诉讼时效。另一方面,一般的动产价值小、流动大、易损耗,如果不适用诉讼时效之限制,多年后可再行起诉,则不仅举证困难,增加诉累且不利于当事人之间的社会关系进入稳定状态,故对于未登记的一般动产适用诉讼时效的规定。但船舶、航空器、机动车等特殊动产,不仅价值较大,且以登记为对抗要件,该类动产进行登记后与不动产的登记均可产生公示公信力,故登记的动产物权亦不适用诉讼时效的限制。最后,关于物权确认请求权是否适用诉讼时效的规定的问题,《第八次全国法院民事商事审判工作会议(民事部分)纪要》第 24 条就此明确规定:“已经合法占有转让标的物的受让人请求转让人办理物权变更登记……利害关系人请求确认物权的归属或内容……对方当事人以超过诉讼时效期间抗辩的,均应不予支持。”此外,《民法典》第 196 条第 2 项规定,不动产物权和登记的动产物权的权利人请求返还财产的,不适用诉讼时效的规定。返还财产的前提往往是物的归属。因此,关于不动产物权和登记的动产物权的权利确认,不适用诉讼时效的规定。

《民法典》物权编根据物权受侵害及妨害的具体样态、时间的不同,设置了不同的保护方法。物权确认请求权针对物权的归属、内容发生争议的情形。返还原物请求权系针对物之占有现在受到妨害的情形。停止侵害和排除妨害请求权则针对物权受到无权占有之外的其他侵害或妨害之情形。消除危险请求权则系物权于将

① 参见孙宪忠:《中国物权法总论》,法律出版社 2003 年版,第 317 页。

来有受妨害可能时的保护方法。就此分述如下：

（一）物权确认请求权

所谓物权确认请求权，是指利害关系人在物权归属和内容发生争议时，有权请求确认物权归属、明确权利内容。[1] 该项请求权是物权保护请求权的一种，也是物权保护的一项基本权利。物权确认既包括对所有权和他物权归属即物权主体的确认，也包括对物权内容的确认。物权确认请求权产生于物权是否存在或物权归属存在争议的前提条件之下，请求确认物权的人并不当然享有物权，但一定是以客观上拥有物权或者自认为自己拥有物权为前提的；否则其请求权就没有基础。物权的确认，虽不排除当事人协商等途径，但更多是采用公力救济的方式。当事人可以直接向法院提出确权之诉，在不动产登记物权归属发生争议的情况下也可以向登记机构申请办理更正登记。物权确认请求权的行使是从法律上确认物权的归属及内容，这往往是主张其他物权请求权的前提和基础。司法实践中，对于物权确认请求权的保护需注意以下几个问题：

第一，物权确认请求权系物权保护的前提。从逻辑上讲，只有在物权归属和内容明确的前提下，当事人才能进一步行使其他物权请求权，故物权确认可认为是当事人主张其他物权请求权等权利的"先决问题"。在原告一方主张物权请求权或侵权损害赔偿请求权，而对方质疑其物权归属的情况下，人民法院在诉讼中应先就权属问题作出认定，并在此基础上对原告的诉求进行评判，以减少当事人诉累，实现纠纷的一次性解决。

第二，正确把握权利推定与物权权属确定的关系。物权保护以证明物权的存在为前提。为了减轻动产占有人和不动产登记人证明物权权属的责任，法律设置了权利推定规则。法律上的权利推定，是指立法者在法律上就某一特定的权利或法律关系，对有关的要件事实未经证明就直接对其现状是否存在予以推认的情形。该制度始于基于占有的所有权推定，至不动产登记制度成立后，记载于登记簿的权利状态被承认。[2] 其中，占有的推定规则，是指占有人于占有物（动产）上行使所有者权利时，推定其依法有所有权。我国《民法典》对此虽然未设明文，但其中有关善意取得及占有请求权等内容都折射出其已承认这种所有权推定。[3] 登记的推定规则，指法律推定不动产登记簿上记载的不动产权属状况以及权利限制事项与真实

---

① 参见王利明：《物权法研究》，中国人民大学出版社2007年版，第195页。

② 参见毕玉谦：《民事证明责任研究》，法律出版社2007年版，第452页。

③ 参见崔建远：《物权：规范与学说》，清华大学出版社2011年版，第269页。

情况保持一致。根据我国《民法典》第 216 条第 1 款有关“不动产登记簿是物权归属和内容的根据”以及《民法典物权编解释(一)》第 2 条有关“当事人有证据证明不动产登记簿的记载与真实权利状态不符、其为该不动产物权的真实权利人,请求确认其享有物权的,应予支持”的规定,我国法律亦承认了登记的推定规则。需明确的是,上述权利推定规则本质上只是诉讼法上的证明责任分配规则,均系可推翻的推定,其与物权的真正权利人没有必然联系,否则仅以占有和登记的权利外观作为依据,物权确认制度就失去了其应有的意义。

第三,关于当事人请求对不动产登记物权权属确认的问题。根据《民法典物权编解释(一)》之规定,当事人主张不动产登记簿的记载与真实权利状态不符、其为该不动产物权的真实权利人的,其既可就相关行政行为提起行政诉讼并申请在行政诉讼中一并解决上述民事争议,亦可直接就权属问题提起民事诉讼。通常情况下,依据法律行为导致的不动产物权变动,非经登记不产生效力。但如上所述,不动产登记簿的物权登记具有推定效力,并不具有绝对效力,登记簿的记载不必然表明登记权利人系不动产物权的真正权利人。鉴于不动产登记簿属于书证中的公文书证,当事人否定不动产登记簿证明力的证据,应达到“具有高度可能性”程度。据此,在相关案件审理中,不动产登记簿的记载只是用以证明物权权属的证据,在民事诉讼中,该登记本身不影响人民法院在买卖、赠与、抵押等基础法律关系的基础上对物权权属的独立认定。在当事人已经提起民事诉讼的情况下,人民法院不得要求当事人先行提起行政诉讼,在撤销登记后再通过民事诉讼确认物权归属。同理,无论该不动产是否存在异议登记以及查封等诉讼保全和执行措施的登记,亦不论该类登记的效力状况,均不影响人民法院根据基础法律关系对物权归属和内容进行确认。

(二)返还原物请求权

返还原物请求权,是指权利人要求无权占有人返还其占有的物之请求权,其旨在使权利人获得对标的物的占有。适用返还原物请求权需注意以下问题:

1. 请求权的主体需为物权人。首先,该物权人既包括所有权人也包括他物权人。不享有物权的人即使取得了合法占有权,也只能根据《民法典》物权编占有部分的规则行使权利,而不能享有物权请求权。因人民法院、仲裁机构的法律文书或者人民政府的征收决定以及因继承、合法建造等非法律行为取得不动产所有权但尚未办理登记的权利人,亦得以所有权人的身份主张返还原物。其次,关于共有人的权利主张问题。各共同共有人可否单独向无权占有人主张返还原物,不无争议。

从保护共有人利益的考虑出发,各共同共有人均可提出相应请求,但需明确的是该请求应为共有人全体的利益,即必须请求占有人向全体共有人返还共有物。此外,按份共有人中的一人超过其应有部分行使权利,尤其是超过其应有部分占有和使用共有物的,其他共有人亦有权对其行使返还原物请求权。最后,虽然不是物权人,但依法律规定得行使物权的人,如破产管理人、失踪人的财产代管人等亦可行使返还原物请求权。

2. 相对人需为现在占有物的无权占有人。首先,相对人须为现在占有物的人,即事实上管领物之人。根据谢在全教授的观点,返还原物请求权的目的在于取得原物之占有,在原加害人已将该物转让他人或因其他原因丧失占有的情况下,物之所有人即使向其提出请求,亦非该加害人所能给付,显无实益。故"纵曾占有其物但现在未占有其物之人,纵另所有人之占有系因其人之行为而丧失,所有人亦仅于该项行为具备侵权行为要件时,得向其人请求损害赔偿而已,尚不得对之行使物上请求权,请求返还所有物"。[①] 其次,现在占有的人包括直接占有人和间接占有人。原加害人在取得无权占有后,将该物出租、出借、寄存于他人的,其虽未直接支配标的物,但并未丧失占有,作为间接占有人其亦得为请求之相对人。占有辅助人系受他人指示而占有,其并非占有人,不得为请求的相对人。例如,甲有某画被乙盗走,乙将之出卖给知情的丙,丙把它寄存于丁处,丁交给其雇员戊保管。在这种情况下,甲行使物的返还请求权的相对人为丙(间接占有人)、丁(直接占有人);乙不是现在的占有人,戊为丁的占有辅助人,其均非物的返还请求权行使之对象。[②] 最后,相对人的占有必须为无权占有。按照占有是否有本权的依据,占有可分为有权占有与无权占有。所谓本权,是指基于法律上的原因,可对物进行占有的权利。有权占有即指有本权的占有,其占有本权为债权(如承租合同)或物权(如建设用地使用权)在所不论,所有人对有权占有人依法有忍受的义务。无权占有是指无本权的占有,即无占有之正当权源而仍占有其物,无论是自始无权占有或原属有权占有但其后丧失占有的,均属该情形。返还原物请求权以维持及恢复物权之圆满支配状态为目的,故无权占有时间的长短,占有形成的原因,故意或过失,善意或恶意,系由于占有人自己和他人之原因或由于自然力所致,均非所问。[③]

3. 关于证明责任的问题。请求人主张返还原物请求权,应举证证明自己是物

---

① 谢在全:《民法物权论》(上),台北,新学林出版股份有限公司修订 5 版,第 171 页。

② 参见王泽鉴:《民法物权(第 1 册):通则·所有权》,中国政法大学出版社 2001 年版,第 166 页。

③ 参见谢在全:《民法物权论》(上),台北,新学林出版股份有限公司修订 5 版,第 172 页。

权人,其无法证明自己对该物享有的物权,则其请求不能成立。此时可根据权利推定规则分配举证责任,在登记物权的情况下,请求人证明自己为登记人即可。占有人对请求人享有物权无争议,仅以其并非无权占有为抗辩的,其应举证证明自己对物的占有存在正当权源,请求人不负证明占有人系无权占有的举证责任。[①]

4. 原物返还请求权的限制。《民法典》规定,无处分权人将不动产或者动产转让给受让人的,所有权人有权追回。此所谓有权追回即所有权人有权自第三人处请求返还原物,这是原物返还请求权的一种特殊情况。物权赋予物权人以原物返还请求权,加强了对物权的保护,但同时于交易安全产生不利影响,即取得物之人需承担其交易相关人并非权利人,标的物可能有被取走的风险。故自《物权法》以来我国亦明确规定了善意取得制度,在无权处分人为无权处分行为,且所有权人不予追认的情况下,需考察第三人是否善意取得。若构成善意取得,则物权保护需让位于交易安全的保护,该第三人取得物权,原物权人的权利灭失,原物返还请求权亦随之灭失;否则原物权人仍可要求返还原物。

(三)排除妨害请求权

排除妨害请求权,是指当物权的享有和行使现实地受到占有以外的方式妨害时,物权人对妨害人享有请求其排除妨害,使自己的权利恢复圆满状态的权利。适用排除妨害请求权需注意以下问题:

1. 关于妨害的认定。首先,根据《民法典》物权保护的相关规定,从体系解释的角度出发,物的返还请求权针对以占有的方法妨害物权支配的情形;排除妨害请求权中的"妨害"则应认定为以占有以外的方法侵害物权或阻碍实现物权圆满支配状态的情形。妨害或是侵害物权,或使物权产生负担,或有形无形侵害标的物,或影响标的物权的行使,如将车辆停放在他人住宅门出入口之前,妨害通行等。其次,妨害并非损害,其不以造成物权实际损害为必要,亦不要求当事人存在主观过错。排除妨害旨在除去物权人在行使物权过程中的障碍或侵害,使物权恢复其圆满状态,故无论当事人的主观过错情况,权利人都可以要求行为人排除其妨害。再次,妨害需具备不法性。物权人有法定或约定之容忍义务的,即无妨害可言。其约定者,如地役权的设定;其法定者,如不动产相邻关系之规定。最后,妨害状态呈持续性,而不是短暂即逝或已经消失。否则,尽管妨害行为已经作出,物权人也不能行使排除妨害的请求权。例如,走进宅基地或通过他人的土地,如果只是一次性的,

---

① 参见王泽鉴:《民法物权(第1册):通则·所有权》,中国政法大学出版社2001年版,第174~175页。

当事人就此主张排除妨害，并无实益。

2. 关于请求相对人的认定。因当事人的行为对他人造成妨害的，例如，将垃圾丢弃他人土地之上，其固为该请求之相对人。如果妨害并非当事人之行为所造成，但其对该妨害状态或事实具有维持或支配力的，即构成状态妨害，此时其亦为排除妨碍请求之相对人。例如，树木因自然原因或第三人的原因倒入权利人之土地，树木所有人即为本项请求之相对人。[①] 当然在妨害源于数个妨害人的情况下，则每个妨害人均负有排除妨害之义务。

（四）消除危险请求权

消除危险请求权，是指行为人的行为可能造成对他人的妨碍，并且构成一定的危险，权利人有权请求消除已经存在的危险。不同于排除妨害请求权旨在除去已经现实存在的妨害，消除危险请求权的目的在于防止可能出现的妨害，为妨害预防请求权。至于可能出现的妨害（妨害之虞），需就具体的情形，依一般社会观念进行判断。物权被妨害的可能性极大，而有防患于未然，事先加以预防之必要者，才可称为可能出现的妨害（妨害之虞）。[②] 消除危险请求权中有关危险亦即妨碍、相对人的认定等问题，与排除妨害请求权并无不同，于此不再赘述。

---

① 参见谢在全：《民法物权论》（上），台北，新学林出版股份有限公司修订5版，第175页。

② 参见姚瑞光：《民法物权论》，中国政法大学出版社2011年版，第36页。

第四章　所有权一般规定

专题一　征　收

一、集体所有土地的征收补偿及民法保护

我国实行土地公有制，包括国家所有制和农村集体所有制。将集体所有制土地转化为国家所有制土地时，需要政府机关依照法律规定的权限和程序对集体所有的土地进行征收，并依法予以补偿。对此，《民法典》第243条规定："为了公共利益的需要，依照法律规定的权限和程序可以征收集体所有的土地和组织、个人的房屋以及其他不动产。征收集体所有的土地，应当依法及时足额支付土地补偿费、安置补助费以及农村村民住宅、其他地上附着物和青苗等的补偿费用，并安排被征地农民的社会保障费用，保障被征地农民的生活，维护被征地农民的合法权益。征收组织、个人的房屋以及其他不动产，应当依法给予征收补偿，维护被征收人的合法权益；征收个人住宅的，还应当保障被征收人的居住条件。任何组织或者个人不得贪污、挪用、私分、截留、拖欠征收补偿费等费用。"由于土地是农村集体组织最重要的财产，农村土地承包经营权和宅基地使用权都以农村集体组织对土地的所有权为基础，征收也会直接影响农民的承包经营权和宅基地使用权。因此，农村集体所有土地征收是司法实践中问题较多、处理难度较大的领域。

征收，是指国家为了公共利益的需要，依法强制取得原属私人或者集体所有财产的所有权等权利的行为。依据我国2019年修改前的《土地管理法》《城市房地产管理法》等法律，农村集体所有土地要转化为建设用地的，必须由国家征收，转化为国有土地后才能入市。因此，对农村集体土地的征收是我国建设用地的主要来源。司法实践中，在把握征收概念时应当注意以下几个方面：第一，征收的目的是实现公共利益，如为个人利益或者商业利益，不能进行征收。第二，征收的对象是原属于私人或集体所有的财产，包括私人或集体对财产的所有权、使用权等权利，如果

是属于国家的财产,国家可直接支配,自然无须征收。第三,征收必须依法进行。首先,征收主体必须具有征收的权力。实践中,有的地方政府将征收权交给开发商,导致征收不能正常进行,引发矛盾纠纷。有的地方政府将土地一级开发与二级开发挂钩,与开发商约定由开发商负责征收补偿,导致一级开发不能顺利进行,引发矛盾纠纷。其次,征收的程序必须符合法律规定。违反程序进行征收的行为将可能被认定为无效,直接影响征收行为的法律后果。第四,征收是国家以公权力为手段而采取的一种具有强制性的行政行为。征收并不发生在平等民事主体之间,对征收行为不服的,应当提起行政诉讼,而非民事诉讼。第五,征收虽然是行政行为,但征收系将集体或者个人的财产转变为国家财产,因此代表国家进行征收的行政机关应当支付相应的对价,对被征收人进行合理补偿。征收机关需要与被征收人签订土地、房屋等征收补偿协议。土地、房屋等征收补偿协议属于行政协议。根据《行政诉讼法》第 12 条的规定,行政机关不依法履行、未按照约定履行或者违法变更、解除政府特许经营协议、土地房屋征收补偿协议等协议的行为属于可诉行政行为。因此,行政征收补偿协议纠纷一般通过行政诉讼解决。

农村土地问题是我国经济社会发展中的重大问题。随着改革开放的深化、城市化进程的推进,关于农村土地征收问题,集体经营性建设用地是否仍需要转化为国有土地后才能入市的问题,以及农村宅基地使用、流转等问题引起社会广泛关注。随着实践的不断发展和改革的不断深入,现行农村土地制度与社会主义市场经济体制不相适应的问题日益显现:土地征收制度不完善,因征地引发的社会矛盾积累较多;农村集体土地权益保障不充分,农村集体经营性建设用地不能与国有建设用地同等入市、同权同价;宅基地取得、使用和退出制度不完整,用益物权难落实;土地增值收益分配机制不健全,不能很好地兼顾国家、集体、个人之间的利益。①针对实践中存在的问题,农村土地征收、集体经营性建设用地入市、农村宅基地制度改革 3 项改革试点启动。这 3 项制度改革也被通俗地称为"三块地"改革。2014 年 12 月,习近平总书记先后主持召开中央全面深化改革领导小组第七次会议和中央政治局常委会会议,审议通过《关于农村土地征收、集体经营性建设用地入市、宅基地制度改革试点工作的意见》,部署在全国 33 个县开展农村土地制度改革 3 项试点。在征收范围方面,意见要求探索制定土地征收目录,严格界定公共利益用地范围。在征收程序上,该意见要求探索形成多层次多种形式的土地征收民主协商

---

① 参见乔思伟:《农村土地制度实现重大突破——自然资源部法规司司长魏莉华解读新土地管理法》,载《资源与人居环境》2019 年第 11 期。

机制,与被征地的村集体经济组织(或村民小组)中绝大多数成员就补偿标准等内容达成书面协议、征地补偿安置资金和社会保障费用落实后方可启动土地征收程序。在完善对被征地农民的合理、规范、多元保障机制方面,意见要求合理确定土地征收补偿标准,按规定足额支付土地补偿费、安置补助费、地上附着物和青苗补偿费等费用,安排被征地农民的社会保障费用。涉及征收农民住房的,要探索保障和改善农民居住条件的多种安置途径。符合条件的被征地农民全部纳入养老、医疗等城镇社会保障体系。

根据改革试点经验,国务院向全国人大常委会作出《关于农村土地征收、集体经营性建设用地入市、宅基地制度改革试点情况的总结报告》就农村集体土地征收问题提出立法建议:一是缩小土地征收范围。明确因政府组织实施基础设施建设、公共事业建设、成片开发建设等六种情形需要用地的,可以征收集体土地。其中成片开发可以征收土地的范围限定在土地利用总体规划确定的城镇建设用地范围内。二是规范土地征收程序。建议要求市、县人民政府在征地前先与农民签订土地补偿安置协议,落实补偿安置资金,充分体现被征地农民的知情权、参与权、监督权。个别确实难以达成协议的,应当在申请征地时如实说明,供审批机关决策参考。三是完善对被征地农民的合理、规范、多元保障机制。征收农用地的土地补偿费、安置补助费标准由各地制定公布区片综合地价确定;农民住房不再作为地上附着物补偿,而是作为专门的住房财产权给予公平合理补偿;将被征收土地的农民纳入相应的医疗、养老等城镇社会保障体系,切实保障被征地农民长远生计。

我国《宪法》规定,国家为了公共利益的需要可以对土地实行征收或者征用并给予补偿。根据改革试点情况,结合我国经济社会发展现状和下一步改革发展的需要,2019 年立法机关对《土地管理法》《城市房地产管理法》进行了修改。

一是明确了征收可基于的公共利益的范围。修改后的《土地管理法》增加第 45 条,首次对土地征收的公共利益进行界定。该条规定:"为了公共利益的需要,有下列情形之一,确需征收农民集体所有的土地的,可以依法实施征收:(一)军事和外交需要用地的;(二)由政府组织实施的能源、交通、水利、通信、邮政等基础设施建设需要用地的;(三)由政府组织实施的科技、教育、文化、卫生、体育、生态环境和资源保护、防灾减灾、文物保护、社区综合服务、社会福利、市政公用、优抚安置、英烈保护等公共事业需要用地的;(四)由政府组织实施的扶贫搬迁、保障性安居工程建设需要用地的;(五)在土地利用总体规划确定的城镇建设用地范围内,经省级以上人民政府批准由县级以上地方人民政府组织实施的成片开发建设需要用地的;

(六)法律规定为公共利益需要可以征收农民集体所有的土地的其他情形。前款规定的建设活动,应当符合国民经济和社会发展规划、土地利用总体规划、城乡规划和专项规划;第(四)项、第(五)项规定的建设活动,还应当纳入国民经济和社会发展年度计划;第(五)项规定的成片开发并应当符合国务院自然资源主管部门规定的标准。"这一规定将有利于缩小征地范围,限制政府滥用征地权。①

二是明确征收补偿的基本原则是保障被征地农民原有生活水平不降低、长远生计有保障。修改前的《土地管理法》按照被征收土地的原用途给予补偿,按照年产值倍数法确定土地补偿费和安置补助费。从实践的情况看,原来规定的补偿标准偏低,补偿机制不健全。对此,修改后的《土地管理法》第48条规定:"征收土地应当给予公平、合理的补偿,保障被征地农民原有生活水平不降低、长远生计有保障。征收土地应当依法及时足额支付土地补偿费、安置补助费以及农村村民住宅、其他地上附着物和青苗等的补偿费用,并安排被征地农民的社会保障费用。征收农用地的土地补偿费、安置补助费标准由省、自治区、直辖市通过制定公布区片综合地价确定。制定区片综合地价应当综合考虑土地原用途、土地资源条件、土地产值、土地区位、土地供求关系、人口以及经济社会发展水平等因素,并至少每三年调整或者重新公布一次。征收农用地以外的其他土地、地上附着物和青苗等的补偿标准,由省、自治区、直辖市制定。对其中的农村村民住宅,应当按照先补偿后搬迁、居住条件有改善的原则,尊重农村村民意愿,采取重新安排宅基地建房、提供安置房或者货币补偿等方式给予公平、合理的补偿,并对因征收造成的搬迁、临时安置等费用予以补偿,保障农村村民居住的权利和合法的住房财产权益。县级以上地方人民政府应当将被征地农民纳入相应的养老等社会保障体系。被征地农民的社会保障费用主要用于符合条件的被征地农民的养老保险等社会保险缴费补贴。被征地农民社会保障费用的筹集、管理和使用办法,由省、自治区、直辖市制定。"可见,修改后的《土地管理法》将国务院《关于深化改革严格土地管理的决定》(国发〔2004〕28号)提出的保障被征地农民原有生活水平不降低、长远生计有保障的补偿原则上升为法律规定,并以区片综合地价取代原来的年产值倍数法,在原来的土地补偿费、安置补助费、地上附着物和青苗补偿费的基础上,增加农村村民住宅补偿费用和将被征地农民社会保障费用的规定,从法律上为被征地农民构建更加完善的保障机制。

---

① 参见乔思伟:《农村土地制度实现重大突破——自然资源部法规司司长魏莉华解读新土地管理法》,载《资源与人居环境》2019年第11期。

三是改革土地征收程序。依据修改前的《土地管理法》,行政机关在作出征地决定后,才向被征地人员发布公告。同时,被征地的农村集体经济组织和农民在征地过程中的知情权、监督权未得到有效保障。征地过程缺乏有效的磋商、意见反馈机制,导致农村土地征收过程中农民的意志得不到充分体现、农民的利益得不到有效保护,容易激化矛盾。修改后的《土地管理法》第 47 条规定:"国家征收土地的,依照法定程序批准后,由县级以上地方人民政府予以公告并组织实施。县级以上地方人民政府拟申请征收土地的,应当开展拟征收土地现状调查和社会稳定风险评估,并将征收范围、土地现状、征收目的、补偿标准、安置方式和社会保障等在拟征收土地所在的乡(镇)和村、村民小组范围内公告至少三十日,听取被征地的农村集体经济组织及其成员、村民委员会和其他利害关系人的意见。多数被征地的农村集体经济组织成员认为征地补偿安置方案不符合法律、法规规定的,县级以上地方人民政府应当组织召开听证会,并根据法律、法规的规定和听证会情况修改方案。拟征收土地的所有权人、使用权人应当在公告规定期限内,持不动产权属证明材料办理补偿登记。县级以上地方人民政府应当组织有关部门测算并落实有关费用,保证足额到位,与拟征收土地的所有权人、使用权人就补偿、安置等签订协议;个别确实难以达成协议的,应当在申请征收土地时如实说明。相关前期工作完成后,县级以上地方人民政府方可申请征收土地。"可见,修改后的《土地管理法》将原来的征地批后公告改为征地批前公告。如果多数被征地的农村集体经济组织成员对征地补偿安置方案有异议,征地机关还应召开听证会,作出修改。这有利于保障被征地的农村集体经济组织和农民在整个征地过程的知情权、参与权和监督权。[①]县级以上地方政府在征地报批前,必须与拟征收土地的所有权人、使用权人就补偿安置等签订协议。这有利于保护被拆迁人的利益,促进和谐拆迁征地。

对于征收集体所有的土地和组织、个人的房屋以及其他不动产的问题,《民法典》第 243 条规定:"为了公共利益的需要,依照法律规定的权限和程序可以征收集体所有的土地和组织、个人的房屋以及其他不动产。征收集体所有的土地,应当依法及时足额支付土地补偿费、安置补助费以及农村村民住宅、其他地上附着物和青苗等的补偿费用,并安排被征地农民的社会保障费用,保障被征地农民的生活,维护被征地农民的合法权益。征收组织、个人的房屋以及其他不动产,应当依法给予征收补偿,维护被征收人的合法权益;征收个人住宅的,还应当保障被征收人的居

① 参见乔思伟:《农村土地制度实现重大突破——自然资源部法规司司长魏莉华解读新土地管理法》,载《资源与人居环境》2019 年第 11 期。

住条件。任何组织或者个人不得贪污、挪用、私分、截留、拖欠征收补偿费等费用。”该条规定吸纳了《土地管理法》最新的修订精神。征收必须以公共利益的需要为前提。行政机关征收集体所有的土地和组织、个人的房屋,必须依照法律规定的权限和程序进行。征收人应当依法及时足额向被征收人支付土地补偿费、安置补助费以及农村村民住宅、其他地上附着物和青苗等的补偿费用,应当安排被征地农民的社会保障费用,保障被征地农民的生活。征收个人住宅的,还应当保障被征收人的居住条件。

完成对集体土地的征收后,将产生以下法律后果:一是征收机关应当依据征地补偿协议向被征收人进行补偿。征收机关的补偿是其获得被征收土地所有权所支付的对价。修改后的《土地管理法》除了将公平合理补偿,保障被征地农民原有生活水平不降低、长远生计有保障作为征地补偿的基本要求外,也进一步明确了补偿范围和标准;明确征收农用地的土地补偿费、安置补助费标准由省、自治区、直辖市制定公布,制定区片综合地价要综合考虑土地原用途、土地资源条件、土地产值、安置人口、区位、供求关系以及经济社会发展水平等因素;在土地补偿费、安置补助费、地上附着物和青苗补偿费的基础上,增加农村村民住宅补偿费用和将被征地农民社会保障费用,以确保被征地农民有居住和生活保障。二是被征收土地的所有权转移。征收行为完成后,被征收的土地所有权将从集体变更为国家。依赖于农村集体土地所有权的农村承包经营户的土地承包经营权、宅基地使用权也因此消灭。三是被征土地上的建筑物、附着物等的所有权也随被征土地所有权一并转移。实际上,被征土地上的建筑物、附着物等也是被征收的对象。在各项补偿费用中,土地补偿费是对集体土地所有权的补偿,归农村集体经济组织所有。土地补偿费的分配方案属于村民自治的范畴,由村民自主决定。地上附着物及青苗补偿费归地上附着物及青苗的所有者所有。如果 A 村民将承包地出租给 B 村民耕种,土地上的附着物及青苗归 B 所有的,地上附着物及青苗补偿费就应当补偿给 B。但 B 无权请求分配土地补偿费。安置补助费用于安置需要安置人员。征收土地的安置补助费必须专款专用,不得挪作他用。需要安置的人员由农村集体经济组织安置的,安置补助费支付给农村集体经济组织,由农村集体经济组织管理和使用;由其他单位安置的,安置补助费支付给安置单位;不需要统一安置的,安置补助费发放给被安置人员个人或者征得被安置人员同意后用于支付被安置人员的保险费用。农村村民住宅补偿费用用于补偿住宅被征收的村民。征地农民社会保障费用用于被征地农民的生活保障。农村土地不仅是农民最重要的生产资料,还是农民安身立命之依托,是农民生活的保障。农村集体土地被征收后,农民的土地承包经营权也消灭,农民的生活失去了保障。因此,征收农村集体土地时,必须补偿被征地农民社会保障费用。

二、农民住宅和宅基地使用权的征收补偿及民法保护

关于宅基地使用权保护问题。农村宅基地是保障农民居者有其屋的根本。但长期以来,我国实行宅基地“一户一宅”、无偿分配、面积法定、不得流转的法律制度,一方面导致农民宅基地的用益物权难落实,农民合法权益未得到全面、有效保护;另一方面随着城市化进程的推进,大量农村住宅闲置,导致巨大的资源浪费。完善农村宅基地、农民住宅管理制度,是保护农民权益、提高农村资源利用效率的重要举措。2014 年 12 月,审议通过的《关于农村土地征收、集体经营性建设用地入市、宅基地制度改革试点工作的意见》要求,科学确定“一户一宅”的分配原则,改革农民住宅用地取得方式,探索农民住房保障在不同区域户有所居的多种实现形式,健全农民住房保障机制。2017 年 11 月,原中央全面深化改革领导小组决定将宅基地制度改革拓展到全部 33 个试点县(市、区)。33 个试点地区在自愿有偿退出宅基地、宅基地有偿使用、下放宅基地审批权限等方面进行了积极探索。试点地区因地制宜探索户有所居的多种实现形式:一是在传统农区实行“一户一宅”;二是在土地利用总体规划确定的城镇建设用地规模范围内,通过建设新型农村社区、农民公寓和新型住宅小区保障农民“一户一房”。国务院总结改革试点经验,向全国人大常委会作出《关于农村土地征收、集体经营性建设用地入市、宅基地制度改革试点情况的总结报告》,建议对人均土地少、不能保障“一户一宅”的地区,允许县级人民政府在尊重农村村民意愿的基础上采取措施,保障其实现户有所居的权利。修改后的《土地管理法》第 62 条完善了农村宅基地制度,在原来“一户一宅”的基础上,增加宅基地户有所居的规定,人均土地少、不能保障一户拥有一处宅基地的地区,在充分尊重农民意愿的基础上可以采取措施保障农村村民实现户有所居。这是对“一户一宅”制度的重大补充和完善。

关于宅基地审批制度。《关于农村土地征收、集体经营性建设用地入市、宅基地制度改革试点工作的意见》要求,改革宅基地审批制度,使用存量建设用地的,下放至乡级政府审批;使用新增建设用地的,下放至县级政府审批。在改革试点过程中,试点地区下放宅基地审批权限,并将相关环节全部纳入便民服务体系。浙江义乌等地还结合“最多跑一次”改革,使申请更便利,审批更智能。但考虑农民建住宅

主要以盘活存量为主，且为确保耕地保护红线和促进节约集约用地，对新增建设用地的农转用审批尚不具备下放条件。修改后的《土地管理法》采纳了国务院的建议。该法第 62 条第 4 款规定："农村村民住宅用地，由乡（镇）人民政府审核批准；其中，涉及占用农用地的，依照本法第四十四条的规定办理审批手续。"第 44 条规定："建设占用土地，涉及农用地转为建设用地的，应当办理农用地转用审批手续。永久基本农田转为建设用地的，由国务院批准。在土地利用总体规划确定的城市和村庄、集镇建设用地规模范围内，为实施该规划而将永久基本农田以外的农用地转为建设用地的，按土地利用年度计划分批次按照国务院规定由原批准土地利用总体规划的机关或者其授权的机关批准。在已批准的农用地转用范围内，具体建设项目用地可以由市、县人民政府批准。在土地利用总体规划确定的城市和村庄、集镇建设用地规模范围外，将永久基本农田以外的农用地转为建设用地的，由国务院或者国务院授权的省、自治区、直辖市人民政府批准。"

关于农民退出宅基地的问题。《关于农村土地征收、集体经营性建设用地入市、宅基地制度改革试点工作的意见》要求，对因历史原因形成超标准占用宅基地和一户多宅的，以及非本集体经济组织成员通过继承房屋等占有的宅基地，由农村集体经济组织主导，探索有偿使用。允许进城落户农民在本集体经济组织内部自愿有偿退出或转让宅基地。根据改革试点经验，国务院向全国人大常委会建议，在修改《土地管理法》时，应原则规定鼓励进城落户的农村村民依法自愿有偿退出宅基地。针对宅基地"三权分置"改革，2018 年中央 1 号文件《中共中央国务院关于实施乡村振兴战略的意见》作出探索宅基地所有权、资格权、使用权"三权分置"的改革部署。修改后的《土地管理法》对改革试点的部分成果予以了采纳。依该法第 62 条的规定，国家允许进城落户的农村村民自愿有偿退出宅基地。这就意味着地方政府不得违背农民意愿强迫农民退出宅基地。

关于农民住宅和宅基地征收补偿问题。同农村集体土地一样，修改后的《土地管理法》明确了对农民住宅和宅基地征收所基于的公共利益的范围，实质上缩限了征收范围，明确了征收程序，农民的知情权、参与权得到更好保护。在补偿范围方面，修改后的《土地管理法》在原来的土地补偿费、安置补助费基础上增加了农村村民住宅补偿。在补偿标准上，修改后的《土地管理法》改变了以前以土地年产值为标准进行补偿的办法，现在实行按照区片综合地价进行补偿，除了考虑土地产值，还要考虑区位、当地经济社会发展状况等因素综合制定地价。同时，修改后的《土地管理法》删除了土地补偿费和安置补助费，总和不得超过土地被征收前 3 年平均年产值的30倍的规定。即农民也可分享将集体土地转化为国有建设用地所增加的收益。《民法典》第243条吸收了《土地管理法》等法律的修法成果。该条规定:“为了公共利益的需要,依照法律规定的权限和程序可以征收集体所有的土地和组织、个人的房屋以及其他不动产。征收集体所有的土地,应当依法及时足额支付土地补偿费、安置补助费以及农村村民住宅、其他地上附着物和青苗等的补偿费用,并安排被征地农民的社会保障费用,保障被征地农民的生活,维护被征地农民的合法权益。征收组织、个人的房屋以及其他不动产,应当依法给予征收补偿,维护被征收人的合法权益;征收个人住宅的,还应当保障被征收人的居住条件。任何组织或者个人不得贪污、挪用、私分、截留、拖欠征收补偿费等费用。”需要注意的是,宅基地所有权在征收前属于集体,使用权属于农户,但农村住宅属于农户。因此,对农村村民住宅的补偿应当直接支付给农村村民。任何组织或者个人贪污、挪用、私分、截留、拖欠农村村民住宅补偿费的,应当承担赔偿责任。

第五章　国家所有权和集体所有权、私人所有权

专题一　国家所有权的民法保护

我国社会主义经济制度的基础，是生产资料社会主义公有制，包括全民所有制和劳动群众集体所有制。土地公有制是我国生产资料公有制的重要组成部分。《民法典》第249条规定："城市的土地，属于国家所有。法律规定属于国家所有的农村和城市郊区的土地，属于国家所有。"第260条第1项规定，法律规定属于集体所有的土地和森林、山岭、草原、荒地、滩涂属于集体所有的不动产。根据上述规定，我国土地的所有权主体只有两类，一是国家，二是农民集体。[①] 土地公有制决定了除国家和农民集体之外的市场主体不能获得土地所有权。

《民法典》对土地所有权的保护主要体现为静态安全的保护而非动态安全的保护。即《民法典》的任务是确定土地的归属，在土地所有权受到侵害后提供法律救济，但《民法典》除土地征收外，没有规范土地所有权的流转问题。这是因为我国的土地所有权禁止转让。任何买卖或者变相买卖土地的行为都是非法的。为维护土地所有权的稳定性，对于土地征收，国家也依法给予严格限制。根据《土地管理法》第45条的规定，为了公共利益的需要，以下几种情形可以依法实施征收：一是军事和外交需要用地；二是由政府组织实施的能源、交通、水利、通信、邮政等基础设施建设需要用地；三是由政府组织实施的科技、教育、文化、卫生、体育、生态环境和资源保护、防灾减灾、文物保护、社区综合服务、社会福利、市政公用、优抚安置、英烈保护等公共事业需要用地；四是由政府组织实施的扶贫搬迁、保障性安居工程建设需要用地；五是在土地利用总体规划确定的城镇建设用地范围内，经省级以上人民

---

① 从《民法典》的规定看，农民集体并不属于一个独立的民事主体，农民集体所有也不同于共有，更接近日耳曼法上的总有。农民集体所有是一种特殊的所有形式。

政府批准由县级以上地方人民政府组织实施的成片开发建设需要用地;六是法律规定为公共利益需要可以征收农民集体所有的土地的其他情形。除此之外,任何组织和个人不能随意征收农民集体土地。

专题二　集体所有权的民法保护

一、准确把握农民集体所有财产所有权的主体

《民法典》第 261 条第 1 款规定,农民集体所有的不动产和动产,属于本集体成员集体所有。由于我国农村特殊的管理制度和历史沿革,我国农民集体所有的表现形式和行使主体并不相同。1986 年制定《土地管理法》时,对于农民集体所有土地制度,承认了农业集体化以来在"三级所有、队为基础"的制度下形成的集体所有土地的现状。之所以出现这样的状况,与我国人民公社改造有关。20 世纪 50 年代中期,我国从苏联引入了集体所有制概念,并在开展合作社和公私合营运动中将其放大到农村和城镇,这样就演变成了我国的农村和城镇集体经济所有制。[①] 农村集体经济组织的前身分别是"初级社""高级社""人民公社",并由早期的初级社、高级社等仅具有经济职能的组织演变为将若干高级合作社联合而成,集体的规模和经营范围更大、公有化的程度更高,集政治、经济、社会职能为一体的人民公社。根据各地方不同的情况,人民公社的组织,有的是两级,即公社和生产队,有的是三级,即公社、生产大队和生产队。至 20 世纪 70 年代末 80 年代初,中国的农村经济体制掀起了一场重大变革,建立了以集体的统一经营和家庭联产承包责任制分散经营相结合的(统分结合的)经营管理体制,进而产生了乡(镇)政府、村级自治组织和村内集体经济组织。1986 年《土地管理法》第 8 条规定,集体所有的土地是按地域集合的劳动群众——乡(镇)、村、队(村民小组)农民集体所有的。[②] 这一制度一直延续至今。《民法典》第 262 条规定:"对于集体所有的土地和森林、山岭、草原、荒地、滩涂等,依照下列规定行使所有权:(一)属于村农民集体所有的,由村集体经

---

① 参见陈淑英:《经济发展策略研究》,载《集团经济研究》2007 年 8 月下旬刊。

② 参见王超英:《依法使用土地保护土地资源——〈中华人民共和国土地管理法〉简介》,载《人民司法》1989 年第 4 期。

济组织或者村民委员会依法代表集体行使所有权;(二)分别属于村内两个以上农民集体所有的,由村内各该集体经济组织或者村民小组依法代表集体行使所有权;(三)属于乡镇农民集体所有的,由乡镇集体经济组织代表集体行使所有权。”根据上述规定,我国农民集体所有分为三类:一是乡镇农民集体所有;二是村农民集体所有;三是村内的农民集体所有。

三类农民集体所有中,最常见的是村农民集体所有。属于村农民集体所有的财产,由村集体经济组织或者村民委员会代表集体行使所有权。这里的“村”是指行政村,而非自然村。行政村应当设立村民委员会。该行政村农民集体所有的土地等集体财产,就由该行政村集体经济组织代表集体行使所有权。在许多农村没有村集体经济组织或者该集体经济组织已不健全难以履行集体所有财产经营、管理职责的,则由行使自治权的村民委员会来代表集体行使所有权。分别属于村内两个以上农民集体所有的,由村内各该集体经济组织或者村民小组代表农民集体行使所有权。这里的“分别属于村内两个以上农民集体所有”主要是指该农民集体所有的土地和其他财产在改革开放以前就分别属于两个以上的生产队,而现仍然分别属于相当于生产队(村内农村集体经济组织或者村民小组)的农民集体所有。村民小组,是指在行政村内部由村民组成的自治组织。《村民委员会组织法》第3条规定,村民委员会可以根据村民居住状况、集体土地所有权关系等分设若干村民小组。如果村内有集体经济组织的,就由村内的集体经济组织行使所有权;如果没有村内的集体经济组织,则由村民小组行使。农民集体所有还存在另一种情况,即属于乡镇农民集体所有。乡镇农民集体所有的财产,由乡镇集体经济组织代表集体行使所有权。乡镇农民集体所有的财产主要是指以下情形:一是在改革开放以前,原来以人民公社为核算单位的土地,在公社改为乡镇以后仍然属于乡镇农民集体所有;二是在人民公社时期,公社一级掌握的集体所有的土地和其他财产,在公社改为乡镇以后仍然属于乡镇农民集体所有。上述两种情况下,由乡镇集体经济组织来行使所有权。①

三级农村集体和农村集体经济组织、乡镇人民政府、村委会、村民小组、城镇农村经济合作社之间的关系,以及各自的权利是司法审判中的难点问题。这几个概念中,农村集体经济组织、城镇农村的合作经济组织和村民委员会在《民法典》中规定为特别法人。《民法典》第99条规定:“农村集体经济组织依法取得法人资格。

---

① 参见全国人大常委会法制工作委员会民法室编:《中华人民共和国物权法条文说明、立法理由及相关规定》,北京大学出版社2007年版,第302页。

法律、行政法规对农村集体经济组织有规定的,依照其规定。”第 100 条规定:“城镇农村的合作经济组织依法取得法人资格。法律、行政法规对城镇农村的合作经济组织有规定的,依照其规定。”第 101 条规定:“居民委员会、村民委员会具有基层群众性自治组织法人资格,可以从事为履行职能所需要的民事活动。未设立村集体经济组织的,村民委员会可以依法代行村集体经济组织的职能。”

首先,“农民集体”在我国的法律中出现的频率较高,但立法并未对“农民集体”作出明确的定义。国家土地管理局曾在关于对农民集体土地确权有关问题的答复中指出,农民集体是指乡农民集体、村农民集体和村内两个以上农业集体经济组织,包括由原基本核算单位的生产队延续下来的经济组织。农民集体并不是一个关于某类民事主体的概念,而是对一定区划(地域范围)内农民的统称,或者说是一个集合名词。因此,集体所有财产由乡镇集体经济组织、村集体经济组织、村内集体经济组织、村民委员会、村民小组代表集体行使所有权。国家所有也是全民所有。国有财产由国务院代表国家行使所有权。“全民”不是一个民事主体概念,但国家却可以作为民事主体,属于特殊的民事主体。

其次,农村集体经济组织属于《民法典》规定的特别法人。《民法典》第 99 条规定:“农村集体经济组织依法取得法人资格。法律、行政法规对农村集体经济组织有规定的,依照其规定。”我国农村社区集体经济组织在生产生活中具有举足轻重的地位。据统计,截至 2006 年我国农村社区集体经济组织多达 70 多万个,拥有 15,000 亿元资产。[①] 截至 2015 年年底,全国 58 万个村集体经济组织的账面资产为 2.86 万亿元。[②] 目前,我国农村集体资产在村、组两级分属于 60.4 万个村、495.5 万个组,其中有 24.4 万个村、74.4 万个组建立了集体经济组织。[③] 实践中,农村集体经济组织的情况较为复杂。其具体范围以及与农村合作社、村民委员会、村民小组等相关组织的关系问题,是司法实践中的难点。

立法机关特地将农村集体经济组织规定为特别法人,有特定的立法意图。从 20 世纪 50 年代的初级社、高级社,到后来的人民公社、生产大队、生产队,经过 20 世纪 80 年代的改革,现代一般称为农村集体经济组织。在 20 世纪 80 年代之前,实行政社合一,改革后实行政社分开。之后,中央允许各地因地制宜,有的地方叫村委会,有的地方在村委会之外还加挂经济联合社的牌子。目前的集体经济组织大

---

① 参见农业部课题组:《推进农村集体经济组织产权制度改革》,载《中国发展观察》2006 年第 12 期。

② 参见张维炜:《农村集体经济组织法人如何归类?》,载《中国人大》2016 年第 22 期。

③ 参见李适时主编:《中华人民共和国民法总则释义》,法律出版社 2017 年版,第 306 页。

多是人民公社时期的“三级所有、队为基础”演变而来，以土地集体所有为基础的合作经济组织，依法管理经营本集体成员集体所有的财产。随着城市化进程的推进，一些乡镇、村、组将集体经营的财产以股份或者份额的形式量化到集体成员，积极发展农民股份合作，建立起股份经济合作社等新型集体经济组织。[①] 20 世纪 80 年代农村改革的成果是从政社合一向政社分离发展。从职能上，集体经济组织与乡镇政府、村委会、村民小组要分开。实现村民委员会事务和集体经济事务相分离，妥善解决农村集体经济组织的交易主体、管理主体的身份问题，对于深化农村经济体制改革，进一步推动农村地区政社分离，完善市场经济交易主体制度、产权制度、搞活农村经济，具有重要意义。交易的前提是确权。对此，国土资源部等四部委《关于农村集体土地确权登记发证的若干意见》第 5 条规定：“依法明确农村集体土地所有权主体代表。属于村农民集体所有的，由村集体经济组织或者村民委员会受本农民集体成员的委托行使所有权；分别属于村内两个以上农民集体所有的，由村内各该集体经济组织或者村民小组代表集体行使所有权；属于乡镇农民集体所有的，由乡镇集体经济组织代表集体行使所有权；没有乡（镇）农民集体经济组织的，乡（镇）集体土地所有权由乡（镇）政府代管。在办理土地确权登记手续时，由农民集体所有权主体代表申请办理。”《民法典》的相关规定正是这一所有权制度改革经验总结的制度深化。

司法实践中，人民法院应当注意农村集体经济组织与其他主体的区分：

第一，供销合作社、专业合作社是合作经济组织，不是农村集体经济组织。有的地方在农村设立了农民专业合作社法人。例如，江苏省 2009 年出台《江苏省农民专业合作社条例》，规定农村集体经济组织成员可以量化到其名下的集体经营性净资产份额作为主要出资方式，设立相应的农民专业合作社，领取农民专业合作社法人营业执照。改革后村级集体经济组织统称为“社区股份合作社”。上海、河北、山东等省市也允许改制成社区股份合作社等形式的集体经济组织在工商行政部门登记为农民专业合作社法人。但是，以这种方式成立的农民专业合作社法人与农村集体经济组织在合作属性、业务范围、成员构成、管理方式等方面均不相同。[②] 农民专业合作社法人由农民自愿设立，其财产不包括农民集体所有的土地等资源性财产的所有权。专业合作社的成员资格与农村集体经济组织成员资格也不一样。设立农民专业合作社法人是为入社的农民生产经营提供服务，是农民开展生产经

---

① 参见李适时主编：《中华人民共和国民法总则释义》，法律出版社 2017 年版，第 305 ~ 306 页。

② 同上书，第 306 页。

营的组织方式。而农村集体经济组织则负责代表农民集体对农民集体所有财产行使所有权,进行经营管理。在相关法律中,供销合作社、专业合作社都是与农村集体经济组织并列的民事主体。例如,《农业法》第27条规定:“国家逐步建立统一、开放、竞争、有序的农产品市场体系,制定农产品批发市场发展规划。对农村集体经济组织和农民专业合作经济组织建立农产品批发市场和农产品集贸市场,国家给予扶持。县级以上人民政府工商行政管理部门和其他有关部门按照各自的职责,依法管理农产品批发市场,规范交易秩序,防止地方保护与不正当竞争。”第44条规定:“国家鼓励供销合作社、农村集体经济组织、农民专业合作经济组织、其他组织和个人发展多种形式的农业生产产前、产中、产后的社会化服务事业。县级以上人民政府及其各有关部门应当采取措施对农业社会化服务事业给予支持。对跨地区从事农业社会化服务的,农业、工商管理、交通运输、公安等有关部门应当采取措施给予支持。”

第二,农村集体经济组织不同于乡镇企业、村办企业以及企业法人。在青岛、长沙、厦门等,城中村、城郊村、经济发达村利用公司制度对农村集体经济组织进行公司化改造,被登记为企业法人。这类村拥有大量财产,已经完成撤村建居、不再具备集体统一经营土地等特征。但从全国范围来看,登记为企业法人的集体经济组织数量很少。但农村集体经济组织与企业法人属于不同性质的民事主体,关于企业法人的规则并不适用于农村集体经济组织。[①] 例如,企业法人资不抵债、不能清偿到期债务时,可以申请破产,但农村集体经济组织并不能申请破产。农村集体经济组织可以成为乡镇企业、村办企业的设立人,但其本身不属于企业法人。

第三,农村集体经济组织不同于村委会。《村民委员会组织法》第2条规定:“村民委员会是村民自我管理、自我教育、自我服务的基层群众性自治组织,实行民主选举、民主决策、民主管理、民主监督。村民委员会办理本村的公共事务和公益事业,调解民间纠纷,协助维护社会治安,向人民政府反映村民的意见、要求和提出建议。村民委员会向村民会议、村民代表会议负责并报告工作。”从我国村域治理的结构看,村民会议、村民代表会议、村民委员会以及村民委员会分设的村民小组承担着村民自治中的公共事务管理等公共管理职能,并承担了一定的行政管理职能;而农村集体经济组织承担着代表农民集体对农民集体所有财产行使所有权等经营管理职能。例如,农村集体经济组织应当与本集体成员签订农村土地承包合同。如果承包人依法流转农村土地承包经营权的,农村集体经济组织也应当依法

① 参见李适时主编:《中华人民共和国民法总则释义》,法律出版社2017年版,第306页。

备案。对于二者之间的关系，中共中央、国务院《关于稳步推进农村集体产权制度改革的意见》第12条规定："发挥农村集体经济组织功能作用。农村集体经济组织是集体资产管理的主体，是特殊的经济组织，可以称为经济合作社，也可以称为股份经济合作社。现阶段可由县级以上地方政府主管部门负责向农村集体经济组织发放组织登记证书，农村集体经济组织可据此向有关部门办理银行开户等相关手续，以便开展经营管理活动。发挥好农村集体经济组织在管理集体资产、开发集体资源、发展集体经济、服务集体成员等方面的功能作用。在基层党组织领导下，探索明晰农村集体经济组织与村民委员会的职能关系，有效承担集体经济经营管理事务和村民自治事务。有需要且条件许可的地方，可以实行村民委员会事务和集体经济事务分离。妥善处理好村党组织、村民委员会和农村集体经济组织的关系。"由于我国农村集体经济组织建设在各地情况不同，有的乡镇、村、村民小组未建立农村集体经济组织。在这种情况下，乡镇政府、村委会、村民小组就需要承担代表农民集体行使所有权等经济管理和经济发展的职能。这一职能实际是"补位"，而非其本职。《村民委员会组织法》第8条规定："村民委员会应当支持和组织村民依法发展各种形式的合作经济和其他经济，承担本村生产的服务和协调工作，促进农村生产建设和经济发展。村民委员会依照法律规定，管理本村属于村农民集体所有的土地和其他财产，引导村民合理利用自然资源，保护和改善生态环境。村民委员会应当尊重并支持集体经济组织依法独立进行经济活动的自主权，维护以家庭承包经营为基础、统分结合的双层经营体制，保障集体经济组织和村民、承包经营户、联户或者合伙的合法财产权和其他合法权益。"随着农村经济体制改革的深化，村民委员会事务和集体经济事务相分离的目标实现后，乡镇政府、村委会、村民小组会逐渐淡化其经济职能。

关于村民小组代表农民集体行使所有权的问题。《村民委员会组织法》第3条规定，村民委员会可以根据村民居住状况、集体土地所有权关系等分设若干村民小组。该法第28条规定："召开村民小组会议，应当有本村民小组十八周岁以上的村民三分之二以上，或者本村民小组三分之二以上的户的代表参加，所作决定应当经到会人员的过半数同意。村民小组组长由村民小组会议推选。村民小组组长任期与村民委员会的任期相同，可以连选连任。属于村民小组的集体所有的土地、企业和其他财产的经营管理以及公益事项的办理，由村民小组会议依照有关法律的规定讨论决定，所作决定及实施情况应当及时向本村民小组的村民公布。"村民小组由村民委员会设立，不属于集体经济组织。同时，村民小组又不像村民委员会在

《民法典》中被定位为特殊法人,有独立的办公地点和公章。因此,有观点认为,村民小组不具有独立的法律地位,难以成为集体土地所有权的真正代表。还有观点认为,村民小组在一些地区名存实亡,主张取消村民小组这一制度。另外,有不少学者认为,在国家层面上取消农业税以后,国家对农民的补贴统一到农户,村民小组不再发挥行政管理作用,其组织生产的经济功能也进一步弱化。[①] 但从我国目前的实践情况看,部分村民小组确实承担着较多的经济职能。由于承继于"三级所有、队为基础"的产权关系和农村经济生产组织关系,乡镇、村、村民小组在不同范围内、不同程度上承继了以前公社、生产大队和生产队的财产。与生产队相对应的村民小组自然会在一定程度上承继生产队的财产和农业生产组织及服务职能。这一客观现实导致了村民小组在我国农村生产生活中仍然是重要的民事主体,会参与民事生活、产生民事关系,成为民事权利的享有者、行使人和民事义务的承担者。如果村委会在设立村民小组的同时设立了村内集体经济组织,则由村内集体经济组织承担相应的农民集体财产所有权行使人以及经济管理、服务职能。如果村委会只设立了村民小组,未设立村内集体经济组织,村民小组就应当"补位",承担农民集体财产所有权行使人以及经济管理、服务职能。正是由于村民小组在实践中参与了民事法律关系,这些民事法律关系引发的纠纷也需要由村民小组参与解决。对此,2006 年最高人民法院《关于村民小组诉讼权利如何行使的复函》,肯定了村民小组享有诉讼权利,但在具体行使诉讼权上应严格按照《村民委员会组织法》的规定推选小组长,由小组长代表村民小组参加诉讼。《民诉法司法解释》第 68 条规定:"村民委员会或者村民小组与他人发生民事纠纷的,村民委员会或者有独立财产的村民小组为当事人。"因此,村民小组作为民事诉讼主体的地位已经得到确认。由于《民法典》并未规定村民小组为法人,因此,村民小组在代表农民集体行使农民集体财产所有权以及经济管理、服务职能时,可视为非法人组织。虽然村民小组由村委会设立,但在民事关系中,二者之间是平等关系。

二、准确把握农民集体所有权的客体

农民集体所有权的客体是农民集体所有的财产。《民法典》第 260 条规定:"集体所有的不动产和动产包括:(一)法律规定属于集体所有的土地和森林、山岭、草原、荒地、滩涂;(二)集体所有的建筑物、生产设施、农田水利设施;(三)集体所有的

---

① 参见常利民:《村民小组是否可以取消》,载《中国乡村建设》2009 年第 4 期。

教育、科学、文化、卫生、体育等设施；(四)集体所有的其他不动产和动产。”中共中央、国务院《关于稳步推进农村集体产权制度改革的意见》第2条规定：“农村集体资产包括农民集体所有的土地、森林、山岭、草原、荒地、滩涂等资源性资产，用于经营的房屋、建筑物、机器设备、工具器具、农业基础设施、集体投资兴办的企业及其所持有的其他经济组织的资产份额、无形资产等经营性资产，用于公共服务的教育、科技、文化、卫生、体育等方面的非经营性资产。这三类资产是农村集体经济组织的主要财产，是农业农村发展的重要物质基础。”根据上述规定，农民集体所有的财产主要包括三类：一是资源性资产，主要包括法律规定属于集体所有的土地和森林、山岭、草原、荒地、滩涂；二是经营性资产，主要包括集体所有的建筑物、生产设施、农田水利设施等不动产，机器设备、工具器具等动产，对集体投资兴办的企业及其所持有的其他经济组织的资产份额等投资人权益，知识产权等无形资产等资产；三是非经营性资产，即公共、公益性资产，主要包括教育、科学、文化、卫生、体育等设施以及相应的动产。以上三类资产是农民集体所有权的客体。实践中，农民集体财产还可能包含其他类型财产。

《民法典》第209条规定：“不动产物权的设立、变更、转让和消灭，经依法登记，发生效力；未经登记，不发生效力，但是法律另有规定的除外。依法属于国家所有的自然资源，所有权可以不登记。”第214条规定：“不动产物权的设立、变更、转让和消灭，依照法律规定应当登记的，自记载于不动产登记簿时发生效力。”因此，农民集体所有的不动产，包括资源性财产，应当以登记为准。2016年12月26日，中共中央、国务院《关于稳步推进农村集体产权制度改革的意见》第2条规定：“适应城乡一体化发展新趋势，分类推进农村集体产权制度改革，在继续按照党中央、国务院已有部署抓好集体土地等资源性资产确权登记颁证，建立健全集体公益设施等非经营性资产统一运行管护机制的基础上，针对一些地方集体经营性资产归属不明、经营收益不清、分配不公开、成员的集体收益分配权缺乏保障等突出问题，着力推进经营性资产确权到户和股份合作制改革，对于切实维护农民合法权益，增加农民财产性收入，让广大农民分享改革发展成果，如期实现全面建成小康社会目标具有重大现实意义。”早在2011年，为切实落实中共中央、国务院《关于加大统筹城乡发展力度进一步夯实农业农村发展基础的若干意见》(中发〔2010〕1号)，国土资源部、财政部、农业部联合下发了《关于加快推进农村集体土地确权登记发证工作的通知》(国土资发〔2011〕60号)，提出“加快农村集体土地所有权、宅基地使用权、集体建设用地使用权等确权登记发证工作，力争到2012年底把全国范围内的农村集体土地所有权证确认到每个具有所有权的集体经济组织,做到农村集体土地确权登记发证全覆盖”。国土资源部等四部委出台了《关于农村集体土地确权登记发证的若干意见》,其第4条规定:“把农村集体土地所有权确认到每个具有所有权的农民集体。确定农村集体土地所有权主体遵循‘主体平等’和‘村民自治’的原则,按照乡(镇)、村和村民小组农民集体三类所有权主体,将农村集体土地所有权确认到每个具有所有权的农民集体。凡是村民小组(原生产队)土地权属界线存在的,土地应确认给村民小组农民集体所有,发证到村民小组农民集体;对于村民小组(原生产队)土地权属界线不存在、并得到绝大多数村民认可的,应本着尊重历史、承认现实的原则,对这部分土地承认现状,明确由村农民集体所有;属于乡(镇)农民集体所有的,土地所有权应依法确认给乡(镇)农民集体。属于村民小组集体所有的土地应当由其集体经济组织或村民小组依法申请登记并持有土地权利证书。对于村民小组组织机构不健全的,可以由村民委员会代为申请登记、保管土地权利证书。涉及依法‘合村并组’的,‘合村并组’后土地所有权主体保持不变的,所有权仍然确权给原农民集体;‘合村并组’后土地所有权主体发生变化、并得到绝大多数村民认可的,履行集体土地所有权变更的法定程序后,按照变化后的主体确定集体土地所有权,并在土地登记簿和土地证书上备注各原农民集体的土地面积。涉及依法开展城乡建设用地增减挂钩试点和农村土地整治的,原则上应维持原有土地权属不变;依法调整土地的,按照调整协议确定集体土地权利归属,并依法及时办理土地变更登记手续。对于‘撤村建居’后,未征收的原集体土地,只调查统计,不登记发证。调查统计时在新建单位名称后载明原农民集体名称。在土地登记簿的‘权利人’和土地证书的‘土地所有权人’一栏,集体土地所有权主体按‘××组(村、乡)农民集体’填写。”司法实践中,在确定农民集体所有的土地等不动产范围时,应当以登记为准。但同时也应注意到,由于全国各地情况千差万别,十分复杂,土地等财产的确权登记发证工作难度非常大。该意见也充分意识到一次性解决所有问题不现实,故定位在“面上推进工作、点上留有余地”,主要就全国普遍存在的问题明确政策措施,将一些更具体的局部地区的问题留给地方解决,允许地方细化政策;目前解决的主要是研究得比较成熟、看得比较准的问题,对一时还看不准的,留待下一步解决。[①] 因此,对于没有完成确权登记发证工作的土地等财产,应当按照尊重历史、依据事实的原则处理。

---

① 参见《解读〈关于农村集体土地确权登记发证的若干意见〉》,载中华人民共和国中央人民政府网,http://www.gov.cn/gzdt/2011-11/10/content_1990058.htm,最后访问日期:2020年4月25日。

三、准确把握农民集体所有权的权能

对于农民集体所有的财产，由农村集体经济组织或者村民委员会、村民小组依法代表集体行使所有权。《民法典》第 240 条规定："所有权人对自己的不动产或者动产，依法享有占有、使用、收益和处分的权利。"一般而言，所有权包括占有、使用、收益和处分四项权能。其中，对于处分权，除转让所有权外，根据《民法典》第 241 条的规定，所有权人有权在自己的不动产或者动产上设立用益物权和担保物权。因此，农村集体经济组织或者村民委员会、村民小组依法代表集体行使所有权时，可以占有、使用、收益和处分农民集体所有的财产。但是，农村集体经济组织或者村民委员会、村民小组依法代表集体行使所有权还受到《宪法》《民法典》《土地管理法》《农村土地承包法》等法律的制约，必须维护土地公有制、家庭联产承包责任制，保护农民的集体经济组织成员权。

对于土地等资源性资产，农村集体经济组织或者村民委员会、村民小组依法代表集体行使所有权时，只能依法发包，不能转让。《土地管理法》第 10 条规定："国有土地和农民集体所有的土地，可以依法确定给单位或者个人使用。使用土地的单位和个人，有保护、管理和合理利用土地的义务。"《农村土地承包法》第 3 条规定："国家实行农村土地承包经营制度。农村土地承包采取农村集体经济组织内部的家庭承包方式，不宜采取家庭承包方式的荒山、荒沟、荒丘、荒滩等农村土地，可以采取招标、拍卖、公开协商等方式承包。"农村集体经济组织或者村民委员会、村民小组在发包农民集体所有的土地时，应当依法发包给农村集体经济组织成员，不得剥夺和非法限制农村集体经济组织成员承包土地的权利；同时，应当平等保护农村集体经济组织成员的权利，在承包中要保护妇女的合法权益，任何组织和个人不得剥夺、侵害妇女应当享有的土地承包经营权。农村集体经济组织或者村民委员会、村民小组作为发包方，享有下列权利：一是发包本集体所有的或者国家所有依法由本集体使用的农村土地；二是监督承包方依照承包合同约定的用途合理利用和保护土地；三是制止承包方损害承包地和农业资源的行为；四是法律、行政法规规定的其他权利。农村集体经济组织或者村民委员会、村民小组在发包农民集体所有土地时，应当遵循以下原则：一是按照规定统一组织承包时，平等保护本集体经济组织成员依法平等地行使承包土地的权利；二是坚持民主协商，公平合理的原则；三是承包方案应当依法经本集体经济组织成员的村民会议 2/3 以上成员或者 2/3 以上村民代表的同意；四是承包程序合法。其中，土地承包应当遵循以下程序：

一是由本集体经济组织成员的村民会议选举产生承包工作小组;二是承包工作小组依照法律、法规的规定拟订并公布承包方案;三是依法召开本集体经济组织成员的村民会议,讨论通过承包方案;四是公开组织实施承包方案;五是签订承包合同。农村集体经济组织或者村民委员会、村民小组作为发包方应当与承包方签订书面承包合同。书面承包合同一般包括以下条款:一是发包方、承包方的名称,发包方负责人和承包方代表的姓名、住所;二是承包土地的名称、坐落、面积、质量等级;三是承包期限和起止日期;四是承包土地的用途;五是发包方和承包方的权利和义务;六是违约责任。其中,耕地的承包期为30年;草地的承包期为30年至50年;林地的承包期为30年至70年。规定的耕地承包期届满后再延长30年,草地、林地承包期届满后依照前款规定相应延长。承包合同自成立之日起生效。

承包合同生效时,承包方取得土地承包经营权。一旦承包方取得土地承包经营权,在承包期内,农村集体经济组织或者村民委员会、村民小组作为发包方不得因承办人或者负责人的变动而变更或者解除承包合同,也不得因集体经济组织的分立或者合并而变更或者解除承包合同;不得收回承包地,不能以退出土地承包经营权作为农户进城落户的条件;承包农户进城落户的,可引导支持其按照自愿有偿原则依法在本集体经济组织内转让土地承包经营权或者将承包地交回发包方,或者鼓励承包人流转土地经营权;承包方交回承包地或者发包方依法收回承包地时,承包方对其在承包地上投入而提高土地生产能力的,发包方应当给予相应的补偿;承包方自愿交回承包地的,发包方也应当给予合理补偿;妇女结婚,在新居住地未取得承包地的,发包方不得收回其原承包地;妇女离婚或者丧偶,仍在原居住地生活或者不在原居住地生活但在新居住地未取得承包地的,发包方不得收回其原承包地。此外,发包方在承包期内不得调整承包地,如果在承包期内,因自然灾害严重毁损承包地等特殊情形对个别农户之间承包的耕地和草地需要适当调整的,必须经本集体经济组织成员的村民会议2/3以上成员或者2/3以上村民代表的同意,并报乡(镇)人民政府和县级人民政府农业农村、林业和草原等主管部门批准。承包合同中约定不得调整的,按照其约定;如果有集体经济组织依法预留的机动地、通过依法开垦等方式增加的土地、依法收回和承包方依法、自愿交回的土地,应当用于调整承包土地或者承包给新增人口。

在农民集体所有的土地中,"四荒地"的处分规则较为特殊,《农村土地承包法》第三章专章规定了"四荒地"的承包。"四荒地"是指荒山、荒沟、荒丘、荒滩等不宜采取家庭承包方式的农村土地。对于"四荒地",农村集体经济组织或者村民委员会、村民小组依法代表集体行使所有权时，可通过招标、拍卖、公开协商等方式发包，也可以发包给本集体经济组织以外的单位或者个人，但在同等条件下，本集体经济组织成员有权优先承包。如果发包方将本集体经济组织的“四荒地”发包给本集体经济组织以外的单位或者个人的，应当事先经本集体经济组织成员的村民会议 2/3 以上成员或者 2/3 以上村民代表的同意，并报乡（镇）人民政府批准。发包方还应当对承包方的资信情况和经营能力进行审查。对于“四荒地”，农村集体经济组织或者村民委员会、村民小组除可以依法发包外，还可以将土地经营权折股份给本集体经济组织成员后，再实行承包经营或者股份合作经营。

对于农民集体所有的经营性资产的所有权权能，则需要具体分析。其中，对于农民集体所有的经营性建筑物、生产设施、农田水利设施等不动产和经营性机器设备、工具器具等动产，农民集体经济组织及其成员享有使用权，但对此类物品的处分受到限制，不能影响其正常功能的发挥。对于集体投资兴办的企业及其所持有的其他经济组织的资产份额等投资人权益，知识产权等资产，农村集体经济组织或者村民委员会、村民小组原则上依法行使完整的所有权。随着市场经济体制和农村经济制度改革的深化，农村集体经济组织或者村民委员会、村民小组在处分此类财产受到的限制会逐渐减少，以使市场在农村资源配置中发挥更加重要的作用。对于教育、科学、文化、卫生、体育设施等非经营性资产，农村集体经济组织或者村民委员会、村民小组在行使所有权时应当维护此类财产的公共性和公益性，对这类财产的占有、使用、处分、收益，应当以村民利益最大化为目标。

农村集体经济组织或者村民委员会、村民小组并非农民集体所有财产的所有权人，只能代表农民集体行使所有权。其代表农民集体行使所有权时，还应当在法定权限内行事。对于重大的处分事项，需要依照法定程序经本集体成员决定。对此，《民法典》第 261 条规定：“农民集体所有的不动产和动产，属于本集体成员集体所有。下列事项应当依照法定程序经本集体成员决定：（一）土地承包方案以及将土地发包给本集体以外的组织或者个人承包；（二）个别土地承包经营权人之间承包地的调整；（三）土地补偿费等费用的使用、分配办法；（四）集体出资的企业的所有权变动等事项；（五）法律规定的其他事项。”

四、正确认定农村集体经济组织成员资格

农村集体经济组织成员资格对农民享有农民集体所有财产的权益具有基础性意义。农民的主要财产是对土地的权利。由于我国实行土地公有制，农村土地除

法律规定为国家所有的外,均为农民集体所有。农村土地的发包、承包、流转、补偿及其他与土地相关联的利益分配等,都必须根据农村集体经济组织成员资格来确定。这里所说的农村集体经济组织资格是从广义上说的,因为很多乡镇、村、村民小组未设立农村集体经济组织,一般由乡镇政府、村委会、村民小组代行农村集体经济组织的职能。农民要想对集体所有的财产享有权利,包括承包等使用、收益权,必须要具备集体成员资格(本书将其统称为集体经济组织成员资格)。在公有制这一基本经济制度下,农民对集体财产的权利依附于其所享有的农村集体经济组织成员资格。具有农村集体经济组织成员资格的农户才有权承包农民集体所有的土地,申请宅基地,获得土地承包经营权和宅基地使用权。这里需要注意农民、农户和农村集体经济组织之间的关系。有权承包农村土地和申请宅基地,获得土地承包经营权和宅基地使用权的是农户。农户可在该户承包的土地上发展农业,也可以在分配的宅基地上建房、居住。但是,农村集体经济组织在向每个农户分配承包地和宅基地时,主要依据的是农户中具有农村集体经济组织成员资格的农民的人数。此外,还有一些权利是具有农村集体经济组织成员资格的农民可直接享有,不需要以农户为中介的。例如,农村集体经济组织在作出重大决策时的表决权,对农村集体经济组织经营管理行为的知情权、监督权,对由农民集体所有的公共设施的使用权,农村土地被征收后的补偿费用分配请求权等。

如何处理涉及农村集体经济组织成员资格的纠纷,是司法实践中经常遇到的难题。这一问题在立法上尚没有明确规定。最高人民法院曾试图对此问题作出司法解释,后因多种原因未出台。因此,对于农村集体经济组织成员资格问题是否可诉,应当依据什么标准来判断农民是否享有某一农村集体经济组织成员资格,如何保护外嫁女、入赘婿的权利等问题,司法实践中没有统一,是社会广泛关注而又未得到根本解决的问题。

对于农村集体经济组织成员资格问题是否可诉的问题,争议焦点在于村民自治与国家法治的范围问题。20 世纪 80 年代以来,我国结束了人民公社制度。国家政权原则上不再深入村和村民小组。在村和村民小组的范围内实行村民自治。广义上讲,村民自治既包括公共事务的自治,也包括经济事务的自治。有观点认为,农村集体经济组织成员资格问题属于村民自治的范围,由此引发的纠纷不应由人民法院受理。有观点认为,农村集体经济组织成员资格问题涉及农民的根本利益,如果完全交由村民自治可能导致多数人决策机制对少数人基本利益的剥夺,故不应交由村民自治,而应当纳入国家法治的范畴。因此引发的纠纷,人民法院应当受理。实践中,有的法院已经受理此类案件。例如,安徽省高级人民法院《关于处理农村土地纠纷案件的指导意见》对在土地补偿、安置费用支付和分配及与土地承包相关的案件中农村集体经济组织成员资格的确认问题作了规定。陕西省高级人民法院《关于审理农村集体经济组织收益分配纠纷案件讨论会纪要》对具有农村集体经济组织成员资格和失去农村集体经济组织成员资格的情形作了规定。有观点认为,农村集体经济组织成员资格完全交由村民自治虽然可能引发不公平的结果,但在没有法律明确规定的情况下,人民法院无法依法作出裁判,由此引发的纠纷人民法院不宜受理,交由地方党政协调处理更好。实践中,有的法院明确规定因此类纠纷缺乏法律规定,故不应受理。例如,江苏省高级人民法院《关于执行〈中华人民共和国农村土地承包法〉和〈最高人民法院关于审理涉及农村土地承包纠纷案件适用法律问题的解释〉若干问题的意见》规定:"如何确认农村集体经济组织成员资格,目前并无具体法律可资适用。根据《中华人民共和国立法法》第四十二条第(一)项规定,该问题有待于立法机关作出进一步明确的规定,目前无法在民事诉讼程序中作出认定。因此,对土地征用补偿费分配争议中涉及集体经济组织成员资格确定问题,当事人提起民事诉讼的,人民法院不应受理。"之后,该院对这一问题的态度有所缓和。2016 年,江苏省高级人民法院民一庭印发《关于审理涉及农村土地承包纠纷案件适用法律问题的解答》。该解答第 9 条规定:"农村集体经济组织成员资格的认定比较复杂,目前尚无明确的法律规定,应在当地人民政府指导下,根据本地、本村实际情况通过村民自治途径处理,由其所在的村集体经济组织依照法定程序予以认定。当事人仅提起确认其村集体经济组织成员资格之诉的,不属于人民法院民事案件受案范围。但对于当事人因征地补偿费分配纠纷提起的民事诉讼,不应简单以涉及村集体经济组织成员资格认定问题为由不予受理。审理中可根据个案具体情况,综合考虑当时的政策、当事人生产生活状况、户口登记状况以及农村土地对农民的基本生活保障功能等因素,以当事人能否获得其他替代性基本生活保障为重要考量,慎重确定当事人成员资格的取得或丧失,对当事人成员资格是否丧失作出审慎的认定,在裁判说理部分阐释认定理由,但裁判主文中不应涉及。通过从严把握村集体经济组织成员资格丧失的认定,为当事人合法征地补偿权利提供必要的司法救济。"上述观点中,第二种观点较为合理。农村集体经济组织成员资格涉及农民最基本的经济权益和生存权利,应当纳入法治规范的范围。由此引发的纠纷,人民法院应当受理。在确定农村集体经济组织成员资格后,如何在农村集体经济组织成员之间分配利益等问题,则属于村民自治的范围。但村民自治也应当依法进行,不能违背法律的强制性规定。关于农村土地承包纠纷案件的受理范围,最高人民法院《关于审理涉及农村土地承包纠纷案件适用法律问题的解释》第1条规定:“下列涉及农村土地承包民事纠纷,人民法院应当依法受理:(一)承包合同纠纷;(二)承包经营权侵权纠纷;(三)土地经营权侵权纠纷;(四)承包经营权互换、转让纠纷;(五)土地经营权流转纠纷;(六)承包地征收补偿费用分配纠纷;(七)承包经营权继承纠纷;(八)土地经营权继承纠纷。农村集体经济组织成员因未实际取得土地承包经营权提起民事诉讼的,人民法院应当告知其向有关行政主管部门申请解决。农村集体经济组织成员就用于分配的土地补偿费数额提起民事诉讼的,人民法院不予受理。”有观点认为,该规定表明最高人民法院认为农村集体经济组织成员资格问题不应当由人民法院受理。这一观点并不准确。上述规定只是规定集体经济组织成员因未实际取得土地承包经营权提起民事诉讼的,以及集体经济组织成员就用于分配的土地补偿费数额提起民事诉讼的,人民法院不予受理,并未规定当事人就农村集体经济组织成员资格纠纷起诉到人民法院的,人民法院不予受理。

关于如何认定农村集体经济组织成员资格问题,各地作了很多有益的探索。例如,《广东省农村集体经济组织管理规定》第8条规定,农村集体经济组织章程应当载明成员资格及其权利、义务。第15条规定:“原人民公社、生产大队、生产队的社员,户口保留在农村集体经济组织所在地,履行法律法规和组织章程规定义务的,属于农村集体经济组织的成员。实行以家庭承包经营为基础、统分结合的双层经营体制时起,集体经济组织成员所生的子女,户口在集体经济组织所在地,并履行法律法规和组织章程规定义务的,属于农村集体经济组织的成员。实行以家庭承包经营为基础、统分结合的双层经营体制时起,户口迁入、迁出集体经济组织所在地的公民,按照组织章程规定,经社委会或者理事会审查和成员大会表决确定其成员资格;法律、法规、规章和县级以上人民政府另有规定的,从其规定。农村集体经济组织成员户口注销的,其成员资格随之取消;法律、法规、规章和组织章程另有规定的,从其规定。”《湖北省农村集体经济组织管理办法》第15条规定:凡户籍在经济合作社或经济联合社范围内,年满16周岁的农民,均为其户籍所在地农村集体经济组织的社员。户口迁出者,除法律、法规和社章另有规定外,其社员资格随之取消;其社员的权利、义务在办理终止承包合同、清理债权债务等手续后,亦同时终止。《湖北省农村土地承包经营条例》第9条规定:“符合下列条件之一的人员,为本集体经济组织成员:(一)世居本地且户籍在本集体经济组织的;(二)父母双方或者一方为本集体经济组织成员，本人户籍在本集体经济组织的；（三）因合法的婚姻、收养关系，户籍迁入本集体经济组织的；（四）根据国家移民政策，户籍迁入本集体经济组织的；（五）原户籍在本集体经济组织的现役义务兵、符合国家有关规定的士官、高等院校和中等职业技术学校的在校学生；（六）原户籍在本集体经济组织的正在服刑和其他被依法限制人身自由的人员。依法保障农村集体经济组织成员对本集体经济组织土地发包承包、征收征用等的知情权、参与权、决策权和监督权。”《山东省实施〈中华人民共和国农村土地承包法〉办法》第6条规定：“符合下列条件之一的本村常住人员，为本集体经济组织成员：（一）本村出生且户口未迁出的；（二）与本村村民结婚且户口迁入本村的；（三）本村村民依法办理领养手续且户口已迁入本村的子女；（四）其他将户口依法迁入本村，并经本集体经济组织成员的村民会议三分之二以上成员或者三分之二以上村民代表的同意，接纳为本集体经济组织成员的。”第7条规定：“原户口在本村的下列人员，依法享有农村土地承包经营权：（一）解放军、武警部队的现役义务兵和符合国家有关规定的士官；（二）高等院校、中等职业学校在校学生；（三）已注销户口的刑满释放回本村的人员。”《安徽省实施〈中华人民共和国农村土地承包法〉办法》第8条规定：“符合下列条件之一的本村人员，为本集体经济组织成员：（一）本村出生且户口未迁出的；（二）与本村村民结婚且户口迁入本村的；（三）本村村民依法办理子女收养手续且其所收养子女户口已迁入本村的；（四）刑满释放后户口迁回本村的；（五）其他将户口依法迁入本村的。”

部分地方法院结合本地实践情况，对取得以及失去农村集体经济组织成员资格的情形作了规定。例如，安徽省高级人民法院《关于处理农村土地纠纷案件的指导意见》第2条规定：“在土地补偿、安置费用支付和分配及与土地承包相关的案件中农村集体经济组织成员资格的确认。在处理土地补偿、安置费用的支付和分配及与土地承包相关的案件中，农村集体经济组织成员资格的确认，一般应以依法取得农村集体经济组织所在地户籍为基本原则，依法取得包括自然取得（出生取得）和法定取得（因婚姻、收养、遗赠抚养协议、行政命令等取得）。同时兼顾在该农村集体经济组织中生产、生活或者离开后又没有取得城市最低生活保障的情形。1. 几类特殊主体成员资格的确认。‘外嫁女’的成员资格。根据《农村土地承包法》、《妇女权益保障法》、国务院办公厅《关于切实维护农村妇女土地承包权益的通知》的精神，应切实保障妇女的合法权益。对于‘外嫁女’虽未取得嫁入地集体经济组织所在地户籍，但已经脱离嫁出地集体经济组织生产、生活的，应当具有嫁入地集体经济组织成员资格。对于嫁入城市的妇女,如果其没有取得非农业户籍,应视为具有原集体经济组织成员资格。'入赘婿'的成员资格参照前述精神处理。离婚、丧偶妇女成员资格。对于离婚、丧偶的妇女不论其户籍是在嫁出地,还是已迁入嫁入地现又回嫁出地生活的,均应以现户籍所在地确定其集体经济组织成员资格。义务兵、大中专在校生的成员资格。义务兵、大中专在校生、在服役、上学期间,其户籍已迁出,根据有关法律和政策规定仍具有其户籍迁出地的集体经济组织成员资格。服刑人员在服刑期间的成员资格参照前述规定精神处理。'空挂户'的成员资格。'空挂户'一般是指户籍在某集体经济组织所在地,但又不在此生产或生活的人员。对这类人员资格的确定,应区别对待。凡是与该集体经济组织有明确协议的,按协议执行;没有协议的,经过民主议定同意,应享有该集体经济组织成员资格;民主议定同意,不宜确认其成员资格。有特殊情况的可以列外。捐资购买城镇户口人员的资格。捐资购买城市户口的人员,现仍在户口迁出地的集体经济组织生产、生活的,应具有该集体经济组织成员资格。"陕西省高级人民法院《关于审理农村集体经济组织收益分配纠纷案件若干问题的意见》第6条规定:"具有下列情形之一的,应当视为其具有农村集体经济组织成员资格:(一)出生时,父母双方或者一方是本集体经济组织成员且本人户籍登记在本集体经济组织所在地的;(二)因婚姻或收养已进入本集体经济组织的农户实际生产生活,并与农村集体经济组织形成权利义务关系、但常住户口非自身原因未迁入的;(三)婚姻关系发生在农业户口和非农业户口人员之间,持农业户口的;(四)因国防建设或者其他政策性迁入的;(五)因外出经商、务工等原因,脱离集体经济组织所在地生产、生活未迁出户口的;(六)因在大中专院校学习、服义务兵或初级以下士官兵役等原因被注销、迁出常住户口的;(七)因服刑、劳教等原因被注销、迁出常住户口的;(八)其他情形经村民会议、村民代表会议讨论同意的;(九)法律法规规定应取得的。"第7条规定:"农村集体经济组织成员具有下列情形之一,其丧失原集体经济组织成员资格:(一)死亡的;(二)取得其他集体经济组织成员资格的;(三)取得城镇非农业户口,且纳入国家公务员序列或者城镇企业职工、居民社会保障体系的;(四)自户口迁入时起,未在户口所在地生产、生活,未与农村集体经济组织形成权利义务关系,不以该集体经济组织所有的土地为基本生活保障的;(五)其他情形经村民会议、村民代表会议讨论同意的。"天津市高级人民法院《关于农村集体经济组织成员资格确认问题的意见》第1条规定:"农村集体经济组织成员一般是指依法取得本集体经济组织所在地常住农业户口,在本集体经济组织内生产、生活的人。不符合或不完全符合上述条件,但确以本集体经济组织的土地为基本生活保障的人,也应认定具有本集体经济组织成员资格。”第 2 条规定:“具有下列情形之一的,取得本集体经济组织成员资格:(1)出生时,父母双方或一方为本集体经济组织成员,且本人依法取得本集体经济组织所在地常住户口的(包括婚生和非婚生,计划生育和非计划生育的人员);(2)基于婚姻关系或者收养关系,将户口迁入本集体经济组织所在地,并在本集体经济组织生产、生活的;(3)因国家建设或其他政策性原因,将户口迁入本集体经济组织所在地,并在本集体经济组织生产、生活的;(4)其他将户口依法迁入本集体经济组织所在地,并经本集体经济组织村民会议三分之二以上成员或者三分之二以上村民代表同意,接纳为本集体经济组织成员的。”第 3 条规定:“具有下列情形之一的,丧失本集体经济组织成员资格:(1)死亡的;(2)取得其他集体经济组织成员资格的;(3)取得非农业户口,且纳入国家公务员序列或城市居民社会保障体系的。”重庆市高级人民法院《关于农村集体经济组织成员资格认定问题的会议纪要》第 1 条规定:“农村集体经济组织成员资格的认定,应当以是否形成较为固定的生产、生活,是否依赖于农村集体土地作为生活保障为基本条件,并结合是否具有依法登记的集体经济组织所在地常住户口,作为判断农村集体经济组织成员资格的一般原则。”第 2 条规定:“父母双方均具有本集体经济组织成员资格,或者父母一方具有本集体经济组织成员资格且依法登记为本集体经济组织所在地常住户口,则该父母之子女自出生时起认定取得本集体经济组织成员资格。”第 3 条规定:“因合法的婚姻、收养关系,在本集体经济组织所在地生产、生活,并将户口迁入本集体经济组织所在地的人员,认定取得本集体组织成员资格。”第 4 条规定:“因国防建设或者其他政策性原因,通过移民进入本集体经济组织所在地生产、生活,并将户口迁入本集体经济组织所在地的人员,认定取得本集体经济组织成员资格。”第 5 条规定:“集体经济组织成员死亡,其集体经济组织成员资格自死亡时起丧失。”第 6 条规定:“取得其他集体经济组织成员资格的,自取得其他集体经济组织成员资格时起,其原有的集体经济组织成员资格丧失。”第 7 条规定:“迁入本市各区县(自治县)所辖街道办事处或者区县(自治县)人民政府驻地镇,转为非农业户口的,自取得非农业户口之日,其原有的集体经济组织成员资格丧失。”第 8 条规定:“迁入第七条以外的其他城镇,转为非农业户口,且纳入国家公务员序列或者事业单位编制的,其原有的集体经济组织成员资格丧失。”第 9 条规定:“农村集体经济组织成员资格丧失的确认,应当遵循以人为本的原则,在农村集体经济组织成员未改变户籍性质和退出承包地之前,一般不宜认定农村集体经济组织成员资格丧失。”

中共中央、国务院《关于稳步推进农村集体产权制度改革的意见》也对确认农村集体经济组织成员身份问题作了规定。该意见第 10 条规定:“确认农村集体经济组织成员身份。依据有关法律法规,按照尊重历史、兼顾现实、程序规范、群众认可的原则,统筹考虑户籍关系、农村土地承包关系、对集体积累的贡献等因素,协调平衡各方利益,做好农村集体经济组织成员身份确认工作,解决成员边界不清的问题。改革试点中,要探索在群众民主协商基础上确认农村集体经济组织成员的具体程序、标准和管理办法,建立健全农村集体经济组织成员登记备案机制。成员身份的确认既要得到多数人认可,又要防止多数人侵犯少数人权益,切实保护妇女合法权益。提倡农村集体经济组织成员家庭今后的新增人口,通过分享家庭内拥有的集体资产权益的办法,按章程获得集体资产份额和集体成员身份。”该意见对于当前一段时间人民法院处理农村集体经济组织成员资格认定问题具有指导意义。

综合上述规定和我国农村实践情况,人民法院在处理农村集体经济组织成员资格认定问题时,应当注意以下几个原则:第一,农村集体经济组织成员资格具有平等性,无论加入集体组织时间长短,无论出生先后、投入财产多少或者贡献大小,各成员一律平等。不宜仅因村民对农村集体经济组织贡献小或者加入农村集体经济组织时间晚而否定村民的成员资格。第二,农村集体经济组织成员资格具有地域性。农村集体经济组织成员一般来说就是当地的村民,在当地居住、生产生活。户籍是否在当地,往往是决定农民是否在农村集体经济组织所在地生活的重要依据。同时,农民是否在农村集体经济组织所在地生活,当地群众最有发言权。因此,在认定农村集体经济组织成员资格时,户籍地和当地群众是否认可均是重要的考虑因素。第三,农村集体经济组织成员资格具有身份性。这里的身份性具有多层含义:一是农村集体经济组织成员资格本身就是一种社员身份,户籍本身就是社员身份的重要证明。这再次印证户籍是认定农村集体经济组织成员资格的重要依据。二是农村集体经济组织成员仅限于农民。公务员、国企职工等非农身份人员不应享有农村集体经济组织成员资格。农村集体经济组织成员转为非农业户口,纳入国家公务员序列或者事业单位编制,成为公有制企业正式工作人员等情形的,一般不再保留农村集体经济组织成员资格。这里需要考虑的重要因素是,农村集体经济组织成员应当是主要依赖农村集体土地生活的人。不能让农民因为失去农村集体经济组织成员资格而失去基本的生活保障。这也是农村集体土地对于农民最重要的意义。在处理外嫁女、入赘婿时,尤其要考虑到这一点。《农村土地承包法》第31条“承包期内，妇女结婚，在新居住地未取得承包地的，发包方不得收回其原承包地；妇女离婚或者丧偶，仍在原居住地生活或者不在原居住地生活但在新居住地未取得承包地的，发包方不得收回其原承包地”的规定就体现了这一精神。三是与农村集体经济组织成员有特定身份关系的人可获得农村集体经济组织成员资格。例如，农村集体经济组织成员的子女出生后自动取得集体经济组织成员资格。外来人口基于婚姻、收养等原因也可以获得农村集体经济组织成员资格。第四，农村集体经济组织成员资格具有唯一性。每人只能享有一个农村集体经济组织成员资格，不能同时享有两个或者多个农村集体经济组织成员资格。

五、依法保护农村集体经济组织成员的成员权

农村集体经济组织成员的民事权利较为广泛。其中，成员权是成员对农村集体经济组织享有的权利。此外，农村集体经济组织成员作为承包方对承包的土地还享有占有、使用、收益和依法流转的权利，有权自主组织生产经营和处置农产品等权利。农民集体所有不同于共有关系，其成员权不可继承，成员不能请求分割农民集体的土地等财产。农村集体经济组织成员的成员权具有身份性和生活保障性的双重属性，主要包括以下几方面：

第一，承包经营权。农村集体经济组织成员依法享有对本集体经济组织所有的或者国家所有由集体使用的土地、森林、山岭、草原、荒地、滩涂、水域的承包经营权。《农村土地承包法》第5条规定：“农村集体经济组织成员有权依法承包由本集体经济组织发包的农村土地。任何组织和个人不得剥夺和非法限制农村集体经济组织成员承包土地的权利。”但是，根据最高人民法院《关于审理涉及农村土地承包纠纷案件适用法律问题的解释》第1条第2款的规定，农村集体经济组织成员因未实际取得土地承包经营权提起民事诉讼的，人民法院应当告知其向有关行政主管部门申请解决。

第二，宅基地使用权。根据《土地管理法》第62条的规定，农村村民一户只能拥有一处宅基地，其宅基地的面积不得超过省、自治区、直辖市规定的标准。人均土地少、不能保障一户拥有一处宅基地的地区，县级人民政府在充分尊重农村村民意愿的基础上，可以采取措施，按照省、自治区、直辖市规定的标准保障农村村民实现户有所居。农村村民建住宅，应当符合乡（镇）土地利用总体规划、村庄规划，不得占用永久基本农田，并尽量使用原有的宅基地和村内空闲地。但是，农村村民出卖、出租、赠与住宅后，则不能再申请宅基地。

第三,自愿退出宅基地的权利。根据《土地管理法》第 62 条的规定,国家允许进城落户的农村村民依法自愿有偿退出宅基地,鼓励农村集体经济组织及其成员盘活利用闲置宅基地和闲置住宅。这里有两层含义:一是进城落户的农村村民是否退出宅基地,依其意愿,不可强制;二是进城落户的农村村民退出宅基地的,有权获得相应的补偿。

第四,对农民集体所有财产使用、收益的权利。对于农民集体所有的财产,除土地外,农村集体经济组织成员享有依法、依农村集体经济组织章程使用并获得收益的权利。

第五,获得征收补偿费的权利。根据《土地管理法》第 48 条的规定,国家征收土地时应当给予公平、合理的补偿,保障被征地农民原有生活水平不降低、长远生计有保障。征收土地应当依法及时足额支付土地补偿费、安置补助费以及农村村民住宅、其他地上附着物和青苗等的补偿费用,并安排被征地农民的社会保障费用。其中,土地补偿费是对农民集体土地的补偿。安置补助费是为了安置以土地为主要生产资料并取得生活来源的农业人口的生活,所给予的补助费用。土地补偿费和安置补助费标准由省、自治区、直辖市通过制定公布区片综合地价确定。制定区片综合地价应当综合考虑土地原用途、土地资源条件、土地产值、土地区位、土地供求关系、人口以及经济社会发展水平等因素,并至少每 3 年调整或者重新公布一次。农村村民住宅补偿费是对农村村民住宅所有权的补偿,应当直接补偿给住宅所有权人。对农村村民住宅,应当按照先补偿后搬迁、居住条件有改善的原则,尊重农村村民意愿,采取重新安排宅基地建房、提供安置房或者货币补偿等方式给予公平、合理的补偿,并对因征收造成的搬迁、临时安置等费用予以补偿,保障农村村民居住的权利和合法的住房财产权益。住宅之外的其他地上附着物和青苗等的补偿费用是对地上附着物和青苗等所有权的补偿,应当补偿给所有权人。由于农村土地对于农民而言具有基本生活保障的意义,因此,征地机关还应当承担被征地农民的社会保障费用。该费用主要用于符合条件的被征地农民的养老保险等社会保险缴费补贴。需要注意的是,根据《村民委员会组织法》第 24 条的规定,征地补偿费的使用、分配方案经村民会议讨论决定方可办理。实践中,一般将征地补偿费的使用、分配问题视为村民自治的范围。因此,最高人民法院《关于审理涉及农村土地承包纠纷案件适用法律问题的解释》第 1 条第 3 款规定:“农村集体经济组织成员就用于分配的土地补偿费数额提起民事诉讼的,人民法院不予受理。”

第六,表决权。《民法典》第 261 条规定:“农民集体所有的不动产和动产,属于本集体成员集体所有。下列事项应当依照法定程序经本集体成员决定:(一)土地承包方案以及将土地发包给本集体以外的组织或者个人承包;(二)个别土地承包经营权人之间承包地的调整;(三)土地补偿费等费用的使用、分配办法;(四)集体出资的企业的所有权变动等事项;(五)法律规定的其他事项。"在没有设立集体经济组织的村,村委会行使村集体经济组织的权利。《村民委员会组织法》第 24 条规定:"涉及村民利益的下列事项,经村民会议讨论决定方可办理:(一)本村享受误工补贴的人员及补贴标准;(二)从村集体经济所得收益的使用;(三)本村公益事业的兴办和筹资筹劳方案及建设承包方案;(四)土地承包经营方案;(五)村集体经济项目的立项、承包方案;(六)宅基地的使用方案;(七)征地补偿费的使用、分配方案;(八)以借贷、租赁或者其他方式处分村集体财产;(九)村民会议认为应当由村民会议讨论决定的涉及村民利益的其他事项。村民会议可以授权村民代表会议讨论决定前款规定的事项。法律对讨论决定村集体经济组织财产和成员权益的事项另有规定的,依照其规定。"

第七,知情权。《民法典》第 264 条规定:"农村集体经济组织或者村民委员会、村民小组应当依照法律、行政法规以及章程、村规民约向本集体成员公布集体财产的状况。集体成员有权查阅、复制相关资料。"

第八,撤销权。《民法典》第 265 条第 2 款规定:"农村集体经济组织、村民委员会或者其负责人作出的决定侵害集体成员合法权益的,受侵害的集体成员可以请求人民法院予以撤销。"

第九,优先权。《农村土地承包法》第 38 条规定,土地经营权流转应当遵循的原则包括:在同等条件下,本集体经济组织成员享有优先权。第 51 条规定,以其他方式承包农村土地,在同等条件下,本集体经济组织成员有权优先承包。对于集体经济组织成员优先权的司法保护,最高人民法院《关于审理涉及农村土地承包纠纷案件适用法律问题的解释》第 11 条规定:"土地经营权流转中,本集体经济组织成员在流转价款、流转期限等主要内容相同的条件下主张优先权的,应予支持。但下列情形除外:(一)在书面公示的合理期限内未提出优先权主张的;(二)未经书面公示,在本集体经济组织以外的人开始使用承包地两个月内未提出优先权主张的。"

第十,监督建议权。农村集体经济组织成员有权监督集体经济组织的经营管理活动,提出意见和建议。例如,《土地管理法》第 49 条规定:"被征地的农村集体经济组织应当将征收土地的补偿费用的收支状况向本集体经济组织的成员公布,接受监督。"《村民委员会组织法》第 30 条规定,对于村民委员会代行农民集体财产所有权以及对农民集体财产经营管理行为,农村集体经济组织成员有权进行监督。

第十一,选举权、被选举权。农村集体经济组织成员有选举和被选举为农村集体经济组织管理人员和社员代表的权利。

农村集体经济组织成员在享有权利的同时也应当履行相应的义务。例如,遵守农村集体经济组织章程,执行社员大会或社员代表大会以及本社管理机构的决议和决定,依法履行承包合同约定的义务,爱护集体财产,维护集体经济组织的合法权益,法律、法规、规章和组织章程规定的其他义务。

专题三 法人财产权的保护——正确处理出资人财产权与法人财产权的关系

出资人权益与法人权益的关系是处理涉法人纠纷的基本点,也是一个容易引起误解的难点。司法实践中,这一问题主要表现为如何正确处理股东权利与公司权利的关系。关于出资人权利,《民法典》第268条规定:“国家、集体和私人依法可以出资设立有限责任公司、股份有限公司或者其他企业。国家、集体和私人所有的不动产或者动产投到企业的,由出资人按照约定或者出资比例享有资产收益、重大决策以及选择经营管理者等权利并履行义务。”关于法人财产权,《民法典》第269条第1款规定:“营利法人对其不动产和动产依照法律、行政法规以及章程享有占有、使用、收益和处分的权利。”以公司为例,设立人将自己的财产投入公司后,该财产成为公司的财产,设立人对该财产不再享有所有权或者使用权。设立人将自己的财产投入公司所获得的对价是对公司的股权,从而成为公司股东。一旦公司获得了设立人或者股东投入的财产,公司即获得了财产的所有权或者使用权。股东不能将公司财产据为己有,只能通过分红收取投资回报,或者在公司清算解散后分配投资人剩余。

在设立公司阶段,设立人将自己的财产投入公司成为公司财产,构成公司实缴资本。《公司法》第26条规定:“有限责任公司的注册资本为在公司登记机关登记的全体股东认缴的出资额。法律、行政法规以及国务院决定对有限责任公司注册资本实缴、注册资本最低限额另有规定的,从其规定。”第27条规定:“股东可以用货币出资,也可以用实物、知识产权、土地使用权等可以用货币估价并可以依法转让的非货币财产作价出资;但是,法律、行政法规规定不得作为出资的财产除外。对作为出资的非货币财产应当评估作价,核实财产,不得高估或者低估作价。法律、行政法规对评估作价有规定的,从其规定。”因此,股东出资的实际价值应当与公司章程和工商登记的实缴出资相一致。第28条规定:“股东应当按期足额缴纳公司章程中规定的各自所认缴的出资额。股东以货币出资的,应当将货币出资足额存入有限责任公司在银行开设的账户;以非货币财产出资的,应当依法办理其财产权的转移手续。股东不按照前款规定缴纳出资的,除应当向公司足额缴纳外,还应当向已按期足额缴纳出资的股东承担违约责任。”足额缴纳公司章程中规定的各自所认缴的出资额是股东的基本义务,也是公司设立人成为公司股东的前提。公司设立后,即成为独立的民事主体。股东投入的财产也转变为公司的财产。公司是企业法人,有独立的法人财产,享有法人财产权。公司以其全部财产对公司的债务承担责任。股东的名字记载于公司名册,成为股东。股东以其出资对公司债务承担责任。依据《公司法》第4条的规定,公司股东依法享有资产收益、参与重大决策和选择管理者等权利。实践中,有的公司股东将公司财产视为自己的财产,任意处分,则损害了公司权益。公司有权请求侵权的股东承担赔偿责任。投资人向公司出资是其成为股东的对价。如果公司出资人抽逃出资,不仅不能享有相应的股东权利,还要对公司其他股东和公司债权人承担责任。

在公司正常经营阶段,公司以其全部财产对公司的债务承担责任。有限责任公司的股东以其认缴的出资额为限对公司承担责任;股份有限公司的股东以其认购的股份为限对公司承担责任。只要股东完成了出资义务,公司以自身财产对外承担责任的,即属于股东在出资范围内承担责任。实践中,有的观点错误理解了股东在出资范围内承担责任的规定。例如,A和B共同出资设立C公司。A认缴的出资已经全部缴足。B在章程约定的缴纳出资的期限内未缴足出资。C公司欠D公司的金钱债务,到期不能清偿。C公司的资产亦不足以清偿欠D公司的金钱债务。D公司起诉C公司偿还债务,并起诉A在出资范围内承担责任,B在欠缴出资范围内承担责任。这种情况下,有观点认为,人民法院不仅应当判决C公司偿还D公司债务,还应当判决B在欠缴出资范围内承担责任,并判决A在出资范围内承担责任。这一观点并不准确。A已经缴足出资,由C公司的全部财产向D公司承担责任即表明A已经在出资范围内承担责任,不应再另行判决A在出资范围内承担责任。这可能导致A在不应向D承担责任的情况下,仍被作为被执行人。这里需要准确理解公司责任与股东责任的关系以及股东承担有限责任的内涵。公司资本对于公司维系、公司债权人利益和交易安全具有重要意义。对此,大陆法系公司法确定了资本确定、资本维持、资本不变三原则,这是大陆法系公司法的核心原则,保证公司独立、完整,保证法定资本制得以实现,目的是维持法定注册资本和实缴资本之间的一致。根据《公司法》第 20 条第 2 款、第 3 款的规定,公司股东滥用股东权利给公司或者其他股东造成损失的,应当依法承担赔偿责任。公司股东滥用公司法人独立地位和股东有限责任,逃避债务,严重损害公司债权人利益的,应当对公司债务承担连带责任。这里所说的股东滥用股东权利,包括股东滥用其权利,处分公司财产、违法减资等行为。例如,A 公司和 B 公司约定合作建设房屋,合作的方式是 A 公司与 B 公司共同设立项目公司 C 对项目进行开发。A 公司和 B 公司根据各自在 C 公司中的持股情况,分享收益、分担风险。C 公司完成项目开发后,A 公司和 B 公司作为股东,未对公司进行清算的情况下,直接出售 C 公司开发完成的项目,并将转让款收归自己所有。这一行为就侵害了 C 公司和 C 公司债权人的利益。A 公司和 B 公司没有区分股东财产与公司财产的关系。实践中较为常见的混淆公司财产和股东财产的情况是,A 公司、B 公司与 C 公司合作经营,共同设立项目公司 D。D 公司经营一段时间后,A 公司想退出合作。A 公司就与 B 公司、C 公司约定,B 公司和 C 公司收购 A 公司在 D 公司中的股份,由 D 公司向 A 公司支付转让股份的对价。这种行为表面看是股权转让行为,实质上是 D 公司的减资行为。在股权转让合同中,应由股权受让人向出让人支付股权转让款,而不应由标的公司支付股权转让款。由标的公司支付股权转让款的,会导致标的公司实有资本减少,实际上是一种减资或者说退资行为。这种行为一般都没有依法完成减资程序,A 公司需要承担相应的责任。

在公司经营期间,股东也有可能从公司获得财产,主要根据两种途径。一是依据《公司法》第 34 条的规定,股东有权按照实缴的出资比例分取红利。但公司向股东分配红利需要符合《公司法》第 166 条规定的条件,即公司分配当年税后利润时,应当提取利润的 10% 列入公司法定公积金。公司法定公积金累计额为公司注册资本的 50% 以上的,可以不再提取。公司的法定公积金不足以弥补以前年度亏损的,在依照前款规定提取法定公积金之前,应当先用当年利润弥补亏损。公司从税后利润中提取法定公积金后,经股东会或者股东大会决议,还可以从税后利润中提取任意公积金。公司弥补亏损和提取公积金后所余税后利润,有限责任公司依照《公司法》第 34 条的规定分配;股份有限公司按照股东持有的股份比例分配,但股份有限公司章程规定不按持股比例分配的除外。如果股东会、股东大会或者董事会违反前款规定，在公司弥补亏损和提取法定公积金之前向股东分配利润的，股东必须将违反规定分配的利润退还公司。此外，公司持有的本公司股份不得分配利润。二是公司从股东处回购股份。根据《公司法》第 74 条的规定，在公司连续 5 年不向股东分配利润，而公司该 5 年连续盈利，并且符合本法规定的分配利润条件，公司合并、分立、转让主要财产，公司章程规定的营业期限届满或者章程规定的其他解散事由出现，股东会会议通过决议修改章程使公司存续的情形下，对股东会该项决议投反对票的股东可以请求公司按照合理的价格收购其股权。如果自股东会会议决议通过之日起60 日内，股东与公司不能达成股权收购协议的，股东可以自股东会会议决议通过之日起 90 日内向人民法院提起诉讼。根据《公司法》第 142 条的规定，公司不得收购本公司股份。但在公司减少公司注册资本；与持有本公司股份的其他公司合并；将股份用于员工持股计划或者股权激励；股东因对股东大会作出的公司合并、分立决议持异议，要求公司收购其股份；将股份用于转换上市公司发行的可转换为股票的公司债券；上市公司为维护公司价值及股东权益所必需的情形下，公司可以回购股份。但是公司回购的股份应当依法转让或者注销。

在公司清算注销阶段，公司出现《公司法》第 180 条规定的公司解散的原因时，应当解散公司。根据《民法典》第 70 条的规定，法人解散的，除合并或者分立的情形外，清算义务人应当及时组成清算组进行清算。法人的董事、理事等执行机构或者决策机构的成员为清算义务人。法律、行政法规另有规定的，依照其规定。清算义务人未及时履行清算义务，造成损害的，应当承担民事责任；主管机关或者利害关系人可以申请人民法院指定有关人员组成清算组进行清算。根据《公司法》第 186 条第 1 款、第 2 款的规定，公司财产在分别支付清算费用、职工的工资、社会保险费用和法定补偿金，缴纳所欠税款，清偿公司债务后的剩余财产，有限责任公司按照股东的出资比例分配，股份有限公司按照股东持有的股份比例分配。因此，在公司清算注销阶段，如果公司财产清偿全部债务后还有剩余的，则为出资人权益。股东有权分配剩余财产。在这种情况下，原属于公司的财产归属于股东。与此相应，由于公司消灭，股东不再享有股权。

在处理公司财产与股东财产的关系时，还需要注意公司财产与股东财产混同的情形。公司财产与股东财产混同是判断公司与股东人格混同的重要条件。司法实践中，一旦认定公司财产与股东人格混同，就会“刺破公司面纱”，股东需要对公司债务承担连带责任。对此，《公司法》第 20 条第 3 款规定，公司股东滥用公司法人独立地位和股东有限责任,逃避债务,严重损害公司债权人利益的,应当对公司债务承担连带责任。这里尤其需要注意的是一人有限责任公司财产与股东财产的独立性问题。一人有限责任公司非常容易被唯一的股东所控制。根据《公司法》第62条的规定,一人有限责任公司应当在每一会计年度终了时编制财务会计报告,并经会计师事务所审计。根据《公司法》第63条的规定,一人有限责任公司的股东不能证明公司财产独立于股东自己的财产的,应当对公司债务承担连带责任。

第六章　业主的建筑物区分所有权

专题一　建筑物区分所有权的民法保护

一、正确区分建筑物的专有部分和共有部分

在现代社会,多层建筑、高层建筑成为人们最常见的居住和工作场所。为解决多层建筑、高层建筑的产权区分问题,各国民法设立了建筑物区分所有权制度。我国《民法典》第 271 条规定:“业主对建筑物内的住宅、经营性用房等专有部分享有所有权,对专有部分以外的共有部分享有共有和共同管理的权利。”由此可见,我国建筑物区分所有权的组成部分分别是专有权、共有权和成员权(共同管理权),为复合权利。建筑物区分所有权在不同国家法律中的称谓并不相同。例如,美国法上称之为“公寓所有权”,德国法上称之为“住宅所有权”,日本法上称之为“建筑物区分所有权”,法国法上称之为“住宅分层所有权”。我国《物权法》和《民法典》均称之为业主的建筑物区分所有权。

在审理涉及建筑物区分所有权的案件时,首先要解决的就是如何区分专有部分和共有部分。建筑物一般是指主要提供人们进行生产、生活或其他活动的房屋或场所。需要注意的是,并非所有的建筑物都能成为建筑物区分所有权的客体,有的建筑物为单一所有权人所有,自然不存在“区分”所有的问题。在建筑物为单独一人所有的情况下,为独立的所有权。而建筑物区分所有权为复合权利。作为建筑物区分所有权客体的建筑物需要具备以下条件:一是建筑物在结构上能够区分为两个以上的独立部分。在实践中,区分建筑物的方法主要是:纵割的区分、横割的区分和纵横割的区分。二是建筑物的区分各部分能够单独使用并能为不同的所有权人所专用。三是建筑物除区分专有部分外,还必须有共有部分。也就是说,建

筑物在使用性质上必须能够区分为专有部分和共用部分。[①] 建筑物区分所有的特点在于,不同业主所享有权利的建筑物的专有部分以及共有部分有时在物理上是相互连接的。在这种情况下,如何区分各专有部分和共有部分就十分重要。关于专有部分的范围,按照《建筑物区分所有权解释》第2条的规定,专有部分一般需要具备以下几个条件:一是必须具有构造上的独立性。即各个部分在建筑物的构造上可以被区分开,可与建筑物其他部分完全隔离。也只有这样才能客观地划分不同部分并为各个所有权人独立支配,才能明确客体的范围,并进而明确权利主体所享有的权利的范围,同时才能准确地判断他人针对建筑物所实施的行为是否构成侵权。二是必须具有使用上的独立性。即建筑物被区分为各个部分以后,每一部分都可以被独立地使用或具有独立的经济效用,无须借助其他部分的辅助便能利用。三是必须能够通过登记进行公示并且能表现出法律上的独立性。构造上和使用上的独立性,乃是经济上的独立性,只有通过登记才能表现为法律上的独立,即通过登记能够使被分割的各个部分在法律上形成各个所有权的客体。如果被分割的各个部分登记为各个主体所有,则建筑物作为整体在法律上将不能再作为一个独立物存在。应当指出的是,通过登记表现出来的法律上独立性,是以构造上和使用上的独立性为基础的,如果构造上或使用上的独立性不复存在,则法律上的独立性也难以存在。

在物理空间上,如何界定专有部分的范围,存在争议,主要有以下几种学说:第一种学说是空间说。该说认为,专有部分的范围限于由墙壁、地板和天花板所构成的空间部分,即通常所说的使用面积所对应的空间。至于墙壁、天花板和地板本身则属于共有部分。第二种学说是墙面说。该说认为,专有部分包含墙壁、天花板、地板等界壁部分表层所粉刷部分。该说是在空间说的基础上将专有部分的范围延伸到界壁的最后粉刷的表层。第三种学说是壁心说。该说认为,专有部分达到墙壁、天花板和地板等境界部分厚度的中心线。第四种学说是壁心和最后粉刷表层说。该说认为,在区分所有权人的内部关系尤其是建筑物的维持和管理上,专有部分包括墙壁、天花板和地板等境界部分表层所粉刷部分;在外部关系上,专有部分到达墙壁、天花板、地板等境界部分的中心线。以上几种观点争议的焦点是,应当如何看待墙壁的权利归属。是将墙壁作为专有部分的组成部分,还是将其作为共有部分。目前来看,第四种学说即壁心和最后粉刷表层说较合理。该学说在处理内部关系和外部关系时采用了不同标准。专有部分的所有权人有权对其墙壁进行

---

① 参见郭明瑞主编:《中华人民共和国物权法释义》,中国法制出版社2007年版,第122页。

装饰，而不必担心侵犯他人的权利。

二、准确把握建筑物区分所有权人的权利和义务

在专有部分和共有部分中，专有部分是建筑物区分所有权的基础，共有部分从根本上来讲是为专有部分服务的。相对专有部分，共有部分具有从属性。因此，业主转让建筑物内的住宅、经营性用房，其对共有部分享有的共有和共同管理的权利一并转让。从权利的客体来看，专有部分权利人所享有的权利不仅及于其专有部分，也及于共有部分。根据《民法典》第 271 条和第 272 条的规定，业主对建筑物内的住宅、经营性用房等专有部分享有所有权，对专有部分以外的共有部分享有共有和共同管理的权利。业主对其建筑物专有部分享有的所有权包括占有、使用、收益和处分等权能。专有部分权利人在享有权利的同时，也应当承担相应的义务，以维护建筑物的安全以及其他专有权人的利益。

建筑物区分所有权人享有以下权利：第一，建筑物区分所有权人对其专有部分享有占有、使用、收益和处分的权利。建筑物区分所有权人有权占有自己的房屋，有权自己使用房屋，也有权出借或者出租给他人使用，并获得相应的收益。建筑物区分所有权人有权通过转让所有权、设立抵押权等方式处分自己的房屋。第二，在建筑物区分所有权人的权利受到他人不当干涉时，建筑物区分所有权人有权排除这种不当干涉。建筑物区分所有权是物权。这是其作为物权所当然具备的效力。第三，建筑物区分所有权人还有权合理使用共有部分。例如，商铺的所有权人在设置标示广告时，可能会用到共有部分或者他人的专有部分。建筑物区分所有权人在修建飘窗、防盗窗户会使用到共有部分。建筑物区分所有权人还可以合理地使用露台、屋顶等共有部分。对于独栋别墅的所有权人，可以合理地使用屋前、屋后花园。第四，建筑物区分所有权人对共有部分享有共有权。第五，建筑物区分所有权人对共有部分享有共同管理权。

建筑物区分所有权人所需承担的义务主要有：第一，建筑物区分所有权人应当对专有部分合理行使权利，不能对建筑物造成损害。在建筑物区分所有中，专有部分是依赖整个建筑物而存在的，在物理上与其他专有部分和共有部分相互连接，构成一个建筑物整体。专有部分与整个建筑物是整体与部分的关系，所以只有保障整个建筑物的安全才能够实现专有部分所有权的有效行使。在实践中，有的建筑物区分所有权人开挖承重墙，将与他人相邻的墙体掏空，装修时所用材料重量超过地板所能承受的范围，都是不可取的。第二，建筑物区分所有权人对专有部分的使

用不得违反区分所有建筑物的使用目的。如果专有部分的权利人行使权利的行为不符合建筑物的使用目的,其他权利人有权加以制止。在实践中,较常见的是在将住宅楼作为商业办公楼使用或者营业房使用,有的业主甚至直接在住宅楼中开设餐厅,影响其他业主。在这种情况下,同一小区的其他业主权利受到损害的,有权请求其停止不当使用房屋的行为。第三,建筑物区分所有权人对专有部分的使用不得损害其他区分所有权人的利益。整个建筑物是由众多的专有部分构成,专有部分与专有部分之间往往有共同的墙体、地板。相邻的房屋所有权人之间使用了共同的建筑部分。同一小区内不同业主也存在共同利益,所以任何专有部分的权利人行使权利时,不能不考虑全体建筑物区分所有权人的利益,更不能滥用其专有部分的所有权,并损害其他所有权人的利益。如果建筑物区分所有权人有违反上述义务的行为,权利人有权要求其排除妨碍、消除危险、恢复原状、赔偿损失。第四,建筑物区分所有权人对建筑物专有部分以外的共有部分承担义务,且不能以放弃权利为由不履行义务。在实践中,建筑物区分所有权人对共有部分的义务主要表现为修缮等义务。例如,有的小区电梯需要修理,维修基金不足或者没有维修基金,需要各建筑物区分所有权人共同出资维修。部分居住低楼层的建筑物区分所有权人表示自己不乘坐电梯,拒不交纳维修费。这种行为并不可取。

三、依法保护业主对共有部分的使用权

建筑物区分所有权是复合权利,其中的重要组成部分是对共有部分的共有权。建筑物区分所有中的共有权,是指建筑物区分所有权人对建筑物的共有部分享有的占有、使用、收益、处分的权利。建筑物区分所有人对共有部分的共有权具有以下特点:第一,共有权人是全部建筑物区分所有人。建筑物区分所有的共有人由整个单位建筑或多个单位建筑组成的小区内全部建筑物区分所有人组成。他们共同构成了建筑物共有部分财产的权利主体。第二,建筑物区分所有权中共有权利的客体是建筑物的共有部分。建筑物的共有部分,主要包括建筑物的基础工程;支柱、屋顶、外墙等主体工程;建筑物的电梯、楼梯、消防设施、走廊、水塔、水电气管道、暖气管道等公共部分;建筑区划内的道路、绿地,但属于城镇公共道路、城镇公共绿地或者明示属于个人的除外;建筑区划内的其他公共场所、公用设施和物业服务用房。住宅小区的围墙、小区大门、艺术装饰物、路灯、消防、安保等公用配套设施,除依法应当归属于国家或有关法人所有的以外的,原则上应当属于全体住宅小区的业主所共有。此外,建筑物有的部分是部分区分所有人所共有的部分,如各层

楼之间的楼板,仅属于相邻部分的所有人共有。第三,建筑物区分所有权中共有权具有从属性。建筑物区分所有权人对共有部分享有共有权是以其对专有部分享有所有权为前提,为专有部分的所有权服务,随专有部分的所有权转移而转移、消灭而消灭。共有部分不能脱离专有部分而存在,也不能单独在专有部分上设立所有权。关于建筑物区分所有权中共有部分的范围,《建筑物区分所有权解释》第3条规定:"除法律、行政法规规定的共有部分外,建筑区划内的以下部分,也应当认定为民法典第二编第六章所称的共有部分:(一)建筑物的基础、承重结构、外墙、屋顶等基本结构部分,通道、楼梯、大堂等公共通行部分,消防、公共照明等附属设施、设备,避难层、设备层或者设备间等结构部分;(二)其他不属于业主专有部分,也不属于市政公用部分或者其他权利人所有的场所及设施等。建筑区划内的土地,依法由业主共同享有建设用地使用权,但属于业主专有的整栋建筑物的规划占地或者城镇公共道路、绿地占地除外。"

建筑物区分所有权人对共有部分的权利包括所有权即共有权和共同管理权两个方面。其中,共有权更多地体现为对共有部分的使用和收益权。从实践的情况来看,争议较大的、纠纷较多的也是共有部分的使用和收益权问题。具体而言,建筑物区分所有权人对共有部分的权利主要包括以下几个方面:第一,建筑物区分所有权人有权按共用部分的用途使用共有部分,其他建筑物区分所有权人应予尊重,不能限制或者干涉。《建筑物区分所有权解释》第4条规定:"业主基于对住宅、经营性用房等专有部分特定使用功能的合理需要,无偿利用屋顶以及与其专有部分相对应的外墙面等共有部分的,不应认定为侵权。但违反法律、法规、管理规约,损害他人合法权益的除外。"第二,区分所有人有权分享共用部分的收益。如果将共用部分用于营利性使用,因此获得的收益,应当由建筑物区分所有权人共同享有。建筑物区分所有权人共同享有的方式很多,共有部分的收益可以用于分配、抵扣物业管理费、修缮建筑物、改善小区环境等。对这一问题,《建筑物区分所有权解释》第14条规定:"建设单位、物业服务企业或者其他管理人等擅自占用、处分业主共有部分、改变其使用功能或者进行经营性活动,权利人请求排除妨碍、恢复原状、确认处分行为无效或者赔偿损失的,人民法院应予支持。属于前款所称擅自进行经营性活动的情形,权利人请求建设单位、物业服务企业或者其他管理人等将扣除合理成本之后的收益用于补充专项维修资金或者业主共同决定的其他用途的,人民法院应予支持。行为人对成本的支出及其合理性承担举证责任。"建筑物区分所有权人在使用共有部分时,也应当承担相应的义务:第一,以合法合理的方式使用共有部分,维护共用部分,使其处于正常使用的状态,不能随意改动、改建共用部分,不得侵占共用部分,不得妨碍其他建筑物区分所有权人合理使用共有部分。在实践中,有的建筑物区分所有权人将私人物品堆放在楼道、楼梯间等公共部位,既妨碍他人正常使用共有部分,也影响安全。还有的建筑物区分所有权人在楼道或者小区内乱倒垃圾,影响环境。这些行为均不可取。第二,建筑物区分所有权人应负担维护共用部分的正常费用。对于为使用、维修、管理共用部分所支出的费用,建筑物区分所有权人有分摊的义务。

在实践中,争议较多的是小区内的绿地、车位、物业用房的归属和使用权问题。根据《民法典》第 274 条的规定,建筑区划内的绿地,属于业主共有,但是属于城镇公共绿地或者明示属于个人的除外。因此,原则上建筑区划内的绿地归全体建筑物区分所有权人共有。但该原则存在两个例外:一是建筑区划内的绿地属于城镇的公共绿地。在这种情况下,绿地一般视为市政公共绿地的一部分,不属于建筑物区分所有权人共有。二是明示属于个人。这里的明示属于个人应当具体分析。例如,开发商将绿地的使用权分割为不同部分,各个部分与专有部分相连,对外绿地被封闭,对专有部分则开放。更常见的是开发商在出售房屋时,即在合同里约定某部分绿地归专有部分所有权人所有。归个人所有的绿地实际属于专有部分,不适用《民法典》关于共有部分的规定。例如,其他人不享有共有权、使用权、收益权,该部分的维护也由专有权人负责。

关于建筑区划内的车位的归属和使用、收益权问题。根据《民法典》第 275 条的规定,建筑区划内,规划用于停放汽车的车位、车库的归属,由当事人通过出售、附赠或者出租等方式约定。占用业主共有的道路或者其他场地用于停放汽车的车位,属于业主共有。因此,车位的归属应区分不同的情况。首先,开发商与购房人有约定的,从约定。如果购房人购买了车位或者购房人在购房时,开发商将车位赠与购房人,则由购房人获得车位所有权。其次,如果开发商只是将车位出租给购房人,则购房人获得排他的使用权。在开发商只出租车位的情况下,车位所有权的归属问题应具体分析。如果开发商也对建筑物的一部分享有专有权,依据该专有权其有权对车位享有所有权的,车位所有权可归属于开发商。根据相关规定,房地产开发商按照一定的标准配置建设停车位。这些车位是建筑物的配套设备设施,其不能单独转让也不能单独办理产权,由全体业主共有共用。因此,开发商原则上不应单独对小区车位享有所有权,而应当归属全体小区业主共有。在实践中,开发商与购房人签订的车位租赁合同在开发商售完房屋、退出小区后会直接转为物业服务企业与购房人的租赁合同。在这种情况下,租赁费应当归属于全体业主所有。再次,占用业主共有的道路或者其他场地用于停放汽车的车位,属于业主共有。建筑区划内的道路及其他公共部分本就归全体业主共同所有,占用业主共有的道路或者其他场地用于停放汽车的车位自然应当属于全体业主共有。最后,根据《民法典》第276条的规定,建筑区划内,规划用于停放汽车的车位、车库应当首先满足业主的需要。这是建筑物区分所有权的特点,建筑区划内的车位本质上是房屋的配套设施,理所当然应当首先满足小区业主的需要。在实践中,有的物业服务企业在本小区车位尚不能满足小区业主需要的情况下,对外出租车位。这种行为违反了《民法典》的规定,损害了业主的权利。

关于建筑区划内的其他公共场所、公用设施和物业服务用房的归属、使用和收益问题。根据《民法典》第274条的规定,建筑区划内的其他公共场所、公用设施和物业服务用房,属于业主共有。对于小区内物业服务用房,如果开发商在出售房屋时,并未特别的声明要保留对物业服务用房的所有权,就应当属于全体业主共有。对于小区的地下室等其他公共场所、公用设施,由于这些都是小区的必备设施,实际上是专有部分的配套设施,小区的业主在购买专有部分的商品房时实质上也已对此支付了相应对价,所以也应当归小区全体业主共有。

专题二　物业管理

一、业主大会、业主委员会的主体资格及权利义务

建筑物区分所有权包含有对共有部分的管理权,同时不同建筑物区分所有人共同生活在同一建筑区划内,需要确立共同的生活准则,以维护生活秩序。因此,建筑物区分所有面临物业管理、业主共同生活秩序维护等问题。目前,世界各国均倾向将此部分交由业主自治。业主自治的机构就是业主大会和业主委员会。业主大会是由物业管理区域内全体业主组成的。业主是房屋所有权人,也是建筑物区分所有权人。本书在不同部分根据所论述问题的需要而使用不同称谓,但业主与建筑物区分所有权人是具有相同含义的概念。《民法典》第277条第1款规定:“业主可以设立业主大会,选举业主委员会。业主大会、业主委员会成立的具体条件和

程序,依照法律、法规的规定。"物业管理区域内全体业主组成业主大会。业主大会应当代表和维护物业管理区域内全体业主在物业管理活动中的合法权益。一个物业管理区域成立一个业主大会。但并不是所有的物业管理区域内都要成立业主大会。《物业管理条例》第 10 条规定,只有一个业主的,或者业主人数较少且经全体业主一致同意,决定不成立业主大会的,由业主共同履行业主大会、业主委员会职责。物业管理服务属于公共物品。公共物品是经济学上的概念,是指可以供社会成员共同享用的物品,具有非竞争性和非排他性。所谓非竞争性,是指某人对公共物品的消费并不会影响其对其他人的供应,即在给定的生产水平下,为另一个消费者提供这一物品所带来的边际成本为零。所谓非排他性,是指某人在消费一种公共物品时,不能排除其他人消费这一物品(无论他们是否付费),或者排除的成本很高。公共物品面临的一个突出问题是"搭便车"问题。这会导致市场失灵,即通过市场调节和私人供给将造成供给不足,从而导致业主大会和业主委员会制度在实践中的效果并不好。例如,在北京,有物业的小区中只有 1/3 成立了业主大会;在河南省,这一比例只能达到 1/10。[①] 针对这一问题,《民法典》第 277 条第 2 款规定:"地方人民政府有关部门、居民委员会应当对设立业主大会和选举业主委员会给予指导和协助。"《物业管理条例》第 10 条规定:"同一个物业管理区域内的业主,应当在物业所在地的区、县人民政府房地产行政主管部门或者街道办事处、乡镇人民政府的指导下成立业主大会,并选举产生业主委员会……"但是,上述规定只是原则性规定。这一规定如何落到实处还需要细化规则、落实责任。部分地方也对相关规定进行了细化。例如,《北京市物业管理条例》第 8 条规定:"街道办事处、乡镇人民政府组织、协调、指导本辖区内业主大会成立和业主委员会选举换届、物业管理委员会组建,并办理相关备案手续;指导、监督业主大会、业主委员会、物业管理委员会依法履行职责,有权撤销其作出的违反法律法规和规章的决定;参加物业承接查验,指导监督辖区内物业管理项目的移交和接管,指导、协调物业服务人依法履行义务,调处物业管理纠纷,统筹协调、监督管理辖区内物业管理活动。居民委员会、村民委员会在街道办事处、乡镇人民政府的指导下开展具体工作,建立党建引领下的物业管理协商共治机制;有权就业主反映的物业管理事项向业主大会、业主委员会进行询问,引导规范运作;指导、监督物业服务人依法履行义务,调解物业管理纠纷。"

---

① 参见全国人大常委会法制工作委员会民法室编:《中华人民共和国物权法条文说明、立法理由及相关规定》,北京大学出版社 2017 年版,第 142 页。

业主大会由业主组成,权利源于业主。业主大会成立后,其职责是管理物业和业主,维护物业小区良好的秩序。在业主与业主大会的关系中,业主的权利对于业主大会而言往往是义务,业主的义务对于业主大会来说往往是权利。根据《物业管理条例》第 6 条的规定,业主在物业管理活动中,享有下列权利:一是按照物业服务合同的约定,接受物业服务企业提供的服务;二是提议召开业主大会会议,并就物业管理的有关事项提出建议;三是提出制定和修改管理规约、业主大会议事规则的建议;四是参加业主大会会议,行使投票权;五是选举业主委员会成员,并享有被选举权;六是监督业主委员会的工作;七是监督物业服务企业履行物业服务合同;八是对物业共用部位、共用设施设备和相关场地使用情况享有知情权①和监督权;九是监督物业共用部位、共用设施设备专项维修资金(以下简称专项维修资金)的管理和使用;十是法律、法规规定的其他权利。同时,业主在物业管理活动中应当履行下列义务:一是遵守管理规约、业主大会议事规则;二是遵守物业管理区域内物业共用部位和共用设施设备的使用、公共秩序和环境卫生的维护等方面的规章制度;三是执行业主大会的决定和业主大会授权业主委员会作出的决定;四是按照国家有关规定交纳专项维修资金;五是按时交纳物业服务费用;六是法律、法规规定的其他义务。

业主大会主要承担议事和决策职能。业主大会的决策一般交由业主委员会执行。业主委员会是依据业主公约或者法定的程序由业主大会从全体业主中选举产生的,是业主大会的执行机构。根据《民法典》第 278 条的规定:"下列事项由业主共同决定:(一)制定和修改业主大会议事规则;(二)制定和修改管理规约;(三)选举业主委员会或者更换业主委员会成员;(四)选聘和解聘物业服务企业或者其他管理人;(五)使用建筑物及其附属设施的维修资金;(六)筹集建筑物及其附属设施的维修资金;(七)改建、重建建筑物及其附属设施;(八)改变共有部分的用途或者利用共有部分从事经营活动;(九)有关共有和共同管理权利的其他重大事项……"关于何为重大事项的问题,最高人民法院《关于审理建筑物区分所有权纠纷案件具体应用法律若干问题的解释》第 7 条规定:"改变共有部分的用途、利用共有部分从事经营性活动、处分共有部分,以及业主大会依法决定或者管理规约依法确定应由

---

① 关于业主的知情权,《建筑物区分所有权解释》第 13 条规定:"业主请求公布、查阅下列应当向业主公开的情况和资料的,人民法院应予支持:(一)建筑物及其附属设施的维修资金的筹集、使用情况;(二)管理规约、业主大会议事规则,以及业主大会或者业主委员会的决定及会议记录;(三)物业服务合同、共有部分的使用和收益情况;(四)建筑区划内规划用于停放汽车的车位、车库的处分情况;(五)其他应当向业主公开的情况和资料。"

业主共同决定的事项,应当认定为物权法第七十六条第一款第(七)项规定的有关共有和共同管理权利的‘其他重大事项’。”该解释的部分内容已经被我国《民法典》所吸收。2020年《建筑物区分所有权解释》第7条规定:“处分共有部分,以及业主大会依法决定或者管理规约依法确定应由业主共同决定的事项,应当认定为民法典第二百七十八条第一款第(九)项规定的有关共有和共同管理权利的‘其他重大事项’。”

相对于《物权法》,《民法典》对业主共同决定事项的范围和表决程序作了修改。在共同决定的事项范围上,我国《民法典》第278条吸收了最高人民法院《关于审理建筑物区分所有权纠纷案件具体应用法律若干问题的解释》第7条的规定。在共同决定事项的程序上,我国《民法典》第278条规定首先对参与表决的人数比例和所占专有部分比例作了规定,即应当由专有部分面积占比2/3以上的业主且人数占比2/3以上的业主参与表决。对于特别多数决定事项,《民法典》第278条提高了表决通过的人数占比和专有部分占比,即对该条第1款第6项至第8项规定的事项,应当经参与表决专有部分面积3/4以上的业主且参与表决人数3/4以上的业主同意。相对于《物权法》第76条第2款规定的“决定前款第五项和第六项规定的事项,应当经专有部分占建筑物总面积三分之二以上的业主且占总人数三分之二以上的业主同意”,《民法典》提高了通过决议的要求。

业主大会会议可以采用集体讨论的形式,也可以采用书面征求意见的形式。目前,为方便业主投票、参与物业和社区管理,有的地方明确规定业主可以通过在线方式表决。例如,《北京市物业管理条例》第35条第3款规定:“业主大会会议可以采用书面形式或者通过互联网方式召开;采用互联网方式表决的,应当通过市住房和城乡建设主管部门建立的电子投票系统进行。”业主可以委托代理人参加业主大会会议,但业主大会应当有物业管理区域内专有部分占建筑物总面积过半数的业主且占总人数过半数的业主参加。业主大会会议分为定期会议和临时会议。业主大会定期会议应当按照业主大会议事规则的规定召开。经20%以上的业主提议,业主委员会应当组织召开业主大会临时会议。业主大会或者业主委员会的决定,对业主具有约束力。

业主委员会执行业主大会的决定事项,履行下列职责:一是召集业主大会会议,报告物业管理的实施情况;二是代表业主与业主大会选聘的物业服务企业签订物业服务合同;三是及时了解业主、物业使用人的意见和建议,监督和协助物业服务企业履行物业服务合同;四是监督管理规约的实施;五是业主大会赋予的其他职责。业主委员会应当自选举产生之日起30日内,向物业所在地的区、县人民政府房地产行政主管部门和街道办事处、乡镇人民政府备案。

关于业主大会和业主委员会的主体地位问题。《民法典》未规定业主大会和业主委员会为法人。从形式上来看,业主委员会需进行登记,具有民事主体识别所需之"外观";从职能上来看,业主委员会是业主大会的执行机构,参与物业管理、社区管理活动;从实践需要来看,业主委员会履行职责的过程中必然会以自己名义为民事行为,参与相应的民事法律关系。因此,业主委员会应当具有民事主体资格,但不属于法人,应当归为非法人组织,业主委员会行为的后果最终由业主大会承担,实际上由全体业主承担。司法实践也对业主委员会的诉讼主体资格予以了认可。最高人民法院《关于春雨花园业主委员会是否具有民事诉讼主体资格的复函》(〔2005〕民立他字第8号)在答复安徽省高级人民法院时称,根据《物业管理条例》的规定,业主委员会是业主大会的执行机构,根据业主大会的授权对外代表业主进行民事活动,所产生的法律后果由全体业主承担。业主委员会与他人发生民事争议的,可以作为被告参加诉讼。业主大会作为议事和决议机关,主要通过会议方式开展工作,不属于常设性机构,没有进行登记,原则上应当以业主委员会为民事主体和诉讼主体。但实践中的情况较复杂,有的社区成立了业主大会但未设立业主委员会或者业主委员会不能正常开展工作,在这种情况下,似应肯定业主大会的民事主体和诉讼主体资格,以便于业主维权。

业主大会和业主委员会对外发生的民事关系最常见的就是与物业服务企业签订物业服务合同。业主委员会与业主大会依法选聘的物业服务企业签订的物业服务合同,对业主具有约束力。物业服务企业与业主委员会签订物业服务合同后,应当勤勉、尽职进行物业管理。如果物业服务企业未经业主委员会同意,将物业服务区域内的全部物业服务业务一并委托他人,业主委员会或者业主有权请求确认合同无效。如果物业服务合同中有免除物业服务企业责任、加重业主委员会或者业主责任、排除业主委员会或者业主主要权利的条款,业主委员会或者业主有权请求确认相关条款无效。业主大会按照法定程序作出解聘物业服务企业的决定后,业主委员会有权解除物业服务合同。物业服务合同的权利义务终止后,业主委员会有权请求物业服务企业退出物业服务区域、移交物业服务用房和相关设施,以及物业服务所必需的相关资料和由其代管的专项维修资金。但是,在业主欠付物业费的情况下,物业服务企业不应当向业主委员会主张,而应当向拖欠物业费的业主主张。需要注意的是,《民法典》通过之时正值世界范围内暴发了新型冠状病毒疫情。

明确民事主体在尤其是负有一定管理职责的主体应当执行处理突发共同事件所需的应急处置措施和其他管理措施,其他民事主体负有配合的义务。这类条款有人称为“疫情条款”。新型冠状病毒疫情期间,以社区和小区为单位进行疫情防控管理已经是一种常态,也是有益的实践经验。在以居民小区为单位进行疫情防控管理的情况下,物业公司必然要协助承担一定的管理职责,业主也应当遵守相应的规定。对这一问题,《民法典》第 285 条第 2 款规定:“物业服务企业或者其他管理人应当执行政府依法实施的应急处置措施和其他管理措施,积极配合开展相关工作。”第 286 条第 1 款规定:“业主应当遵守法律、法规以及管理规约,相关行为应当符合节约资源、保护生态环境的要求。对于物业服务企业或者其他管理人执行政府依法实施的应急处置措施和其他管理措施,业主应当依法予以配合。”此外,该条规定也是《民法典》绿色原则的体现,要求业主的行为符合节约资源、保护生态环境的要求。

业主大会和业主委员会不仅会对外进行民事交往,产生民事法律关系,还会基于与业主之间的管理服务关系,产生民事法律关系。根据《民法典》第 280 条第 1 款的规定,业主大会或者业主委员会的决定,对业主具有法律约束力。根据《民法典》第 286 条的规定,业主应当遵守法律、法规以及管理规约,相关行为应当符合节约资源、保护生态环境的要求。对于物业服务企业或者其他管理人执行政府依法实施的应急处置措施和其他管理措施,业主应当依法予以配合。业主大会或者业主委员会,对任意弃置垃圾、排放污染物或者噪声、违反规定饲养动物、违章搭建、侵占通道、拒付物业费等损害他人合法权益的行为,有权依照法律、法规以及管理规约,请求行为人停止侵害、排除妨碍、消除危险、恢复原状、赔偿损失。业主或者其他行为人拒不履行相关义务的,有关当事人可以向有关行政主管部门报告或者投诉,有关行政主管部门应当依法处理。对于哪些行为属于损害他人合法权益的行为的问题,《建筑物区分所有权解释》第 15 条规定:“业主或者其他行为人违反法律、法规、国家相关强制性标准、管理规约,或者违反业主大会、业主委员会依法作出的决定,实施下列行为的,可以认定为民法典第二百八十六条第二款所称的其他‘损害他人合法权益的行为’:(一)损害房屋承重结构,损害或者违章使用电力、燃气、消防设施,在建筑物内放置危险、放射性物品等危及建筑物安全或者妨碍建筑物正常使用;(二)违反规定破坏、改变建筑物外墙面的形状、颜色等损害建筑物外观;(三)违反规定进行房屋装饰装修;(四)违章加建、改建,侵占、挖掘公共通道、道路、场地或者其他共有部分。”根据《民法典》第 279 条的规定,业主不得违反法律、法规以及管理规约,将住宅改变为经营性用房。业主将住宅改变为经营性用房的,除遵守法律、法规以及管理规约外,应当经有利害关系的业主一致同意。对于全体业主来说,保持住宅区域的安全和安宁十分重要。如果部分业主将住宅改变为经营性用房不仅违反法律规定和扰乱小区管理秩序,也会损害其他业主的利益。在实践中,这一问题存在一定普遍性。如果业主将住宅改变为经营性用房,违反了法律、法规以及管理规约,或者未经有利害关系的业主一致同意,利害关系人有权请求其停止侵害、赔偿损失。对于这一问题,《建筑物区分所有权解释》第 10 条规定:"业主将住宅改变为经营性用房,未依据民法典第二百七十九条的规定经有利害关系的业主一致同意,有利害关系的业主请求排除妨碍、消除危险、恢复原状或者赔偿损失的,人民法院应予支持。将住宅改变为经营性用房的业主以多数有利害关系的业主同意其行为进行抗辩的,人民法院不予支持。"

业主大会和业主委员会代表业主的利益对外所为的民事行为的效果归属于全体业主。建设单位依法与物业服务企业签订的前期物业服务合同,以及业主委员会与业主大会依法选聘的物业服务企业签订的物业服务合同,对全体业主具有约束力,业主不能以其并非合同当事人为由提出抗辩。业主未按物业服务合同的约定支付物业管理费的,物业服务公司有权起诉请求其支付。但是,根据《民法典》第 280 条第 2 款的规定,业主大会或者业主委员会作出的决定侵害业主合法权益的,受侵害的业主可以请求人民法院予以撤销。需要注意的是,业主以业主大会或者业主委员会作出的决定侵害其合法权益或者违反了法律规定的程序为由,请求人民法院撤销该决定的,应当在知道或者应当知道业主大会或者业主委员会作出决定之日起 1 年内行使。

二、依法保护业主对维修资金的所有权和使用权

我国城镇住房制度改革之后,居民个人拥有住房产权的比例不断提高。在改革之前,一般由国家或单位承担住房维修义务。改革之后,住房的维修管理职责从国家或单位转移给业主承担。我国人多地少的国情决定了我国城镇住宅多以住宅小区的方式开发建设,住宅单体间存在共用部位,如住宅的地基工程、住宅的主体结构工程,包括内外承重墙体、柱、梁、楼板等,住宅楼或者住宅小区内有共用设施设备,如电梯、水、暖、照明、煤气、消防等。这些共用部位、共用设施设备是否完好、运行是否正常关系各个业主对住宅的正常使用,以及住宅楼或者住宅小区安全,关系全体业主的共同利益。为了解决住房产权结构多元化情形下,住房共用部位、共

用设施设备的维修、更新、改造时,维修资金的筹集问题,确立了物业管理维修资金预缴制度。即由业主预先交纳一定费用,设立维修资金,用于建筑物共有部分、共用设施设备的维修、改造、更新。随着我国城市化进程的推进,不少城市,尤其是大型、特大型城市房地产市场进入存量房交易时代。存量房交易的特点是房龄较长,房屋的维修、房屋建筑设施的养护非常重要。近年来,由于电梯老化、维修不及时导致的人身伤亡事件时有发生。相应地,关于维修资金的归属、使用问题成为司法实践中较常见的问题。

维修资金由业主所交,应当归属全体业主共有。对此,《物业管理条例》第 53 条第 1 款规定:"住宅物业、住宅小区内的非住宅物业或者与单幢住宅楼结构相连的非住宅物业的业主,应当按照国家有关规定交纳专项维修资金。"虽然按规定维修资金通常由房地产开发建设单位和业主共同负担,但实质上是业主在购买房屋时一并承担了房地产开发建设单位所负担的那部分维修资金。对此,《民法典》第 281 条规定,建筑物及其附属设施的维修资金,属于业主共有。虽然维修资金归全体业主共有,但该资金只能用于电梯、屋顶、外墙、无障碍设施等共有部分的维修、更新和改造,业主不能用作他用,也不能要求分割,或者在转让房屋后请求退还。对此,《物业管理条例》第 53 条第 2 款规定:"专项维修资金属于业主所有,专项用于物业保修期满后物业共用部位、共用设施设备的维修和更新、改造,不得挪作他用。"维修资金制度是为全体业主利益和建筑物长久使用而设立的制度,有关维修资金的收取、使用、管理等必须符合国家有关规定,并由业主共同决定或者业主大会和业主委员会按规定程序决定使用。

维修资金的用途是用于电梯、屋顶、外墙、无障碍设施等共有部分的维修、更新和改造。共有部分包括以下两个方面:一是建筑物的基础部分和主体部分等,包括建筑物的内外承重墙体、柱、梁、楼板、屋顶等、外立面、门厅、楼梯间、走廊通道等;二是共用设施设备,主要是指住宅小区或单幢住宅内,建设费用已分摊进入住房销售价格的共用的上下水管道、落水管、水箱、加压水泵、电梯、天线、供电线路、照明、锅炉、暖气线路、煤气线路、消防设施、绿地、道路、路灯、沟渠、池、井、非经营性车场车库、公益性文体设施和共用设施设备使用的房屋等。维修资金的使用需经业主共同决定。在业主共同决定使用建筑物及其附属设施的维修资金时,应当由专有部分面积占比 2/3 以上的业主且人数占比 2/3 以上的业主参与表决,并经参与表决专有部分面积过半数的业主且参与表决人数过半数的业主同意。由于人口流动性增大、很多小区未设立业主大会和业主委员会,不同业主对共有部分的维修需求不同,有时由全体业主就维修资金的使用作出决定并非易事。而在电梯等建筑物共有部分不能安全正常使用的情况下,等待业主共同就使用维修资金作出决定并不是合理的选择。针对这一类问题,《民法典》第281条第2款规定,紧急情况下需要维修建筑物及其附属设施的,业主大会或者业主委员会可以依法申请使用建筑物及其附属设施的维修资金。维修资金的筹集,需经业主共同决定。在业主共同决定筹集建筑物及其附属设施的维修资金时,应当由专有部分面积占比2/3以上的业主且人数占比2/3以上的业主参与表决,并经参与表决专有部分面积3/4以上的业主且参与表决人数3/4以上的业主同意。对于维修资金筹集、使用情况,应当公布,以便于业主对维修资金筹集和使用情况进行监督管理。

三、共有部分的收益权归全体业主享有

随着城市化的发展,小区内的车位、共有部分、物业用房、房顶屋面以及电梯空间,均已成为重要的商业资源。对小区共有部分的有偿使用,已经成为较普遍的现象。共有部分的有偿使用,通常不是由小区业主进行,而是由建设单位、物业服务企业或者其他管理人等主体进行。在实践中,部分建设单位、物业服务企业或者其他管理人等将小区内的车位、共有部分、物业用房、房顶屋面以及电梯空间有偿出租后,租金收归己有,因此而引发的收益归属纠纷不断增多。根据《民法典》第282条的规定,建设单位、物业服务企业或者其他管理人等利用业主的共有部分产生的收入,在扣除合理成本之后,属于业主共有。

在实践中,有的物业服务企业将小区内的公共场所、公用设施和闲置的物业服务用房用于出租,收取租金。根据《民法典》第274条的规定,建筑区划内的其他公共场所、公用设施和物业服务用房,属于业主共有。因此,这类出租行为应当征得小区业主的同意。此外,因出租所收取的租金应当归全体业主所有。在司法实践中,关于共有部分的商业使用,包括屋顶广告、楼面广告、电梯广告收益分配引发的纠纷逐渐增多。人民法院应当根据相应部分的权属来确定收益归属。对于小区的地下室等其他公共场所、公用设施,由于这些都是小区的必备设施,实际上是专有部分的配套设施,小区的业主在购买专有部分的商品房时实质上也已对此支付了相应对价,所以应当归小区全体业主共有。例如,A物业服务企业与B广告公司签订合同,约定由B广告公司在小区电梯里投放平面广告,B广告公司每年向A物业服务企业支付5万元使用费。业主起诉请求A物业服务企业分配该笔费用或者用于管理物业的,人民法院应当支持。再如,A物业服务企业与B广告公司签订车位

租赁合同,约定由 B 广告公司使用小区道路上的 5 个车位,每年租金 2 万元。同时,A 物业服务企业也与小区部分业主签订车位租赁合同,约定每个车位每月支付租金 50 元。其他业主起诉请求物业服务企业返还租赁费的,对于 A 物业服务企业收取 B 广告公司的车位租金,应当在扣除合理的管理成本后返还给全体业主;对于 A 物业服务企业收取的小区部分业主的租金,A 物业服务企业辩称其收取的只是管理费用,如果 A 物业服务企业能够证明每个车位每月支付的 50 元租金只能弥补其正常的管理费用,则该部分租金应归物业服务企业,如果还有超出部分,则超出部分归全体业主享有。

第七章　相邻关系

专题一　相邻权的民法保护

一、相邻关系的特征及与地役权的区别

所有权绝对与契约自由、过错责任并称近代民法三大支柱。从近代民法到现代民法,所有权绝对原则呈缓和趋势,所有权人所应承担的社会义务被重视。所有权人在对自己之物行使所有权时,不应违背公序良俗,不应不合理地损害他人利益,因此,所有权应当受到合理限制。相邻关系也是一种关于所有权、使用权受到一定限制的法律关系。有观点认为,相邻关系其实是一种权利,所以也可以称为“相邻权”。[①] 这一观点并不准确。相邻关系,是指两个或两个以上相互毗邻的不动产的所有人或使用人,在行使所有权或使用权时,因相邻各方应当给予便利和受到限制而发生的权利义务关系。相邻关系中,既有权利因素,也有义务因素。两个或两个以上相互毗邻的不动产的所有人或使用人中一方因使用土地对另一方土地所享有的权利即是相对人所承担之义务。在相邻关系中,权利的限制与延伸是相互对应的。相邻各方中,一方不动产所有权、使用权之延伸正是其他方不动产所有权、使用权之限缩。相邻关系通常因宅基地的使用、排水、排污、用水、通行等原因而发生。

相邻关系具有以下特点:第一,相邻关系发生在特定主体之间。相邻关系的主体必须是两个或两个以上的相邻不动产的所有人或使用人。第二,相邻关系的客体具有特定性。相邻关系因不动产相邻而发生。不相邻的不动产之间不存在相邻关系。第三,相邻关系体现了相邻不动产的所有人或使用人之间最低限度的容忍义务。相邻不动产的所有人或使用人使用不动产时对他人不动产的使用以合理、

① 郭明瑞主编:《中华人民共和国物权法释义》,中国法制出版社 2007 年版,第 267 页。

必要为前提。第四,相邻关系是一组权利义务群。相邻关系因种类不同而具有不同内容。第五,相邻关系内容上具有法定性,相邻关系的内容由法律规定,而非由当事人约定。法律没有规定的,依习惯。

当事人也可以通过合同为他人利益在自己土地上设定负担,这种情况属于设立地役权。相邻关系与地役权具有密切关系,以至于我国制定《物权法》时对于是否有必要设立地役权制度发生了争议。二者在内容上都体现为为使用自己土地,或者说为提高自己土地的价值而使用他人土地。二者所涉及的客体在地域上一般相邻。但二者亦有明显区别:一是相邻关系体现了相邻不动产的所有人或使用人之间最低限度的容忍义务,以合理、必要为限;而地役权的设立需要以需役地使用之合理、必须的需要为限,由当事人意思自治。二是设立地役权可以是有偿的,也可以是无偿的,而相邻关系一般是无偿的。三是地役权由当事人通过合同设立,而相邻关系由法律规定或者依习惯确定。四是相邻关系发生在相邻不动产之间,而地役权只发生在不同土地之间。五是相邻关系不限使用他人土地,还包括水资源等资源的合理使用、分配;而地役权仅限于对他人土地之使用或设立负担。六是地役权的内容由当事人约定,不限于法律规定的内容或者习惯。从某种意义上来讲,相邻关系是公序良俗原则在物权法上体现,地役权是意思自治原则在物权法上的体现。

二、相邻关系中的权利和义务

关于相邻关系的内容,《民法通则》第 83 条规定,不动产的相邻各方,应正确处理截水、排水、通行、通风、采光等方面的相邻关系。这一规定过于原则,只是为司法实践中处理相邻关系提出了一个基本原则。针对实践中的情况,《贯彻民法通则意见》第 97 条至第 103 条作了进一步细化规定,修建施工临时占用他方使用的土地、使用自然流水、排水、通行、滴水、在自己使用的土地上挖水沟、水池、地窖等或者种植的竹木根枝伸延危及另一方建筑物的安全和正常使用等方面,尤其是对相邻关系中的补偿、赔偿责任作了明确。之后,《物权法》也对相邻关系作用作了较详细的规定。《民法典》物权编在《物权法》的基础上,对相邻关系制度作了进一步完善。《民法典》则规定了用水、排水,通行,建造、修缮建筑物,铺设电线、电缆、水管、暖气和燃气管线等,通风、采光和日照等方面的相邻关系。

关于相邻不动产权利人之间的用水、排水问题,根据《民法典》第 290 条的规定,不动产权利人应当为相邻权利人用水、排水提供必要的便利。对自然流水的利用,应当在不动产的相邻权利人之间合理分配。对自然流水的排放,应当尊重自然流向。这项权利在理论上和实践中可以细化为以下几个方面:一是相邻权人的用水权。《水法》第3条规定:“水资源属于国家所有。水资源的所有权由国务院代表国家行使。农村集体经济组织的水塘和由农村集体经济组织修建管理的水库中的水,归各该农村集体经济组织使用。”第48条第1款规定:“直接从江河、湖泊或者地下取用水资源的单位和个人,应当按照国家取水许可制度和水资源有偿使用制度的规定,向水行政主管部门或者流域管理机构申请领取取水许可证,并缴纳水资源费,取得取水权。但是,家庭生活和零星散养、圈养畜禽饮用等少量取水的除外。”根据上述规定,我国实行行政许可取水制度,但农村集体经济组织的水塘和由农村集体经济组织修建管理的水库中的水的使用由各该农村集体经济组织负责,家庭生活和零星散养、圈养畜禽饮用等少量取水,不需要行政许可。行政机关许可用水时,通常已经考虑了水资源的合理分配,一般不存在相邻关系问题。但在后一种情况下,会涉及取水权争议问题。在实践中,部分溪河、水渠的取水权问题也会引发纠纷。对自然流水的利用,不动产的相邻权利人之间应当进行合理分配。对自然流水的排放,应当尊重自然流向。二是堰坝的修筑。为了充分利用水资源,有时需要修筑堰坝。因修筑堰坝而使用他人土地,或者淹没他人土地的,应当予以赔偿。但对历史形成的堰坝进行修缮的,相邻各方应予尊重。三是排水权。高地权利人必要时需要使用低地排水或修筑排水设施,或者使用低地权人的排水设施。四是由于蓄水、引水、排水设施损毁给相邻土地造成损失的,应当采取补救措施。五是以水源地保护为主要内容的水源地权。

关于相邻不动产权利人之间的通行权。根据《民法典》第291条的规定,不动产权利人对相邻权利人因通行等必须利用其土地的,应当提供必要的便利。这里主要是指“袋地”权人从他人土地上通行的权利。所谓“袋地”,是指被其他土地包围,与公共道路没有适当联络,不经过他人土地不能适当使用的土地。对“袋地”的理解,不应仅从地理意义上理解,还应当从方便生产、生活以及历史意义上理解。有的土地虽可与公共道路相联络,但其他联络路线十分不便,尤其是山地或者丘陵地带,这种情况较常见。这时也应当允许“袋地”权人合理地从他人土地上通行。历史上或者说习惯上,“袋地”权人就从他人土地上通行的,应当尊重这一习惯。

关于相邻不动产权利人之间的修建权利。根据《民法典》第292条的规定,不动产权利人因建造、修缮建筑物以及铺设电线、电缆、水管、暖气和燃气管线等必须利用相邻土地、建筑物的,该土地、建筑物的权利人应当提供必要的便利。这项权利包括两个方面:一是建造、修缮建筑物。不同权利人的建筑物可能相邻,一方修缮建筑物或者在另一方建筑物旁边修建建筑物时,通常需要使用对方的土地。有的用来搭脚手架,有的用来堆放建材,有的用来搭建临时设施。如果建造、修缮的使用合理且必要,相邻人应当提供便利。二是铺设电线、电缆、水管、暖气和燃气等管线的权利。铺设管线通常需要使用他人土地。在这两种情况下,使用人应当尽量减少对相邻方的损害。

关于相邻不动产权利人之间的通风、采光和日照权利。根据《民法典》第 293 条的规定,建造建筑物,不得违反国家有关工程建设标准,不得妨碍相邻建筑物的通风、采光和日照。采光和日照权纠纷是实践中较为常见的相邻关系纠纷。关于采光、日照等方面的标准,原建设部《采光建筑设计标准》《工程建设标准强制性条文》《城市居住区规划设计规范》等有规定。在司法实践中,上述规定可作为认定是否侵权、损失大小的标准。

关于弃置固体废物、排放有害物质排除妨碍权利。根据《民法典》第 294 条的规定,不动产权利人不得违反国家规定弃置固体废物,排放大气污染物、水污染物、土壤污染物、噪声、光辐射、电磁辐射等有害物质。大陆法系国家称这一规定为关于"不可称量物质侵入"的禁止性规定。"不可称量物质侵入",是指煤气、蒸汽、臭气、烟气、灰屑、喧嚣、振动,以及其他类似物质侵入相邻不动产。[①] 相邻不动产权利人之间负有一定的相互容忍义务,但该容忍义务应当限定在合理范围内。超出该合理范围的,其他权利人有权请求消除危险、停止侵害、排除妨碍和赔偿损失。《民法典》第 294 条规定,不动产权利人不得违反国家规定弃置固体废物,排放大气污染物、水污染物、噪声、光、电磁波辐射等有害物质。即不动产人固定废物弃置和有害物质的排放不能违反法律规定。这里的法律规定既包括量和程度上的规定,也包括弃置、排放场所、时间等方面的规定。这里的法律主要是指《环境保护法》《固体废物污染环境防治法》《水污染防治法》《大气污染防治法》《噪声污染防治法》《水法》《水土保持法》等。如果法律没有规定的,则应当依习惯处置。

三、正确把握处理相邻关系的基本原则

关于处理相邻关系的基本原则。《民法通则》第 83 条规定:"不动产的相邻各方,应当按照有利生产、方便生活、团结互助、公平合理的精神,正确处理截水、排

---

① 参见全国人大常委会法制工作委员会民法室编:《中华人民共和国物权法条文说明、立法理由及相关规定》,北京大学出版社 2017 年版,第 184 页。

水、通行、通风、采光等方面的相邻关系。给相邻方造成妨碍或者损失的,应当停止侵害,排除妨碍,赔偿损失。"该条规定确定了有利生产、方便生活、团结互助、公平合理4项处理相邻关系的基本原则。《物权法》第84条继承了这一规定,即"不动产的相邻权利人应当按照有利生产、方便生活、团结互助、公平合理的原则,正确处理相邻关系"。同时,《物权法》第85条规定:"法律、法规对处理相邻关系有规定的,依照其规定;法律、法规没有规定的,可以按照当地习惯。"因此,在有利生产、方便生活、团结互助、公平合理四项原则的基础上还可加上一项原则,即尊重习惯。《民法典》保留了《物权法》的这两条规定。

第一,有利生产原则。有利生产背后的意义是要使各相邻不动产的使用价值实现最大化。如果相邻不动产权利人之间,一方权利人使用他人土地带来的损失远高于使用人所获得的利益,则不合适。这会导致使用人所支付的补偿还远高于其所获得收益的结果。当然,该原则并不绝对。有时权利大小的比较并不客观准确,同时还应当考虑公平因素。

第二,方便生活原则。方便生活也是处理相邻关系的基本原则。方便生活既要从生活习惯的角度上考虑,也要尊重历史。在实践中,多户人家存在共同使用同一条道路的情况。由于历史原因,道路所占用土地使用权的归属已不明确。在这种情况下,各户人家都应当尊重道路的现状。有的人家私自占用历史通行的道路,对其他人的通行造成妨碍的,应当排除妨碍。

第三,团结互助原则。相邻关系所体现的民法基本原则是公序良俗原则。邻里之间团结互助、守望相助,本身就是社会道德和公序良俗的体现。团结互助还有另一层意思,即相邻关系多具有相互性,往往既存在你使用我土地的时候,也有我使用你土地的时候。中国历史上有"六尺巷"的故事等体现邻里之间互谦互让的事迹。这是我国传统文化的重要组成部分。在处理相邻关系时,不是要破坏人与人之间的和谐关系,而是要更好地协调、促进、改善共同生活的环境。因此,相邻各方对土地、山林、草原等自然资源的使用权和所有权发生争议的,应当本着互谅互让、有利团结的精神协商解决;协商不成的,由有关行政机关和人民法院解决。人民法院在处理这类纠纷时,应当多以调解等方法化解纠纷,为人民群众和谐生活创造条件。

第四,公平合理原则。公平合理是整个民法的基本原则,是处理民事纠纷的基本要求。而且,相邻关系的种类很多,法律很难对各种相邻关系都事无巨细地作出具体规定。人民法院在处理相邻关系纠纷时,应该从实际出发,因地因时制宜,兼顾各方面利益,适当考虑历史情况和习惯,公平合理地处理纠纷。

第五,尊重习惯原则。《民法典》第289条规定:“法律、法规对处理相邻关系有规定的,依照其规定;法律、法规没有规定的,可以按照当地习惯。”实际上,即使没有这条规定,处理相邻关系纠纷也应当尊重习惯。一方面,《民法典》第10条规定:“处理民事纠纷,应当依照法律;法律没有规定的,可以适用习惯,但是不得违背公序良俗。”另一方面,在处理熟人社会中的纠纷时,尊重习惯是重要原则。相邻关系的形成大多要经过一个长期过程,是有历史沿革和当地的习惯因素的。人民法院在处理相邻关系时,就必须尊重当地的习惯和历史。只有在尊重习惯的基础上,人民法院调处纠纷才可能达到较好的效果。但是,适用习惯有一个前提,即不能违反法律的强制性规定和公序良俗。

四、因相邻关系引起的补偿、赔偿责任

相邻关系的本质是为生产生活便利,赋予相邻不动产权利人以最低的使用他人不动产的权利,以及共同合理利用水等资源的权利。关于相邻不动产权利人在合理范围内使用他人不动产是否需要支付对价,予以适当补偿的问题,存在不同认识。《物权法》第92条规定:“不动产权利人因用水、排水、通行、铺设管线等利用相邻不动产的,应当尽量避免对相邻的不动产权利人造成损害;造成损害的,应当给予赔偿。”《民法典》第296条规定:“不动产权利人因用水、排水、通行、铺设管线等利用相邻不动产的,应当尽量避免对相邻的不动产权利人造成损害。”即《民法典》虽未保留《物权法》关于“造成损害的,应当给予赔偿”的规定,但在一般情况下,相邻关系中,一方使用另一方的不动产,通常会对相邻方造成妨碍或者损失,如果是通常容忍的范围内,不应当采用收费方式;如果超出通常容忍的范围,给对方造成了不应当的损失,则应当赔偿相应损失。但也有例外,例如,不动产所有人自己要从自己土地上通行,相邻不动产权利人也只有通过不动产所有人的土地才能进入自己土地和房屋,就应当属于通常容忍的范围。总言之,具体问题要具体分析。

首先,如果相邻不动产权利人历史上就使用相邻方的不动产,并不支付对价,应当尊重历史。只要相邻不动产权利人使用相邻方的不动产没有超出合理限度,就不需要补偿或者赔偿。这里特别需要注意的是,相邻关系并不是典型的交易关系,不以等价有偿为条件,而是反映邻里之间互让互助,要弘扬熟人社会中的社会公德。

其次,如果相邻不动产权利人历史上就使用相邻方的不动产,且支付了相应对

价，也应当尊重历史。如果依据历史和习惯不能确定是否应当支付，予以合理补偿，原则上可考虑给予相邻方以补偿请求权，但相邻不动产权利人也享有在支付合理补偿的情况下使用相邻方不动产的权利。对相邻不动产权利人合理使用相邻不动产的权利，相邻方不应当拒绝。

最后，如果相邻不动产权利人使用相邻方的不动产超出合理限度，或者各相邻方未尽到合理的注意义务，侵害了其他相邻方的权利的，受害人有权请求停止侵害、排除妨碍、赔偿损失。例如，一方擅自堵截或独占自然流水影响他方正常生产、生活的，他方有权请求排除妨碍；造成他方损失的，应负赔偿责任。相邻一方可以采取其他合理的措施排水而未采取，向他方土地排水毁损或者可能毁损他方财产的，受害人有权请求致害人停止侵害、消除危险、恢复原状、赔偿损失。对于一方所有的或者使用的建筑物范围内历史形成的必经通道，所有权人或者使用权人擅自堵塞，影响他人生产、生活的，他人有权要求排除妨碍或者恢复原状。相邻一方在自己使用的土地上挖水沟、水池、地窖等或者种植的竹木根枝伸延危及另一方建筑物的安全和正常使用的，受害方有权请求其消除危险、恢复原状、赔偿损失。

第八章　共　有

专题一　共有权的民法保护

一、共同共有和按份共有的关系

所有权包括单独所有和共同所有两种形式。单独所有，是指财产所有权的主体为一人。共同所有，是指两个或者两个以上的人共同享有对某一物的所有权。根据《民法典》第 297 条的规定，不动产或者动产可以由两个以上组织、个人共有。共有具有以下特征：第一，有多个主体，即多个权利人共同所有。共有与单独所有的本质区别在于在同一物上有多个所有权人。多个所有权人可以是法人、非法人组织或者自然人。第二，客体的统一性。共有权仍然是一个物权，而不是多个物权。物权法以“一物一权”为原则，即指一物之上只能存在一个所有权，不得有互不相容的两个以上的物权同时存在于同一标的物上。根据“一物一权”原则，共有权是单独的物权，并非在一项财产上的两个以上所有权。共有物在共有关系存续期间不能分割，共有人的所有权及于整个共有物。第三，内容的共通性。全体共有人的共同利益制约和影响各共有人对共有物享有的权利和承担的义务。共有可以基于共有人的行为发生。例如，共有人共同出资购房，对房屋形成共有关系。共有也可以基于共同关系而发生。例如，《民法典》规定了夫妻共同财产制。夫妻关系存续期间一方获得的工资等收入为夫妻共同财产。继承人在遗产分割前对遗产形成共有关系。在未分家析产前，家庭成员对家庭财产形成共有关系。共有，是指共同所有，但实践中存在两个以上组织、个人共同享有用益物权、担保物权的情况。对这一问题，《民法典》第 310 条规定，两个以上组织、个人共同享有用益物权、担保物权的，参照适用关于共有权的规定。

共有与公有是两个不同的概念，二者的区别主要有：第一，公有财产的主体是单一的。公有财产包括全民所有财产和集体所有财产。其中，全民所有也是国家所有,国家是所有权人。集体所有不同于集体成员共同所有。第二,公有财产已脱离各个公有组织的成员而存在,任何个人都不能成为公有财产的权利主体,既不属于全体成员按份或者共同共有,也不能实际分割后归成员个人所有。但共有财产归全体共有人按份或者共同所有,共有人有权依法请求分割财产。财产分割之后,成为单独所有。第三,成员退出或加入公有组织不会对财产公有产生实质影响,并不妨碍公有财产的完整性,但共有人的退出或加入共有则会对财产的共有产生影响。

根据《民法典》第 297 条的规定,共有包括按份共有和共同共有。按份共有,又称分别共有,是指两个或两个以上的人对同一财产按照份额享有所有权。根据《民法典》第 298 条的规定,按份共有人对共有的不动产或者动产按照其份额享有所有权。在按份共有中,各共有人对共有物享有不同的份额。各共有人的份额,又称应有份。按份共有人虽然对共有物享有不同的份额,但各共有人的权利并非局限于其份额,而是及于共有财产的全部。按份共有是在量上对一个所有权进行分割的结果。按份共有人的份额比例是行使权利的比例,不是对共有物特定部分行使权利。如果共有人超出份额行使权利,对其他共有人的权利造成侵害,其他的人有权请求停止侵害、恢复原状并赔偿损失。按份共有人按照各自的份额分别对共有财产享有权利和承担义务,但是各个份额并不是一个完整的所有权。在这个意义上,共有不同于分别所有。分别所有是不同的所有人对财产的不同的具体部分单独享有所有权。按份共有人应当对各自就共有的不动产或者动产享有的份额作出约定。如果共有人之间没有约定或者约定不明确的,则应当按照收益与出资相对应原则,以出资额确定。如果连共有人的出资额也不能确定,则视为等额享有,即各共同人享有相同份额的共有权。

共同共有,是指两个或两个以上的人对于同一财产的全部,不分份额地、平等地享有所有权。根据《民法典》第 299 条的规定,共同共有人对共有的不动产或者动产共同享有所有权。共同共有一般以存在财产关系以外的另外一种身份法律关系为前提或基础,共同财产是服务于其他身份关系的,因此共同财产的目的是维系这种身份关系。实际上,共同共有之所以有份额而不明确,共同财产之所以不可分割也是在于共同共有关系不是一种纯财产关系,因此,共同共有关系的成立和存续都取决于这种共同关系的成立和存续。共同共有因共同关系解除、共有物丧失等原因而消灭。[1] 共同共有关系以共同关系的存在为前提。在实践中,共同共有关系

---

① 参见郭明瑞主编:《中华人民共和国物权法释义》,中国法制出版社 2007 年版,第 161 页。

主要有夫妻共同关系、家庭共同共有关系、遗产分割前的共同共有关系、合伙人的共同共有关系等。依意思自治原则,当事人也可以约定共同共有。如果共有人对共有的不动产或者动产没有约定为按份共有或者共同共有,或者约定不明确的,除共有人具有家庭关系等外,视为按份共有。在共同共有中,共有人对共有财产是不确定份额的共有。在共同共有关系存在期间,共有人对共有的财产之全部享有所有权,并对整个共有财产平等地享有权利和承担义务。共同共有关系终止后,需要分割共有财产时,才能确定各共有人的份额。在共同共有关系存续期间,部分共有人擅自处分共有财产的,一般认定无效。但第三人善意取得共有财产的,应当优先保护善意第三人的利益。如果部分共有人的处分行为对其他共有人造成了损失,则应当承担赔偿责任。

二、共有的内部关系与外部关系

关于因共有关系产生的债权债务关系,要注意区分共有人之间的内部关系和共有人与第三人之间的外部关系。对此,《民法典》第307条规定:“因共有的不动产或者动产产生的债权债务,在对外关系上,共有人享有连带债权、承担连带债务,但是法律另有规定或者第三人知道共有人不具有连带债权债务关系的除外;在共有人内部关系上,除共有人另有约定外,按份共有人按照份额享有债权、承担债务,共同共有人共同享有债权、承担债务。偿还债务超过自己应当承担份额的按份共有人,有权向其他共有人追偿。”

在共有人对第三人的外部法律关系上,因共有的不动产或者动产产生的债权债务,共有人享有连带债权、承担连带债务。首先,在对外关系上,基于共有的不动产或者动产产生债权债务的共有人与第三人之间成立连带债权债务关系,不因按份共有还是共同共有而不同。按份共有中,共有人的份额仅是所有权的量上的划分,在质上没有不同,而且共有关系存续期间,共有之标的物尚未分割,围绕共有物产生的与第三人之间的债权债务关系,亦不可分。其次,在共有人为连带债权人时,各共有人均有权要求债务人向其履行全部债务,债务人向任何一个共有人清偿全部债务的,全部共有人对债务人的债权关系消灭。再次,在共有人为连带债务人时,各共有人均负有清偿全部债务的责任,债权人有权请求任何一位共有人履行全部债务,各共有人都有义务履行全部债务。任何共有人对外清偿全部债务后,该债务对全部共有人均消灭。最后,这一原则也有例外:一是法律规定共有人不享有连带债权、承担连带债务的除外;二是第三人知道共有人不具有连带债权债务关系的除外。需要特别注意的是,共有人关于对外承担债务的约定,未事先告知第三人的,对第三人不发生效力。共有人仍需要对第三人承担连带责任。第三人是否知道,应由主张不成立连带债权债务的共有人负证明责任。

在共有人内部关系上,首先应当由共有人意思自治。共有人有权就如何处理内部关系进行协商,事前作出约定,或者事后协商处理。如果共有人已经就内部权利分享和义务承担作出约定,就应当依约定办理。在有约定的情况下,在实践中争议不大,争议较大的是如在共有人没有约定的情况下,如何处理内部关系。对此,依据《民法典》第 307 条的规定,按份共有人按照份额享有债权、承担债务,共同共有人共同享有债权、承担债务。此外,由于共有人对外承担连带债务,部分共有人对外所承担的债务可能会超过其在各共有人之间所应当承担的债务范围。在这种情况下,偿还债务超过自己应当承担份额的按份共有人,有权向其他共有人追偿。

专题二　共有物的管理和处分

一、共有物的管理和处分规则

共有人在共有财产期间,经常遇到的问题就是对共有财产如何管理的问题。关于管理和处分权限,《民法典》第 300 条规定,共有人按照约定管理共有的不动产或者动产;没有约定或者约定不明确的,各共有人都有管理的权利和义务。因共有人对共有物共同享有所有权,因此,对共有物的管理应当在各共有人形成一致意思的情况下为之。各共有人的一致意思,可以是事前就共有物管理所作的约定,也可以是事后协商一致或者追认。但是,对于共益行为,因对各共有人均有益,不一定需要在各共有人形成一致意思的情况下为之。共有物的共益行为主要是保存行为和改良行为。共有物的保存行为,是指为防止共有物的灭失、毁损或其权利丧失、限制,使共有物维持其现状的行为。共有物的改良行为,是指在不改变共有物性质的前提下,对共有物进行加工、整理,以增加共有物的价值或者使用价值的行为。对于共益行为,如果共有人未提出异议的,即视为认可。但是,对于处分、重大修缮、变更性质或者用途的行为,因对共有物的价值和归属有重大影响,对各个共有人的利益也具有重大影响,必须由共有人协商一致,或者取得占多数份额的共有权人同意。对此《民法典》第 301 条规定:“处分共有的不动产或者动产以及对共有的不动产或者动产作重大修缮、变更性质或者用途的,应当经占份额三分之二以上的按份共有人或者全体共同共有人同意,但是共有人之间另有约定的除外。”

关于管理费的负担,根据《民法典》第 302 条的规定,共有人对共有物的管理费用以及其他负担,有约定的,按照其约定;没有约定或者约定不明确的,按份共有人按照其份额负担,共同共有人共同负担。因共有人对共有物有共有的利益,而管理共有物的目的是维护共有物的价值或者使其增值。因此,因管理而产生的费用应当由全体共有人共同承担,对于按份共有,应当由各共有人按照其份额负担;对于共同共有,因无法确定共用人的份额,应由各共有人共同负担。这体现了权利与义务相一致的原则。当然,共有人可对共有物的负担作出约定。在有约定的情况下,各共有人应当按照约定承担相应的管理费用。

在处理共有人的管理和处分关系时,应当注意区分内部关系和外部关系。在外部关系上,应当优先保护善意相对人的合法权益。共有人之间的约定不能对抗善意第三人。例如,如果第三人有合理理由相信部分共有人享有处分共有物的权利,在支付合理对价并取得共有物所有权后,构成善意取得。其他共有权人无权请求善意取得人返还共有物,但可依据各共有人之间的约定或者法律规定请求处分人承担赔偿责任。在重大修缮时也是如此,如果修缮人有合理理由相信部分共有人享有修缮共有物的权利,在依约完成修缮工作后,有权请求合同相对人支付费用。在合同相对人不支付费用的情况下,修缮人有权留置共有物。其他共有权人无权请求修缮人赔偿损失或者返还留置的共有物,但可依据各共有人之间的约定或者法律规定请求有过错的共有人承担赔偿责任。

二、共有物的分割规则

共有关系的存续以共有物的完整存续为前提。如果要解除共有关系,则需要对共有物进行分割。在司法实践中,共有分割引发的纠纷中争议的焦点通常集中于在什么情况下共有权人有权请求分割共有物,如何分割共有物,因分割造成的损失由谁承担等方面。

关于请求分割共有物的权利。《民法典》第 303 条规定:“共有人约定不得分割共有的不动产或者动产,以维持共有关系的,应当按照约定,但是共有人有重大理由需要分割的,可以请求分割;没有约定或者约定不明确的,按份共有人可以随时请求分割,共同共有人在共有的基础丧失或者有重大理由需要分割时可以请求分割。因分割造成其他共有人损害的,应当给予赔偿。”共有关系中,因共有物为一物,才有必要共有。如果共有物被分割成多个部分,由不同共有人单独所有,则不再为共有。因此,共有人的分割请求权会受到一定限制。同时,如果需要解除共有关系,则需要对共有物进行分割。

共有关系存在的目的是实现全体共有人的利益,如果共有人为分割共有物、结束共有关系更有利的,则有权利请求分割共有物。共有人作为一个整体对共有物享有完全所有权,分割共有物是处分共有物的行为,原则上应当由全体共有人共同进行。因此,关于共有物分割事宜,应当尊重共有人的共同意思。如果共有人为维持共有关系,约定不得分割共有的不动产或者动产的,各共有人应当遵守约定,不能请求分割共有物。但如果严格按照协议约定不得对共有物进行分割,或者必须取得全体共有人新的一致同意后才能分割共有物,则过于僵化,对共有人也过于严苛,不能适应社会生活发展变化的需要。因此,即使共有人为维持共有关系,约定不得分割共有的不动产或者动产,但如果部分共有人有重大理由需要分割共有物的,仍可以请求分割。

如果共有人对于共有物的分割没有约定或者约定不明确,共有人也有权请求分割。但在按份共有和共同共有的情况下,共有人的分割权并不相同。在按份共有的情况下,共有人之间系因各方意思形成共有关系,故各共有人均有权结束共有关系,请求分割共有物。在共同共有的情况下,共有关系以共同关系为基础,如果共同关系消灭,共有关系没有继续存在的基础,共有人有权请求分割共有物。此外,即使共有关系没有消灭,但结束共有关系对共有人有重大意义时,也应当允许共有人请求分割共有物,因此,共有人有重大理由需要分割共有物的,可以请求分割共有物。对分割后财产的分配,共有人之间有协议的,按协议处理;没有协议的,应当根据等分原则处理,并且考虑共有人对共有财产的贡献大小,适当照顾共有人生产、生活的实际需要等情况。但分割夫妻共有财产,应当根据《民法典》婚姻家庭编的有关规定处理。

关于分割的方式,《民法典》第 304 条规定:“共有人可以协商确定分割方式。达不成协议,共有的不动产或者动产可以分割且不会因分割减损价值的,应当对实物予以分割;难以分割或者因分割会减损价值的,应当对折价或者拍卖、变卖取得的价款予以分割。共有人分割所得的不动产或者动产有瑕疵的,其他共有人应当分担损失。”共有的特点是在一物之上为多人设立一个所有权。共有权人整体是完全所有权的所有权人。因此,共有物的分割方式应当以全体共有人的意思为准。

共有人可以协商确定分割方式。在共有人不能就共有物的分割方式达成一致的情况下,应当以分割后物的效用最大化为目标。除保护物的静态安全外,实现物的效用最大化也是现代民法重要的价值取向。在实践中,共有物的分割包括实物分割和变价分割两种方式,以实物分割为优先,以变价分割为补充。实物分割适用于共有的不动产或者动产可以分割并且不会因分割减损价值的情况。在共有的不动产或者动产不适于分割,分割会减损其价值的情况,就应当变价分割。变价分割包括折价或者对拍卖、变卖取得的价款予以分割。折价实际上是折价补偿。即部分共有人保留共有物,获得对共有物的单独所有权,但对于其他共有人应得的份额进行价值补偿。对拍卖、变卖共有物所取得的价款予以分割,实际是对共有物的交换价值进行分割。

关于分割造成的损失承担问题。无论是实物分割还是变价分割,都可能减损共有物的价值或者产生分割成本,进而形成分割损失。在基于全体共有人共同意思分割共有物的情况下,应当由全体共有人共同承担因此带来的损失。在共同共有的情况下,各共有人应按协议分担损失;没有协议的,应根据分割的份额分担。在按份共有的情况下,各共有人应按各自份额分担损失,但当事人另有约定的除外。在非基于全体共有人共同意思分割共有物的情况下,部分共有人请求分割共有物,可能会对其他共有人的利益造成损害。在这种情况下,因分割造成其他共有人损害的,请求分割共有物的共有人应当给予合理补偿。此外,共有人分割所得的不动产或者动产有瑕疵的,其他共有人应当分担损失。

专题三 共有人优先购买权

一、共有人的优先购买权

《民法典》第305条规定:“按份共有人可以转让其享有的共有的不动产或者动产份额。其他共有人在同等条件下享有优先购买的权利。”与共同共有不同,按份共有一般是基于当事人意思形成的共有关系,在共有关系存续期间,共有人的份额是明确具体的。即使没有分割共有物,按份共有权人亦有权处分其份额。共有人对于共有物所享有的利益具有共同性。共有物效用的发挥也需要共有人“协力齐心”。如果部分共有人对外转让其共有份额,由第三人加入共有关系中,可能影响共有人之间的关系,影响共有物的保管、使用,进而影响物的效用发挥以及其他共有人的利益。因此,在按份共有人转让其享有的共有的不动产或者动产份额时,《民法典》赋予其他共有人在同等条件下优先购买的权利。

共有人行使优先购买权必须符合法定条件。第一,优先购买权人必须是按份共有人。按份共有关系存在,购买人属于按份共有权人,是其享有优先购买权的前提。第二,优先购买权的客体是共有的不动产或者动产份额。但是,共同共有财产分割后,一个或数个原共有人出卖自己分得的财产属于一个整体或者配套使用,其他原共有人有权主张优先购买权。第三,共有人必须以同等条件使优先购买权。所谓同等条件,根据《民法典物权编解释(一)》第 10 条的规定,应当综合共有份额的转让价格、价款履行方式及期限等因素确定。因此,按份共有人行使优先购买权时,其所提出的价格不应低于第三人提出的价格,其所提出的价款履行方式及期限不能劣于第三人提出的条件。第四,按份共有人须在合理期限内行使优先购买权。为便于按份共有人在合理期限内行使优先购买权,《民法典》第 306 条第 1 款规定:“按份共有人转让其享有的共有的不动产或者动产份额的,应当将转让条件及时通知其他共有人。其他共有人应当在合理期限内行使优先购买权。”对于在司法实践中如何把握按份共有人行使优先购买权的合理期限的问题,《民法典物权编解释(一)》第 11 条规定:“优先购买权的行使期间,按份共有人之间有约定的,按照约定处理;没有约定或者约定不明的,按照下列情形确定:(一)转让人向其他按份共有人发出的包含同等条件内容的通知中载明行使期间的,以该期间为准;(二)通知中未载明行使期间,或者载明的期间短于通知送达之日起十五日的,为十五日;(三)转让人未通知的,为其他按份共有人知道或者应当知道最终确定的同等条件之日起十五日;(四)转让人未通知,且无法确定其他按份共有人知道或者应当知道最终确定的同等条件的,为共有份额权属转移之日起六个月。”共有人行使优先购买权的期间为除斥期间,不适合期间中止、中断、延长的规定。除斥期间届满,共有权人的优先购买权消灭。第五,依共有权人转让共有份额行为的性质可由他人优先购买。在通常情况下,共有人通过有偿的市场交易方式转让共有份额的,其他共有人享有优先购买权。根据《民法典物权编解释(一)》第 9 条的规定,共有份额的权利主体因继承、遗赠等原因发生变化时,其他按份共有人主张优先购买的,不予支持,但按份共有人之间另有约定的除外。第六,受让共有权份额的人是共有人之外的第三人。如果受让人本身为优先权人,其他优先权人不享有优先购买权。因为各个共有人之间的购买权是平等,无所谓谁更优先,除非当事人之间另有约定。对此,《民法典物权编解释(一)》第13条规定:“按份共有人之间转让共有份额,其他按份共有人主张根据民法典第三百零五条规定优先购买的,不予支持,但按份共有人之间另有约定的除外。”人民法院在保护共有人的优先购买权时,应当依法审查其他共有人行使优先购买权是否符合法律规定的条件,是否以适当的方式行使。《民法典物权编解释(一)》第12条规定:“按份共有人向共有人之外的人转让其份额,其他按份共有人根据法律、司法解释规定,请求按照同等条件优先购买该共有份额的,应予支持。其他按份共有人的请求具有下列情形之一的,不予支持:(一)未在本解释第十一条规定的期间内主张优先购买,或者虽主张优先购买,但提出减少转让价款、增加转让人负担等实质性变更要求;(二)以其优先购买权受到侵害为由,仅请求撤销共有份额转让合同或者认定该合同无效。”

二、共有人优先权的保护顺位

应正确把握优先购买权冲突时的保护顺位。在共有人行使优先购买权时,有可能发生优先购买权竞合的情况。在实践中,常见的优先购买权竞合的情况有:一是多个共有人都想购买共有权份额;二是共有人的优先购买权与承租人的优先购买权的竞合。在第一种情况下,《民法典》第306条规定:“按份共有人转让其享有的共有的不动产或者动产份额的,应当将转让条件及时通知其他共有人。其他共有人应当在合理期限内行使优先购买权。两个以上其他共有人主张行使优先购买权的,协商确定各自的购买比例;协商不成的,按照转让时各自的共有份额比例行使优先购买权。”在第二种情况下,通说认为共有人享有优先权。因为如果共有人的份额占多数,承租人若想要买房必须经过房屋所有人的同意,包括必须取得共有人的同意。如果共有人也想要行使优先购买权,承租人就不能买房。即使共有人的份额占少数,也应当优先保护共有人的利益,因为共有人的物权在先,而且买卖不破租赁可以给予承租人以较好的保护。

第九章　所有权取得的特别规定

专题一　善 意 取 得

一、善意取得概述

善意取得，是指行为人对其占有的他人财产没有处分权，但该行为人将该财产转让给对此并不知情的第三人，则该第三人将依法即时取得对该财产的所有权或其他物权的制度。善意取得制度是以日耳曼法为契机演绎发展而成的。近代以来，大陆法系各国或者地区继受了日耳曼法的善意取得制度。在编纂过程中，综合各方意见并根据我国实际情况，《民法典》第 311 条规定："无处分权人将不动产或者动产转让给受让人的，所有权人有权追回；除法律另有规定外，符合下列情形的，受让人取得该不动产或者动产的所有权：(一)受让人受让该不动产或者动产时是善意的；(二)以合理的价格转让；(三)转让的不动产或者动产依照法律规定应当登记的已经登记，不需要登记的已经交付给受让人。受让人依照前款规定取得不动产或者动产的所有权的，原所有权人有权向无处分权人请求赔偿损失。当事人善意取得其他物权的，参照适用前两款规定。"本书认为，该条规定在明确善意取得构成要件的基础上，明确了该制度可以适用于不动产交易领域，这是我国物权制度的一大亮点。

二、善意取得的构成要件

依据该条规定，受让人须是善意的，不知出让人是无处分权人。受让人支付了合理的价款。转让的财产应当登记的已经登记，不需要登记的已经交付给受让人。3 项条件必须同时具备，否则不构成善意取得。现具体阐述如下：

第一，受让人受让该财产时须是善意的。财产的善意取得以受让人的善意为条件,如果受让人具有恶意,则不得适用善意取得。[①] 所谓善意,是指不知让与人无处分权而言,此项要件乃就受让人论之,故与让与人是否善意无关,且在受让时为善意足矣,若其后知其为无权处分之物,仍适用善意取得之规定。至其不知无处分权,是否出于过失固非所问,然依客观情势,在交易经验上,一般人皆可认定让与无让与人之权利者,即应认定系恶意。[②] 依据《民法典物权编解释(一)》第 14 条的规定:“受让人受让不动产或者动产时,不知道转让人无处分权,且无重大过失的,应当认定受让人为善意。真实权利人主张受让人不构成善意的,应当承担举证证明责任。”

第二,以公平合理的价格有偿转让。受让人在取得财产时,必须以相应的财产或金钱支付给出让人。无偿取得财产时,不能适用善意取得。所谓合理,应当根据市场价格来判断,大体上应是符合市场价格的。在判断支付价格是否合理问题上,本书认为,还应当区别动产和不动产而分别考虑,对于动产善意取得来说,动产的转让应当以合理的价格进行,否则应当认为受让人取得财产时不构成善意取得。

第三,转让财产依照法律规定应当登记的已经登记,其他动产须交付给受让人。依照法律规定应当登记的已经登记,才能适用善意取得。在我国,城市的房屋依法应当办理登记。因此,房屋的买卖只有在受让人与转让人办理登记之日起才能适用善意取得,仅仅发生交付,并不能够产生善意取得的后果。动产除法律另有规定外,原则上不需要登记。适用动产善意取得制度,必须发生占有的移转,即转让人向受让人实际交付了财产,受让人实际占有了该财产。[③] 在不需要登记的情形下,占有的转移是适用善意取得的条件之一,即让与人向受让人实际交付了财产,而受让人实际占有交付的财产。只有通过交付,才发生动产所有权的转移。《民法典物权编解释(一)》第 19 条规定:“转让人将民法典第二百二十五条规定的船舶、航空器和机动车等交付给受让人的,应当认定符合民法典第三百一十一条第一款第三项规定的善意取得的条件。”即对于船舶、航空器和机动车等特殊动产,以交付给受让人作为善意取得成立的条件。

此外,依据《民法典物权编解释(一)》第 20 条的规定,无权处分的标的物转让合同必须是合法有效的,这也是善意取得成立的基础性条件。

---

① 参见最高人民法院物权法研究小组:《〈中华人民共和国物权法〉条文理解与适用》,人民法院出版社 2007 年版,第 328 页。

② 参见谢在全:《民法物权论》(上),中国政法大学出版社 1999 年版,第 229 页。

③ 参见王利明:《物权法研究》(上卷),中国人民大学出版社 2007 年版,第 445 页。

三、善意取得的法律后果

善意取得制度是基于登记和占有的公信力，基于保护交易安全，在一定程度上牺牲财产静的安全来保护交易动的安全，而在原权利人和受让人之间的权利所作的一种强制性的物权配置。具体而言，善意取得涉及三方当事人，即财产原权利人、让与人和受让人，产生以下三方面的法律关系。

第一，原权利人与受让人之间的法律关系。在善意取得的情况下，原权利人与受让人之间将确定物权变动。构成善意取得的，受让人因善意而即时取得标的物的所有权，原权利人的所有权将因此消灭。受让人取得财产所有权是法律直接规定而不是法律行为，具有确定性和终局性，善意取得行为自始有效，无须权利人追认。善意取得是财产所有权取得的一种方式。原权利人不能再向善意受让人主张返还原物。

第二，让与人与受让人之间的法律关系。让与人与受让人基于法律行为而产生债权债务关系，受让人因善意而取得相应的财产所有权，而受让人应向让与人支付财产的价款，如果受让人没有按照与让与人之间的约定支付价款，应向让与人承担违约责任。

第三，原权利人与让与人之间的法律关系。由于原权利人因受让人的善意取得使其对标的物的所有权发生消灭，故而不能请求受让人返还财产。对原权利人的保护只能在债权层面进行，即原权利人可以基于债权请求权要求让与人承担违约、侵权责任或不当得利的返还责任。

此外，关于他物权的善意取得问题。《民法典》第 311 条第 3 款规定："当事人善意取得其他物权的，参照适用前两款规定。"这实际上承认了其他物权也可以适用善意取得的规定。

最后需要强调的是，动产善意取得后相应权利负担即告消灭。对此，《民法典》第 313 条规定："善意受让人取得动产后，该动产上的原有权利消灭。但是，善意受让人在受让时知道或者应当知道该权利的除外。"在善意取得的情况下，原权利人与受让人之间将发生相应的物权变动，即因为受让人出于善意即时取得标的物的所有权，而原权利人的所有权将因此消灭。通过善意取得制度从无权处分人处取得动产所有权，因其权利的取得并不是基于让与行为，而是基于法律的直接规定，因而善意取得属于原始取得，对善意取得动产所有权来说，原权利上的限制原则上应归于消灭,受让人对动产享有完全的所有权。[①] 在发生善意取得且善意受让人在受让时不知道或者不应当知道该权利负担的条件下,该动产之上的权利负担即告消灭。

四、遗失物的善意取得问题

对此,《民法典》第 312 条规定:“所有权人或者其他权利人有权追回遗失物。该遗失物通过转让被他人占有的,权利人有权向无处分权人请求损害赔偿,或者自知道或者应当知道受让人之日起二年内向受让人请求返还原物;但是,受让人通过拍卖或者向具有经营资格的经营者购得该遗失物的,权利人请求返还原物时应当支付受让人所付的费用。权利人向受让人支付所付费用后,有权向无处分权人追偿。”该条在总结各方意见的基础上,沿用《物权法》第 107 条的规定,明确了所有权人等权利人有权追回遗失物,表明我国的物权法律制度更倾向对所有权的保护,这也体现出了中国传统文化中倡导的拾金不昧的美德。依照法理,物品的遗失并不必然导致物权发生变动。所有人遗失财物虽然丧失了对物的占有,但原则上并不丧失对物的所有权。因此,基于所有权本身的对世效力和追及效力,所有权人就遗失物可以向相对人主张所有物返还请求权。所有物返还请求权属于典型的物权请求权,对遗失物享有和行使此项请求权的权利主体只能是遗失财物的所有人(占有人遗失财物不能依该项请求权请求返还),而请求权的相对人应为遗失物的无权占有人,原则上可能包括拾得遗失物的人和占有遗失物的第三人。换言之,此项请求权作为物权请求权,既可以针对拾得人行使,也可能针对第三人行使。当然,这里的请求返还具有时间限制。

同时依据该条规定,其他权利人可以依据其合法权利关系以及对物的合法占有关系行使对遗失物的返还请求权,这里的权利可以是他物权,如动产质权、留置权,也可以是存在合法占有标的物的合同关系,如保管人对于其保管的物品遗失后,可以向遗失物的占有人请求返还。

---

① 参见最高人民法院物权法研究小组:《〈中华人民共和国物权法〉条文理解与适用》,人民法院出版社 2007 年版,第 333 页。

专题二　拾得遗失物

一、物归原主的一般规则

关于拾得遗失物的法律适用问题,《民法典》第 314 条确立了一般原则,即“拾得遗失物,应当返还权利人。拾得人应当及时通知权利人领取,或者送交公安等有关部门”。我国自《民法通则》开始,就确立了物归原主的一般规则,《物权法》沿用这一做法,在其第 109 条规定:“拾得遗失物,应当返还权利人。拾得人应当及时通知权利人领取,或者送交公安等有关部门。”我国立法采信遗失物之不能取得所有权主义,规定拾得遗失物,应当返还权利人,这与几千年来中华文化所倡导的“拾金不昧”“路不拾遗”的道德意境是相辅相成的。

依据《民法典》第 314 条的规定,拾得遗失物者负有通知或移送的义务。拾得人应当及时通知权利人领取,或者送交公安等有关部门。拾得遗失物的行为,理论上将此认定为民事法律事实中的一种事实行为,这种行为在法律上的成立生效不要求行为人必须具有行为能力,故不同于法律行为。基于这种事实行为,拾得人与遗失人之间依法可以形成原物返还请求权关系,也可以形成侵权责任关系。至于承担侵权责任的情形,通常是拾得人在占有遗失物期间,若公然将其据为己有,拒不返还,由于主观上具有非法占有他人财产的故意,客观上又有拒不返还的行为,应属对他人财产的侵占,依法应当承担相应的侵权责任。

二、有关部门的通知或者公告义务

关于遗失物报告部门的通知及公告义务,《民法典》第 315 条规定:“有关部门收到遗失物,知道权利人的,应当及时通知其领取;不知道的,应当及时发布招领公告。”据此,有职责接受遗失物的机构为公权力部门即公安等有关部门,这既符合我国实际情况,也有利于遗失物及时归还原主,同时也有利于避免或减轻拾得人因拾得行为所产生的不必要的负担。[①] 依据这一规定,公安等有关部门接到拾得人送交的遗失物后,应当及时通知权利人领取。如果知道所有权人等权利人的,应当通知其直接领取;如果不知道权利人的确切地址或者不能直接通知权利人时,应当及时发布招领公告。至于发布公告的形式,因法律并没有明确规定,实践中可以适当灵活多样。

三、拾得人和有关部门的保管义务

大陆法系各国民法典都规定拾得人对遗失物负有保管义务。《物权法》借鉴大陆法系国家立法例,不仅规定了拾得人的保管义务,而且规定了接受遗失物的公权力部门的保管义务,以及拾得人和有关部门违反上述保管义务,致使遗失物毁损、灭失的,应当承担民事责任。《物权法》第 111 条规定:“拾得人在遗失物送交有关部门前,有关部门在遗失物被领取前,应当妥善保管遗失物。因故意或者重大过失致使遗失物毁损、灭失的,应当承担民事责任。”《民法典》第 316 条沿用了这一规定。

依据该条规定,遗失物的保管义务的主体包括拾得人和有关部门。关于保管的时间,是“拾得人在遗失物送交有关部门前,有关部门在遗失物被领取前”。由于拾得人和有关部门接触遗失物的时间不同,其保管遗失物的法定起算时间也是不同的。该条将拾得人的保管时间界定在“遗失物送交有关部门前”,以及将有关部门的保管时间界定在“遗失物被领取前”,在操作上符合实际情况,也不会给拾得人和有关部门加重负担。拾得人或者有关部门因故意或者重大过失致使遗失物毁损、灭失的,要承担相应的民事责任。

四、拾得人费用请求权

有关拾得人等的费用返还请求权,《民法典》第 317 条规定:“权利人领取遗失物时,应当向拾得人或者有关部门支付保管遗失物等支出的必要费用。权利人悬赏寻找遗失物的,领取遗失物时应当按照承诺履行义务。拾得人侵占遗失物的,无权请求保管遗失物等支出的费用,也无权请求权利人按照承诺履行义务。”

第一,依据该条第 1 款的规定,权利人即遗失物的原所有权人领取遗失物时应当支付保管费。这符合权利义务对等原则的要求。

---

① 参见最高人民法院物权法研究小组:《〈中华人民共和国物权法〉条文理解与适用》,人民法院出版社 2007 年版,第 337 页。

第二,依据该条第 2 款的规定,权利人悬赏寻找遗失物的,领取遗失物时应当按照相应的承诺履行义务。悬赏广告,是指以广告的形式公开表示,对完成一定行为或工作的人,给予一定报酬的意思表示。悬赏广告是针对不特定的主体而发出的。对于广大的不特定主体来说,只要其按照悬赏广告的要求完成了一定的行为或工作,其就有权要求广告人支付承诺的报酬。

第三,依据该条第 3 款的规定,如果拾得人侵占遗失物拒不返还的,则无权请求因保管遗失物等支出的费用,也无权请求权利人按照承诺履行义务。拾得人拒不返还的行为不仅会构成民事侵权行为,甚至可能构成犯罪,需要依法追究刑事责任。

至于所有权人不履行义务时对拾得人的救济问题,如上所述,该条规定赋予了拾得人和有关部门就保管等费用以及原所有权人履行悬赏广告义务的请求权。在权利人不履行此义务的情况下,拾得人或者有关部门可以通过提起诉讼的方式予以救济。

五、遗失物无人认领归国家所有

《物权法》第 113 条规定:“遗失物自发布招领公告之日起六个月内无人认领的,归国家所有。”《民法典》第 318 条将这一规定的“六个月”认领期间延长为“一年”,以更加充分保护所有权人的权利。此一年的时间在性质属于除斥期间,也称为不变期间,不发生中止、中断和延长的后果。

在实务中,要做好《民法典》第 318 条规定与第 315 条的衔接适用。发布公告的前提条件是不知道权利人,如果知道权利人,应当及时通知。本书认为,这里不知道“权利人”,应包括根据日常生活经验,无法查证权利人具体下落或者联系方式的情形,查找下落或者联系方式成本过高时,也可以采取公告的形式。就遗失物的归属问题,我国采拾得人不能取得所有权的做法,经公告无人认领的,遗失物归国家所有,而非归拾得人或保管人所有。

专题三　添附物的归属

一、添附制度概述

添附者,为附合、混合及加工三者在学术上之总称。因附合、混合为物与物之结合,加工为工作与物之结合,均有添加结合之关系,且俱为动产所有权得丧之共同原因,并有共通之效力,故通说均将三者总称为添附,而予以合并说明。我国现行法律上没有关于添附的规定,但《民通意见》第 86 条对非产权人在使用他人的财产上增添附属物的问题作出规定,该条规定:"非产权人在使用他人的财产上增添附属物,财产所有人同意增添,并就财产返还时附属物如何处理有约定的,按约定办理;没有约定又协商不成,能够拆除的,可以责令拆除,不能拆除的,也可以折价归财产所有人;造成财产所有人损失的,应当负赔偿责任。"《担保法司法解释》第 62 条对于抵押物发生添附时相关问题的处理作有规定,该条规定:"抵押物因附合、混合或者加工使抵押物的所有权为第三人所有的,抵押权的效力及于补偿金;抵押物所有人为附合物、混合物或者加工物的所有人的,抵押权的效力及于附合物、混合物或者加工物;第三人与抵押物所有人为附合物、混合物或者加工物的共有人的,抵押权的效力及于抵押人对共有物享有的份额。"在民法典编纂过程中,立法机关在综合各方面意见的基础上了新增了关于添附物归属的规定。《民法典》第 322 条规定:"因加工、附合、混合而产生的物的归属,有约定的,按照约定;没有约定或者约定不明确的,依照法律规定;法律没有规定的,按照充分发挥物的效用以及保护无过错当事人的原则确定。因一方当事人的过错或者确定物的归属造成另一方当事人损害的,应当给予赔偿或者补偿。"这是立法上的一大进步。

二、附合物的法律归属

附合,是指不同所有人的物结合在一起而形成新物。因附合而形成的新物,称为附合物。[1] 附合主要有两种情形,即动产与不动产的附合及动产与动产的附合。

1. 动产与不动产的附合。这主要是指动产附合于不动产之上,成为不动产组成部分的情况。附合需具备 3 个条件:一是动产附合于不动产之上;二是动产成为不动产的重要组成部分,其相互结合而成为一个物,非经毁损或变更其性质不能将二者分离;三是动产与不动产须不属于同一人所有,若属于同一人所有,则不发生附合的法律后果。

依据《民法典》第 322 条规定,并结合相关法理,动产附合于不动产的法律效果为:第一,除当事人另有约定外,不动产所有人取得动产的所有权。其取得所有权源于法律的规定,并不适用善意取得的规则,即无须该不动产权利人的善意为要件。第二,该附合的动产的所有权因附合而消灭。第三,原动产所有人不能请求恢复原状,这属于客观不能,但可以该条规定适用不当得利的规则和侵权责任的规则来进行救济,当然,当事人没有过错的,应当适用补偿而非赔偿的规则。此外,当事人恶意与否,在适用不当得利返还的规定时,有关返还利益的范围是有所不同的,这可以具体适用不当得利的有关规定。

2. 动产与动产的附合。这是指不同所有人的动产互相结合而成为一物的情况。例如,将油漆涂刷于他人的家具上,将钻石镶嵌于戒指上。此附合的成立也须具备 3 个条件:一是附合物与被附合物都是动产;二是附合后所形成的附合物非经毁损不能分离或分离的花费过大;三是原两个或者几个动产分属于不同的人所有。[2]

动产和动产附合后的归属问题,遵循《民法典》第 322 条的规定,当事人有约定的,要按照约定处理,如果当事人没有约定或约定不明确、法律又没有规定,则"按照充分发挥物的效用以及保护无过错当事人的原则确定"。

三、混合物的归属

混合,是指不同所有人的动产混杂在一起而成为新物。例如,将不同所有人的气体、液体或粉末状物搀在一起而形成混合物。混合的成立应具备 3 个条件:(1)混合的各物都是动产;(2)混合后各物原有状态已无法识别,或者虽能采用某种方法识别但识别成本太大;(3)混合前的各个动产分属于不同的所有权人。

---

① 不动产与不动产的附合现象也是存在的,如河流泥沙淤积形成的土地附合于河流两岸的土地等。但这种现象一般归属于土地法调整。

② 参见刘保玉:《物权法学》,中国法制出版社 2007 年版,第 214 页。

依据《民法典》第322条的规定，关于混合物的归属，如果当事人之间有约定，则首先要遵照约定处理，当然这要以此约定合法有效，且要以明确具体为前提。没有约定或者约定不明确的，依照法律规定；在相关法律没有具体规定的，按照充分发挥物的效用以及保护无过错当事人的原则确定。在此要注意的是对“充分发挥物的效用”的理解，就要考虑动产与他人的动产混合而形成混合物，不能分离或者分离费用过高的，由主物所有权人或者价值较大的原物所有权人取得混合物的所有权。

四、加工物的归属

加工，是指在他人之物上进行劳动从而提升了该物之价值的法律事实。其构成要件有三：(1)须对他人之物进行加工的行为。(2)须提升了标的物的价值。若对他人的物实施某项行为导致标的物价值降低了，这属于侵权行为之列，行为人须承担相应的侵权责任，当然不属于加工。[①] (3)须行为人与标的物所有人之间就加工的情形没有约定。如果行为人事先与标的物所有人之间有约定，则不属于加工，则属于承揽合同或者其他合同的问题，应适用《民法典》合同编的规定。在此需要注意的是，按照《民法典》第322条规定，加工物所有权的归属，不仅允许按照约定处理，而且此约定还要优先。本书认为，第322条规定的约定重点在于加工物的所有权归属问题，而非关于加工行为本身的约定。

关于加工物的归属问题，依据第322条的规定，加工物的归属也是适用混合、附合相同的规则。即有约定按照约定处理；没有约定，依照法律具体规定处理；没有法律具体规定时，按照“充分发挥物的效用以及保护无过错当事人的原则确定”。本书认为，上述学理上的观点与该条规定并不冲突，就他人所有之物进行加工，原则上该物由该他人所有，应是更符合物尽其用规则的，否则随意加工他人之物就成为自己之物，与公平观念和所有权保护的基本原则不尽相符。基于物尽其用的考虑，只有在加工人善意进行加工行为且因加工所增加的价值明显大于他人的材料价值的，才可以由加工人取得加工物的所有权。

---

① 参见席志国：《中国物权法论》，中国政法大学出版社2015年版，第215页。

第十章　用益物权一般规定

专题一　矿业权的民法保护

一、矿业权出让合同的效力

《民法典》第247条规定："矿藏、水流、海域属于国家所有。"矿产资源属于国家所有。通过出让矿业权，国家在保留矿产资源所有权的基础上，将矿产资源勘查开采的权利赋予市场主体，是矿产资源所有权与使用权的适当分离。国家对矿产资源的所有权是矿业权出让的权利之源，矿业权出让是市场经济条件下逐步实现矿产资源有偿使用的国家政策目标和建立矿业权交易市场的重大举措。矿业权出让构成矿业权流转的一级市场。市场主体从国家获得矿业权后，再向其他主体转让矿业权的，是矿业权转让，构成矿业权流转的二级市场。矿业权虽是法律术语，但在立法上没有明确规定。在理论上和实践中，矿业权作为一类涉及矿产资源开发利用的财产权，包括探矿权和采矿权。本书主要讨论探矿权和采矿权出让合同和转让合同的效力问题。

矿产资源使用权，主要是指探矿权和采矿权。市场主体获得探矿权和采矿权的方式是国家出让探矿权和采矿权，或者从其他市场主体受让探矿权和采矿权。其中，矿业权出让，是指国土资源主管部门根据矿业权审批权限和矿产资源规划及矿业权设置方案，以招标、拍卖、挂牌、申请在先、协议等方式依法向探矿权申请人授予探矿权和以招标、拍卖、挂牌、探矿权转采矿权、协议等方式依法向采矿权申请人授予采矿权的行为。矿业权转让，是指矿业权人将矿业权依法转移给他人的行为。2001年1月1日实施的国务院《关于实施西部大开发若干政策措施的通知》提出，"制定促进探矿权、采矿权依法出让和转让的政策办法，培育矿业权市场"。之后，2006年1月20日国务院《关于加强地质工作的决定》，2012年12月25日国务院《关于土地管理和矿产资源开发利用及保护工作情况的报告》以及2015年9月

21 日中共中央、国务院发布的《生态文明体制改革总体方案》等政策性文件中均对矿业权出让作了规定。原国土资源部 2000 年 11 月 1 日颁布实施的《矿业权出让转让管理暂行规定》,2003 年 6 月 1 日发布的《探矿权采矿权招标拍卖挂牌管理办法(试行)》,2006 年 1 月 24 日发布的国土资源部《关于进一步规范矿业权出让管理的通知》,2011 年 12 月 31 日发布的《矿业权交易规则(试行)》等规范性文件,进一步对矿业权出让进行了比较具体、详细的规定。2011 年全国人大制定的"十二五"规划纲要附件明确了"矿产资源有偿使用制度","主要包括矿业权有偿取得制度和矿产资源有偿开采制度,矿业权有偿取得制度通过征收矿业权使用费和矿业权价款实现,其中,矿业权使用费按面积征收,矿业权价款的实质是国家勘查投资的收益,特指国家将其出资勘查形成的矿产地的矿业权出让给他人,或者矿业权人将国家出资勘查形成的矿产地的矿业权转让给他人,按规定向矿业权人或受让人收取的款项,矿产资源有偿开采制度通过征收矿产资源补偿费实现,矿产资源补偿费按照矿产品销售收入的一定比例以及矿山开采回采率计征,是国家作为矿产资源所有者收取的财产收益,是采矿权人对矿产资源消耗的经济补偿,通过推进矿产资源有偿使用制度,可以充分发挥市场配置资源的基础性作用,促进矿产资源勘查开发,建立珍惜利用资源的经济机制"。2015 年 9 月 21 日中共中央、国务院发布《生态文明体制改革总体方案》,明确要求"探矿权采矿权出让方式,原则上实行市场化出让",而市场化出让主要是指以招标、拍卖和挂牌的方式出让。2016 年全国人大制定的"十三五"规划纲要规定,"深化矿业权制度改革,建立健全生态环境性权益交易制度和平台","加强陆上和海上油气勘探开发,有序开放矿业权,积极开发天然气、煤层气、页岩油(气)"。2017 年 2 月 27 日中共中央办公厅、国务院办公厅发布的《矿业权出让制度改革方案》提出,以矿产资源规划为基础,以市场化出让为主线,以创新出让方式为重点,突出问题导向,坚持试点先行,全面推进矿业权竞争性出让,严格限制协议出让行为,调整矿业权审批权限,强化出让监管服务,确保"放得下、接得住、管得好",建立符合市场经济要求和矿业规律的矿业权出让制度。2017 年 4 月 13 日国务院发布《矿产资源权益金制度改革方案》,规定了矿产资源权益金制度框架和主要内容,以及配套改革政策。部分地方性法规、规章、规范性文件中对矿业权出让作出规定。根据上述规定,矿业权的出让人是国家,但由国土资源主管部门代表国家在法律、行政法规赋予的行政管理权限范围内负责。其中,探矿权出让由原国土资源部和省级国土资源主管部门两级负责。采矿权出让由原国土资源部和省、地、县四级国土资源主管部门负责。根据《矿业权出让制度改革方案》的规定,矿业权出让将进一步下放审批权限,强化监管服务。其中,原国土资源部负责石油、烃类天然气、页岩气、放射性矿产、钨、稀土 6 种矿产的探矿权采矿权审批,负责资源储量规模 10 亿吨以上的煤以及资源储量规模大型以上的煤气层、金、铁、铜、铝、锡、锑、钼、磷、钾 11 种矿产的采矿权审批,其他由原国土资源部审批的下放至省级国土主管部门,对国土资源部下放给省级国土资源主管部门的审批权限原则上不得再行下放。从上述规定来看,我国已经形成了较完善的矿业权出让制度。为正确审理矿业权纠纷案件,依法保护当事人的合法权益,最高人民法院根据《物权法》《合同法》《矿产资源法》《环境保护法》等法律法规的规定,结合司法审判实践经验,制定了最高人民法院《关于审理矿业权纠纷案件适用法律若干问题的解释》。该解释成为指导人民法院审判矿业权出让、转让等纠纷案件重要依据。

关于矿业权出让合同的效力问题,在理论上和实践中有不同认识。有观点认为,矿业权的取得以取得矿产资源勘查许可证、采矿许可证为条件,如果矿业权出让行为未经有权机关批准,受让人未取得矿产资源勘查许可证、采矿许可证的,矿业权出让合同无效。还有观点认为,法律、行政法规并未明确规定矿业权出让合同需要行政审批才能生效。颁发矿产资源勘查许可证、采矿许可证与矿业权出让合同的效力是两回事,即使受让人未取得矿产资源勘查许可证、采矿许可证,矿业权出让合同只要是当事人的真实意思表示,不违反法律行政法规的强制性规定,也应当认定为有效。本书认为第二种观点更合理。根据原国土资源部《矿业权交易规则(试行)》的规定,矿业权出让主要包括批准申请、招标、拍卖、挂牌以及协议出让 5 种形式。通过"招拍牌"方式出让矿业权时,受让人须与作为出让人的国土资源主管部门签订书面矿业权出让合同,经公告公示程序无异议,受让人可在履行付款等义务后持出让合同、中标确认书及相关材料向有审批权限的国土资源主管部门申请办理矿业权登记手续,领取许可证证书。目前,法律、行政法规并未明确规定这些合同需要行政审批才能生效。从"招拍挂"的程序来看,在实施"招拍挂"之前,国土资源主管部门需要按照颁发勘查许可证、采矿许可证的法定权限,编制探矿权采矿权招标拍卖挂牌年度计划,报上级主管部门备案。故矿业权出让合同签订前,出让机关应当履行相关的审批手续。在通过协议方式出让矿业权的情况下,2012 年发布的国土资源部《关于严格控制和规范矿业权协议出让管理有关问题的通知》(国土资发〔2012〕80 号)规定,协议出让矿业权需要经由省级国土资源厅或者国土资源部审批。但该通知并不属于法律、行政法规。而且,2015 年 5 月 10 日颁布的国务院《关于取消非行政许可审批事项的决定》,明确规定取消了该非行政许可审批。2015 年 8 月 24 日发布的国土资源部《关于严格控制和规范矿业权协议出让管理有关问题的通知》，删除了前述“探矿权、采矿权协议出让实行国土资源部和省级国土资源主管部门两级审批”的相关规定。基于上述原因，最高人民法院《关于审理矿业权纠纷案件适用法律若干问题的解释》第 2 条规定：“县级以上人民政府国土资源主管部门作为出让人与受让人签订的矿业权出让合同，除法律、行政法规另有规定的情形外，当事人请求确认自依法成立之日起生效的，人民法院应予支持。”该条解释中的“除法律、行政法规另有规定的情形外”，并非有所专指，而是针对，我国目前关于矿业权出让的法律、行政法规尚不完善，不排除未来国家会基于经济战略或者环境保护的需要对某些矿产资源的开发利用作出特别规定进而影响出让合同的效力的可能。在司法实践中，人民法院在审查认定矿业权出让合同效力时，应考虑案涉出让的矿产资源是否属于对国家具有战略意义的特定矿种或者存在于自然保护区等特殊区域，法律、行政法规对该矿产资源的出让是否有特别的审批程序。在法律、行政法规对矿业权出让有特别规定的情况下，合同的效力需要根据相应的规定以及具体案件事实依法作出相应的裁判。

二、矿业权转让合同的效力

矿业权转让，是指矿业权人将矿业权依法转移给他人的行为。关于矿业权转让合同的效力，司法实践的认识在不断变化，造成这种变化与我国民事立法、民法理论及矿业权流转市场发展变化有关。

在矿业权流转市场规制上，我国立法对矿业权转让的态度经历了从完全禁止到有限度放开以及正在逐步市场化的过程。1986 年全国人大常委会颁布实施的《矿产资源法》第 3 条第 4 款规定：“采矿权不得买卖、出租，不得用作抵押。”尽管没有禁止探矿权的转让，但在实践中探矿权的转让也是被禁止的。这一规定的背景是，虽然矿产资源确立了有偿开采制度，但是矿业权本身的取得还是无偿的，如果将从国家无偿获得的矿业权进行有偿转让，不但在理论上存在权利与义务的不平等的问题，在实践中亦担心转卖“寻租”牟利。1996 年全国人大常委会对《矿产资源法》中严格禁止矿业权流转的相关条文进行了修改，删除了“采矿权不得买卖、出租，不得用作抵押”的内容，增加了允许有条件转让，修改后的《矿产资源法》第 6 条规定：“除按下列规定可以转让外，探矿权、采矿权不得转让：（一）探矿权人有权在划定的勘查作业区内进行规定的勘查作业，有权优先取得勘查作业区内矿产资源的采矿权。探矿权人在完成规定的最低勘查投入后，经依法批准，可以将探矿权转让他人。(二)已取得采矿权的矿山企业,因企业合并、分立,与他人合资、合作经营,或者因企业资产出售以及有其他变更企业资产产权的情形而需要变更采矿权主体的,经依法批准可以将采矿权转让他人采矿。前款规定的具体办法和实施步骤由国务院规定。禁止将探矿权、采矿权倒卖牟利。"但其中依然包含"禁止将探矿权、采矿权倒卖牟利"等限制市场化流转的内容。国务院于 1998 年 2 月 14 日发布了《矿产资源勘查区块登记管理办法》《矿产资源开采登记管理办法》《探矿权采矿权转让管理办法》三部行政法规。上述两部登记管理办法确立了探矿权和采矿权作为财产权利依审批登记设立的基本原则,而转让管理办法则是为探矿权和采矿权的市场化转让提供了初步的市场交易规则。此外,原国土资源部还制定了《矿业权出让转让管理暂定规定》《探矿权采矿权招标拍卖挂牌管理办法(试行)》《矿业权交易规则(试行)》等部门规章或规范性文件,对矿业权转让,尤其是市场化转让确立了更具体的规则。根据《矿产资源法》(1996 年)第 6 条和国务院《探矿权采矿权转让管理办法》第 3 条的规定,矿业权人在符合规定转让条件下经依法批准可以转让矿业权。《矿产资源法实施细则》第 5 条规定,国家对矿产资源的勘查、开采实行许可证制度。勘查矿产资源,必须依法申请登记,领取勘查许可证,取得探矿权。开采矿产资源,必须依法申请登记,领取采矿许可证,取得采矿权。《探矿权采矿权转让管理办法》第 10 条规定,申请转让探矿权、采矿权的,审批管理机关应当自收到转让申请之日起40 日内,作出准予转让或者不准转让的决定,并通知转让人和受让人。准予转让的,转让人和受让人应当自收到批准转让通知之日起60 日内,到原发证机关办理变更登记手续;受让人按照国家规定缴纳有关费用后,领取勘查许可证或者采矿许可证,成为探矿权人或者采矿权人。批准转让的,转让合同自批准之日起生效。不准转让的,审批管理机关应当说明理由。根据上述规定,矿业权转让依法需经国土资源主管部门批准,办理矿业权变更登记,换领新的矿产资源勘查许可证或者采矿许可证,之后受让人才能取得相应的探矿权或者采矿权。此外,根据《行政许可法》第 12 条和第 39 条的规定,矿业权转让申请的审批、矿业权的变更登记及换领矿产资源勘查许可证或者采矿许可证的过程,属于国土资源主管部门依法实施行政许可的过程。党的十八大之后,中共中央、国务院陆续出台《关于加快推进生态文明建设的意见》《生态文明体制改革总体方案》等一系列推进生态文明建设的政策性文件,强调进一步深化矿产资源有偿使用制度改革,全面推进矿业权市场建设,构建自然资源资产产权制度,推动自然资源资产所有权和使用权相分离,明确自然资源所有权、使用权等产权归属关系和权责等。国务院亦开始新一轮行政审批制度改革,简政放权,创新政府配置资源方式,发挥市场在资源配置中的决定性作用,已取消或者正在取消诸多可由市场调节或者政府可事后监管的前置审批和许可事项。上述政策性文件为进一步规范矿业权市场交易明确了方向。

在上述背景下,司法实践对于矿业权转让合同的效力问题也有转变。最高人民法院《关于审理矿业权纠纷案件适用法律若干问题的解释》第 6 条规定:“矿业权转让合同自依法成立之日起具有法律约束力。矿业权转让申请未经国土资源主管部门批准,受让人请求转让人办理矿业权变更登记手续的,人民法院不予支持。当事人仅以矿业权转让申请未经国土资源主管部门批准为由请求确认转让合同无效的,人民法院不予支持。”根据该条规定,未审批的矿业权转让合同并非不发生效力,但在矿业权转让申请未经国土资源主管部门批准的情况下,受让人不能请求转让人办理矿业权变更登记手续。矿业权转让合同依法成立后,在不具有法定无效情形下,依法成立有效。各方当事人均应当履行合同项下的义务。如果转让人不履行报批义务或者受让人不履行协助报批义务的,相对人有权请求转让人履行报批义务或者请求受让人履行协助报批义务。需要注意的是,如果矿业权转让合同在法律上或者事实上不具备履行条件,人民法院就不能判决继续履行。在转让人不履行报批义务的情况下,人民法院可以依据案件事实和受让人的请求,判决受让人代为办理报批手续,由转让人履行协助义务,并承担由此产生的费用。根据《民法典》第 563 条的规定,合同成立后,一方当事人拒不履行合同义务的,相对人有权解除合同。因此,矿业权转让合同依法成立后,转让人无正当理由拒不履行报批义务,受让人有权请求解除合同、返还已付转让款及利息,并由转让人承担违约责任。出让人就同一矿业权分别转让给不同受让人的,应当向不能获得矿业权一方当事人承担违约责任。对此,最高人民法院《关于审理矿业权纠纷案件适用法律若干问题的解释》第 11 条规定:“矿业权转让合同依法成立后、国土资源主管部门批准前,矿业权人又将矿业权转让给第三人并经国土资源主管部门批准、登记,受让人请求解除转让合同、返还已付转让款及利息,并由矿业权人承担违约责任的,人民法院应予支持。”

三、无证勘查开采合同的效力

矿产资源属于国家。除法定国家机关代表国家出让矿业权外,其他任何组织或者个人无权处分矿产资源。在实践中,除合法的矿业权出让和转让合同外,还有一种较常见的涉及“矿业权”的合同,即无证勘查开采合同。无证勘查开采行为多发生在农村集体土地上或“以探代采”的场合中,前者表现为农村集体经济组织将本集体土地上尚未取得许可证的矿产资源交由他人勘查开采,并获取利益;后者表现为探矿权人将其勘查许可证项下勘查作业区内的矿产资源交由他人开采并获取利益。根据国家对矿产资源开发利用的管理制度,取得矿产资源勘查许可证、采矿许可证是矿业权人行使勘查开采权利的前提和基础。未取得勘查许可证、采矿许可证或者仅有勘查许可证而无采矿许可证,将矿产资源交由他人勘查开采的,侵害了国家对矿产资源的所有权,造成矿业权出让过程中的税费流失,损害国家收益。此外,无证勘查开采行为容易造成乱采滥挖、破坏矿产资源,进而导致国家对矿业市场的监管调控目的落空;容易引发环境污染、生态破坏、矿难事故等风险,损害发生后缺乏强制性治理和救济手段。因此,无证勘查开采合同既不同于矿业权出让合同,也不同于矿业权转让合同。此类合同侵害国家对矿产资源的所有权,扰乱了市场秩序,破坏生态环境,应当认定为无效。最高人民法院《关于审理矿业权纠纷案件适用法律若干问题的解释》第5条规定:“未取得矿产资源勘查许可证、采矿许可证,签订合同将矿产资源交由他人勘查开采的,人民法院应依法认定合同无效。”

《民法典》第157条规定:“民事法律行为无效、被撤销或者确定不发生效力后,行为人因该行为取得的财产,应当予以返还;不能返还或者没有必要返还的,应当折价补偿。有过错的一方应当赔偿对方由此所受到的损失;各方都有过错的,应当各自承担相应的责任。法律另有规定的,依照其规定。”因此,无证勘查开采合同被认定为无效后将产生以下法律后果:第一,转让人向受让人返还已支付的价款及相应的利息。第二,受让方应当停止勘探和开采行为,退出勘探、开采场地。第三,一方当事人受到损失的,双方当事人应当根据各自过错承担相应的责任。除民法上的责任外,当事人还可能依法承担行政责任或者刑事责任。第四,在实践中,转让方还可能请求受让方返还转让方其开采出的矿产品以及收益。需要注意的是,如果转让方无权代表国家出让矿业权,原则上也无权请求受让方返还转让方其开采出的矿产品以及收益。受让方因非法开采行为所获得的矿产品以及收益,除去受让方所融入矿产品中的成本,本质上源于国家的矿产资源所有权,对该部分收益,应当收归国家所有。

第十一章　土地承包经营权

专题一　土地承包经营权取得

一、土地承包经营权纠纷概述

土地承包经营权，是指以耕作、养殖或畜牧等农业为目的，承包人依法通过承包而取得的对农村土地占有、使用、收益的权利。根据《民法典》第331条的规定，土地承包经营权人依法对其承包经营的耕地、林地、草地等享有占有、使用和收益的权利，有权从事种植业、林业、畜牧业等农业生产。同时，还规定土地承包经营权人依照农村土地承包法的规定，有权将土地承包经营权采取出租（转包）、互换、转让等方式流转。流转的期限不得超过承包期的剩余期限。简言之，涉及土地承包经营权纠纷主要是农村土地承包经营权流转纠纷。

土地承包经营权流转纠纷，是指当事人之间因承包经营土地在流转经营过程中发生的争议。依照《农村土地承包法》（2018年修正）的规定，土地承包经营权流转的主体是享有承包权的农户。农户得依自己的意思将享有的农村土地承包经营权以出租（转包）、互换、转让或者其他方式流转。任何组织和个人不得强迫或者阻碍。土地承包经营权流转的客体，是承包权依附的承包合同或合同标的物，意味着承包经营权的流转实际上是对地上权的处分，其包含有两种模式：一种是对承包合同的处分，即是农户将与集体经济组织签订的承包合同有条件地转让给第三人，从而解除与集体经济组织的承包关系，如土地承包经营权的转让；另一种是不改变原与集体经济组织的承包关系，而是将承包合同的标的物即土地经营权转由第三人使用、控制，如土地承包经营权的出租（转包）、入股等。因此，土地承包经营权流转的目的是获得收益或补偿。至于收益或补偿的归属，依照《农村土地承包法》的规定，农户流转承包经营权后可以依法取得转包费、租金、转让费等，这种流转收益归承包方所有，任何组织和个人不得擅自截留、扣缴。基于上述分析，因土地承包经营权流转形成的法律关系是平等主体之间的民事法律关系，应适用民事领域的法律调整。

根据争议的权属类型和主要适用法律不同，农村土地承包经营权流转纠纷又分为涉物权纠纷和涉合同纠纷两大类，前者主要是就土地承包经营权的权利归属发生的纠纷，主要包括土地承包经营权确认纠纷、承包地征收补偿费用分配纠纷、土地承包经营权继承纠纷；后者涉合同纠纷主要是因土地承包经营权流转合同履行过程中发生的纠纷，主要包括土地承包经营权转包合同纠纷、土地承包经营权转让合同纠纷、土地承包经营权互换合同纠纷、土地承包经营权入股合同纠纷、土地承包经营权抵押合同纠纷、土地承包经营权出租合同纠纷等。

二、土地承包经营权的确认标准

土地承包经营权确认纠纷，是指就土地承包经营权是否成立及其归属和内容所发生的纠纷。这里的确认纠纷是以享有实际的土地承包经营权为前提，如果尚未取得土地承包经营权的，其主张享有土地承包经营权，是属于土地使用权的确权纠纷。对于集体经济组织成员是否享有土地使用权，前提首先需要明确的是土地承包经营权是什么？土地承包经营权又称为农村土地承包经营权，是指承包人在法律规定和承包合同确定的范围内，对于集体所有的或国家所有但由集体长期使用的土地所享有的支配权以及享受其收益的权利。

土地承包经营权的主要特征是：第一，土地承包经营权的主体具有特定性。土地承包经营权的主体为农业生产经营者。根据承包方式的不同，土地承包经营权的主体可以分为两类：一是家庭承包的土地承包经营权主体，即承包地所属的村集体经济组织的从事农业生产的个人或农户；二是其他方式承包的土地承包经营权主体，即承包地所属的村集体经济组织的从事农业生产的个人或农户。第二，土地承包经营权的客体是集体经济组织所有或国家所有由集体经济组织长期使用的农用土地为客体。第三，土地承包经营权主要是在农村集体土地所有权之上为农业性质的耕作、养殖或者畜牧经营设立的用益物权。第四，土地承包经营权为有期限物权。

土地承包经营权的取得有两种途径：一是原始取得，即直接从发包人处取得，土地承包经营权自土地承包合同生效时设立；二是继受取得，即土地承包经营权人取得土地承包经营权是从其他承包经营权人处流转取得，流转双方应当签订书面合同且经发包方同意或者备案。从两种取得途径来看，土地承包经营权实际取得的依据是签订书面合同。土地承包经营权纠纷一般由承包地所在地的人民法院管辖。现以董某诉刘某、某村民委员会土地承包经营权确认纠纷案为例说明,吴某与武某(刘某妻子)签订协议,约定吴某将涉案土地使用权及地上房屋转让给武某。后董某(甲方)与刘某(乙方)又签订协议书一份,约定刘某将涉案土地使用权及地上房屋转让给董某。刘某出具了3张收据及收条,载明其分3次收到董某该协议价款共计45万元。农村土地承包经营权证书显示涉案土地使用权的承包方名称为吴某,承包期限至2016年12月31日。董某向一审法院起诉请求:依法确认董某对涉案土地具有承包经营权。一审法院认为,该案中董某主张其对涉案土地享有土地承包经营权,但现有证据不能证明董某为诉争土地的承包经营权人,涉案土地承包经营权现登记于吴某名下,现双方对土地承包经营权有争议,董某主张土地承包经营权证据不足,应当判决驳回诉讼请求。

从上述案例可以看出,在审判实践中对土地承包经营权争议有严格的界定。根据最高人民法院《关于审理涉及农村土地承包纠纷案件适用法律问题的解释》(法释〔2005〕6号,2005年9月1日起施行)第1条的规定:“下列涉及农村土地承包民事纠纷,人民法院应当依法受理:(一)承包合同纠纷;(二)承包经营权侵权纠纷;(三)承包经营权流转纠纷;(四)承包地征收补偿费用分配纠纷;(五)承包经营权继承纠纷。集体经济组织成员因未实际取得土地承包经营权提起民事诉讼的,人民法院应当告知其向有关行政主管部门申请解决……”在该案中,董某主张其对涉案土地享有土地承包经营权,但因董某并非从有承包经营权人吴某或武某处流转取得承包经营权,刘某妻子享有土地承包经营权不等于刘某享有土地承包经营权,现有证据不能证明刘某为诉争土地的承包经营权人,涉案土地承包经营权现登记于吴某名下,双方对土地承包权有争议,属于对土地使用权的权属确认争议,符合该司法解释第1条第1项的规定,土地使用权权属争议属于民事案件受案范围。

需要注意的是,集体经济组织的土地属于集体经济组织所有,本集体经济组织成员享有土地承包经营权。但随着土地流转法律政策的修改,本村的土地也可以承包给其他集体经济组织的成员或单位。根据《农村土地承包法》第52条的规定,发包方将农村土地发包给本集体经济组织以外的单位或者个人承包,应当事先经本集体经济组织成员的村民会议2/3以上成员或者2/3以上村民代表的同意,并报乡(镇)人民政府批准。由本集体经济组织以外的单位或者个人承包的,应当对承包方的资信情况和经营能力进行审查后,再签订承包合同。由此可见,目前随着土地流转的加速,国家对土地承包经营权的对象已经逐渐放开,这样有利于引进先进的资源和技术人才，从而促进土地流转的发展。

此外，王某甲与某村村民委员会、第三人王某乙土地承包经营权确认纠纷案也很有代表性。王某甲携带《集体土地农业用地使用证》和《土地承包合同书》到某村委会进行土地确权，村委会以王某甲和第三人王某乙之间有土地纠纷为由暂停确权。诉争土地为王某甲"西南岭"3.6亩承包地（王某乙租种王某甲的承包地）。第三人王某乙称，诉争土地已过户到其名下且称村二轮土地承包合同书已进行了修改。之后两年，王某甲多次与村协商处理此事未果。此后王某甲通过信访投诉，村委会同意在村委会办公室查看王某甲的留存合同。经查，发现第一轮和第二轮土地承包合同均被修改，但没有相关村委会工作人员的签认，且此前王某甲对此事并不知情。经乡纪委工作人员现场实地调查取证并询问当年老会计后，确认土地承包合同中修改内容的真实意思并非将诉争土地承包经营权转移至王某乙名下，而只是作为租种时计提（交公粮）依据，且王某甲签名捺印并非王某甲本人所签，是会计个人所为。王某甲系某村集体经济组织成员。第二轮土地承包时，王某甲代表户内成员与村委会签订了《土地承包合同》，取得土地的承包经营权。土地管理局依据《土地承包合同》，为王某甲登记颁发了《集体土地农业用地使用证》。2016年新一轮土地确权时，王某甲与第三人王某乙因诉争"西南岭"3.6亩土地权属产生争议，后经乡、村两级协商解决未果，引发该案诉讼。法院判决确认王某甲对村民委员会的"西南岭"3.6亩土地享有承包经营权。

从上述案例分析可知，王某甲作为农户与发包方某村自愿签订农村土地承包合同，并据此取得《集体土地农业用地使用证》，应当认定原告王某甲依法取得了诉争土地的承包经营权，其合法权益受法律保护。在承包期内，非依法定程序调整，其土地承包经营权不得变更。第三人王某乙虽辩称与王某甲口头约定对诉争土地进行了转让，但其未提供证据证明其承担了诉争土地的交纳征购提留款、农业税及领取粮食直补款等承包经营权利义务，无法证明双方已按口头合同约定内容实际履行，而且作为发包方的某村出具证明证实，村委会会计在土地承包合同底簿标注内容仅作为农业税费交纳的依据，并不代表土地权属变更转让。综上所述，第三人王某乙关于诉争土地承包经营权转让为其所有的抗辩理由，依据不足，不予采纳。对于王某甲主张确认享有"西南岭"3.6亩土地承包经营权的诉请，予以支持。

三、未取得土地承包经营权能否请求赔偿

赔偿的前提是，集体经济组织成员享有的土地承包经营权受到侵害，若未实际

取得土地承包经营权,也就不存在因此而造成的损失,故其提起的民事赔偿诉讼的利害关系不存在。程序上一般应先请求由行政主管部门解决未拿到地的问题,再起诉民事赔偿。在未取得土地承包经营权的情况下直接起诉赔偿的,法院应不予受理。法院作为司法机关,行使的是司法权,是纠纷发生以后再来确认与分配,而不是对财产的初次分配,法院无权进行初始权利的分配。集体经济组织成员未实际取得土地承包经营权,不能直接向法院起诉。这里以邹某诉某村村民委员会土地承包合同纠纷案为例进行说明,邹某系某村村民,于2001年申请享受农村五保供养待遇,村里在2004年将邹某承包的责任田收回。邹某起诉请求法院判令村委会赔偿承包田的财产损失总计60,000元。一审法院认为,邹某作为"五保户",未取得农村土地承包经营权,属于集体经济组织成员因未实际取得土地承包经营权,人民法院应当告知其向有关行政主管部门申请解决的情形。依照最高人民法院《关于审理涉及农村土地承包纠纷案件适用法律问题的解释》第1条第2款的规定,裁定驳回邹某的起诉。

从上述案例分析可以得出,邹某并未取得土地承包经营权。根据《土地管理法》第14条的规定,土地所有权和使用权争议,由当事人协商解决;协商不成的,由人民政府处理。单位之间的争议,由县级以上人民政府处理;个人之间、个人与单位之间的争议,由乡级人民政府或者县级以上人民政府处理。当事人对有关人民政府的处理决定不服的,可以自接到处理决定通知之日起30日内,向人民法院起诉。在土地所有权和使用权争议解决前,任何一方不得改变土地利用现状。在该案中,邹某主张赔偿诉讼是基于其享有土地承包经营权而提起,在其未实际取得土地承包经营权之前,相应的赔偿诉讼不属于法院受理范围,应由有关行政主管部门解决。

四、代耕人能否因代耕取得土地承包经营权

代耕是承包方在一定期限内将部分或者全部土地由本集体经济组织内部的其他农户代为耕种,承包方与发包方的承包关系不变。代耕人,是指经土地承包经营权人的委托而代替其使用和管理承包土地的人。现实中,许多农户由于无力耕种,而将土地交由其他集体经济组织成员代为管理并耕种,有的代为耕种时间长达数年之久,代耕人与承包经营权人之间形成的是新的合同关系,代耕人在合同未约定转让土地承包经营权的情况下,不能因代耕而取得代耕土地的经营权。承包经营权人主张代耕人返还土地的,人民法院应予支持。法院应综合考虑实际情况作出

判决。下面以张某甲与张某乙土地承包经营权确权纠纷案为例进行说明：双方系同村同宗叔侄关系，张某甲户分得责任田。1991～1992年，经双方协商，张某甲将案涉耕地交给张某乙做鱼塘使用。此后，张某乙开始对案涉土地在内的鱼塘进行经营养殖至今。后张某甲因权属纠纷向一审法院提出请求张某乙立即停止侵权、恢复、还原张某甲责任田并归还给张某甲，并确认由张某甲使用该土地。一审判决驳回其诉讼请求，张某甲上诉，二审法院判决撤销一审民事判决，张某乙返还责任田土地承包经营权给张某甲。

从上述案例分析可知，代耕者与被代耕者二者之间仅系一种委托耕种关系，而并非土地承包经营权的转包，其法律特征符合土地承包经营权转包的构成条件。具体表现在：第一，转包发生在原土地承包户与次承包人之间；第二，转包只要不违反法律禁止性规定，可不经原始发包人（村集体）的同意和参与，这与代耕的产生及形成过程一致；第三，转包不导致原承包人的土地承包经营权消灭，这与被代耕人保留《土地承包经营权证》《农村土地使用权证》等权属证书的实际情况一致；第四，转包的对价在原承包人与次承包人身上得到体现，这与代耕人获得收益和被代耕人免去缴纳税费义务的实际情况一致。上述四点，体现了代耕关系所具有的土地承包经营权转包的法律性质，承认了代耕关系的转包性质，也就承认了被代耕人保留和享有的土地承包经营权。因此，在一般的代耕关系中，对于原土地承包经营户提出确认其对代耕地之土地承包经营权的，或者要求代耕人在合理期限交还代耕地的，应予支持。

在2003年3月1日实施的《农村土地承包法》之前，土地承包经营权流转只有两种类型：一是自愿交回集体或弃耕、丢荒由集体收回重新发包；二是代耕。从双方当时的约定来看，张某甲并未将土地交回集体重新发包。既然不存在重新发包，那么双方之间就是代耕关系，即张某甲将涉案耕地交由张某乙代耕。张某乙并未与村集体签订承包合同，张某乙不能因代耕取得土地承包经营权。

需要注意的是，代耕仅仅是取得土地的经营权，并不能因耕种而获得土地的承包权，村民的承包权非因其主动放弃而不能随意剥夺。村民可以将自己承包的土地租给或免费让他人耕种，但他人不能因耕种而获得土地的承包权。

五、土地承包经营权到期后能否自动续期

集体经济组织作为集体土地的所有人和管理主体，经过集体组织成员依法表决后，可以在集体经济组织内部重新分配发包土地。集体经济组织依法在第一轮

土地承包期限届满时收回承包地,并在第二轮承包开始后在集体经济组织内重新对土地进行分配发包,第一轮承包时的承包人主张对原承包地仍享有承包经营权的,不予支持。现以方某甲、方某乙诉刘某承包经营权合同纠纷案为例来进行说明:刘某一家在落实第一轮土地承包期间,分得位于本村的口粮田。2010 年村在进行第二轮土地承包时,原分给刘某一家上述地点的口粮田被收回归集体。2011 年 8 月 3 日村经民主议定程序,决定将本村口粮田进行发包,并经政府批准。刘某原经营的口粮田在村发包的口粮田范围内。2011 年 8 月 8 日村将口粮田发包以公开投标方式进行公示,2011 年 8 月 15 日方某甲、方某乙及吴某共同参与投标中标并与签订《口粮田承包合同》,约定承包期限从 2011 年 8 月 15 日起至 2041 年 8 月 15 日止,共 30 年;承包款共 167,400 元等内容。合同由双方签名盖章并经农村承包合同办理处鉴证。合同签订后,方某甲、方某乙依约上缴了全部承包款,并取得承包口粮田承包经营权后没有进行经营管理。2014 年 8 月刘某在原告承包的口粮田西侧建一约 20 平方米的房屋,并委托其胞弟刘某甲继续对其原分得的口粮田地进行经营管理。方某甲、方某乙向法院起诉要求刘某自行拆除、清退其建设位于村口粮田的房屋一间及所围墙基,并将该范围的土地归还刘某经营,法院判决予以支持。

从上述案例分析可知,原告已通过承包的方式获得案涉土地的承包经营权。被告主张其占用的土地系村第一轮承包分配给其家庭的,但从本案证据来看,村委会已于 2009 年 11 月 8 日向政府提出申请拟将村第一轮承包的口粮田和责任田收回集体进行重新分配,政府于 2009 年 11 月 13 日批复予以同意,而后经联社将涉案土地进行发包并经过政府的同意。现被告并没有提交证据证实其在西溪村第二轮土地承包中继续获得涉案土地的承包经营权,因此,刘某主张其占用的土地系村分配给其家庭的口粮田的理由不成立。需要注意的是,法律规定承包期内不得收回承包地。承包期满后,集体经济组织有权依法收回承包地并重新发包。集体经济组织是农村土地的所有权人,其有权经过其组织内成员大会或代表会议表决通过后,在集体经济组织内部重新分配发包土地。

六、村委会能否以选举换届为由主张已签订的合同无效

村委会与村民签订合同,经过了民主议定程序表决通过,为有效合同,村委会应当履行合同。上一届村委会与下届村委会选举换届,虽然组成人员不同,但不影响村委会作为法人主体对外的效力。上一届村委会签订的合同,对下一届村委会有约束力,下一届村委会成员不得以换届为理由,主张上一届村委会签订的发包合

同无效,不能支持。因为承包合同对双方均具有约束力,村委会应当予以遵守。现以高某与村委会确认承包合同为例进行说明。2017 年 7 月 5 日,村委会班子成员李某、王某甲、王某乙、戴某、梁某召开会议,会议决定二轮土地时高某甲没有交钱是没有分得土地的原因,经上级部门答复可以给地,但需补交 5000 元,村委和党委一致同意给地,现在召开村民代表大会决议,李某、王某甲、王某乙、梁某在《会议记录》上签字捺印。当天召集召开村民代表会议,会议主持人为时任村委会主任李某,记录人为村委会会计王某甲,会议记载内容为“首先村长李某发言,高某甲 1998 年分地时只分得 3 亩,当时想要 30 亩土地必须交 5000 元,但高某乙父亲高某甲当时拿不出这些钱。现在村里防火隔离带有 330 亩,经两委决定给高某乙东面 30 亩,现在看看大家的意见……最后一致通过给高某甲村防火隔离带东面的 30 亩土地,无直补”。会上和会后有 28 位村民在《会议记录》上签字捺印同意将防火隔离带中的 30 亩发包给高某甲耕种。2017 年 11 月 16 日村委会与高某甲签订了《土地发包合同》,村委会将以西毗邻的村委会防火隔离带 30 亩发包给高某甲家耕种,约定承包期自 2017 年 11 月 16 日至第三轮土地发包时止,高某甲一次性交清 1998 年二轮土地发包时村委会建设补偿款 5000 元,无直补补贴(综合油补贴),只有种植补贴给予补助。当日,高某甲按照合同约定支付给时任村会计王某甲 5000 元,会计向其出具书面收据。2018 年 2 月经选举产生新一届村委会干部,原村会计王某甲将高某甲的补交款 5000 元上交该届村委会干部遭到拒收。而后新一届村委会召开村民会议,决定将村里防火隔离带 330 亩土地包括上届村委会发包给高某甲家的 30 亩一同发包给该村村民路某一年,当年案涉土地 30 亩由路某承包耕种。高某甲诉请确认双方签订的《土地发包合同》合法有效,并将属于高某甲使用的土地归高某甲使用。某村委会辩称,2018 年 2 月 7 日经选举产生新一届村委会班子,高某甲说的《土地发包合同》《会议记录》和交款的收据,现村委会班子不清楚,经核查村上没有这笔 5000 元的款项。高某甲提供的《会议记录》和《土地发包合同》不具有法律效力。一审法院判决,确认高某甲与村委会于 2017 年 11 月 16 日签订的《土地发包合同》合法有效,双方继续履行合同。

从上述案例分析可知,依据《农村土地承包法》第 3 条、第 5 条的规定,农村土地承包采取农村集体经济组织内部的家庭承包方式,农村集体经济组织成员有权依法承包由本集体经济组织发包的农村土地,任何组织和个人不得剥夺和非法限制农村集体经济组织成员承包土地的权利。农民通过家庭承包方式依法享有土地承包权,在性质上属于物权,发包方以承包人未缴纳相关费用而不予分给土地是对法定物权的侵害,集体经济组织成员因未实际取得土地承包经营权可以向有关行政主管部门申请解决。该案高某甲系村集体成员,1998 年第二轮土地承包时,因高某甲未能交纳村委会建设补偿款而未实际取得土地承包权。近年来,高某甲家向村集体及有关部门反映并主张要求分得土地,经村委会研究决定将村委会防火隔离带中 30 亩土地发包给高某甲家耕种,并召开村民代表会议表决,而后由村委会和家庭户主高某甲签订了《土地发包合同》,高某甲按照合同约定补交了相关费用 5000 元。高某甲主张取回土地承包权,村委会在其管理的防火隔离带的土地中给予调剂解决,符合当前的国家法律政策,亦没有违背民主议定原则。根据《民法典》的规定,依法成立的合同受法律保护,对当事人具有法律约束力。当事人应当按照约定履行自己的义务,不得擅自变更或者解除合同。该案《土地发包合同》不违反法律的强制性规定,是当事人的真实意思表示,发包方不得因承办人或者村委会班子人员的换届变动而变更或者解除。需要注意的是,农村土地承包经营权的取得应以农村土地承包合同为依据,一旦村民代表大会表决同意,并签订土地承包合同,合同即应予以遵守。除非存在法律规定的无效情形,否则双方应该依法履行合同确定的权利义务。村委会换届仅是其内部工作人员的变动,并不导致对外民事主体的变更,不影响上届村委会签订合同的任何效力。

专题二　土地承包经营权征收补偿

一、承包地征收补偿费用如何分配

按照法律和司法解释的规定,承包地被征收类案件中既有行政类诉讼也有民事类诉讼。最高人民法院《关于审理涉及农村土地承包纠纷案件适用法律问题的解释》第 1 条第 1 款规定了人民法院应依法受理土地承包纠纷案件的情形,其中第 4 项也明确了“承包地征收补偿费用分配纠纷”属于受理范围。同时,其中第 3 款规定了人民法院不予受理的情形,即“集体经济组织成员就用于分配的土地补偿费数额提起民事诉讼的,人民法院不予受理”。承包地征收补偿费用分配纠纷案件是土地类纠纷最受关注的案件。按照《民法典》的规定,征收土地应以公共利益为目的,非为公共利益的不得进行征收。被征收人对征收行为的合法性提起诉讼的,应当以征收人即国家机关作出的征收决定为诉讼标的,该诉讼类型为行政诉讼不能为民事诉讼。土地被征收后,征收机关未给予补偿或者未给予充分补偿的,被征收人起诉要求征收机关支付补偿费或者要求增加补偿费的案件,即对征收标准提出的诉讼,也属于行政诉讼的范围,不宜列为民事案件受理。只有在征收补偿费用支付给农村集体经济组织后,土地承包经营权人要求取得自己应得部分的补偿费用时,才能作为民事案件处理,适用承包地征收补偿费用分配纠纷的案由。

征收土地补偿费用根据补偿对象的不同有如下几种类别:(1)土地补偿费是对失地补偿,土地补偿费归农村集体经济组织所有,村集体认为该土地补偿费“分不分”“分给谁”由其决定。在农村集体经济组织作出分配方案之前,农村集体经济组织成员向人民法院起诉要求分配土地补偿费的,人民法院不能作为民事案件受理。(2)青苗和地上附着物补偿费,它是对地上种植物的补偿费用,是对村民种植户的一种当年收益的补偿。根据“谁种植,谁受益”的原则,青苗补偿费应该由其种植人所有。土地承包经营权人将土地流转给他人种植的,该地上青苗补偿费应该由经营土地的人享有。基于地上附着物和青苗的补偿费是对承包地上的建筑物和生长物的补偿,是对承包经营权人的补偿,故农村集体经济组织不得截留,承包经营权人起诉农村集体经济组织要求取得其应得份额的,应当作为民事案件受理。(3)安置补助费和社会保险费用,是对失地农民的社会保障性的补偿,其分配应当按征收补偿安置方案的规定进行,如果约定分配给失地农民个人的,被征收土地的农民可以起诉农村集体经济组织支付该笔费用,否则不能作为民事案件受理。

本书以赵某诉某村委会承包地征收补偿费用纠纷案来进行分析说明:赵某系村民,该村15号地块部分土地已被政府征用,其上原有白沙枇杷树4株、樟树2株、杂树2株,经评估上述青苗补偿费总价为10,660元。赵某起诉主张村委会支付青苗补偿费10,660元。一审判决驳回其诉讼请求。从该案例可以得出,依照最高人民法院《关于审理涉及农村土地承包纠纷案件适用法律问题的解释》第22条之规定,承包方已将土地承包经营权以转包、出租等方式流转给第三人的,除当事人另有约定外,青苗补偿费归实际投入人所有,地上附着物补偿费归附着物所有人所有。在该案审理过程中,原告赵某并未举证证明涉案青苗系其实际投入种植,且在庭审中陈述白沙枇杷树均系案外人朱某实际投入种植。故判决驳回其诉讼请求。

那么,涉及的一个问题就是,土地被征收的补偿费用能否继承。农村土地征收过程中,被征收土地的承包经营户是土地补偿费、安置费和青苗补助费的合法接收人。户内部分承包人死亡,因自然人死亡而丧失民事权利能力,民事主体资格消灭,不能作为承包经营权的民事主体,已经不再是需要安置的对象,不能对集体收益参与分配。但不影响承包经营户作为一户享有的承包经营权,因土地被征收的补偿费用属于户内其他成员共同享有。本书以征地补偿费用分配纠纷案例来对此进行说明:原告与原告父母共同承包由被告发包的农村基本农田菜田一块,2011 年该承包地被征用,每亩 146,000 元。被告未支付原告已去世的父母名下的征地安置补助款 175,200 元。原告多次找被告索要,被告无正当理由拒绝支付,为维护原告的合法权益,现要求被告立即支付原告征地安置补助款 175,200 元、按银行规定的金融机构计收逾期贷款利息标准支付逾期付款违约金至其付清时止。被告某村民委员会辩称,原告本人的征地安置补偿款已经支付完了,剩余的征地安置补偿款系原告父母的,因原告其他兄弟姐妹不同意将这笔钱支付给原告,村里多次调解也没有结果,所以才没支付剩余的补助款。法院认为,二原告与父母承包经营被征用的土地,二原告父母均去世,二原告仍享有承包经营被征收土地的权利,被告应该将征地安置补偿款给付给原告。从上述案例可知,我国农村家庭承包是以户为单位的,而不是以个人为单位的。户内有家庭成员去世,但户内还有其他家庭成员的,则此时不发生继承问题。因为此时该户内还有其他经营权人,应当由其他承包人继续经营至承包期满。二原告与其父母共同承包了基本农田,承包期限至 2027 年 12 月 31 日止。2012 年该土地被征收,二原告父母在土地被征收前去世。原告作为该户户内的其他家庭成员,在其父母去世后,继续享有承包经营权。土地被征收,土地经营权未到期,该土地的安置补偿款应该支付给二原告,而不能作为原告父母的遗产由其他非承包经营权人继承。需要注意的是,家庭承包经营权的主体是农户,农户户内成员平等享有承包土地的各项权益,包括平等享有承包经营土地被征收后的补偿权益。户内部分成员去世,不影响其他户内成员继续承包土地,土地征收的补偿费用应发放给承包土地的其他户内成员,非农户户内成员由于其并非承包土地的承包方,其不应该享有相应的土地被征收的分配权益。

二、因土地调整需收回土地承包权应如何补偿

土地是集体经济组织成员赖以生存的生产资源,我国对农村集体经济组织的承包经营土地权利予以保护。农村集体经济组织成员依法享受本集体经济组织发

包的农村土地,任何组织和个人都不得侵犯。集体经济组织因土地调整需要收回承包人土地的,应当按照约定对承包人给予适当补偿。根据《土地管理法》第 66 条的规定,“有下列情形之一的,农村集体经济组织报经原批准用地的人民政府批准,可以收回土地使用权:(一)为乡(镇)村公共设施和公益事业建设,需要使用土地的;(二)不按照批准的用途使用土地的;(三)因撤销、迁移等原因而停止使用土地的。依照前款第(一)项规定收回农民集体所有的土地的,对土地使用权人应当给予适当补偿。收回集体经营性建设用地使用权,依照双方签订的书面合同办理,法律、行政法规另有规定的除外”。根据《农村土地承包法》第 27 条的规定,承包期内,发包方不得收回承包地。国家保护进城农户的土地承包经营权。不得以退出土地承包经营权作为农户进城落户的条件。承包期内,承包农户进城落户的,引导支持其按照自愿有偿原则依法在本集体经济组织内转让土地承包经营权或者将承包地交回发包方,也可以鼓励其流转土地经营权。承包期内,承包方交回承包地或者发包方依法收回承包地时,承包方对其在承包地上投入而提高土地生产能力的,有权获得相应的补偿。

此外,根据最高人民法院《关于审理涉及农村土地承包纠纷案件适用法律问题的解释》第 5 条的规定,承包合同中有关收回、调整承包地的约定违反《农村土地承包法》第 26 条、第 27 条、第 30 条、第 35 条规定的,应当认定该约定无效。该解释第 6 条规定:“因发包方违法收回、调整承包地,或者因发包方收回承包方弃耕、撂荒的承包地产生的纠纷,按照下列情形,分别处理:(一)发包方未将承包地另行发包,承包方请求返还承包地的,应予支持;(二)发包方已将承包地另行发包给第三人,承包方以发包方和第三人为共同被告,请求确认其所签订的承包合同无效、返还承包地并赔偿损失的,应予支持。但属于承包方弃耕、撂荒情形的,对其赔偿损失的诉讼请求,不予支持。前款第(二)项所称的第三人,请求受益方补偿其在承包地上的合理投入的,应予支持。”同时,该解释第 9 条还规定:“发包方根据农村土地承包法第二十六条规定收回承包地前,承包方已经以转包、出租等形式将其土地承包经营权流转给第三人,且流转期限尚未届满,因流转价款收取产生的纠纷,按照下列情形,分别处理:(一)承包方已经一次性收取了流转价款,发包方请求承包方返还剩余流转期限的流转价款的,应予支持;(二)流转价款为分期支付,发包方请求第三人按照流转合同的约定支付流转价款的,应予支持。”

专题三　土地承包经营权流转

一、土地承包经营权能否继承

土地承包经营权继承纠纷,是指因土地承包经营权的继承而引发的纠纷。土地承包经营权作为集体经济组织一项成员权利,是与集体经济组织成员的身份有关,该身份与民法上的继承无关,专属于集体经济组织成员。集体经济组织成员对土地承包经营权是否享有继承权,以及土地承包经营权户主死亡后其户内成员是否可以继续进行土地承包经营等,一直是争议比较大的问题。根据《民法典》的规定,继承的范围是遗产,即个人的合法的财产及相关财产性权益。土地承包经营权作为一种用益物权,是农户对集体经济组织的土地享有承包经营使用的权利,并不是一种财产利益,其是基于农村集体经济组织成员身份享有的一种权利,不能发生继承。土地承包经营权的归属主体是以户为单位而不是个人。涉及该权利的继承,规定比较复杂。目前,对于林地以及通过招标、拍卖、公开协商等方式取得的土地承包经营权,该承包人死亡的,继承人可以继承,对于耕地、草地等农用地的承包经营权,目前还不允许继承。

本书以梁某甲与梁某乙土地承包经营权继承纠纷案为例进行分析说明:梁某甲与梁某乙系兄弟,均系同村村民,其父母在世时达成分家协议,梁某甲与梁某乙各赡养一位老人,父母离世后,产业各得一半。父母在世时有两块口粮地,一块是河里地,另一块是西埝地。梁某甲认为河里地有 8 分地,西埝地有 1.96 亩地,梁某乙认为两块面积相当。现梁某甲耕种着西埝地,梁某乙耕种河里地。现双方就父母遗留的口粮田未能妥善处理,梁某甲起诉要求平均分割父母承包的两块土地。法院判决驳回其诉讼请求。因为根据《农村土地承包法》的规定,家庭承包的承包方是本集体经济组织的农户,其本质特征是以本集体经济组织内部的农户家庭为单位实行农村土地承包经营。梁某甲提供的编号为 10150111 号农村土地承包合同书载明的承包方是梁某甲的父亲梁某,村民委员会也出具证明证实梁某夫妻在村里承包土地每人 0.98 亩,共 1.96 亩,该 1.96 亩西埝地属梁某与妻子作为一个农户承包的土地。梁某甲提供的户主为梁某甲的土地使用权证证明自己承包了 1 亩的西埝地,但在二审开庭时经询问,梁某甲陈述该1亩西埝地是村里的会计于2014年3~4月添加上去的。因此,该证据不能证明梁某甲对1亩西埝地享有土地承包经营权。现梁某夫妻都已去世,当承包经营农户家庭的成员全部死亡,由于承包经营权的取得是以集体成员权为基础,该土地承包经营权归于消灭,不能由该农户家庭成员的继承人继续承包经营,更不能作为该农户家庭成员的遗产处理。因此,梁某甲要求平均分割父母的承包地的诉讼请求没有法律依据,不予支持。

需要注意的是,《农村土地承包法》第16条规定,家庭承包的承包方是本集体经济组织的农户,说明集体经济组织内部人人有份的家庭承包是以户为生产经营单位进行承包的。但是对于农村土地承包经营权到底能否继承这一问题,首先要明确概念,即农村土地承包经营权和农村土地承包经营产生的经济权益。当农户中家庭成员死亡时,其丧失了民事权利能力,即没有了民事主体的资格。死者的合法个人财产将作为遗产由继承人继承,但是对于农村土地承包经营权来说,其是一种身份性质的权利而非一种经济利益,必须由特定的具有民事主体资格的个体享有,承包经营权人死亡,农村土地承包经营权是不能继承的。但在承包期内,其农户成员组成的农户可以继续承包,基于土地承包经营权而产生的土地上的收益等经济利益,可以作为承包人的个人合法财产即遗产由继承人继承。

二、土地承包经营权能否设定抵押权

土地承包经营权抵押权纠纷,在2015年之前国家法律规定对农村土地使用权禁止抵押,故该方面的纠纷比较少,但自2015年12月28日起施行的全国人大常委会《关于授权国务院在北京市大兴区等232个试点县(市、区)、天津市蓟县等59个试点县(市、区)行政区域分别暂时调整实施有关法律规定的决定》,未来因土地承包经营权抵押权引发的纠纷会逐渐增多。

土地承包经营权抵押权纠纷与土地承包经营权抵押合同纠纷二者不同,抵押合同纠纷是债权纠纷,是当事人因抵押合同产生的纠纷,如抵押合同无效、抵押合同不成立等纠纷。而抵押权纠纷是物权纠纷,在当事人就抵押权的设定、内容、变更、转让、实现、消灭等产生纠纷时,则应适用抵押权纠纷。那么涉及的问题就是土地承包经营权能否设定抵押,土地承包经营权是否可以抵押,对此,需分具体情况处理。

《民法典》明确规定,耕地、宅基地、自留地、自留山等集体所有的土地使用权不得抵押。当事人以农作物和与其尚未分离的土地使用权同时抵押的,土地使用权部分的抵押无效。最高人民法院《关于审理涉及农村土地承包纠纷案件适用法律问题的解释》第15条也规定:“承包方以其土地承包经营权进行抵押或者抵押债务的,应当认定无效……”因此,土地承包经营权在之前的法律规定中是被法律禁止的。但是,以招标、拍卖、公开协商等方式取得的荒地等土地承包经营权,经依法登记取得权属证书的,可以抵押。

三、未经户内其他成员同意的转让合同的效力

根据《农村土地承包法》第34条的规定,经发包方同意,承包方可以将全部或者部分的土地承包经营权转让给本集体经济组织的其他农户,由该农户同发包方确立新的承包关系,原承包方与发包方在该土地上的承包关系即行终止。因土地承包经营权属于户内成员共有,但当户主与他人签订转让土地承包经营权合同时,即使其他户内成员未表示意见,也不影响合同的效力。

根据《农村土地承包法》第5条及第16条的规定,农村集体经济组织成员有权依法承包由本集体经济组织发包的农村土地。任何组织和个人不得剥夺和非法限制农村集体经济组织成员承包土地的权利。家庭承包的承包方是本集体经济组织的农户。农户内家庭成员依法平等享有承包土地的各项权益。根据《民法典》第55条的规定,农村集体经济组织的成员,依法取得农村土地承包经营权,从事家庭承包经营的,为农村承包经营户。农村承包经营户,是指在法律允许的范围内,按照农村土地承包经营合同的约定,利用农村集体土地从事种植业以及副业生产经营的农村集体经济组织的成员或者家庭。农村承包经营户是农村集体经济组织的成员,依照法律规定与集体经济组织签订农村土地承包经营合同,利用农村集体土地进行农副业生产,就成为农村承包经营户。在我国农村,承包农村土地基本上是以户的形式进行的,只有单身的农民才以个人名义承包土地。

四、本集体经济组织外成员签订承包合同效力

法律并未限制不同集体经济组织成员之间土地承包经营权。根据《农村土地承包法》第52条的规定,发包方将农村土地发包给本集体经济组织以外的单位或者个人承包,应当事先经本集体经济组织成员的村民会议2/3以上成员或者2/3以上村民代表的同意,并报乡(镇)人民政府批准。由本集体经济组织以外的单位或者个人承包的,应当对承包方的资信情况和经营能力进行审查后,再签订承包合同。

专题四　农村土地经营权

一、土地经营权流转

流转,是指承包方经发包方备案同意将部分或全部土地经营权在一定期限内让渡给其他从事农业生产经营的农户,由其履行土地承包合同中的相应权利和义务。在土地经营权流转合同纠纷中,原承包人保留承包权,但不再享有经营权,由受让方取得经营权,承担承包人原有的相应的权利义务。这是这一轮农村土地改革的第二次分离,即承包权与经营权的分离。土地经营权流转合同(如租赁合同)期限届满后,如果农户未与承包人签订新的土地流转合同,其土地经营权回归土地承包权人。农户在未经承包人同意的情况下,再将土地转让给第三人,其与第三人签订的《承包协议》无效。

二、单方解除土地经营权流转合同的效力

依法成立的承包合同,若不存在法定解除或约定解除情形,一方当事人请求解除合同的,人民法院不予支持。因此,集体经济组织如村民委员会或者经济合作社均无权单方解除土地经营权流转合同。本书以原告某经济合作社与被告某有限公司农村土地承包合同纠纷案来进行说明。

原告与被告签订了《承包山地合同》约定将原告辖区范围内的山地承包给被告作为企业的实验基地和产业基地,双方达成如下协议:(1)原告于1996年12月18日将山地出租给陈某经营种养,现原告同意陈某将山地承包权流转给被告,同意被告按原告与陈某签订的合同继续履行,并同意将该合同延期至2063年12月底。(2)原告承诺将出租给其他承包人的山地到期后全部收回,按原合同增加1倍的租金流转被告。(3)陈某经营的山地与某某村交界有争议,该山地由被告经营并免租金至50年。(4)原告同意将村榕树周围及围墙内一并出租给被告作为修建办公宿舍及实验区的配套使用。出租面积约40亩,租期为50年,至2063年12月底,租金每年3000元,被告先支付押金20,000元,合同中并约定了原被告的责任范围。其第11条约定,本协议经双方签署并经村代表及全体村民签名后生效。原告作为甲

方在协议中加盖公章并由法定代表人卢某签名,甲方共有15户家庭代表签名,被告作为乙方加盖印章确认。2013年12月25日、2014年1月2日分别由法律服务所及村委会对该合同进行见证。2014年1月9日原被告双方在公证处对该合同办理了公证手续。被告交付涉案合同租金至2017年止,并向原告交付了20,000元合同押金。原告与陈某于1996年12月18日签订了《承包荒地种养合同书》,约定将山地出租给陈某经营种养,期限自1997年3月28日至2030年3月28日,租金为每年4000元。2013年12月19日被告与山地原承包人陈某签订了转让协议书,陈某将与原告签订的《承包荒地种养合同书》所有的权利义务一并转让给被告,得到原告的同意并将租金减为3000元。原告与被告签订的《承包山地合同》中第2条及第3条所提及的土地并没有收回。经查询,被告没有在该局投资项目登记各项信息。在合同履行期间,被告对承包土地上种植果树的村民进行了补偿,进行了土地平整、栽种林木,实行综合管理。原告请求判令解除原告与被告2013年12月18日签订的《承包山地合同》。法院判决驳回原告某经济合作社的诉讼请求。

该案涉及《承包山地合同》的效力性问题。因涉案合同是双方公平、自愿协商一致后签订的,原告法人代表卢某以及原告全体村民户主代表均在合同上签名并捺手印确认,法律服务所、村民委员会为该合同见证,该合同也在公证处办理了公证手续,该合同并没有违反法律、行政法规的强制性规定。原告诉称该合同没有经过政府批准应认定为无效合同,但根据《土地管理法》和《农村土地承包法》的规定,关于报乡(镇)人民政府批准的规定并非效力性强制性规定,而是出于行政管理目的所作出的管理性规范,其目的也是进一步强化对土地承包合同的管理,稳定和完善土地承包关系,且双方订立涉案合同的目的是集体组织的经济发展,涉案土地的承包不损害国家、集体和个人的利益。根据《农村土地承包法》第23条的规定,承包合同自成立之日起生效。承包方自承包合同生效时取得土地承包经营权。故此,未报请政府批准并不影响合同的效力。综上所述,应认定《承包山地合同》合法有效。另外,关于原告主张解除合同的问题。依法成立的合同,对当事人具有法律约束力。当事人应当按照约定履行自己的义务,不得擅自变更或者解除合同。被告自合同生效之日起依照合同约定,履行合同义务,缴纳了相关租金及合同押金。涉案合同,双方并没有约定合同解除的条款,原告也无法向提交证据证实被告存在《民法典》关于合同法定解除的情形。被告也并未在该承包的土地上进行非农建设,被告并没有改变土地的用途。故此,原告请求解除双方签订的《承包山地合同》缺乏事实与法律依据。

三、土地承包经营权能否互换

土地承包经营权互换是两个土地承包经营权人,为了经营方便,用自己的承包地与对方互换。双方的承包土地互换后,该土地上的承包经营权也随之互换。土地承包经营权人互换承包地,应当向发包方即村委会备案。

土地经营权的登记备案,有利于当事人及时了解土地经营权的现状,保护交易安全,维护善意相对人的利益。但当前我国农村土地承包经营权的互换备案制度尚不完备,大量口头互换协议的存在也使备案难以进行;备案作为一种管理手段,其性质仅仅为公示,便于管理,也是一种管理性强制性规范,并不影响当事人的权利义务,不是合同的生效要件,因此以是否备案为由来否定互换协议的效力,于法无据,也不符合当前农村客观实际,不利于维护正常的农村土地流转秩序。基于此,如前所述,最高人民法院《关于审理涉及农村土地承包纠纷案件适用法律问题的解释》第 14 条明确规定,承包方依法互换土地承包经营权,发包方仅以该土地承包经营权流转合同未报其备案为由,请求确认合同无效的,不予支持。关于互换后的登记问题,《农村土地承包法》第 41 条仅仅是一种管理性规范,并无强制性的用语,遵循当事人自愿的原则,未经登记不能成为认定互换合同无效的理由。在实践中,土地互换双方应当签订书面互换合同。但是,由于历史原因,农村中存在大量土地承包经营权互换而未签订书面合同,也未在发包方处登记备案的情况,但由于双方已经进行实际耕种,应认定双方已经以其行为履行了互换义务,应确认双方互换的事实已经成立,双方互换合同有效。双方应该尊重历史,从事实出发,不得随意反悔。

需要注意的是,根据《农村土地承包法》第 33 条的规定,承包方之间为方便耕种或者各自需要,可以对属于同一集体经济组织的土地的承包经营权进行互换,并向发包方备案。该法第 35 条规定,土地承包经营权互换、转让的,当事人可以向登记机构申请登记。未经登记,不得对抗善意第三人。该法第 40 条还规定,土地经营权流转,当事人双方应当签订书面流转合同。为了防止双方纠纷发生,土地流转应该签订书面流转合同并向发包方备案。在双方未签订书面合同发生互换的情况下,法院应当在查明事实的基础上遵循公平原则确定各方的权利和义务。

互换合同已经实际履行的,双方不得要求返还已经互换的土地,除非存在法律规定的可撤销或无效的情形。在一般情况下,互换关系从双方相互交付标的物时即告成立,双方未约定期限,对农村承包土地互换而言,其互换期限即为农村承包合同的期限。据此,对于未约定流转期限的土地互换,当事人一方在农村土地承包合同期内主张解除互换合同的,不予支持。本书以原告诉被告土地承包经营权互换合同纠纷案来进行分析说明。

1999 年 1 月 1 日原告取得了村民小组一块 0.8 亩土地的承包经营权,承包期限自 1999 年 1 月 1 日至 2028 年 12 月 31 日。与此同时,被告也取得了另一块 0.6 亩土地的承包经营权,承包期限自 1999 年 1 月 1 日至 2028 年 12 月 31 日。由于被告饲养的鸡经常到原告承包的 0.8 亩土地上觅食,双方为此发生了纠纷。1999 年下半年经村干部组织双方进行调解,原告与被告达成口头协议约定:由原告用其 0.8 亩土地的承包经营权与被告 0.6 亩土地的承包经营权及武某林承包的 0.2 亩土地的承包经营权进行互换。后双方按照口头协议互换了上述两块土地的承包经营权,并对互换后的土地按照其原有的用途进行了实际耕种。2015 年 11 月原告要求被告返还互换后的土地,被告不同意,双方为此发生纠纷。经村委会调解,双方最终未能达成协议。现原告起诉请求依法判决:(1)判令被告归还原告 0.6 亩农田;(2)由被告承担本案诉讼费。法院判决驳回原告武某荣的诉讼请求。

在该案中,双方当事人对口头互换协议均不持异议,且互换事实已实际发生,故一审判决确认双方的土地承包经营权互换合同成立,既体现了对农村交易习惯的认可,也严格审查了合同成立的实质要件。互换土地经营权在性质上是一种互易合同,双方农户达成互换合同后,还应与发包人变更原土地承包合同。从互换表面上来看是地块的调换,实质上是带有物权让渡性质的土地经营权的互换。权利交换后,原有的发包方与承包方的关系,变为发包方与互换后的承包方的关系。土地互换后想调回,必须征得对方同意,即双方的意思表示必须一致才能调回。

四、土地经营权入股

土地经营权入股是农村土地经营权人为发展农业经济,将土地经营权作为出资,设立股份公司或合作社等,从事农业生产经营。土地经营权入股合同纠纷,是在土地经营权入股中,双方因履行入股合同发生的权利义务关系方面的争议。村民土地入股后,应根据入股合同确定双方的权利义务,在合同约定的分红条件未成就的情况下,村民无权要求分红。同时,村民以土地入股后,应服从公司的规定。村民要求分红,应当提供相应的证据证明。

村民以土地经营权投资入股后,其享有的土地经营权就流转给他人,在无法定或约定的情况下,不得单方解除土地经营权入股合同,但出现以下情形的可以解除合同;擅自改变土地的农业用途;弃耕抛荒连续 2 年以上;给土地造成严重损害或者严重破坏土地生态环境;其他严重违约行为。本书以原告孟某、于某与被告某合作社土地经营权入股合同纠纷为例进行说明。

2016 年 12 月 24 日孟某作为承包方代表与发包方孟家房子村委会签订《农村集体土地家庭承包合同》,承包土地的基本情况为西方田地,地块编码为 40224,地类为旱地,面积为 16.36 亩,用途为种植业,全体承包方同意确权确股、不明确四至界限,承包期限为 11 年,自 2016 年 8 月 30 日至 2027 年 12 月 31 日等。2017 年 2 月 15 日孟某作为承包方代表取得政府颁发的《农村集体土地承包经营权证》,承包方家庭成员为户主孟某、长子于某,土地为基本农田,面积为 16.36 亩。2016 年 12 月 24 日孟某与被告某合作社签订《农村土地经营权入股合同》,约定孟某将其承包的村的 16.36 亩土地的经营权向某合作社入股,从事种植业生产经营,以上入股土地按照每亩折合 1 股的标准,共折合股份 16.36 股,入股期限自 2016 年 8 月 30 日至 2027 年 12 月 31 日,共 136 个月,股份分红与支付方式为不保底分红、按当年实际的土地承包费的 75% 分红,某合作社于每年 12 月 31 日前向孟某支付保底分配部分,次年 12 月 31 日之前支付盈余分配部分,孟某应于 2016 年 12 月 31 日之前将入股土地交付乙方,某合作社有权要求孟某按合同约定交付入股土地,某合作社应当按照合同规定按时足额向甲方支付股份红利,某合作社延迟支付股份红利的,应按照同等期限银行存款利息的 200% 支付违约金,孟某不按时交付入股土地的应按每天 100 元支付违约金等。孟某自 2016 年至 2018 年共收到村委会会计尚某给付的款项 28,000 元,经一审法院依法对尚某进行询问,其表示该款系村委会向村民所发放,钱款来源为村委会的收入,与某合作社并无关联。一审法院依法调取村委会 2016 年至 2018 年的账目,该账目显示村委会收入为鱼池承包费及土地承包费等,并以村民分款的方式由尚某支取发放并填写报销凭证。孟某起诉请求:(1)依法判令某合作社给付孟某、于某自 2016 年 8 月 30 日至今欠付的土地承包权入股红利 84,000 元;(2)判令某合作社向孟某、于某支付违约金 4876.14 元(自 2016 年 8 月 30 日至今,以延迟支付的股息红利为基数,按照中国人民银行同期同类贷款利率的 2 倍计算)。一审法院判决,驳回原告孟某、于某的全部诉讼请求。

通过上述案例可知,当事人对自己提出的诉讼请求所依据的事实有责任提供证据加以证明,没有证据或者证据不足以证明当事人的事实主张的,由负有举证责任的当事人承担不利后果。在该案中,根据双方提交的证据及一审法院依法调取的证据可以认定孟某一方收到的款项实际为村委会向其村民所发放,而该款的来源为村委会的收入,孟某、于某方虽主张被告合作社未按《农村土地经营权入股合同》的约定对其进行分红,其收到的款项为应发款项的50%,但根据现有证据无法认定村委会向孟某一方所发放的该款项与被告合作社之间存在关联,故对于孟某一方的诉讼请求,一审法院不予支持。需要特别注意的是,入股本质上是一种市场投资行为,必然存在市场风险,如果入股者承担市场风险的能力不强,一旦风险变成现实,在当前农村社会保障尚不健全的情况下,入股农民的基本生活保障就会受到威胁。为了积极稳妥地推动土地经营权入股,一方面,应当拓宽入股范围,允许土地承包经营权入股有限公司、股份公司等;另一方面,为了控制入股风险,更好地保障农民利益,应当对土地承包经营权入股的条件予以合理限制。

五、土地经营权抵押合同

根据《农村土地承包法》第47条的规定,承包方可以用承包地的土地经营权向金融机构融资担保,并向发包方备案。受让方通过流转取得的土地经营权,经承包方书面同意并向发包方备案,可以向金融机构融资担保。担保物权自融资担保合同生效时设立。当事人可以向登记机构申请登记;未经登记,不得对抗善意第三人。实现担保物权时,担保物权人有权就土地经营权优先受偿。土地经营权融资担保办法由国务院有关部门规定。据此,金融机构可以作为抵押权主体。土地经营权抵押,对村民来说,害怕失去土地,抵押意愿不高,对接受抵押的机构有较高的门槛要求,由于土地经营权处分的有限性,抵押价值的评估的高成本性,土地经营权交换价值低等导致抵押经营权比较困难。在抵押制度设计时,既要考虑土地的保障功能,又要体现土地的经济功能;既要把抵押可能对农民生活造成的负面影响降到最低限度,又要充分体现土地的交换价值。只有通过制度创新、设立专门的金融机构、接受土地经营权的抵押,方能解决问题。那么,涉及土地承包经营权抵押合同是否有效?本书认为,土地经营权和土地承包权分离,土地经营权作为一种用益物权,是具有相对独立性的财产权利,以其设定抵押既可以充分发挥物的效用,也可有效保护债权的安全。土地经营权抵押合同应是大势所趋,应予以保护其合法效力。下文以原告某农村信用合作联社与被告杨某土地承包经营权抵押合同纠纷案为例进行说明。

2016年12月30日被告杨某向原告某信用合作联社借款1,400,000元,约定借款期间的利率为年利率8.47%、逾期罚息利率在原借款利率基础上加收50%、借款期限12个月。借款当日,原告与被告签订借款抵押合同,约定被告杨某以其承包的

1789.5 亩土地使用权为上述借款提供抵押担保,担保范围为借款本金、利息、损害赔偿金、违约金以及原告实现债权的费用,担保期限自抵押生效之日至抵押担保范围内全部贷款清偿完毕止,双方办理了抵押登记。借款到期后,被告未按期偿还借款本息,原告诉至法院,法院于 2018 年 5 月 3 日作出(2018)新 2324 民初 732 号民事调解书,确定被告向原告偿还借款本金 1,400,000 元、利息 24,210.56 元,并按月利率 10.58771‰计算支付自 2018 年 2 月 11 日之后的利息至本金还清为止,但调解结果对被告杨某承包的 1789.5 亩土地使用权抵押担保事项未做审理,原告为此申请再审,一审法院(2018)新 2324 民申 12 号民事裁定书以抵押权属物权调整范围、应向物权登记地法院提出为由驳回了原告的再审申请。被告至今未偿还上述债务,原告持调解书、抵押合同、抵押登记文书、裁定书诉至法院,请求法院依法支持原告的诉讼请求。一审法院于 2018 年 2 月 12 日作出(2018)新 2324 民初 382 号民事调解书,该案生效后进入强制执行阶段,一审法院执行庭已将被告杨某抵押给该案原告某信用合作联社的土地经营权全部作价抵付给该案原告,被告杨某抵押给原告某信用合作联社的土地经营权已在(2018)新 2324 民初 382 号案件中执行完毕。同时,被告杨某于 2017 年 5 月 17 日又将该块耕地抵押给了其他银行并办理了抵押登记。原告某农村信用合作联社请求法院确认原告与被告签订的土地经营权抵押合同有效;请求赔偿原告律师代理费 20,000 元;原告对被告杨某承包的位于××县 5 亩土地的土地经营权享有优先受偿权。被告杨某未到庭参加诉讼,也未向法院提交书面答辩意见。一审法院判决:驳回原告某合作联社的全部诉讼请求。原告信用合作联社不服一审判决,提起上诉请求:撤销原审判决,确认签订的土地承包经营权抵押合同有效。被告给原告抵押的是其从其他农户处已经合法取得的农地流转期间的经营权,被告合法取得了涉案农地的流转经营权,不属于《民法典》不得抵押财产的范畴。根据《农村承包土地的经营权抵押贷款试点暂行办法》第 5 条、第 7 条的规定,该案中原告与被告签订的抵押合同,被告将其合法取得的农地流转经营权抵押给原告的行为完全符合《农村承包土地的经营权抵押贷款试点暂行办法》的规定,应当认定为合同有效。原审驳回原告的诉讼请求错误,应当予以纠正。二审法院依法判决:(1)撤销一审判决;(2)原告某农村信用合作联社与杨某签订的《农村信用社借款抵押合同》有效;(3)驳回原告某农村信用合作联社的一审其他诉讼请求。

从上述案例分析可知,涉案土地系原告杨某从同村农户处承包的土地,且已临近承包期限,原告某合作联社根据上述意见开展的抵押贷款,实际未产生农户失地的风险,故对原告某信用合作联社主张确认双方签订的《农村信用社借款抵押合同》有效的上诉请求予以支持。但需要注意的是,土地经营权抵押,在部分地方开展土地抵押试点后,应认定抵押合同有效。在《民法典》生效以后,审理以农村土地经营权抵押的案件,既要保证抵押权人的利益,也要保障农民不会因抵押而丧失土地承包权,因为农民的土地承包权是集体经济组织成员的身份性质的权利,不能抵押。

六、土地经营权出租合同

根据原农业部《农村土地承包经营权流转管理办法》(2015 年农业部令第 47 号)第 35 条第 5 款的规定,出租是指承包方将部分或全部土地承包经营权以一定期限租赁给他人从事农业生产经营。出租后原土地承包关系不变,原承包方继续履行原土地承包合同规定的权利和义务。承租方按出租时约定的条件对承包方负责。《农村土地承包法》第 36 条还规定,承包方可以自主决定依法采取出租(转包)、入股或者其他方式向他人流转土地经营权,并向发包方备案。从上述法律规定内容理解,其实土地经营权出租合同纠纷和土地经营权转包合同纠纷,实质内容都是土地经营权的流转方式,不改变原来的土地承包合同关系。出租方和转包方继续保留土地承包权,承租方则根据合同获得对土地的经营权。据此,本书认为,土地经营权出租合同属民事合同的依据在于:首先,土地经营权如果没有流转,仍然是原土地承包经营权人享受。原土地承包经营权人仍需向发包人承担承包合同约定的义务,承租人只享有土地的使用权和收益权。其次,由于土地出租并不影响原有的土地承包关系,无须经发包人许可。只需要将出租合同向发包人备案,这与土地的转包备案有异曲同工之处。

需要明确的是,根据最高人民法院《关于审理涉及农村土地承包纠纷案件适用法律问题的解释》第 21 条的规定,承包方未依法登记取得土地承包经营权证等证书,即以转让、出租、入股、抵押等方式流转土地承包经营权,发包方请求确认该流转无效的,应予支持。但非因承包方原因未登记取得土地承包经营权证等证书的除外。应当看到,该司法解释出台时,国家还没有出台承包权与经营权相分离的改革,土地承包经营流转与土地经营权流转还没有分开。此次《民法典》制定时,已经在改革的基础上,将承包权与经营权分离的改革成果写进了《民法典》,今后在法律适用时,如果发生法律、司法解释与《民法典》发生冲突,应当以《民法典》为准。

据此,土地承包经营权的确可以依法采取转包、出租、互换、转让或者其他方式流转。但其前提之一必须是已取得流转土地的承包经营权。首先,未取得土地承包经营权的情况下,对土地经营权私自出租的行为构成无权处分,在发包人或承包权人未追认的情况下,在登记制度尚不完备的条件下,认定私自出租土地经营权的合同无效还是有必要的。其次,如果承包方、土地经营权人违法将承包地用于非农建设的,由县级以上地方人民政府有关主管部门依法予以处罚;承包方给承包地造成永久性损害的,发包方有权制止,并有权要求赔偿由此造成的损失。其违法行为致使双方不能实现合同的目的,发包方可以起诉法院要求解除合同。最后,土地承包户在集体经济组织将其土地出租给其他村民,土地承包户未作出反对的情况下,且土地出租合同已经履行,可以视为土地承包户同意集体经济组织的出租行为。村民事后以未经其书面同意为由主张土地承包流转合同无效的,不能成立。本书以原告某草业有限公司与被告某村村民委员会第五村民小组(以下简称某村五组)土地承包经营权纠纷一案为例进行说明。

2016 年 6 月 12 日杨某与某草业有限公司签订《土地经营权出租合同》,合同约定:转出方(甲方)、法定代表人杨某与受让方(乙方)某草业有限公司本着平等、自愿、诚实信用原则,达成本合同;甲方自愿将位于某村五组 86 亩土地的承包经营权出租给乙方用于草坪种植,租赁期限自 2016 年 5 月 31 日至 2022 年 5 月 31 日,租金每年 1200 元/亩,共计 103,200 元,于每年的 6 月 10 日前交由队长,由队长转发。2018 年 5 月 8 日某村五组向胡某发送"通知",载明:胡某,你于 2015 年 5 月 30 日流转我组农户承包地 70 余亩,期间用于种植草坪,私自多次取走地表层土壤,对地力生产造成严重影响,鉴于此,决定终止合同。杨某出具情况说明,其受某村五组 34 户村名委托与某草业有限公司签订《土地经营权出租合同》,现受上述村民委托代表某村五组,向某草业有限公司发终止该合同的通知。杨某系某村五组组长;胡某系某草业有限公司董事长。某草业有限公司陈述诉讼请求,认为"通知"不发生解除合同的效力;某村五组陈述"通知"是基于其系土地所有权人,发出"通知"的目的系让某草业有限公司停止对土地的侵害,是表达瑕疵。某草业有限公司向法院提出诉讼请求:(1)请求人民法院依法判决确认被告终止合同,向原告送达的"通知"无效;(2)判决被告某村五组继续履行双方签订的《土地经营权出租合同》。法院判决:(1)某村五组于 2018 年 5 月 8 日向某草业有限公司作出的"通知"不发生解除双方于 2016 年 6 月 12 日签订的《某市农村土地经营权出租合同》的效力;(2)驳回某草业有限公司的其他诉讼请求。

该案例涉及的问题有:(1)关于"通知"的效力问题,杨某受委托与汪某签订的

《某市农村土地经营权出租合同》系双方真实意思表示,且不违反法律、行政法规的强制性规定,合法有效,双方均应据此行使权利、履行义务。根据《民法典》第562条、第563条的规定,合同当事人可以约定一方解除合同的条件。解除合同的条件成就时,解除权人可以解除合同,当事人主张解除合同的,应当通知对方,合同自通知到达对方时解除,对方有异议的,可以请求人民法院或者仲裁机构确认解除合同的效力。在该案中,根据"通知"的内容来看,某村五组以破坏土地为由终止合同,但其并未提交相应证据证明其主张,且其表示该"通知"系表示瑕疵,仅要求某草业有限公司停止对土地的侵害,故其不享有解除合同的权利,某村五组在此情况下向某草业有限公司的董事长胡某发出的"通知"不能发生解除《某市农村土地经营权出租合同》合同的效力,故对某草业有限公司的该项诉讼请求予以支持。(2)关于合同是否继续履行问题,该案案涉标的为农村耕作土地流转,涉及人数众多、土地范围较大、合同期限较长,且具体到种植草坪的播种、收割等事务,继续履行合同不适于强制履行,且经询问,案涉土地的承包经营户杨某等33人当庭表示,因某草业有限公司种植的草坪对土地破坏性较大不再愿意继续履行合同,某草业有限公司亦坚持继续履行合同的诉讼请求,根据《民法典》第580条"当事人一方不履行非金钱债务或者履行非金钱债务不符合约定的,对方可以请求履行,但是有下列情形之一的除外……(二)债务的标的不适于强制履行或者履行费用过高……"之规定,某草业有限公司要求继续履行《成都市农村土地经营权出租合同》的诉讼请求,不予支持。从上述案例分析可知,双方当事人应按照土地使用性质签订合同,承租方违反合同约定,造成土地破坏或者改变土地使用性质的,发包方可以解除合同。解除合同后,双方根据过错程度承担各自的责任。

第十二章　建设用地使用权

专题一　建设用地使用权的取得

一、建设用地使用权属于民事权利

建设用地使用权，是指使用权人依法对国家所有的土地享有占有、使用和收益以及用该土地建造建筑物、构筑物及其附属设施的权利。建设用地使用权属于民事权益。相对于《物权法》，《民法典》物权编一个重大修改就是用益物权部分确立了绿色原则。《民法典》第326条规定："用益物权人行使权利，应当遵守法律有关保护和合理开发利用资源、保护生态环境的规定。所有权人不得干涉用益物权人行使权利。"与近代民法不同，在现代民法上，所有权绝对原则有所缓和，所有权人不得滥用权利。这一原则实际上也体现在用益物权上，并在我国《民法典》中进一步深化。用益物权人在行使用益物权时，负有保护和合理开发利用资源、保护生态环境的义务。从这一条规定来看，现代民法所调整的关系不仅是民事主体个体之间的关系，也调整个体与社会的关系以及人与自然的关系。这是我国《民法典》在新的时代背景下的一大发展。

新中国成立以来，我国建设用地使用权制度随着经济体制改革和社会经济发展需要而不断发展变化。1987年1月1日《民法通则》开始施行。《民法通则》第80条规定："国家所有的土地，可以依法由全民所有制单位使用，也可以依法确定由集体所有制单位使用，国家保护它的使用、收益的权利；使用单位有管理、保护、合理利用的义务。公民、集体依法对集体所有的或者国家所有由集体使用的土地的承包经营权，受法律保护。承包双方的权利和义务，依照法律由承包合同规定。土地不得买卖、出租、抵押或者以其他形式非法转让。"该规定对我国土地所有权、使用权两权分离制度奠定了基础。根据《民法通则》这一规定，自1987年开始，根据国家统一部署，一些地方开始探索土地使用制度改革，实现土地使用权有偿转让的试点工作。从各地试点的情况来看,由市场来配置土地使用权有利于为城市建设积累资金,加快城市建设,改善投资环境,吸引外商投资。在农村,则可以促进土地规模经营,调动农民在土地上增加投入的积极性。基于改革试点的成效,第七届全国人大及其常委会通过了《宪法修正案》和《土地管理法》修改决定,将土地使用权改革成果在立法上予以固定。[①] 1998 年立法机关第二次全面修订《土地管理法》时,明确规定国家依法实行国有土地有偿使用制度。建设单位使用国有土地,应当以有偿使用方式取得。国土部门代表国家与使用权人签订建设土地使用权出让合同,或者通过行政划拨的方式,在国有土地上设立他物权即建设用地使用权,并将该权利转移至使用权人。无论是通过出让方式取得,还是通过划拨方式取得,建设用地使用权均属于民事权利,并不能因为出让人或者划拨人为行政机关,而将该权利视为公法上的一种权利。《民法典》物权编对建设用地使用权的含义、取得、行使、处分等问题作了规定,进一步明确了建设用地使用权的民事权利属性。

《民法典》规定的建设用地使用权与《中外合资经营企业法》规定的中外合资经营企业的场地使用权存在区别。改革开放之初,在资源禀赋上,我国具有劳动力成本、土地成本优势,发达经济体具有技术、资金和管理优势。通过改革开放,充分利用国际国内两个要素市场,引进国外技术、资金和管理经验,提高我国全要素生产率,是促进我国经济发展的重要路径。中外合资经营企业就是这种整合国内外资源,开展国际经济合作和技术交流的重要载体。因此,我国允许外国公司、企业和其他经济组织或个人(一般称为外国合营者),按照平等互利的原则,经我国政府批准,在我国境内,同我国的公司、企业或其他经济组织(一般称为中国合营者)共同举办合营企业。关于中外合资经营企业如何使用我国土地的问题,《中外合资经营企业法》第 5 条规定:“合营企业各方可以现金、实物、工业产权等进行投资。外国合营者作为投资的技术和设备,必须确实是适合我国需要的先进技术和设备。如果有意以落后的技术和设备进行欺骗,造成损失的,应赔偿损失。中国合营者的投资可包括为合营企业经营期间提供的场地使用权。如果场地使用权未作为中国合营者投资的一部分,合营企业应向中国政府缴纳使用费。上述各项投资应在合营企业的合同和章程中加以规定,其价格(场地除外)由合营各方评议商定。”根据该条规定,中外合资经营企业在我国获得场地使用权的方式有两种:一是作为中国合营者的投资,投入中外合资经营企业之中,成为合资经营企业资本的组成部分。中

① 参见王超英:《依法使用土地保护土地资源——〈中华人民共和国土地管理法〉简介》,载《人民司法》1989 年第 3 期。

国合营者通过分配红利等方式获得相应的投资回报。二是在场地使用权未作为中国合营者投资的一部分的情况下,中外合资经营企业可经我国政府审批获得场地使用权,但应当向我国政府缴纳使用费。这是我国为使用国外资金、技术而作的特别的制度安排,与《民法典》规定的建设用地使用权在取得方式、使用主体、权利转让等方面均存在区别。

二、建设用地使用权的设立应当采取法律规定的方式

关于建设用地使用权的设立方式,《民法典》第 347 条规定:“设立建设用地使用权,可以采取出让或者划拨等方式。工业、商业、旅游、娱乐和商品住宅等经营性用地以及同一土地有两个以上意向用地者的,应当采取招标、拍卖等公开竞价的方式出让。严格限制以划拨方式设立建设用地使用权。”即设立建设用地使用权,可以采取出让或者划拨等方式,其中出让方式是主要途径,划拨方式则受到严格限制。《土地管理法》第 54 条规定:“建设单位使用国有土地,应当以出让等有偿使用方式取得;但是,下列建设用地,经县级以上人民政府依法批准,可以以划拨方式取得:(一)国家机关用地和军事用地;(二)城市基础设施用地和公益事业用地;(三)国家重点扶持的能源、交通、水利等基础设施用地;(四)法律、行政法规规定的其他用地。”划拨用地不仅只限于特定用途,而且必须经过县级以上人民政府依法批准。在实践中,绝大多数建设用地使用权都是通过出让方式设立。

通过出让方式设立建设用地使用权的,必须符合法定的出让程序,并采用书面合同形式,建设土地使用权人还应当缴纳土地使用权出让金等土地有偿使用费和其他费用。根据《民法典》第 347 条的规定,工业、商业、旅游、娱乐和商品住宅等经营性用地以及同一土地有两个以上意向用地者的,应当采取招标、拍卖等公开竞价的方式出让。在实践中,有的地方政府为吸引投资,直接与投资人签订协议,约定将建设用地使用权转让给投资人,用于工业、商业、旅游、娱乐和商品住宅等经营性用途。这类协议违反了关于应以公开竞价的方式出让建设用地使用权的规定。此外,建设用地出让合同属于要式合同,应当采用书面形式。《民法典》第 348 条规定:“通过招标、拍卖、协议等出让方式设立建设用地使用权的,当事人应当采用书面形式订立建设用地使用权出让合同。建设用地使用权出让合同一般包括下列条款:(一)当事人的名称和住所;(二)土地界址、面积等;(三)建筑物、构筑物及其附属设施占用的空间;(四)土地用途、规划条件;(五)建设用地使用权期限;(六)出让金等费用及其支付方式;(七)解决争议的方法。”在通过划拨方式设立建设用地

使用权的情况下,使用权人不需要支付对价,通过出让等有偿使用方式取得国有土地使用权的,使用权人应当按照国务院规定的标准和办法,缴纳土地使用权出让金等土地有偿使用费和其他费用后,方可使用土地。建设用地使用权设立后,使用权人应当按照土地使用权出让等有偿使用合同的约定或者土地使用权划拨批准文件的规定使用土地。如果改变土地建设用途,则必须经有关人民政府自然资源主管部门同意,报原批准用地的人民政府批准。

三、建设用地使用权出让合同属于民事合同

关于建设用地使用权出让合同的性质,在实践中存在争议。关于行政协议,主要规定在《行政诉讼法》和《行政诉讼法司法解释》中。《行政诉讼法》第 12 条对可诉行政行为作了规定,其中第 1 款第 11 项为行政机关不依法履行、未按照约定履行或者违法变更、解除政府特许经营协议、土地房屋征收补偿协议等协议的行为。该条规定列举的行政协议是特许经营协议、土地房屋征收补偿协议,未列举建设用地使用权出让合同。对于《行政诉讼法》第 12 条第 1 款第 11 项规定,《行政诉讼法司法解释》第 11 条专门作了解释,该条规定:“行政机关为实现公共利益或者行政管理目标,在法定职责范围内,与公民、法人或者其他组织协商订立的具有行政法上权利义务内容的协议,属于行政诉讼法第十二条第一款第十一项规定的行政协议。公民、法人或者其他组织就下列行政协议提起行政诉讼的,人民法院应当依法受理:(一)政府特许经营协议;(二)土地、房屋等征收征用补偿协议;(三)其他行政协议。”与《行政诉讼法》第 12 条第 1 款第 11 项规定相比,该条规定增加了土地、房屋等征用补偿协议,同时还增加一项“其他行政协议”。《行政诉讼法司法解释》第 11 条增加“其他行政协议”之规定表明《行政诉讼法》第 12 条第 1 款第 11 项规定中的特许经营协议、土地房屋征收补偿协议等协议中的“等”,是指“等外”而非“等内”。但该条解释中的“其他行政协议”包括哪些协议,尤其是是否包含建设用地使用权出让合同,在理论上和实践中仍存在争议。

本书认为,从主体上来看,建设用地使用权出让合同的主体是平等的民事主体,而非行政主体和行政相对人;从合同的订立来看,建设用地使用权出让合同的订立行为,是平等主体之间的缔约行为,是典型的民事法律行为,则非行政管理行为;从权利的性质来看,土地使用权是典型的民事权利,出让方与受让方之间的关系是典型的民事法律关系,不是行政管理关系。如果说,在《民法典》出台前在审判实践中还对建设用地使用权出让合同还存在不同认识,那在《民法典》出台后,大家

的认识就应当统一到《民法典》的规定上来,不应再在这个问题上争论不休,影响人民法院的司法统一。

四、建设用地使用权应当"净地"出让

政府机关出让建设用地使用权应当实行"净地"出让。"净地"是相对于"毛地"而言的,包括两方面的含义:一是指已经完成拆除平整,不存在需要拆除的建筑物、构筑物等设施,完成必要的通水、通电、通路、土地平整等前期开发;二是政府部门已经完成了出让前的土地使用权收回和拆迁补偿工作,不存在土地的产权、补偿安置等问题。"毛地",是指地上存在需要拆除的建筑物、构筑物等设施,未完成必要的通水、通电、通路、土地平整等前期开发,或者政府出让土地时尚未完成国有土地使用权收回和拆迁补偿等工作。2007 年之前,我国并没有关于建设用地使用权应当"净地"出让的要求。在实践中,有的政府将没有进行前期平整开发或者尚未完成拆迁补偿的土地出让给使用权人。有的使用权人获得建设用地使用权后,无力进行土地平整开发,尤其是无力进行拆迁安置补偿等工作,导致土地长期闲置。一方面,建设用地使用权出让合同受让人的合同目的不能实施;另一方面,也导致部分建设用地闲置。有的政府部门在出让建设用地时,还与使用权人约定由使用权人负责土地拆迁安置补偿工作,但使用权人并无拆迁安置补偿的权力,导致建设用地无法进行开发。针对这一问题,为节约使用建设用地,原国土资源部发布《关于加大闲置土地处置力度的通知》(国土资电发〔2007〕36 号)。该通知第 2 条规定,实行建设用地使用权"净地"出让,出让前,应处理好土地的产权、补偿安置等经济法律关系,完成必要的通水、通电、通路、土地平整等前期开发,防止土地闲置浪费。之后,原国土资源部又发布《关于认真贯彻〈国务院关于解决城市低收入家庭住房困难的若干意见〉进一步加强土地供应调控的通知》(国土资发〔2007〕236 号),该通知第 2 条第 3 款规定,各地要合理控制单宗土地供应规模,缩短土地开发周期,每宗地的开发建设时间原则上不得超过 3 年,确保供应出去的土地能够及时开发建设,形成廉租住房、经济适用住房和中低价位、中小套型普通商品住房的有效供应。成片开发建设的土地应统一规划,统一进行基础设施建设,按"净地"分块供应,以增加土地供应的宗数,防止房地产开发企业大面积"圈占"土地。2008 年国务院《关于促进节约集约用地的通知》(国发〔2008〕3 号)发布。该通知要求完善建设用地储备制度。储备建设用地必须符合规划、计划,并将现有未利用的建设用地优先纳入储备。储备土地出让前,应当处理好土地的产权、安置补偿等法律经济关

系,完成必要的前期开发,缩短开发周期,防止形成新的闲置土地。土地前期开发要引入市场机制,按照有关规定,通过公开招标方式选择实施单位。经过前期开发的土地,依法由市、县人民政府国土资源部门统一组织出让。

虽然政府机关出让建设用地使用权应当实行“净地”出让,但在实践中仍存在“毛地”出让的情况。如果国土部门与使用权人签订的建设用地使用权出让合同约定出让的是“毛地”使用权,导致使用权人无法进行土地开发的,使用权人是否有权解除合同,如果解除合同当事人是否应当承担违约责任等问题,在实践中存在争议。例如,A 县自然资源和规划局发布公告,挂牌出让建设用地使用权。公告载明,该地块为“毛地”出让,总占地面积内的住宅房、非住宅房由竞买人负责按城市房屋拆迁管理的有关规定补偿,退让道路红线范围内的建筑物也由竞买人负责拆迁补偿安置,竞买人对宗地范围内的拆迁现状自行组织调查确认。B 公司竞得该宗建设用地使用权,并与 A 县自然资源和规划局签订一份《国有土地使用权挂牌出让成交确认书》,确认出让土地使用权面积为 10,000 平方米。成交价款为 500 万元。之后,B 公司与 A 县自然资源和规划局签订《国有土地使用权出让合同》。合同约定出让人同意将出让宗地交付给受让人,出让方同意在交付土地时该宗地应达到以下土地条件:场地尚未拆迁和平整,建筑物和其他地上物状况如下:“毛地”交付。双方还约定,受让人在按合同约定支付全部土地使用权出让金之日起30 日内,应持该合同和土地使用权出让金支付凭证,按规定向出让人申请办理土地登记,领取《国有土地使用证》,取得出让土地使用权。出让人应在受理土地登记申请之日起30 日内,依法为受让人办理出让土地使用权登记,颁发《国有土地使用证》。之后,B 公司将土地出让金 500 万元全部交纳完毕,并依法交纳税金。B 公司也取得了《建设用地规划许可证》和拆迁许可证。之后,由于 B 公司无法完成土地上房屋的拆迁等原因,起诉 A 县自然资源和规划局,请求解除《国有土地使用权出让合同》,返还土地出让款,承担违约金责任并赔偿税金损失。关于 B 公司的诉讼请求是否能够得到支持的问题,有不同观点。第一种观点认为,合同成立以后客观情况发生了当事人在订立合同时无法预见的,非不可抗力造成的不属于商业风险的重大变化,继续履行对于一方当事人明显不公平或不能实现合同目的,当事人请求人民法院变更或解除合同的,人民法院应当根据公平原则,并结合实际情况确定是否变更或解除。B 公司与 A 县自然资源和规划局签订国有建设用地使用权出让合同后,相关部门为其办理了建设用地规划许可,说明该出让地块符合土地出让合同约定的用途,但土地上房屋需进行拆迁。相关部门亦为 B 公司办理了拆迁许可证,B 公司享有对合同项下相关土地上的房屋进行拆迁的权利。B 公司因客观原因未完成拆迁。案涉国有土地使用权出让合同的合同目的不能实现不可归责于 A 县自然资源和规划局,故 A 县自然资源和规划局不应当承担违约金责任。B 公司因拆迁补偿等事宜未与被拆迁人达成一致,致土地上房屋未拆除,土地使用权出让合同的目的无法实现,双方亦均未提供足以证明应归责于 B 公司或 A 县自然资源和规划局的证据,继续履行对于 B 公司并不可行,也有碍国有土地合理使用。故对 B 公司关于解除《国有土地使用权出让合同》的诉讼请求,应予支持。合同解除后,A 县自然资源和规划局应向 B 公司返还已经交纳的土地出让金,并按中国人民银行同期贷款利率支付利息。由于 A 县自然资源和规划局并未收取 B 公司交纳的税金,因此,B 公司无权主张 A 县自然资源和规划局退还 28.2 万元的税金以及利息。第二种观点认为,B 公司与 A 县自然资源和规划局签订的《国有土地使用权出让合同》系双方当事人真实意思表示,其内容不违反法律、行政法规的强制性规定,应为有效。土地使用权出让合同关系,作为受让方的合同目的,是以支付出让金为对价取得土地使用权,通过对土地进行开发、使用和经营等活动,实现一定的经济利益。B 公司按约定向 A 县自然资源和规划局足额交纳了土地出让金,但自 B 公司以拍卖方式竞得土地使用权 10 多年之后,但该土地上仍有其他人的建筑物且与建筑物相对应的土地使用权仍然登记在第三人名下。A 县自然资源和规划局未完成全部土地的征收工作。虽然出让文件载明,地块为“毛地”出让,地面上的住宅房、非住宅房由竞买人负责按《城市房屋拆迁管理条例》的规定进行补偿,但并未明示出让的土地使用权尚未收回,A 县自然资源和规划局辩称 B 公司在签订合同时对其出让土地的使用权尚未收回是知晓的理由,缺乏事实依据。《国有土地使用权出让合同》签订后,虽然相关部门为 B 公司核发了《房屋拆迁许可证》《建设用地规划许可证》,B 公司也与部分住宅户签订了房屋拆迁安置协议,但 B 公司的上述行为是应政府要求推动项目建设而为,且 B 公司在此期间一直在函请政府要求解决拆迁及办理受让土地使用权的变更登记等问题,不能证明 B 公司接受了转让土地存在的权利瑕疵,在 A 县自然资源和规划局还没有将全部土地收归国有的情况下,其出让争议地块不符合法律规定,由于 A 县自然资源和规划局未能按照法律规定及合同约定完成土地使用权变更登记等义务,构成违约。B 公司要求解除合同,符合《合同法》的规定。由于《国有土地使用权出让合同》解除是由于 A 县自然资源和规划局未能按照法定及合同约定全面履行出让土地的交付和完成土地使用权变更登记义务所致。根据《合同法》的规定及合同约定,B 公司有权要求 A 县自然资源和规划局返还已交纳的土地出让金500万元并赔偿因违约造成的损失。故应按照中国人民银行同期同类贷款利率标准的1.5倍计算违约金至合同解除之日止。第三种观点认为,B公司未能按时拆迁和开发的责任不在于A县自然资源和规划局。《国有土地使用权出让合同》不应解除。由于没有证据证明该土地开发无法进行,双方当事人签订的协议并未约定A县自然资源和规划局负有在出让前将土地使用权先行收回的义务,B公司作为土地使用权竞买人,对上述内容明知。土地上房屋未拆迁导致开发停滞的原因在B公司,对照《国有土地使用权出让合同》的约定,系B公司未按约定拆迁、开发。《出让公告》《成交确认书》均约定,出让使用权的土地系"毛地"交付,而非"净地"交付。B公司负有拆迁补偿安置义务。B公司未按《国有土地使用权出让合同》完成拆迁工作,也未按照其承诺进行项目建设,其行为构成违约,不享有解除合同的权利。在该土地出让行为发生之时,"毛地"出让符合法律、政策规定,不能以建设用地使用权出让行为发生之后的法律法规为依据,认定"毛地"出让行为违法。由于双方当事人约定的是"毛地"交付,故在B公司未对地上建筑物进行拆迁安置补偿的情况下,A县自然资源和规划局无法收回该国有土地。即在B公司没有完成拆迁安置的情况下其要求办理国有土地使用权证的要求不符合法律规定。本书认为,为节约集约用地,政府部门出让使用权的建设用地应当为"净地"。对于出让"毛地"的行为,是否认定其无效,不应一概而论。如果出让使用权的土地已经完成拆迁安置补偿工作,但没有完成必要的通水、通电、通路、土地平整等前期开发,出让方与建设用地使用权人约定由使用权人自行进行前期开发的,并不违反法律法规的效力性强制性规定,不宜否定建设用地出让合同的效力。但如果出让使用权的土地尚未完成拆迁安置补偿工作或者土地使用权尚未收回,出让方与建设用地使用权人约定由使用权人进行拆迁安置的,因建设用地使用权人无权进行土地拆迁,该约定无效。如果政府部门出让使用权的建设用地为"毛地",导致使用权人无法获得建设用地使用权或者建设用地无法开发的,为避免出现合同僵局、造成建设用地资源浪费,应当允许当事人解除合同。合同解除后,违约方应当承担违约责任。如果受让人(使用权人)一方在拍卖之前知道或者应当知道拍卖的建设用地是"毛地",后又以拍卖土地是"毛地"为由请求解除合同的,应当自行承担由此造成的损失。

专题二　建设用地使用权或者出让金提成不应作为土地一级开发的对价

2007 年之前,我国对于建设用地使用权出让是否必须达到“净地”要求,并无明确规定。在实践中,有的地方政府在建设用地尚未完成产权回收、拆迁安置、“三通一平”等条件的情况下,就向市场出让建设用地使用权。有的地方政府直接与开发商约定,由开发商负责征地拆迁等工作。但开发商缺少征地拆迁的权力,有的开发商也缺少前期开发的资金和势力。一方面,部分开发商只拿地、不开发,囤地、炒地,坐等地价上涨,赚取差价,扰乱了土地市场秩序,导致大量建设用地闲置;另一方面,部分开发商因无力进行拆迁安置、前期开发,致使其合同目的不能实现。针对上述问题,2008 年国务院《关于促进节约集约用地的通知》(国发〔2008〕3 号)要求,完善建设用地储备制度。储备土地出让前,应当处理好土地的产权、安置补偿等法律经济关系,完成必要的前期开发,缩短开发周期,防止形成新的闲置土地。土地前期开发要引入市场机制,按照有关规定,通过公开招标方式选择实施单位。经过前期开发的土地,依法由市、县人民政府国土资源部门统一组织出让。因此,土地开发形成了一级开发市场和二级开发市场。土地一级开发,是指由政府或其授权委托的企业,对一定区域范围内的城市国有土地、乡村集体土地进行统一的征地、拆迁、安置、补偿,并进行适当的市政配套设施建设,使该区域范围内的土地达到“三通一平”、“五通一平”或“七通一平”的建设条件,将“生地”变成可以出让的“熟地”。土地二级开发,是指土地使用权人在获得国有土地使用权后对土地进行的开发建设,或者将其通过流通领域进行交易的过程,包括土地使用权的转让、租赁、抵押等。以房地产为例,房地产二级市场,是土地使用者经过开发建设,将新建成的房地产进行出售和出租的市场。

土地一级开发有不同的形式。土地一级开发早期都是政府主导,将“生地”变“熟地”。例如,上海的土地一级开发市场主要存在两种方式:一种是由市区两级人民政府控股的国有房地产开发企业持有大量土地储备,全面负责从土地开发到房屋拆迁、房产开发、销售等一系列环节;另一种则是由政府组建项目公司进行土地一级开发,再通过项目公司转让等方式将已经完成一级开发的土地投向二级开发市场。[①] 但由于政府资金有限,随着市场化步伐的加快,政府开始从经营性领域逐步撤出。部分地方政府开始引入社会资金参与土地一级开发。但对于哪些土地可以进入一级市场开发,哪些已经开发成熟的土地可以进入交易市场,如何选择适格的投资人,如何确定一级开发的对价等问题,不同地区有不同做法。以前开发企业多以协议方式参与土地一级开发。市场不透明和开发遗留问题影响了土地公开交易的顺利进行。这一直为业界所诟病。北京 2007 年发布北京市土地一级市场的招标细则,通过招标投标方式选择一级开发人。据北京市土地整理储备中心主要负责人介绍,北京市土地一级市场的招标细则是全国首部关于土地一级开发市场化的文件,“土地一级开发市场化将是发展方向”。在出台的政策中会规定目前还不适宜进入市场的土地一级开发项目:一是政府指定的土地一级开发项目,如地铁沿线、政府重点用地项目(奥运场馆和机场土地)、新城开发、城中村改造项目等。这些土地或社会敏感性强,或意义重大,一段时间内仍由政府部门操作或指定国有大开发企业来做;二是一些国有企业自有用地的一级开发,从实际情况出发仍由企业自己来做。[②] 从目前实践情况来看,地方政府在出让国有土地使用权之前,将土地交由市场主体进行一级开发,是较常见的现象。从交易规则来看,一级开发和二级开发之间并没有直接关系。因为按照有关规定,“生地做熟”之后必须进入土地储备中心挂牌。有的开发企业投资一级开发市场的目的不是仅仅获得开发收益,而是希望获得国有土地使用权,进行二级开发。即借助一级土地开发进军二级土地开发市场。有的地方政府缺乏资金先期投入建设用地的一级开发。在缺乏流动性的情况下,有的政府让开发公司垫资进行开发,并允诺将完成前期开发的建设用地使用权来抵偿开发费用;或者与开发公司约定,将完成前期开发的建设用地使用权出让后,由开发公司获得一定比例的出让金。由于政府拥有土地,开发企业拥有资金,二者很容易相互合作,共同进行土地成片开发,并共享开发收益。这类共享开发收益的约定是否有效,是在实践中争议较大的问题。

目前,一级土地开发市场的收益模式主要包括两种类型:一是收益分成模式,开发公司在完成拆迁及基础设施建设,将“生地”变成“熟地”后,政府逐批安排对外出让土地使用权,政府在收到土地出让金后,按照一定比例支付给开发公司。二是

① 参见王宏胜、吕振库:《土地一级开发招标相关问题探索》,载《中国土地》2006 年第 7 期。

② 参见王伟民:《北京土地一级开发引入招标机制透明市场有助稳定房价》,载《中国招标》2006 年第 12 期。

BT 成本加成模式，开发公司在约定的时间内完成项目的开发建设工作，验收合格后移交给政府，政府按照总建设成本及固定比例的加成收益支付给开发公司。[①] 在第一种模式下，一级土地市场与二级土地市场直接挂钩，涉及国有土地使用权出让金的分配等问题，涉及公共利益，不宜认可其合同效力。在第二种模式下，一级土地市场与二级土地市场相分离。开发企业获得收益之大小取决于其开发成本和收益与成本的比例，不涉及国有土地使用权出让金的分配等问题。

举例而言，A 公司与 C 公司、D 区政府签订《合作开发协议》，约定 A 公司投资 4000 万元至 5570 万元用于 D 市开发区基础建设，投资款按月利率为 7‰，按季计息，以商住地块使用权或收益作为 A 公司投资的抵押与回报；协议所列 3 宗地块，D 区政府同意作为 A 公司投资的抵押担保，该地块不得再为其他债权提供抵押担保。C 公司提供合作的地块以招拍挂方式出让；合作地块起拍价分别为商业地 20 万元/亩、居住地 18 万元/亩；总计 5570 万元。合作收益分配方式之一为若 A 公司取得上述地块使用权，出让价格高于起始价时，高出部分双方按照 3∶7 比例分成所得，A 公司在交齐 C 公司所得收益后即拥有地块使用权；未取得合作地块的情形下，由 C 公司与 A 公司按 5∶5 的比例分成超出起拍价部分的溢价款，并返还投资价款。合同签订后，A 公司分别向 C 公司和 D 市开发区建设指挥部汇入土地开发款 4000 万元。将该笔资金用于土地的拆迁、“三通一平”等项目，以使土地达到可以招拍挂的标准。之后，后 D 区政府以合作协议违反国务院办公厅《关于规范国有土地使用权出让收支管理的通知》为由不再支付剩余收益。A 公司遂提起诉讼，请求 D 区政府支付剩余收益。关于 A 公司与 C 公司、D 区政府签订《合作开发协议》是否有效的问题，在实践中存在不同认识，主要存在以下 3 种观点。

第一种观点认为，从《合作开发协议》内容来看，双方合作方式为 A 公司提供资金，C 公司进行土地开发，该投资资金由 D 区政府承诺将开发的地块作为抵押担保。《合作开发协议》约定：土地出让价格高于起拍价时，高出部分由 C 公司与 A 公司按 3∶7 的比例分成，该约定的溢价是指高于土地使用权出让金起拍价格的价款，其实质仍是土地使用权出让金，双方的分配也是基于土地使用权出让金的分配。《城市房地产管理法》第 19 条、《预算法》第 56 条均有规定，土地使用权出让金应当全部上缴财政，列入预算，用于城市基础建设和土地开发，任何部门、单位和个人不得截留、占用、挪用或拖欠。该条款属于《合同法司法解释（二）》第 14 条规定的效力性强制性规定。《合作开发协议》关于土地使用权出让金溢价分成的约定违

① 参见周红云：《土地一级开发公司的会计核算研究》，载《会计师》2016 年第 9 期。

反了上述条款规定,损害了国家利益和社会公共利益,应为无效。且《城市房地产管理法》第19条规定,“土地使用权出让金上缴和使用的具体办法由国务院规定”,国务院办公厅《关于规范国有土地使用权出让收支管理的通知》系国务院根据法律授权制定的行政性法规,依据国务院办公厅《关于规范国有土地使用权出让收支管理的通知》,亦应认定《合作开发协议》无效。

第二种观点认为,《关于规范国有土地使用权出让收支管理的通知》是国务院办公厅的文件而非行政法规,即使该通知是行政法规,依“法不溯及既往”原则,也不应适用于上述《合作开发协议》。而且该通知中并无效力性强制性规定,故不应据此认定《合作开发协议》无效。C公司、D区政府支付给A公司的投资回报并非全部来自土地出让金收入,而且土地出让金进入国库后再支付给A公司,其性质已经不再是土地出让金,《合作开发协议》中约定规定对溢价款5∶5的比例分配仅是投资回报的一种结算方式。土地出让金其实是土地使用权的交易价格。这个价格的高低取决于土地市场的供求关系。《土地管理法》对土地出让金的适用范围是有明确规定的,土地出让收入主要用于征地、拆迁补偿支出、土地开发支出、支农支出和城市建设支出等。因此,根据国家法律规定,政府主导拆迁的土地出让金是要返还的。返还的部分用于支付开发项目相关的费用、征地拆迁以及拆迁补偿费用。由于《合作开发协议》所约定的是有关开发和投资的回报,扣除成本部分后出让金的溢价款3∶7分成,这个分成部分财政在计算土地出让的价格的过程中已经将其列为成本,并不存在损害国家公共利益的情形。此外,政府在明知其行为不合规的情况下,仍与A公司签订《合作开发协议》,待A公司完成相应的开发工作后,又反悔主张协议无效,有违诚实信用原则,不应予以支持。故《合作开发协议》有效,C公司、D区政府应当履行义务。

第三种观点认为,《合作开发协议》中关于将出让给其他人国有土地使用权所获得的土地出让金进行分成的约定是有效的,但关于出让给A公司国有土地使用权所获得的出让金进行分成的约定无效。主要理由是,在《合作开发协议》约定的第一种情况即他人取得国有土地使用权的情形下,因《合作开发协议》签订的主体也就是C公司,可以理解为是由A公司投资,C公司对涉案土地进行整理以达到“招拍挂”标准。这是一个普通且平常实体的交易,A公司没有实际获得国有土地使用权,返还的款项也就不是由其竞买土地所支付的土地出让金,而是他人支付的土地出让金上交财政后财政的返还部分。所以,这部分可以认定为A公司的投资收益,该部分条款应当认定为有效。在《合作开发协议》约定的第二种情况即A公司取得国有土地使用权的情形下，国务院办公厅《关于规范国有土地使用权出让收支管理的通知》即便不是行政法规，也不能说完全与《合作开发协议》的效力无关。而且这一协议涉及土地使用权出让金的问题，如果上级政府没有返还出让金，不应直接要求其返还。A公司提前得知起拍价并获得土地出让金，事实上违反了《招标投标法》的相关规定。A公司与C公司在涉案地块土地使用权拍卖出让前以约定土地出让金返还的方式排除其他竞买者，违反了拍卖出让土地使用权应当遵循的公平公开原则，并且双方约定的返还标的直接指向土地出让金，亦损害了国家利益，属于《合同法》第52条第2项规定的合同无效的情形。

本书认为，在认定合同是否因违反法律、行政法规的强制性规定而无效时，应当在考察规范性质、规范目的以及规范对象基础上，兼顾权衡所保护的法益类型、违法性程度以及交易安全等因素综合认定合同效力。违反部门规章、监管政策等规范性文件的合同，只有在违反公共秩序时才应认定无效。对于是否违反公共秩序，要综合考虑规范内容、监管强度以及法律后果等因素予以认定。如果地方政府或者地方政府的平台公司与土地一级开发企业约定，以国有土地使用权作为开发企业投资的对价的，不仅可能会造成国有资产的流失，也违反了《民法典》第347条关于工业、商业、旅游、娱乐和商品住宅等经营性用地以及同一土地有两个以上意向用地者的，应当采取招标、拍卖等公开竞价的方式出让的规定。如果地方政府或者地方政府的平台公司与土地一级开发企业约定，以国有土地使用权出让金提成作为开发企业投资的对价的，则可能造成国有资产的流失。而且，对于国有土地使用权出让金的使用，法律行政法规有明确规定。《土地管理法》第55条、《城市房地产管理法》第19条、《预算法》第56条及国务院办公厅《关于规范国有土地使用权出让收支管理的通知》均对此有明确规定。对土地进行一级开发，本身是一种市场行为。投资者参与土地开发一级市场，并获得收益，并无不当，但应事先参照土地开发成本单独约定比例或者约定收益、对价。一级市场和二级市场不能进行捆绑。国有土地属于国家所有，如将一级土地开发市场与二级市场进行捆绑，则属于所有者权益返还，损害国家利益，无论是投资人竞得国有土地使用权还是第三人竞得国有土地使用权，均不影响出让金提成分配会损害国家利益的事实。因此，上述《合作开发协议》关于国有土地使用权出让金提成的约定，应认定为无效。

专题三　建设用地使用权的流转

一、集体经营性建设用地使用权的取得和流转

随着我国改革开放的深入,我国建设用地制度也不断发展变化。在 1988 年《土地管理法》修改之前,我国对建设用地使用采取行政审批制,但对国家建设用地和乡(镇)村建设用地分别规定了不同的审批程序。1998 年立法机关第二次全面修订《土地管理法》时,明确规定国家依法实行国有土地有偿使用制度。建设单位使用国有土地,应当以有偿使用方式取得。自此,我国建设用地形成城乡二元化体制。城市建设用地使用权原则上由建设单位有偿取得,也可以经审批划拨取得。乡(镇)村企业建设需要使用土地经审批后可由乡(镇)村企业获得使用权。但只有通过出让方式获得的城市建设用地使用权才能在二级市场上交易,才可用于城市经营建设用地。划拨土地只能转化为出让地使用权后才能交易。乡(镇)村企业建设用地则必须经过征收,变更为国有土地后才能入市。这种制度虽在保护农民权益、保护耕地方面发挥了作用,但农地要转为建设用地,必须实行征地;建设需要用地,必须使用国有土地。这一规定规范了建设用地市场,但没有给集体建设用地进入市场留下通道。由于建设用地指标管制,引发的矛盾和问题越来越多。这对于农村建设用地来说过于僵化,随着经济的发展,其局限性也越来越明显。例如,某村当年办企业失败后留下的六七十亩地长期闲置,无法耕种,不能出售,造成土地资源浪费。某投资人花 100 多万元买下一幢乡镇企业的旧厂房,准备建民宿酒店。但买下后,项目却无法推进。因为其所收购的旧厂房属于工业用地,要变为商业用地,必须先征收为国有土地再拍卖,手续烦琐,实施起来有难度。针对实践中存在的问题,2014 年 12 月习近平总书记先后主持召开中央全面深化改革领导小组第七次会议和中央政治局常委会会议,审议通过《关于农村土地征收、集体经营性建设用地入市、宅基地制度改革试点工作的意见》。该意见要求,建立农村集体经营性建设用地入市制度。针对农村集体经营性建设用地权能不完整,不能同等入市、同权同价和交易规则亟待健全等问题,要完善农村集体经营性建设用地产权制度,赋予农村集体经营性建设用地出让、租赁、入股权能;明确农村集体经营性建设用地

入市范围和途径;建立健全市场交易规则和服务监管制度。统一国有建设用地与农村集体经营性建设用地市场交易规则,建立农村集体经营性建设用地公开交易的平台和制度。建立城乡统一的建设用地市场。存量农村集体建设用地中,土地利用总体规划和城乡规划确定为工矿仓储、商服等经营性用途的土地,在符合规划、用途管制和依法取得的前提下,可以出让、租赁、入股,实行与国有土地同等入市、同权同价。

2015 年 2 月 27 日第十二届全国人大常委会第十三次会议审议通过《关于授权国务院在北京市大兴区等三十三个试点县(市、区)行政区域暂时调整实施有关法律规定的决定》,授权在试点地区暂时调整实施《土地管理法》《城市房地产管理法》有关法律规定,授权期限截至 2017 年 12 月 31 日。之后,全国人大常委会根据改革试点情况,决定将试点延期至 2019 年年底。在改革试点中,试点地区形成了比较完整的工作制度和政策体系,建立了集体经营性建设用地入市管理办法和交易规则,目前交易较活跃。部分试点地区建议,允许在符合规划和用途管制的前提下,新增集体建设用地也可以入市。试点地区普遍参照国有建设用地交易制度,建立了集体经营性建设用地入市后的管理措施。其中,江苏武进以出让方式取得集体经营性建设用地资产成功上市,首次在最高层级资本市场上得到认可。浙江德清、河南长垣、山西泽州、辽宁海城等地通过集体建设用地调整入市建设乡(镇)工业园区,为促进乡村产业集聚、转型发展提供了有效平台。福建晋江通过"指标置换、资产置换、货币补偿、借地退出"4 种方式腾退宅基地 6345 亩,为农村产业发展提供了较充足的用地空间。浙江德清已入市集体经营性建设用地 183 宗、1347 亩,农村集体经济组织和农民获得净收益 2.7 亿元,惠及农民 18 万余人,覆盖面达 65%。截至 2018 年 12 月,33 个试点县(市、区)集体经营性建设用地已入市地块 1 万余宗,面积 9 万余亩,总价款约 257 亿元,收取调节金 28.6 亿元,办理集体经营性建设用地抵押贷款 228 宗、38.6 亿元。① 国务院总结改革试点经验,向全国人大常委会建议,对土地利用总体规划等法定规划确定为工业、商业等经营性用途,并经依法登记的集体建设用地,允许土地所有权人通过出让、出租等方式交由单位或者个人使用;为维护土地管理秩序,明确要求集体建设用地使用权人严格按照土地利用总体规划等法定规划确定的用途使用土地;集体经营性建设用地使用权的最高

---

① 参见国务院于 2018 年 12 月 23 日在第十三届全国人民代表大会常务委员会第七次会议上向全国人民代表大会常务委员会作的国务院《关于农村土地征收、集体经营性建设用地入市、宅基地制度改革试点情况的总结报告》。

年限、登记等,参照同类用途的国有建设用地执行。修改后的《土地管理法》吸纳了改革试点工作经验,删除了原《土地管理法》第 43 条关于“任何单位和个人进行建设,需要使用土地的,必须依法申请使用国有土地”的规定。同时,修改后的《土地管理法》第 63 条规定:“土地利用总体规划、城乡规划确定为工业、商业等经营性用途,并经依法登记的集体经营性建设用地,土地所有权人可以通过出让、出租等方式交由单位或者个人使用,并应当签订书面合同,载明土地界址、面积、动工期限、使用期限、土地用途、规划条件和双方其他权利义务。前款规定的集体经营性建设用地出让、出租等,应当经本集体经济组织成员的村民会议三分之二以上成员或者三分之二以上村民代表的同意。通过出让等方式取得的集体经营性建设用地使用权可以转让、互换、出资、赠与或者抵押,但法律、行政法规另有规定或者土地所有权人、土地使用权人签订的书面合同另有约定的除外。集体经营性建设用地的出租,集体建设用地使用权的出让及其最高年限、转让、互换、出资、赠与、抵押等,参照同类用途的国有建设用地执行。具体办法由国务院制定。”这一规定是重大的制度突破,结束了多年来集体建设用地不能与国有建设用地同权同价同等入市的二元体制,为推进城乡一体化发展扫清了制度障碍,被视为修改后的《土地管理法》的最大亮点。[①] 修改后的《土地管理法》第 66 条还对收回农村集体建设用地使用权的法定情形作了规定:“有下列情形之一的,农村集体经济组织报经原批准用地的人民政府批准,可以收回土地使用权:(一)为乡(镇)村公共设施和公益事业建设,需要使用土地的;(二)不按照批准的用途使用土地的;(三)因撤销、迁移等原因而停止使用土地的。依照前款第(一)项规定收回农民集体所有的土地的,对土地使用权人应当给予适当补偿。收回集体经营性建设用地使用权,依照双方签订的书面合同办理,法律、行政法规另有规定的除外。”

在司法实践中,需要注意以下几个问题。第一,要注意集体经营性建设用地的范围。原国土资源部等四部委《关于农村集体土地确权登记发证的若干意见》第 8 条规定,认真做好集体建设用地的确权登记发证工作。村委会办公室、医疗教育卫生等公益事业和公共设施用地、乡镇企业用地及其他经依法批准用于非住宅建设的集体土地,应当依法进行确权登记发证,确认集体建设用地使用权。将集体土地使用权依法确认到每个权利主体。凡依法使用集体建设用地的单位或个人应申请确权登记。对于没有权属来源证明的集体建设用地,应查明土地历史使用情况和

---

① 参见乔思伟:《农村土地制度实现重大突破——自然资源部法规司司长魏莉华解读新土地管理法》,载《资源与人居环境》2019 年第 11 期。

现状,认定合法使用的,由村委会出具证明并公告30天无异议的,经乡(镇)人民政府审核,报县级人民政府审批,确权登记发证。该意见第9条规定,妥善处理农村违法宅基地和集体建设用地问题。违法宅基地和集体建设用地必须依法依规处理后方可登记。对于违法宅基地和集体建设用地,应当查明土地历史使用情况和现状,对符合土地利用总体规划与村镇规划以及有关用地政策的,依法补办用地批准手续后,进行登记发证。根据上述规定,农村建设用地包括公益事业和公共设施用地、乡镇企业用地以及其他经依法批准用于非住宅建设的集体土地。首先,农民宅基地不属于集体经营性建设用地。其次,村委会办公室、医疗教育卫生等公益事业和公共设施用地不属于经营性建设用地。再次,经营性建设用地主要是指乡镇企业用地等情况。最后,经营性建设用地应当符合土地利用总体规划与村镇规划以及有关用地政策。

第二,集体经营性建设用地入市主要是指进入土地二级开发市场,主要目的是盘活存量集体经营性建设用地。修改后的《土地管理法》第60条规定:"农村集体经济组织使用乡(镇)土地利用总体规划确定的建设用地兴办企业或者与其他单位、个人以土地使用权入股、联营等形式共同举办企业的,应当持有关批准文件,向县级以上地方人民政府自然资源主管部门提出申请,按照省、自治区、直辖市规定的批准权限,由县级以上地方人民政府批准;其中,涉及占用农用地的,依照本法第四十四条的规定办理审批手续。按照前款规定兴办企业的建设用地,必须严格控制。省、自治区、直辖市可以按照乡镇企业的不同行业和经营规模,分别规定用地标准。"因此,对于新增的集体经营性建设用地,仍然要经过法定审批程序。对于增量集体经营性建设用地是否能进入二级土地开发市场,法律未作禁止性规定。

第三,要注意集体经营性建设用地入市对民事审判会带来的新的挑战:一是关于集体经营性建设用地入市的集体经营性建设用地使用权转让、抵押等合同纠纷会逐渐出现;二是集体经营性建设用地引发的合作建房、建设工程施工合同纠纷等也会增加;三是集体经营性建设用地使用权收回及补偿等新类型纠纷会出现;四是小产权房交易是否合法的问题也会进一步凸显。在处理这类纠纷时,不仅要准确适用《民法典》《土地管理法》《城市房地产管理法》等法律规定,还需要把握土地改革政策精神和乡村振兴发展战略要求。2020年3月30日中共中央、国务院《关于构建更加完善的要素市场化配置体制机制的意见》发布。该意见第二部分"推进土地要素市场化配置"规定,建立健全城乡统一的建设用地市场。加快修改完善土地管理法实施条例,完善相关配套制度,制定出台农村集体经营性建设用地入市指导意见。鼓励盘活存量建设用地。深化农村宅基地制度改革试点，深入推进建设用地整理，完善城乡建设用地增减挂钩政策，为乡村振兴和城乡融合发展提供土地要素保障。完善土地管理体制。探索建立全国性的建设用地、补充耕地指标跨区域交易机制。加强土地供应利用统计监测。实施城乡土地统一调查、统一规划、统一整治、统一登记。推动制定不动产登记法。这些政策对于涉建设用地使用权案件的民商事审判也具有指导意义。建设用地改革对于推进城市化进程、实施乡村振兴战略、提高市场配置资源的效率、提高我国经济全要素生产率均具有重大意义。土地政策改革也还在不断进行中，民商事司法审判应当积极为发展和改革提供司法服务和保障。这也是《民法典》实施的重要方面。

二、司法实践中应当坚持“房地一致”原则

“房地一致”是处理我国房屋所有权和土地使用权关系的一项基本原则，也被通俗地称为“房随地走、地随房走”。“房地一致”原则源于房屋和土地之间天然的不可分离性。“房地一致”原则包括两个方面：一是静态归属关系中的房地一致原则；二是动态流转关系中的“房地一致”原则。“房地一致”只是通俗的说法，并不仅限于房屋与土地的关系，包括所有的建筑物、构筑物及其附属设施的所有权与其所占据土地的所有权与使用权的关系。在土地私有制的国家，“房地一致”，是指建筑物、构筑物及其附属设施的所有权与其所占据土地的所有权之间的关系。我国实行土地公有制，土地所有权的流转受到严格限制，“房地一致”原则，主要是指建筑物、构筑物及其附属设施的所有权与其所占据土地的使用权之间的关系。

由于建筑物、构筑物及其附属设施与土地天然不可分离，“房地一致”原则是各国立法之通例。我国理论界及实务界长期以来都遵守着“房地一致”原则，即“房随地走，地随房走”的模式。“房地一致”原则基于房与地天然的在物理上的一致性关系，在静态归属上承认二者的独立，但在动态处分上坚持“一并处分”，以此避免出现建筑物缺乏土地使用权而导致的“非法”境地。这不仅有助于简化不动产权利关系，而且有利于建筑物的使用、流转以及发挥土地的效用，减少权利纠纷，维护社会关系的稳定。我国实行土地公有制，土地所有权并不能自由流转，“房地一致”主要体现为土地使用权与建筑物、构筑物及其附属设施的一致性。《民法典》第352条规定：“建设用地使用权人建造的建筑物、构筑物及其附属设施的所有权属于建设用地使用权人，但是有相反证据证明的除外。”该条是关于建设用地上的建筑物、构筑物及其附属设施的所有权属于建设用地使用权人的推定。从我国建设工程施工

的行政审批和实践来看,建设工程施工合同的建设方应当为建设工程所占用土地的使用权人。只有在建设方取得建设用地使用权的情况下,才有可能继续办理建设工程规划许可证和建设工程施工许可证,才具备对建设工程进行施工的前提条件。《民法典》第231条规定:“因合法建造、拆除房屋等事实行为设立或者消灭物权的,自事实行为成就时发生效力。”建筑物、构筑物及其附属设施的所有权原则上由建设方所有。因此,在一般情况下,建设用地使用权人才能在建设用地上建造建筑物、构筑物及附属设施,故民法推定建设用地上的建筑物、构筑物及其附属设施的所有权属于建设用地使用权人。这也在制度上保证了建设用地使用权与建设用地上的建筑物、构筑物及其附属设施的所有权归属于同一人,在房地权利的静态归属上坚持了“房地一致”原则。但这一原则并不绝对。该条的但书部分主要是指在城市房地产建设中,一部分市政公共设施是通过开发商与地方政府协商约定由开发商在房地产项目开发中配套建设。这类配套设施属于市政公用设施,原则上归国家所有。这类设施的归属应当依据双方合同的约定来确定,而非当然属于建设用地使用权人。建设方将建筑物转让给第三人后,受让人也应当尊重这一权属划分。①

在建设用地使用权和建筑物、构筑物的流转上,为确保建筑物、构筑物的正常使用,原则上也坚持房地一致原则。《民法典》第356条规定:“建设用地使用权转让、互换、出资或者赠与的,附着于该土地上的建筑物、构筑物及其附属设施一并处分。”第357条规定:“建筑物、构筑物及其附属设施转让、互换、出资或者赠与的,该建筑物、构筑物及其附属设施占用范围内的建设用地使用权一并处分。”这两条规定确定了我国房地权属在动态流转让的“房地一致”原则,即所谓的“房随地走,地随房走”规则。在实践中需要注意,“房地一致”原则在房地权利归属与房地权利流转时的具体应用并不相同。对比《民法典》第356条与第352条、第357条的规定就可以发现,在房地权利归属上,“房地一致”原则有例外情形,但在房地权利的流转上,“房地一致”原则没有例外。理论上,在处理土地权利与地上建筑物的权利关系时,存在不同观点,如前文所述,也存在不同的立法例。一种观点认为,土地的权利人与地上建筑物的权利人可以不一致,可由一人享有土地使用权或所有权,而另一人享有地上建筑物的所有权。另一种观点认为,土地的权利人应与地上建筑物的权利人保持一致,土地的使用权人或者所有权利人才能是地上建筑物的所有权

---

① 参见全国人大常委会法制工作委员会民法室编:《中华人民共和国物权法条文说明、立法理由及相关规定》,北京大学出版社2017年版,第302页。

人。后一种观点又存在“地随房走”和“房随地走”的分歧。坚持“地随房走”的人认为,应当以地上建筑物的权属来确定土地的权属,即享有地上建筑物所有权的人,自然也享有土地使用权。坚持“房随地走”的人认为,应当以土地的权属来确定地上建筑物的权属,享有土地所有权或者使用权的人,就享有地上建筑物的所有权。[①] 在司法实践中需要注意的是,笼统地谈“房随地走”或者“地随房走”并不准确。立法例上的差异也主要体现在房地权利的归属上,在房地权利的流转上各国均坚持房地一致原则。当然,在房地分属不同权利人的情况下,在流转时是否需要对各方当事人分配以适当的注意义务,尤其是,是否需要根据各方当事人的过错来确定房地流转之效果,值得进一步研究。实践中的情况较复杂,还需要具体分析。但根据《民法典》的规定,我国在处理房地流转问题时,必须严格坚持房地一致原则。这也是当事人参与交易所应当注意之事项。

三、划拨土地使用权转让应当符合法定条件

关于建设用地使用权的转让,《民法典》第353条规定:“建设用地使用权人有权将建设用地使用权转让、互换、出资、赠与或者抵押,但是法律另有规定的除外。”因此,建设用地使用权原则上可以自由转让,需要注意的是有哪些“法律另有规定”的除外情形。建设用地使用权的来源主要有出让和划拨两种方式。对于出让地的使用权,使用权人可自由处分;对于划拨地使用权的转让,则需要符合法律规定的条件。《民法典》第347条第3款规定,严格限制以划拨方式设立建设用地使用权。划拨地使用权的取得需要获得主管行政机关的审批。对此,《城市房地产管理法》第23条规定:“土地使用权划拨,是指县级以上人民政府依法批准,在土地使用者缴纳补偿、安置等费用后将该幅土地交付其使用,或者将土地使用权无偿交付给土地使用者使用的行为。依照本法规定以划拨方式取得土地使用权的,除法律、行政法规另有规定外,没有使用期限的限制。”该法第24条规定:“下列建设用地的土地使用权,确属必需的,可以由县级以上人民政府依法批准划拨:(一)国家机关用地和军事用地;(二)城市基础设施用地和公益事业用地;(三)国家重点扶持的能源、交通、水利等项目用地;(四)法律、行政法规规定的其他用地。”因此,划拨土地使用权的用途以及审批都必须符合法律规定。

随着我国市场经济的发展,我国土地制度也不断发展变化。改革开放之前,我

---

① 参见郭明瑞主编:《中华人民共和国物权法释义》,中国法制出版社2007年版,第267页。

国对建设用地主要采取行政划拨制度。1990 年 5 月国务院颁布《城镇国有土地使用权出让和转让暂行条例》,改革国有划拨土地使用制度,确立国有土地使用权有偿出让和行政划拨并存的双轨制度。该暂行条例对划拨土地使用权的转让采取严格限制的措施。2019 年《划拨土地使用权管理暂行办法》的主要内容因不符合改革需要和管理实践而被废止。《城市房地产管理法》,进一步对国有划拨土地使用权的流转作了规定。该法第 40 条规定:"以划拨方式取得土地使用权的,转让房地产时,应当按照国务院规定,报有批准权的人民政府审批。有批准权的人民政府准予转让的,应当由受让方办理土地使用权出让手续,并依照国家有关规定缴纳土地使用权出让金。以划拨方式取得土地使用权的,转让房地产报批时,有批准权的人民政府按照国务院规定决定可以不办理土地使用权出让手续的,转让方应当按照国务院规定将转让房地产所获收益中的土地收益上缴国家或者作其他处理。"该法第 51 条规定:"设定房地产抵押权的土地使用权是以划拨方式取得的,依法拍卖该房地产后,应当从拍卖所得的价款中缴纳相当于应缴纳的土地使用权出让金的款额后,抵押权人方可优先受偿。"该法第 56 条规定:"以营利为目的,房屋所有权人将以划拨方式取得使用权的国有土地上建成的房屋出租的,应当将租金中所含土地收益上缴国家。具体办法由国务院规定。"2005 年《土地使用权解释》颁布,该解释第 12 条规定:"土地使用权人与受让方订立合同转让划拨土地使用权,起诉前经有批准权的人民政府同意转让,并由受让方办理土地使用权出让手续的,土地使用权人与受让方订立的合同可以按照补偿性质的合同处理。"

在司法实践中争议较大的是划拨土地使用权转让应当符合哪些条件。根据上述规定,划拨土地使用权流转主要包括以下几种方式:一是通过办理出让手续后转让;二是实现抵押权;三是经有批准权的人民政府批准后转让;四是在企业改制中流转。第一种方式是最常见的划拨土地流转方式,是变无偿的划拨使用为有偿使用。该流转方式必须要符合 3 个条件:一是报有批准权的人民政府审批;二是由受让方办理土地使用权出让手续;三是依照国家有关规定缴纳土地使用权出让金。第二种方式在实践中亦较常见。划拨土地使用人在划拨土地使用权上设立抵押后,如果抵押权人请求实现抵押权,就需要流转该划拨土地使用权,以实现其交换价值。这种流转方式的实质与第一种流转方式相同,也是要将无偿的划拨使用转变为有偿使用。因此,实质设立在划拨土地使用权上的抵押权时,应当将划拨土地使用权转为出让土地使用权,并扣缴土地使用权出让金。第三种流转方式较特殊,必须符合以下三个条件:一是划拨土地使用权流转必须符合《城市房地产转让管理规定》第 12 条规定的 7 种情形;二是经有批准权的人民政府批准;三是虽可以不办理土地使用权出让手续,但应当将转让房地产所获收益中的土地收益上缴国家或者作其他处理。第四种流转方式亦较特殊,发生在企业改制过程中。综合来看,除政策性较强、因特殊历史原因或者其他原因不能将划拨土地使用权转变为有偿的出让土地使用权的情况外,划拨土地使用权转让均需要转变为出让土地使用权、补缴国有土地使用权出让金并经有权机关批准。除上述 4 种方式外,在实践中还存在一种转让方式,即直接将划拨土地使用权从一个划拨土地使用权人转移至另一个划拨土地使用权人。这种情况可理解为国有土地行政管理部门将划拨土地使用权收回后,另行划拨给其他使用权人使用,也需要经过行政审批。至于新的使用权人与原使用权人协商对原使用权人以经济补偿的,可从其约定。对于该问题,《土地使用权解释》第 13 条规定:"土地使用权人与受让方订立合同转让划拨土地使用权,起诉前经有批准权的人民政府决定不办理土地使用权出让手续,并将该划拨土地使用权直接划拨给受让方使用的,土地使用权人与受让方订立的合同可以按照补偿性质的合同处理。"

《土地使用权解释》第 11 条也规定:"土地使用权人未经有批准权的人民政府批准,与受让方订立合同转让划拨土地使用权的,应当认定合同无效。但起诉前经有批准权的人民政府批准办理土地使用权出让手续的,应当认定合同有效。"该解释第 16 条规定:"土地使用权人未经有批准权的人民政府批准,以划拨土地使用权作为投资与他人订立合同合作开发房地产的,应当认定合同无效。但起诉前已经办理批准手续的,应当认定合同有效。"过去,由于我国司法实践对负担行为和处分行为的效力未作明确区分,大陆法系传统的观点亦将合同履行不能作为影响合同效力的因素之一,因此我国司法实践以前对于土地使用权人未经有批准权的人民政府批准,与受让方订立的转让划拨土地使用权合同的效力持否定态度。2007 年《物权法》颁布,该法第 15 条规定:"当事人之间订立有关设立、变更、转让和消灭不动产物权的合同,除法律另有规定或者合同另有约定外,自合同成立时生效;未办理物权登记的,不影响合同效力。"在理论上和实践中均倾向认为我国《物权法》对物权行为(处分行为)和债权行为(负担行为)的效力区别对待。在实践中,划拨土地使用权人在与受让人签订国有土地使用权转让合同时,往往尚未办理审批手续;或者说,办理审批手续本身就是双方当事人约定的合同内容。由于市场环境或者法律环境变化,一方当事人不愿意、不配合办理行政审批手续,并主张转让合同未经审批,应认定为无效。这种行为不仅是违约行为,也有违诚实信用原则,破坏了市场秩序。在实践中，当事人在行政机关审批之前签订划拨土地使用权转让合同是一种交易常态。受让人基于对转让合同的信赖往往已经开始了相应的土地开发准备行为，甚至部分当事人已经开发、使用土地达数年或者10多年时间。由于我国建设用地市场整体上呈价格上涨趋势，部分转让人恶意不配合办理行政审批手续，并主张划拨土地使用权转让合同无效，只愿意承担缔约过失责任。在这种情况下，区分物权行为和债权行为十分必要。就物权行为而言，在未经行政机关审批前，不发生建设用地使用权转移的效果，受让人不能获得建设用地使用权，以维护建设用地市场秩序、保护国家收取土地出让金利益。就债权行为而言，转让人与受让人之间签订的划拨土地使用权转让合同如果不是法律、行政法规规定批准生效的合同，该合同从成立时生效；如果是法律、行政法规规定应当批准才能生效的合同，未办理审批手续影响合同生效的，不影响合同中改造报批等义务条款的效力。转让人不依约配合办理行政审批手续的，应当承担违约责任，以保护善意相对人利益、维护社会诚信和交易安全。

四、转让人未取得土地使用权并不导致建设用地使用权转让合同无效

由于我国实行土地公有制，不允许自由买卖土地所有权。土地资源的流转和市场配置，就要通过建设用地使用权的流转来实现。《民法典》第353条规定："建设用地使用权人有权将建设用地使用权转让、互换、出资、赠与或者抵押，但是法律另有规定的除外。"第354条规定："建设用地使用权转让、互换、出资、赠与或者抵押的，当事人应当采用书面形式订立相应的合同。使用期限由当事人约定，但是不得超过建设用地使用权的剩余期限。"在实践中，有的当事人在签订建设用地使用权转让合同时，出让方尚未取得建设用地使用权。例如，2007年B市工业城规划管理局批复同意A公司《关于工程置换商住用地约100亩的规划选址申请》。随后，A公司与B市招商局签订《B市迎宾路南段建设项目投资协议》，约定由A公司全额垫资建设迎宾路南段约2300米的土方和主路面建设工程，由B市招商局以土地使用权置换道路建设款的方式运作，B市招商局负责向A公司提供出让手续完整的经营性用地，用于偿还A公司的工程款。2007年年末B市工业城规划管理局批复同意A公司《关于工程置换商住用地约27亩的规划选址申请》。次年，B市工业城规划管理局批复同意A公司《关于工程置换商住用地约20亩的规划选址申请》。以上3宗土地使用权约77亩。2010年4月6日A公司授权第三人李某全权处理A公司在B市新城投资修路所置换的所有土地的一切事宜。2010年A公司（甲

方)与案外人C公司(乙方)签订《联合开发协议》,约定用上述3宗土地联合开发房地产项目,C公司以每亩20万元为标准投入合作资金,并取得商住用地的土地使用权。之后,A公司(甲方)、C公司(乙方)、杨某(丙方)签订《协议书》,约定:乙方将其在《联合开发协议》项下的权利和义务全部转让给丙方,原《联合开发协议》中的乙方变更为丙方,其后由甲方和丙方继续履行《联合开发协议》。此前乙方已经支付给甲方或其代理人的款项,视为丙方已经支付给甲方的款项。后续如有应支付给甲方的款项,由丙方负责支付给甲方。甲方将《联合开发协议》约定的3宗土地全部过户到丙方名下。甲方仍需负责3宗土地的拆迁,但不参与该3宗土地拆迁后的开发建设,既不分享开发建设产生的收益也不承担开发建设如有造成的亏损。仅负责收取每亩20万元合作投资资金。该3宗土地的开发建设销售等全部由乙方或其指定的第三方单方负责,联合开发的收益和产生的债权债务全部归乙方或其指定的第三方所有或承担。后因上述建设用地需要通过公开竞价方式出让,杨某不能直接取得建设用地使用权。杨某起诉请求确认《联合开发协议》《协议书》合法有效,请求A公司继续履行协议,确认开发协议中约定的30亩土地使用权归杨某所有,B市国土资源局协助办理前述土地使用权登记手续。关于《联合开发协议》《协议书》是否有效、能否确认土地归杨某所有的问题,应当如何认识?

在《民法典》已经出台的今天,本书认为,对该案应当这样认识:根据各方协议约定,A公司负责土地的拆迁,但不参与拆迁后的开发建设,既不分享开发建设产生的收益也不承担开发建设造成的亏损,仅收取每亩20万元合作投资资金;土地的开发建设销售等全部由C公司或其指定的第三方丙方杨某负责,联合开发的收益和产生的债权债务由杨某全部承担。因此,协议虽名为房地产联合开发协议,但实为国有土地使用权转让协议。《土地使用权解释》第9条规定,转让方未取得出让土地使用权证书与受让方订立合同转让土地使用权,起诉前转让方已经取得出让土地使用权证书或者有批准权的人民政府同意转让的,应当认定合同有效。该条解释只就转让方未取得出让土地使用权证书与受让方订立转让土地使用权合同在起诉前转让方已经取得出让土地使用权证书或者有批准权的人民政府同意转让的情况下,合同效力应当认定有效作了规定,但并未否定对起诉前转让方未取得出让土地使用权证书或者经有批准权的人民政府同意转让的情形下合同的效力。而根据《物权法》第15条的规定,当事人之间订立有关设立、变更、转让和消灭不动产物权的合同,除法律另有规定或者合同另有约定外,自合同成立时生效;未办理物权登记的,不影响合同的效力。国有土地使用权转让作为物权变动的一种形态,其转让行为适用物权法规定的物权变动原则,A 公司是否取得案涉土地使用权证书或经有批准权的政府批准转让是属于合同履行的结果问题,并非合同的生效要件,而且案涉国有土地使用权转让合同系当事人之间的真实意思表示,亦不符合《合同法》第 52 条规定的情形。此外,买受人杨某基于有效合同另案主张违约责任,相对于合同无效主张缔约过失责任,更有利于保护其合法利益,可以防止不诚信方通过主张合同无效逃避违约责任,故《联合开发协议》《协议书》为有效合同。继续履行是当事人承担违约责任的一种方式。杨某有权请求协议当事人继续履行,其他协议当事人亦应当积极获取建设用地使用权,并确保杨某获得建设用地使用权。

本书认为,关于合同履行不能对合同效力的影响,应当作具体分析,不能一概而论。对履行不能,可按不同标准作不同的区分。一是可区分为主观不能与客观不能。客观不能系指给付对任何人来说皆为不能。有基于自然法则的,如标的物于订约前业已灭失;有基于法律规定的,如应为交付之物被禁止流通;也有基于经济事实理由的,如约定在海底捞针,虽在技术上或为可能,但就经济事实而言,则毫无意义,应认为是客观不能。反之,则是主观不能。如仅债务人不能为给付,但至少有一他人可以为给付的履行。二是可分为自始不能和嗣后不能。自始不能,是指在给付义务成立之时给付即为不可能。如债务成立时不存在之物。嗣后不能,是指给付在债务成立后始为不可能。如出卖之物于合同成立后标的物交付前灭失。主观不能与客观不能,自始不能与嗣后不能两种分类可以相互混合,形成以下 4 种形态:自始客观不能、自始主观不能、嗣后客观不能和嗣后主观不能。三是可分为全部不能与一部不能。全部不能,是指给付标的全部不能履行。一部不能,是指给付的标的部分不能履行。四是可区分为永久不能与一时不能。永久不能,是指债务的履行存在障碍,该障碍在履行期间内或在债务人得为履行的期间内不可能消除。该障碍在履行期内或债务人得为履行期内可能消除的,为一时不能。在继续的给付中,一时的障碍使给付成为一部不能。自始客观不能,如为永久不能,则合同无效;如为一时不能,则合同有效。嗣后的永久不能,发生债务人免责或赔偿责任,而一时不能,则会引起迟延履行。五是可区分为事实不能与法律不能。事实上的不能,也称自然不能,即基于自然法则的不能,如买卖月亮。法律不能,是指基于法律的规定而履行不能,如转让禁止流动物。如果建设用地使用权的让与人在与受让人签订建设用地使用权转让合同时,虽然未取得建设用地使用权,但其有可能取得建设用地债权权,后因未取得建设用地使用权而无法履行合同的,不宜认定合同无效。在合同签订之时,让与人尚未取得建设用地使用权,属于自始不能而非嗣后不能、一时不能而非永久不能、主观不能而非客观不能、法律不能而非事实不能。正是由于让与人的之转让行为并非永久不能、客观不能、事实不能,才不宜认定其无效。而对于自始不能,虽然自罗马法以来,传统民法理论认为该行为无效,但现代民法已经改变了这一观点。例如,《国际商事合同通则》规定,合同订立时不可能履行所承担之义务的事实本身不影响合同的效力,合同订立时一方当事人无权处置与该合同相关联之财产的事实本身不影响合同的效力。《欧洲合同法原则》也遵从了这一原则。

具体到国有土地使用权转让合同的效力问题,应当将相关法律和司法解释作统一理解和适用,尤其要考虑我国市场经济的发展需要和立法、司法理念的发展变化情况。

《土地使用权解释》第 9 条规定:“转让方未取得出让土地使用权证书与受让方订立合同转让土地使用权,起诉前转让方已经取得出让土地使用权证书或者有批准权的人民政府同意转让的,应当认定合同有效。”对于该条解释,应当从体系解释和历史解释的角度来理解和适用。最高人民法院《土地使用权解释》制定于 2005 年,当时对于无权处分行为的效力等问题,在理论上和实践中存在争议。1999 年制定的《合同法》第 51 条规定:“无处分权的人处分他人财产,经权利人追认或者无处分权的人订立合同后取得处分权的,该合同有效。”该条规定一般解读为无权处分行为无效,除非经权利人追认或者无处分权的人订立合同后取得处分权。但该条规定自《合同法》制定之日起,就引起了广泛争议。市场经济的发展和交易的扩大,早已经突破了只能处分已有之物的原则。例如,汽车经销商在与购车人签订买卖合同时,可能还没有从生产商处购得汽车。但根据汽车经销商与生产商的协议,经销商可以预期其将在两个月内收到汽车,并基于该预期提前将汽车预售给购车人,与购车人约定两个月后交车。如果由于车辆运输或者汽车生产商生产不正常等原因,导致经销商不能按时取得汽车,并且无法履行其与购车人之间的买卖合同。经销商可否以其无权处分而主张合同无效?现在从生活常识和经验法则看,不应当赋予经销商这一权利。在实践中,此类交易非常常见。2005 年制定《土地使用权解释》时,之所以规定转让方未取得出让土地使用权证书与受让方订立合同转让土地使用权,起诉前转让方已经取得出让土地使用权证书或者有批准权的人民政府同意转让的,应当认定合同有效,一是因为《合同法》第 51 条有无权处分的规定;二是基于《城市房地产管理法》的规定。《城市房地产管理法》第 39 条规定:“以出让方式取得土地使用权的,转让房地产时,应当符合下列条件:(一)按照出让合同约定已经支付全部土地使用权出让金,并取得土地使用权证书;(二)按照出让合同约定进行投资开发,属于房屋建设工程的,完成开发投资总额的百分之二十五以上,属于成片开发土地的,形成工业用地或者其他建设用地条件。转让房地产时房屋已经建成的,还应当持有房屋所有权证书。"最高人民法院的司法解释既要坚持不违背当时的法律规定,又要适应经济社会发展的需要,为当时正在起草的《物权法》后来的实施预留空间,才有了《土地使用权解释》第9条的前述表述。

对于上述考量,法学理论、司法实践以及立法均有了新的认识和发展。关于无权处分的效力问题,2012年最高人民法院《买卖合同司法解释》第3条规定,"当事人一方以出卖人在缔约时对标的物没有所有权或者处分权为由主张合同无效的,人民法院不予支持。出卖人因未取得所有权或者处分权致使标的物所有权不能转移,买受人要求出卖人承担违约责任或者要求解除合同并主张损害赔偿的,人民法院应予支持",正式明确合同标的自始不能并不影响合同效力的原则。关于国有土地使用权转让的条件问题,随着我国房地产市场的完善和立法的完善,特别是法学理论研究的深入,理论界和实务界对《城市房地产管理法》第39条规定的房地产转让条件有不同认识。人民法院在审判实践中对转让方转让的土地是否符合法律规定的转让条件与土地使用转让合同效力的关系,从一般应当认定合同无效到尽可能维持合同效力转变。换言之,《城市房地产管理法》第39条更多地被视为管理性强制性规定而非效力性强制性规定。当事人违反该规定的,行政机关可处以行政处罚,但不宜仅据此而认定国有土地使用权转让合同无效。关于债权行为与物权行为的区分问题,2007年《物权法》颁布,该法第15条规定:"当事人之间订立有关设立、变更、转让和消灭不动产物权的合同,除法律另有规定或者合同另有约定外,自合同成立时生效;未办理物权登记的,不影响合同效力。"在理论上和实践中均倾向认为我国《物权法》对物权行为和债权行为区别对待。未办理物权登记,只是不发生物权法上的效果,并不影响合同这一债权行为的效力。首先,关于不动产物权变动的基础关系,即设立、变更、转让和消灭不动产物权的合同是否生效,应该依据《合同法》等规定作出判断,而不能以不动产是否已经办理物权登记为标准进行判断。如果合同具备法律规定的生效要件,则应该认定合同关系已经生效,当事人应该受到合同的约束。当事人不遵守合同约定的,应该承担违约责任。至于物权变动能否成就,并不是合同生效的必备条件。因为合同生效后不一定能够完成不动产物权的登记,有可能因为一方违约,还可能因为其他原因,因此不能因未办理物权登记而认定合同无效。其次,关于不动产物权的变动,必须以登记为必要条件,而不能认为设立、变更、转让和消灭不动产物权的合同生效就必然发生不动产物权的变动。合同的生效能够发生债权法上的效果,但是不一定能够发生物权法上的效果。要发生不动产物权变动的效果,必须进行不动产物权的公示即登记。如果合同生效而未进行不动产登记,则权利人就只享有给付请求权,这是债法上的权利,而没有取得对不动产的支配权。再次,如果法律另有规定或者合同另有约定,当事人之间订立有关设立、变更、转让和消灭不动产物权的合同,只有经过办理物权登记,合同才生效的,应该依照法律规定或者当事人的约定。因未办理物权登记而导致合同不生效的情形是例外,必须以有法律的明确规定为前提。最后,凡不以当事人的意思表示为原因的物权变动,如依法律的直接规定或者事实行为引起的物权变动,从规定。

由于《民法典》已经出台,《合同法》第51条规定的无权处分条款已经删除,《物权法》确定的物权处分行为和合同行为分离的规定继续得到肯定,原来在《物权法》出台之前出台的《土地使用权解释》,在适用时应当将认识统一到《民法典》的规定上来,不能与之相矛盾。对于建设用地转让合同来说,如果转让人在签订建设用地转让合同时以及合同约定的履行期限届满时或者原告起诉前尚未取得建设用地使用权的,仅是不能继续履行,无法产生物权法意义上的建设用地使用权转移的法律效果,但不并能因此而否定建设用地使用权转让合同的效力。如果转让人不能依约定履行义务,则应当承担违约责任,而非缔约过失责任。

第十三章 宅基地使用权

专题一 宅基地使用权的流转

一、宅基地使用权概述

根据《国家标准土地基本术语》的规定，宅基地使用权，是指“经依法审批，由农村集体经济组织分配给其成员用于建筑住宅及其他有关附属物的、无使用期限限制的集体土地建设用地使用权”。宅基地使用权是我国特有的一种用益物权形式，是我国农民最重要的带有人身属性的财产权利之一，农村用于生产生活的房屋及其所依附的宅基地使用权是绝大多数农民的安身立命之本和基本生活保障。《民法典》物权编用益物权分编第十三章以 4 个条文对宅基地使用权这种较特殊的用益物权进行了宏观且抽象的规定，涵盖了对宅基地的占有和使用的权益，灭失后在程序上的处理方法，以及宅基地使用权的取得、行使、转让几个方面。在法律适用方面，明确适用土地管理的法律和国家有关规定。通过转介条款将公法规范引入私法之中，既可保持民法典相当的灵活性，又在政策未定之时，使民法典可以不作终局判断，以保证其内容的中性与稳定性。[①] 故处理相关纠纷，应适用《土地管理法》《土地管理法实施条例》及国家有关政策。

宅基地使用权主要有以下特点：

第一，宅基地的所有权归集体。《宪法》第 10 条规定：“城市的土地属于国家所有。农村和城市郊区的土地，除由法律规定属于国家所有的以外，属于集体所有；宅基地和自留地、自留山，也属于集体所有……”因此，宅基地的所有权属性，已经用根本法的形式固定为集体所有。《土地管理法》第 11 条具体规定，农民集体所有的土地依法属于村农民集体所有的，由村集体经济组织或者村民委员会经营、管

① 参见苏永钦：《大陆法系国家民法典编纂若干问题探讨》，载《比较法研究》2009 年第 4 期。

理;已经分别属于村内两个以上农村集体经济组织的农民集体所有的,由村内各该农村集体经济组织或者村民小组经营、管理;已经属于乡(镇)农民集体所有的,由乡(镇)农村集体经济组织经营、管理。

第二,宅基地使用权的主体是特定的农村居民。由于宅基地成为有限、稀缺的资源,且带有较强的福利性质,与农民的生活密切相关,作为宅基地使用权的主体只能是农村集体经济组织的成员,且特定的宅基地一般仅限于本集体经济组织特定的成员享有使用权。在2015~2019年的宅基地制度改革试点地区,曾出台跨农民集体经济组织成员之间可以流转宅基地使用权的政策,但《土地管理法》修正时并未明确将其纳入法律,有待法律和政策层面的进一步稳妥推进。《宪法》《土地管理法》均规定宅基地使用权的主体是农村居民,国务院办公厅1999年5月6日发布的《关于加强土地转让管理严禁炒卖土地的通知》第2条第2款规定:"农村的住宅不得向城市居民出售……"2004年12月24日国务院《关于深化改革严格土地管理的决定》再次强调,"加强农村宅基地管理,禁止城镇居民在农村购置宅基地",通过禁止城镇居民购买取得宅基地并取得宅基地使用权,将宅基地使用权的主体限定为农村居民。

第三,宅基地使用权具有有限性。所谓有限性,是指宅基地一般用于建造住宅及附属设施供农民居住和使用,宅基地使用权的转让和抵押均受限制,以保障农民宅基地的专有使用权,防止农民因转让房屋而丧失宅基地使用权,最终流离失所的情况出现。

在实务中,通常会遇到以下两个问题:

第一,涉宅基地纠纷的民事受案范围认定问题。解决受案范围问题,首先要区分是宅基地确权纠纷还是宅基地侵权纠纷。宅基地确权,是指人民政府对于公民因宅基地使用权争议所作出的处理决定;宅基地侵权,是指不享有宅基地使用权的人侵犯享有宅基地使用权的人的行为。《土地管理法》第14条规定,土地所有权和使用权争议,由当事人协商解决;协商不成的,由人民政府处理。当事人对有关人民政府的处理决定不服的,可以自接到处理决定通知之日起30日内,向人民法院起诉。权属不清包括当事人之间宅基地使用证存在界限不明确或者界限重合或双方均无宅基地使用权证等情形。农村房屋建造后投入使用,但有关部门未对宅基地权属作出认定,人民法院亦无法对房屋的所有权进行确权,该纠纷属于人民政府处理的宅基地使用权确权纠纷。如马某甲与马某乙宅基地使用权纠纷再审案中,两家的房屋相邻,并于1998年4月先后办理了土地使用权证和房屋所有权证,但两证均未注明四至范围。后来马某甲以马某乙侵占其所有的宅基地东西长 25 米，诉至法院要求马某乙拆除侵占部分退还土地。法院审理认为，经勘查的情形与土地管理部门地籍档案的记载不符，双方土地使用权证、房屋所有权证均未注明四至界限，涉案当事人宅基地使用权的范围及界限基准点并不明确，确认该案为土地使用权争议，不属于人民法院受理民事案件的范围，驳回马某甲的起诉。根据《土地管理法》第 14 条的规定，权属纠纷属于政府处理事项，不服处理决定的应提起行政诉讼。

第二，关于集体经济组织成员资格认定问题。农村房屋买卖合同、集体经济组织成员福利待遇等纠纷，相关人员是否为本集体经济组织成员是纠纷处理的关键要素，也是先决条件。在实务中，一般从户口迁入、是否享有选举等权利、是否享有分红等经济权利等方面综合判断，不能仅以户口迁入与否来认定，通常会参考所在村村委会对于买受人是否属于或曾属于该集体经济组织成员方面的意见。如甲原为某村集体经济组织成员，大学毕业后考入某事业单位，但户口一直未迁出，后花 60 万元向同村同学乙购买了宅基地，并在宅基地上建造房屋一幢。现乙以买卖合同无效为由诉到法院，要求返还宅基地。甲抗辩其户口尚未迁出，且一直住在所造房屋内，在该村仍享有选举权，是村集体经济组织成员，该买卖合同有效。法院经审理认为，甲虽仍享有该村户籍，但并非以该集体经济组织的土地为基本生活保障，亦未在该集体经济组织内形成较固定的生产、生活，故认为甲并非村集体经济组织成员，并据此对合同效力作出认定。

二、宅基地及农村房屋流转的相关问题

（一）农村房屋买卖合同相关问题

随着城镇一体化的发展，大量农民涌入城镇务工，宅基地闲置在全国各地普遍存在，而外出务工农民的生存不再主要依赖土地，农村宅基地的社会保障功能逐步弱化，经济功能进一步凸显，出现大量买卖农村房屋的现象。与此同时，农村城镇化、拆迁安置等导致土地和房屋升值，农村房屋买卖纠纷也随之出现。

1. 关于合同效力问题。我国法律并未明令禁止农村房屋买卖行为，但根据“地随房走”原则，农村房屋所有权转移后，会涉及宅基地使用权随之转移，而根据立法本意，宅基地使用权的主体只能是本集体经济组织成员。因此，对于农村房屋买卖合同的效力问题，在实务中也出现较多困惑和分歧，现对农村房屋买卖合同的效力问题分析如下。

宅基地使用权流转合同无效,但法律、行政法规另有规定的除外。《民法典》第363条规定:“宅基地使用权的取得、行使和转让,适用土地管理的法律和国家的有关规定。”很明显,《民法典》的规定把宅基地的转让指向了土地管理的法律和国家的有关规定。在《土地管理法》中,对宅基地的规定是“一户一宅”,以保障农村村民户有所居,没有规定宅基地可以转让。由于宅基地是农民集体重要的土地资源,是以实现社会保障功能为目的的住宅用地,具有福利性和社会保障功能,我国农村的社会保障体系尚不健全,该福利保障功能对农村社会的稳定具有极其重要的作用。我国实行农村土地集体所有的制度,农民对其宅基地不拥有所有权,只拥有使用权,城镇居民不得享有宅基地使用权。宅基地使用权取得的成员身份属性,是宅基地使用权最本质的属性。抛开成员身份的本质属性,允许其单独成为市场要素,并处分给非集体经济组织成员,违反制度设计之根本。因此,宅基地使用权为集体经济组织成员所享有,非本集体经济组织成员无权取得或变相取得。《土地管理法》第9条规定,农村和城市郊区的土地,除由法律规定属于国家所有的外,属于农民集体所有;宅基地和自留地、自留山,属于农民集体所有。因此,尽管我国法律并未禁止农村房屋转让,但结合《土地管理法》的相关规定以及立法精神,宅基地属于农村集体所有,宅基地使用权由村集体经济组织成员享有,农村房屋在非集体经济组织成员流转,违反法律设定的宅基地制度本质属性。与此同时,国家政策禁止宅基地使用权及宅基地上房屋向城镇居民流转。如国务院办公厅1999年5月6日发布的《关于加强土地转让管理严禁炒卖土地的通知》第2条第2款规定:“农村的住宅不得向城市居民出售……”2004年10月28日国务院《关于深化改革严格土地管理的决定》再次强调:“加强农村宅基地管理,禁止城镇居民在农村购置宅基地。”2007年12月30日国务院办公厅《关于严格执行有关农村集体建设用地法律和政策的通知》再次重申:“城镇居民不得到农村购买宅基地、农民住宅或小产权房。”这些规定体现了国家政策一贯的限制农民住房、宅基地使用权向城镇居民流转的态度。《第八次全国法院民事商事审判工作会议(民事部分)纪要》第19条明确规定,在国家确定的宅基地制度改革试点地区,可以按照国家政策及相关指导意见处理宅基地使用权因抵押担保、转让而产生的纠纷。在非试点地区,农民将其宅基地上的房屋出售给本集体经济组织以外的人,该房屋买卖合同认定为无效。至于《民法典》实施后,宅基地是否可以在本集体经济组织成员中流转,宅基地上的房屋如何买卖,应当根据法律、行政法规的规定进行,如无相关规定为依据,不宜认定合同有效。

2. 合同无效的法律后果。根据《民法典》第157条的规定,合同无效后,因该合同取得的财产,应当予以返还;不能返还或者没有必要返还的,应当折价补偿。有过错的一方应当赔偿对方因此所受到的损失,各方都有过错的,应当各自承担相应的责任。《第八次全国法院民事商事审判工作会议(民事部分)纪要》第19条也规定,合同无效后,买受人请求返还购房款及其利息,以及请求赔偿翻建或者改建成本的,应当综合考虑当事人过错等因素予以确定。出卖人因房屋涨价、拆迁补偿等原因主张合同无效,要求返还房屋或拆迁补偿款的,可以考虑根据案件实际情况,扩大信赖利益范围,合理确定过错大小,避免出现利益严重失衡的情况。2019年11月最高人民法院《九民会议纪要》第32条至第35条对合同无效的法律后果作出规定,在确定合同无效后财产返还或者折价补偿范围时,要根据诚实信用原则,在当事人之间合理分配,不能使不诚信的当事人因合同无效而获益。合同无效时,仅返还财产不足以弥补损失,一方还可以向有过错的另一方请求损害赔偿。在确定损害赔偿范围时,既要根据当事人的过错程度合理确定责任,又要考虑在确定财产返还范围时已经考虑过的财产增值或贬值因素,避免双重获利或者双重受损的现象发生。在实务中,如若讼争房屋因被征收等原因而返还不能时,此时应返还作为房屋替代物的拆迁补偿款,返还的比例根据诚实信用原则进行合理分配,主要考虑市场因素、购房人重新购房的合理支出、受让人添附以及拆迁利益等因素;如若讼争房屋能够返还,仅返还财产无法弥补买受人所遭受的损失,则出卖人还应赔偿损失。关于损失范围,一般是指房屋当前的市场价值与原购置价之间的差额。对于买卖双方的过错程度的评判,出卖人应当知道涉诉房屋不能转让,且在合同成立并实际履行后,特别是在房地产市场价格上涨或获得巨大拆迁利益时,要求确认合同无效并收回房屋,与诚实信用原则相悖,应承担主要过错责任;买受人未对购买的房屋情况及法律性质尽到必要的注意义务,对合同无效存在次要过错。在过错比例的分配上,各地区可以结合自身的实际情况作出相对统一的规定,如有的地区是7∶3,也有的地区是9∶1,根据个案情况可有所不同。

如在蒋某诉楼某农村房屋买卖合同纠纷案中,城镇居民楼某向蒋某购买农村房屋,并支付了购房款60,000元,蒋某将房屋及两本产权证一并交付。因讼争房屋涉及拆迁,蒋某要求确认合同无效。案涉房屋经评估,市场价值808,000元。法院审理认为,房屋买卖合同因违反法律强制性规定而认定无效,根据《合同法》第58条的规定,蒋某返还楼某购房款60,000元。考虑到蒋某为改变生活环境,携子女迁居他处而出卖讼争房屋,且房屋买卖协议经所在地村委会及中间人见证,故出售讼争房屋是其真实意思表示;在出卖房屋后,蒋某单方反悔,认定蒋某应对合同无效承担主要的过错责任。楼某作为买受人在买卖房屋时未尽谨慎审查义务,未审核自己是否符合受让房屋的条件,应承担合同无效的次要责任。楼某作为买受人的利益损失,应当以房屋现值和原买卖价格的差价范围予以确认,基于诚实信用原则及平衡利益,蒋某应承担90%的赔偿责任。据此,判决蒋某返还楼某购房款60,000元,并赔偿损失673,200元,楼某将讼争房屋及产权证返还给蒋某。

在实务中,对于合同确认无效后,相关损失能否分别主张,裁判规则不尽统一。农村房屋买卖合同为双务合同,买卖双方互负对待给付义务,在合同无效的情况下,相互返还以及损害赔偿等义务仍然构成对待给付,此时,出卖人在其未返还买受人购房款及赔偿相应损失时,不能请求买受人返还房屋。2019年最高人民法院《九民会议纪要》第36条规定,对于合同无效时法院的释明义务进行了规定,意在防止机械使用"不告不理"原则,给予法院向双方释明变更诉讼请求或者提出同时履行抗辩的责任,尽可能一次性解决纠纷。法院经审理认定合同无效的,除要在判决书"本院认为"部分对同时返还作出认定外,还应当在判项中作出明确表述,避免因判令单方返还而出现不公平的结果。农村房屋买卖合同确认无效案件,同样须赋予法院释明责任。同时,这里要强调的是,如果全部损失范围暂时无法确定时,法院应就合同是否有效先行作出处理,并在裁判文书中明确,待全部损失确定后,当事人通过另行起诉等方式解决损失赔偿问题,而不能在确认合同无效后,仅就部分损失先行作出判决。主要考虑该类案件一般出现在讼争房屋市场价值上涨或者是被拆迁征收的情形,诉讼时,房屋的重置成新价可以通过评估确定,但极有可能房屋征收补偿款尚未确定,而房屋重置成新价往往包含在征收补偿款中且难以分割出来,导致后续诉讼中损失范围难以确定或者重复计算问题。

如在刘甲与刘乙农村房屋买卖合同纠纷案中,讼争房屋涉及拆迁,但尚未出台拆迁补偿安置方案。一审认为,合同因违反法律规定被认定无效,刘甲在购买房屋后进行了装修、添附,故根据评估确定的房屋及附属物重置成新价,判决刘乙返还刘甲45,070元,对于区位补偿价,待政府出台拆迁补偿安置文件后另行主张。二审认为,涉案房屋的买卖合同被确认无效后,刘甲理应将涉案房屋及附属物予以返还,刘乙亦应当同时返还购房款并赔偿信赖利益损失。鉴于尚未发布拆迁补偿安置文件,鉴定机构无法评估宅基地区位补偿价,刘甲的信赖利益损失数额尚无法确定,等出台相应的拆迁补偿安置文件后,双方关于房屋、房款返还以及经济赔偿问题可另行一并解决,而不能仅就房屋及附属物重置成新价45,070元先行判决,据此驳回相关诉请。

3. 关于诉讼时效问题。确认合同无效属于形成之诉,根据法律规定,不受诉讼时效限制,且确认之诉的判决不具有给付内容,因而不具有可执行性,无须诉讼时效的限制,转让违反法律规定的情形,单纯的时间经过不能改变无效合同的违法性。因此,当事人主张农村房屋买卖合同无效,不受诉讼时效期间的限制。但合同被认定无效后,当事人主张返还财产、损害赔偿的请求,应当适用诉讼时效期间的限制,诉讼时效的起算时间,一般从合同被认定无效的判决生效之日起计算。

(二)宅基地使用权互换合同的效力问题

宅基地使用权互换,是指宅基地使用权人经平等协商,相互交换宅基地使用权的民事法律行为。宅基地使用权互换类似于买卖合同中的易货交易,差别在于前者仅转移使用权,而后者转移所有权。宅基地使用权互换实质上是宅基地使用权的一种特殊的买卖方式,法律对此并未禁止,应予以准许。同时,有关民事法律行为以及合同效力等的法律规定,均可以适用于宅基地使用权互换合同。《民法典》第502条规定,依法成立的合同,自成立时生效,但是法律另有规定或者当事人另有约定的除外。依照法律、行政法规的规定,合同应当办理批准等手续的,依照其规定。未办理批准等手续影响合同生效的,不影响合同中履行报批等义务条款以及相关条款的效力。应当办理申请批准等手续的当事人未履行义务的,对方可以请求其承担违反该义务的责任。现行法律并未规定宅基地互换合同必须经过相关行政部门的批准、登记手续。因此,对宅基地使用权互换合同的效力审查,同农村房屋买卖合同的效力审查规则,即除合同有效的一般条件外,主要考察互换后是否符合宅基地使用权的主体条件。此外,从物权变动的原因分析,宅基地互换合同是物权变动的原因,而登记则是物权变动的效力公示,宅基地使用权未变更登记,不得对抗第三人,但并不影响宅基地互换合同的成立和效力。在该类纠纷中,当事人应依约履行,不仅要完成宅基地使用权实际意义上的交付,而且完成宅基地使用权法律意义上的交付。一方要求另一方到有关部门办理土地权属变更登记手续的,人民法院应予支持。

如冯某与魏某为同一村集体经济组织成员,依法取得了互为相邻的宅基地,并办理了宅基地使用权证,后双方签订宅基地互换协议,约定双方所持的土地使用权证中的尺寸不变。之后,冯某在原魏某的宅基地上建一幢楼房。魏某得知后未表示反对。魏某以宅基地互换协议未经变更登记不生效,诉至法院要求冯某返还宅基地。经现场勘验,冯某所建房屋未侵占魏某宅基地;同时,该村村委会出具证明,对冯某与魏某交换宅基地使用权的行为无异议。法院经审理认为,法律并未规定宅基地互换协议需经审批、登记后方能生效,冯某与魏某宅基地转让协议系双方真实意思表示,未侵害国家、集体及他人利益,亦未违反法律规定,应认定合法有效,双方应诚信履行,据此,驳回魏某的诉讼请求。

(三)宅基地使用权买卖合同效力问题

对于宅基地使用权流转效力问题,与农村房屋买卖合同处理原则相似;不同的是,宅基地上房屋由买受人自行建造还是由出卖人建造。因此,在无效后果的处理上,需要考虑房屋建造成本。

(四)合资建房合同效力问题

当事人约定一方提供宅基地,一方出资,出资方在房屋建成后享有部分房屋的所有权。从协议的内容来看,出资方是以支付建房款的方式取得了建成的部分房屋的所有权,双方之间法律关系的性质符合买卖合同的法律特征。因此,该协议签订时虽名为"合作建房协议",但实际上是一方以支付建房款的方式购买所建部分房屋的买卖法律关系。该情况根据农村房屋买卖合同纠纷处理原则进行审理。

在黄某诉郑某财产权属案中,双方约定,郑某提供宅基地,黄某提供资金,建造6层农村住宅房屋。建成后,1～3层归郑某所有,4～6层归黄某所有。房屋建成后,黄某自1996年开始至今一直居住于该房4～6层。郑某、黄某均为宅基地所在村的集体经济组织成员。之后,郑某将案涉房屋出让给案外人,黄某据此诉至法院,要求确认其对案涉房屋4～6层的所有权。法院审理认为,双方协议联合建房,实为黄某支付建房款的方式购买农村房屋的法律关系,黄某购买本集体经济组织成员的房屋不违反法律规定,应认定合法有效,黄某自始建造了房屋,且符合审批条件,确认案涉房屋4～6层归黄某所有。

(五)对几种特殊情形的处理原则

1. 买受人为多人,其中有一人为集体组织组织成员的,原则上认定该买卖合同有效。如夫妻一方为城镇户口,另一方为集体经济组织成员的,房屋买卖合同由夫妻双方签订的,没有《民法典》规定的无效情形的,可以认为该买卖合同合法有效。

2. 出卖人出卖农村房屋后,退出集体经济组织的,如若买受人为集体经济组织成员的,合同有效。如若买受人为非本集体经济组织成员的,合同无效,因为此时出卖人享有房屋所有权,但不再享有宅基地使用权。房屋买卖后,买受人迁入村集体经济组织的,不违反《民法典》规定的无效情形的,合同应认定为有效。

三、宅基地使用权及农村房屋继承问题

1. 宅基地使用权继承问题。用益物权具有财产性质，法律允许流转、继承，但宅基地使用权是特殊的用益物权，因其取得具有无偿性、人身依附性、功能上的福利性，是农村集体经济组织无偿提供给本集体经济组织成员享有的，因出生而获得，因死亡而消灭，从而决定了宅基地使用权不能单独继承。如在陈某与莫某甲等人继承纠纷案中，陈某要求判令其对讼争宅基地的1/3份额享有使用权。法院审理后认为，讼争的宅基地虽然在1953年9月由集体分配给莫某户使用，莫某在1988年领取《土地使用证》，但莫某一直没有在上述土地建住宅，莫某及其3个儿子都是另有宅基地另建房屋居住，讼争的宅基地在莫某去世时，只是部分建了临时性的猪栏、猪舍。根据宅基地的性质，讼争宅基地不能单独作为遗产进行分配，故驳回陈某的诉讼请求。

2. 农村房屋继承问题。根据法律规定，农村房屋可以继承。但是，宅基地使用权作为一项特殊的用益物权，并非所有权，与使用权人的集体经济组织成员资格密切相关，在集体经济组织成员死亡时，其相应的宅基地使用权消灭。因此，宅基地使用权不存在继承问题。此外，继承取得的农村房屋原则上是不允许拆除后新建、扩建、改建等情形的。涉及拆迁利益时，由于宅基地使用权按户计算，实行增人不增地、减人不减地的原则，即当一户出现人口减少，宅基地仍是由一户中剩余的成员共同使用，宅基地使用权的补偿款也由该户剩余的成员共同所有，亦不存在继承问题。若该户已经没有农村集体经济组织成员的情况下，宅基地使用权的补偿款一般由该户房屋原权利人的继承人取得，除非集体经济组织明确反对。在司法实务中，容易产生纠纷，需要进行统一把握：(1)同一户的集体经济组织成员继承情形。以户为单位申请的宅基地使用权并非家庭成员个人财产，是村民按户申请使用的，属于该户内家庭成员共同共有的财产，共同生活是构成家庭所必不可少的要件，继承人与被继承人具有共同关系。户内某个家庭成员死亡，并不必然导致户的消灭，家庭关系仍然存在。此时，继承人可以继受被继承人的宅基地使用权。此外，户内家庭成员已退出该集体经济组织的，亦不再享有宅基地使用权。如原为村集体经济组织成员，后转为城镇户口的，其不再享有宅基地使用权，宅基地使用权由其他家庭成员继受。在一般情况下，同一户的集体经济组织成员继承房屋的同时，会继受相应的宅基地使用权。(2)不与被继承人共同生活的本集体经济组织成员继承情形。基于继承而合法取得农村房屋，与同一集体经济组织成员之间农村

房屋买卖的效力是一致的,不受“一户一宅”的限制。如若房屋倒塌或拆除时,则不允许再新建房屋,如不同户的儿子继承父亲的农村房屋,其系基于“地随房走”原则而继受相应的宅基地使用权,并非基于继承而取得。(3)非集体经济组织成员继承农村房屋。根据法律规定,宅基地使用权仅为本集体经济组织成员所享有,若继承人基于继承农村房屋而继承宅基地使用权,将变相突破宅基地使用权为村集体经济组织所有的属性,有违权利设置的根本目的。如前所述,本书认为,被继承人因死亡而丧失宅基地使用权时,继承人亦无法取得该宅基地使用权。此时,继承房屋项下的宅基地使用权该如何定性,理论界观点纷呈,有的认为应属村集体经济组织享有,有的则认为该权利转化为一种新的宅基地租赁权。关于这一点,我们在处理时,应既考虑符合法律规定,又着眼于有利于保护农民的私有财产权。在立法未作新的修订之前,中央大力推进宅基地“三权分置”改革之际,实务处理中对此应暂不作表态,但要注重处理的实体效果,特别是当农村房屋涉及拆迁利益时,仍然应根据农村房屋分割的处理规则,将宅基地使用权价值与农村房屋价值分开进行处理。在不动产统一登记时,应对该宅基地使用权的权利来源进行备注。

专题二　农村房屋分割问题

1.分割依据。我国尚未建立完善的农村房屋登记制度,集体经济组织成员持有的是集体土地使用证,包括宅基地使用权证和集体建设用地使用权证等。由于宅基地以户为单位申请,实行“一户一宅”政策,登记的权利人仅为户代表,真实的农村房屋权利主体与登记的宅基地使用权户主并不一定对应,房屋出资建造、申请用地人也并不一定是户主。在实务中,审理分家析产、离婚等纠纷中,容易出现农村房屋产权分割困难。因此,农村房屋分割,需要在房地分离、居住保障原则的基础上进行综合认定,首先必须明确房屋与其占用范围内土地的关系。关于房屋与土地的关系,即土地和房屋等建筑物的权利是否可以分开作为相互独立的不动产,存在两种不同的立法例。一是以德国、瑞士民法为代表,认为建筑物及其他地上定着物应为土地的一部分,不能构成独立的不动产。如《德国民法典》第 94 条规定:“附着于土地上的物,特别是建筑物,以及与土地尚未分离的出产物,属于土地的主要组成部分。”二是以日本民法为代表，认为土地和定着物都为独立的不动产，定着物可以独立于土地而存在，并不是附着于土地的财产。在我国，土地属于国家或集体所有，禁止私人拥有土地所有权。因土地与其上建筑物在自然性质上不可分离，对我国现行法律中关于土地权利与建筑物权利关系的规定理解也不尽相同。本书认为，从《民法典》及相关单行民事法律对土地及公民个人财产等的规定来看，现行法律将土地与房屋等建筑物是分别作为独立的不动产对待的。《民法典》在规定土地属于国有和集体所有的情况下，在其第 266 条规定：“私人对其合法的收入、房屋、生活用品、生产工具、原材料等不动产和动产享有所有权。”从上述法律规定来看，我国法律承认建筑物所有权与其占用范围内的土地所有权相分离的原则。因此，宅基地使用权与农村房屋所有权在使用上存在自然一体性，但权利仍是相互分离的两种不同权利。

2. 分割方式。根据农村房屋多层、多房的特点，在不影响其他共有人使用的情况下，对农村房屋可以进行实物分割。根据规定，共有人可以协商确定分割方式。达不成协议，共有的不动产可以分割并且不会因分割减损价值的，应当对实物予以分割；难以分割或者因分割会减损价值的，应当对折价或者拍卖、变卖取得的价款予以分割。对价款进行分割的，确定各所有人份额后，分割并不困难，在实务中遇到问题较多的是实物分割问题。农村房屋进行实物分割主要考虑各楼层以及各房屋结构上是否相对独立，是否具有相对独立的使用价值，是否具备登记的可行性，以及实物分割是否会使房屋的价值减损等因素。

3. 分割情形。在分家析产、离婚等纠纷中，经常会出现要求分割农村房屋的情形，根据宅基地使用权及农村房屋的不同权利主体实际，主要有以下几种情况：一是家庭成员或者夫妻一方既享有宅基地使用权，同时又在宅基地上建造房屋，则其要求分家析产或离婚财产分割时，按照公平原则进行分割。二是不享有宅基地使用权的家庭成员或夫妻一方，如果有证据证明其系农村房屋的出资建造人，请求分割农村房屋时，法院应予以支持，并根据其出资比例、居住情况等因素进行分割，对享有宅基地使用权的当事人可以考虑适当多分。三是享有宅基地使用权人未对房屋建造进行出资，如儿媳或者女婿，特别是仅由夫妻另一方的父母出资时，未出资的媳或婿在离婚要求分割财产时，法院应予准许，但在具体分割份额时，如果农村房屋为夫妻共同财产的，根据《民法典婚姻家庭编解释(一)》第 29 条的规定进行处理；如农村房屋为包括出资父母在内的家庭共有财产的，分割应对父母出资情况进行充分考虑。四是不享有宅基地使用权亦未对房屋建造进行出资的，属于夫妻一方婚前财产或其他家庭成员财产,媳或婿要求分割的不予准许。上述列举的第二种、第三种情形,出现房屋所有权与宅基地使用权人非同一,从表面上来看似乎与我国“地随房走”“房随地走”的基本原则不相吻合,但事实上,在涉及房屋分割时,对于相关的宅基地使用权及房屋价值都会进行量化,无论是通过评估确定的地价、房价,还是在拆迁安置时体现的宅基地区位补偿价、房屋价值、安置房分配,并不会影响案件的实体处理。

例如,在A、C、D分家析产纠纷案中,A作为户主于1992年提出建房申请,房屋于1994年建造,B(已死亡)、C、D均是建房申请人之一,是A之妻、之女、之子。C于1991年出嫁,其农业户口直至2008年迁出,D户口一直在该集体经济组织。2008年,讼争房屋涉及拆迁安置,C、D诉请法院要求分割属于其所有的财产份额。法院审理认为,C在申请建房前已经组建家庭,亦无证据证明对案涉房屋建造做出贡献,故认定其对拆迁房屋不具有财产性权利,不能据此分割被拆迁房屋建造价补偿,由于房屋被拆迁时,其为宅基地使用权人,故对被拆迁房屋占地面积区位补偿和安置面积享有分割权利;因B已经死亡,宅基地使用权由A、C、D享有。故C对宅基地使用权可分割1/3的利益。建房时D已经参加工作,作为家庭成员对建房亦有贡献,但其贡献明显小于A、B,故确定D享有房屋所有权份额为1/5,同时享有宅基地使用权1/3份额利益。

4. 拆迁利益分配问题。在司法实务中,存在最多的纠纷是,农村房屋拆迁补偿,此时,实物分割转化为相关权利人的利益分配问题。农村房屋拆迁补偿原则上分为房屋补偿和宅基地使用权补偿,有时还考虑人口因素。房屋拆迁的补偿,应当明确房屋所有权人,以确定房屋拆迁补偿款的归属。宅基地使用权人的确定不仅根据宅基地使用权证载明的权利人,还要结合宅基地审核表中登记的权利人以及必要时村委会的证明。此类纠纷的处理,还要看具体的拆迁政策,是根据人口因素还是根据房屋面积来计算拆迁利益。如果是根据人口因素,只要具有村集体经济组织成员身份,必须要保障“居者有其屋”,此时不考虑其对房屋的审批、建造的贡献,均应按人口份额享有拆迁利益,如离婚后的儿媳或者女婿,仍为集体经济组织成员的,仍应享有相应的利益,法院一般会给予支持;如按照原有农村房屋面积进行安置的,因婚姻关系引入成为集体经济组织成员,但对农村房屋建造不存在贡献的,其要求分配拆迁利益时,法院一般不予支持。拆迁时给付宅基地区位补偿款是根据土地使用面积计算的,非宅基地使用权人,如审批建房之后因婚姻关系而户口迁入的儿媳或女婿,不应享有该部分补偿。但是,如果该人口系居住在拆迁房屋内，亦属拆迁安置人口，其主张各项补助及奖励费，以及按人口面积享有的优惠住房面积的政策利益，法院应予支持。

例如，阿玲与阿敬原系夫妻，老张与老高系阿敬的父母。1993 年老张领取《集体土地建设用地使用证》，2007 年老张签订拆迁补偿协议书，获得拆迁补偿款 610, 698 元，其中，宅基地区位补偿款 329, 967 元、房屋及附属物重置成新价补偿款 223, 196 元，各项补助与奖励费 57, 535 元。补偿协议中注明家庭人口包括老张、老高、阿敬、阿玲，每人享有 45 平方米优惠住房面积。2008 年阿敬与阿玲经法院判决离婚。现阿玲诉请法院要求判令老张、老高、阿敬给付拆迁补偿款 20 万元且不得占用其因拆迁所得的优惠购房资格。法院审理认为，案涉拆迁房屋登记在老张名下，被拆迁房屋在阿敬和阿玲结婚前已建成，阿玲不享有房屋份额，而拆迁时给付宅基地区位补偿款是根据土地使用面积计算的，而不是按照拆迁人口给予的补偿，涉案宅基地使用权审批时，阿敬与阿玲尚未结婚，因此阿玲不享有该部分补偿。搬离拆迁房屋、配合拆迁工作，与每名拆迁安置人口均密切相关，需要每名拆迁安置人口配合，阿玲作为被拆迁安置人口，拆迁单位给付的搬家费、提前搬家奖、重点工程配合奖中应有阿玲的份额，阿玲亦应享有每人 45 平方米的优惠住房面积的政策利益。

专题三　宅基地使用权的消灭

一、宅基地使用权消灭及重新分配问题

《民法典》第 364 条列举了宅基地因自然灾害等原因消灭的，应重新分配宅基地使用权。在实务中，还包括宅基地被征收或收回等情形。根据法律规定，超出法定用途利用宅基地或有其他危及用地安全的情形时，集体经济组织有权收回宅基地使用权。确因国家建设需要，或者乡村公共设施和公益事业需要，可以收回集体经济组织成员的宅基地。此时，集体经济组织作为宅基地所有权人，应主动落实宅基地成员资格利益的义务，即重新分配宅基地使用权。重新分配时，仍然应当符合申请宅基地的条件，对于不符合分配条件的，不能重新分配。同时，根据有关规定，不动产或者动产被征收、征用致使用益物权消灭或者影响用益物权行使的，应当给予合理补偿。在上述情形中，村集体经济组织实施的是行政管理职能，如果村集体

经济组织成员对收回、重新分配及补偿行为存在异议的,应由人民政府处理,如果对处理不服的,应提出行政诉讼。

二、登记对于宅基地使用权转让或者消灭的意义

(一)是否以登记为生效要件

目前,我国法律尚未对宅基地使用权登记效力问题作出明确规定。《土地管理法》第 12 条规定,土地的所有权和使用权的登记,依照有关不动产登记的法律、行政法规执行。依法登记的土地的所有权和使用权受法律保护,任何单位和个人不得侵犯。2016 年国土资源部《关于进一步加快宅基地和集体建设用地确权登记发证有关问题的通知》规定了宅基地使用权登记的主体、形式、条件和程序。但是,宅基地使用权作为一项特殊的用益物权,它具有严格的身份性、无偿性、从属性及范围的严格限制等特点,具有更显著的“中国特色”。根据宅基地使用权的历史沿革分析,直到 20 世纪 90 年代我国才逐步完善宅基地使用权确认工作,目前仍然大量存在未经登记的宅基地使用权。本书认为,上述法律及规范性文件对宅基地使用权登记事项的规定,属于管理性强制性规范,而非效力性强制性规范。根据宅基地使用权以户为单位申请的权利属性,宅基地使用权证记载的权利人仅为户代表一人。因此,判断实际权利人需要综合考虑宅基地使用证、建房用地审批等文件上核定的人员,以及房屋新建、翻建、改扩建等情况,很多时候还要借助村集体经济组织的证明。因此,宅基地使用权登记的权利人属于法律上的推定,不动产推定力不能对抗真实物权权利人。此外,在现实生活中,非集体经济组织成员基于继承等原因取得宅基地上房屋、同一集体经济组织成员基于购买而取得宅基地上的房屋,但因此取得的宅基地使用权面积超过省、自治区、直辖市规定的标准等情形还大量存在,宅基地使用权应如何登记问题,在目前的制度框架以及“房随地走”“一户一宅”政策下,都还存在操作障碍。在现阶段,不动产实行统一登记制度,宅基地“三权分置”改革中,一些制度“瓶颈”尚未解决,要求宅基地使用权以登记为生效要件与客观现实不符,宅基地使用权仍应采取登记对抗主义为宜。登记对抗主义,是指物权的变动虽然不需要办理登记,但如果不登记,一旦发生纠纷,物权取得人的权利就不能产生对抗善意第三人的效力。《民法典》第 225 条对船舶、航空器和机动车等物权的设立、变更、转让和消灭,未经登记,不得对抗善意第三人作出了明确规定。登记对抗主义会涉及善意第三人的问题。所谓善意第三人,就是对买卖双方的交易行为不知情,且基于对卖方的信任而与其进行交易的人。如果发生纠纷,法律为

了保护交易安全,优先保护善意第三人的利益。宅基地使用权实行登记对抗主义,如果善意第三人先于买方与卖方办理了登记手续,则买方虽然取得了宅基地使用权,但宅基地使用权最终归第三人享有。在实务中,会出现同一集体经济组织成员间签订房屋买卖合同,但未办理产权变更登记手续,当事人以此为理由要求确认合同无效的纠纷。本书认为,《民法典》第365条属于管理性规定,买受人虽未办理宅基地使用权变更登记手续,但已在讼争宅基地上建造房屋并投入使用,买受人仍然享有宅基地使用权。被告登记对抗主义是在《民法典》出台之前,针对目前农村不动产登记制度不健全而采取的措施。《民法典》第210条第2款规定了国家对不动产实行统一登记制度,随着这项制度的落实,还是应当建立登记生效制度。基于此,国家鼓励宅基地使用权进行统一登记,如果买受人起诉要求出卖人履行办理产权登记过户的义务的,法院应予以支持。

在实践中,还存在这种争议,即在1990年土地重新申报登记时,原土改颁发的《土地房产所有证》项下的土地房屋部分共有权人以个人名义登记领取了《集体土地建设用地使用证》,对这种行为如何认定其性质?最高人民法院1987年6月15日《关于父母的房屋遗产由兄弟姐妹中一人领取了房屋产权证并视为己有发生纠纷应如何处理的批复》(最高人民法院〔1987〕民他字第16号),对此作出了参考性解答,即"根据该房产的来源及使用等情况,以认定该屋为钟和源、王细的遗产,属钟秋香、钟玉妹、钟寿祥、钟妙、钟秋胜5人共有为宜。钟寿祥以个人名义领取的产权证,可视为代表共有人登记取得的产权证明"。

(二)登记是否影响确权问题

根据《民法典》第209条的规定,不动产应办理不动产登记。但我国至今尚未建立完善的农村房屋登记制度。因此,当事人对农村房屋提起确权之诉时,法院能否以未办理产权证件为由,驳回起诉呢?在审判实务中会出现以不符合起诉条件而驳回起诉的情形。此外,也有观点认为,参照《民法典婚姻家庭编解释(一)》第77条的规定,"离婚时双方对尚未取得所有权或者尚未取得完全所有权的房屋有争议且协商不成的,人民法院不宜判决房屋所有权的归属,应当根据实际情况判决由当事人使用。当事人就前款规定的房屋取得完全所有权后,有争议的,可以另行向人民法院提起诉讼"。因此,对于未办理农村房屋产权证件的,当事人要求确认所有权时,法院经释明后判其对房屋享有使用权而不是确认所有权。对于这一问题,本书认为,要根据请求确认的农村房屋是违章建筑还是合法建筑进行来进行裁判。

1. 违章建筑的确权问题。最高人民法院《第八次全国法院民事商事审判工作会议(民事部分)纪要》第21条规定,"对于未取得建设工程规划许可证或者未按照建设工程规划许可证规定内容建设的违法建筑的认定和处理,属于国家有关行政机关的职权范围,应避免通过民事审判变相为违法建筑确权。当事人请求确认违法建筑权利归属及内容的,人民法院不予受理;已经受理的,裁定驳回起诉"。该规定虽是针对国有建设用地房屋的,但对于其中是否违法建筑的认定系属于国家有关行政机关的职权范围的规定,同样适用于农村房屋是否违章的认定。根据《土地管理法》的规定,农村房屋必须经过相应的审批手续,才属于合法建筑,对未经审批或超过审批面积等建造的房屋及构筑物等设施,属于违章建筑。本书的意见是,对于违章建筑,民事诉讼不作司法处理,并在裁判文书中进行明确说理,避免出现司法权僭越行政权的现象。

2. 合法建筑的确权问题。对于合法建筑,以确认所有权为原则,以不确认所有权为例外。基于买卖而取得农村房屋的,如若符合合同有效情形的,当事人要求确认合同效力及房屋所有权时,人民法院应予准许;基于继承或合法建造而取得的,根据法律规定,因继承取得物权的,自继承开始时发生效力。因合法建造的事实行为设立物权的,自事实行为成就时发生效力,农村房屋基于合法建造的事实行为或继承而取得物权,该权利自始享有。因此,农村房屋所有权并不受是否办理产权证件的影响。国家对不动产实行统一登记制度,统一登记的范围、登记机构和登记办法,由法律、行政法规规定。对房屋等不动产进行登记,属行政机关的行政管理权,本身与当事人享有物权并不矛盾和冲突。如若仅确认对农村房屋享有使用权,将侵害当事人对房屋在一定限度内的收益、收分权,如在集体经济组织内部进行转让等权能的实现。同时,对于个别特殊案件,由于历史原因,在向行政机关发函后仍无法查明是否属于合法建筑、对多个权利主体无法查清等情况的,可以不作所有权认定,属于起诉不适时驳回起诉,或者因证据不足驳回诉讼请求,但不宜简单基于未办理产权证件而驳回起诉,如果当事人要求进行分割的,基于纠纷处理的考虑,可以确认各自享有使用权的范围。当然,在实务操作中,宅基地产权证件的办理需要家庭成员的配合;村委会的确认等程序,行政机关亦有相应的操作流程,均须在裁判文书中进行详细的说明,并对当事人进行释明,使当事人及社会公众逐步认识到司法确认所有权与行政机关颁发产权证件是两回事,两者不能等同,不能以司法裁判要求行政机关必须办证。

专题四　宅基地制度改革试点

一、宅基地制度改革介绍

《中共中央关于推进农村改革发展若干重大问题的决定》指出："完善农村宅基地制度，严格宅基地管理，依法保障农户宅基地用益物权。"《中共中央关于全面深化改革若干重大问题的决定》进一步指出："保障农户宅基地用益物权，改革完善农村宅基地制度，选择若干试点，慎重稳妥推进农民住房财产权抵押、担保、转让，探索农民增加财产性收入渠道。"2015 年 1 月，中共中央办公厅和国务院办公厅联合印发了《关于农村土地征收、集体经营性建设用地入市、宅基地制度改革试点工作的意见》，标志着我国宅基地制度改革进入试点阶段。针对农户宅基地取得困难、利用粗放、退出不畅等问题，该意见指出宅基地制度改革试点的主要任务是："要完善宅基地权益保障和取得方式，探索农民住房保障在不同区域户有所居的多种实现形式；对因历史原因形成超标准占用宅基地和一户多宅等情况，探索实行有偿使用；探索进城落户农民在本集体经济组织内部自愿有偿退出或转让宅基地；改革宅基地审批制度，发挥村民自治组织的民主管理作用。"为了保证改革试点工作的依法进行，该意见指出，"试点涉及突破相关法律条款，需要由国务院提请全国人大常委会授权，允许试点地区在试点期间暂停执行相关法律条款"。2015 年 2 月 27 日，第十二届全国人大常委会第十三次会议通过《关于授权国务院在北京市大兴区等三十三个试点县（市、区）行政区域暂时调整实施有关法律规定的决定》，授权在试点地区暂时调整实施《土地管理法》《城市房地产管理法》等有关法律规定。2015 年 12 月 27 日，第十二届全国人大常委会第十八次会议通过《关于授权国务院在北京市大兴区等 232 个试点县（市、区）、天津市蓟县等 59 个试点县（市、区）行政区域分别暂时调整实施有关法律规定的决定》，两批试点地区分别暂时调整实施法律关于集体所有的耕地使用权不得抵押的规定和集体所有的宅基地使用权不得抵押的规定。经过两次延长，授权期限截至 2019 年 12 月 31 日。

试点地区涉及宅基地使用权的法律调整实施，主要是《土地管理法》第 44 条第 3 款、第 4 款，第 62 条第 3 款关于宅基地审批权限的规定，将存量建设用地的审批权限由县级人民政府下放至乡镇,涉及占用农用地的办理相关审批手续;以及暂停实施《民法典》第 397 条和第 399 条关于宅基地等集体所有的土地使用权不得抵押的规定。宅基地审批权限的试点经验,在《土地管理法》修正时予以体现。2019 年 8 月 26 日修订、2020 年 1 月 1 日起实施的《土地管理法》第 44 条对农用地转用审批手续的权限进行了调整。第 62 条则新增了四个方面的规定:一是健全宅基地权益保障方式,规定“人均土地少、不能保障一户拥有一处宅基地的地区,县级人民政府在充分尊重农村村民意愿的基础上,可以采取措施,按照省、自治区、直辖市规定的标准保障农村村民实现户有所居”。二是完善宅基地审批制度,下放使用存量宅基地的审批权至乡(镇)人民政府,但涉及占用农用地的,应当依法办理农转用审批手续。三是明确了农村村民赠与住宅后,再申请宅基地的不予批准。四是探索宅基地有偿使用和自愿有偿退出机制,允许进城落户的农村村民依法自愿有偿退出宅基地,鼓励农村集体经济组织及其成员盘活利用闲置宅基地和闲置住宅。

二、宅基地制度改革试点地区的纠纷处理

《民法典》第 363 条规定:“宅基地使用权的取得、行使和转让,适用土地管理的法律和国家有关规定。”即除了法律、行政法规外,宅基地使用权的取得、行使和转让也适用土地管理的国家相关试点性政策。最高人民法院为了在司法实践中贯彻国家的土地政策,在 2016 年 11 月 30 日公布的《第八次全国法院民事商事审判工作会议(民事部分)纪要》第 19 条规定,“在国家确定的宅基地制度改革试点地区,可以按照国家政策及相关指导意见处理宅基地使用权因抵押担保、转让而产生的纠纷”,明确了试点地区的法律适用。以义乌市为例。2015 年 3 月,浙江省义乌市就开始探索农村宅基地“三权分置”改革,尝试打破宅基地使用权主体的身份限制,适度放活宅基地使用权。为配套宅基地制度改革,义乌市制定出台《义乌市农村宅基地使用权流转暂行办法》《义乌市农村宅基地使用权转让细则(试行)》《义乌市农村宅基地取得置换暂行办法》《义乌市农民住房财产权抵押贷款试点实施办法》等一系列制度。这些制度,在试点时期作为义乌市处理相关纠纷的政策依据。对此,实务中主要应把握以下几点:

1. 有条件地允许跨集体经济组织转让宅基地使用权,一定程度上打破宅基地使用权主体的身份限制。但仍有一定的限制,如转让方必须持有宅基地使用权证和房屋所有权证;受让方允许为“义乌市行政区域范围内跨集体经济组织”成员;转让的宅基地使用权只能是已完成新农村建设的村庄的宅基地使用权;必须经过村

民代表会议同意、镇人民政府审核以及报国土局、农林局（农办）备案三道程序。法院在处理跨集体经济组织宅基地使用权转让纠纷案件时，一般是依据最高人民法院《第八次全国法院民事商事审判工作会议（民事部分）纪要》第 19 条和《义乌市农村宅基地使用权转让细则（试行）》第 7 条关于“允许农村宅基地使用权在本市行政区域范围内跨集体经济组织转让”的规定，只要案件中的宅基地使用权转让合同符合该规定并且不违反《民法典》，法院便会认定转让合同没有违反《土地管理法》第 62 条、第 63 条以及《民法典》中的强制性规定，从而判定合同有效。如在李甲诉李乙、李丙宅基地使用权纠纷案中，义乌市人民法院认为本案宅基地使用权的转让属于该市行政区域范围内跨集体经济组织转让，但是符合最高人民法院发布的会议纪要的规定和义乌市土地制度改革试点政策，因此不违反法律、行政法规的强制性规定，从而认定双方签订的宅基地使用权转让协议合法有效。

2. 保障宅基地使用权、用益物权权能发挥，特别是允许进行抵押。明确提出要保障宅基地用益物权，转让人和受让人都依法享有宅基地使用权及地上建（构）筑物的占有、使用、收益、处分权利。在满足产权清晰、持有不动产权证、承诺抵押房屋处置后尚有安居之处等条件后，允许以农民住房所有权及所占宅基地使用权抵押向银行业金融机构贷款。因抵押而产生的流转，受让人限定于义乌市范围内农村集体经济组织成员，以保障宅基地所有权的性质不变。

3. 要衔接好《土地管理法》第 62 条的规定。理论通说认为，我国的宅基地制度具有福利性质，是国家对于农民生存权的基本保障。《土地管理法》第 62 条确立了“一户一宅”制度，并且对宅基地面积也有上限规定。如规定转让面积不超过规定的最高户型面积；转让方或抵押人为村级集体经济组织成员的，必须保证转让后或因抵押流转后人均住房建筑面积不低于 15 平方米，体现了宅基地使用权的保障性。对于宅基地改革试点的具体措施的办法，只能在试点地区适用，未经批准的其他地区不能随意适用。

第十四章　居住权

专题一　居住权的取得

一、居住权的性质和权能

《民法典》首次以立法的方式在我国确立了居住权制度。居住权是指以居住为目的，对他人的住房及其附属设施享有的占有、使用的权利。居住权属于用益物权，也是具有人身属性的人役权。[①] 居住权起源于古罗马，最早出现在罗马的继承制度中。从权利的性质看，居住权首先是一种物权，与同为占有使用他人之物的租赁权不同。在物权之中，居住权是设立于他人之物上的物权，属于他物权。从权利内容和权能看，居住权以占有和使用他人之物为内容，以满足权利人的居住需要而设定，属于用益物权。居住权不仅是一种用益物权，而且属于用益物权中的人役权。

罗马法的古典时期，役权被视为在土地上设立的一种负担，但在《法学阶梯》中尚未提出役权的概念。只有在《学说汇纂》中才找到了关于役权的记载，马尔西安把役权划分为地役权和人役权。用益权和类似权利被置于役权概念之下。人役权与地役权的区别主要体现在两个方面。二者在主体方面的区别体现为，人役权主体属人，是为特定人的利益而利用他人之物的权利，原则上不具可让与性且不得继承，而地役权主体属物，反映了不动产之间的关系，具有可让与性。二者在客体方面的区别体现为，人役权的法律规则中只须有供役地，无须有需役地，而地役权则既需有供役地又需有需役地。在优士丁尼法中，人役权分为四种类型：用益权、使用权、居住权、对奴隶和他人牲畜的劳作权。[②] 公元前 1 世纪左右，从用益权中分化出一种与之结构相似但内容更为狭窄的权利，只能满足单纯的个人使用，被称为使

---

① 参见王利明：《论民法典物权编中居住权的若干问题》，载《学术月刊》2019 年第 7 期。

② 参见汪洋：《从用益权到居住权：罗马法人役权的流变史》，载《学术月刊》2019 年第 7 期。

用权。居住权则出现得更晚，体现为在他人房屋上设立的用于居住的权能，最初仅作为受遗赠人享受某种利益的事实，直到优士丁尼法才被正式确立为法定的人役权类型，结束了历史上居住权属于用益权还是使用权的争议。在房屋为客体时，用益权、使用权、居住权三者的权利内容其实非常相近。[①] 居住权产生的基础是"无夫权婚姻和奴隶的解放日多，每遇家长亡故，那些没有继承权又缺乏或丧失劳动能力的人的生活就成了问题。因此，丈夫和家主就把一部分家产的使用权、收益权等遗赠给妻或被解放的奴隶，使他们生有所靠，老有所养"。[②] 古罗马法中的居住权具有人身性、救助性与期限性。居住权一般由家庭婚姻关系中的弱势群体享有，不可转让不可继承，最长存续到居住权人死亡。由于现实生活的需要，享有居住权利的人除了居住权本人外，居住权人的配偶和近亲属，以及客人和奴隶也可享有居住权。[③] 在各类人役权中，使用权与居住权以用益权为蓝本，权能范围递减而人身专属性递增。使用权与用益权的本质区别在于是否能收取孳息。但在罗马法上，虽然使用权人无权收取孳息，但在个案中逐渐认可使用权人收取孳息的权利，只是对收取孳息的主体、地点以及使用目的进行了限制，标准限于"为日常用度使用"。因此，用益权与使用权的现实边界变成了收取孳息的数量多少。使用权的功能逐渐被定性为不给所有权带来过重负担的"小用益权"的角色。居住权一开始只是视为介于习俗与法律之间的一种事实权利，未成为独立的他物权。当事人针对居住权的约定，或者被等同于使用权，或者被解释为用益权，体现了文义解释、目的解释、类推等方法的运用。优士丁尼颁布居住权谕令，使居住权独立于用益权和使用权，并赋予了居住权人出租房屋的权利。[④]

受罗马法的影响，欧洲、美洲、非洲的许多国家和地区都在民法典中规定了居住权制度。《意大利民法典》《奥地利普通民法典》《瑞士民法典》《阿根廷共和国民法典》《智利共和国民法典》《埃及民法典》《阿尔及利亚民法典》等民法，都对居住权作了规定。只是近现代民法对于罗马法的居住权作了进一步发展，以契合近现代经济社会发展的需要。《德国民法典》第 1093 条对居住权作了规定："(1)在排除所有权人的情况下，将建筑物或者建筑物的一部分作为住宅加以使用的权利，也可以作为限制的人役权加以设定。(2)权利人有权将其家庭以及对符合身份的服侍和对护理来说为必要的人员接纳入住宅中。(3)居住权被限制于建筑物的一部分

---

① 参见汪洋：《从用益权到居住权：罗马法人役权的流变史》，载《学术月刊》2019 年第 7 期。
② 杨晶莹、闫爽：《居住权变动规则之反思》，载《法制与社会》2020 年第 6 期。
③ 参见汪洋：《从用益权到居住权：罗马法人役权的流变史》，载《学术月刊》2019 年第 7 期。
④ 同上。

的,权利人可以合用指定供居住者共同使用的工作物和设备。”从该规定看,德国法上的居住权为他物权,是一种限制的人役权,因而是不可转让的。居住权区别于使用租赁的地方,在于居住权是一种被登记于土地登记簿的物权,而使用租赁是债法上的有偿的双务合同。

关于我国立法上是否应当设立居住权制度的问题,一直存在争议。在制定《物权法》的过程中,立法机关在 2002 年的物权法征求意见稿中对居住权作了专门规定。当时主张规定居住权的主要目的是“解决三类弱者的居住问题”。[①]《物权法征求意见稿》用了 8 个条文较为详细地规定了居住权制度。其后的《物权法(草案)》二审稿、三审稿、四审稿又进一步增加条文,对居住权制度进行了完善。当时对于是否应当规定居住权的问题,存在很大争议。全国人大常委会法工委接受了反对方的意见,认为既有的扶养制度完全能够替代居住权,由此提出:“居住权的适用面很窄,基于家庭关系的居住问题适用婚姻法有关抚养、赡养等规定,所以没有必要在物权法中制订这一权利了。”全国人大法律委员会在对全国人大常委会的《物权法(草案)》修改情况汇报中提出了删除这一章的建议,因此《物权法(草案)》第六次审议稿删除了居住权的相关规定。

在编纂《民法典》物权编的过程中,关于是否应当规定居住权的问题再度成为焦点。支持建立居住权制度的观点认为,居住权可以满足人们的住房需求,有助于应对老龄化的挑战、保障拆迁安置住户的居住权益以及机关事业单位工作人员家庭成员的居住权,保障人民群众实现“住有所居”的目标,能够促进房屋的利用,并进一步完善我国物权体系。从司法实践的角度看,我国已经有了保护居住权的实践经验,为居住权立法提供了实践经验。而租赁制度无法替代居住权的制度功能。在《民法典》中规定居住权,有助于通过私法手段缓解特定群体的居住困境,有助于房屋所有权实现形式的多元化,缓和僵硬的物权法定主义,具有重要的现实意义。反对在《民法典》中规定居住权制度的观点认为,虽然居住权是罗马法上的制度,为近代西方各国民法所借鉴、吸收,但日本、韩国等亚洲国家在借鉴欧洲国家民法时并没有移植这一制度。从地缘的角度看,我国也没有必要规定居住权制度。而在对居住权作出规定的国家中,其民法典制定的时间都较早,一些国家之所以制定居住权制度,是因为当时男女不平等,女性没有继承权,为保护女性的权益。但我国现在社会中,男女平等已经成为基本原则,这一制度显然失去了存在的必要。现有

---

① 江平、刘智慧:《确立中国居住权法律制度的若干思考》,载江平主编:《中美物权法的现状与发展》,清华大学出版社 2003 年版,第 459 页。

制度足以解决居住问题。离婚案件中女方的居住问题不再是困扰法院的难题，对于父母的居住及丧夫寡母的居住，我国继承法和婚姻法已有充分保障，现有婚姻家庭继承制度即可保障居住权所保障的大部分利益，而基于租赁关系的居住问题可用合同法调整，在实践中均可以运用公平原则对居住权问题进行裁判。极个别城市居民给予保姆永久居住权的，可通过遗嘱方式实现。自《物权法》生效以来，设立居住权的实例极少且限于亲属朋友之间。因此，我国目前无须再另行规定居住权制度。最终，《民法典》采纳了肯定方的意见，专章对居住权作了规定。

在编纂《民法典》的过程中，不少人认为，应当将居住权定位为普通的用益物权，而不应限定为传统的人役权。例如，有观点认为，我国居住权制度应当走出人役的执念，专注于房屋的用益性，如此居住权制度方具有现实价值。基于物权定位之居住权不应限于满足生活需要，应以可出租、转让和继承为原则，期限亦得自由约定。[①] 这一观点最终未被《民法典》采纳。还有观点认为，居住权不应当仅限于消费性居住，也应当包括经营性居住，应当规定社会保障性居住权。我国的社会保障性住房包括，国家安居工程住房、经济适用房、廉租房、公共租赁住房、房改房、拆迁或棚户改造安置房、职工安置房、人才安置房等。北京、上海和广东等地还推行共有产权房。这类房屋的社会价值在于社会保障而非家庭保障，住房供给以低价或无偿为原则，具有社会福利性。实践中，居住人对上述房屋享有的权利属性不明，是单独所有权、共有权、租赁权还是居住权，并不明确，导致纠纷产生。在处理此类纠纷时，司法实践也容易混淆作为债权的租赁权与作为物权的居住权，混淆居住权本身与作为权能的处分权和使用权，混淆了权利主体。因此有必要将居住权适用于保障性住房。而且居住权更为广阔的适用空间在于经济适用房、共有产权房之类的“产权式”保障，由此可以转化为类似于所有权的居住权。[②] 有观点认为，从长远来看，只有把这些“产权式”保障统一转作居住权，才符合国家住房保障的内在目的和制度初衷。[③] 还有观点认为，应当开放居住权转让。传统居住权作为人役权不可转让，且居住权不可转让其实是各类学者达成居住权入法共识的基本条件。尽管在法条中规定居住权转让的可能性不大，可以将法律体系中的居住权作区分，基于家庭婚姻关系的居住权不可转让，而基于社会经济关系产生的居住权应当可以转让，这是居住权发展适应现代经济生活的趋向。[④] 上述观点并未被《民法典》采

---

① 参见鲁晓明：《“居住权”之定位与规则设计》，载《中国法学》2019 年第 3 期。

② 参见申卫星、杨旭：《中国民法典应如何规定居住权？》，载《比较法研究》2019 年第 6 期。

③ 参见王利明：《论民法典物权编中居住权的若干问题》，载《学术月刊》2019 年第 7 期。

④ 参见杨晶莹、闫爽：《居住权变动规则之反思》，载《法制与社会》2020 年第 6 期。

纳。整体来看,《民法典》仍然坚持了居住权为人役权的大陆法系传统。

在司法实践中,关于居住权的保护主要体现为夫妻离婚时对无房居住一方提供特别保护。原《婚姻法司法解释(一)》第27条规定:“婚姻法第四十二条所称‘一方生活困难’,是指依靠个人财产和离婚时分得的财产无法维持当地基本生活水平。一方离婚后没有住处的,属于生活困难。离婚时,一方以个人财产中的住房对生活困难者进行帮助的形式,可以是房屋的居住权或者房屋的所有权。”在司法实践中,根据该条规定,人民法院通过保护居住权来对一方离婚后没有住处的当事人加以特别保护。但司法实践对于居住权的性质、权能、存续期间、消灭等并不明确,因此人民法院更倾向于对夫妻共同房产所有权进行分割,通常是在无法对房产所有权进行分割的情况下,才判决离婚后没有住处的一方当事人享有居住权。而在执行中,如何实现当事人的居住权也存在一些困难。有人对司法实践中居住权保护的案例进行了分析,发现司法实践对居住权的保护分为五种类型:借助公序良俗原则保护居住权、在物权或债权意义上保护居住权、将居住权作为执行异议依据或恶意认定标准等。[①] 有人对2005年1月1日至2019年8月1日的“居住权”“民事”“判决”进行检索,得到案例31,740件,发现居住权案例属于物权纠纷案件的共计12,044件,其占比高达37.95%,超过了样本总数的1/3。而在婚姻家庭和继承领域发生的居住权案例共计9410件,占样本总数的29.65%;居住权纠纷案件的数量与经济发达程度、住房(或住宅)价格高低成正相关关系,而且近年来居住权案例的数量呈逐年增长趋势。[②] 需要注意的是,司法实践中所称的居住权具有多层含义,很多时候并不是指《民法典》物权编第三分编用益物权中第十四章所规定的居住权,而是指居者有其屋的权利,是执行异议之诉中为保护居住人权利而使用的概念。因此,简单搜索“居住权”并不能准确反映司法实践对居住权的保护情况。

我国《民法典》在规定居住权时,遵循了大陆法系将居住权作为他物权、用益物权、人役权的性质。《民法典》第366条规定:“居住权人有权按照合同约定,对他人的住宅享有占有、使用的用益物权,以满足生活居住的需要。”第369条规定:“居住权不得转让、继承。设立居住权的住宅不得出租,但是当事人另有约定的除外。”根据上述规定,我国民法上的居住权属于他物权、用益物权,具有人役权的特点,包括占有、使用两项权能,目的是满足居住权人的生活居住需要。居住权作为一种物权,具有对世性,任何第三人均应当予以尊重,不得侵害。如果他人侵害居住权,居

---

① 参见曾大鹏:《居住权的司法困境、功能嬗变与立法重构》,载《法学》2019年第12期。

② 同上。

住权人有权请求停止侵害、排除妨碍、恢复原状、赔偿损失。居住权是一种他物权，有权对抗房屋的所有权人。如果所有权人不当妨害居住权人占有、使用房屋，居住权人有权请求其停止侵害、排除妨碍、赔偿损失。有人指出，我国《民法典》物权编在将居住权作为一种用益物权作出明确规定的同时也承认了它具有人役权的特点，具体而言，表现在如下几个方面：第一，为特定人设立。第二，终身性，居住权以期限届满或以权利人的终身为限。作为保护权利人居住行为的用益物权，居住权是一种长期的、稳定的权利。[①] 第三，无偿性。人役权为具有特定情感关系的人设立，其所具有的是恩赐和慈善的价值，因而通常以无偿为特征。[②] 由于居住权是人役权，居住权人对居住权原则上不享有处分权，不能转让，也不能继承。设立居住权的住宅原则上也不得出租，除非当事人另有约定。有人建议，认可居住权人出租房屋从居住权的本质属性出发，居住权实质上有社会救助的性质，居住人是生活困难的老年人与离婚丧失经济来源的一方。对于生活陷入困境的人而言，部分出租其房屋换取生活所需的财产是一个相对有保障的生活来源，所以，基于居住权的经济功能，不应该限制居住权人收取孳息的经济利益。[③] 这一观点实际已被《民法典》部分采用，只是必须尊重所有权人的意愿，需征得所有权人的同意。居住权的主体是居住权人，其享有居住房屋的权利。从社会经济生活的实际需要看，除居住权人外，其近亲属和其他需共同居住者，一般也可以居住房屋。但居住权人的近亲属等人的权利依附于居住权人，且以当事人之间无相反约定为前提。有人建议，应当规定法人享有居住权。居住权作为一种财产权，在现代社会应当突破人身性救援的限制，增加其流转可能以满足其经济性需求。因此居住权的内涵应适当扩大，赋予法人居住资格。[④] 但从《民法典》的规定看，居住权的客体限定为他人之住宅，似不应将法人作为居住权人。居住权的客体是他人之住宅，也包括房屋的附属设施、公有部分。有观点认为，除房屋整体外，房屋组成部分也可设定居住权，于一房之上成立数个居住权，构成对一物一权的突破。[⑤] 这一观点符合社会生活实际。

二、居住权成立的条件

关于居住权的设立，我国《民法典》第367条规定："设立居住权，当事人应当采

① 参见周枏：《罗马法原论》，商务印书馆2016年版，第414～415页。
② 参见温世扬、廖焕国：《人役权制度与中国物权法》，载《时代法学》2004年第5期。
③ 参见杨晶莹、闫爽：《居住权变动规则之反思》，载《法制与社会》2020年第6期。
④ 同上。
⑤ 参见单平基：《〈民法典〉草案之居住权规范的检讨和完善》，载《当代法学》2019年第1期。

用书面形式订立居住权合同。居住权合同一般包括下列条款:(一)当事人的姓名或者名称和住所;(二)住宅的位置;(三)居住的条件和要求;(四)居住权期限;(五)解决争议的方法。”第 368 条规定:“居住权无偿设立,但是当事人另有约定的除外。设立居住权的,应当向登记机构申请居住权登记。居住权自登记时设立。”第 371 条规定:“以遗嘱方式设立居住权的,参照适用本章的有关规定。”根据以上规定,居住权可以通过遗嘱、遗赠以及合同方式设立。居住权设立行为直接为住宅所有权设立负担,对作为不动产的住宅影响巨大,应当以要式行为为之。设立居住权的合同应当采用书面形式订立。居住权合同一般包括以下内容,一是合同主体,即当事人的姓名或者名称和住所;二是合同标的,即住宅的位置等情况;三是合同的主要内容,如居住的条件和要求,居住权期限等;四是解决争议的方法。居住权的设立应当以无偿为原则。但当事人也可以约定通过有偿的方式设立居住权。从这个角度看,通过遗赠扶养协议的方式设立居住权应当有效。居住权以住宅为标的,是一种不动产物权。《民法典》规定不动产物权的设立原则上以登记为要件。居住权亦如此,设立居住权的,应当向登记机构申请居住权登记。居住权自登记时成立。从居住权的设立看,居住权制度注重保障家庭身份关系下的弱势群体或者建立了长期家政服务的保姆等人,以身份、情感关系为基础,反映的不是商品交易关系,具有人身专属性,因此以无偿为原则,有偿为例外。

专题二　居住权的消灭

居住权以保障居住权人的生活居住需要为目的。自然人的居住生活需要是终身的,只有在居住权人死亡后,其生活居住需要才终止。我国《民法典》第 370 条规定:“居住权期限届满或者居住权人死亡的,居住权消灭。居住权消灭的,应当及时办理注销登记。”由于居住权以特定住宅为标的物,因此,除居住权人死亡外,住宅灭失也会导致其承载的居住权消灭。当然,如果第三人对住宅灭失存在过错的,应当向居住权人赔偿相应的损失。此外,居住权为他物权,如果居住权与所有权混同时,即同一住宅的居住权和所有权为同一人享有时,居住权已无存在之必要。居住权期限届满。根据《民法典》第 367 条和第 371 条的规定,当事人在通过合同或者遗嘱方式设立居住权时，应当确定居住权期限。如果当事人约定的居住权期限或者遗嘱中确定的居住权期限届满，居住权消灭。居住权设立之目的在于使居住权人占有、使用住宅。如果居住权人长期不行使权利，不仅有违居住权设立之目的，也会导致资源浪费。有人建议，我国《民法典》应当规定居住权人 15 年未行使居住权将导致居住权消灭。[①] 但《民法典》并未采纳这一意见。居住权消灭后，居住权人负有返还住宅的义务。

专题三　公房使用权的民法保护

公房通常是指国家和集体拥有所有权的住房。体例上，公房使用权应当属于所有权的利用，放在居住权部分或者其他地方均不很妥当。但鉴于此类住房在我国占有相当大的比重，其法律纠纷也比较多，司法实践存在许多问题，以特殊专题附录于此。

一、公房使用权制度的历史发展

根据原建设部 1994 年颁布的《城市公有房屋管理规定》第 3 条规定，公有房屋系指国有房屋和集体所有的房屋。按照管理权属的不同，分为单位自管公房与直管公房。公房的主要特征表现为：一是主体具有特定性。公房出租方为政府机关或者其授权的主体，承租人主要是企事业或者机关单位职工，或者企事业及机关单位。二是住房合同具有确定性。公房租赁合同具有行政管理合同的属性，是计划经济条件住房资源分配的一种方式。三是使用期限的无期性。原则上，公房的租赁期限一般为房屋的使用寿命，无固定的期限限制。实践中，公房的转让方式包括出租、无偿划拨分配、换房、出售等方式。

在计划经济体制下，我国实行住房行政实物配给制度。在计划经济时期，归国家或者集体所有的住房，有偿或者无偿分配给职工、企事业单位或者国家机关使用。有的使用人需要支付一定租金，但租金数额很低。计划经济体制下，低租金导

---

① 参见曾大鹏：《居住权的司法困境、功能嬗变与立法重构》，载《法学》2019 年第 12 期。

致的住房短缺容易引发黑市行为,但当时个人承租的公房转租比例较小,主要是单位承租的公房,尤其是公有商业用房的高价转租。房租改革开始后,公房转租的范围扩大到公有住宅。当时公房转租属违法行为,为各地房地产管理部门所重点打击、查处。改革开放之前的房屋买卖行为也被禁止。市场在房屋资源的配置中不能发挥作用。在人们观念转变,同时价格管制和供给限制下的供需矛盾愈加凸显,市场租金与政策性租金的差额巨大等多种因素的作用下,公房转租屡禁不止,且数量越来越多,逐渐呈半公开化状态。公房使用权交易起源于以物易物形式的实物换房。计划分配房屋使用权带来的僵化越来越不适应经济发展和社会生活的需要。20 世纪 80 年代末期,出于方便居民生活和工作的考虑,不少地方的房地产管理部门成立了换房站,举办换房大会。由于不同的房屋在地段、环境、面积等方面存在差异,因此在实物换房的基础上需要进行货币补差。之后,部分地方换房市场已变相为公房使用权的交易市场,但不同地方的政策并不相同。例如,天津市河西区房地产管理局下属的龙都房地产经营发展公司率先成为一个公房使用权有偿转让的中介者、经营者。但在北京等地,公房使用权交易则被严厉禁止。1987 年,《北京市人民政府关于城市公有房屋管理的若干规定》中明确规定“严禁出卖公房使用权”。1991 年,北京出台了《北京市人民政府关于查处非法买卖公有房屋使用权的规定》。在沈阳,20 世纪 80 年代末就开始了群众自发、秘密的地下隐形出让房屋使用权活动。1991 年,沈阳市房屋租赁公司即开展了公房使用权有偿转让试点活动。在上海,公有房屋置换政策于 1996 年推出,进行“差价换房”。1998 年 5 月,上海市房屋土地管理局颁发了《上海市不可售公有住房差价交换试行办法》,允许住房承租人把不可售公房按市场交换价值转让使用权,或换购商品房,或互换使用。在武汉,《武汉市直管公有住房使用权有偿转让管理试行规定》于 1997 年 5 月发布。这是全国首次公开允许直管公房承租人将使用权转让。之后,公房使用权出租、转让、交换等交易行为在全国多地兴起。

除了公房使用权人交易房屋使用权外,我国也在积极探索将房屋所有权出售给使用权人。1979 年,国家城建总局从国家补助的住宅建设投资中,分别拨给陕西、广西一部分资金,在西安、南宁等市进行建房全价出售给私人的试点。这里的建房全价是指土建成本价。这一政策拉开了我国城镇住房制度改革的序幕。1982 年 4 月,国务院选定在郑州、常州、四平、沙市等 4 个城市探索“三三三制”出售公房的政策。即公房出售价以土建成本价为准,政府、企业、个人各负担 1/3 的房价。1984 年年底,城乡建设环境保护部把北京、天津、上海及全国 23 个省的 82 个城市作为补贴出售公房的第二批试点城市，并于1988年提出了不发补贴、优惠出售公房的办法。优惠价以公房标准价为基础计价，扣除折旧、单位给职工发放的住房补贴及一次性付款优惠等。这里的公房标准价包括住宅建筑本体造价和征地拆迁补偿费等。自1994年开始，出售现有公房价格从标准价过渡到成本价。标准价按负担价和抵交价之和测定。成本价由征地和拆迁补偿费、勘察设计和前期工程费、建筒安装工程费、住宅小区基础设施建设费、管理费、贷款利息和税金等7部分构成。从1998年下半年起，以成本价出售现有公房，并与经济适用房相衔接。经济适用房按微利价向中低收入家庭出售，其价格在上述成本价的7项构成的基础上再加3%以下的利润，建设用地实行行政划拨。安居工程房则以成本价销售。集资建房、合作建房适用于经济适用房的规定。实践中，很多单位集资建房、合作建房时给予本单位职工的优惠比较多，价格较为优惠。

二、公房产权的类型及性质

在改革开放之前，企业事业单位、机关单位及其职工一般只享有公房的使用权，公房所有权属于国家或者集体。改革开放之后，我国住房制度开始改革，国家或者集体通过收取一定对价的方式，将公房所有权转让给使用权人，使用权人可以获得所有权。1998年，国务院出台了《关于深化城镇住房制度改革的决定》，标志着我国住房制度改革向纵深发展。城镇住房制度改革在坚持国家统一政策目标指导下，地方分别决策，因地制宜，量力而行；坚持国家、单位和个人合理负担；坚持“新房新制度、老房老办法”，平稳过渡，综合配套。住房制度改革的稳步推进，使我国延续多年的福利型、配给制的住房制度进一步向商品化、社会化的住房供给体系转变，在出售公房、加大租金改革力度和全面推行住房公积金制度等方面取得明显成效。与此同时，公房使用权流转增多、价格增长，历史遗留问题凸显，与公房所有权、使用权、承租权有关的纠纷不断，大量诉讼案件涌入人民法院。

关于公房使用权的性质，存在不同的认识，主要有以下几种观点：一是债权说。该说认为，公房的所有权属于国家或者集体，公房所有权人与使用权人建立的是租赁合同法律关系，公房管理部门代为行使收取租金等房屋所有人的权利，履行公房维修等房屋所有人的义务。公房使用人享有使用房屋等承租人权利，履行交纳房租等承租人义务。因此，公房使用权属于公房承租人基于公房租赁合同所享有的租赁权，这一权利属于债权。二是自物权说。该说认为，公房租赁的实质是变相工资分配方式建立起来的“租赁”关系，这种低租金的租赁关系实质上是一种变相的工资支付方式,其在本质上属于单位职工对自己劳动创造的价值享有的一种所有权。公房的使用权是我国传统福利住房分配政策和计划经济体制的产物,是政府对劳动者广泛实行的变相工资分配方式。在住房制度改革以前,取得公房使用权的承租人,必须是在国家机关或者国有企事业单位工作,其工作达到一定年限,组织上就会根据其工龄长短、职务高低、工作业绩大小、家庭人口等诸多因素,确定分配给其家庭一定面积的房屋,并建立起职工与国家或单位之间的房屋租赁关系。公房的使用权实际上隐含了价值,是职工多年工资中住房消费的补偿,也是劳动力价值的组成部分。所以,公房承租人所享有的权利相当于"类所有权"的权利。这种权利的本质是物权,是民事主体以自己的劳动获得的权利,属于自物权而非他物权。三是准所有权说。该说认为,公房承租人对公房的权利具有全面性,公房承租权人拥有公房的部分最终支配权,且该权利具有无期限性。因此,公房承租权人对公房享有类似于所有权性质的权利,而作为公房的所有权人(国家)的权利已经被虚化。四是居住权说。该说认为,居住权是居住权人对他人所有的住房以及其他附着物所享有的占有、使用乃至收益的权利。居住权是在他人房屋上设立的权利,是为特定自然人的生活用房而设定的。居住权属于人役权,具有无偿性、终身性、身份性等特点,在理论上可以把居住权作为一种特殊的用益物权对待。在编纂《民法典》的过程中,有观点建议将公房等政策房纳入居住权的规制范围。五是模糊性财产权说。该说认为,公房使用权具有用益物权的性质,但《物权法》并未将其作为法定物权之一种。在现阶段只能认为,公房使用权是一种高度物权化的债权或一种属性模糊的财产权。六是准用益物权说。该说认为,公房使用权具有支配性、永久性,是对所有权的限制。我国现阶段虽仍称公房使用权为一种租赁关系,但出租人的权利地位已被弱化,承租人的权利和地位得到强化,与真正市场化的租赁关系存在本质区别。由于公房使用权具有上述特征,可将其作为准用益物权。七是用益物权说。该说认为,公房使用权有别于合同法意义上的租赁权,已经具备了物权的属性,与建设用地使用权、土地承包经营权类似,属用益物权。

上述观点中,用益物权说最具合理性。在计划经济体制下,由于房屋资源不能自由交易,市场并不是房屋资源配置的方式;对于社会经济主体而言,房屋只有使用价值,没有交换价值。因此,房屋的归属并不重要,只需确定谁享有使用权益即可。公房姓"公",公房的所有权属于国家或者集体,使用权人获得的只能是使用收益权,而非所有权。使用权人无论是基于无偿的划拨、分配还是有偿的租赁获得公房使用权,都不能与市场化的房屋租赁等量齐观。公房使用权人对公房所享有的使用权或者“承租权”与现在市场交易中承租人对他人房屋享有的承租权亦有本质区别。总体上看,公房使用权具有以下基本法律特征:一是公房使用权属于物权而非债权。在计划经济中,没有商品交易,没有发生平等市场主体之间的合同行为,自然无基于租赁合同所享有之债权。不能因为“租赁”“出租”等文字而将计划经济中的公房使用权等同于市场经济中的承租权。二是公房使用权属于他物权。公房所有权属于国家或者集体。公房使用权是非所有人享有的使用国家或集体所有房屋的权利。三是公房使用权具有政策限制性。公房使用权是政策分配房屋的产物。公房使用权的权能范围受到限制。即使在对公房使用权交易放松管制后,公房使用权可以继承、出租和转让,但公房使用人对公房仍不享有完全的处分权,不能在公房上设定抵押,并受到各地政策的限制。四是公房使用权具有独立性。公房使用权是一种独立的用益物权,使用权人对公房享有占有、使用及收益的权利。作为所有权人的国家或者集体不能随意撤销、限制公房使用权。五是公房使用权具有无期限性。公房使用权人对公房的使用权没有期限限定。

有人从量的角度对公房产权进行划分,认为公房的产权包括了国家产权、职工产权和企业产权。公房使用权人在获得公房的所有权后,该所有权也会受到一定的政策限制,其效力不同于普通的完全所有权。公房使用权人在购买公房时,实际上在一定程度上享受了公家的补贴或优惠。这也导致房改房的所有权人在一定时间内不能享有所有权的全部权能。关于房改房所有权的限制,1991 年 12 月 31 日发布的国务院住房制度改革领导小组《关于全面推进城镇住房制度改革的意见》和 1994 年 7 月 18 日发布的国务院《关于深化城镇住房制度改革的决定》中都有体现。后者规定,职工以标准价购买的住房,拥有部分产权,即占有权、使用权、有限的收益权和处分权,可以继承。产权比例按售房当年标准价占成本价的比重确定。职工以标准价购买的住房,一般住用 5 年后方可依法进入市场,在同等条件下,原售房单位有优先购买权、租用权;原售房单位已撤销的,当地人民政府房产管理部门有优先购买、租用权。售房收入在补交土地使用权出让金或所含土地收益和按规定交纳有关税费后,单位和个人按各自的产权比例进行分配。职工以成本价购买住房的,产权归个人所有,一般住用 5 年后可依法进入市场,在补交土地使用权出让金或所含土地收益和按规定交纳有关税费后,收入归个人所有。有的地方还规定了部分产权的比例。例如,北京市规定,职工按标准价或 1993 年(含)以前按优惠价购买的住房,职工和原产权单位享有的产权比例分别为 94% 和 6%。广州市规定,以标准价购买的住房,职工和原产权单位的产权份额分别为 80% 和 20%。

三、公房纠纷案件的主要类型及处理规则

司法实践中,涉及公房的纠纷主要包括公房租赁合同纠纷案件、权属变更与确认纠纷案件、公房买卖或者置换合同纠纷案件、涉公房的离婚纠纷案件、公房拆迁安置纠纷案件、公房腾房纠纷案件等案件。这类案件政策性强,不同时期、不同地方的裁判尺度亦不相同,法律依据不充分,在司法实践中的处理难度较大,现分别介绍如下:

一是公房租赁合同纠纷案件。司法实践中,公房租赁合同案件主要表现为使用人拖欠公房使用费即租金的纠纷。实践中,房产公司与公房承租人之间通过签订房屋租赁合同,来确定双方的权利义务。房产公司作为原告起诉公房使用人给付公房租金的案件,一般作为房屋租赁合同纠纷处理。在此类案件中,住房使用人通常以房产公司拒绝履行修缮义务或者履行公房的修缮义务存在瑕疵为由进行抗辩,拒不支付租金。

二是权属变更与确认纠纷案件。针对承租人变更问题,有的地方专门出台了相关意见。例如,2007 年 7 月 1 日,天津市开始施行新的《公有住房变更承租人管理办法》。该办法第 2 条规定:“公有住房承租人死亡或者户籍迁出本市的,承租人的配偶、子女、父母等可以申请过户。公有住房使用权过户只能由一人申请过户,符合过户条件的家庭成员有两人以上(含两人)的,应当达成一致意见后方可申请过户”;“没有符合过户条件的,出租人可以收回该公有住房使用权”。第 3 条规定:“公有住房承租人死亡后没有符合第二条规定过户条件的,承租人的兄弟姐妹等在本市主要报纸刊登公告,公告三个月期满无异议的,提交具结书后可以申请过户。”司法实践对于公房变更承租人纠纷案件的处理方式,有不同的观点。有观点认为,公房管理单位与承租人之间形成租赁合同关系,由谁继续承租应由公房管理单位和要求变更的承租人协商一致后重新签订承租合同。公房因原承租人死亡、户口迁出本市或者其他原因等需要变更承租人的,人民法院不应当干预。因此,对于此类案件人民法院不予受理。还有观点认为,公房使用权通过单位分配、国家调配等方式取得,在历史上被排除在遗产的范围之外。但随着时间的推移和住房制度改革的推进,绝大部分公房使用权允许上市交易转让,其财产属性增强,身份属性消退,可以自由流通,因此对原承租人死亡重新确定承租人的案件可依继承法的相关规则办理。这两种观点争议的实质是公房承租权是合同权利还是物权。如果公房承租权是租赁合同项下的权利,应当由当事人意思自治决定。如果一方当事人违

约,则应当按《合同法》的规定和租赁合同约定承担违约责任。当事人有缔结合同的自由,也有不缔结合同的自由。承租人死亡或者户口迁出本市的,人民法院无权强制出租人再与承租人的其他亲属签订公房租赁合同。如果公房承租权是物权,承租人死亡或者户口迁出本市的,其对公房所享有之物权可被继承,或者由共同居住的其他家庭成员享有。出租人则应当继续与原承租人的亲属续签租赁合同。显然,后一种观点更符合我国公房租赁的实际情况。司法实践中争议较大的另一个问题是,公房使用权人在生前所立关于指定续任承租人的遗嘱,是否具有法律效力。对此,在符合各地政策的情况下,应当承认其法律效力。

三是公房买卖或者置换合同纠纷案件。实践中,有的公房承租人为改善居住条件,已购买其他住房,需要转让公房使用权。这种情况下,各地一般允许,但需要公房承租人征得同户籍共同生活的家庭成员的同意才能申请公房置换。但为规范公房使用权交易秩序,各地通常都会指定交易地点、规定交易程序。例如,根据天津市公产房置换管理的有关规定,公房置换必须到天津市津房置换有限责任公司进行挂牌、摘牌的程序,房管部门将挂牌公示作为公房承租权变动的必经程序。实践中,对于没有经过挂牌公示程序而私下签订的房屋置换合同是否有效的问题,存在争议。如果认可此类合同的效力,一方当事人是否有权请求继续履行合同,司法实践中亦有不同认识。有观点认为,交易程序不符合地方政府规定不影响公房置换合同的效力。主要理由是,诉争房屋虽然是公房,但在目前的社会经济条件下,公房的承租权亦具有财产的属性,而国家政策对承租人的处分权事实上已经认可,虽然置换人由于未按照当地规定的交易方式办理置换手续而导致合同无法履行,但该合同仍为有效合同。有观点认为,此类合同应认定为无效合同。主要理由是,公房使用权具有很强的政策性,公房变更承租人应当执行各地关于公房变更承租人的管理办法,即通过公房产权人或者其委托的经营管理单位、置换经营单位回购或者代理转让的形式变更承租人。直接签订的房屋买卖协议,因不符合上述办法的规定而无效。有观点认为,此类买卖协议属于效力待定的合同。主要理由是,承租人的行为属于无权处分,应当依据《合同法》第 51 条的规定认定为属于效力待定的合同。但新编纂的《民法典》并未保留这一规定,因此,第三种观点目前来看缺乏法律依据,也与当前的理论和实践做法不相符。目前,关于合同履行不能与合同效力的关系的认识在不断发展,履行不能并不一定导致合同无效,而应当区分情况而定。上述观点中,从鼓励交易的角度看,第一种观点具有合理性。

四是涉公房的离婚纠纷案件。针对这一问题,1996 年最高人民法院发出通知,印发《关于审理离婚案件中公房使用、承租若干问题的解答》。其第 2 条规定:“夫妻共同居住的公房,具有下列情形之一的,离婚后,双方均可承租:(一)婚前由一方承租的公房,婚姻关系存续 5 年以上的;(二)婚前一方承租的本单位的房屋,离婚时,双方均为本单位职工的;(三)一方婚前借款投资建房取得的公房承租权,婚后夫妻共同偿还借款的;(四)婚后一方或双方申请取得公房承租权的;(五)婚前一方承租的公房,婚后因该承租房屋拆迁而取得房屋承租权的;(六)夫妻双方单位投资联建或联合购置的共有房屋的;(七)一方将其承租的本单位的房屋,交回本单位或交给另一方单位后,另一方单位另给调换房屋的;(八)婚前双方均租有公房,婚后合并调换房屋的;(九)其他应当认定为夫妻双方均可承租的情形。”第 3 条规定:“对夫妻双方均可承租的公房,应依照下列原则予以处理:(一)照顾抚养子女的一方;(二)男女双方在同等条件下,照顾女方;(三)照顾残疾或生活困难的一方;(四)照顾无过错一方。”同时,第 4 条规定:“对夫妻双方均可承租的公房而由一方承租的,承租方对另一方可给予适当的经济补偿。”此外,对于夫妻双方均可承租的公房,如其面积较大能够隔开分室居住使用的,可由双方分别租住;对可以另调房屋分别租住或承租方给另一方解决住房的,可予准许。离婚时,一方对另一方婚前承租的公房无权承租而解决住房确有困难的,人民法院可调解或判决其暂时居住,暂住期限一般不超过两年。暂住期间,暂住方应交纳与房屋租金等额的使用费及其他必要的费用。对于公房承租权和“部分产权”房,如双方在离婚时同意或者双方经济、住房条件基本相同,还可采取竞价方式解决。随着社会经济发展和住房改革的深化,国家对公房进入市场交易的政策也进一步放宽,因此,在离婚案件中,对公房的分配在很大程度上可参照私有产权房屋的财产分割方式。

五是公房拆迁安置纠纷案件。在公房承租人死亡后,在尚未变更或确定新承租人前,公房被拆迁的,如何在相关利害关系人之间分配房屋拆迁安置补偿费用,是司法实践中经常遇到的问题。在处理此类纠纷时,既要遵从《民法典》继承编的相关规定,也要考虑与原承租人共同生活、经济困难家庭成员的居住需求。这里需要注意公房承租人与承租人转租后的承租人所享有的房屋拆迁安置补偿权不同。只有直接承租公房的承租人才享有房屋拆迁安置补偿权。2001 年 11 月开始在全国实施的《城市房屋拆迁管理条例》与原拆迁条例相比,首先是缩小了被拆迁人的范围,即被拆迁人是指房屋的所有人而不包括使用人。此外,拆迁补偿时不再计算居住的人口。当公房遭遇拆迁时,被拆迁人是所有人而不是使用人。当因拆迁补偿款的分配发生纠纷时,公房使用权人获得补偿的性质被认为是“共同居住人的共有”。有观点认为,对于公房使用权的性质和拆迁补偿款的性质应该从两个方面加以界定:通过原始取得的公房使用权及其拆迁补偿款,应为“准共有”;通过继受取得的公房使用权及其拆迁补偿款则不一定。继受取得的公房使用权实质上只能是继受取得人,如为两人共同出资继受取得则为共有,如为一人出资应为单独拥有。如果在实际拆迁补偿时不加区别地将原始取得和继受取得同等对待,势必在家庭成员之间引起纠纷。这一观点具有合理性。

六是公房腾房纠纷案件。这是司法实践中较为常见,同时也是处理难度较大的案件类型。有的公房腾房纠纷发生在亲属之间。例如,具有公房承租人身份的长辈起诉居住于公房内的晚辈。父母因家庭关系不睦起诉到法院请求同居一处的儿子、儿媳、女儿、女婿从诉争公房内迁出。公婆因家庭关系不睦起诉请求丧偶的儿媳或者岳父岳母起诉请求丧偶女婿从公房内迁出。在处理此类纠纷时,既要考虑承租人的意愿,也要弘扬家庭美德、促进家庭和谐,维护家庭关系稳定。有的公房腾房纠纷发生在公房承租人与转承租人之间。公房承租人将公房又转租给他人,后因转承租人欠租或租期届满等原因起诉转承租人腾退房屋。此类纠纷应当按公房承租人与转租人的租赁合同办理,同时也应当遵守国家及地方相关规定。有的公房腾房纠纷发生在公房所有权人或者承租人和非法强占人之间。此类案件的原告多是承租公房的企事业单位。比如,职工因早年分房争端长期强占单位办公用房作为自己的生活用房。处理此类案件时,应当依法保护公房所有权和承租人的承租权。

第十五章　地役权

专题一　地役权的民法保护

一、地役权的成立要件

地役权是按照合同约定利用他人的不动产,以提高自己不动产效益的权利。[①] 需要利用他人土地才能发挥效用的土地,为需役地。提供给他人使用的土地,称为供役地。地役权属于一种用益物权,实践中多表现为因通行、取水、排水、铺设管道等需要而使用他人土地。地役权的设立,一方面,可以使需役地的价值提升,便于需役地人使用土地,使需役地充分增值;另一方面,供役地人通过在自己土地上供役而获得相应对价。地役权人与供役地人各取所需,实现各自利益最大化,也有利于充分发挥土地的价值。与相邻关系相比,地役权更具"地尽其利、物尽其用、人得其需"的功效。[②] 在制定《物权法》之前,我国没有地役权制度,为提升自己土地价值而利用他人土地的行为,一般由相邻关系处理。正因如此,有观点认为,我国不需要制定专门的地役权制度,用相邻关系处理这类问题就行。反对观点认为,相邻关系制度并不能替代地役权制度。相邻关系只是对不动产利用所作的最低限度的调节。地役权制度则允许当事人自愿协商签订合同,来达到利用他人土地提高自己土地价值的目的。二者之间的区别,主要体现在以下两个方面:一是相邻关系与地役权产生的原因不同。相邻关系基于法律的规定直接产生。法律调整相邻土地的所有权人或者使用权人之间的利益冲突,是为维护生产生活便利而作出的最低限度的规范。地役权因当事人之间自愿订立的合同而产生。当事人可以自愿约定为提高自身土地的价值、便利自身土地的使用,而利用他人土地。二是相邻关系与地役权的性质不同。相邻关系是对不同民事主体的土地利用关系所作出的最小限

---

① 参见郭明瑞主编:《中华人民共和国物权法释义》,中国法制出版社 2007 年版,第 280 页。
② 同上。

度的调节,本身不是一种独立的物权,依附于所有权,属于所有权的内容,为所有权效力之当然范围。地役权能够弥补相邻关系的不足,是一种独立的他物权,不以所有权的享有为前提,不是所有权的内容。基于以上两点考虑,我国《物权法》专门对地役权制度作了规定。①

关于地役权的设立,《民法典》第 373 条规定:"设立地役权,当事人应当采用书面形式订立地役权合同。地役权合同一般包括下列条款:(一)当事人的姓名或者名称和住所;(二)供役地和需役地的位置;(三)利用目的和方法;(四)地役权期限;(五)费用及其支付方式;(六)解决争议的方法。"因此,地役权的设立应当通过合同方式为之。设立地役权的合同为要式合同,应采取书面形式。设立地役权的合同应当包括以下内容:一是当事人基本情况,包括当事人的姓名或者名称和住所。地役权的主体不限于土地所有权人。我国实行土地公有制,真正使用土地的人往往不是土地所有权人。因此,设立地役权的主体不应当限于所有权人,也包括土地使用权人。由于地役权是在供役地上设立的负担,会直接影响到供役地使用,因此土地上已设立土地承包经营权、建设用地使用权、宅基地使用权等用益物权的,土地所有权人设立地役权,还必须征得用益物权人同意。土地使用权人在设定地役权时,地役权的期限和内容应当与其使用权相匹配,原则上不能超出土地使用权的范围。二是标的物的基本情况,包括供役地和需役地的位置。三是地役权的基本内容,包括地役权人利用供役地的目的、方法、期限等方面。这是地役权合同的基本内容。地役权的内容确立后,地役权人和供役地人的权利义务也就确定。供役地权利人应当按照合同约定,允许地役权人利用其不动产,不得妨害地役权人行使权利。地役权人应当按照合同约定的利用目的和方法利用供役地,尽量减少对供役地权利人物权的限制。此外,如果是土地承包经营权、建设用地使用权人在土地上设定地役权的,地役权的存续期限不得超过上述用益物权剩余的期限。对此,《民法典》第 377 条规定:"地役权期限由当事人约定;但是,不得超过土地承包经营权、建设用地使用权等用益物权的剩余期限。"四是地役权使用供役地所需支付的对价,包括费用及其支付方式等内容。设立地役权可以是有偿的,也可以是无偿的,由当事人自愿约定。如果当事人通过合同设立的地役权是有偿的,则需要明确约定地役权的费用及支付期限和方式。五是当事人发生纠纷后解决争议的方法。设立地役权的合同属于要式合同,必须采用书面形式;同时也属于诺成合同,

① 参见全国人大常委会法制工作委员会民法室编:《中华人民共和国物权法条文说明、立法理由及相关规定》,北京大学出版社 2017 年版,第 327 页。

自承诺到达要约人时,合同成立生效。当然,设立地役权的合同属于民事行为,其发生效力还需要符合《民法典》关于民事行为有效的条件。关于民事行为有效的条件,《民法典》第 143 条规定:“具备下列条件的民事法律行为有效:(一)行为人具有相应的民事行为能力;(二)意思表示真实;(三)不违反法律、行政法规的强制性规定,不违背公序良俗。”影响民事行为的因素主要是当事人的意思表示能力,即行为能力、意思表示的真实性以及意思表示的合法性。民法的基本原则是法无禁止即自由,但是,即使在当事人具备行为能力、意思表示真实的情况下,如果当事人通过意思表示设立权利和义务的行为违反了法律的强制性规定,也不能发生当事人意思表示之法律效果。因此,地役权的设定不得违背法律的强制性规定和公序良俗。

关于地役权的成立,是采登记生效主义,还是登记对抗主义,存在争议。登记生效主义,是指地役权的产生、变动、消灭以登记为要件,未经登记不发生地役权的产生、变动、消灭的效力。登记对抗主义,是指地役权的设立、变更和消灭于使地役权设立、转让、消灭的法律行为生效时或者取得时、继承的条件满足时即发生,但未登记不得对抗善意第三人。支持地役权登记生效主义的观点认为,不动产物权在经济生活中具有重要地位,对当事人利益影响巨大,对交易安全也有很大影响,因此不动产物权原则上都应当采登记生效主义。这也是我国民法的一项基本原则。地役权是设立于不动产之上的他物权,为保护第三人利益和交易安全,也应当进行登记。支持地役权登记对抗主义的观点认为,虽然登记生效主义在维护交易安全方面具有重要意义,但是登记对抗主义既能维护交易安全又能提高财产利用效率,兼顾了安全与效率的双重因素,更为合理。第一,物权变动是一个过程,从合同签订开始启动,到合同履行完成才全部结束。而物权在这一过程的任何时间点都有可能发生移转,因此,不能用一个僵化的标准统一确定物权变动的具体时间。登记对抗主义物权变动模式将当事人之间的约定作为确认物权变动时间的基本规则,非常符合物权变动时间多样性的现实要求。第二,物权变动与交易安全是两个层面的问题,前者只涉及交易的当事人,而后者则涉及交易的当事人和不特定的一个或数个第三人。物权变动要解决的是权利在当事人之间是否移转、何时移转的问题;而交易安全所要解决的则是同一标的物的原权利人及不同次序买受人之间的权利冲突问题。供役地登记应为地役权成立要件,但需役地上登记缺失效力如何,立法缺乏进一步的规定。[①] 从比较法的角度看,法国、日本等国亦不采用登记生效主义。《日本不动产登记条例》规定,即使缺失该项登记,亦足以发生效力。只有德

① 参见郭明瑞主编:《中华人民共和国物权法释义》,中国法制出版社 2007 年版,第 285 页。

国法上采用登记生效主义。我国《物权法》最终采用了登记对抗主义，主要原因是在我国农村地区，地役权 80% ~90% 都未登记。采用了登记对抗主义有利于方便群众，减少成本。[①] 我国《民法典》沿用了《物权法》的规定。《民法典》第 374 条规定："地役权自地役权合同生效时设立。当事人要求登记的，可以向登记机构申请地役权登记；未经登记，不得对抗善意第三人。"

在司法实践中，要注意区分因地役权而产生的内部关系和外部关系。在处理内部关系即地役权人和供役地人的关系时，应当以地役权人和供役地人之间的合同为准；在处理外部关系即地役权人与第三人之间的关系时，应当以地役权登记为准。如果地役权未登记，则不能对抗第三人。举例言之，甲与乙签订合同，约定乙不能在其土地上盖房，以保障甲原有房屋获得较好观景。双方签订合同后，并未对地役权进行登记。后乙将该土地转让给丙。丙不知道该土地上设有地役权。这种情况下，甲对乙土地所享有的地役权就不能对抗丙。

二、地役权的转让规则

与相邻关系不同，地役权是一种独立的他物权，并非需役地所有权的部分或使用权内容的扩张，但地役权之目的在于便利地役权人使用需役地，更大限度地实现需役地的价值。故地役权具有从属性，地役权之价值附随于需役地之使用，失去需役地所有权和使用权后，地役权对地役权人则不再具有价值。地役权不得与需役地的所有权或者使用权分离而单独存在。地役权的从属性包括两方面的含义：第一，地役权不能与需役地分离而单独处分。对此，《民法典》第 380 条规定："地役权不得单独转让。土地承包经营权、建设用地使用权等转让的，地役权一并转让，但是合同另有约定的除外。"第 381 条规定："地役权不得单独抵押。土地经营权、建设用地使用权等抵押的，在实现抵押权时，地役权一并转让。"根据上述规定，地役权人不能自己保留需役地的所有权或者使用权而仅将地役权让与他人。需役地人不能自己保留地役权而将需役地的所有权或使用权让与他人。地役权人还不得将需役地的所有权或使用权以及地役权分别转让给不同的人。概言之，地役权与需役地的所有权或使用权不能分离，随需役地的所有权或使用权的转移而转移。第二，地役权也不能单独抵押。设立抵押也是处分地役权的一种方式。抵押权的实现，需要以被抵押物的拍卖、变卖、折价为条件，也是被抵押物流转的一种方式。

---

① 参见全国人大常委会法制工作委员会民法室编：《中华人民共和国物权法条文说明、立法理由及相关规定》，北京大学出版社 2017 年版，第 329 页。

《民法典》只是规定需役地所有权人、使用权人不能将土地所有权、使用权与地役权相分离而仅以地役权进行抵押,并不禁止在地役权上设立抵押。需役地所有权人、使用权人在需役地的所有权、使用权上设立抵押时,抵押效力原则上也及于地役权。由于我国实行土地公有制,因此地役权主要是与土地使用权一并处分,包括一并抵押。因此,土地经营权、建设用地使用权等抵押的,在实现抵押权时,地役权一并转让。

地役权的从属性不仅体现为不能单独处分,而且体现为与需役地、供役地共“命运”。即需役地的所有权、使用权转让时,相应的地役权一并转让;供役地的所有权、使用权转让时,相应的地役负担亦一并转让,但当事人另有约定的除外。由于地役权是为整个需役地提供便利,除需役地整体转让外,部分转让也会产生地役权转让的效果。对此,《民法典》第 382 条规定:“需役地以及需役地上的土地承包经营权、建设用地使用权等部分转让时,转让部分涉及地役权的,受让人同时享有地役权。”同理,供役地是以整个地上设立的负担为需役地提供便利,除整体转让供役地外,部分转让也会产生地役负担转让的效果。对此,《民法典》第 383 条规定:“供役地以及供役地上的土地承包经营权、建设用地使用权等部分转让时,转让部分涉及地役权的,地役权对受让人具有法律约束力。”在后一种情况下,应以受让人在受让土地承包经营权、建设用地使用权时知道或者应当知道受让土地上设立有地役权为要件。在地役权经过登记的情况下,根据《民法典》第 374 条规定,该登记可以对抗受让人。在地役权未进行登记的情况下,地役权人所享有的地役权不能对抗善意第三人。这是地役权人和供役地所有权人、土地承包经营权人等用益物权人应当明白的,否则会引起相应纠纷。需要注意的是,如果依特定地役权的性质和特点,转让部分需役地并不影响地役权的,受让人可不再受此负担的影响。

司法实践中还需要注意,地役权的从属性不同于担保物权的从属性。从权利性质上看,地役权属于用益物权,其以支配标的物的使用价值为目的;而担保物权显然不属于用益物权,担保物权指向的是担保物的交换价值。从设立权利的目的来看,地役权以需役地、供役地的存在为前提,其目的并不是确保需役地所有权或使用权的实现,只是提高需役地的效益;设立担保物权的目的是确保被担保的债权的实现。

在我国,土地资源的流转主要体现为使用权的流转,而非所有权的流转。使用权的流转不仅表现为转让农村土地承包经营权、宅基地使用权的行为,也表现为设立农村土地承包经营权、宅基地使用权的行为。如果土地所有权人在其土地上为他人设立了地役权,或者为方便自己土地利用而在他人土地上设立了地役权,则其在土地上为他人设立用益物权时,该地役权或者地役负担对于用益权人仍然发生效力。这主要在农村集体经济组织为农户设立承包经营权、宅基地使用权的情况下发生。在政府机关出让建设用地使用权的情况下,建设用地之使用地必须符合城市规划要求。在城市规划之时,已经充分考虑不同土地效用的发挥。而且,城市规划具有强制性,建设用地使用权人必须遵守,因此,在我国城市地区地役权的适用范围相对较小。对于这一问题,《民法典》第 378 条规定:"土地所有权人享有地役权或者负担地役权的,设立土地承包经营权、宅基地使用权等用益物权时,该用益物权人继续享有或者负担已经设立的地役权。"该条规定也体现了地役权的从属性。地役权本质上是为方便需役地的利用而为供役地的利用设定负担,涉及需役地、供役地利用的转让所有权、使用权以及设立使用权的行为,之前已经设立的地役权或者地役负担对于受让人原则上均发生效力。

三、地役权合同的解除

根据《民法典》第 562 条、第 563 条的规定,合同当事人可以协商一致解除合同,也可以由当事人单方解除合同。当事人单方解除合同的,应当享有合同解除权。当事人的合同解除权既可以源于合同的约定,也可以源于法律的规定。关于当事人的法定解除权,《民法典》第 563 条规定了 5 项解除事由:一是因不可抗力致使不能实现合同目的;二是在履行期限届满前,当事人一方明确表示或者以自己的行为表明不履行主要债务;三是当事人一方迟延履行主要债务,经催告后在合理期限内仍未履行;四是当事人一方迟延履行债务或者有其他违约行为致使不能实现合同目的;五是法律规定的其他情形。设立地役权的合同,可以是有偿合同,也可以是无偿合同。如果是有偿合同,依据上述规定,地役权人拒不履行支付费用的义务或者不按合同约定支付费用,经催告后在合理期限内仍未履行的,供役地权利人有权解除合同。但鉴于地役权自身的特殊性,《民法典》对供役地权利人的解除权作了特别规定。《民法典》第 384 条规定:"地役权人有下列情形之一的,供役地权利人有权解除地役权合同,地役权消灭:(一)违反法律规定或者合同约定,滥用地役权;(二)有偿利用供役地,约定的付款期限届满后在合理期限内经两次催告未支付费用。"即在以下两种情况下,供役地权利人可以解除地役权合同:一是地役权人违反法律规定或者合同约定,滥用地役权。地役权合同成立后,地役权设立。地役权人应当依据合同约定和法律规定行使地役权。如果地役权人违反法律规定或者合同约定,滥用地役权,损害供役地权利人的权益,供役地权利人就有权解除合同。地役权人违反合同约定滥用地役权的行为体现在多个方面,但一般是指超出合同约定范围行使地役权的行为,包括空间范围和权利范围。二是地役权人与供役地权利人约定有偿利用供役地的情况下,地役权人不按合同约定支付对价。在地役权人拒绝履行的情况下,供役地权利人依据《民法典》第563条第1款第2项规定,享有解除权。在地役权人迟延履行的情况下,第563条第1款第3项规定与第384条第2项规定不相同。《民法典》第563条第1款第3项规定,当事人一方迟延履行主要债务,经催告后在合理期限内仍未履行的,相对人享有解除权。而《民法典》第384条第2项规定,有偿利用供役地,约定的付款期限届满后在合理期限内经两次催告未支付费用,供役地权利人享有解除权。后一规定要求供役地权利人"在合理期限内经两次催告",但《民法典》第563条第1款第3项规定并不要求两次催告。司法实践中,一般理解《民法典》第563条第1款第3项规定的当事人一方迟延履行主要债务,经催告后在合理期限内仍未履行应当以一次催告为原则。但按特别规定优先于一般规定的法律适用原则,如果地役权人迟延履行支付费用的义务,人民法院在认定供役地权利人的解除权时,应当以供役权权利人两次催告为条件。

根据《民法典》第374条的规定,我国对地役权采登记对抗主义,地役权自地役权合同生效时设立。当事人可以向登记机构申请地役权登记,若未经登记,则不得对抗善意第三人。因此,地役权合同一经解除,地役权存在的基础消灭,地役权亦消灭。如果当事人已在登记机构办理地役权登记,则对外产生公信力,会对交易安全和第三人之信赖产生影响。如果地役权合同被解除,地役权消灭,当事人应当及时注销登记。否则,地役权之外观与地役权之实质不符,会对善意第三人造成影响,并影响交易安全,最终影响到供役地权利人的利益。对此,《民法典》第385条规定:"已经登记的地役权变更、转让或者消灭的,应当及时办理变更登记或者注销登记。"如果地役权已经进行登记,在地役权发生变化或者消灭时,及时办理变更登记或者注销登记,有利于克服地役权"名实不符"的情况,维护交易安全,减少纠纷争议。

第十六章　担保物权一般规定

专题一　担保物权概述

一、担保物权的含义

担保物权是现代民法中的重要制度,在社会经济生活中发挥着确保债权实现、促进资金融通的作用。作为物权的类型之一,担保物权是他物权,是担保物权人对他人财产的交换价值取得支配权,以保证债务的清偿。从《民法通则》第 89 条到 1995 年《担保法》及《担保法司法解释》,至 2007 年《物权法》较为全面系统地确立了担保物权制度,再到《民法典》及《担保制度解释》,我国担保物权制度走过了从无到有、从简单到成熟的发展历程,担保物权制度的发展充分体现了我国经济生活的繁荣与活跃。《民法典》第 387 条规定:“债权人在借贷、买卖等民事活动中,为保障实现其债权,需要担保的,可以依照本法和其他法律的规定设立担保物权。第三人为债务人向债权人提供担保的,可以要求债务人提供反担保。反担保适用本法和其他法律的规定。”第 386 条规定:“担保物权人在债务人不履行到期债务或者发生当事人约定的实现担保物权的情形,依法享有就担保财产优先受偿的权利,但是法律另有规定的除外。”这两个条款明确了担保物权的适用范围与担保物权的含义。

在担保物权法律关系中,担保物权人通常是债权人,而提供担保财产的人可为债务人,也可为第三人。作为标的物的担保财产必须是债务人或第三人享有所有权或依法享有用益物权的财产,前者如债务人或第三人享有所有权的不动产、动产或某项权利,后者如债务人或第三人取得的海域使用权或以出让方式取得的土地使用权等。作为担保的财产必须具有合法性、独立性、特定性,以及可让与性,以方便特定情形发生时可以实现交换价值。

二、担保物权的合同

理论上将担保物权区分为意定担保物权和法定担保物权。意定担保物权系由当事人依法以订立合同的方式设立,典型的担保合同有抵押合同和质押合同。与《物权法》第172条对担保合同的规定相比,《民法典》在第388条增加了"担保合同包括抵押合同、质押合同和其他具有担保功能的合同"的规定。如此,将现实社会中各种具有一定担保功能的非典型担保合同纳入担保物权范畴,可以适用《民法典》担保物权的相关规则。通常认为,这类合同包括《民法典》合同编中所规定的所有权保留买卖合同、融资租赁合同、保理合同等。《民法典》在相关条文中明确了所有权保留的登记、融资租赁合同中出租人权利的登记、保理合同应收账款的登记均具有对抗第三人的效力,赋予登记优先、登记时间在先优先的效力。由于法条对具有担保功能的合同采取了开放的态度,此次最高人民法院在《担保制度解释》第四部分专章列举了几类非典型担保合同:所有权保留买卖、融资租赁、保理、让与担保以及保证金质押。当然,这里需注意的是,这些非典型担保合同本身都是民法典上所规定的典型交易形态,只有其中涉及担保功能发生的纠纷才适用司法解释的规定,若不涉及担保功能,仅具有相对效力部分自然不适用。同时,《担保制度解释》在第63条还明确,"债权人与担保人订立担保合同,约定以法律、行政法规尚未规定可以担保的财产权利设立担保,当事人主张合同无效的,人民法院不予支持。当事人未在法定的登记机构依法进行登记,主张该担保具有物权效力的,人民法院不予支持"。意即非典型担保合同的效力不因非法律、行政法规明确规定可以担保的财产而受影响,但是否取得担保物权仍取决于依法进行的登记。《担保制度解释》在第四部分赋予非典型担保合同的当事人有权请求参照民事诉讼法"实现担保物权案件"的有关规定拍卖、变卖标的物以实现权利,以及多重担保权利竞合时的顺位规则、登记对抗的善意第三人范围等规定,正是对《民法典》第388条以及《担保制度解释》适用范围的回应与细化。《民法典》及其《担保制度解释》的相关规定,对丰富和活跃经济十分有益。

三、担保物权的实现

担保物权实现的条件有两种情形:一是债务届期时债务人不履行债务;二是当事人约定实现担保物权的其他情形出现。担保物权最主要的效力是优先受偿性,即当条件出现时,担保物权人可以对担保财产进行折价或拍卖、变卖,以所得的价款优先实现自己的债权。这里的优先性通常体现在优先于没有担保物权的其他普通债权，或者相对于顺位在后的其他担保物权。但担保物权的优先性有例外情形，即如果法律有特别规定的，则担保物权的优先性将受到影响。这里作例外规定的法律应是宽泛意义上的法律，不仅包括全国人大及其常委会制定的法律，还包括最高人民法院出台的司法解释。前者如我国《海商法》第 11 条至第 25 条规定的船舶抵押权、船舶优先权、船舶留置权，三者优先受偿顺序为船舶优先权优于船舶留置权，船舶留置权优于船舶抵押权。我国目前施行的《税收征收管理法》第 45 条第 1 款规定"纳税人欠缴的税款发生在纳税人以其财产设定抵押、质押或者纳税人的财产被留置之前的，税收应当先于抵押权、质权、留置权执行"。后者如最高人民法院曾经在法释〔2002〕16 号《关于建设工程价款优先受偿权问题的批复》中明确，"人民法院在审理房地产纠纷案件和办理执行案件中，应当依照《中华人民共和国合同法》第二百八十六条的规定，认定建筑工程的承包人的优先受偿权优于抵押权和其他债权"。该批复系就《合同法》第 286 条关于建设工程价款优先权所做的批复，在实践中被广泛运用。《民法典》第 807 条仍沿袭《合同法》第 286 条，明确"发包人未按照约定支付价款的，承包人可以催告发包人在合理期限内支付价款。发包人逾期不支付的，除根据建设工程的性质不宜折价、拍卖外，承包人可以与发包人协议将该工程折价，也可以请求人民法院将该工程依法拍卖。建设工程的价款就该工程折价或者拍卖的价款优先受偿"。法释〔2002〕16 号批复在《民法典》施行后已失效，但最高人民法院审判委员会在 2020 年 12 月 25 日第 1825 次会议通过的《关于审理建设工程施工合同纠纷案件若干问题的解释（一）》（法释〔2020〕25 号）第 36 条再次明确"承包人根据民法典第八百零七条规定享有的建设工程价款优先受偿权优于抵押权和其他债权"。此外，《担保制度解释》第 16 条第 2 款也是一种以司法解释创制的优先性例外的规定，该款明确"主合同当事人协议以新贷偿还旧贷，旧贷的物的担保人在登记尚未注销的情形下同意继续为新贷提供担保，在订立新的贷款合同前又以该担保财产为其他债权人设立担保物权，其他债权人主张其担保物权顺位优先于新贷债权人的，人民法院不予支持"。

四、担保物权的社会作用

凡事均有两面性，担保物权的积极作用不难理解，但也有消极的一面，从实务来说，对这两方面均应有所认识。从债权人角度而言，担保物权的存在能确保债务的清偿，但实现担保物权需付出金钱与时间成本。对债务人来说，当以担保物清偿债务时,某种程度上说明债务人经营的失败,但同时,担保物权也有利于债务人融入资金安排生产与经营,增强债务人的责任感,最终有利于社会财富的增加。因此,建立与实现有效、透明、高效的担保制度,既是立法价值取向,也应被司法实务关注。比如,《民事诉讼法》第 196 条、第 197 条规定了担保物权的实现程序,目的在于促进担保物权尽快实现,但实务中该程序条款运用效果不尽如人意,原因之一,在于人民法院对被申请人或利害关系人提出的异议审查往往流于形式,然后驳回申请人申请,进而要求申请人通过诉讼程序解决,这在一定程度上也影响了立法目的的实现效果。最高人民法院显然认识到这一点,此次在《担保制度解释》第 45 条第 1 款规定的担保物权人有权按约定自行拍卖、变卖担保财产,并就所得价款优先受偿,以及第 2 款区分被申请人相关异议是否实质性争议而分别处理的规定,均将极大提高担保物权的实现效率,有利于进一步优化营商环境。

五、反担保

反担保同样适用担保的法律规定。反担保可以是物上担保也可以是保证。若是保证,则应适用《民法典》保证合同中相应的规定;若是物权担保,则应适用《民法典》担保物权的规定。因反担保仅是提供担保的第三人为实现代偿义务后确保追偿权实现的手段,在反担保中,第三人代为清偿义务后成为原债务人的债权人、担保权人。对此,实务中应当注意的是,第三人成为新的债权人的前提是代为清偿债务,如果第三人与原债权人之间成立的是新的借款关系,则无权在反担保关系中实现优先清偿。因此,第三人支付给原债权人的金钱应当明确其性质,是借款还是清偿,以免产生新的纠纷。同时,在以不动产抵押方式提供反担保时,应注意明确担保债权的内容,因此最好将主合同与担保合同、反担保合同均作登记,以便确定反担保债权的最大范围,这主要是考虑反担保债权是否存在及在多大范围上均存在或然性,而一并登记则有利于债务人的其他债权人通过查阅了解债务人责任财产状况,有利于减少矛盾与纠纷的发生。

另外实务中需注意的是,此次《担保制度解释》对担保合同无效时反担保人的责任作出与以往认识有所不同的规定。在担保合同无效的情况下,反担保人应否以及如何承担责任,过去曾有不同的认识:一种观点认为,担保合同是反担保合同的主合同,担保合同无效,反担保合同随之无效,反担保人应根据其过错承担相应的赔偿责任。另一种观点认为,反担保合同担保的是担保人对主债务人的追偿权,并非担保合同的从合同,因此,即便担保合同无效,担保人在承担赔偿责任的范围内也享有对债务人的追偿权。因而,反担保合同并不因担保合同的无效而无效,反担保人仍应对担保人的损失承担全部担保责任。《担保制度解释》第19条的规定显然采纳了第二种观点。当然,反担保合同虽然不因担保合同无效而无效,但也可能因其他理由被认定无效,在反担保合同因自身原因被认定无效时,则应依据《担保制度解释》第17条中关于主合同有效而担保合同无效时法律后果的规定来确定反担保人的赔偿责任。

专题二　独立担保

一、担保物权具有从属性

《民法典》第388条第1款规定,担保合同是主债权债务合同的从合同。主债权债务合同无效的,担保合同无效,但是法律另有规定的除外。

由于担保物权是为保障特定债务清偿而成立,担保物权设立时必然在先存在已有效设立的债权债务合同。因此担保合同具有从属性,这种从属性首先表现在合同成立上,无主债权债务合同则无担保合同。其次是效力上的从属性,主债权债务合同无效,担保合同也无效,但担保合同无效并不导致主债权债务合同无效。这是从主从关系上对效力的认定,在这个认定标准之外,对担保合同效力的认定仍然适用《民法典》合同编关于效力认定的规则,所以在担保合同有违合同编中关于效力认定的标准时,主债权债务合同有效但担保合同仍可能无效。

担保物权的从属性还表现在转让上的从属性。《民法典》第407条规定,抵押权不得与债权分离而单独转让或者作为其他债权的担保。债权转让的,担保该债权的抵押权一并转让,但是法律另有规定或者当事人另有约定的除外。抵押权不得与债权分离而作为其他债权的担保,具体来说,包括:抵押权人仅以抵押权为他人之债提供担保,而自己保留债权;抵押权人仅以债权为他人债权提供担保,而自己保留抵押权;抵押权人将抵押权与债权分别为他人债权提供担保。上述情形均为法律所禁止。

二、担保物权从属性的例外

根据《民法典》第388条的规定,主债权债务合同无效担保合同无效仅是一般原则,在法律另有规定的情况下,担保合同可以独立存在并有效,这是法律规定的例外情况。比如,最高额抵押合同具有相对独立性,其中某一笔债权债务合同无效,并不影响最高额抵押合同的效力。某一笔债权债务的转让也不意味着最高额抵押权的转让。也就是说,最高额抵押权并不从属于具体的某个债权。如法释〔2016〕24 号最高人民法院《关于审理独立保函纠纷案件若干问题的规定》规定,由银行或非银行金融机构开立的独立保函,无论用于国际商事交易还是用于国内商事交易,均不影响保函的效力。独立保函的特点就在于其效力、变动、管辖、准据法等均独立于基础交易关系,保证人在面对付款请求时,无须审理基础合同,仅须审查相关单据。因此,关于担保合同的从属性例外是法律所作的特别规定,当事人无权约定。

从属性是担保合同最主要的特征,作为意定担保合同,当事人能否约定排除?对这个问题的认识有个发展过程。《担保法》第 5 条规定:“担保合同是主合同的从合同,主合同无效,担保合同无效。担保合同另有约定的,按照约定。”该条款允许当事人约定例外,由此给司法实务带来不少困惑。金融借款或者民间借贷中,出借人常常与借款人约定无论借款合同是否有效,担保人均应承担还款责任。因此,在主合同无效且债务人无力承担偿还责任时,纠纷由此产生,担保人往往以担保合同的从属性抗辩该约定无效,而出借人则援引《担保法》的除外规定主张该条款有效。过去主流做法是承认涉外商事交易中独立保函的效力,而否认该条款在国内交易中的适用,但往往在说理上难以回避《担保法》的规定及当事人的单独约定。直到《物权法》第 172 条将独立性的例外情形仅限于“法律另有规定的除外”,较好地解决了实务中的争议,由此金融借款与民间借贷中当事人对担保条款约定单独生效的,一般在实务中以违反从属性而认定无效。但该一律认定无效的做法又引起新的争议,因为法释〔2016〕24 号最高人民法院《关于审理独立保函纠纷案件若干问题的规定》第 23 条,承认国内交易中独立保函的效力。2019 年 11 月最高人民法院印发的《九民会议纪要》进一步厘清了争议,该纪要第 54 条明确由银行或者非银行金融机构开立的独立保险保函,只要符合法释〔2016〕24 号司法解释第 1 条、第 3 条规定情形的,无论是用于国际商事交易还是国内商事交易,均不影响保函的效力。银行或非银行金融机构之外的当事人开立的独立保函,以及当事人排除担保从属性的约定,则应认定无效。《担保制度解释》对独立担保问题在纪要基础上再次作出进一步的明确。该解释第 2 条明确“当事人在担保合同中约定担保合同的效力独立于主合同,或者约定担保人对主合同无效的法律后果承担担保责任,该有关担保独立性的约定无效。主合同有效的,有关担保独立性的约定无效不影响担保合同的效力;主合同无效的,人民法院应当认定担保合同无效,但是法律另有规定的除外”。意即独立担保的约定即使无效,但担保的效力并不当然无效。

违反从属性特性的另一种情形是,担保人承担责任的范围超过主债务人时,如何认定担保人的责任范围。比如,债权人与担保人约定,若主债务届期,担保人不及时清偿债务的,担保人应承担相应的违约责任。该约定将出现担保人除承担主债务本息外,还应承担单独的违约责任,而这部分责任将无法向主债务人追偿,因此担保人的责任范围超出了主债务人的责任范围,这种情况下,超出部分因违反从属性应认定无效。《九民会议纪要》第55条对该问题也作出了明确规定,担保责任无论是数额、约定的利息、履行期高于或先于主债务的,均应认定大于主债务部分无效,从而使担保责任缩减至主债务范围。《担保制度解释》第3条在纪要基础上进一步明确就担保责任的承担作出专门约定违约责任的,担保人主张仅在债务人应当承担的责任范围内承担责任的,人民法院应予支持。从而保持万变不离“担保人仅在债务人应当承担的责任范围内”为其宗。对债权人超出其宗的诉请,担保人可以提出抗辩。一旦担保人承担的责任超出范围向债务人追偿的,债务人可以提出抗辩。担保人向债务人追偿无着,可以要求债权人返还。这种返还应是基于不当得利的考虑。

专题三　担保范围

一、担保范围的规定

《民法典》第389条规定,担保物权的担保范围包括主债权及其利息、违约金、损害赔偿金、保管担保财产和实现担保物权的费用。当事人另有约定的,按照其约定。

无论是意定担保物权还是法定担保物权均涉及担保范围的问题。在意定担保物权中,担保范围先由当事人通过合意确定,如未约定,则包括上述法律规定的6项内容。主债权是担保范围的当然内容;利息通常既包括约定利息也包括法定利息,至于逾期利息一般纳入违约责任中的违约金或损害赔偿金;违约金既包括赔偿性违约金也包括惩罚性违约金,但若违约金低于或过分高于违约所造成的损失,当事人有权根据《民法典》第 585 条的规定请求调整;至于损害赔偿金一般指违约金之外的其他赔偿金;保管担保财产的费用通常指保管质物和留置物产生的费用,因抵押物不转移占有,不会发生保管费用问题。保管财产的费用,应当以债权人所支出的合理、必要为限,法律不鼓励债权人采取过高的保管行为从而不利于担保物权设定人利益的保护;实现担保物权的费用,指担保物权人为实现担保物权支出的各类费用,这要根据担保物权不同的实现方式而定。另外,如果担保的债权金额再有增加时,须办理变更登记。若是担保财产不足以清偿担保范围内的所有债务时,通常的做法是将实现担保物权的费用优先扣除,剩余价款再清偿包括主债权在内的其他债权或费用。

《民法典》关于担保范围的规定属于任意性规范,即除非当事人排除其适用,否则将自动适用。从当事人约定来说,可以大于法定的担保范围,也可小于法定的担保范围。担保范围的意义不仅在于债权人自己能清楚在债务人届期不履行债务或发生当事人约定的实现担保物权情形时可以就担保财产变价优先受偿的范围,更便于同一担保财产上存在后顺位担保物权时后顺位的担保物权人也能清楚自己能优先受偿的范围,同时担保物的提供人、债务人也清楚若消灭担保物权而需要清偿的债务范围。关于担保范围的规定,虽然适用于意定担保物权和法定担保物权,但就法定担保物权而言,显然不存在当事人可另行就担保范围作出约定的问题。

二、担保物权范围登记与约定的冲突

担保物权存在的使命就是为满足主债权,主债权是担保物权的当然担保对象。当事人在订立担保合同时首先需明确担保的主债权的种类、数额以及债务人。在以登记为担保物权设立原则时,主债权也是必须在登记簿上进行明确登记的内容。

一旦以担保物清偿债务时,一定程度上说明债务人经营失败,且往往是债务缠身,此时债务人的担保财产上存在多个债权是经常普遍的现象,债务人的债权人可能是担保物权人也可能还有其他普通债权人,此时担保物权范围的认定既决定了担保物权人所能优先受偿的总额,也影响后顺位担保物权人及普通债权人的受偿份额,各债权人为所分“蛋糕”的大小必然争议激烈。许多国家或地区的法律都要求当事人必须将担保范围的约定通过公示而为第三人知晓从而保护交易安全。我国《不动产登记暂行条例》第 5 条明确抵押权要依照条例的规定办理登记。《不动产登记暂行条例实施细则》第 66 条规定了不动产抵押登记应提交不动产权属证书、抵押合同等必要的材料，但对抵押合同中哪些内容体现在登记簿上，该暂行条例虽未直接规定，但在变更登记的第68条中，明确了抵押当事人姓名或者名称变更的、被担保的主债权数额变更的、债务履行期限变更的、抵押顺位变更的，应申请办理变更登记，并明确变更登记中因被担保主债权的种类、数额、担保范围、债务履行期限、抵押权顺位发生变更申请变更登记时，如果该变更将对其他抵押权人产生不利影响，还应提交其他抵押权人书面同意的材料等。可见，法条虽未明确登记簿中应当包括的登记内容，但间接明确的登记要素基本包括了担保合同所涉担保债权的主要内容。但实际情况是，在国土资源部制定的《不动产登记簿》中，抵押权登记信息仅有被担保主债权数额栏，却没有担保范围栏。而国家工商部门在《动产抵押登记办法》中对担保范围则有明确登记要求，该办法第4条明确动产抵押登记书中应当载明抵押双方当事人的姓名或名称、抵押财产状况、被担保债权的种类和数额、担保的范围、履行期限等。因此，登记部门对不动产担保不规范的登记引起实务中的争议，即抵押范围是以登记的主债权数额为准还是以法定或约定的范围为准（通常约定的范围与法定的范围一致）。有的认为应按登记的主债权数额作为优先受偿的数额，理由是基于登记的公示具有公信效力。有的观点则认为应以合同约定或法定的范围作为优先受偿的额度。后一做法当然有利于债权人，也符合当事人的真实意思，而前一做法缩小了债权人的利益保护范围。金融系统对这一问题反映强烈，有些地方法院与登记部门协调后，在登记系统的附则部分备注“担保范围见合同”，一定程度上协调了公示与合同约定的一致性。《九民会议纪要》第58条对这一问题作了明确规范，认为合同约定与登记范围的不一致非当事人原因所致，此时应尊重约定。该态度应当说是实事求是的务实之举。当然，最妥当的解决办法应是登记部门改变登记系统，尊重当事人约定，以约定的范围作为登记内容，而不是单纯地登记固定数额。并且，纪要的规定仅是权宜之举，因为留下了是否“非当事人原因所致”的主观判断，带有不确定性。《担保制度解释》对这一问题再次作出正本清源的规定，其第47条再次明确“不动产登记簿就抵押财产、被担保的债权范围等所作的记载与抵押合同约定不一致的，人民法院应当根据登记簿的记载确定抵押财产、被担保的债权范围等事项”。其第15条第2款针对“登记的最高债权额与当事人约定的最高债权额不一致的，人民法院应当依据登记的最高债权额确定债权人优先受偿的范围。”该两条均回归登记的公示公信原则作出了以登记、登记簿作为认定依据的规定，可以说对长期以来的争议最终画上句号。当然，最高人民法院作出明确的规定也是基于在解释的起草过程中专门就不动产登记事宜拜访了自然资源部不动产登记局并听取意见,[①]因此完全可以乐观地认为,登记在操作层面将不会再有问题。

专题四　担保物权的物上代位性

一、物上代位性的含义

《民法典》第390条规定,担保期间,担保财产毁损、灭失或者被征收等,担保物权人可以就获得的保险金、赔偿金或者补偿金等优先受偿。被担保债权的履行期限未届满的,也可以提存该保险金、赔偿金或者补偿金等。这是法律关于担保物权物上代位性的规定。

无论是抵押物还是质物、留置物,在担保期间均有可能因灭失、毁损或被征收而发生标的物的改变。在灭失的情况下,担保财产已不存在;毁损后担保财产可能还在,但价值会发生改变;被征收后担保财产的形态将发生变化。这些情况发生后,对担保物权人的利益如何保护,法律作出了回应。《民法典》明确了担保人在发生上述特殊情形后因而获得的保险、赔偿、补偿等价金利益成为担保物权原担保财产的替代物,担保物权的效力延及这些替代物,担保物权人可以对这些替代物行使优先受偿的权利。法条所列举代位物的三种形态均是价金,因此,虽然有个“等”字概括,但“等”字的内涵应当也是指以价金为形态,似乎不包括替代的其他实物,如房屋被征收后采取安置补偿方式获得的安置房,当然,这种情况下如何保护抵押权人的利益也是需要思考的问题。当代位物产生时可能债权已届期,也可能债权尚未届期。债权届期,债权人当然可以立即就代位的价金优先清偿债权;若尚未届期,则担保物权人可以与担保人协商一致后提前实现债权,也可以由担保物权人与担保人协商后进行提存,待债权届期时实现清偿。

关于担保物权存续期间担保财产发生毁损、灭失或者被征收等情形下如何看待担保物权问题,《担保法》《物权法》均有规定,《民法典》的规定基本沿用《物权法》的表述。《担保法》第58条规定:“抵押权因抵押物灭失而消灭。因灭失所得的

---

① 参见林文学、杨永清、麻锦亮、吴光荣:《〈关于适用民法典有关担保制度的解释〉的理解与适用》,载《人民司法》2021年第4期。

赔偿金,应当作为抵押财产。"《担保法》第 73 条就质物灭失后的赔偿金也作了相似规定。《担保法司法解释》第 80 条第 2 款规定了"抵押物灭失、毁损或者被征用的情况下,抵押权所担保的债权未届清偿期的,抵押权人可以请求人民法院对保险金、赔偿金或补偿金等采取保全措施"。该司法解释从程序上明确了抵押权人实现权利保护的路径。《物权法》《民法典》的规定与《担保法》相比,没有提及抵押权因抵押物灭失而消灭,同时也没有规定抵押权人可以采取保全措施,而是以提存的方式保护。《民法典》的规定避免了逻辑上的矛盾,更为科学。

二、涉及物上代位性的纠纷及解决

担保物权代位权的规定强化了担保物权的担保效力,有利于保障担保物权人债权的实现。法条列举的保险、赔偿和补偿三种价金代位物与原担保财产是价值形态上的变化,但担保财产价值形态上变化有时不限于法条列举的价金,或者可能是价金之外的其他物。比如,担保物被担保人转让后所得的转让款,或者征收过程中担保人选择的不是补偿款而是安置房。那么,担保物权是否延及这些财产?从法律条文来看,并不是当然延及。在担保人转让担保财产情况下,《民法典》第 406 条已明确了抵押权作为从属权利随抵押财产转让而转让,并且抵押人转让时应当通知抵押权人,抵押权人在证明这种转让损害抵押权的,可以请求提存转让的价款,因此通过抵押物权的追及效力可以保护抵押物转让情况下抵押权人的利益,无须通过转让价金的代位来解决。而在担保人选择安置补偿房屋的情况下,担保权人如何保护自己利益,法条未予明确。由于《民法典》并未明确担保财产灭失担保物权即消灭,故担保物权人的利益保护可参照担保物权延续说,但需要注意的是,如果安置过程中担保人另出资增加面积部分的价值,担保物权人应无优先受偿权。另外,在担保财产因附合、混合或者加工而形成附合物、混合物或加工物时,担保物权是否受影响,《担保制度解释》第 41 条弥补了《民法典》留下的空隙,明确了添附物三种不同归属情形下抵押权的效力,即"抵押权依法设立后,抵押财产被添附,添附物归第三人所有,抵押权人主张抵押权效力及于补偿金的,人民法院应予支持。""抵押权依法设立后,抵押财产被添附,抵押人对添附物享有所有权,抵押权人主张抵押权的效力及于添附物的,人民法院应予支持,但是添附导致抵押财产价值增加的,抵押权的效力不及于增加的价值部分。""抵押权依法设立后,抵押人与第三人因添附成为添附物的共有人,抵押权人主张抵押权的效力及于抵押人对共有物享有的份额的,人民法院应予支持"。

担保物权人的担保物权虽延及代位物,但实践中如何操作也是需要注意的问题。质权中质权人占有质物,代位物发生情形质权人能够掌控,但在抵押关系中,抵押物由抵押人占有,若抵押人不告知抵押权人代位物发生变化的情况,代位物给付义务人直接将代位物给付了抵押人,抵押权人在对抵押物代位情况无从知晓时,抵押权面临的风险较大。另外,实践中也出现不少案例,在代位物给付义务人将代位物给付担保人后,担保物权人因利益受到损害而将担保人和代位物给付义务人均诉至法院,要求承担侵权赔偿责任。法院在判决时,对担保财产灭失后担保物权是否还存在、给付义务人是否有注意义务,以及是承担补充责任还是连带责任有不同的看法。《担保制度解释》从实务角度解决了这一问题,其第 42 条不仅明确了代位物的清偿顺位,也明确了给付义务人负有的相应义务,即"抵押权依法设立后,抵押财产毁损、灭失或者被征收等,抵押权人请求按照原抵押权的顺位就保险金、赔偿金或者补偿金等优先受偿的,人民法院应予支持。给付义务人已经向抵押人给付了保险金、赔偿金或者补偿金,抵押权人请求给付义务人向其给付保险金、赔偿金或者补偿金的,人民法院不予支持,但是给付义务人接到抵押权人要求向其给付的通知后仍然向抵押人给付的除外"。

由此可见,由于法律未明确担保财产灭失而消灭担保物权,故担保物权仍存在。代位物给付义务人是否承担责任,则看其是否存在对注意义务的违反。而是否违反注意义务,司法解释则以抵押权人通知给付义务人后义务人仍支付作为判断标准。该判断标准也有值得商榷之地,因为抵押权人不占有抵押物,对抵押物发生变化的情况不一定及时知情,解释的规定对抵押权人要求过高。而抵押权以登记设立或对抗,赋予给付义务人对抵押物的注意义务并非无正当性,尤其在征收情况下,给付义务人在明知或应知抵押权存在仍向抵押人作支付,有违注意义务,即使情况不明,也可以通过提存方式解决。

专题五　混 合 担 保

一、混合担保制度的规定

为确保债权实现,债权人通常会要求债务人提供多种担保,以确保债权受偿无虞。因此,同一债权可能同时存在多个保证人的保证,或者是多个物保(共同抵押或共同质押或抵押与质押并存),或者是物保与人保的并存。对混合担保情形下相互之间的关系问题,《民法典》第392条作了规定,被担保的债权既有物的担保又有人的担保的,债务人不履行到期债务或者发生当事人约定的实现担保物权的情形,债权人应当按照约定实现债权;没有约定或者约定不明确,债务人自己提供物的担保的,债权人应当先就该物的担保实现债权;第三人提供物的担保的,债权人可以就物的担保实现债权,也可以请求保证人承担保证责任。提供担保的第三人承担担保责任后,有权向债务人追偿。

从法条规定来看,在同一债权上并存人保与物保时,债权如何实现,区分两个层次:首先,尊重当事人约定。如果当事人对人保与物保的清偿顺序明确作了约定,应当以约定为准。因为担保物权的实现涉及的仍是私权,自应当允许当事人合意加以选择。其次,在当事人没有约定或约定不明时,则应依据法律的规定处理。这时,需要区分两种情况,即物保是债务人自己提供的还是第三人提供的:在债务人自己提供物保的情况下,应以债务人的担保财产先实现清偿,若不足清偿,再由保证人承担未得清偿部分。如此规定以简化法律关系,免去担保人清偿后再向债务人追偿,以节约司法成本;在物保是由第三人提供时,则法律赋予了债权人选择权,既可以要求保证人承担保证责任,也可以就第三人提供的物保实现债权。这时不存在"物权优先债权"的问题。不管哪种情形下,由第三人清偿债务的,第三人清偿后可以向债务人追偿。此处法律没有规定可向其他保证人追偿,其目的也在于简化法律关系,由最终的债务承担者即债务人承担责任。

二、司法实践中的争议

多个担保并存尤其是混合担保情形下,问题比较复杂。可能存在的情形有:多个保证人为同一债务提供保证。这些保证可以是同时提供的,也可以是分别提供的。其中又可分为连带共同保证或按份共同保证。《担保法司法解释》第21条规定,"按份共同保证的保证人按照保证合同约定的保证份额承担保证责任后,在其履行保证责任的范围内对债务人行使追偿权。"关于连带共同保证,《担保法司法解释》第19条规定"两个以上保证人对同一债务同时或者分别提供保证时,各保证人与债权人没有约定保证份额的,应当认定为连带共同保证。"第20条规定,债权人可以要求债务人履行债务,也可以要求任何一个保证人承担全部保证责任。连带共同保证人承担保证责任后,向债务人不能追偿的部分,由各连带保证人按其内部约定的比例分担。没有约定的,平均分担。《民法典》合同编第十三章保证合同部分第699条规定:“同一债务有两个以上保证人的,保证人应当按照保证合同约定的保证份额,承担保证责任;没有约定保证份额的,债权人可以请求任何一个保证人在其保证范围内承担保证责任。”第700条规定:“保证人承担保证责任后,除当事人另有约定外,有权在其承担保证责任的范围内向债务人追偿,享有债权人对债务人的权利,但是不得损害债权人的利益。”该条未区分按份共同保证与连带共同保证,故第699条与第700条均适用于这两种共同保证。从债权人来说,在按份共同保证情况下应按份额向保证人主张,保证人承担自己的份额后也只能向债务人追偿,而无权向其他按份保证人追偿。在连带共同保证情形下,债权人可以请求任何一个保证人承担责任,由于债务人是最终的责任人,连带保证人承担责任后,自可以向债务人追偿。法条十分明确地写明“享有债权人对债务人的权利”,再次表明代为偿还债务的担保人享有一种代位权,这种代位权是债权人对债务人的权利而非债权人对其他担保人的权利。由此可见,《民法典》并未赋予代偿了债务的担保人向其他担保人追偿的权利。这点十分重要。

共同物保情况,包括共同抵押、共同质押或者抵押与质押并存。对此,虽然法律没有规定,但《民法典》关于共同连带保证与本条关于混合担保规定的原则也可参照,即当事人有约定按约定,若没有约定或约定不明,应就债务人自己提供的物保先行清偿,若物保由第三人提供,债权人可以选择,承担责任的第三人承担责任后有权向债务人追偿。

关于混合担保中债权实现与追偿的问题,法律有过不同的规定,实务中也引起较大的争议。《担保法》第28条规定,“同一债权既有保证又有物的担保的,保证人对物的担保以外的债权承担保证责任。债权人放弃物的担保的,保证人在债权人放弃权利的范围内免除保证责任”。该法未区分物保提供主体是债务人还是第三人的不同情形,采取了物保优先的思路。《担保法司法解释》第38条第1款规定,“同一债权既有保证又有第三人提供物的担保的,债权人可以请求保证人或者物的担保人承担担保责任。当事人对保证担保的范围或者物的担保的范围没有约定或者约定不明的,承担了担保责任的担保人,可以向债务人追偿,也可以要求其他担保人清偿其应分担的份额”。该解释同样沿袭了《担保法》的思路,未区分物保的提供主体,债权人对债权的实现有权选择。同时明确在第三人清偿债务后,可以向债务人追偿,也可以向其他担保人追偿。《物权法》第176条对《担保法》及其司法解释的相关条款精神作了重大修改:一是区分物保提供人的不同,明确只有在第三人提供物保时，债权人才有选择权，而债务人提供物保的，必须以债务人的担保财产优先清偿债务。二是第三人清偿债务后可向债务人追偿，未规定可向其他担保人追偿。由此带来实务中最大的问题，就是混合担保中追偿权的实现争议。一种观点认为，物权法已改变了担保法追偿权的规则，第三人只能向债务人追偿，不得再向其他担保人追偿。另一种观点则认为，《物权法》并未明确否定可向其他担保人追偿，因此，《担保法司法解释》的规定仍可以适用。尤其是，当现实中有多个物保的情况下，有的提供物保的第三人为了规避担保债务的承担，通过贿赂债权人的手段，要求债权人向其他物保人主张清偿，严重影响了担保领域的社会秩序与诚信。该现象的出现使《物权法》第 176 条的规定受到非议。全国人大常委会法制工作委员会主编的《物权法释义》一书中明确否认担保人之间的相互追偿，最主要的理由是认为，允许担保人之间相互追偿，程序上费时费力，不经济，并且若允许追偿，份额的确定是相当复杂的计算题，可操作性不强。为此，最高人民法院 2019 年印发的《九民会议纪要》第 56 条明确规定，"承担了担保责任的担保人向其他担保人追偿的，人民法院不予支持，但担保人在担保合同中约定可以相互追偿的除外"，解决了司法实务长期以来的争议。《民法典》的规定仍沿用了《物权法》第 176 条的规定。由此可见，作为立法部门的立法原意并未改变。《担保制度解释》也将共同担保和混合担保作为重点问题予以关注，其第 13 条将担保人相互追偿限定在特殊情形，即"担保人之间约定相互追偿及分担份额，承担了担保责任的担保人请求其他担保人按照约定分担份额的，人民法院应予支持；担保人之间约定承担连带共同担保，或者约定相互追偿但是未约定分担份额的，各担保人按照比例分担向债务人不能追偿的部分"，以及"担保人之间未对相互追偿作出约定且未约定承担连带共同担保，但是各担保人在同一份合同书上签字、盖章或者按指印"。除前述情形外，承担了担保责任的担保人请求其他担保人分担向债务人不能追偿部分的，人民法院不予支持。

另外，对实务中同一债务有两个以上第三人提供担保，担保人以受让债权的方式规避相互追偿的现象，《担保制度解释》第 14 条作了规制，明确人民法院应当认定该行为系承担担保责任。受让债权的担保人作为债权人请求其他担保人承担担保责任的，人民法院不予支持；该担保人请求其他担保人分担相应份额的，依照《担保制度解释》第 13 条的规定处理。

这里还需注意"债权人应当按照约定实现债权"，应是债权人与各个保证人之间的约定，而非与个别保证人之间的约定。

第十七章 抵押权

专题一 抵押财产的范围

一、抵押财产范围的立法变化

《民法典》对抵押财产的范围,在立法模式上继续沿用《担保法》《物权法》的立法模式,采取了正面列举和反面排除相结合的立法方法。从正反两方面作特别强调:一是因为抵押财产对抵押权的效力有直接影响;二是针对现实生活中抵押财产混乱现象所作的规制。

关于具体可用于抵押财产的范围,我国法律规定前后变动较大,最早《民法通则》第 89 条第 2 项仅原则规定了"债务人或第三人可以提供一定的财产作为抵押物",至于抵押财产的范围至《担保法》出台方作了具体明确:抵押人所有的房屋和其他地上定着物;抵押人所有的机器、交通运输工具和其他财产;抵押人依法有权处分的国有的土地使用权、房屋和其他地上定着物;抵押人依法有权处分的国有的机器、交通运输工具和其他财产;抵押人依法承包并经发包方同意抵押的荒山、荒沟、荒丘、荒滩等荒地的土地使用权;抵押人依法可以抵押的其他财产。《物权法》又在此基础上,扩大了抵押财产的范围,即增加了生产设备、原材料、半成品、产品;正在建造的建筑物、船舶、航空器;法律、行政法规未禁止抵押的其他财产。从法律发展趋势来看,可抵押财产的范围呈扩展趋势:一是具体财产范围在扩大;二是从抵押主体享有所有权的财产扩大到抵押人有权处分的财产;三是兜底条款从"依法可以抵押的财产"到"法律、行政法规未禁止抵押的其他财产",前者体现的是抵押财产的封闭性,后者则对抵押财产范围采取开放的态度。

传统抵押制度中可用于抵押的标的物仅限不动产,但我国立法明确了不动产与动产均可设立抵押。《民法典》第 395 条再次明确了可以用于抵押的财产范围有:(1)建筑物和其他土地附着物;(2)建设用地使用权;(3)海域使用权;(4)生产设备、原材料、半成品、产品；(5)正在建造的建筑物、船舶、航空器；(6)交通运输工具；(7)法律、行政法规未禁止抵押的其他财产。第399条则从反面规定了不得抵押的财产范围：(1)土地所有权；(2)宅基地、自留地、自留山等集体所有土地的使用权，但是法律规定可以抵押的除外；(3)学校、幼儿园、医疗机构等为公益为目的成立的非营利法人的教育设施、医疗卫生设施和其他公益设施；(4)所有权、使用权不明或者有争议的财产；(5)依法被查封、扣押、监管的财产；(6)法律、行政法规规定不得抵押的其他财产。《民法典》在《物权法》规定的基础上，修改了允许抵押和禁止抵押的财产范围。

关于土地问题，我国实行的是土地公有制，土地归国家或集体所有，我国《宪法》第10条明确规定："任何组织或者个人不得侵占、买卖或者以其他形式非法转让土地。土地的使用权可以依照法律的规定转让。"所以土地虽是重要的不动产，但土地所有权禁止抵押与我国土地公有制一脉相承，体现了宪法精神。土地虽不能抵押，但地上建筑物和其他土地附着物法律是允许抵押的。

关于建设用地使用权，即用益物权允许抵押。《民法典》第344条规定，建设用地使用权人依法对国家所有的土地享有占有、使用和收益的权利，有权利用该土地建造建筑物、构筑物及其附属设施。根据土地所有权人的不同，我国对建设用地使用权分为国有土地使用权与集体建设用地使用权。国有建设用地使用权可以通过出让、划拨方式取得。通过这两种方式取得的国有土地使用权均可以设立抵押权，但划拨取得的土地在抵押时有一定的条件限制，根据《城镇国有土地使用权出让和转让暂行条例》第45条的规定，划拨地及其上建筑物抵押需经市、县人民政府土地管理部门和房产管理部门批准。至于集体建设用地使用权抵押有其特殊规定，《民法典》第398条规定，乡镇、村企业的建设用地使用权不得单独抵押。以乡镇、村企业的厂房等建筑物抵押的，其占用范围内的建设用地使用权一并抵押。

关于海域使用权，与《物权法》第180条相关规定相比，《民法典》规定有些变化，删去了《物权法》第180条第3项所规定的"以招标、拍卖、公开协商等方式取得的荒地等土地承包经营权"，而将"海域使用权"作为第3项规定。《民法典》第328条规定依法取得的海域使用权受法律保护。我国《海域使用管理法》规定"海域，是指中华人民共和国内水、领海的水面、水体、海床和底土"。该法同时规定"单位和个人使用海域，必须依法取得海域的使用权""海域使用权可以依法转让""海域使用权可以依法继承"。过去由于该法未明确规定海域使用权可以抵押或禁止抵押，故在使用人进行抵押登记时，海域管理部门往往以法无明文为由拒绝办理抵押登记。2014 年国务院出台的《不动产登记暂行条例》第 5 条明确将海域使用权纳入可抵押财产范围,《民法典》因应实践与理论界呼声,将“海域使用权”明确纳入了物权法用益物权的范畴,并明确纳入可抵押财产的范围,这对加速资金融通,缓解我国海域使用开发中面临的资金压力有积极作用。

关于生产设备、原材料、半成品、产品,是指自然人、法人和非法人组织所有的用于进行某项工作或者供应某种需要所必需的机械设备、生产某种产品所需要的物质、尚未加工生产完毕的产品。

关于正在建造的建筑物、船舶、航空器,正在建造的建筑物主要针对实践中将尚未建造或正在建造的建筑物预先出售进行融资建设的情形,即商品房预售和在建工程抵押;船舶、航空器的建造资金需求较大,为了促进造船业和航空制造业的发展,法律允许将正在建造的船舶和航空器抵押融资。

关于交通运输工具,包括机动车、船舶、民用航空器、客运或货运机车。

在上述可以抵押的财产范围之外,法律出于公共利益保护、社会政策考虑还明确了禁止抵押的财产范围。除了土地所有权禁止抵押之外,法律禁止抵押的还有:

第一,宅基地、自留地、自留山等集体所有土地的使用权。宅基地使用权对农户而言有社会保障性质,与农户的生存权相关;自留地、自留山是农户生活保障的基本生产资料,故除了法律规定可以抵押的外一般禁止抵押。法律例外允许抵押的体现在《民法典》第 398 条,即“以乡镇、村企业的厂房等建筑物抵押的,其占用范围内的建设用地使用权一并抵押”。

第二,学校、幼儿园、医疗机构等以公益为目的成立的非营利法人的教育设施、医疗卫生设施和其他公益设施。法律禁止公益设施抵押是为保障学校、幼儿园教育,保障人民生命健康目的的实现。关于教育设施、医疗卫生设施的抵押,实践中曾经有争议。有观点认为应区分公立与私立的学校、幼儿园、医院,私立的设施应允许抵押,一律禁止没有必要,也不利于民间教育、医疗事业的发展。全国人大常委会法工委曾经在《关于私立学校、幼儿园、医院的教育设施、医疗卫生设施能否抵押的请示的意见》(法工办发〔2009〕231 号)中答复住房和城乡建设部办公厅,认为私立还是公立,只是投资渠道的不同,其公益性质是一样的,均应禁止抵押。这里关于公益设施的问题需注意两个关键词,一是以公益为目的,二是非营利法人。根据《民办教育促进法》的相关规定,经政府教育行政部门、政府劳动和社会保障部门审批设立的民办教育机构具有公益性。至于在工商部门登记注册的经营性民办培训机构是营利的主体,不在法条规制范围内。由于以公益为目的的非营利法人、非法人组织原则上不具有担保资格,《担保制度解释》在此基础上直接明确了以这类性质的学校、幼儿园、医疗机构、养老机构提供担保的担保合同为无效合同。但有两种例外情形,即在购入或者以融资租赁方式承租教育设施、医疗卫生设施、养老服务设施和其他公益设施时,出卖人、出租人为担保价款或者租金实现而在该公益设施上保留所有权;以教育设施、医疗卫生设施、养老服务设施和其他公益设施以外的不动产、动产或者财产权利设立担保物权应予允许。第一种情形是所有权保留的应有之义,第二种情形属于《民法典》第395条的禁列范围之外,故相关的担保合同为有效合同。

第三,所有权、使用权不明或者有争议的财产。用于抵押的财产若存在所有权、使用权不明或争议将导致新的纠纷与争议,使法律关系复杂化,并且有可能损害真正的所有权人、使用权人的合法利益,因此,抵押权人为保证抵押权的顺利实现,宜在抵押人进行抵押时对抵押财产的权属进行一定的审查,在发现抵押财产的权属已出现纷争时,可要求抵押人更换抵押财产。当然,法律对这类权属不明或有纷争的财产抵押作禁止性规定,更多是宣示性规定。因为抵押财产登记在抵押人名下或被抵押人占有的背后是否存在其他权利主体争议,抵押权人即使进行审查也很难了解更多情况。因此,抵押财产虽有争议但抵押权人在符合善意取得时,仍不影响抵押权的取得。但若抵押权人明知有纷争仍接受抵押,有可能影响抵押权人善意取得成立时,则不能取得抵押权。《担保制度解释》第37条秉持这一思路,明确了当事人以所有权、使用权不明或者有争议的财产抵押,经审查构成无权处分的,人民法院应当依照《民法典》第311条的规定处理。即抵押合同效力不受影响,但是否取得抵押权,则看是否满足善意取得条件。

第四,依法被查封、扣押、监管的财产。查封、扣押是一种保全措施,以便于债权的实现。因此,虽然被查封、扣押的财产权属仍属于被保全人,但处分权已受到限制,否则将影响保全目的的实现。而如果在保全前财产已用于抵押,则在先抵押权不受影响。最高人民法院《关于人民法院执行工作若干问题的规定(试行)》第40条明确"人民法院对被执行人所有的其他人享有抵押权、质押权或者留置权的财产,可以采取查封、扣押措施。财产拍卖、变卖后所得价款,应当在抵押权人、质押权人或留置权人优先受偿后,其余额部分用于清偿申请执行人的债权。"对被监管的财产,一般是行政机关对违反相关规定的货物采取的扣押并予监管措施,对这类财产也禁止抵押。《担保制度解释》第37条第2款明确,以依法被查封或者扣押的财产抵押,抵押权人行使抵押权,若查封、扣押措施已经解除的,法院应支持抵押权人的请求。抵押人以抵押权设立时财产被查封或扣押为由主张合同无效,法院不予支持。财产被监管也是同样的思路。因此,以被查封、扣押、监管的财产进行抵押影响的是抵押权的成立与实现,抵押合同并不受影响。

《民法典》第395条将"法律、行政法规未禁止抵押的其他财产"作为抵押财产范围兜底,在第399条以"法律、行政法规规定不得抵押的其他财产"作为禁止抵押的范围兜底,一方面说明我国法律对用于抵押的财产范围是开放的,另一方面意味着地方性法规不得扩大禁止抵押的财产范围。

二、农村耕地抵押的重大变化

《民法典》第395条第3项与《物权法》第180条相关条文相比有一定的变化,删除了第180条第3项所规定的"以招标、拍卖、公开协商等方式取得的荒地等土地承包经营权",同时《民法典》第399条禁止抵押的财产类型中删除了"耕地"。虽然变化不大,但意义深刻,这一变化与我国完善农地"三权分置"的重大改革密切相关。中共中央办公厅、国务院办公厅在《关于完善农村土地所有权承包权经营权分置办法的意见》中,明确允许承包农户的土地承包经营权和新型经营主体的土地经营权都可以设定抵押权。2019年新修订的《农村土地承包法》第36条和第53条分别规定"承包方可以自主决定依法采取出租(转包)、入股或者其他方式向他人流转土地经营权,并向发包方备案""通过招标、拍卖、公开协商等方式承包农村土地,经依法登记取得权属证书的,可以依法采取出租、入股、抵押或者其他方式流转土地经营权"。《民法典》第339条、第342条分别作出与《农村土地承包法》相同的规定,明确土地承包经营权人可以自主决定依法采取出租、入股或者其他方式向他人流转土地经营权。通过招标、拍卖、公开协商等方式承包农村土地,经依法登记取得权属证书的,可以依法采取出租、入股、抵押或者其他方式流转土地经营权。抵押是流转的方式之一,而法律、行政法规未禁止抵押的其他财产均可抵押。因此,土地经营权可以抵押已由《农村土地承包法》和《民法典》进行了明确。至于承包权,则在与经营权分离后,因其具有身份性,为保护农民的最低基本生存权,没有规定承包权可以抵押。这对稳住占人口半数的农民,具有十分重大的意义。

三、抵押范围的其他问题

值得探讨的问题还有,若主物为抵押范围,抵押效力是否及于从物。虽然主从物在经济价值上是一体的,原则上若主物抵押,效力应及于从物,但这里需要考虑从物产生的时间与抵押权依法设立的时间先后而区别对待。《担保制度解释》第 40 条对此作了规定:从物产生于抵押权依法设立前,抵押权人主张抵押权的效力及于从物的,人民法院应予支持,但是当事人另有约定的除外;从物产生于抵押权依法设立后,抵押权人主张抵押权的效力及于从物的,人民法院不予支持,但是在抵押权实现时可以一并处分。还有种情形,若原物抵押,效力是否及于孳息。通常来说,因抵押物不转移占有,且孳息与原物是各自独立之物,因此除非特别约定,否则抵押效力不及于天然孳息和法定孳息。但《民法典》第 412 条规定了一种特殊情形,即对债务人到期不履行债务或者发生当事人约定实现抵押权的情形,致使抵押财产被法院依法扣押的,自扣押之日起,抵押权人有权收取该抵押财产的天然孳息或者法定孳息,如果抵押权人未通知应当清偿法定孳息义务人的除外。该孳息应当先充抵收取孳息的费用。

专题二　浮动抵押

一、浮动抵押的含义

浮动抵押起源于英国,其后逐渐得到越来越多国家的承认。《民法典》第 396 条进一步明确了我国浮动抵押制度,根据该条规定,企业、个体工商户、农业生产经营者可以将现有的以及将有的生产设备、原材料、半成品、产品抵押,债务人不履行到期债务或者发生当事人约定的实现抵押权的情形,债权人有权就抵押财产确定时的动产优先受偿。

与普通抵押相区别的是,普通抵押在设立时抵押财产是现有的、特定的,而浮动抵押设立时,抵押财产处于特定的变动中,因此称为浮动抵押。浮动抵押财产范围包括现有的和将有的生产设备、原材料、半成品、产品。在债务人不履行到期债务或发生当事人约定的实现抵押权的情形时,抵押财产才确定下来,以保证债权人针对特定财产变价并实现优先受偿的权利。在浮动抵押期间,抵押人在正常营业的情况下,可以自由处分浮动抵押财产而不必经抵押权人同意,且抵押权并不随着财产的转移而转移。而普通抵押的抵押人虽可以转让抵押财产,但抵押权具有追及力,抵押权随抵押财产的转让而转让。浮动抵押的设立主要便于解决中小企业和农民贷款难的问题;设立浮动抵押的主体是企业、个体工商户、农业生产经营者;设立浮动抵押的财产限于生产设备、原材料、半成品、成品,除此之外的动产和不动产不得设定浮动抵押。

二、浮动抵押的风险

浮动抵押成本不高,对促进企业融资大有裨益,但也存在较大的风险,因为设定抵押的财产处在变动中,该制度的运用有赖良好的市场诚信。浮动抵押设立后对抵押权人利益带来不确定影响的法定因素有两个方面:一是在浮动抵押期间,抵押人是可以正常处分财产的,而买受人并无查询财产是否抵押的义务。《民法典》第404条规定,以动产抵押的,不得对抗正常经营活动中已经支付合理价款并取得抵押财产的买受人。二是浮动抵押设立后,当事人又将设定浮动抵押的生产设备等单独设立动产抵押,法律也并不禁止,在第二种情形下,产生的只是抵押顺位的确定问题。根据法律规定,优先受偿顺序的确定应根据抵押登记的时间先后进行确定,登记在先的抵押权优先于登记在后的抵押权优先受偿。因此浮动抵押的抵押权人可以通过登记以保障权利。但在第一种情形下,浮动抵押期间抵押人对抵押财产的正常处分,抵押权人无追及权,是法律为避免动产抵押给人们正常生活造成干扰,同时为防止加重当事人的交易成本所作的规定,对保护正常买受人的利益极为有利。当然,如果买受人知道或者应当知道标的物已被设定担保物权,此时自然不能援引《民法典》第404条确立的规则阻却抵押权的追及效力。为了便于法官判断买受人何时可以无须查询抵押登记,《担保制度解释》将下列情形的买受人排除在正常经营活动之外:(1)购买商品的数量明显超过一般买受人;(2)购买出卖人的生产设备;(3)订立买卖合同的目的在于担保出卖人或者第三人履行债务;(4)买受人与出卖人存在直接或者间接的控制关系;(5)买受人应当查询抵押登记而未查询的其他情形。考虑到民法典已将所有权保留买卖和融资租赁中的所有权规定为非典型担保物权,《担保制度解释》甚至将正常经营买受人规则的适用范围扩及已经办理登记的所有权保留、融资租赁。由此可见,在交易安全与静态的物权保护发生冲突之时,司法解释选择保护前者。

三、抵押财产的确定

由于浮动抵押期间,抵押财产处于变动之中,在债务人不履行到期债务,抵押权人要求实现债权时,抵押财产则必须确定下来,以便于抵押权人就确定的抵押财产主张优先受偿。根据《民法典》第 411 条的规定,浮动抵押财产的确定有以下一些情形:(1)债务履行期限届满,债权未实现;(2)抵押人被宣告破产或者解散;(3)当事人约定的实现抵押权的情形;(4)严重影响债权实现的其他情形。当浮动抵押财产确定下来后,抵押权人可根据普通抵押权的实现程序实现债权。

专题三　房地一体抵押的问题

一、房地产抵押的特殊性

房屋与土地相互依附,具有不可分性,无法分别转让,因此,《民法典》第 397 条规定,以建筑物抵押的,该建筑物占用范围内的建设用地使用权一并抵押。以建设用地使用权抵押的,该土地上的建筑物一并抵押。抵押人未依照前款规定一并抵押的,未抵押的财产视为一并抵押。

这就是关于房地一体抵押的特殊规定。我国在处理房地产时一贯秉持的原则是"房随地走,或者地随房走"。实现抵押权,将导致抵押财产权利主体的变化,财产权利的转移。因此在设定抵押权时房与地宜一并抵押,即使未一并抵押也视为一并抵押。比如,甲以其享有所有权的房屋一栋设定抵押,并办理了抵押权登记,但未办理所占建设用地的抵押登记,但在实现抵押权时,土地应一并作为抵押财产。同理,如果仅办理了土地使用权抵押登记,未办理房屋抵押登记,房屋应一并作为抵押财产,即抵押权人有权就房屋和土地的价金优先受偿。

房地一体抵押,登记部门的统一非常必要。《物权法》第 10 条规定"不动产登记,由不动产所在地的登记机构办理。国家对不动产实行统一登记制度。"2015 年 3 月 1 日《不动产登记暂行条例》落地实施,与此同时,国土资源部、中央机构编制委员会办公室于当年 4 月联合下发《关于地方不动产登记职责整合的指导意见》,要求加快整合不动产登记职责和机构,确保年内完成各级不动产登记职责和机构整合、人员业务划转、工作流程再造和技术管理的衔接。目前,不动产登记已完成了统一登记。《民法典》第 210 条再次明确,不动产登记由不动产所在地的登记机构办理。国家对不动产实行统一登记制度。统一登记的范围、登记机构和登记办法,由法律、行政法规规定。

二、房地分别抵押的实务难题

《担保法》第36条规定:“以依法取得的国有土地上的房屋抵押的,该房屋占用范围内的国有土地使用权同时抵押。以出让方式取得的国有土地使用权抵押的,应当将抵押时该国有土地上的房屋同时抵押。乡(镇)、村企业的土地使用权不得单独抵押。以乡(镇)、村企业的厂房等建筑物抵押的,其占用范围内的土地使用权同时抵押。”可见,房地一体抵押是我国早就确立的制度。虽然《担保法》规定了房地应同时抵押,但当事人经常并不同时抵押,而《担保法》对分别抵押的后果并未明确,加之在《物权法》出台前的相当长时间里,我国的不动产登记分别由土地和房产行政部门各自进行登记,导致实务中房与地分别抵押、分别登记情况大量存在,这给抵押权的实现带来了不少矛盾。长期以来,学理与实务界就分别抵押的合同是否有效以及优先顺位如何确定产生较大争议,类案异判较为普遍。直到统一登记制度的出台,从源头上解决了房地分别抵押、分别登记的乱象。但房地分别抵押带来的遗留问题仍一定程度存在,且实务界对《物权法》第182条第2款“抵押人未依照前款规定一并抵押的,未抵押的财产视为一并抵押”如何理解与处理仍存在分歧。

比如,某公司拥有建设用地,同时在地上盖了房屋,该公司先以建设用地抵押向甲银行借款300万元,并于2010年3月1日办理了抵押登记;后又以房屋抵押向乙银行借款200万元,并于次年4月1日办理了抵押登记,则这两个抵押权的顺位如何,产生争议。一种观点认为,“视为一并抵押”是指一并处理、分别受偿,即房地应一并拍卖,但甲、乙银行只能分别就地和房屋的价款部分优先受偿。另一种观点认为,“视为一并抵押”是指房地应一并作为抵押财产一体抵押,故应以登记的时间确定优先顺位。

这一问题在2019年的《九民会议纪要》作了最终统一,该纪要第61条规定,根据《物权法》第182条之规定,仅以建筑物设定抵押的,抵押权的效力及于占用范围内的土地;仅以建设用地使用权抵押的,抵押权的效力亦及于其上的建筑物。在房地分别抵押,即建设用地使用权抵押给一个债权人,而其上的建筑物又抵押给另一个人的情况下,可能产生两个抵押权的冲突问题。基于“房地一体”规则,此时应当将建筑物和建设用地使用权视为同一财产,从而依照《物权法》第199条的规定确定清偿顺序:登记在先的先清偿;同时登记的,按照债权比例清偿。同一天登记的,视为同时登记。应予注意的是,根据《物权法》第200条的规定,建设用地使用权抵押后,该土地上新增的建筑物不属于抵押财产。《民法典》第397条、第414条与《物权法》第182条、第199条并未有大的变动,上述纪要精神完全体现了《民法典》立法本意,仍可参照适用。《担保制度解释》第51条在《九民会议纪要》的基础上,再次作出相同精神的规定,明确了三个层次:一是当事人仅以建设用地使用权抵押,债权人主张抵押权的效力及于土地上已有的建筑物以及正在建造的建筑物已完成部分的,人民法院应予支持。债权人主张抵押权的效力及于正在建造的建筑物的续建部分以及新增建筑物的,人民法院不予支持。二是当事人以正在建造的建筑物抵押,抵押权的效力范围限于已办理抵押登记的部分。当事人按照担保合同的约定,主张抵押权的效力及于续建部分、新增建筑物以及规划中尚未建造的建筑物的,人民法院不予支持。三是抵押人将建设用地使用权、土地上的建筑物或者正在建造的建筑物分别抵押给不同债权人的,人民法院应当根据抵押登记的时间先后确定清偿顺序。另外,《担保制度解释》第49条关于"当事人以建设用地使用权依法设立抵押,抵押人以土地上存在违法的建筑物为由主张抵押合同无效的,人民法院不予支持"的规定,也体现了房地一体抵押的精神,由于当事人用以抵押的建设用地使用权是合法取得的,抵押合同的效力自不受影响,即使其上的建筑物违法,影响的是抵押权实现时该违法建筑如何折价的问题。

专题四 流质抵押

一、流质抵押概述

抵押权人与抵押人在债务履行期限届满前约定债务人不履行债务时,抵押财产归债权人所有,该约定通常称为流质抵押或流押。过去无论是《担保法》第40条还是《物权法》第186条,均对流押条款作了明确禁止性规定。《物权法》规定,抵押权人在债务履行期届满前,不得与抵押人约定债务人不履行到期债务时抵押财产归债权人所有。因此,司法实践中凡当事人在抵押合同中对此作出约定的,一律作为无效条款。

《民法典》第401条规定,抵押权人在债务履行期限届满前,与抵押人约定债务人不履行到期债务时抵押财产归债权人所有的,只能依法就抵押财产优先受偿。

《民法典》第428条对质押财产所有权归属的约定也作出“只能依法就质押财产优先受偿”的规定,《民法典》改变了旧有规定的表述,未从禁止性角度作“不得约定”,而是从当事人在作此约定情况下如何处理进行规制。法条的表述更为合理,因为,即使法律禁止约定流押,实践中当事人仍会约定,但无论约定与否,均不生效力。只要抵押的意思表示真实,则只能就抵押财产优先受偿,回归抵押制度的本源。

法律对流押约定不予认可,体现的是社会公平。融资难、融资贵一直是我国社会普遍存在的问题,而在设立抵押权时,抵押人处于资金需求地位,为了获得融资,有时不惜以价值很高的财产去担保小于抵押财产价值的债务。比如,甲为解决急需的资金,可能用50万元的房产为20万元的债务抵押;现实中的金融借款抵押,往往抵押财产要打7折或6折才能贷款。如果债权人以流押约定为融资条件,抵押人的谈判余地不大,但为了解决眼前资金困难,不得不签订城下之盟,被迫答应这一不合理条款。因此,法律禁止流押符合平等、自愿、公平和诚信的原则。另外,随着市场的变化,抵押时的债权是确定的,而抵押的财产可能在债务履行期间发生市场行情的变化,可能涨也可能跌,尤其是以房地产作抵押的,市场变化更大。若对流押不作禁止,某种程度上也是鼓励投机。

二、对流押条款的实务探索

由于在《民法典》出台之前对流押条款均作为无效条款,司法实务中产生许多规避行为。较为典型的是以物抵债,当事人在借贷合同之外,另签订房屋买卖合同,以实际上的借款金额作为房屋买卖的价金,并明确如果债务人履行债务的,买卖合同不再履行,如果不履行债务的,房屋归提供资金方所有。以物抵债的约定形形色色。有的约定发生在债务届期前,有的约定是在债务届期后,有的在约定后即已办理房屋产权变更登记或转移占有,有的尚未进行产权转移。对以物抵债约定的效力如何认定,司法实务中争议不断。早期人们认为借贷与买卖是两个不同的法律行为,只要无《合同法》第52条规定的无效情形,均应认定有效。这一认定被一些不诚信的当事人利用,某些债务人与亲戚、朋友、熟人通谋,虚构债权债务关系,并达成协议将债务人仅有的房屋或价值较大的财产用于抵债,或者签订并不真实履行的买卖协议,以致成为债务人转移责任财产而规避债务承担的常用手段,甚至有的通过虚假诉讼,“手拉手”诉到法院达成以物抵债调解协议。而法官有时囿于调查取证的困难,有时疏于审查未能发现,甚至有的明知但仍出具调解书,进而引发廉政风险。这一现象引起实务界、理论界高度关注。有的法院加强了对以物抵债问题的研究,出台了相关纪要,[①]将以物抵债区分了债务届期之前和届期之后所达成协议的不同情况,以及有无转移产权四种情形,明确规定在债务届期前约定以物抵债符合流押条款,约定无效;若已办理产权转移登记的,符合让与担保,因违反物权法定原则,转让物权的行为无效;债务届期之后的抵债作为清偿行为对待,已履行完毕且对价合理的认定有效;尚未履行完毕的仍认定原债权债务合同的效力,是否抵债在执行中解决。由此避免了大量的虚假诉讼的产生。此后,最高人民法院在2016年出台的《第八次全国法院民事商事审判工作会议(民事部分)纪要》第16条、第17条也作了规定,明确了两层意思:一是在当事人要求法院出具以物抵债调解书时,法院须严格审查以物抵债调解书是否当事人平等自愿签订,如果有损害他人利益的,不制作调解书,有虚假诉讼的依法制裁;二是债务届期后达成以物抵债且办理了产权转移手续,又没有法律规定的无效、可变更、可撤销情形的,认可其效力。2019年最高人民法院印发的《九民会议纪要》再次就这一问题作了规定。该纪要第44条"履行期届满后达成的以物抵债协议"规定,当事人在债务履行期限届满后达成以物抵债协议,抵债物尚未交付债权人,债权人请求债务人交付的,人民法院要着重审查以物抵债协议是否存在恶意损害第三人合法权益等情形,避免虚假诉讼的发生。经审查,不存在以上情况,且无其他无效事由的,人民法院依法予以支持。当事人在一审程序中因达成以物抵债协议申请撤回起诉的,人民法院可予准许。当事人在二审程序中申请撤回上诉的,人民法院应当告知其申请撤回起诉。当事人申请撤回起诉,经审查不损害国家利益、社会公共利益、他人合法权益的,人民法院可予准许。当事人不申请撤回起诉,请求人民法院出具调解书对以物抵债协议予以确认的,因债务人完全可以立即履行该协议,没有必要由人民法院出具调解书,故人民法院不应准许,同时应当继续对原债权债务关系进行审理。该纪要第45条"履行期届满前达成的以物抵债协议"规定,当事人在债务履行期届满前达成以物抵债协议,抵债物尚未交付债权人,债权人请求债务人交付的,因此种情况不同于纪要第71条规定的让与担保,人民法院应当向其释明,其应当根据原债权债务关系提起诉讼。经释明后当事人仍拒绝变更诉讼请求的,应当驳回其诉讼请求,但不影响其根据原债权债务关系另行提起诉讼。

从上述规定来看,对债务届期前的抵债若符合让与担保的予以承认,不符合让与担保的,仍审理原债权债务关系。对债务届期后的抵债仍要审慎审查是否虚假。

---

① 参见江苏省高级人民法院审判委员会会议纪要〔2014〕2号。

对让与担保问题,《九民会议纪要》第71条明确规定,“债务人或者第三人与债权人订立合同,约定将财产形式上转让至债权人名下,债务人到期清偿债务,债权人将该财产返还给债务人或第三人,债务人到期没有清偿债务,债权人可以对财产拍卖、变卖、折价偿还债权的,人民法院应当认定合同有效。合同如果约定债务人到期没有清偿债务,财产归债权人所有的,人民法院应当认定该部分约定无效,但不影响合同其他部分的效力。当事人根据上述合同约定,已经完成财产权利变动的公示方式转让至债权人名下,债务人到期没有清偿债务,债权人请求确认财产归其所有的,人民法院不予支持,但债权人请求参照法律关于担保物权的规定对财产拍卖、变卖、折价优先偿还其债权的,人民法院依法予以支持。债务人因到期没有清偿债务,请求对该财产拍卖、变卖、折价偿还所欠债权人合同项下债务的,人民法院亦应依法予以支持。”对当事人之间让与担保的约定,该纪要赋予当事人清算的权利,在此基础上认定其效力,由此避免了流押中的弊端。《民法典》立法过程中,许多学者建议不应完全禁止流押的效力,认为流押可以做到以极少的成本实现抵押权,出于效率考虑承认流押不是一件坏事。但《民法典》最后虽未以“不得”作出禁止,但仍明确,即使约定流押,也只能就抵押财产优先受偿。这一规定更科学,虽未承认流押直接产生法律效力,但抵押的意思仍予以肯定,当事人可以依法行使抵押权,而不像过去,在否定流押的同时也否定了抵押的本意。《担保制度解释》从民法典对流押、流质条款的修改足以产生让与担保的制度效果出发,也认为在我国司法实务中,不应简单认定该担保形式无效,尤其不应依据有关流押或流质之禁止规定认定担保合同无效。即使合同未约定债务不能清偿时具体的清算办法,法院亦可基于《民法典》第401条、第428条的规定,认定债权人对相应标的物的优先受偿权。基于这一理解,《担保制度解释》第68条区分三种情形对让与担保作出规定:其一,债务人或者第三人与债权人约定将财产形式上转移至债权人名下,债务人不履行到期债务,债权人有权对财产折价或者以拍卖、变卖该财产所得价款偿还债务。此时,人民法院应当认定该约定有效,且如果当事人已经完成财产权利变动的公示,债务人不履行到期债务,债权人请求参照民法典关于担保物权的有关规定就该财产优先受偿的,人民法院应予支持。其二,债务人或者第三人与债权人约定将财产形式上转移至债权人名下,债务人不履行到期债务,财产归债权人所有的,人民法院应当认定该约定无效,但是不影响当事人有关提供担保的意思表示的效力。如果当事人已经完成财产权利变动的公示,债务人不履行到期债务,债权人请求对该财产享有所有权的,人民法院不予支持;但是,债权人请求参照民法典关于担保物权的规定对财产折价或者以拍卖、变卖该财产所得的价款优先受偿的，人民法院应予支持。此外，债务人履行债务后请求返还财产，或者请求对财产折价或者以拍卖、变卖所得的价款清偿债务的，人民法院应予支持。其三，当事人约定将财产转移至债权人名下，一定期间后再由债务人或者第三人溢价回购，如果债务人未履行回购义务，则财产归债权人所有。此种约定符合让与担保的特征，应当参照解释关于让与担保的规定处理。但是，如果经审查当事人约定的回购标的自始不存在，由于缺乏担保财产，应当依照《民法典》第 146 条第 2 款的规定，按照实际构成的法律关系处理。《担保制度解释》的规定算是对一直以来热议的让与担保在法律上给予一席之位。相对于仅具财产属性的有形财产的让与担保，兼具财产属性与身份属性的股权的让与担保，《担保制度解释》第 69 条也明确了名义股东不承担履行出资义务。

专题五　不动产抵押登记与合同效力

一、不动产抵押权登记设立

不动产登记，是指不动产登记机构依法将不动产权利归属和其他法定事项记载于不动产登记簿的行为。不动产抵押权作为不动产权利，根据国家《不动产登记暂行条例》的规定，应当办理登记。《民法典》第 402 条规定，以本法第 395 条第 1 款第 1 项至第 3 项规定的财产或者第 5 项规定的正在建造的建筑物抵押的，应当办理抵押登记。抵押权自登记时设立。该条确立了我国不动产抵押登记设立原则。

各国关于登记对因法律行为致不动产物权变动的效力的影响，有登记生效要件主义与登记对抗要件主义两种模式。前者指不动产物权的变动非经登记不生物权变动效力，后者指物权变动可依合意生效，但登记可对抗第三人。《民法典》关于担保物权登记的效力采登记生效要件主义与登记对抗要件主义并存。第 402 条关于不动产抵押采登记生效要件主义。而关于动产抵押则采登记对抗要件主义。关于不动产物权，《民法典》第 209 条明确规定："不动产物权的设立、变更、转让和消灭，经依法登记，发生效力；未经登记，不发生效力，但是法律另有规定的除外。依法属于国家所有的自然资源，所有权可以不登记。"抵押权作为不动产物权的种类，办理登记方发生效力,《民法典》第402条规定与第209条规定一脉相承;第395条列举的不动产包括“建筑物和其他土地附着物、建设用地使用权、海域使用权以及正在建造的建筑物”,在这些财产上设定抵押应到不动产统一登记部门办理抵押登记。

依据物权变动的形态不同,不动产登记有首次登记、变更登记、转移登记、注销登记、更正登记、异议登记、预告登记、查封登记等。《不动产登记暂行条例》《不动产登记暂行条例实施细则》对每一类不动产登记的适用范围、申请人和申请材料等问题均作了详细的规定。法律要求不动产抵押采登记生效要件主义,也与不动产抵押直接关系与抵押人交易的第三人和后顺位抵押权人的利益保护有关,便于这些主体根据登记情况在与抵押人交易时作出合理预期,避免利益受损,也为了方便债权人查看抵押财产的权属关系以及抵押权的优先顺位,以决定是否接受抵押财产。

二、不动产抵押合同效力

不动产抵押权登记生效与抵押合同生效是两个不同领域的问题。抵押合同效力是合同范畴考量的问题,不动产抵押效力是物权范畴考量的问题。《民法典》第215条规定“当事人之间订立有关设立、变更、转让和消灭不动产物权的合同,除法律另有规定或者当事人另有约定外,自合同成立时生效;未办理物权登记的,不影响合同效力。”该规定与《物权法》第15条的规定一致。这就是物权变动与其基础关系或者原因关系的区分原则。对这两者效力的关系,法律也经过了一个正本清源的发展过程。1995年10月1日施行的《担保法》第41条规定:“当事人以本法第四十二条规定的财产抵押的,应当办理抵押物登记,抵押合同自登记之日起生效。”该条将抵押合同效力与物权登记行为联系在一起。而1999年10月1日施行的《合同法》第44条规定:“依法成立的合同,自成立时生效。法律、行政法规规定应当办理批准、登记等手续生效的,依照其规定。”抵押合同是成立生效还是登记生效在实务中出现了分歧。争议的根源在于未能区分抵押合同成立与物权变动是两个不同范畴的法律问题。《物权法》的出台才使这一问题真正得到澄清。因《合同法》施行后并没有法律、行政法规明确规定抵押合同应当办理批准或登记手续生效,抵押合同的成立、生效应当依照合同的生效原则确定,而登记是不动产物权变动的公示方法;登记并非针对合同行为,如果当事人之间就物权变动达成了合意,而没有登记,合同仍然有效。《物权法》及《民法典》明确的物权与债权的区分原则意义重大,对维护市场诚信、保护无过错当事人利益意义重大。在房地产领域，由于市场行情变化较大，当事人一方签订房屋买卖合同后，出售方往往以房屋未过户为由主张合同无效拒绝履行，另觅买主高价再售，同时规避违约责任承担。在《物权法》出台之前，判决无效的情形较为普遍，但在《物权法》出台后，这一情形得到改变，房屋买卖合同只要无《合同法》第52条规定的情形，合同效力即得到维护。合同履行没有障碍的，法院一般判决继续履行。即使合同因客观情况无法办理过户，存在履行障碍的，违约方应依据有效合同承担违约赔偿责任。

三、未办理抵押登记的责任承担

在抵押合同有效但未办登记致抵押权未设立的情况下，抵押人应否承担责任、承担何种责任也是需要研究的问题。对此曾有两种不同的观点：一种观点认为，虽然抵押权因未登记而没有设立，但抵押合同有效情形下，债权人仍可要求抵押人承担违约责任，包括要求抵押人继续履行办理抵押登记的义务，以及在不能办理登记情况下的违约赔偿责任，即以抵押物的价值为限向债权人承担违约责任。另一种观点认为，债权人可依据有效的抵押合同要求抵押人承担抵押合同上的担保义务，即以抵押物价值为限承担连带清偿责任而非补充清偿责任。最高人民法院针对上述争议，在2019年最高人民法院印发的《九民会议纪要》第60条作出规定，不动产抵押合同依法成立，但未办理抵押登记手续，债权人请求抵押人办理抵押登记手续的，人民法院依法予以支持。因抵押物灭失以及抵押物转让他人等原因不能办理抵押登记，债权人请求抵押人以抵押物的价值为限承担责任的，人民法院依法予以支持，但其范围不得超过抵押权有效设立时抵押人所应当承担的责任。也就是说，抵押人在债务人承担责任前享有先诉抗辩权，若债权人将债务人、抵押人一并提起诉讼的，为了及时高效解决纠纷，人民法院可以将其列为共同被告，但在判决中应明确在对债务人财产依法强制执行后仍不能履行债务时，由抵押人承担责任。法院在执行过程中可以一并加以处理。《担保制度解释》沿袭《九民会议纪要》的相关规定，在第46条中明确，不动产抵押中，如果当事人签订抵押合同但未办理抵押登记，仅仅抵押权没有设立，抵押合同的效力不受影响，债权人可以请求抵押人继续办理抵押登记。在不能继续办理抵押登记的情况下，《担保制度解释》根据是否可归责于抵押人进行不同的处理：一是由于不可归责于抵押人的原因导致不能办理抵押登记，如自然灾害导致标的物灭失的，除抵押人因此取得抵押财产的代位物而须在代位物的价值范围内依其过错程度承担违约损害赔偿责任外，抵押人不应承担赔偿责任;二是由于可归责于抵押人的原因导致不能办理抵押登记,如抵押人将抵押财产转让他人,此时抵押人应在约定的担保范围内承担违约损害赔偿责任,但是不得超过抵押权能够设立时抵押人应当承担的责任范围。应当说,此次解释的规定相比纪要更加成熟,更加科学与合理。

四、抵押权变更登记与转移登记

抵押权登记有变更登记与转移登记两种不同的形式,根据《不动产登记暂行条例实施细则》的相关规定,不动产抵押人、抵押权人的姓名或名称变更、被担保的主债权数额变更、债务履行期限变更、抵押权顺位变更的,当事人应当申请办理抵押权变更登记。而转移登记,是指因主债权转让导致抵押权转让的,当事人应申请办理转移登记。两种不同的登记要求提供的手续有不同。并且在抵押权变更中涉及抵押权顺位的变更,还应受到《民法典》第409条的约束。相比抵押权变更登记,在抵押权的转移登记中应当注意的是抵押权转移意味着抵押权人主体改变了,虽然基于抵押权的从属性,抵押权的转移无须抵押人同意,但债权人转让债权根据法律规定应通知债务人,故该实施细则要求办理转移登记时需要提交债权人通知债务人的材料;同时,转移登记虽非受让人取得抵押权的效力要件,但基于登记的公示公信效力,转移登记有利于向社会宣示抵押权的变动,保证登记簿的记载与真实的物权状况一致,对交易安全有利。2019年最高人民法院印发的《九民会议纪要》第62条对此问题的态度也是认为,抵押权是从属于主合同的从权利,根据“从随主”规则,债权转让的,除法律另有规定或者当事人另有约定外,担保该债权的抵押权一并转让。受让人向抵押人主张行使抵押权,抵押人以受让人不是抵押合同的当事人、未办理变更登记等为由提出抗辩的,人民法院不予支持。《担保制度解释》在第39条中对主债权被分割或者部分转让,各债权人主张就其享有的债权份额行使担保物权的,明确规定人民法院应予支持,但是法律另有规定或者当事人另有约定的除外。

专题六　动产抵押设立与登记

一、动产抵押制度

登记对抗要件主义，是指当事人就物权变动达成合意之时即生物权变动效力，但非经登记不能对抗善意第三人。《民法典》明确了抵押权除了可在不动产上设立之外，动产上同样可以设立。第 395 条第 1 款规定了生产设备、原材料、半成品、产品和正在建造的建筑物、船舶、航空器，以及交通运输工具可以抵押。第 396 条又规定了企业、个体工商户、农业生产经营者可以将现有的以及将有的生产设备、原材料、半成品、产品抵押。第 403 条、第 404 条进一步规定，以动产抵押的，抵押权自抵押合同生效时设立；未经登记，不得对抗善意第三人；以动产抵押的，不得对抗正常经营活动中已支付合理价款并取得抵押财产的买受人。上述条款建立了我国动产抵押权登记对抗要件主义制度。采登记对抗要件主义模式，一方面，是与我国《民用航空法》和《海商法》保持一致。《民用航空法》第 16 条明确“设定民用航空器抵押权，由抵押权人和抵押人共同向国务院民用航空主管部门办理抵押权登记；未经登记的，不得对抗第三人”。《海商法》第 13 条对船舶抵押设定作了同样的规定。另一方面，当事人采不转移占有的抵押方式担保债权往往是出于相互的信任，若采登记生效要件主义，将增加成本、降低效率。事实上，若要求企业、个体工商户、农业生产经营者将现有的以及将有的生产设备、原材料、半成品、产品进行抵押登记，也是困难的一件事。

二、登记对抗的第三人范围

《海商法》与《民用航空法》在登记对抗效力的规定中明确的是“第三人”，而《民法典》对第三人加了一个限定“善意”。所谓“善意”，是指不知道或者虽应知道但非因重大过失而不知道某一动产上已经设定了抵押权。如果明知某项动产上已经设定了抵押权而仍与抵押人签订抵押合同取得抵押权则属于恶意。虽然《海商法》与《民用航空法》是特别法，但就抵押权而言，仍应遵守《民法典》关于担保物权的基本规定。另外，关于第三人的范围是否有所限定，是包括对动产享有物权的第三人和享有债权的第三人,还是仅指享有物权的第三人?主流观点认为应采广义的第三人范围,既包括对动产享有物权的第三人,也包括享有债权的第三人。《担保制度解释》第54条对动产抵押合同订立后未办理抵押登记,动产抵押权的效力分为四种情形处理:(1)抵押人转让抵押财产,受让人占有抵押财产后,抵押权人向受让人请求行使抵押权的,人民法院不予支持,但是抵押权人能够举证证明受让人知道或者应当知道已经订立抵押合同的除外;(2)抵押人将抵押财产出租给他人并移转占有,抵押权人行使抵押权的,租赁关系不受影响,但是抵押权人能够举证证明承租人知道或者应当知道已经订立抵押合同的除外;(3)抵押人的其他债权人向人民法院申请保全或者执行抵押财产,人民法院已经作出财产保全裁定或者采取执行措施,抵押权人主张对抵押财产优先受偿的,人民法院不予支持;(4)抵押人破产,抵押权人主张对抵押财产优先受偿的,人民法院不予支持。可见,《担保制度解释》亦采广义观点,善意受让人、善意承租人、查封债权人以及破产管理人、参与分配的债权人均在善意第三人之列。

动产抵押权虽然在进行登记后可以对抗善意第三人,但这种对抗也有一定限制,即对正常经营活动中已经支付合理对价购买了抵押财产并转移占有的买受人不可对抗。因为,买受人是在出卖人正常经营活动支付合理对价所购,且在出卖人转移占有后买受人已取得了所有权,若因为进行了登记而对抗一切善意第三人,不利于交易安全。应当看到,动产抵押的登记对抗效力与不动产抵押登记的公示公信效力还是存在一定的区别的,对正常经营活动中支付合理对价的买受人有保护的必要性与合理性。对此,《担保制度解释》第56条对何谓正常经营活动以及排除在正常经营活动之外的5种情形作了列举。本书在浮动抵押部门已作阐释。与《物权法》相关条款相比,《物权法》第189条规定不得对抗正常经营活动中已支付合理价款并取得抵押财产的买受人仅限于浮动抵押,而《民法典》扩大至一切动产抵押。

专题七　抵押权与租赁

抵押权的特点之一是不转移占有,而抵押财产的所有权人在财产抵押前或抵押后仍出租抵押财产并不存在法律或现实的障碍，由此，导致在同一项财产上抵押权和租赁权并存。但在抵押权实现时，就面临一个问题，抵押权与租赁权关系如何处理，即抵押权人是否受租赁合同的约束。

《物权法》第190条规定了两种情况：一是将已出租的财产抵押；二是将已抵押的财产出租。前者情形下租赁关系不受抵押权的影响；后者情形下就看抵押权是否登记，若登记则抵押权可对抗租赁权，若未登记则不破租赁。《民法典》相较《物权法》原规定，作了较大的变动。《民法典》第405条规定，抵押权设立前，抵押财产已经出租并转移占有的，原租赁关系不受该抵押权的影响。与《物权法》原条文相比，有三个变化：

一是将原抵押合同订立改为抵押权设立。因为我国针对不动产抵押和动产抵押分别采抵押权登记要件主义和抵押权登记对抗主义两种模式。在动产抵押下抵押合同成立虽然意味着动产抵押权即设立，但在不动产抵押中，仅有抵押合同成立并不意味着抵押权设立，而抵押与租赁并存既可能发生在不动产标的上也可能发生在动产标的上，故一律以抵押合同订立作为标准并不科学，且在以抵押合同的订立时间为判断标准时，在目前社会诚信体系不健全的背景下，很容易产生抵押合同的倒签、造假。因此，法条改为以抵押权设立为判断时间较为妥当。

二是对租赁关系的要求更严格，除了订立租赁合同之外还须转移占有，即租赁合同已实际履行。法律对抵押权设立前租赁行为的限制非常有意义，因为实践中曾出现抵押权人在实现抵押权时，承租人往往拿出一纸租赁合同进行对抗，并且租赁合同约定的租期动辄5年、10年甚至20年，而抵押权人对异议人提供的租赁合同的真实性无法审查，对承租人的异议无从抗辩，一些真真假假的承租人的出现严重影响了抵押权人对抵押财产行使权利。法条在总结实践基础上明确抵押权设立之前的承租关系必须已经出租且转移占有为条件，将避免虚假承租现象，对抵押权人利益保护非常有利。法条也意味着抵押权人在抵押权设立时为保护自己利益最好实地考察抵押物上是否存在租赁关系，有无转移占有，尽管这耗费成本，但可减少抵押权的风险。

三是法条未明确抵押权设立后抵押财产出租时二者关系的处理。抵押权设立后的租赁，虽然法条未明确，但从《民法典》第403条关于动产抵押登记对抗善意第三人的规定来看，若抵押权未进行登记的，因未能公示，承租人的承租权应不受抵押权的影响，抵押权实现时不破承租权；若登记，则可对抗无论是善意还是恶意的承租人，即抵押权人实现抵押权时，若承租权对抵押权的实现产生不利影响，抵押权人可要求解除租赁关系。《担保制度解释》的相关规定也证明了这一点。其第 54 条第 2 项对于动产抵押设立后在未登记情况下，抵押人将抵押财产出租给他人并移转占有，抵押权人行使抵押权的，明确规定租赁关系不受影响，但是抵押权人能够举证证明承租人知道或者应当知道已经订立抵押合同的除外。

专题八　抵押权与抵押财产转让

抵押人将财产抵押后，是否仍有权利转让抵押财产？若转让，抵押权有无追及效力？转让的财产是否属于代位物，可用于优先清偿债务？这些问题一直争议不断。《担保法》第 49 条规定，抵押人转让办理了登记的抵押物，应当通知抵押权人并告知受让人抵押情况；未通知抵押权人或未告知受让人的，转让行为无效。转让价款明显低于实际价值的，抵押权人可要求提供相应担保，不提供的不得转让。抵押人转让所得价款应当提前清偿或提存。对于《担保法》该条规定是否含有承认抵押权的追及效力、买卖价金是否属于物上代位以及是否赋予了抵押权人涤除权等问题，学界存有分歧。有学者认为"担保法第四十九条既没有承认抵押权的追及效力，也没有承认抵押物价金的物上代位性，更未规定所谓的涤除权。简单说，该条是一个混乱而令人难以琢磨的条款"。[①] 后《担保法司法解释》第 67 条在《担保法》第 49 条规定基础上进行了完善，明确了抵押人未通知抵押权人或未告知受让人的，如抵押物已登记的，抵押权人仍可以行使抵押权；取得抵押物的受让人可以代为清偿债务，消灭抵押权。如抵押权未登记的，则不具有对抗受让人的效力。该条区分已登记和未登记的抵押权，明确赋予已登记的抵押权有追及效力，同时允许受让人自主决定是否代为清偿消灭债务以得到无负担的财产。因此较好地平衡了抵押权人和受让人的利益。由于未登记的抵押权虽然合同得以成立，但因未公示，受让人无从得知财产上是否有抵押权，故未登记的抵押权则不具有追及效力，在受让人取得财产后，抵押权归于消灭，抵押权人的损失应由抵押人赔偿。此后出台的《物权法》第 191 条对抵押人能否转让抵押财产分两款作了规定，第 1 款明确规定："抵押

---

① 程啸：《担保物权研究》，中国人民大学出版社 2019 年版，第 439 页。

期间,抵押人经抵押权人同意转让抵押财产的,应当将转让所得的价款向抵押权人提前清偿债务或者提存。转让的价款超过债权数额的部分归抵押人所有,不足部分由债务人清偿。”第 2 款明确规定:“抵押期间,抵押人未经抵押权人同意,不得转让抵押财产,但受让人代为清偿债务消灭抵押权的除外。”由于该条并未明确抵押人转让抵押财产时抵押权人仍可行使抵押权,故该条有无赋予抵押权人以追及权,仍存在争议。同时,经过抵押权人同意而转让抵押财产,是否意味着抵押权人放弃抵押权也有不同看法。另外,根据物权与债权的区分原则,抵押人未经抵押权人同意,不得转让抵押财产到底是影响转让合同的效力还是影响受让人取得物权也是不清不楚的问题。最高人民法院在《第八次全国法院民事商事审判工作会议纪要(民事部分)》第 14 条明确,《物权法》第 191 条第 2 款并非针对抵押财产转让合同的效力性强制性规定,当事人仅以转让抵押房地产未经抵押权人同意为由,请求确认转让合同无效的,不予支持。受让人在抵押登记未涂销时要求办理过户登记的,不予支持。

《物权法》第 191 条带来的不明确的问题,在《民法典》编纂中得以根本解决。《民法典》第 406 条规定,抵押期间,抵押人可以转让抵押财产。当事人另有约定的,按照其约定。抵押财产转让的,抵押权不受影响。抵押人转让抵押财产的,应当及时通知抵押权人。抵押权人能够证明抵押财产转让可能损害抵押权的,可以请求抵押人将转让所得的价款向抵押权人提前清偿债务或者提存。转让的价款超过债权数额的部分归抵押人所有,不足部分由债务人清偿。根据本条规定,抵押人在抵押期间有权转让抵押财产,但抵押权不受影响,具有追及效力。同时,抵押人在转让时有及时通知抵押权人的义务,若转让行为有害于抵押权,抵押权人有权要求抵押人提前清偿债务或者提存。民法典的规定较好地平衡了抵押与转让两种法律关系中当事人的权利与义务。至于法条中“当事人另有约定”而又违反约定情形下,抵押财产转让合同的效力如何认定以及抵押权人与受让人之间利益的保护问题,《担保制度解释》第 43 条作了进一步明确:一是禁止或者限制转让的约定无论有无登记均不影响转让合同的效力。这是基于物权与债权区分原则的应有之义。二是禁止或者限制转让的约定未登记情形下,抵押财产已经交付或者登记,抵押权人请求确认转让不发生物权效力的,除非有证据证明受让人知情,否则法院不予支持。但不影响抵押权人向抵押人主张承担违约责任。三是在限制或者禁止抵押物转让的约定已经登记的情形下,如果抵押人将抵押财产转让给他人且已经交付或办理了过户登记,抵押权人主张抵押物所有权变动无效的,人民法院应予支持。在第三种情形下之所以否定已经取得的物权,是因为在我国当前,抵押权的追及力实际上受到很多限制,如买受人在受让已经设立抵押的房屋后,该房屋是买受人及其所扶养家属生活所必需的居住房屋,人民法院就不得拍卖、变卖,这就损害了抵押权人的利益。为落实民法典有关保护抵押权人利益的精神,有必要通过赋予经登记的限制或者禁止转让的约定以类似于预告登记的效力,从而有条件地否定转让行为的物权效力。据起草者介绍,[①]这样规定的另一个理由是,《民法典》第406条规定的情形发生纠纷的多是不动产交易,不动产买受人购买不动产时应当查询不动产是否已经抵押登记。如限制或者禁止转让的约定已经依法登记,其查询时自然也应知道。另外,据悉,在《民法典》施行后,是否存在禁止或限制转让不动产的约定将是不动产登记簿上可以登记的事项,因而也具有可操作性。需要注意的是,对消费者进行特殊保护是长期以来坚持的一项司法政策,在作为消费者的购房人从房地产开发商处购买商品房的情况下,关于抵押权人能否向购房人主张权利,以及购房人能否排除抵押权人申请的强制执行等问题,《担保制度解释》未予涉及,仍应待最高人民法院进一步明确。

专题九　抵押权保全

一、抵押权保全的意义

由于抵押权设立后并不转移占有,抵押财产仍由抵押人占有、使用,抵押财产很有可能受到来自抵押人的侵害而使价值减少,而抵押权本就是价值权,若抵押财产价值减少,自然会影响抵押权的实现效果。对此,法律需提供相应的救济。《民法典》第408条明确,抵押人的行为足以使抵押财产价值减少的,抵押权人有权请求抵押人停止其行为;抵押财产价值减少的,抵押权人有权请求恢复抵押财产的价值,或者提供与减少的价值相应的担保。抵押人不恢复抵押财产的价值,也不提供担保的,抵押权人有权请求债务人提前清偿债务。根据法条规定,抵押权人有防止抵押财产价值减少的权利。这种防止的权利具有针对性,即针对抵押人对财产的

---

① 参见林文学、杨永清、麻锦亮、吴光荣:《〈关于适用民法典有关担保制度的解释〉的理解与适用》,载《人民司法》2021年第4期。

侵害,这种侵害行为可以是积极的作为,也可以是消极的不作为,但其结果是足以导致抵押财产价值减少。

抵押权人的权利具体来说,一是有权请求抵押人停止侵害;二是在抵押财产的价值实际已经减少时,抵押权人有权要求恢复抵押财产价值,或者要求抵押人提供与减少价值相应的担保;三是抵押人既不恢复财产价值也不提供担保时,抵押权人有权请求提前清偿债务。

二、抵押权保全针对的是侵权行为

抵押财产在抵押期间价值可能升可能降,升值情况无须讨论,但若是因市场变动导致抵押财产被动缩水,自然影响抵押权人的利益,但这是抵押权人应承担的风险,抵押权人无权要求抵押人补足。但若是抵押财产价值的减少是抵押人的行为所致,则抵押人的行为,本质上是一种侵权行为,符合侵权的构成要件,即抵押人有侵害行为、抵押人有过错、抵押财产有足以造成损害的风险或后果,侵害行为与价值减少的后果之间有因果关系。若抵押人只是正常使用,或侵害行为与抵押人无关,而是来自第三人或者是自然灾害所造成,则抵押权人并无价值减少防止权。因为法律上并不禁止抵押人在财产抵押后正常使用。在因第三人损害或自然灾害导致抵押财产灭失或毁损等,抵押权人可根据《民法典》第 390 条主张物上代位权。并且《担保制度解释》第 42 条又进一步明确抵押权依法设立后,抵押财产毁损、灭失、被征收等,抵押权人仍按原抵押权的顺位就保险金、赔偿金、补偿金优先受偿。若是给付义务人在接到抵押权人要求向其给付的通知后仍然向抵押人给付保险金、赔偿金、补偿金,给付义务人仍须向抵押权人支付。至于给付义务人事实上承担了两笔给付义务的风险,只能由给付义务人自己承担。

另外,从法条表述上看,针对抵押人对抵押财产的侵害行为,抵押权人请求停止侵害的相对方主体是抵押人,应当恢复抵押财产价值或补充提供相应价值担保的义务主体应是抵押人而非债务人,此符合行为人自担责任原则。在抵押人既不恢复抵押财产价值也不提供相应担保时,即便抵押人与债务人是不同的主体,抵押权人有权要求债务人提前清偿债务。因为虽然债务人可能对抵押人的侵害行为毫不知情,但抵押权人是因债务人提供担保方与之建立法律关系,而抵押物受损对债务清偿带来风险,抵押权人主张提前清偿也符合《民法典》第 527 条、第 528 条的不安抗辩规则。

专题十　抵押顺位的变更

一、抵押权变更的对内对外后果

抵押权是抵押权人就抵押财产享有优先清偿的权利,作为私权,权利人自然可以放弃,也可以与抵押人协议变更,放弃或变更的可以是抵押权,也可以是抵押权的顺位或数额。抵押权人放弃或协议变更的行为,不仅在当事人之间产生法律后果,同时也有对外效力,影响利害关系人的利益。《民法典》第 409 条规定,抵押权人可以放弃抵押权或者抵押权的顺位。抵押权人与抵押人可以协议变更抵押权顺位以及被担保的债权数额等内容。但是,抵押权的变更未经其他抵押权人书面同意的,不得对其他抵押权人产生不利影响。债务人以自己的财产设定抵押,抵押权人放弃该抵押权、抵押权顺位或者变更抵押权的,其他担保人在抵押权人丧失优先受偿权益的范围内免除担保责任,但是其他担保人承诺仍然提供担保的除外。

根据该条规定,首先,抵押权变更在抵押的当事人之间产生效力,抵押权人失去对抵押财产优先受偿的权利,或者因变更而带来顺位的变化、担保债权数额的增加或减少。其次,抵押权的变更将影响其他主体权利的变化。比如,就同一财产上存在后顺位抵押权时,抵押权人放弃优先清偿的顺位,则后顺位的抵押权人的顺位依次递进,放弃顺位的抵押权人作为最后顺位的抵押权按序受偿。

抵押权人与抵押人可以协商变更抵押权顺位以及被担保的债权数额等内容。抵押权顺位的变更一般指同一抵押财产上数个抵押权清偿顺序的互换,但这种互换除非征得相关抵押权人书面同意,否则不得对其他抵押权人产生不利影响。比如,第一顺位抵押权 50 万元,第二顺位抵押权 80 万元,第三顺位抵押权 100 万元。若第一顺位抵押权与第二顺位抵押权互换顺位,对第三顺位抵押权并无影响,无须征得第三顺位抵押权人同意。但若第三顺位与第一顺位互换,则对第二顺位有影响,故须征得第二顺位抵押权人书面同意,否则,第三顺位抵押权人只能在 50 万元范围内优先受偿,另外 50 万元的顺位互换对第二顺位权利人不生效力。债权数额的变更是同样的道理。

二、不同情形不同变更的后果

在同一债权上有多个担保(多个物保或人保与物保混合)的情况下,抵押权人放弃或变更抵押权顺位及数额,对其他保证人的影响也要区分两种情形,在债务人以自己的财产抵押的情形下,法律规定其他担保人在抵押权人丧失优先受偿权益的范围内免除担保责任,除非其他担保人承诺仍承担担保责任。因为在债务人自己提供抵押时,本应先用债务人的抵押财产清偿,其他担保人可能无须再承担或承担部分清偿责任,但抵押权人放弃或变更优先受偿或顺位,将使其他担保人失去利益而承担更大的责任。由于抵押权人不能因自己的行为而损害他人利益,故法律规定其他担保人在相应范围内免责体现了抵押权人对自己行为的负责,贯彻了民法的公平原则。而在第三人提供抵押物的情况下,抵押权人放弃抵押权、变更抵押顺位及数额的,法律并没有规定其他担保人免除相应责任。盖因第三人提供物保或人保情况下,《民法典》第 392 条赋予了债权人选择权,可以就物的担保实现债权,也可以请求保证人承担民事责任,并且规定承担责任的担保人只能向债务人追偿,担保人之间并没有相互追偿权,故抵押权人放弃第三人提供的物保对其他担保人的利益在法律上并没有影响。

三、区别抵押权变更与怠于行使抵押权

实务中需注意的是,抵押权人放弃抵押权或变更顺位及数额,应当是明示放弃抵押财产优先受偿的权利或优先受偿的顺位,若仅是抵押权人不行使或怠于行使抵押权,则不能推定抵押权人放弃抵押权,当然,抵押权人在主债权诉讼时效届满后主张行使抵押权的法院不予保护。《担保制度解释》第 44 条对抵押权与主债权诉讼时效的关系及后果作出了明确规定。

与上述问题相类似的是,债权人未办理抵押权登记致使抵押权未设立,能否认定债权人放弃抵押,其他担保人是否因此免除相应范围的保证责任。这个问题在实践中争议较大。有观点认为抵押权并未设立,何来放弃,何况若是其他担保人承担的是连带责任担保,担保人不免责并未超出其承担担保责任的预期,故担保人不应免除责任。但也有观点认为,债权人因自己过错未办理抵押登记,导致其他担保人担保责任的加大,其他担保人应在担保物价值范围内免责。对此,首先,应明确抵押权登记的申请主体在法律上是如何规定的,根据《不动产登记暂行条例》第 12 条的规定,因设定不动产抵押权登记的应当由当事人双方共同申请。其次,既然当

事人双方是申请主体,那么实务中需对未登记的原因作全面分析,并区分不同情况作不同处理。《担保制度解释》第46条对此明确了不同层面的处理规则:一是不动产抵押合同生效后未办理抵押登记手续,债权人是可以请求抵押人办理抵押登记手续的,若债权人就此诉至法院,人民法院应予支持。二是若抵押财产因不可归责于抵押人自身的原因灭失或者被征收等导致不能办理抵押登记,债权人将抵押人诉至法院,要求抵押人在约定的担保范围内承担责任的,人民法院不予支持。但抵押人已经获得的保险金、赔偿金、补偿金等,债权人有权在其获得的金额范围内承担赔偿责任。三是因抵押人转让抵押财产或者其他可归责于抵押人自身的原因导致不能办理抵押登记,抵押人在约定的担保范围内应承担责任,但以不超过抵押权能够设立时抵押人应当承担的责任为限。该解释针对的是通常情况下非因债权人原因致抵押未登记的情形,但实践中并不排除因债权人原因致抵押未登记的情形。若无其他共同担保人,情况较简单,可视为债权人放弃了抵押,不存在对他人利益的影响;但若有其他共同担保,则存在增加其他担保人责任的风险。对此,宜区分是债务人提供的抵押,还是第三人提供的抵押。若是债务人提供抵押,债权人因自己的过错导致抵押未设立,不妨参考《担保法司法解释》第38条第3款的规定减轻或免除其他担保人相应责任。因为在此情况下既增加了其他担保人承担担保责任的风险,也影响了承担担保责任后的追偿。故免除担保人相应责任是公平的。但若是第三人提供抵押财产,即使抵押权成立,债权人仍可选择,且其他担保人承担责任后并无相互追偿的权利,故债权人尽管因其过错致抵押权未能设立,与其他担保人承担责任并无因果关系,且其他担保人承担担保责任后可以向债务人追偿。

专题十一　抵押清偿顺序

一、抵押清偿顺序的基本规则

同一抵押财产上成立两个或两个以上抵押权时,各抵押权之间清偿顺序的确定对债权人而言非常重要,因此《民法典》第414条确立的受偿顺序规则是抵押制度中非常重要的内容。根据法条规定,在同一财产上有多个抵押权时,抵押财产拍卖、变卖所得价款受偿顺序如下文所述。

一是看登记时间先后。登记作为公示方式,其先后时间决定了受偿顺位。登记时间在先先受偿。与《物权法》第 199 条规定相比,《民法典》的规定在以登记时间先后确定受偿顺位时,删除了“顺序相同的,按照债权比例清偿”的规定。这一删除与我国登记制度的统一和改进有很大的关系。在《物权法》制定时,登记仍处于分散状态,当事人在不同登记机关登记,可能出现难以判断先后顺序的情形,或者因登记时间相同而导致顺位相同。即使在同一机关登记,由于过去的登记是以“日”为标准,因此,若是同一天办理的几个抵押权登记则看不出先后顺序。为此,《物权法》确立“顺序相同”清偿规则,明确在此情况下是“按照债权比例清偿”。但是不动产统一登记以及动产和权利担保统一登记之后,在同一登记机关办理登记时,不可能出现登记顺序相同的情况,总会有先后的顺位。《不动产登记暂行条例实施细则》第 67 条规定“同一不动产上设立多个抵押权的,不动产登记机构应当按照受理时间的先后顺序依次办理登记,并记载于不动产登记簿。当事人对抵押权顺位另有约定的,从其约定办理登记。”目前普遍实行的是电子登记,因此,即使同一天登记也是按时点排序,故不存在同一天登记无法确定先后的问题。登记制度的统一与精细化对抵押权人利益的保护更周全与公平,也避免了权力寻租的可能。需要注意的是,以登记的先后顺序确定权利实现的顺位规则在房地分别抵押时也同样适用。《担保制度解释》第 51 条第 3 款对此作了明确。

二是抵押权已登记的先于未登记的受偿。这主要针对同一动产上设立的抵押权,因为动产抵押自合同生效设立,登记只是对抗善意第三人。故同一动产上设立的抵押权可能有的登记有的未登记,在此情况下登记的先于未登记的受偿。

三是抵押权均未登记的,按照债权比例清偿。《担保法》曾经规定,在均未登记的情况下按照合同生效时间的先后确定顺位,但《物权法》未采此规则,《民法典》基本沿袭《物权法》,也明确按债权比例清偿规则。由于按合同生效时间确定先后极易生弊端,不仅生效时间易作伪,若是同一天更无法确定先后,且与登记对抗规则相悖,应予摒弃。

二、参照适用情形

《民法典》第 414 条第 2 款在《物权法》基础上增加规定“其他可以登记的担保物权,清偿顺序参照适用前款规定”。这一规定极具现实意义,也与第 388 条相呼应。《民法典》第 388 条明确了“担保合同包括抵押合同、质押合同和其他具有担保功能的合同”。而其他有担保功能的合同如果纳入了担保物权保护,则必须要解决是否优先受偿问题。该条在此增加一款很好地解决了问题,即这些有担保功能的合同若是均已办理登记的,以登记时间先后确定顺位;已登记的先于未登记的受偿;均未登记的,按债权比例清偿。

《民法典》第 414 条确立的登记顺位规则具有强大的体系效应和适用价值,不仅解决了不动产重复抵押的顺位规则,而且构建了统一的动产重复抵押、权利重复质押、担保性债权多重转让,以及同一财产上可能存在的抵押权与登记的质权并存、典型担保与非典型担保竞存时的顺位规则,甚至也解决了今后可能出现的新型担保竞存的权利顺位。这对实现担保物权的现代化,以及尽可能消除隐性担保,改善营商环境将起到十分积极的作用。

三、统一登记应势而生

以登记和登记时间作为确定清偿顺序的规则下,登记机关的统一显得尤为重要。而一直以来,我国的登记部门与机构较为分散,规则有差异,其中不动产登记问题,在《物权法》出台后已然统一,而动产抵押、应收账款质押登记等在过去很长时间里仍比较分散,且一些具有担保功能的合同登记无门,不仅给当事人带来不便,也极大影响经济生活的发展与秩序安定。立法部门显然已关注此问题,《民法典》第 210 条第 2 款规定,国家对不动产实行统一登记制度。2020 年 12 月 22 日,国务院印发《关于实施动产和权利统一登记的决定》,自 2021 年 1 月 1 日起,在全国范围内实施动产和权利担保统一登记。纳入统一登记的权利类型有:(1)生产设备、原材料、半成品、产品抵押;(2)应收账款质押;(3)存款单、仓单、提单质押;(4)融资租赁;(5)保理;(6)所有权保留;(7)其他可以登记的动产和权利担保,但机动车抵押、船舶抵押、航空器抵押、债券质押、基金份额质押、股权质押、知识产权中的财产权质押除外。统一登记由当事人通过中国人民银行征信中心动产融资统一登记公示系统自主办理登记。

专题十二　抵押权与质权并存的清偿规则

动产抵押权自合同生效始设立,而抵押权的特点是不转移占有,动产质权的设立自出质人交付质押财产时设立。正是因为动产担保物权的设立标准不同,且公示方式有差异,由此同一动产上同时存在抵押权和质权成为可能,在动产抵押与动产质权并存时,如何确定优先顺序需要明确规则。《担保法司法解释》第 79 条规定“同一财产法定登记的抵押权与质权并存时,抵押权人优先于质权人受偿”。该规定与《担保法》关于动产抵押权的设立规则相关,根据《担保法》第 41 条、第 42 条规定,航空器、船舶、车辆等特殊动产抵押权应当办理抵押物登记,抵押合同自登记之日起生效,因此《担保法司法解释》以法定登记的抵押权优先于质权是合理的。《物权法》改变了动产抵押权设立规则,以合同生效设立、登记产生对抗,《民法典》沿袭了这一规则,《担保法司法解释》关于抵押权与质权并存时清偿顺位的规则便无适用余地。但遗憾的是《物权法》未明确抵押权与质权并存时二者顺位如何,导致司法实务无从遵循。《民法典》弥补了漏洞,增加规定了第 415 条,明确同一财产既设立抵押权又设立质权的,拍卖、变卖该财产所得的价款按照登记、交付的时间先后确定清偿顺序。从法条规定来看,虽然登记与交付作为公示方式,形式上有所不同,但公示的意义相同,故应在同一层面上考虑顺位,而无公示效力的强弱。也就是在抵押权与质权均有效设立且抵押权办理了登记手续的情况下,抵押权登记在前、质权交付在后的,抵押权优先清偿。抵押权登记在后,质权交付在先的,质权优先清偿。当然若抵押权未进行登记的,则质权当然优先。

专题十三　抵押物价款的优先权

一、动产抵押物价款的新规则

《民法典》第 416 条规定,动产抵押担保的主债权是抵押物的价款,标的物交付后 10 日内办理抵押登记的,该抵押权人优先于抵押物买受人的其他担保物权人受偿,但是留置权人除外。该条是新增条款,赋予了抵押物价款超优先顺位。举例来说,甲将汽车一辆售与乙,价款 30 万元,约定半年内支付价款,但甲在合同签订后即将车辆交付与乙。在此情况下,汽车所有权已转移给乙,乙又未支付对价,若乙不诚信,在约定期限内既不付款又将车辆转移或抵押给他人,作为债权人的甲的利益将得不到保障。但第 416 条规定给甲提供了强有力的保障,甲为确保 30 万元售价如期收回,可与乙约定将车辆抵押给甲,并在车辆交付后10日内办理抵押登记手续,如此则甲的抵押权优先于乙的其他担保物权人受偿。该规定较好地保护了动产赊购中出售人的利益。作为民法典确立的一项崭新制度,除了适用于赊购情形之外,是否还适用于其他情形,以及价款优先权适用中是否还可能带来其他问题等,《担保制度解释》根据实践情况对此作出了回应。《担保制度解释》第57条将其分为两种情形:一是债务人在设定动产浮动抵押后又购入新的动产时,为担保价款的支付而在该动产上为出卖人设定抵押权;二是在动产买卖中,买受人通过赊销取得动产后立即为他人设定担保物权,出卖人为担保价款支付而在该动产上设定抵押权。前一种情形主要是为了解决中小企业在将现有的和将有的动产设定浮动抵押后的再融资能力问题,因为如果动产浮动抵押设定在前且已经办理登记,则抵押人新购入的动产也将自动成为浮动抵押权的客体,即使买受人在新购入的动产上为担保价款债权实现而为出卖人设定了抵押权,由于该抵押权登记在后,根据《民法典》第414条关于担保物权清偿顺序的规定,出卖人的交易安全也无法获得有效保障,从而影响到出卖人与抵押人进行交易的积极性。价款超级优先权旨在打破《民法典》第414条的清偿顺序,赋予后设立的抵押权优先于先设立的浮动抵押权的效力,从而增强了抵押人的再融资能力,具有正当性。不过,后一种情形下价款优先权的正当性遭到了部分学者的质疑,因为该种情形针对的仅仅是买受人通过赊购方式买入动产后,立即又在该动产上为第三人设定担保物权,从而导致出卖人的价款可能无法实现。这虽然有利于保障出卖人的交易安全,但可能威胁到已经在标的物上设定担保物权的第三人的交易安全。《担保制度解释》的规定可以说是尊重了立法原意,对此种情形下的价款优先权予以承认,至于由此带来的第三人交易安全的问题,则可由第三人通过尽职调查等方式予以克服。此外,考虑到实践中对价款支付进行担保的手段除了以标的物设定抵押权外,还存在所有权保留、融资租赁等方式,因此,《担保制度解释》将上述两种情形下可以主张价款优先权的主体规定为三类当事人:一是在该动产上设立抵押权或者保留所有权的出卖人;二是为价款支付提供融资而在该动产上设立抵押权的债权人;三是以融资租赁方式出租该动产的出租人。价款优先权不仅优先于在先设立的浮动抵押权,《担保制度解释》第57条第2款还明确规定:“买受人取得动产但未付清价款或者承租人以融资租赁方式占有租赁物但是未付清全部租金,又以标的物为他人设立担保物权,前款所列权利人为担保价款债权或者租金的实现而订立担保合同,并在该动产交付后十日内办理登记,主张其权利优先于买受人为他人设立的担保物权的,人民法院应予支持。”

适用该条需注意几个关键词,一是该条的抵押财产针对的是动产而非不动产,因为不动产买卖中买受人取得物权需办理登记手续,出卖人可通过不办理转移登记保护自己的利益,故无须通过该条保护自己的利益。二是抵押权针对的主债权是抵押财产的售价,而非抵押权人的其他债权。三是须在标的物交付后10日内办理抵押登记。之所以要求10日内办理登记,也是出于抵押权人对自己利益的关注,并且减少买受人将标的物再行处分的机会,减少纠纷的产生。四是抵押权人的优先权不能对抗留置权。由于留置权属于法定担保物权,通常优先于约定担保物权,《民法典》第456条明确规定,“同一动产上已经设立抵押权或者质权,该动产又被留置的,留置权人优先受偿”。

二、价金优先与所有权保留的关系

《民法典》第416条有利于保护买卖合同中应收取价金一方的利益。而收取价金这一方可能是出卖人,也可能是借款给买受人支付价款的债权方。但无论哪一种身份,抵押财产与价金必须紧密关联,即抵押的财产是用此价金所购,或者此价金是抵押财产的对价。本条与买卖合同中所有权保留条款有一定关联,是对买卖合同中出售一方或者应得价金一方从不同角度进行的保护。《民法典》第641条明确规定:“当事人可以在买卖合同中约定买受人未履行支付价款或者其他义务的,标的物的所有权属于出卖人。出卖人对标的物保留的所有权,未经登记,不得对抗善意第三人。”与《物权法》所有权保留的第134条相比,其增加了第2款“出卖人对标的物保留的所有权,未经登记,不得对抗善意第三人”。《民法典》的规定完善了所有权保留制度,使原仅在买卖双方保留的约定,在登记的基础上有对抗一切善意第三人的效力。若未登记则不具有对抗第三人效力,仅在当事人之间有效。如果说所有权保留是从标的物所有权角度对出卖人利益进行保护,则第641条又从抵押权角度赋予出卖人权利保护的新路径,即为确保价金债权清偿,可以将所售标的物进行抵押,出售方作为抵押权人,同样遵循登记对抗效力,并要求在10日内进行登记,则该抵押权优先于买受人的除留置权外的其他担保物权人受偿。该规定既有利于出售方利益保护,也方便买受人融资。

专题十四　抵押权存续期间

抵押权作为担保物权具有的从属性,体现在抵押权的成立、效力、移转、消灭方面均随主债权而共存共灭。在主债权并未消灭而仅是罹于时效的,抵押权将何去何从,法律也需要明确。《物权法》第202条规定:“抵押权人应当在主债权诉讼时效期间行使抵押权;未行使的,人民法院不予保护。”之所以如此规定,是因为随着市场经济的快速运转,如果允许抵押权一直存续,可能会使抵押权人怠于行使抵押权,不利于发挥抵押财产的经济效用,制约经济的发展。因此,规定抵押权的存续期间,能够促使抵押权人积极行使权利,促进经济的发展。[①]《民法典》第419条仍沿袭《物权法》的规定,将抵押权存续期间与主债权诉讼时效直接挂钩。因此,抵押权人不能躺在权利上睡觉,应在主债权诉讼时效期间及时行使,否则将失去公权力的保护。

关于第202条“人民法院不予保护”的理解,是“胜诉权丧失”还是“时效抗辩权发生”,还是抵押权除斥期间,在理论和实务界一直存在争论,但多采抵押权除斥期间的观点。[②]《九民会议纪要》第59条直接赋予抵押人在主债权诉讼时效届满后请求涂销抵押权登记的,人民法院依法予以支持。《担保制度解释》虽未采《九民会议纪要》的表述,但在第44条明确主债权诉讼时效届满抵押权人丧失胜诉权。起草者认为,[③]由于担保物权从属于主债权,因此,在主债权因诉讼时效届满而成为自然债务后,抵押权也无法通过人民法院予以保护。在抵押权不再受人民法院保护的情形下,与其让抵押登记的存在影响抵押人处分抵押物,不如明确抵押人有权请求抵押权人协助办理注销抵押登记,以充分发挥物的效用,这也是物尽其用原则的基本要求。但考虑到民法典并无主债权诉讼时效届满导致担保物权消灭的规定,而《九民会议纪要》对此问题已经作出规定,为稳妥起见,《担保制度解释》未就抵押权

---

① 参见全国人大常委会法制工作委员会民法室编:《中华人民共和国物权法条文说明、立法理由及相关规定》,北京大学出版社2017年版,第366页。

② 参见王某诉李某抵押合同纠纷案,载《最高人民法院公报》2017年第7期。

③ 参见林文学、杨永清、麻锦亮、吴光荣:《〈关于适用民法典有关担保制度的解释〉的理解与适用》,载《人民司法》2021年第4期。

登记的注销问题作出规定。

另外,实践中较有争议的是,质权和留置权是否也会因主债权诉讼时效届满而不再受人民法院的保护? 对此,有两种意见:第一种意见认为,《民法典》第 419 条明确规定抵押权人未在主债权诉讼时效期间行使抵押权的,人民法院不予保护;而关于留置权,《民法典》第 454 条则规定债务人可以请求留置权人在债务履行期限届满后行使留置权。从《民法典》的上述规定可以看出,主债权诉讼时效期间届满对于权利人行使权利的影响并不相同,即明确了人民法院对于抵押权不予保护,但对于留置权的保护问题并未予以规定。考虑到《民法典》第 419 条规定的抵押权一般以登记为生效要件,而留置权以债权人占有标的物为前提,因此对于权利人保护方式和处理结果上应有所区别,留置权不因主债权已过诉讼时效而不受人民法院的保护,在主债权诉讼时效期间届满后,债务人或者留置财产的所有权人虽然不能要求返还留置财产,但可以请求拍卖、变卖留置财产以清偿债务。第二种意见认为,留置权人留置债务人的财产,应视为主张权利的方式,因此无主债权诉讼时效已过的问题。《担保制度解释》采纳了第一种意见。此外,就质权而言,以登记作为生效要件的权利质权与抵押权相似,可能发生因主债权已过诉讼时效而不再受人民法院保护的问题,应参照适用《担保制度解释》第 44 条第 1 款的处理规则;动产质权、交付权利凭证为生效要件的权利质权,因质押财产及权利凭证由质权人占有,则应参照适用《担保制度解释》第 44 条第 2 款的处理规则。

保证与抵押均为担保主债务履行的制度,《民法典》合同编规定了保证期间当事人可以约定,债权人应在保证期间内请求保证人承担保证责任,未在保证期间内主张保证人承担责任将导致保证人免责的后果。而《民法典》担保物权编并未明确当事人可约定抵押期间的内容,如果当事人在抵押合同中约定了抵押期间,该约定是否有效?《担保法司法解释》第 12 条第 1 款曾规定,“当事人约定的或登记部门要求登记的担保期间,对担保物权的存续不具有法律约束力”。基于物权法定,当事人无权在法律规定之外设定物权,也无权以法律规定之外的方式消灭物权。因此,虽然《民法典》未对此作出规定,但当事人关于抵押期间的约定因有违物权法定,应认定无效。

专题十五　最高额抵押的性质和范围

一、最高额抵押权制度的性质

《民法典》第420条规定,为担保债务的履行,债务人或者第三人对一定期间内将要连续发生的债权提供担保财产的,债务人不履行到期债务或者发生当事人约定的实现抵押权的情形,抵押权人有权在最高债权额限度内就该担保财产优先受偿。最高额抵押权设立前已经存在的债权,经当事人同意,可以转入最高额抵押担保的债权范围。

最高额抵押是为适应社会经济活动需要所确立的制度,相比一般抵押权有省时、省力、省钱的优势。例如,甲公司在一年内向银行连续多次贷款,总计2亿元,其中有借有还。为此,甲公司与银行就每笔贷款均签订了贷款合同和抵押担保合同,且每次均需办理抵押登记手续。这种方式不仅烦琐,且费时费力。对甲公司与银行的贷款,完全可以采取另一种简单的方式,即甲公司与银行签订一份贷款合同,明确甲公司在一年内可连续多次向银行贷款,总额在2亿元以内,甲公司为确保债务履行可以签订一份抵押合同,为该一年内连续多次贷款在2亿元总额范围内进行担保,该抵押仅需办理一次登记手续。该抵押担保即为最高额抵押担保。在该一年内,甲公司完全可以随借随还,无论在该一年内实际贷款总数是多于2亿元还是少于2亿元,银行就抵押财产在2亿元幅度内可以优先受偿。当然,银行为规避风险,可以根据甲公司贷款的动态情况及甲公司资信状况,在抵押总额内控制实际贷款的额度。这种方式既高效又便捷,受到金融机构的欢迎,对债务人、抵押人而言也省却不少麻烦。

最高额抵押有以下特点:(1)限额抵押。抵押权人与抵押人通过协议约定抵押财产担保的最高额度。无论今后实际债权如何变化,抵押权人只在最高额度内享有优先受偿权。若实际债权超过最高额度,超过部分无优先受偿权,若实际债权少于最高额度,以实际额度优先受偿。(2)抵押针对的债权是将来发生的债权。与一般抵押权相比,最高额抵押权设立时,债权尚未发生。(3)债权具有变动性。虽然担保的债权总额确定,但实际发生的债权在变动当中,在最高额抵押权确定之前实际债权在不断的发生与消灭之中。(4)担保的债权是一定期间内连续发生的债权。对非发生在该一定期间内的债权,抵押人不负担保责任。但是第420条第2款也明确,在“最高额抵押权设立前已经存在的债权”,经当事人同意,可以转入最高额抵押担保的债权范围。

二、最高额抵押范围

《民法典》第389条规定,担保范围当事人有约定的,按照其约定办理。实践中,当事人往往在最高额抵押担保合同中除约定了最高额债权数额外,还明确了担保的范围包括主债权及其利息、违约金、损害赔偿金、保管担保财产和实现担保物权的费用等,但登记机关囿于登记簿的格式限制,仅登记债权本金总额。由于登记具有公示效力,在优先受偿时,借贷双方对优先受偿的范围引起争议。例如,某煤业公司与银行签订最高额抵押合同,为某能源公司向银行的5亿元贷款合同进行抵押担保,抵押合同中明确的担保范围为“债权本金5亿元和实现债权的律师费、保全费等实现债权的费用”,但在抵押登记簿上仅登记债权总额5亿元。因能源公司逾期未还,银行诉请能源公司、煤业公司清偿4.9亿元本金及2000万元的利息和20万元律师费。煤业公司抗辩其仅在5亿元额度内承担抵押担保责任,该5亿元包括了本金、利息、实现债权的费用在内的总额,而银行认为,抵押合同约定的担保范围包括本金5亿元,以及利息和实现债权费用。最终法院支持了银行的诉请,银行有权在贷款本金4.9亿元及2000万元的利息和20万元律师费范围内就抵押财产优先清偿。本案究竟是债权本金最高额抵押还是债权总额最高额抵押,是需要在登记时予以明确登记的问题,否则极易引起争议。因为若是债权本金最高额抵押,则利息、实现债权费用则不在优先受偿范围之列,本案抵押人仅需在4.9亿元范围内承担抵押担保责任。若是债权总额最高额抵押,则利息、实现债权费用也在优先受偿范围之列,只是超出5亿元部分无优先受偿权。从当事人本意而言,往往是按合同约定要求登记,但由于登记机关原因仅登记了总额。这个问题的解决虽然最高人民法院在《九民会议纪要》第58条明确,合同约定与登记范围的不一致非当事人原因所致,此时应尊重约定。但为规范登记、避免争议,登记机关应当尊重当事人约定,全面登记。同时,当事人如果发现登记机关未按照合同约定进行登记,有权申请更正登记,以避免以后引起纠纷。《担保制度解释》第15条对此问题作了最终明确,“最高额担保中的最高债权额,是指包括主债权及其利息、违约金、损害赔偿金、保管担保财产的费用、实现债权或者实现担保物权的费用等在内的全部债权,但是当事人另有约定的除外。登记的最高债权额与当事人约定的最高债权额不一致的,人民法院应当依据登记的最高债权额确定债权人优先受偿的范围”。

专题十六　最高额抵押权的债权确定

最高额抵押权是为将来发生的债务所设立的抵押,在最高额抵押期间债权处变动之中,而抵押权人就抵押财产实现优先受偿时则债权必须确定。

《民法典》第 423 条对债权确定的法定情形作了 6 项规定。

一是约定的债权确定期间届满。当事人在最高额抵押合同中对债权确定时间均会作出明确约定,如约定被担保的债权发生期间为 2020 年 1 月 1 日至 12 月 31 日。一旦超出该期间,当事人之间的债权将不再受最高额抵押担保,因此 2020 年 12 月 31 日止债权被确定。最高额抵押权的债权确定期是与基础法律关系的期限密切相关的;虽然法律未明确限定当事人可约定债权确定的最长期限,但由于基础的借款或买卖关系均有履行期限的约束,最高额抵押权无须对此作出限定。

二是没有约定或约定不明确,抵押权人或者抵押人自最高额抵押权设立之日起满 2 年后请求确定债权。在当事人没有约定或约定不明确的情况下,如果任由最高额抵押权持续保持,抵押人将永远不能脱离担保,这对抵押人极为不利,为此法律设立了保护措施,即自最高额债权设立之日起满 2 年,抵押当事人双方均可请求确定。这个 2 年是固定期间,不存在中止、中断,起算点即是抵押权设立之日。这里法律未采纳有些国家的做法,即规定抵押权人或抵押人可随时要求确定最高额抵押的债权数额,而是明确抵押权人、抵押人均可自抵押权设立之日起满 2 年后请求确定。该规定是较为公平的,确保因法定确定期间的存在使最高额抵押关系相对稳定。

三是新的债权不可能发生。如债权人与债务人的基础法律关系已经消灭,不可能发生新的债权。又如连续交易的终止,新的债权也不可能发生。此时最高额债权确定。

四是抵押权人知道或者应当知道抵押财产被查封、扣押。抵押财产被查封、扣押是指最高额抵押权中抵押人提供的抵押财产被法院查封或扣押,面临着被拍卖或变卖的可能，拍卖或变卖的结果将直接影响到最高额抵押权人利益的实现，此时最高额抵押权人也必然希望被担保的债权额尽早确定，以实现优先受偿。相比《物权法》的规定，《民法典》第 423 条增加规定了"抵押权人知道或应当知道抵押财产被查封、扣押"。该增加内容非常有意义，吸收了《关于查封、扣押、冻结的司法解释》的相关内容。该司法解释第 27 条明确规定："人民法院查封、扣押被执行人设定最高额抵押权的抵押物的，应当通知抵押权人。抵押权人受抵押担保的债权数额自收到人民法院通知时起不再增加。人民法院虽然没有通知抵押权人，但有证据证明抵押权人知道查封、扣押事实的，受抵押担保的债权数额从其知道该事实时起不再增加。"《民法典》增加的"抵押权人知道或者应当知道抵押财产被查封、扣押"将避免很多不必要的纠纷发生。具体来说，这就要求查封、扣押的法院应将保全裁定及时送达抵押权人，以便抵押权人及时行使权利；即使人民法院因特殊情况没有通知或者未通知到，但有证据证明抵押权人在知道或应当知道抵押财产被查封、扣押的，被查封、扣押后仍发生的债权，将不被纳入最高额抵押担保范围，债权人无权优先受偿。

五是债务人、抵押人被宣告破产或者解散。在最高额抵押担保期间，债务人、抵押人有可能被宣告破产或解散。《企业破产法》第 46 条规定，未到期的债权在破产申请受理时视为到期，附利息的债权自破产申请受理时停止计息。《企业破产法》第 107 条第 2 款规定，人民法院受理破产申请时对债务人享有的债权为破产债权。因此，在债务人或抵押人被宣告破产或解散时，如果最高额抵押担保的债权仍不确定，仍在变动之中，必然有损破产债务人及债权人的合法权益。故抵押债权此时必须确定。

六是法律规定债权确定的其他情形。这是一个兜底条款。

最高额抵押的债权一旦确定，即与一般抵押权一样，抵押权人可就抵押财产优先受偿。

最高额抵押中债权确定是重要内容。而债权确定的目的是实现优先受偿。在抵押人或债务人破产时，破产企业债权的多少、破产财产的认定，决定着债权人债权清偿比例。因此，破产企业的财产认定与债权分配的矛盾较为尖锐。《企业破产法》第 109 条规定，对破产人的特定财产享有担保权的权利人，对该特定财产享有优先受偿权。这意味着最高额抵押权人的利益能够得到保障，而《民法典》第 386 条在担保物权人优先权的但书部分明确了"法律另有规定的除外"。因此，最高额抵押权的优先权仍受到法律另有规定的约束。《企业破产法》第 132 条即是特例，该条规定,“本法施行后,破产人在本法公布之日前所欠职工的工资和医疗、伤残补助、抚恤费用,所欠的应当划入职工个人账户的基本养老保险、基本医疗保险费用,以及法律、行政法规规定应当支付给职工的补偿金,依照本法第一百一十三条的规定清偿后不足以清偿的部分,以本法第一百零九条规定的特定财产优先于对该特定财产享有担保权的权利人受偿”。因此,最高额抵押权的债权优先清偿顺序后于《企业破产法》第132条确定的债权。

第十八章　质　权

专题一　动产质权的设立

一、动产质权概述

所谓质权，是指债务人或者第三人将自己的财产交付债权人占有，或在自己的财产权利上设定权利质押，作为债务履行的担保，如果债务履行期届满，债务人不履行债务或者发生当事人约定的实现质权情形的，债权人享有从质押财产中优先受偿的权利。

中华人民共和国民事立法原先对抵押与质押不予区分，统称为抵押，并无质押概念。1995 年颁布的《担保法》首次区分了抵押与质押两种概念，并将质押分为动产质押和权利质押两种类型。《物权法》不仅全面规定了质权的内容，抓住了质权的最本质问题，并且增加了最高额质权的规定，这将对促进资金融通，进而促进我国经济的发展起到积极作用。《民法典》第 425 条沿用了《物权法》第 208 条的规定，对于动产质权的内容作出了明确规定："为担保债务的履行，债务人或者第三人将其动产出质给债权人占有的，债务人不履行到期债务或者发生当事人约定的实现质权的情形，债权人有权就该动产优先受偿。前款规定的债务人或者第三人为出质人，债权人为质权人，交付的动产为质押财产。"

依据本条规定，质权的成立和存续，须以移转标的物的占有为必要条件。质权的这种制度设计模式，可以充分保护质权人利益。质权人不仅可以通过对质物拍卖、变卖、折价等优先受偿的方式来保障其债权的实现，还可以通过对质物的占有来给债务人以心理督促，促使其清偿债务以重新取得对质物的占有并进行相应的使用、收益。在债务人到期不履行债务时，债权人可以就出质物卖得的价金，优先于普通债权人而受清偿。质权成立在破产宣告之前的，不受破产宣告影响，质权人仍然可以就该特定的出质物在行使"别除权"的基础上实现其质权，并可以就其卖得的价金优先受偿。

(一)动产质权的含义

动产质权,是指债务人或第三人将其动产移交债权人占有,作为债权的担保,债务人不履行到期债务或者发生当事人约定的实现质权的情形时,债权人有权以该动产折价或者以拍卖、变卖该动产的价款优先受偿。在动产质权法律关系中,交付的动产为质押财产,债务人或第三人为出质人,债权人为质权人。根据《民法典》第425条的规定,动产质押法律关系的当事人为出质人和质权人。出质人可以是债务人也可以是第三人。第三人作为出质人的,第三人即是物上保证人。质权人应是动产质权所担保的主债权的债权人,因为质权是担保主债权的从权利。动产质权的标的为质押财产,即债务人或者第三人交付的动产。

动产质权作为担保物权,具有以下特性:第一,动产质权是以动产为标的物而设定的担保物权。出质人向质权人移交的质押财产,应当属于债务人或第三人所有。第二,出质人交付质押财产是动产质权设立的成立要件,这是动产质权区别于抵押的本质特征。动产物权的变动以占有为公示要件,若债权人不占有质押财产,则无法对外展示动产上的质权状态,将使第三人遭受不测的损害。同时,质权必须通过留置效力实现其担保主债权的功能,若允许出质人不交付质押财产,将有碍质权人对质押财产的支配,造成债权人实现质权时发生严重困难。第三,动产质权是以质押财产变价款优先受偿的权利。在债务人不履行到期债务或者发生当事人约定的实现质权的情形时,质权人有权留置质押财产,并就质押财产的变价款优先于无质权的债权人而获得清偿。

(二)动产质押和抵押权的区别与竞合

交易实践中,当事人为担保债权清偿而签订了各种:“担保合同”“保证合同”“抵押合同”“质押合同”。但是,常常会出现合同名称与合同约定的当事人各方之间的权利义务关系、法律性质不相符合的情形。抵押和动产质押同为担保物权,审判中应注意区分两者的区别,准确判断当事人之间的法律关系性质。首先,两者客体范围不同。抵押权的标的包括不动产和动产,而动产质权的标的仅为动产。其次,两者是否需要转移标的物的占有不同。抵押权不以转移标的物的占有为成立要件,而动产质权则必须转移标的物的占有。最后,两者对外公示方法不同。抵押权以登记进行对外公示。对于不动产抵押,登记是抵押权的成立要件;对于特殊的动产如机动车、船舶等,登记则是对抗要件。动产质权通过转移占有进行公示。

同一动产上同时设立质权和抵押权的,可以参照抵押权优先顺位规则,寻求动产抵押权和动产质权竞存时顺位关系的解决方案。第一,质权有效设立,抵押权办理了抵押登记的。按照公示先后确定清偿顺序,即对比动产抵押权登记时间和动产质物交付时间;顺序相同的,按照债权比例清偿。第二,质权有效设立,抵押权未办理抵押登记的。动产抵押未登记的,因其尚未取得对抗第三人的效力,即使动产质权设立在后,动产质权亦优先于抵押权。第三,质权未有效设立,抵押权未办理抵押登记的。因此时抵押权已经有效设立,故抵押权优先受偿。

(三)动产质押合同的成立

在我国,只有约定质权一种质权类型。因此,设定质权必须通过签订质权合同的方式完成,即质权人与债务人或第三人之间为担保特定债权的实现,而特定财产约定在债务人不履行到期债务时,债权人得就该财产进行折价或拍卖、变卖并从其价款中优先受偿达成合意。质权合同,既可以是在被担保主债权合同之外签订的独立的书面合同,包括当事人之间就质权设立事项往来信函、传真等,也可以是所担保主债权合同中的一部分,即所谓主债权合同中的质权条款。

合同应当具备必要条款,质押合同也是如此。《民法典》第 427 条规定了质押合同的必要条款:“质押合同一般包括下列条款:(一)被担保债权的种类和数额;(二)债务人履行债务的期限;(三)质押财产的名称、数量等情况;(四)担保的范围;(五)质押财产交付的时间、方式。”实践中,当事人签订质押合同,有时并不能完备地约定上述各项内容。对于质押合同条款欠缺的法律后果,应根据不同的情形进行处理:第一,欠缺的条款导致质权合同无法明确内容的,质押合同不成立。如欠缺被担保的主债权条款,则与质权的从属性原则相悖,质权无所依从,质押合同必然不成立。第二,欠款的条款可以予以补正或者参照合同其他条款、法律规定可以明确的,则不一定导致合同不成立。如欠缺质权担保范围条款,则只要主债权约定明确,可以认为是以质押财产的全部价值为全部的主债权进行担保;如质押财产的交付时间没有约定的,则质权的生效以实际交付时间为准。

(四)最高额质押

最高额质权具有普通质权所不具备的功能,有利于简化流程、方便当事人、促进资金融通,更好地发挥质权担保的功能。因此,创设最高额质押是配合继续性交易形态的需要,也是促进社会经济繁荣的需要。除质押财产转移由质权人占有不同之外,最高额质押在最高额质权的确定、效力以及作用方面,与最高额抵押并无不同。

需要注意的是,最高额质权在质权的从属性、特定性以及适用范围和实现上具有不同于普通质权的特殊规则,最高额债权具有独立性。第一,设定最高额质权时,是以将来的债权为前提,在与被担保债权的发生存在时间差。第二,最高额质权在决算前与被担保债权中的个别债权并无一对一的担保关系,最高额质权也不承担担保责任,因此与单个债权之间并无从属性。第三,最高额质权在决算前不随被担保债权的转让而转让。第四,最高额质权不因质权存续期间内部分具体债权的消灭而消灭。

二、动产质权的标的

质权作为一类价值权,可以设立质权的动产必须是可以转让的财产。如以法律法规禁止转让的财产设定质权,则在实现质权时,无论采取折价、变卖或者拍卖的方式,都会导致质押财产因与法律法规禁止流通的强制性规定相冲突而无法拍卖或变卖,最终使质权无法实现,设立质权的目的落空。因此,作为质押财产的动产必须具有可让与性。根据流通范围和程序的不同,物可以分为流通物、限制流通物和禁止流通物。流通物,是指法律允许在民事主体之间自由流通的物;限制流通物,是指法律对流通范围和程度有一定限制的物;禁止流通物,是指法律法规明确禁止流通和转让的物。禁止流通的动产不能设定质权毋庸置疑,流通和限制流通的动产则可以出质。

(一)金钱质押

金钱也即货币,作为一种特殊的动产,是种类物,也具有高度的流通性和可替代性,其最大特征是“所有与占有同一”。货币一旦交付即发生所有权转移,而动产质权的设立仅仅是转移质押财产的占有,并不是所有权的转移,因此,一般情形下的金钱不能作为质权的标的物。但是,如果将金钱特定化,就可排除适用:所有即占有的规则,认定其为质押财产。实践中,金钱特定化的形式是多样的,如特户、封金等,将一定数额的金钱置于质押合同约定账户以满足特定化的要求,可以对抗其他债权人。

实践中,最常见的金钱质押形式为保证金质押。保证金质押,是指借款人将金钱存放于其在银行等金融机构开立的专用账户,并承诺以该账户中的款项作为偿还借款的保证。当借款人不履行债务时,银行等金融机构作为债权人,有权在保证金专用账户中直接扣划款项用于清偿借款。实践中,用于质押的保证金种类繁多,如期货交易保证金、证券交易保证金、信用证开证保证金、承兑汇票保证金等。保证金质押中经常遇到的问题是,作为特定化的货币,保证金账户内的金钱数额是否必须固定。对此,一种意见认为,如果特户或者保证金账户中的金钱数额可以变动而不固定,那么金钱就并未被特定,从而无法处置。另一种意见则认为,特定化并不等同于固定化,只要特定账户内的金钱与其他金钱相区别,且保证金的存入划出对应主债权的相应变动,也可以认定符合特定化要求。本书认为,用于质押的金钱账户与其他账户相区别是毋庸置疑的;但如果要求账户中的资金必须固定,则有碍动产质押的融资和担保功能。

(二)流动质押

流动质押又称动态质押、浮动质押,作为金融创新实践中出现的一类新的贸易融资产品,是指银行在融资服务中,接受借款人质押的动产形式可以多样化、动产在不同阶段可以以不同的形式存在,只要质押的动产价值在一个合理的范围内浮动即可。流动质押一般采用第三人监管的模式,即由银行委托物流企业监管质物,以解决质物交付、运输、管理难题,便捷交易。相较于传统的静态质押,流动质押的设立应当满足以下条件:第一,质物应当特定化。质权作为物权,用于质押的动产必须是特定物。流动质押作为特殊的质押方式,其质物也应当是特定化的种类物,即能与其他的种类物相区分,以明确质物的权属。第二,质物应当转移占有。在流动质押中,质物转移占有的表现形式比较特殊,通常为出质人将质物移交接受银行(质权人)委托的监管人直接占有和控制,银行(质权人)通过与监管人之间的合同关系间接占有质物。若监管人未实际占有、控制质物,则质权未有效设立。

流动质押中,质物处于动态变化中,并由监管人占有、控制,监管人义务、责任的确定便是流动质押中的关键问题。由于流动质押的特定之一,便是维持质物的最低价值,因此,在银行(质权人)与监管人签订的监管合同中,双方均约定监管人将质物控制在最低价值线上,而质物的数量、规格、质量等仅是衡量价值的标准。与此同时,流动质押的质物可以被更换,质物的数量、规格、质量等都可能发生变化,因此监管人的义务核心应是维持质物的最低价值,而不限于维持质物的数量、质量等不变。对于监管人的责任,一般认为监管人应依照监管合同约定履行监管义务,未尽监管义务,在无法定或约定免责事由的情形下,应当承担违约责任。监管人因未尽监管义务向银行(质权人)承担的赔偿责任,本质上为质物灭失的赔偿责任,故其承担赔偿责任的范围应以灭失质物的价值范围为限。此外,由于质权是为担保主债权的实现而设立,因此,监管人的赔偿责任范围应兼顾质权人所享有的主债权,不应超出主债权范围。2019 年最高人民法院印发的《九民会议纪要》第 63 条规定:"在流动质押中,经常由债权人、出质人与监管人订立三方监管协议,此时应当查明监管人究竟是受债权人的委托还是受出质人的委托监管质物,确定质物是否已经交付债权人,从而判断质权是否有效设立。如果监管人系受债权人的委托监管质物,则其是债权人的直接占有人,应当认定完成了质物交付,质权有效设立。监管人违反监管协议约定,违规向出质人放货、因保管不善导致质物毁损灭失,债权人请求监管人承担违约责任的,人民法院依法予以支持。如果监管人系受出质人委托监管质物,表明质物并未交付债权人,应当认定质权未有效设立。尽管监管协议约定监管人系受债权人的委托监管质物,但有证据证明其并未履行监管职责,质物实际上仍由出质人管领控制的,也应当认定质物并未实际交付,质权未有效设立。此时,债权人可以基于质押合同的约定请求质押人承担违约责任,但其范围不得超过质权有效设立时质押人所应当承担的责任。监管人未履行监管职责的,债权人也可以请求监管人承担违约责任。"这一内容对于解决审判实务中的相关问题具有很强的针对性。

(三)禁止质押的财产范围

关于学校、幼儿园、医院等以公益为目的的事业单位、社会团体的教育设施、医疗卫生设施和其他社会公益设施能否设定质押,《民法典》第 399 条第 3 项规定,学校、幼儿园、医疗机构等以公益为目的的事业单位、社会团体的教育设施、医疗卫生设施和其他社会公益设施不得抵押。该规定当然可以适用于质押。作为动产的教育设施、医疗卫生设施和其他社会公益设施,不得出质。但是,为了拓展,学校、幼儿园、医疗机构等机构的融资渠道,《担保制度解释》第 6 条规定了除外情形:(1)在购入或者以融资租赁方式承租教育设施、医疗卫生设施、养老服务设施和其他公益设施时,出卖人、出租人为担保价款或者租金实现而在该公益设施上保留所有权;(2)以教育设施、医疗卫生设施、养老服务设施和其他公益设施以外的不动产、动产或者财产权利设立担保物权。

三、动产质权的设立

(一)质权生效的时间

质权合同是当事人在特定物上设立质权的协议,以设定质权为目的,故质权合同属于设权合同。但是,质权合同只是质权设立的原因,并不具有赋权功能。质权的创设并生效,必须经过质物占有和公示。因此,转移质押财产的占有,既是质权公示的方式,也是质权生效的条件。《民法典》第 429 条规定,"质权自出质人交付质押财产时设立"。据此,动产质权自出质人交付质押财产时发生效力。首先,出质人交付的质押财产,应是指作为主物的质押财产。如果出质人仅仅交付从物,而未交付主物,则不属于已交付质押财产,质权不成立。其次,交付质押财产应是出质人将质押财产的占有转移给质权人。交付行为有多种形式,最为典型的便是现实交付,即出质人将对质押动产的占有现实地转移给质权人。只有当质权人取得了对质押财产的单独占有,现实交付才算完成。现实交付也可以借由第三人的辅助而完成。此外,交付质押财产也可以采用简易交付和指示交付的方式。如质押财产已经由质权人占有,则出质人无须现实交付,质权自质权合同生效之日起设立;出质人不直接占有质押财产,仅是间接占有质押财产时,也可以采取将返还请求权转让给质权人的方式,以代替现实交付。

(二)质权生效与质权合同成立的区别

当事人设立质权,应当订立书面的质押合同。质押合同的必备条款有:(1)被担保债权的种类和数额。动产质权是一般质权,其只能对现在发生并且特定的债权设定,因此有必要在质权合同中明确规定被担保债权的种类、数额。质押财产所担保主债权的种类,主要是指被担保主债权是买卖、借款等原因产生的债权。主债权的数额则是限定质权人负担保责任的认定标准,特别是在当事人未约定所担保的范围时,往往就依被担保主债权的数额来界定质权人的担保范围,因此必须载明。(2)质押财产的名称、数量。质押财产是质押法律关系的标的物。质押担保是以质押财产来担保债权实现的法律制度,应当对质押财产的情况有明确的约定。

质权合同的订立和质权的设定是不同的法律事实。当事人通过订立质权合同创设有关质权设定的权利义务,是物权变动的原因行为。质权的设立,是合法有效的质权合同所产生的结果,是物权变动的范畴。作为原因行为的质权合同,仅是物权变动的必要条件,并不必然导致物权变动的法律后果。物权变动的发生,除质权合同之外,还须符合公示要求。因此,质权合同的生效,是在双方当事人之间发生设定质权的权利义务,为质权的设定奠定基础法律关系。质权合同自依法成立之日起生效,与质押财产的交付无关。而质权则自出质人交付质押财产时生效。通常情形下,质权合同先于质权而生效。在质权合同生效后,出质人未按约交付质押财产的,虽然质权不能设定和生效,但当事人可以请求法院判决出质人交付质押财产,或者判决出质人承担违约责任或损害赔偿责任。

(三)实践中质押财产交付的特殊方式

占有改定是指动产物权的让与人使受让人取得对标的物的间接占有,以代替该动产现实转移的交付。质权公示为质权生效的要件,当事人对质权设定没有公示的,不发生质权设定的效力。质权公示以转移质物占有或者登记为基本形式,如出质人代替质权人占有质物,则无法向外界公示该动产上设立的质权,势必危害交易安全。此外,由于出质人仍直接占有质物,质权人无法对质物加以留置,质权的留置效力就流于形式。因此,在动产质权的设立中,出质人不得以占有改定的方式设立质权。实践中,当事人约定由出质人或者出质人代理人代为占有质押财产的,不构成本条规定的有效交付,质权不生效。

四、流质限制的新规定

《物权法》第 211 条规定:"质权人在债务履行期届满前,不得与出质人约定债务人不履行到期债务时质押财产归债权人所有。"相较这一规定,《民法典》第 428 条作出了重大修改,该条规定:"质权人在债务履行期限届满前,与出质人约定债务人不履行到期债务时质押财产归债权人所有的,只能依法就质押财产优先受偿。"具体而言,这一规定将《物权法》上述的"不得与出质人约定债务人不履行到期债务时质押财产归债权人所有"修改为"与出质人约定债务人不履行到期债务时质押财产归债权人所有的,只能依法就质押财产优先受偿"。这一修改,虽然没有采用流质合同无效的表述,但从只能依法就质押财产优先受偿来看,法律对流质担保方式依然持否定态度,但通过赋予质权人优先受偿权的方式,对双方利益予以了新的平衡。

所谓流质契约,是指自质权设立时至债务履行期届满前,质权人和出质人关于在主债权已届清偿期未受清偿时,质押财产的所有权即移转为债权人所有的约定。我国立法之所以不支持流质担保方式,是因为出质财产未经估价即归质权所有,难以防止质权人利用自己之优势地位牟取暴利,使出质人成为流质契约的牺牲品。这次《民法典》编纂在综合各方意见后,也对《物权法》表述作出适度调整,明确规定:质权人在债务履行期限届满前,与出质人约定债务人不履行到期债务时质押财产归债权人所有的,只能依法就质押财产优先受偿。这既扩大了融资担保的方式,也让流质回归到了质权的本质属性,还会在行为导向上规范质权设定行为。

关于该条的适用,要注意以下问题:一是该条适用的前提条件是当事人在"债务履行前"作出的约定。在债务到期后债务人没有履行债务的时候,质权人应当按照《民法典》第 438 条的规定通过对质押财产折价或者拍卖、变卖方式,保证质押权人优先受偿;其价款超过债权数额的部分归出质人所有,不足部分由债务人清偿。二是该条没有规定流质合同无效,但不能认为流质合同就绝对有效。流质合同也属于合同的一种,有关合同法律制度的一般规则,流质合同当然也要适用。如果该流质合同存在法律规定的无效或者可撤销事由的,人民法院可以依法认定合同无效或者予以撤销。

专题二　动产质权人的权利和义务

一、收取孳息的权利

在动产质权中,由于质押财产处于质权人控制或占有之下,由其收取质物的孳息较为便利,因此《民法典》第 430 条第 1 款规定了质权人的孳息收取权。该条规定:"质权人有权收取质押财产的孳息,但是合同另有约定的除外。"合同另有约定,是指质权人与出质人在质权合同中对收取质押财产孳息的对象作出特别约定。

质押财产的孳息包括天然孳息与法定孳息。天然孳息,是指依自然规律所产生的收益;法定孳息,是指依法律关系所产生的收益。孳息可以是金钱也可以是金钱以外的物。如孳息是金钱,则可直接充抵收取孳息的费用。如孳息是金钱以外的物,则可以根据当事人的合意进行估价,以估价额充抵孳息收取的费用。就估价不能达成合意时,可以拍卖或以其他方法进行变价。

《民法典》第 430 条规定了质权人收取的孳息应先充抵收取孳息的费用,但是对于剩余的孳息如何处理却未有明确规定。质权人可以收取孳息,追其本源应当是质权人因收取孳息而取得对孳息的质权,即质权的效力范围扩展至所收取的孳息之上,以实现质权担保目的。因此,从最有利于发挥动产质权的担保功能出发,应当认为,质权人所收取的孳息充抵收取孳息的费用后,可以充抵主债权的利息,仍有剩余的,可以充抵主债权。

二、代充质物的权利

《民法典》第 433 条规定:"因不可归责于质权人的事由可能使质押财产毁损或者价值明显减少,足以危害质权人权利的,质权人有权请求出质人提供相应的担保;出质人不提供的,质权人可以拍卖、变卖质押财产,并与出质人协议将拍卖、变卖所得的价款提前清偿债务或者提存。"质权人享有代充质物的权利,目的在于保障质权人不因质押财产的毁损或价值减少而受到影响。当因不能归责于质权人的事由可能使质押财产毁损、价值明显减少,足以危害质权人权利的,质权人有权要求出质人提供相应担保。出质人不提供的,质权人可以拍卖、变卖质押财产,并与出质人通过协议将拍卖、变卖所得的价款提前清偿债务或者提存。需要注意的是,质权人要求出质人提供担保,应当符合以下条件:第一,质权人无过错。质押财产可能出现毁损或价值明显减少,但是并非质权人的过错所致,而是由于质押财产自身原因或第三人原因等事由所导致。第二,质押财产毁损或价值明显减少足以危害质权人的利益。只有当质押财产毁损或价值减少,必然造成对质权人利益的危害时,质权人才有权要求出质人提供相应的担保。如果质押财产只是有减少可能,且这种可能仅是质权人的主观判断,而非客观存在或必然发生,或者损坏、减少的价值并不构成对质权人利益的侵害,则质权人不得要求出质人另行提供担保。第三,质权人要求出质人提供的相应担保,应当是与质押财产毁损、减少部分价值相当的担保。

三、放弃质权的权利

《民法典》第 435 条规定,“质权人可以放弃质权”。诚实信用原则要求质权人放弃质权,不得损害其他利害关系人的利益。当主债权同时存在质押担保和保证担保时,质权人关于质权的处分行为,将直接影响到保证人的利益。为确保保证人利益不受质权人放弃质权的影响,故规定质权人放弃质权的,其他担保人可以在质权人放弃权利的范围内免除保证责任。

质权人放弃质权,是对其自身权利的处分,故该条规定“质权人可以放弃质权”。一般认为,质权因质权人的放弃行为而消灭,因此质权人放弃质权,应当以明示的方式作出。质权人不行使质权或者怠于行使质权的,不能推定质权人放弃了质权。质权人放弃质权,是质权人的单方意思表示,无须出质人同意。

质权人放弃质权时,通常会丧失优先受偿权,必然会增加其他担保人的担保责任,有违公平原则。因此,该条明确规定,其他担保人在质权人丧失优先受偿权益的范围内免除担保责任。当然,如其他担保人同意质权人放弃质权的行为,则法律尊重其选择。

四、质权人不得擅自使用、出租、处分质押财产

在理论上,根据对质押财产的支配内容的不同,可以将质权分为占有质权、收

益质权和归属质权。我国民法上仅承认占有质权,并不承认收益质权和归属质权。质权人占有质押财产,目的在于担保债权之实现,客观上却形成对质权人使用或者处分质押财产的限制。质权人使用、出租或者处分质押财产,违反设定质权的目的。据此,《民法典》第 431 条规定:"质权人在质权存续期间,未经出质人同意,擅自使用、处分质押财产,造成出质人损害的,应当承担赔偿责任。"当然,依据这一规定,质权人在质权存续期间并非完全不能使用、出租或者处分质押财产,其可以根据质权合同的约定或经出质人同意使用、出租、处分质押财产,并以其收益清偿被担保的债权。但质权人未经出质人同意或者非因保管质押财产的需要使用、出租、处分质押财产造成出质人损失的,则应当承担赔偿责任。这也就为责任转质和承诺转质提供了适用空间。质权人未经出质人同意,擅自使用、出租、处分质押财产,并从中获得收益的,该部分收益扣除支出后,成为质权人赔偿出质人的数额基准,出质人可以请求法院减少或者免除其应当承担的债务数额,收益部分大于该债务数额的,质权人还负有返还不当得利的义务。

五、妥善保管质物的义务

妥善保管质押财产,不得任意毁损或不作为使质押财产受到损害,是质权人的义务。质权人应当以善良管理人的注意义务保管质押财产。所谓善良管理人的注意义务,即质权人应以具有相当经验或知识及诚实信用人所用的注意,承担比处理自身事务尽更多注意的义务。质权人违反善良管理义务,致使质押财产遭受毁损或者灭失的,应当承担相应的赔偿责任。

质权人未尽善意保管义务而存在使质押财产遭受毁损、灭失的可能时,出质人应有的权利。由于毁损、灭失仅是可能情形并未实际发生,出质人并不能向质权人提出损害赔偿请求,仅能基于其对质押财产所有权的享有,而采取相应的补救措施。出质人可采取以下补救措施:(1)提存质押财产。《民法典》第 432 条所指的提存是出质人要求质权人将质押财产交付提存机关,目的在于维护质押财产交易价值的稳定,并有利于出质人利益。在债务履行期届满,债务人已履行债务的,出质人可从提存机关取回质押财产;债务人未履行债务的,质权人仍可行使动产质权,以质押财产优先受偿。质押财产的提存是因质权人未能尽到妥善保管义务而造成的,相应的提存费用应由质权人承担。(2)返还质押财产。由于质押财产提存需要经过一系列程序,所涉成本较高、所耗时间较长,因此,债务人可以选择提前清偿债务。债务人清偿债务后,出质人可要求质权人返还质押财产。

六、禁止责任转质

《物权法》第 217 条规定,质权人在质权存续期间,未经出质人同意转质,造成质押财产毁损、灭失的,应当向出质人承担赔偿责任。《民法典》第 434 条基本沿用了《物权法》的规定,只是在表述上,删去了“向出质人”的表述。其规定:“质权人在质权存续期间,未经出质人同意转质,造成质押财产毁损、灭失的,应当承担赔偿责任。”按照该条规定,质权人是否有权转质呢?

转质,是指质权人于质权存续期间,为担保另外债权的实现,将质物移转占有于该债权人而设定新质权的行为。质权人得以质物转质的权利,即为转质权。因转质而取得质权的人,称为转质权人。根据是否经出质人同意,质物的转质可以分为承诺转质和责任转质。

承诺转质,是指质权人经出质人同意,为担保自己的债务,而将质物移转占有于第三人,就质物再设定新质权的行为。出质人在质权设定时,作出转质承诺,即产生法律效力,出质人不得随意撤销或撤回承诺。承诺转质的后果直接指向出质人。出质人不仅要承担出质的风险,而且要承受转质带来的风险,并受到转质权的拘束。出质人向质权人清偿债务时,原质权虽然消灭,转质权的质权并不消灭,出质人不能收回质物;如果出质人想要取回质物,只能以第三人的地位向转质权人清偿质权人的债务。

责任转质则,是指质权人未经出质人同意而将质物转质。《民法典》第 434 条规定:“质权人在质权存续期间,未经出质人同意转质,造成质押财产毁损、灭失的,应当承担赔偿责任。”责任转质主要涉及出质人、质权人和转质权人三方当事人。对于出质人而言,在责任转质情形下,出质人清偿债务时候,应当先向转质权人清偿,若有剩余再向质权人清偿。对质权人也即转质人而言,因为责任转质是未征得出质人同意进行的,自然应当加重质权人的责任。因此,质权人即转质人不仅应当就质物因其故意或过失产生的损失承担赔偿责任,而且就质物因不可抗力所导致的损失也应承担赔偿责任。对转质权人而言,转质权人对质物取得新质权,可以依法行使质权中留置的权能和优先受偿权。原出质人要想清偿债务并取回质物,便应当先向转质权人清偿;倘若清偿转质权所担保的债务有剩余的,则应再向质权人清偿。[1] 转质权人不仅具有一般质权人的权利,也负有一般质权人的义务;而且,转

---

① 参见最高人民法院物权法研究小组编著:《〈中华人民共和国物权法〉条文理解与适用》,人民法院出版社 2007 年版,第 641 页。

质权人具有优先于质权人的优先受偿权。值得注意的是,转质权人行使优先受偿权的条件,不仅是自己的债权清偿期已届满,而且还必须是原质权所担保的债权清偿期也已届满。

七、返还质押财产的义务

在质权存续期间,质权人依法占有质押财产。但是,债务人履行债务或者出质人提前清偿所担保的债权时,由于被担保的主债权消灭,质权随之消灭,导致质权人继续占有质押财产的基础丧失,质权人应当将质物返还出质人。正如《民法典》第 436 条第 1 款规定:"债务人履行债务或者出质人提前清偿所担保的债权的,质权人应当返还质押财产。"

专题三　动产质权的实现

一、动产质权实现的条件和方式

债务人不履行到期债务或者发生当事人约定的实现质权的情形,质权人可以与出质人协议以质押财产折价,也可以就拍卖、变卖质押财产所得的价款优先受偿。质权的实现,是体现质权担保功能的最基本方式,它在本质上属于质权人的权利,而不是义务,因此当质权人要求债务人清偿债务时,债务人不能以质权人应当先行使质权作为抗辩,也不能强行以质押物清偿债务。《民法典》第 436 条规定,"债务人履行债务或者出质人提前清偿所担保的债权的,质权人应当返还质押财产。债务人不履行到期债务或者发生当事人约定的实现质权的情形,质权人可以与出质人协议以质押财产折价,也可以就拍卖、变卖质押财产所得的价款优先受偿。质押财产折价或者变卖的,应当参照市场价格"。据此,质权的实现一般应当具备以下四个条件:其一,质权合法有效存在。如果质权无效,质权的实现自然无从谈起。在此需要注意,基于质权的从属性,主债权无效,则质权无效,当然无法实现。其二,质权所担保的债权已届清偿期。但依照本条规定,发生当事人约定的实现质权的情形时,即使债务并未届期,质权人也可以实现质权。其三,债务人没有清偿债务,既包括没有清偿全部债务,也包括尚有部分债务没有清偿,因为依据担保物权的不可分原则,债务人虽然只有部分债务未履行,质权人仍然可以对全部质押物主张实现质权。其四,对债务未清偿,非因债权人方面的原因而造成。

质权实现的方式主要有以下几种情形:一是折价方式,即质权人与出质人按照质押财产情况,参照市场价格,协议将质押财产的所有权由出质人转移给质权人。二是拍卖方式,即以公开竞价方式把质押财产卖给出价最高的人。三是变卖方式,即以拍卖以外的一般买卖形式来出卖质押财产以实现债权。因质权人实际占有质押财产,在实现质权时处于有利、便利地位,为更好地平衡出质人和质权人之间的利益,给予出质人替代债务人履行债务的机会,质权人在拍卖、变卖质押财产前应当通知出质人。

质押财产折价或者拍卖、变卖的价款低于质权设定时的约定价值时,应当按照质押财产实现的价值进行清偿,不足部分由债务人清偿。质押财产折价或者拍卖、变卖的价款,当事人没有约定的,先清偿实现质权的费用,然后清偿主债权的利息,最后是清偿主债权。

司法实践中,还要注意《民法典》第 436 条的规定与《民事诉讼法》所规定的担保物权程序之间的衔接问题。依据《民诉法司法解释》第 361 条的规定,"民事诉讼法第一百九十六条规定的担保物权人,包括抵押权人、质权人、留置权人;其他有权请求实现担保物权的人,包括抵押人、出质人、财产被留置的债务人或者所有权人等"。在申请实现担保物权的主体中,包括质权人和出质人。但在物的担保人与主债务人非为同一人时,是否应将主债务人列为被申请人或追加为第三人?本书认为,为避免不同利害关系人之间的权利冲突,应当允许将相关利害关系人作为实现担保物权案件中的被申请人。在此还要注意的是,作为非诉程序的一种,担保物权实现程序本身就是为了便捷实现担保物权而设置的程序,在此类案件中,人民法院原则上只对有关案件事实作形式审查,如果当事人就有关债权债务关系有实体性争议,则应通过相应民事诉讼程序予以解决。

二、质押财产价款分配与剩余债务清偿

质押担保目的在于确保债权的清偿,受质权担保的债权不能如期受清偿时,质权人可以通过行使质权而优先清偿。出质人是第三人的,在质押财产折价、拍卖、变卖后,超出所担保债权部分应当返还第三人。出质人是债务人本人的,质押财产变价超出债权金额部分,应当返还债务人本人。值得注意的是,质权设定后,由于市场波动等不可预测因素的影响,质押财产的价值会处于变动中。对质押财产价

值计算的时间应为质权实现时质押财产的价值,而非质权设定时。当质押财产价值与质权设定时不一致时,应在债务清偿时对质押财产重新评估,按照质权实现时的价值进行清偿。

出质人对质权人仅承担物的担保责任,因此,在出质人是第三人的情形下,仅仅以质押财产折价、拍卖、变卖的价款清偿债务,不足部分出质人不再承担责任,由债务人清偿。

三、出质人行使质权请求权

债务人履行期届满,质权人在质押财产所担保的债权未全部受清偿前,可以持续占有留置质押财产。质权人可以与出质人协议以质押财产折价,也可以依法拍卖、变卖质押财产。为实现出质人与质权人利益的均衡,促进双方利益最大化,作为与出质人上述权利相对应的权利,出质人在债务到期后有权请求质权人行使质权。此外,考虑到质权人若不愿行使质权或怠于行使质权,将使质权人以及与质押财产有利害关系的其他的利益处于一种不稳定状况,为维护出质人及其他利害关系人的合法权益,也应赋予出质人请求行使质权的权利。《民法典》第 437 条第 1 款规定,"出质人可以请求质权人在债务履行期限届满后及时行使质权;质权人不行使的,出质人可以请求人民法院拍卖、变卖质押财产"。因此,出质人可以在债务到期后请求质权人行使质权;若质权人不行使质权,考虑到质押财产为质权人所占有,出质人直接处置质押财产存在现实困难,就有权请求人民法院依法拍卖、变卖质押财产。

债务人不履行到期债务的,质权人可以通过与出质人协议以质押财产折价,也可以通过拍卖、变卖质押财产获取价款进行优先受偿,也即质权实现的方式包括折价、拍卖、变卖三种方式。与此相对应,出质人请求质权人行使质权时,同样可以与质权人协商以质押财产折价来实现质权,也可以通过拍卖、变卖质押财产来实现质权。

质权实现方式的合理性、实现时间的及时性,直接关系到出质人和其他利害关系人的利益。因此,质权人应本着善良、勤勉的注意义务行使质权。质权人怠于行使质权导致质押财产价值下降或者受到其他损害的,质权人应当承担相应的赔偿责任。但是,由于"怠于行使权利"这一要件的主观性较强,在实践中难以统一标准,因此该条规定了"出质人请求质权人及时实现质权"这一前提。换言之,界定质权人存在"怠于行使权利"的前提必须是出质人已经请求质权人行使权利。

专题四　权利质权的设立

一、权利质权概述

权利质权,是指以所有权、用益物权以外的其他具有可让与性的财产权利为标的设立的质权形态。我国长期以来在立法上对于质押和抵押都未作区分。直至1995年颁布的《担保法》正式区分了抵押和质押,并将质权明确区分为动产质权和权利质权。继该法之后,我国又陆续颁布了一系列有关权利质权的法律法规和司法解释,如最高人民法院于2000年发布的《担保法司法解释》等。《物权法》在此基础上比较全面地规定了权利质权制度。此次《民法典》制定过程中关于权利质权客体讨论较多,在《民法典(草案)》征求意见的过程中,这条改动非常频繁,但最终《民法典》第440条基本沿用了《物权法》第223条的规定,只是将原来第6项规定的"应收账款"之前增加"现有的以及将有的",扩大了应收账款质押的范围。

二、权利质权客体的种类及概念

(一)汇票

依据《票据法》第19条的规定,汇票是指出票人签发的,委托付款人在见票时或者在指定日期无条件支付确定的金额给收款人或者持票人的票据。汇票分为银行汇票和商业汇票。所谓银行汇票,依据中国人民银行《支付结算办法》(银发〔1997〕393号)第53条的规定,是指出票银行签发的,由其在见票时按照实际结算金额无条件支付给收款人或者持票人的票据。所谓商业汇票,依据《支付结算办法》第72条、第73条的规定,是指出票人签发的,委托付款人在指定日期无条件支付确定的金额给收款人或者持票人的票据。商业汇票分为商业承兑汇票和银行承兑汇票。商业承兑汇票由银行以外的付款人承兑,银行承兑汇票由银行承兑。

(二)支票

依据《票据法》第81条的规定,支票是出票人签发的,委托办理支票存款业务的银行或者其他金融机构在见票时无条件支付确定的金额给收款人或者持票人的票据。依据《支付结算办法》第 115 条的规定，支票可以分为现金支票、转账支票和普通支票。支票上印有“现金”字样的为现金支票，现金支票只能用于支取现金。支票上印有“转账”字样的为转账支票，转账支票只能用于转账。支票上未印有“现金”或“转账”字样的为普通支票，普通支票可以用于支取现金，也可以用于转账。

（三）本票

依据《票据法》第 73 条的规定，本票是出票人签发的，承诺自己在见票时无条件支付确定的金额给收款人或者持票人的票据。我国《票据法》所称的本票，仅指银行本票。根据《支付结算办法》第 100 条和《票据管理实施办法》第 7 条的规定可知，银行本票的出票人，需为经中国人民银行当地分支行批准办理银行本票业务的银行机构，一般的企业、事业单位不能签发本票。

（四）债券

债券，是指依照法定程序发行的，约定在一定期限还本付息的有价证券。债券是表明债权债务关系存在的凭证。在我国，依据发行主体的不同，债券主要分为政府债券、金融债券、企业债券、公司债券等几种。此外，我国还有央行票据、短期融资券、中期票据、中小企业集合票据、资产支持证券、国际债券等其他种类债券。

（五）存款单

存款单又称“存单”。关于存单的法律性质，我国相关的法律法规上也没有明确的规定。按照通常的理解，存款单是指由银行、储蓄机构发给存款人证明其债权的凭证。存款单分为定期存款单、存本取息存款单、定活两便存款单等。按照对权利人的记载方式，存单又可分为记名和无记名两种。在实务中，可以进行质押的存单主要包括大额存单、同业存单、单位定期存单及个人定期存单。

（六）仓单

仓单是仓库营业人应寄托人的请求所填发的一种有价证券。实务中依据是否具有可转让性，可将仓单分为两类：一是普通仓单，即保管人向存货人出具的不可转让的存储仓储物的凭证；二是可转让仓单，即因仓储物的物权归属发生变化，经仓单持有人背书和货物保管人确认后可依法转让的仓单。

（七）提单

提单，依据《海商法》第 71 条之规定，是指用以证明海上货物运输合同和货物已经由承运人接收或者装船，以及承运人保证据以交付货物的单证。按照这一规定，提单既是证明运输合同成立的证据，也是承运人保证交付货物的单证。依据最高人民法院《关于审理无正本提单交付货物案件适用法律若干问题的规定》第 3 条第1款规定可知,提单具有所有权凭证和债权凭证的双重属性。

(八)基金份额

基金份额,是指向投资者公开发行的,表示持有人按其所持有份额对基金财产享有收益分配权、清算后剩余财产取得权和其他相关权利,并承担义务的凭证。这里所称基金,仅指《证券投资基金法》调整的证券投资资金,即通过公开发售基金份额募集证券投资基金,由基金管理人管理,基金托管人托管,为基金份额持有人的利益,以资产组合方式进行证券投资活动的信托契约型基金,包括投资于不同对象的信托契约型基金、采用不同运作方式的信托契约型基金和选择不同投资收益与风险的信托契约型基金等,但不包括私募基金和公司型基金。

(九)股权

股权是股东权的简称,在我国主要有公司股权和其他企业股权两种。公司股权主要分为有限责任公司股权、股份有限公司股权、一人有限责任公司股权及国有独资公司股权这几种。其他企业股权主要包括外商投资企业的股权与合伙企业的股权。但非营利性或者公益性的社会组织与团体的股份,不属于《民法典》规定的可以出质的股权,应当排除在权利质押范围之外。

(十)注册商标专用权

根据《商标法》的规定,商标专用权,是指注册商标所有人依法对注册商标享有的独占使用权。商标权是一种纯粹的财产权利,不包含人身权利在内,因此,注册商标转让权和注册商标使用许可权这两项权利可以作为权利质权的标的进行出质。

(十一)专利权

专利权,是指国家专利主管机关依法授予专利申请人或其继受人在一定期限内实施其发明创造的独占性权利。根据《专利法》的规定,专利权包括发明专利权、实用新型专利权与外观设计专利权。专利权含有人身权和财产权两部分内容,财产权包括专利许可权、专利转让权等,专利权中的财产权可以出质。

(十二)著作权

著作权又称版权,是指基于文学、艺术和科学作品的创作者对其创作完成的作品依法享有的权利。著作权含有人身权和财产权两部分。依据《著作权法》的规定,发表权、署名权、修改权、保护作品完整权属于人身权,复制权、发行权、出租权、展览权、表演权、放映权、广播权、信息网络传播权、摄制权、改编权、翻译权、汇编权等属于财产权。著作权人可以将财产权出质。

(十三)应收账款

应收账款本是一个会计学上的术语,依据《应收账款质押登记办法》(中国人民银行令〔2019〕第4号)的规定,应收账款是指权利人因提供一定的货物、服务或设施而获得的要求义务人付款的权利以及依法享有的其他付款请求权,包括现有的和未来的金钱债权,但不包括因票据或其他有价证券而产生的付款请求权,以及法律、行政法规禁止转让的付款请求权。应收账款包括以下几类:(1)销售、出租产生的债权,包括销售货物,供应水、电、气、暖,知识产权的许可使用,出租动产或不动产等;(2)提供医疗、教育、旅游等服务或劳务产生的债权;(3)能源、交通运输、水利、环境保护、市政工程等基础设施和公用事业项目收益权;(4)提供贷款或其他信用活动产生的债权;(5)其他以合同为基础的具有金钱给付内容的债权。

(十四)其他

此为兜底性条款。关于权利质权的客体,实践中还应注意以下几个问题。一是应收账款质押与附追索权的应收账款转让不同。所谓附追索权的应收账款转让,是指我国银行在开展应收账款转让业务中,为降低风险,要求应收账款出让人必须对第三债务人的清偿能力作出保证,一旦第三债务人清偿不能,银行仍有权向出让人追索。附追索权的应收账款转让是一种非典型担保,其通过转让应收账款的方式实现债权担保的目的,在法律构成上更接近让与担保。对于这种非典型担保,应认可其合同效力,但不应承认担保物权变动的效力。二是并非所有的公路收费权都能设立权利质权。法律、行政法规规定不得转让的权利不得设立权利质权。如《收费公路管理条例》第22条规定:"有下列情形之一的,收费公路权益中的收费权不得转让:(一)长度小于1000米的二车道独立桥梁和隧道;(二)二级公路;(三)收费时间已超过批准收费期限2/3",故上述不得转让的公路收费权不得设定权利质权。三是提单的属性。提单具有债权凭证和所有权凭证的双重属性,提单持有人是否因受领提单的交付而取得物权以及取得何种类型的物权,取决于合同的约定。开证行根据其与开证申请人之间的合同约定持有提单,结合当事人的真实意思表示以及信用证交易的特点,应认定开证行对信用证项下单据中的提单以及提单项下的货物享有质权,开证行行使提单质权的方式与行使提单项下动产质权的方式相同,即对提单项下货物折价、变卖、拍卖后所得价款享有优先受偿权。[①]

---

① 参见中国建设银行股份有限公司广州荔湾支行与广东蓝粤能源发展有限公司等信用证开证纠纷案,载《最高人民法院公报》2016年第5期。

三、权利质权设立的条件

权利质权的设立要满足两个条件:一是当事人订立书面质权合同。在我国,权利质权只能是意定质权,且只能依据当事人之间订立的质权合同而设立。书面合同也有利于防止当事人轻率地设定权利质权导致纠纷频发,也为纠纷的解决提供证据。质押合同一般应该包括以下内容:(1)被担保的主债权种类、数额;(2)债务人履行债务的期限;(3)出质权利的情况;(4)出质担保的范围;(5)当事人认为需要约定的其他事项。书面形式是否是质押合同的生效要件,存在一定的争议。笔者认为,质押合同作为合同的一种,当然要尊重当事人之间的约定,并要求必须具备上述全部的事项,质押合同不完全具备上列规定内容的,可以补正,这不会影响质押合同的效力。二是交付权利凭证或办理质押登记。为确保质权人能够有效控制被质押的权利,同时公示权利上设立了质权这一状态,《民法典》物权编对权利质权的设立分别采取了交付要件主义与登记要件主义,也即存在权利凭证的权利,权利质权自权利凭证交付质权人时设立;没有权利凭证的权利,质权在相关机构办理出质登记时设立。

相较于《物权法》,《民法典》物权编在第441条至第445条的改动主要有两方面:一是删除"当事人应当订立书面合同"的规定。之所以如此,并非权利质权设立无须订立书面质权合同,而是因为《民法典》第446条规定,权利质权除适用第十八章第二节规定外,适用第十八章第一节即动产质权的有关规定。动产质权中已经明确规定设立质权,当事人应当采用书面形式订立质押合同,故权利质权这几个条款对此无须再重复。二是删除具体登记机构的规定。之所以如此规定,主要原因是目前动产抵押和权利质押的登记机构较为分散,不能完全适应现代市场经济发展的需要。建立统一的动产抵押和权利质押登记制度,有助于进一步发挥其融资担保功能。考虑到统一登记的具体规则宜由国务院规定,草案删除了有关动产抵押和权利质押具体登记机构的内容,为建立统一的动产抵押和权利质押登记制度留下空间。①

四、主要权利质权的登记机关

《民法典》正式施行时,如果统一登记的具体规则还未能出台,则这段时间内的

① 参见全国人大常委会法制工作委员会民法室:《新时代应运而生的民法典各分编草案》,载中国人大网:http://www.npc.gov.cn/npc/c183/201808/46f0799a684d46118eac8e1a37f5dea9.shtml,最后访问日期:2020年10月2日。

包括有价证券在内的权利质权的登记问题如何解决，将是实务中一大困惑。目前，我国主要权利质权的登记机构情况如表1所示。

表1　我国主要权利质权登记机构

序号	权利种类	登记机关	现行法律依据
1	上市交易的基金份额和股权（股份有限公司）	中国证券登记结算有限责任公司	《民法典》第443条
2	非上市的股权（有限责任公司和股份有限公司）	工商行政管理机关	《民法典》第443条
3	上市交易的企业债券	中国证券登记结算有限责任公司	《民法典》第441条
4	记账式国债（政策性金融债、中央银行债、记账式企业债）	中国国债登记结算有限责任公司	《民法典》第441条
5	应收账款	中国人民银行征信中心（线上办理）	《民法典》第443条、《应收账款质押登记办法》第2条
6	注册商标专用权	国家工商行政管理局商标局	《民法典》第442条、《商标专用权质押登记程序》第2条
7	专利权	国家知识产权局	《民法典》第442条、《专利权质押登记办法》第2条
8	著作权	中国版权保护中心	《民法典》第442条、《著作权质押合同登记办法》第4条

五、正确处理《民法典》与《票据法》关于票据质押规定的关系

《民法典》第441条规定："以汇票、本票、支票、债券、存款单、仓单、提单出质的，质权自权利凭证交付质权人时设立；没有权利凭证的，质权自办理出质登记时设立。法律另有规定的，依照其规定。"依据该条规定及相关规定，以汇票、本票、支票出质的，出质人和质权人应当以书面形式订立质押合同，出质人应当在合同约定的期限内将权利凭证交付质权人。质押合同自权利凭证交付之日起生效。《民法

典》出台后,《票据法》等单行民事法律和相关司法解释,不得与作为上位法的《民法典》规定矛盾和冲突,否则不生法律效力。但是在与《民法典》不相矛盾和冲突的情况下,作为下位法或者特别法的单行民事法律可以作出具体的规定,在这个意义上,特别法应当优于一般法。今后在具体法律适用中,特别是面对众多单行民事法律和司法解释,且立法机关和最高人民法院还来不及进行清理的情况下,应当坚持这一司法原则。

六、股权质权的设立

《民法典》对于股权质权设立及生效的规定相对比较宏观,但在实务中,有着非常广泛应用前景的股权质押因所涉法律规定众多,其设立及生效并不简单,实务操作中应当注意:

第一,仅有交付股权证的行为,不足以证明双方当事人之间形成了股权质押关系。债务人将股权权证交与债权人,债权人出具收据证明收到上述股权证的行为,尚不足以证明双方之间形成了质押法律关系。在现有证据不足以证明债权人与担保人之间存在质押关系时,担保人未提出反诉的,其关于债权人应当赔偿其股权证贬值损失和以此冲抵债务并退赔剩余部分的抗辩,法院不予支持。①

第二,以发起人持有的本公司股份出质,约定股权转让非限制期质权方可实现的,依法应认定该质押有效。《担保法司法解释》第 103 条规定:以股份有限公司的股份出质的,适用《公司法》有关股份转让的规定。《公司法》第 141 条规定:“发起人持有的本公司股份,自公司成立之日起一年内不得转让。公司公开发行股份前已发行的股份,自公司股票在证券交易所上市交易之日起一年内不得转让。”当事人将所持有股份设定质押担保,但将质权实现的时间约定在公司成立满一年以后的股权转让非限制期,在该期限到来时质权人才可以主张实现质权。该约定不违反上述规定,依法应认定有效。②

第三,股份质权的效力及于股份的孳息,该孳息的质押无须另行特别约定和登记。我国担保制度中的质权属于收益质权,质权的效力及于质物的孳息。股份质

---

① 参见海南发展银行与海南泛华高速公路股份有限公司、海南泛华实业有限公司借款合同纠纷案[最高人民法院(2009)民提字第 99 号],载最高人民法院民事审判第二庭编:《最高人民法院商事审判裁判规范与案例指导》(第 2 卷),法律出版社 2011 年版,第 117 页。

② 参见平江县国有资产管理局与湖南泰和集团股份有限公司股权转让纠纷案[最高人民法院(2002)民二终字第 180 号],载最高人民法院民事审判第二庭编:《民商审判指导与参考》2003 年第 1 卷(总第 3 卷),人民法院出版社 2003 年版。

权的效力及于股份的孳息，意味着设立质押包括进行质押登记时无须特别就股份的孳息另行约定和登记。股份的质押一经生效，由其所产生的孳息包括送、增股份当然具有同样的质押效果。法院在执行中当然也无权将已设质的股份所产生的送股、转增股另行执行给质权人之外的任何人，否则将构成对质权的侵害。①

第四，公司发起人、董事、监事、高级管理人员等所持本公司股权，在不违反公司法规定的股权转让条件的情况下，可以出质。股权出质必须符合公司法规定的股权转让条件，限制转让的股权，在限制期间和限制条件下既不得转让，也不得出质。《公司法》第 141 条对发起人、董事、监事、高级管理人员等转让所持本公司股权作了限制性规定。由于在质押期限内并不必然发生股权变动的问题，只要股权质押的期限在限制股权转让的期限以外或者发起人设定的法定期限届满后实现即可，发起人的股权也可以进行质押。同理，董事、监事、高级管理人员等所持股权出质，符合《公司法》规定的时限及数额限制，亦应认定有效。

第五，以国有股质押的，必须经国有资产管理部门审批。国有股是归国家拥有和归国有企业拥有的股份的统称。根据财政部《关于上市公司国有股质押有关问题的通知》（财企〔2001〕651 号）的规定，政府对国有股质押的内部程序和外部备案审批程序都比较严格，虽然国有股理论上是具有财产性和可转让性，但其出质时是受到严格限制的，不能随意质押。

第六，有限责任公司的股权出质，应当受公司法关于股份转让规定的限制。这种限制主要表现为两个方面：一是有限责任公司的股东或投资者不得将其拥有的股权质押给本公司。《公司法》第 142 条第 1 款规定，公司不得收购本公司股份。但是为减少公司注册资本、与持有本公司股份的其他公司合并、将股份奖励给本公司职工，以及股东因对股东大会作出的公司合并、分立决议持异议，要求公司收购其股份等情形除外。该条第 5 款规定，“公司不得接受本公司的股票作为质押权的标的”。二是有限责任公司股东以其出资向其他股东质押的，应当允许，不受限制，但有限责任公司的股东以其出资向该公司股东以外的债权人设质时，必须经全体股东过半数同意。

第七，有限责任公司的瑕疵股权可以出质。所谓瑕疵股权是指因股东出资不足、虚假出资、抽逃出资以及外资企业中未缴付出资所形成的股权。瑕疵股权可分

---

① 中国银行海南省分行与国泰证券有限公司海口营业部、海南赛格国际信托投资公司、海南赛格燃气有限公司执行异议案[最高人民法院（2000）执监字第 126 号]，参见刘涛：《海南省高级人民法院执行中国银行海南省分行质押股权执行异议案》，载《执行工作指导》2004 年第 2 辑（总第 10 辑）。

为完全未出资的瑕疵股权和出资不适当的瑕疵股权两种情形。根据公司法的规定,违反出资义务的公司股东所承担的责任仅仅是对其他已足额出资的股东承担违约责任,并不因此而否定其股东资格。同时,股权并非仅仅代表出资,只要作为出质人的股东履行了公司章程所规定的义务,取得合法股权,其所拥有的股权就可以出质,而不论其出资是否已经到位。因为,如果出质人没有履行缴纳出资的义务,而将名下的股权进行出质,最后导致质权人实现债权不能时,行使优先受偿权而受到损失的,质权人可以依照公司法的规定,向公司的其他股东甚至全体股东追究因没有出资到位而将股权出质的责任。

第八,合伙企业合伙人的出资经合伙人一致同意可以进行质押。合伙人的出资具有财产性和可转让性,符合权利可以质押的要件,当然可以成为质押的标的,在合伙人一致同意条件下的合伙企业财产份额可以进行质押。合伙人对合伙的财产份额形成的权利不是单纯的自然人所有权,而是对合伙企业的财产份额权,可看成是股权质押的情形之一。

七、未完成作品著作权质权的设立

未完成作品著作权能否质押,是一个相对前沿的问题,对此,各国的法律规定不一,我国法律也没有明确的规定。但是在实践中,类似的需求却日益旺盛,尤其是在影视制作领域,因为拍摄电影电视剧的投资需求较大、制作周期较长,以该作品的未来著作权作为质权标的逐渐成为制片方的重要选项,业内也勇敢地进行了一些尝试。实践中,著作权设定质权一般存在以下三种可以操作的模式:一是直接将著作权质押给银行获得融资;二是将著作权质押给担保公司获得融资;三是在向银行借贷的过程中,由担保公司提供担保,同时,融资方将自己的著作权质押给担保公司作为反担保。在对未来作品这种著作权不确定、风险较大的融资行为,一般实务中采取第三种方式,同时引入保险机构对此进行投保,使用多重措施控制风险。2008 年,某大型传媒公司计划拍摄多部电视剧,为获得有效融资,就利用了这些未完成的影视剧著作权向某银行贷款,而某银行则采取了先对计划拍摄的作品进行整体质押启动贷款,然后拍摄完一部质押一部的方案,从而逐步扩大信贷规模。

专题五　权利质权的实现

《民法典》第442条规定:“汇票、本票、支票、债券、存款单、仓单、提单的兑现日期或者提货日期先于主债权到期的,质权人可以兑现或者提货,并与出质人协议将兑现的价款或者提取的货物提前清偿债务或者提存。”这一规定沿用了《物权法》第225条的规定。其中,兑现日期,是指汇票、支票、本票、债券、存款单上所记载的权利得以实现的日期;提货日期,是指仓单、提单上记载的交付物品的日期。载明兑现日期或者提货日期的汇票、支票、本票、债券、存款单、仓单、提单的兑现日期或者提货日期届至时,原则上必须兑现或者提货,以免除次债务人的债务。如果不按时兑现或者提货,有可能给债务人自身带来损失,最终影响其所担保的主债权的实现。此外,仓单提货日期届至不按时提货的,须加付仓储费。因此,该条规定,汇票、支票、本票、债券、存款单、仓单、提单的兑现日期或者提货日期先于主债权到期的,质权人可以不经过出质人同意,有权将汇票、支票、本票、债券或者存款单上所载款项兑现,有权将仓单或者提单上所载货物提货。但质权人兑现款项或者提取货物后不能据为己有,其必须通知出质人,并与出质人协商,用兑现的价款或提取的货物提前清偿债权,或者将兑现的价款或提取的货物提存。提前清偿债权的,质权消灭;提存的,质权继续存在于提存的价款或者货物上。①

在此还需要注意的是:票据承兑日期晚于债务履行期时如何处理的问题。这种情况下如果允许质权人兑现或者提货,就等于要求次债务人提前履行债务,这无疑加重了该次债务人的责任,对其有失公平。而且该次债务人的债务是对出质人的,与质权人无关,只是由于权利质权的设定才与质权人发生了法律上的关系。对此,质权人应当于有价证券到期日实现兑现或者提取货物而受偿,或者在被担保债权届期未获清偿时,于证券上权利行使之日期之前,将证券转让,以所得价款受偿。②

---

① 参见全国人民代表大会常务委员会法制工作委员会编:《中华人民共和国物权法释义》,法律出版社2007年版,第484~485页。

② 参见最高人民法院物权法研究小组编著:《〈中华人民共和国物权法〉条文理解与适用》,人民法院出版社2007年版,第662~663页。

专题六　应收账款质押

一、应收账款质押的一般规定

《物权法》第228条规定:“以应收账款出质的,当事人应当订立书面合同。质权自信贷征信机构办理出质登记时设立。应收账款出质后,不得转让,但经出质人与质权人协商同意的除外。出质人转让应收账款所得的价款,应当向质权人提前清偿债务或者提存。”《民法典》基本沿用了这一规定,其第445条规定:“以应收账款出质的,质权自办理出质登记时设立。应收账款出质后,不得转让,但是出质人与质权人协商同意的除外。出质人转让应收账款所得的价款,应当向质权人提前清偿债务或者提存。”二者相较,《民法典》修改内容有:一是删除订立书面合同的要求;二是删除具体登记部门的内容。

在现代应收账款融资实践中,一般将应收账款定义为“金钱债务形式的、不以流通票据为证的一种无形资产”,包括“现有应收账”“未挣得应收账款”“未来应收账款”。应收账款实质上属于一般债权,包括尚未产生的将来的债权,但仅限于金钱债权。应注意的是,物权法将“公路、桥梁等收费权”纳入“应收账款”的概念中,在本条没有明确列出“公路、桥梁等收费权”,仅规定了“应收账款”可以出质。① 此前,我国《担保法》没有明确规定应收账款可以质押,但在第75条规定了一个弹性条款“依法可以质押的其他权利”。在审判实践中,《担保法司法解释》第97条在总结实践经验的基础上,明确规定:“以公路桥梁、公路隧道或者公路渡口等不动产收益权出质的,按照担保法第七十五条第(四)项的规定处理。”学者多将此称为不动产收益权质权。国务院《关于收费公路项目贷款担保问题的批复》也规定,公路建设项目法人可以用收费公路的收费权质押方式向国内银行申请抵押贷款,以省级人民政府批准的收费文件作为公路收费权的权力证书,地市级以上交通主管部门作为公路收费权质押的登记部门。质权人可以依法律和行政法规许可的方式取得公路收费权,并实现质权。物权法根据实际需要,明确规定了应收账款质押,这有

---

① 参见全国人民代表大会常务委员会法制工作委员会编:《中华人民共和国物权法释义》,法律出版社2007年版,第481页。

利于解决中小企业融资难的问题。

我国《商业银行法》规定，商业银行贷款，须坚持担保贷款为主，信用贷款为例外的原则。这就使企业积极寻找各类型担保物以获得融资。目前在实践中，不动产抵押贷款和保证贷款占了银行贷款总额的70%，是较受银行偏爱的两种担保方式。可并非所有的企业都拥有价值巨大的不动产，尤其是一些中小企业，其厂房和办公场地均为租赁而来，无法用作担保，另寻找保证人也绝非易事。为解决中小企业融资难的问题，扩大担保物的范围尤其是允许应收账款质押不失为一种良策。据统计，多数中小型企业中60%以上的资产都是应收账款，这些企业包括服务型企业（如提供软件、餐饮和咨询服务）和凭往来信用销售产品的供应商等（如一些大企业周围的卫星企业，其为大企业赊销零配件等获得应收账款）。如果能将其利用起来进行融资，也就克服了企业经营中的一个重大障碍，对其发展会有无穷裨益。而且作为无形财产之一种，应收账款在实物形态上无法被企业利用，若将其向银行或者商业保理公司质押获得融资，相当于未来资金的提前变现和回笼，再投入企业的扩大再生产之中，能够充分践行“物尽其用”的价值。正因如此，《民法典》不仅延续《物权法》的做法，规定应收账款质押，还在第440条中将应收账款的范围作了扩充，包括现有的以及将有的应收账款。

二、应收账款质押的设立

应收账款质押的主要特点是涉及三方当事人，即债务人（出质人）、债权人（质权人，一般为银行或者商业保理公司）和应收账款的债务人（次债务人）。企业以应收账款为担保物向银行或者商业保理公司融资，在其不能偿还贷款或者相关融资时，银行或者商业保理公司可以直接向次债务人收取相应款项；本来次债务人要向债务人还款，现在因为应收账款作了担保物，转而向银行或者商业保理公司还款。

设立应收账款质押，要签订书面的质押合同，特别是此项质押比较复杂，容易发生纠纷，书面合同也能很好地起到证据的作用。应收账款质押既然属于担保物权，那么根据物权的公示原则，应收账款质权的设立也应该进行公示。应收账款出质的关键问题是如何使其对第三人产生效力，以妥善保护质权人、出质人和第三人的利益，明确其公示方法是解决这一问题的最佳途径。应收账款出质的公示方法一般有三种：一是书面合同的交付；二是书面合同加债权证书的交付；三是书面合同加登记。物权法采纳了第三种方法，主要是考虑到登记的公示效果最强，有利于第三人迅速、便捷、清楚地了解应收账款上存在的权利质权，更能保护质权人和其他第三人的利益。考虑到现在市场交易追求交易安全、便捷、迅速的特点,统一应收账款出质的登记机构势在必行。同时,这个登记机构必须具备一个现代的、集中化的和基于互联网的技术系统,能够做到信息准确、快速及时、查询便捷、操作简单、成本低廉和使用安全。我国已经建立了信贷征信系统,该系统是目前国内全国联网最大的电子化信息系统,覆盖面广,信息处理快捷,能够满足应收账款登记和查询的需要。基于上述原因,物权法规定了信贷征信机构为应收账款出质的登记机构。[①] 民法典的规定虽然并未规定应收账款质押的登记机构,但在有关法律、行政法规没有新的规定时,原登记机构则继续负有进行应收账款质押登记的职责。当然,这一规定也是为下一步统一有关担保物权或者权利质权的登记机构预留空间。就目前而言,应收账款质押须经信贷征信机构办理出质登记,才能发生效力。

以应收账款出质的权利质权,必须办理出质登记才能发生物权效力。由于应收账款本身只是一项合同权利,以应收账款出质的权利质权一般应以用作质押登记的基础合同关系真实、合法、有效为前提,如果基础合同关系无效,应收账款质押登记的效力应当视情形认定。以往的实务中已有多份判决确认无效的案例,如上海市第一中级人民法院发布的(2014)沪一中民六(商)终字第301号判决中,法院以债权存在无证明、质权行使前提不存在为由,未支持质权人的优先受偿权;江苏省苏州市中级人民法院发布的(2014)苏中商初字第0042号判决中,因质权人提交的证据并不足以证明其主张行使的质权项下的应收账款真实存在,对质权人的优先受偿权不予支持。

三、应收账款质权设立后的法律适用问题

应收账款质权设立后,即发生相应的法律效力,由于其中所涉法律关系的复杂性,需要注意以下问题:

其一,对次债务人之外的第三人的效力。设立应收账款质押,要到信贷征信机构办理登记,否则,该质权不能设立。登记的作用在于公示,即向第三人展示应收账款之上存在的权利状态,也可排除该质权的设立对第三人造成不测妨害。

其二,对应收账款的债务人即次债务人的效力。这要参照债权转让的规则,明确对债务人的通知义务。应收账款质权的实现,取决于次债务人(应收账款请求权人的债务人)的清偿,因而应当将设质的事实通知次债务人。若未通知,则不具有

---

① 参见全国人民代表大会常务委员会法制工作委员会编:《中华人民共和国物权法释义》,法律出版社2007年版,第490页。

对抗该次债务人的效力,该次债务人仍然可以向应收账款请求权人清偿,无须对应收账款质权人负担任何责任。

四、应收账款的限制转让

《民法典》第445条规定,应收账款出质后,不得转让,但是经出质人与质权人协商同意的除外。出质人转让应收账款所得的价款,应当向质权人提前清偿债务或者提存。如果当事人违反本条规定转让了应收账款,并不会因此导致转让合同无效。主要理由为现行民法规范中的"不得"二字不是识别效力性强制性规定的标准,它有多种解释可能性,有的是指不发生物权变动的效果,有的是指转让合同、设立物权的合同不发生效力或者无效,具体要根据该条规定的各项分别判断。具体到第445条中,如果转让设立质押的应收账款债权无效,在强调债权的流通性及价值的背景下,不利于应收账款债权效益最大化的发挥,因为应收账款债权设定质押于应收账款债权转让具有不同的功能和特征,前者旨在为主债权担保,质权是否行使,取决于债务人是否履行债务,具有不确定性。在质权成立至行使质权这一段期间内,被担保的主债务人与应收账款债权人均有期限利益,这种期限利益有时对当事人利益巨大,涉及市场波动、商业交易等各种因素。同时,根据应收账款债权实现可能性的不同,应收账款债权具有不同的价值,在应收账款受让人认可该价值的前提下,限制该债权转让,将阻碍应收账款债权人变现其债权并进而损害其利益。另外,在应收账款债权受让人认可该债权价值大于其上设定的质权所担保的主债权并愿意受让该债权的场合,限制该债权流通,就更不具有合理性。同时,从是否有利于质权人利益的角度考虑,出质人转让应收账款所得的价款,应当向质权人提前清偿或者提存,如果认定合同无效,则意味着质押人已经取得的转让价款的返还,对于质权人而言,已经实现的债权(转让价款)与尚未实现的债权(应收账款债权)相比,显然前者对于质权人更为有利。从登记制度上看,在登记生效主义的物权变动模式下,应当尽量贯彻登记的公信力,不将应收账款债权转让合同归于无效,同时依照物权变动的规则确定质权的归属与效力,在逻辑上更加清晰。

第十九章　留置权

专题一　留置权的成立

一、留置权的成立要件

关于留置权，《物权法》第230条规定："债务人不履行到期债务，债权人可以留置已经合法占有的债务人的动产，并有权就该动产优先受偿。前款规定的债权人为留置权人，占有的动产为留置财产。"《民法典》第十九章规定了留置权，并在第447条沿用了这一规定。

依照该条规定，留置权是指在一定的债权债务关系中，债权人依照一定的法律关系占有债务人的动产，于债务人未履行合同义务时，对其占有的债务人的动产予以留置并变价优先受偿的权利。可见，在我国，留置权不仅具有留置的效力，还具有优先受偿的效力，属于物权性留置权。其中，债权人为留置权人，被留置的动产为留置物，留置物一般限定为债务人本人的动产。

留置权的构成要件如下：

第一，债权人已合法占有债务人的动产。债权人事先合法占有债务人的财产是留置权成立的前提，而这种对债务人财产的占有必须是基于一定的法律关系（如保管、加工承揽等）的特定合同关系而发生。比如，某人基于合同的约定，将他人提供的木材加工成家具，他因而可以事先占有这些木材。当然，该债务人的财产应以动产为限。在我国留置物应当具有可让与性，因留置权具有强大的优先受偿效力，而优先受偿权的实现需要通过拍卖、变卖、折价的方式，这就要求留置物具有可转让性。

通常情况下，债权人占有的动产要以债务人自己所有为限，但是在债务人提供的动产并非为其所有时，如果债权人（如上述的加工承揽人）根本不知情，而且债权人的做法符合正常的同类交易规则，依据客观情况也不能判断债务人提供的动产并非其所有时或者对此进行详细调查的成本太大而不符合正常的交易规则时，在符合留置权成立的其他要求时，债权人也可以就该非债务人所有的动产主张留置权，此即为留置权的善意取得，《担保法解释》第108条对此有明确规定。

第二，债权的清偿期届满，债务人仍未履行债务。留置权的成立，只有在其担保的债权届期没有获得清偿的时候，债权人才可以留置其事先占有的债务人财产，并进而约定一定的清偿期（一般要2个月以上，即使没有约定，债权人也要给债务人2个月的准备期），如果债务人在这个期间内仍然没有履行债务，则债权人就可以对此财产变价优先受偿从而实现其债权。

第三，占有的动产与其债权的发生应属于同一法律关系。同一法律关系既包括物与债权属于同一法律关系之情形，又包括债权人对物的占有与债权属于同一法律关系之情形。对留置动产与债权关系的扩张适当放宽了留置权实施的要求，一定程度上有助于加强企业间交易安全的维护，促进工商业的繁荣。同时，债权发生并不一定基于合同关系，留置权的适用并不受债权范围的限制，可以基于合同之债，也可以基于不当得利、无因管理或者侵权之债。

留置权构成的消极要件（指阻碍留置权发生的情形或因素）如下：

第一，法律规定不得留置的情形出现。首先，法律直接明确规定不得留置的情形，如《海关法》第37条规定，“海关监管货物，未经海关许可，不得开拆、提取、交付、发运、调换、改装、抵押、质押、留置……”；其次，对于法律法规明文规定的禁止流通物不得留置，如毒品、赃物、武器、弹药等；最后，留置权人留置债务人财产不违反公共秩序、善良风俗。

第二，留置财产与对方交付财产前或交付财产时所为指示相抵触。留置权系法定担保物权，当事人不得随意设立，但既然留置权是债权人的权利，债权人可以依法享有留置权，也可以预先抛弃留置权。法律虽然不允许当事人任意设定留置权，但是，根据当事人意思自治原则，应当允许当事人约定排除留置权。当事人在合同中预先明确约定排除留置权的，债权人在留置权条件成立时也不能留置该物，只能采取其他措施来实现自己的债权，即使诉至人民法院，人民法院也不予支持。①

二、“牵连关系”的认定

债权人不可以因为他人所欠款项没有清偿而随意留置债务人的财产。法律上

---

① 参见山西阳煤中瑞能源有限公司、中钢国际货运山东有限责任公司日照分公司货运代理合同纠纷再审审查与审判监督民事裁定书［最高人民法院（2018）最高法民申670号］。

要求债权人可以留置的财产必须与这个债权有密切关系,即为“牵连关系”。《民法典》第448条规定:“债权人留置的动产,应当与债权属于同一法律关系,但是企业之间留置的除外。”留置的动产与债权属于同一法律关系,是指债权人占有动产是基于与其债权发生的同一法律关系。《担保法》第84条规定的保管合同、运输合同和加工承揽合同是最为典型能够产生此种留置动产的法律关系。保管合同中的保管费用之债权与保管人对保管物的占有即是基于保管合同关系产生的;运输合同中运费之债权与承运人对货物的占有都是基于运输合同产生的;加工承揽人对加工成果物的占有和其加工费之债权都是基于加工承揽合同关系产生的。所以,通常留置权的成立,留置动产与债权之间应当具备此种共同的法律关系。但现实生活中不排除在侵权之债、不当得利之债和无因管理之债关系中,也会具备此种条件。

《担保法司法解释》第109条规定:“债权人的债权已届清偿期,债权人对动产的占有与其债权的发生有牵连关系,债权人可以留置其所占有的动产。”由此降低了《担保法》所规定的留置权的牵连关系认定标准,牵连关系的构成已不限于债权和留置物来自同一特定合同关系。《民法典》强调“债权人留置的动产,应当与债权属于同一法律关系,但是企业之间留置的除外”。也就是说,第448条规定的牵连关系仅是要求留置物与其担保的债权来自同一个法律上的权利义务关系即可构成,而无须是特定的合同关系。

在此需要注意的是,债权人可以主张留置权的财产要与其为担保的债权来自同一个上述的法律关系。而对于商事营业发生的债权,本条规定了例外规则,即在债权人和债务人均为企业的情况下,债权人留置的动产,不必与债权属于同一法律关系。这种企业之间留置的情形,多称为商事留置权。需要注意的是,《民法典》第448条但书规定的债权人与债务人必须同为企业,否则不能适用这一放宽留置权的成立条件的规定。企业的范围应该以相关的法律规定为准,如股份有限公司、有限责任公司、全民所有制企业、乡镇企业、私营企业、合伙企业等。

三、留置物的范围

依据《民法典》第449条的规定,法律规定或者当事人约定不得留置的动产,不得留置。据此,留置权的成立不可以违反法律的禁止性规定,当事人的约定也可以排除留置权的适用。此外,留置财产与债权人所承担的义务或合同的特殊约定相抵触的情形下,也不能成立留置权。通常情况下,在债权人的债权还未届清偿期,他所负有的将其事先占有的债务人财产返还给债务人的期限已经届至，则债权人须将其占有的该债务人的财产返还给债务人，此时债权人就无从主张留置权。

这里说的“法律规定不得留置”中的“法律”应当作狭义理解，仅是指全国人民代表大会及其常务委员会制定的法律，不包括行政法规、地方法规和行政规章等广义上的“法律”。“法律规定不得留置”的情形包括：一是法律直接规定不得留置的情况，既包括现有法律中已经规定的不得留置的情形，如《海关法》第 37 条第 1 款规定：“海关监管货物，未经海关许可，不得开拆、提取、交付、发运、调换、改装、抵押、质押、留置、转让、更换标记、移作他用或者进行其他处置。”当然，该条规定也包括将来立法中规定的不得留置的情形。二是对于禁止流通物，不得留置。禁止流通物是依照法律规定，不允许在市场交易的物。例如，枪支弹药、毒品等，依照法律都不能作为留置物。

同时，留置权的成立也不得违反社会公序良俗。比如，承运人对其运输赈灾物资的运费不可以就此赈灾物资主张留置权；尸体的运送人不得以运费未付而对尸体予以留置。留置的物品足以影响人们日常的职业活动或正常的生活，也可以认为是对公序良俗的违反，如扣留他人的身份证、毕业证等。

此外，依据《民法典》第 450 条的规定，留置财产为可分物的，留置财产的价值应当相当于债务的金额。如果债权人行使留置权的范围明显超过了这一价值范围，留置动产是可分物时，债务人有权要求解除留置并返还。留置权人拒不解除留置的，则应当承担相应的违约责任或者侵权责任。

专题二　留置权的实现

一、留置权实现的基本条件

留置权的实现，是指留置权人的债权届期未受清偿时，于法定条件下得将留置物变价或取得其所有权，以优先受偿其债权的行为。《物权法》第 236 条规定：“留置权人与债务人应当约定留置财产后的债务履行期间；没有约定或者约定不明确的，留置权人应当给债务人两个月以上履行债务的期间，但鲜活易腐等不易保管的动产除外。债务人逾期未履行的，留置权人可以与债务人协议以留置财产折价，也可以就拍卖、变卖留置财产所得的价款优先受偿。留置财产折价或者变卖的,应当参照市场价格。”《民法典》第453条沿用了这一规定的内容,仅在表述上将“两个月”修改为“六十日”。规定60日以上的期限的原因在于:留置权是依法产生的担保物权,本已对债权人相对有利,为了平衡债权人与债务人之间的利益关系,因此在债权人处分留置物的问题上就应当采取较为慎重的态度,给债务人留有较为充分的偿还债务的期限。但是,该期限既不能过长也不能过短。由于社会生活的复杂性,物权法根据实际情况规定了“鲜活易腐等不易保管的动产除外”,即鲜活易腐等不易保管的动产之上成立的留置权,在实现时不受经过60日以上的债务人偿还债权的宽限期的限制,而可直接变卖受偿或者提存。

《民法典》第453条的规定既体现了留置权作为先发生留置效力而后发生优先受偿效力的担保物权的特征,也明确了留置权实现的基本条件。即在留置财产后的约定或者法定债务履行期间届满后,债务人逾期未履行的,留置权人可以与债务人协议以留置财产折价,也可以就拍卖、变卖留置财产所得的价款优先受偿。依据《民法典》第455条的规定,留置财产折价或者拍卖、变卖后,其价款超过债权数额的部分归债务人所有,不足部分由债务人清偿。

关于留置权的紧急行使,是指在债务人丧失清偿能力而不能履行债务时,为保全债权人的利益,赋予债权人对其占有的债务人的动产在债权未届清偿期的情况下仍可以行使留置权。承认留置权紧急行使的原因在于公平理念的考虑,使债权人的债权切实受偿。留置权的紧急行使较类似于在破产宣告时未到期的债权视为已到期的规定。在破产程序之外,债务人已经丧失清偿能力的情形,若仅因为债权未届期而否认债权人可以对其占有的债务人的财产行使留置权,不仅有悖于留置权担保债权受偿的立法宗旨,而且使债权人承担债权不能受清偿的风险,显失公平。《担保法司法解释》第112条规定:“债权人的债权未届清偿期,其交付占有标的物的义务已届履行期的,不能行使留置权。但是,债权人能够证明债务人无支付能力的除外。”即以但书条款的形式,例外地承认了留置权的紧急行使。这一规定与民法典的上述规定并不冲突,可以继续适用。

二、债务人请求实现留置权的规定

《物权法》第237条规定:“债务人可以请求留置权人在债务履行期届满后行使留置权;留置权人不行使的,债务人可以请求人民法院拍卖、变卖留置财产。”《民法典》第454条沿用了这一规定。

这一规定的债务人在履行期间届满后可以请求留置权人行使留置权的内容，实际上是关于留置权的实现程序的规定，既是与《民事诉讼法》上的担保物权实现程序的有机衔接的内容，也明确规定了在留置权人不行使留置权的情况下，债务人可以直接起诉请求人民法院对留置财产进行拍卖或者变卖。

依据上述规定，债务人有权请求留置权人在债务履行期届满后行使留置权。留置权成立后，依照《民法典》第453条留置权人与债务人应当约定留置财产后的债务履行期间；没有约定或者约定不明确的，留置权人应当给债务人60日以上履行债务的期间，但鲜活易腐等不易保管的动产除外。债务人逾期未履行的，留置权人可以与债务人协议以留置财产折价，也可以就拍卖、变卖留置财产所得的价款优先受偿。留置权人在债务履行期届满后不积极行使留置权，一直占有留置物时，债务人有权启动担保物权实现程序，请求人民法院来拍卖、变卖留置财产。依据《民事诉讼法》第196条、第197条的规定，申请实现担保物权，由担保物权人以及其他有权请求实现担保物权的人依照《物权法》等法律，向担保财产所在地或者担保物权登记地基层人民法院提出。人民法院受理申请后，经审查，符合法律规定的，裁定拍卖、变卖担保财产，当事人依据该裁定可以向人民法院申请执行；不符合法律规定的，裁定驳回申请，当事人可以向人民法院提起诉讼。在适用上要做好这两条规定与本条的衔接。

三、司法实践中需要注意的问题

第一，留置权的行使不因留置过程中留置物所有权的变更而受到影响。债权人有权在合法占有的涉案全部货物中留置与债权数额价值相当的货物，留置权先行设立且为优先权利，在留置过程中，债权数额的浮动，以及留置物所有权的转移，并不影响该留置权的行使。①

第二，劳动合同之债不适用留置权。留置权是平等主体之间实现债权的担保方式，劳动关系主体双方之间不是平等关系，在履行劳动合同的过程中，用人单位和劳动者处于管理和被管理的不平等地位。同时，劳动者可能留置的动产一般为用人单位供其使用的工具、物品等，此种财物不是劳动合同的客体，与劳动合同的履行没有直接的因果关系，不属于同一法律关系，因此劳动者不得以用人单位拖欠

---

① 参见揭阳市中油油品经销有限公司、东莞市东洲国际石化仓储有限公司港口货物保管合同纠纷［最高人民法院（2017）最高法民申76号］。

报酬为由行使留置权。[①]

第三,留置财产价值范围以实现债权为界,留置不可分物除外。留置权行使的目的在于保障债权人的债权得到清偿,因此留置财产的价值范围也应以实现债权为界限,债权人已经合法占有债务人的财物,财物为动产、可分物、无法定或者约定不得留置的情况,如果留置财产为可分物,则留置财产的价值应当相当于债权金额,如若超越债权金额留置财物,则会超出担保债权的范围而损害债务人的利益。如果留置的产品价值已经超出债务金额,债权人拒绝返还超出部分的产品,就属于不当行使留置权,由此给债务人造成损失,应承担相应的赔偿责任。[②] 如果是不可分物,因其强行分割可能导致价值或效益的贬损,则不强求留置物价值必须不大于债权金额。《贯彻民法通则意见》第91条规定:"共有财产是特定物,而且不能分割或者分割有损其价值的,可以折价处理。"因此,可以留置与债权金额相当的可分动产,也可以留置大于债权金额的不可分动产,行使留置权后通过拍卖、变卖、协议折价等方式实现债权。

第四,同一个物上多重担保物权竞合的情况下,留置权优先于其他担保物权实现。留置权之所以如此优先,源于债权人对动产投入成本、施以劳务、提供技术或供给材料,保全或增加了动产之价值。若债权人不能通过该动产价值优先受偿,相当于以其劳动和投入为债务人清偿债务,殊非妥当;法律创设留置权旨在防止劳而无获,鼓励创造价值。

其一,抵押权与留置权的优先关系。同一动产上已设立抵押权,该动产又被留置的,留置权人优先受偿,这是因为留置权是法定的担保物权,而抵押权是当事人之间约定的结果,法定权利优先于约定权利。基于留置权的优先效力,若抵押权人不当行使抵押权导致留置权受侵害从而致使留置权人的债权无法实现时,则抵押权人应对留置权人承担相应的侵权责任。[③] 留置权人将留置物抵押,为自己的债务履行担保,若没有留置物所有人的同意,抵押无效;若留置物所有人同意,则抵押权生效,因留置权人是抵押权担保债权的债务人,债务人的权利不得优先于债权人的权利,此时抵押权优先于留置权。

其二,质权与留置权的优先关系。同一动产上已设立质权,该动产又被留置的,留置权人优先受偿,即留置权优先于质权。留置权是债权人占有属于他人的动

---

① 参见长三角商品交易所有限公司诉卢海云返还原物纠纷案,载《最高人民法院公报》2017年第1期。

② 参见江苏悦达卡特新能源有限公司、江苏悦达卡特新材料科技有限公司与富锋生物能源(泰兴)有限公司承揽合同纠纷[最高人民法院(2016)最高法民申994号]。

③ 参见浙江省嘉兴市中级人民法院(2011)浙嘉商终字第436号。

产,具备一定要件时,于债权未受清偿前,得留置该动产的法定担保物权。质权是担保的一种方式,指债权人与债务人或债务人提供的第三人以协商订立书面合同的方式,移转债务人或者债务人提供的第三人的动产或权利的占有,在债务人不履行债务时,债权人有权以该财产价款优先受偿。

专题三　留置权的消灭

留置权的消灭,即留置权人因法定事由的出现,对留置物具有的支配力终止。《物权法》第 240 条规定:"留置权人对留置财产丧失占有或者留置权人接受债务人另行提供担保的,留置权消灭。"《民法典》第 457 条沿用了这一规定。

留置权作为一种担保物权,可以因物权消灭的共同原因而消灭,如留置物的灭失、混同、留置权的抛弃等;也可以因担保物权消灭的共同原因而消灭,如主债权的消灭,担保物权的实现等。但是留置权作为一种法定担保物权,有其自己的特殊消灭原因,具体如下:

一是占有的丧失。由于留置权的成立和存续以占有留置物为要件,如果占有丧失,留置权当然消灭。但并非债权人对留置物占有丧失,留置权就必然消灭,短暂的失去占有以后又可以恢复的占有或者留置权因被侵夺而丧失占有者,事后通过行使占有保护的请求权恢复占有的情形,留置权并不消灭。只有在留置权人(债权人)不能依占有保护之规定请求返还占有物时,留置权方归于消灭。

二是相当担保的提出。此作为留置权的消灭原因并无争议,但对于是否以债权人接受为必要,《担保法》第 88 条规定债务人另行提供担保须以债权人接受为必要条件,而本条直接规定只要债务人提供相当担保,留置权即告消灭。也就是说,对于发生在《物权法》颁布生效以前的案件,留置权的消灭要适用《担保法》的规定,即债务人提供相当担保且以债权人接受为必要条件,留置权方可消灭。而对于发生在《物权法》(其第 240 条的规定与《民法典》第 457 条规定一致)施行后的案件,则直接适用《物权法》及《民法典》第 457 条的规定,债务人提供相当担保不以债权人接受为必要,留置权即可消灭。

第二十章　占　有

专题一　占有的民法保护

一、占有制度概述

占有,是指自然人、法人及非法人组织等对物的事实上的管领和控制。占有的对象为物,包括动产和不动产。被占有之物并非必须是独立的物,对某一独立物的某一部分亦可成立占有。作为占有对象之物,应是民法上之物。日月星辰,虽为物,但并非占有之对象。关于占有的性质,世界各国主要有三种不同的主张和立法例:一是事实说,认为占有只是一种事实状态,而非权利。一般认为,德国、瑞士立法是这一说的代表。二是权利说,认为占有是一种权利,而非一种事实状态。日本民法典将占有就明确规定为占有权。三是权能说,认为占有是所有权的一项权能或内容。这主要体现在苏俄、东欧及我国民事立法中。[①] 有观点认为,占有系一种"类(似)物权",为与本权(所有权、用益物权、担保物权及债权)相对应的制度,是这些权利的"外衣",并且是动产物权的公示手段和方法。[②] 占有是与所有权及他物权完全不同的"类物权"。占有制度的逻辑起点不是物权的基本概念而是占有事实。[③] 理论上,有人将占有与作为占有依据之物权、债权相区分,认为后者属于本权。占有之本权不但决定了占有是有权占有还是无权占有,而且有自身特殊的法律效力。[④] 占有与本权的关系也是理论和实践上较难把握的问题。

我国民法上的占有可以从多个角度理解,在实践中也需要作具体分析。

首先,占有可以作为其他民事权利尤其是物权的权能。例如,占有是所有权的

---

① 参见杨年合:《试析占有概念的性质及占有制度在我国物权立法中应有的地位》,载《法学》2001 年第 4 期。

② 参见陈华彬:《我国民法典物权编占有规则立法研究》,载《现代法学》2018 年第 1 期。

③ 参见尹田:《法国物权法上的占有制度》,载《现代法学》1997 年第 5 期。

④ 参见隋彭生:《论占有之本权》,载《法商研究》2011 年第 2 期。

一项权能。《民法典》第 240 条规定:“所有权人对自己的不动产或者动产,依法享有占有、使用、收益和处分的权利。”占有是用益物权的一项权能。《民法典》第 323 条规定:“用益物权人对他人所有的不动产或者动产,依法享有占有、使用和收益的权利。”占有是质权的一项权能。《民法典》第 425 条规定:“为担保债务的履行,债务人或者第三人将其动产出质给债权人占有的,债务人不履行到期债务或者发生当事人约定的实现质权的情形,债权人有权就该动产优先受偿。前款规定的债务人或者第三人为出质人,债权人为质权人,交付的动产为质押财产。”占有是留置权的一项权能。《民法典》第 447 条规定:“债务人不履行到期债务,债权人可以留置已经合法占有的债务人的动产,并有权就该动产优先受偿。前款规定的债权人为留置权人,占有的动产为留置财产。”另外,占有是留置权不可缺少的权能。《民法典》第 457 条规定:“留置权人对留置财产丧失占有或者留置权人接受债务人另行提供担保的,留置权消灭。”

其次,占有在民法上本身是一种独立的物权。占有权被侵害的,占有权人有权请求返还原物、排除妨害、消除危险或者损害赔偿。《民法典》第 462 条规定:“占有的不动产或者动产被侵占的,占有人有权请求返还原物;对妨害占有的行为,占有人有权请求排除妨害或者消除危险;因侵占或者妨害造成损害的,占有人有权依法请求损害赔偿。占有人返还原物的请求权,自侵占发生之日起一年内未行使的,该请求权消灭。”

再次,占有也可以是一种事实状态。即占有并不表现为民法上的一种权利,而只是一种事实状态。这种事实状态就是一种对物的实际管领和控制。如无权占有人并不享有相应的权利,但仍对物实际管领和控制。

最后,占有是法律上拟制的事实。即占有人不一定实际管领和控制物,更不需要每时每刻对物进行管领和控制,只要物在占有人管领和控制之下,或者说物处于占有人可随时管领之状态即可。目前,司法实践中一个争议较大的问题是,占有是否需要直接的管领或控制,无论是所有权人之管领或控制还是基于合同由他人管领或控制。例如,最高人民法院《关于人民法院办理执行异议和复议案件若干问题的规定》第 28 条规定:“金钱债权执行中,买受人对登记在被执行人名下的不动产提出异议,符合下列情形且其权利能够排除执行的,人民法院应予支持:(一)在人民法院查封之前已签订合法有效的书面买卖合同;(二)在人民法院查封之前已合法占有该不动产;(三)已支付全部价款,或者已按照合同约定支付部分价款且将剩余价款按照人民法院的要求交付执行;(四)非因买受人自身原因未办理过户登记。”关于该条第 2 项规定的“在人民法院查封之前已合法占有该不动产”应当如何理解？本书认为，买受人只要领了钥匙，即说明已经管领、控制不动产，符合该项规定。因为此时不动产已经处于买受人可随时管领的状态，实际已经在买受人控制之下。即使买受人收到钥匙后，从未到过该不动产处，也视为其已经占有该不动产。

民法上，占有制度具有丰富的内容，一般包括占有与占有人的含义，占有权利与样态的推定，直接占有人、间接占有人与占有辅助人的含义及其判定，占有的变更、移转、合并与分离，善意、恶意占有人的责任及其与所有人等之间的回复关系，占有人(含占有辅助人)的自力救济权与物上请求权、共同占有及其权利行使，占有的消灭及准占有等。[①] 通常情况下，在买卖合同等以交付特定物为标的的合同中，占有人应当承担标的物毁损、灭失的风险。例如，《商品房买卖合同解释》第 11 条规定：“根据民法典第五百六十三条的规定，出卖人迟延交付房屋或者买受人迟延支付购房款，经催告后在三个月的合理期限内仍未履行，解除权人请求解除合同的，应予支持，但当事人另有约定的除外。法律没有规定或者当事人没有约定，经对方当事人催告后，解除权行使的合理期限为三个月。对方当事人没有催告的，解除权人自知道或者应当知道解除事由之日起一年内行使。逾期不行使的，解除权消灭。”同时，占有人对于所占有之物也具有妥善管领之职责。占有人所占有之物对他人造成损害的，占有人通常也需要承担相应的民事责任。因此，占有对民事主体而言，不仅意味着权利和利益的享有，也意味着风险和责任的承担。

二、民法对占有的保护方式

第一，占有作为一种权能之保护。占有作为物权的权能，在相应的物权受到侵害后，占有也会受到侵害。此时，对物权的保护通常也是对占有的保护。例如，所有权人、用益物权人之占有权被侵害后，有权请求非法占有人返还原物。动产质押权人所占有的质物被他人非法侵占后，也有权请求非法占有人返还质物。只是这种情况下，占有人的请求权基础是其所享有的所有权、用益物权和质押权，并非单纯的占有权。不仅在侵权领域，在合同领域对占有作为物权权能的保护也体现在多个方面。例如，动产所有权之转移以交付为原则，即以占有的改变为原则。占有是所有权人获得动产所有权的前提条件，也有人称之为物权之“外衣”。尤其是在

① 参见陈华彬：《我国民法典物权编占有规则立法研究》，载《现代法学》2018 年第 1 期。

“一物二卖”的情况下，多个买受人中，谁占有标的物，谁就享有所有权。

第二，占有作为一种权利之保护。即使占有人不能证明其对物享有所有权、用益物权和质押权，只要其对物的占有是有权、合法占有，同样应当受到民法的保护。对此，《民法典》第462条规定：“占有的不动产或者动产被侵占的，占有人有权请求返还原物；对妨害占有的行为，占有人有权请求排除妨害或者消除危险；因侵占或者妨害造成损害的，占有人有权依法请求损害赔偿。占有人返还原物的请求权，自侵占发生之日起一年内未行使的，该请求权消灭。”因此，民法上占有作为一种独立的物权而受到保护，并非只是作为所有权、使用权、质权、留置权等物权的一种权能，无须依赖于所有权、使用权、质权、留置权而存在。只要占有的不动产或者动产被侵占，占有人就有权获得救济。占有权的救济方式包括请求非法占有之人返还原物，请求妨害占有之人排除妨害，请求造成占有物危险之人消除危险。如果第三人侵占或者妨害占有造成占有人损害，占有人有权依法请求侵权人赔偿损害。需要注意的是，占有人返还原物的请求权，自侵占发生之日起1年内未行使的，该请求权消灭。即占有人返还原物请求权的除斥期间为1年。占有人逾期未行使的，返还原物请求权消灭。

第三，占有作为一种状态之保护。民法对占有的保护不仅体现为对占有权能、占有权的保护，也体现为对占有状态的保护，尤其是涉及多个相同性质权利（主要是债权）的保护时，是否占有标的物，对当事人的权利保护具有重大意义。例如，在执行异议纠纷中，房屋买受人是否在查封前占有房屋，对其债权保护会发生重大影响。根据《民法典》相关规定，不动产物权的归属以登记为准。如果不动产买受人支付了购房款，且没有向登记机构申请预告登记取得登记优先权，出卖人又未变更产权过户登记的，买受人对出卖人只享有请求转移不动产所有权的请求权，该请求权为债权。依债权平等性原则，该债权与出卖人的其他债权人对其所享有的金钱债权是平等的。如果出卖人的其他金钱债权人已经申请人民法院查封了尚登记在出卖人名下的不动产，该金钱债权人有权就被查封不动产折价、拍卖的价款受偿。如果不动产买受人在人民法院查封之前已合法占有该不动产，同时又符合《异议复议规定》第28条规定的其他条件的，不动产买受人就能够排除强制执行。这里就体现了民法对占有状态的保护。

三、善意占有与恶意占有

善意占有，是指占有人基于合法占有之意思而占有物，包括善意的有权占有和善意的无权占有。凡有权占有,原则上为善意。善意的无权占有,是指占有人不知道其占有为无权占有的情况。恶意占有,是指占有人知道其占有为无权占有而仍为占有。善意占有可能转化为恶意占有。善意占有人从其知道自己不享有占有之本权后仍为占有的,即成为恶意占有人。例如,两个相邻农户均养小鸡。甲家的3只小鸡跑到乙家。乙家并未注意多了3只小鸡,误以为均为自家小鸡而为占有。1个月后,甲家发现自家少了3只小鸡,问乙家这3只小鸡是否误走到乙家。乙家清点小鸡后发现确实多了3只小鸡,其中3只小鸡未像其他小鸡一样剪掉背部部分羽毛,没有乙家小鸡的标记。但乙家不愿意偿还这3只小鸡,遂用剪刀剪去这3只小鸡背部部分羽毛,作为自家小鸡饲养,并告知甲家未发现其小鸡。此时,乙家对3只小鸡的善意占有转化为恶意占有。对于无权占有,无论是出于善意还是恶意,占有人均应当向所有权人等权利人返还占有物及其孳息。但在占有保管费用补偿、占有物损害赔偿责任承担等方面,善意占有与恶意占有之法律后果并不相同。

其一,关于占有期间维护占有之物所支出费用的补偿问题。在上例中,如果乙家拒绝返还小鸡后1个月,甲家发现乙家有3只小鸡与自己家的小鸡一样,腹下有用红漆所作的标记,遂要求乙家返还这3只小鸡。乙家认为,自己白白为甲家养了2个月小鸡,要求甲家补偿养鸡费用。此案中,3只小鸡的所有权属于甲家,乙家对3只小鸡的占有属于无权占有,应当向甲家返还这3只小鸡。关于甲家是否应当补偿乙家饲养3只小鸡的费用问题,就应当区分乙家是善意占有还是恶意占有而作出不同处理。对于这一问题,《民法典》第460条规定:“不动产或者动产被占有人占有的,权利人可以请求返还原物及其孳息;但是,应当支付善意占有人因维护该不动产或者动产支出的必要费用。”根据该条规定,占有人在占有期间,如果为了维护占有的不动产或者动产支出了相应费用,当占有物真正的权利人出现并要求占有人返还该物及孳息时,就涉及权利人是否有义务支付这些费用的问题。这种情况下,应区别占有人占有物是出于善意还是恶意而作出认定。如果占有人为善意,其为维护该不动或者动产支出了必要费用的,则有权请求权利人返还。如果占有人为恶意,明知自己对于某物无权占有而仍然继续占有,即使其为了维护占有物而支出了费用,也无权请求占有物的权利人返还该费用。因为该费用的产生是占有人自己的原因导致。在上例中,乙家在第1个月并不知道占有他人小鸡,其占有3只小鸡的行为系善意占有。这种情况下,甲家就应当补偿乙家饲养3只小鸡所支出的必要费用。但从乙家知道3只小鸡不属于自己所有仍然占有时,其占有行为是恶意占有。因此,对于乙家后1个月饲养3只小鸡所产生的必要费用,甲家则无须补偿。另需注意的是,权利人之补偿义务以"必要"为限,即其仅对维护占有物的"必要费用"负有补偿义务。所谓"必要费用",是指为了防止物的毁损、灭失,维护物的正常状态、价值和用途而支出的基本费用。与"必要费用"相对的是有益费用和奢侈费用,是指为了使物增值而支出的费用。对于占有物的有益费用和奢侈费用,权利人一般没有返还的义务。[①]

其二,关于占有人使用占有物的损害赔偿责任问题。占有并非占有人之目的,而是其实现目的的手段。占有人占有某物,或为获得其使用价值,或为获得其交换价值。占有人在占有期间可能使用其占有的不动产或者动产,有可能因其使用行为而造成被使用物的损害。在占有人为无权占有的情况下,该损害最终将由占有物的权利人承担。对此,占有物的权利人通常会要求占有人赔偿因占有物受到损害而导致的损失。这种情况下,在确定占有人的赔偿责任时,应当区分占有人是善意占有还是恶意占有。如果占有人明知自己无权占有某动产或者不动产而仍然占有,在占有期间使用占有物,造成占有物损害的,占有物的权利人就享有请求占有人赔偿的权利。如果占有人在占有期间不知道或者不应当知道自己不具有占有的权利而仍然占有某动产或者不动产,在占有期间使用占有物,造成占有物损害的,占有物的权利人就无权请求占有人赔偿损失。对此,《民法典》第 459 条规定:"占有人因使用占有的不动产或者动产,致使该不动产或者动产受到损害的,恶意占有人应当承担赔偿责任。"

其三,关于占有物毁损、灭失的赔偿责任问题。占有不仅意味着权利和利益的享有,还意味着风险的转移和责任的承担。如果在占有期间,占有的不动产或者动产毁损、灭失,有权占有人应当承担相应的损失。在无权占有的情况下,如果占有的不动产或者动产毁损、灭失,占有物的权利人请求无权占有人返还财产已无可能,无权占有人虽不能返还原物,但仍应当返还占有物毁损、灭失后,占有人获得的保险金、赔偿金或者补偿金。而无权占有人赔偿责任的范围,则因占有人是善意占有还是恶意占有而有所区别。在善意占有的情况下,无权占有人的赔偿责任以其所获得的利益为限,即返还占有物毁损、灭失后占有人获得的保险金、赔偿金或者补偿金等即可。在恶意占有的情况下,无权占有人的赔偿责任以填补占有物权利人所受到的全部损失为限,即如果占有物毁损、灭失后占有人没有获得保险金、赔偿金或者补偿金等补偿,或者所获得的保险金、赔偿金或者补偿金不足以弥补占有物权利人所受到的损失的,恶意占有人还需要承担赔偿责任。对此,《民法典》第

---

① 参见郭明瑞主编:《中华人民共和国物权法释义》,中国法制出版社 2007 年版,第 437 页。

461 条规定:“占有的不动产或者动产毁损、灭失,该不动产或者动产的权利人请求赔偿的,占有人应当将因毁损、灭失取得的保险金、赔偿金或者补偿金等返还给权利人;权利人的损害未得到足够弥补的,恶意占有人还应当赔偿损失。”

四、有权占有与无权占有

占有可基于多种原因发生,既可以因合同关系产生,如基于买卖或者租赁合同而占有;也可以因其他事实行为产生,如拾得遗失物、侵占他人财物、占有自己修建之房屋等,还可以基于自然事件而发生,如他人鱼塘之鱼因洪水被冲到自家鱼塘而产生之占有。占有人对物的占有可能有正当的权源,即基于合法之原因而占有,如基于有效的买卖合同而占有;也可能没有正当的权源,即基于违法之原因而占有,如非法侵占他人之物而占有。前者为有权占有,后者为无权占有。有权占有与无权占有之法律后果并不相同。司法实践中,在处理占有纠纷时,要注意区分有权占有与无权占有。

占有人占有物,原则上推定为有权占有,即推定占有人对占有物系以无过失、善意、公然、和平、以所有的意思占有,且占有人有继续占有之意思。占有人对占有物行使的权利被推定为适法有其权利,即是占有权利的推定。[①] 这是各国和地区之通例。在制定《物权法》的过程中,有观点对有权占有之推定提出异议,认为这实际会保护贪污、受贿等违法利益获得者,使对违法之物的占有也被推定为合法。在民法上,作此推定,目的是保护物的现在占有人,使其占有物之地位得以安定。否则,任意第三人均可随时对他人之占有予以否定,占有人需随时对所占有物之合法性承担举证责任,则使财产关系始终处于不稳定之中。需要注意的是,合法占有之推定为有限推定,而非无限推定。占有人是否享有与占有相对应的所有权、用益物权、担保物权等权利,仍需依据《民法典》等法律的规定和相关法律事实作出认定。

有权占有得继续占有物,任何第三人均应尊重,不得侵害。有权占有人占有权受到侵害的,占有人可请求排除妨害、消除危险、赔偿损害。对此,《民法典》第 462 条规定:“占有的不动产或者动产被侵占的,占有人有权请求返还原物;对妨害占有的行为,占有人有权请求排除妨害或者消除危险;因侵占或者妨害造成损害的,占有人有权依法请求损害赔偿。占有人返还原物的请求权,自侵占发生之日起一年内未行使的,该请求权消灭。”司法实践中,对有权占有的认定,应当根据具体情况

---

① 参见陈华彬:《我国民法典物权编占有规则立法研究》,载《现代法学》2018 年第 1 期。

而作出认定。举例而言,甲将房产转让给乙,已经收取乙的购房款,但由于该房产上设定有抵押,一直未办理过户手续,只是将房屋和房产证交给乙。之后,乙又将该房产转让给丙,丙已经支付了全部购房款,由于该房产上设定的抵押未解除,仍未办理过户手续,乙只是将房屋和房产证交给丙。丙居住 3 年后,因房价上涨,甲提出其对该房产享有所有权,丙系无权占有,起诉请求丙将房屋返还给自己。对于甲的诉讼请求,不应支持。根据甲与乙的房屋买卖合同,甲应当将房屋所有权转移给乙;根据乙与丙的房屋买卖合同,乙应当将房屋所有权转移给丙。丙对房屋的占有和使用有合法原因,不属于无权占有,故甲无权请求丙返还房屋。对此,《民法典》第 458 条规定:"基于合同关系等产生的占有,有关不动产或者动产的使用、收益、违约责任等,按照合同约定;合同没有约定或者约定不明确的,依照有关法律规定。"

对于无权占有,占有人不享有继续占有物之权利,实际权利人有权请求其返还物。对此,《民法典》第 235 条规定:"无权占有不动产或者动产的,权利人可以请求返还原物。"占有他人遗失物属于无权占有。遗失物的占有人应当将遗失物返还遗失人或者送交公安等有关部门。对此,《民法典》第 314 条规定:"拾得遗失物,应当返还权利人。拾得人应当及时通知权利人领取,或者送交公安等有关部门。"遗失物之受让人亦不能合法占有遗失物。如果遗失物的无权占有人将遗失物转让给第三人,第三人亦不能合法占有遗失物。这种情况下,遗失物之所有权人、使用权人等权利人有权自知道或者应当知道受让人之日起 2 年内向受让人请求返还原物。如果第三人为获得遗失物支付了对价,在第三人通过拍卖或者向具有经营资格的经营者购得该遗失物的情况下,遗失物之权利人在请求受让人返还原物的同时,还应支付受让人受让遗失物所支付的费用。在其他情况下,遗失物之权利人在请求受让人返还原物时,不必支付受让人受让遗失物所支付的费用。对这一问题,《民法典》第 312 条规定:"所有权人或者其他权利人有权追回遗失物。该遗失物通过转让被他人占有的,权利人有权向无处分权人请求损害赔偿,或者自知道或者应当知道受让人之日起二年内向受让人请求返还原物;但是,受让人通过拍卖或者向具有经营资格的经营者购得该遗失物的,权利人请求返还原物时应当支付受让人所付的费用。权利人向受让人支付所付费用后,有权向无处分权人追偿。"

无论是有权占有还是无权占有,占有人均对被占有之物有妥善管理之职责。如果占有人未妥善管理占有物,损害他人权益的,应当承担相应的民事责任。对于高度危险物等特殊物品,法律规定占有人承担无过错责任的,只要高度危险物造成他人损害,占有人就应当承担侵权责任,除非存在法律规定的免责事由。例如,如果损害是受害人故意或者不可抗力造成的,则占有人不必须承担责任。受害人对损失的发生亦有重大过失的,则可以减轻占有人的责任。如果占有人非法占有高度危险物造成他人损害的,非法占有人应当承担侵权责任。对于高度危险物,所有人、管理人等合法占有的人应当负担高度的注意义务,以防止其脱离合法的管领和控制,从而防控高度危险物对社会造成损害。如果所有人、管理人未对防止非法占有尽到高度注意义务,就应当与非法占有人承担连带责任。对于所有人、管理人对防止非法占有尽到高度注意义务的事实,应由所有人、管理人承担举证责任。对此,《民法典》第 1239 条规定:“占有或者使用易燃、易爆、剧毒、高放射性、强腐蚀性、高致病性等高度危险物造成他人损害的,占有人或者使用人应当承担侵权责任;但是,能够证明损害是因受害人故意或者不可抗力造成的,不承担责任。被侵权人对损害的发生有重大过失的,可以减轻占有人或者使用人的责任。”第 1242 条规定:“非法占有高度危险物造成他人损害的,由非法占有人承担侵权责任。所有人、管理人不能证明对防止非法占有尽到高度注意义务的,与非法占有人承担连带责任。”